"十二五"职业教育国家规划教材
经全国职业教育教材审定委员会审定

供高职高专药学类、药品类、医学技术类等专业使用

有机化学

（第三版）

主　编　邬瑞斌　徐伟刚
副主编　刘淑芳　赵忠喜
编　委　（按姓氏汉语拼音排序）
　　　　黄　静（湖北三峡职业技术学院医学院）
　　　　李　飞（沈阳药科大学）
　　　　李　永（中国药科大学高等职业技术学院）
　　　　刘国强（山东省青岛卫生学校）
　　　　刘淑芳（运城护理职业学院）
　　　　盛文文（皖西卫生职业学院）
　　　　邬瑞斌（中国药科大学高等职业技术学院）
　　　　徐伟刚（常州卫生高等职业技术学校）
　　　　吁诚铭（惠州卫生职业技术学院）
　　　　张淑凤（沧州医学高等专科学校）
　　　　赵忠喜（湖北三峡职业技术学院医学院）

科学出版社
北　京

· 版权所有　侵权必究 ·

举报电话:010-64030229;010-64034315;13501151303(打假办)

内 容 简 介

本书是"十二五"职业教育国家规划教材第 1 章为绪论,主要介绍有机化合物的基本特性和有机化学的基本理论知识;从第 2 章开始,主要以官能团为纲,以结构和反应为主线,阐明各类官能团化合物的结构、性质之间的关系;第 5 章是立体化学的基本概念与基本知识;第 12~14 章主要是面向生命科学的化合物结构与性质;第 15 章是药用高分子化合物,简要介绍高分子化合物的一般概念以及作为药物或药物辅料的应用。本教材在修订过程把握高等职业教育专业教学标准、现代职业教育体系以及专业教学资源库建设的要求,处理"必需够用"与"系统性"之间的关系、前期与后续课程之间的关系、"针对性"与"普适性"之间的关系,彰显高等职业教育专业基础课的特征;在内容上进行必要补充和删减,提高课程教学的针对性;补充较大量的目标检测题,其中大幅增加每章的客观题;同时增加知识链接和图片、动画等教学素材,制作丰富多彩的教学课件,提升教材的数字化程度,为课程的网络化教学提供条件;继续采用双色版面,保持良好视觉效果和可读性。

本书可作为高职高专药品类、药学类等专业的教材,也可以作为相关专业老师和学生的参考书。

图书在版编目(CIP)数据

有机化学 / 邬瑞斌,徐伟刚主编 . —3 版 . —北京:科学出版社,2015.1
"十二五"职业教育国家规划教材
ISBN 978-7-03-042390-0

Ⅰ.有… Ⅱ.①邬… ②徐… Ⅲ.有机化学-高等职业教育-教材　Ⅳ.O62

中国版本图书馆 CIP 数据核字(2014)第 257047 号

责任编辑:许贵强 / 责任校对:刘亚琦
责任印制:赵　博 / 封面设计:范璧合

版权所有,违者必究。未经本社许可,数字图书馆不得使用

科 学 出 版 社 出版
北京东黄城根北街 16 号
邮政编码:100717
http://www.sciencep.com

石家庄继文印刷有限公司 印刷
科学出版社发行　各地新华书店经销

*

2004 年 9 月第 一 版　　开本:787×1092　1/16
2015 年 1 月第 三 版　　印张:19 1/4
2019 年 1 月第八次印刷　字数:460 000
定价:49.00 元
(如有印装质量问题,我社负责调换)

前 言

本书自 2009 年第二版修订以来,被全国许多院校药品类和药学类等相关专业的有机化学课程的教学选用为教材,并且在科学出版社的组织下成功入选"十二五"职业教育国家规划教材,这是对我们工作最大的肯定和鼓励。

近年来,我国职业教育改革更加深入,理念更加清晰,目标更加明确,着力在新形势下提升职业教育为产业服务的能力,为我国社会经济以及产业转型升级提供技能人才支撑。在职业教育自身内涵建设方面,通过推进现代职业教育体系建设和中等、高等职业教育协调发展,加强职业教育国家专业教学资源库和精品资源共享课程建设,研制并颁布高等职业教育专业教学标准等一系列举措,为各职业院校教学改革和质量工程项目提供了依据和目标。这些也为我们本次教材修订提供了全新的思路与方法。

因此,本次教材的修订主要做了以下三个方面的工作:一是根据产业升级和教学要求的变化继续深入做好本课程与前后续课程内容的衔接工作。目前提高学生的实践能力依然是职业教育的重点,许多院校压缩了专业基础课的教学时间,而我们认为教学内容不但不能压缩,还要根据产业发展有所补充。因此相关课程的内容在保证"必需够用"的原则下,增强衔接有效性、减少简单重复、节约教学时间就显得十分重要。要从机制上解决这一问题,就必须组建一支适应上述要求的编写队伍,成员的要求之一(其他要求按照出版社主参编遴选要求)是目前从事有机化学课程教学,曾经或正在参与包括基础化学(或无机化学)、生物化学、药物化学、有机合成等与有机化学紧密相关课程的教学工作,十分熟悉对应课程内容以及本课程的内容,能有效解决内容的重复和衔接问题。在实际修订过程中每个参编者除了要完成所负责章节的内容修订任务外,还要通读全书,给其他章节编写工作提意见和建议。二是为教材的数字化和网络化打基础。目前随着"MOOC"理念的兴起和教学条件的现代化,课程教学的网络化是发展趋势,作为为全国相关院校同一课程教学提供服务的教材,必须为课程的数字化和网络化教学提供条件。因此在课程内容编排上知识点更加清晰,扩增知识链接,制作丰富多彩的教学课件,在目标检测题中大篇幅增加客观题以及包括图片、动画等在内的各类教学素材,为教材的网络化使用和服务做好准备。三是依据新版专业教学标准,建设药品类和药学类专业普适性的有机化学教材。由教育部组织、各相关教指委在"十一五"期间研制的高等职业教育专业教学标准于 2012 年正式出版发布了,其中包括药品类和药学类 14 个目录内外专业,详尽地阐述了这些专业的入学、培养、就业和升学的各项要求或标准,为全国各相关院校药品类和药学类专业的教学组织与实施,甚至课程的教学提供了十分具体的参考依据。而有机化学是这 14 个专业均设置的、最重要的专业基础课之一。我们系统分析了各专业有机化学课程的教学要求，归类共同点，找出不同点。对于少量的不同点，采用"链接"的形式呈现出来，根据教学要求而选用。

通过上述工作和举措，我们希望能够修订出一本真正符合高等职业教育药品类、药学类及相关专业教学标准中有机化学课程教学要求的普适性教材，也希望是一本系统解决有机化学课程与相关课程内容重复和衔接问题的十分实用的教材，更希望是一本符合数字化和网络化建设、适应网络化教学要求的教材。当然能否达到这些要求，还要靠我们编写团队共同努力和全国同行的鼎力支持。

第三版教材的修订工作是在科学出版社的组织下开展和完成的，特别是在主参编的遴选和教材修订总体思路的确定方面，出版社的编辑团队付出了艰辛的劳动。九所院校的十一位同仁共同参与本书修订的工作，他们是：徐伟刚（常州卫生高等职业技术学校）、吁诚铭（惠州卫生职业技术学院）、李永（中国药科大学高等职业技术学院）、刘淑芳（运城护理职业学院）、赵忠喜（湖北三峡职业技术学院医学院）、刘国强（山东省青岛卫生学校）、李飞（沈阳药科大学）、邬瑞斌（中国药科大学高等职业技术学院）、张淑凤（沧州医学高等专科学校）、黄静（湖北三峡职业技术学院医学院）、盛文文（皖西卫生职业学院）（排名不分先后）。

囿于水平和能力，书中可能存在不少疏漏和不当之处，恳请广大师生给予批评指正，以便及时修正。如果这本教材能够给您的课程教学提供良好的辅助、参考或依托作用，那是我们编写团队的希望和荣幸。但我们更希望得到您的指点，以便使本教材在内容和形式上日臻完善。

编　者
2014 年 1 月

目 录

第1章　绪论 …………………………………………………………………………………… (1)
第2章　脂肪烃 ………………………………………………………………………………… (12)
　　第1节　烷烃 ……………………………………………………………………………… (12)
　　第2节　烯烃 ……………………………………………………………………………… (21)
　　第3节　炔烃 ……………………………………………………………………………… (32)
　　第4节　二烯烃 …………………………………………………………………………… (38)
　　第5节　脂环烃 …………………………………………………………………………… (41)
第3章　芳香烃 ………………………………………………………………………………… (49)
第4章　卤代烃 ………………………………………………………………………………… (72)
第5章　立体化学基础 ………………………………………………………………………… (85)
　　第1节　顺反异构 ………………………………………………………………………… (85)
　　第2节　对映异构 ………………………………………………………………………… (88)
　　第3节　构象 ……………………………………………………………………………… (100)
第6章　醇　酚　醚 …………………………………………………………………………… (108)
　　第1节　醇 ………………………………………………………………………………… (108)
　　第2节　酚 ………………………………………………………………………………… (121)
　　第3节　醚 ………………………………………………………………………………… (128)
第7章　醛　酮　醌 …………………………………………………………………………… (135)
　　第1节　醛和酮 …………………………………………………………………………… (135)
　　第2节　醌 ………………………………………………………………………………… (149)
第8章　羧酸及其衍生物 ……………………………………………………………………… (153)
　　第1节　羧酸 ……………………………………………………………………………… (153)
　　第2节　羧酸衍生物 ……………………………………………………………………… (162)
　　第3节　碳酸衍生物 ……………………………………………………………………… (171)
第9章　取代羧酸 ……………………………………………………………………………… (177)
　　第1节　卤代酸 …………………………………………………………………………… (177)
　　第2节　羟基酸 …………………………………………………………………………… (180)
　　第3节　羰基酸 …………………………………………………………………………… (186)
第10章　有机含氮化合物 ……………………………………………………………………… (192)
　　第1节　硝基化合物 ……………………………………………………………………… (192)
　　第2节　胺 ………………………………………………………………………………… (196)
　　第3节　重氮化合物和偶氮化合物 ……………………………………………………… (207)
　　第4节　腈 ………………………………………………………………………………… (211)
第11章　杂环化合物与生物碱 ………………………………………………………………… (214)
　　第1节　杂环化合物 ……………………………………………………………………… (214)
　　第2节　生物碱 …………………………………………………………………………… (236)

第12章 氨基酸 蛋白质 核酸 ………………………………………………………………（241）
　第1节　氨基酸 …………………………………………………………………………（241）
　第2节　蛋白质 …………………………………………………………………………（245）
　第3节　核酸 ……………………………………………………………………………（248）
第13章 糖类 ……………………………………………………………………………（252）
第14章 萜类和甾体化合物 ……………………………………………………………（268）
　第1节　萜类化合物 ……………………………………………………………………（268）
　第2节　甾体化合物 ……………………………………………………………………（275）
第15章 药用合成高分子化合物 ………………………………………………………（287）
参考文献 …………………………………………………………………………………（297）
教学基本要求 ……………………………………………………………………………（298）

第1章 绪　　论

> **学习目标**
> 1. 掌握有机化合物的概念，有机化合物的性质特点和共价键理论；
> 2. 理解有机化学的概念，有机化合物结构和分类以及共价键的重要物理量；
> 3. 了解有机化学发展简史及与药学的关系，有机化合物的分类及共价键的断裂方式与反应类型。

一、有机化合物和有机化学

有机化合物简称有机物，是自然界的重要组成部分，迄今已发现的2000多万种化合物中大部分是有机化合物。有机化合物与自然界的发展演变以及人类的生存有着密切的关系。"有机"这个词源于历史，由于当时人们对物质的认识还没有像今天这样深刻，对于已经繁杂的化合物只能根据来源划分为"无机化合物"和"有机化合物"。把矿石、金属、盐类、水和空气的各种组分，称为无机化合物，而把从生物体中获得的物质称为有机化合物。认为有机化合物是"有生命机能的物质"，只能在"生命力"作用下产生，不能人工合成，是与无机化合物截然不同的一类物质。这就是"生命力"学说，它在相当一段时间内阻碍了有机化学的发展。1828年，德国科学家维勒（F. Wohler）在实验室里加热无机化合物氰酸铵水溶液得到了当时公认的有机化合物——尿素：

$$NH_4CNO \xrightarrow{\Delta} H_2N-\overset{\overset{\displaystyle O}{\|}}{C}-NH_2$$

　　　　氰酸铵　　　　　　　尿素

实现了通过人工的方法把无机化合物转变成有机化合物，对"生命力"学说产生了冲击。后来随着越来越多的有机化合物的合成成功，如1845年的乙酸、1860年的脂肪等，"生命力"学说才被彻底打破。从此，有机合成迅速地发展起来。实际上，有机化合物和无机化合物同属于自然界，遵循着相同的物理和化学的变化规律，在一定的条件下还可以实现相互之间的转化。

随着化学分析手段的发展与进步，人们发现有机化合物组成中都含有碳元素，绝大多数还含有氢元素，有的还含有氧、氮、卤素、硫、磷等元素。因此，可以认为有机化合物通常是指"含碳化合物（hydrocarbon）"，又因多数有机化合物除含碳元素外还含有氢元素，而氢原子可以被其他原子或原子团所取代，形成更加复杂的含有氧、氮、卤素、硫、磷等元素的化合物，所以常把有机化合物认为是碳氢化合物及其衍生物（derivative）。有机化学就是研究碳氢化合物及其衍生物的组成、结构、性质、合成方法、分离提纯、应用以及变化规律的化学。

> **知识链接**　　"有机化学"概念的来源
>
> 随着化学技术的发展与成熟，到18世纪，科学家已经通过蒸馏和钙盐沉淀法从天然有机产物中分离、提取了一大批相对较纯的有机化合物，如乙醇、乙醚、丙酮、苯甲酸、琥珀酸、乙酸、甲酸、草酸、苹果酸、酒石酸、柠檬酸、乳酸等，而这些化合物在组成和性质上与以矿物质为代表的无机化合物有着很大的区别，人们就把这一类别的化合物称为"有机化合物"。"有机"这个词是指"有生命"，认为有机化合物只能在生物体中产生，而不能用人工合成。1806年，瑞典化学家J. Berzelius首先提出了"有机化学"这个新的概念，同时也建立了一个新的学科。它是"生命力"学说下的产物。

二、有机化合物的特性

虽然有机化合物与无机化合物没有绝对的界限,但有机化合物在组成和性质上还是有一定的特点。

1. 同分异构现象 有机化合物同分异构现象普遍。由于一般的有机化合物分子含有较多原子,它们既可以通过共价键形成链状结构,又可以形成环状结构,而且有些原子之间结合方式也有多种,可形成一个共价键,也可形成两个甚至三个共价键。例如,分子式为 C_4H_8,可以写出 5 种结构式:

$$CH_2=CH-CH_2-CH_3 \qquad CH_3-CH=CH-CH_3$$

$$\begin{array}{c} CH_3 \\ | \\ CH_3-C=CH_2 \end{array} \qquad \begin{array}{c} CH_2-CH_2 \\ | \quad\quad | \\ CH_2-CH_2 \end{array} \qquad \begin{array}{c} CH_3 \\ | \\ CH \\ / \ \backslash \\ CH_2-CH_2 \end{array}$$

我们把这种分子式相同,而结构式不同的现象,称为同分异构现象。这些化合物之间互称为同分异构体。因此,有机化合物结构复杂、种类繁多。

2. 可燃性 大多数有机化合物易燃,可根据其完全燃烧后生成物的组成和数量来进行元素定性及定量分析,进而确定该化合物的组成。而无机化合物一般不可燃。

3. 有机化合物的熔点一般较低,耐热性差 有机化合物的熔点一般在 40~300℃,如萘的熔点为 80℃,水杨酸的熔点为 159℃,加热到熔点以上即分解。而无机化合物耐热性好,熔点高,受热一般不易分解,如氯化钠的熔点高达 808℃。有机化合物与无机化合物在组成时的作用不同,前者是分子间作用力形成的分子晶体,后者则是离子间通过离子键形成的离子晶体。

4. 溶解性 有机化合物一般难溶于水,而易溶于有机溶剂。无机化合物一般易溶于水,却难溶于有机溶剂。因为水是极性分子,根据"相似相溶"的原理,以离子键结合的无机化合物极性强,易溶于其中,而以共价键结合的有机化合物大多是非极性分子或者极性很弱,难溶于极性溶剂水,而易溶于有机溶剂。

5. 导电性 有机化合物的水溶液或在熔融状态下一般不导电,有机化合物是共价化合物,溶解或熔化状态下难以产生离子,所以是非电解质。而无机化合物大多是离子型化合物,在水溶液中或熔融状态下,易电离成离子,具有导电性。

6. 反应速率和副反应 有机化合物的反应速率慢,反应复杂,常有副反应发生。无机化合物之间的反应主要是离子之间的重新组合,因此,反应速率快,反应比较专一,一般没有副反应发生。而有机化合物在反应时需要断裂的是共价键,因此反应速率比无机化合物慢,一般有机化合物进行反应时,都需加热、搅拌或使用催化剂来加速。有机化合物结构复杂,反应通常不能局限在某一个特定的部位,于是产生了副反应,随之得到了副产物。因此,有机化合物的反应复杂,反应产物一般为多种生成物的混合物,要求对反应产物进行后处理,以分离提纯所需要的产物。

> **知识链接**   **同分异构现象的发现**
>
> 1824~1830 年,维勒和李比希几乎同时测定了氰酸(HCNO)和雷酸(HOCN)的组成,发现它们都是由 C、H、O、N 组成,并且各元素的百分含量相同。两位化学家经过多年详尽的研究,认为双方都没有错。对此,他们无法解释:两种显然不同的化合物,怎么会有相同的成分呢?他们向当时的化学泰斗 J. Berzelius 请教,经过认真研究和分析后,1830 年 J. Berzelius 提出了一个崭新的化学概念,称为"同分异性"。意思是说,同样的化学成分,可以组成性质不同的化合物。他认为,氰酸与雷酸,便属于"同分异性",

> 它们的化学成分一样,却是性质不同的化合物,而且这种现象普遍存在。在此之前,化学界一向认为,一种化合物具有一种成分,绝没有两种不同化合物具有同一化学成分。

三、共价键理论与有机化合物的结构

(一) 共价键理论

1. "八隅体"学说　1914~1917年,美国化学家路易斯(Lewis)等提出著名的"八隅体"学说。这个学说认为,原子之间在组成化学键时,有使外层电子形成八电子或两电子稳定结构的倾向。在形成离子键时通过电子得失达到稳定结构,而在形成共价键时则通过组成共用电子对达到稳定结构。

碳是有机化合物中的重要元素,碳位于元素周期表中的第二周期,ⅣA族,最外层有四个电子,通过与其他原子共用电子形成八电子的稳定结构。例如:

$$\overset{\cdot}{\underset{\cdot}{\cdot}}\text{C}\cdot + 4\text{H}\cdot \longrightarrow \text{H} : \overset{\text{H}}{\underset{\text{H}}{\text{C}}} : \text{H}$$

这样就形成了四个碳氢共价键,构成了甲烷分子。上述表示甲烷分子结构的方法称为电子式。

这个理论基本解释了各类化学键形成的差异,也能说明分子中原子的连接次序。但仍有许多问题它无法解决,例如:分子中单键与双键的区别是什么?分子究竟是平面的,还是立体的?各个分子立体形象是由哪些因素决定的?等等。

2. 现代共价键理论　为了解决上述问题,20世纪人们在量子力学的基础上,创建了现代共价键理论,包括价键理论和分子轨道理论。

(1) 价键理论:该理论认为原子间的共价键是通过成键原子的原子轨道相互重叠而形成的,形成的共价键相当于一个轨道,由于同一个轨道中最多只能容纳自旋方向相反的两个电子,这就要求相互重叠的两个轨道中的电子总数为两个,并且自旋方向相反。因此,也称之为电子配对法。轨道重叠的方式一般有两种:一种是成键轨道沿对称轴正面重叠形成的共价键,称为σ键;另一种是两个相互平行的成键轨道侧面重叠形成的共价键,称为π键,如图1-1所示。

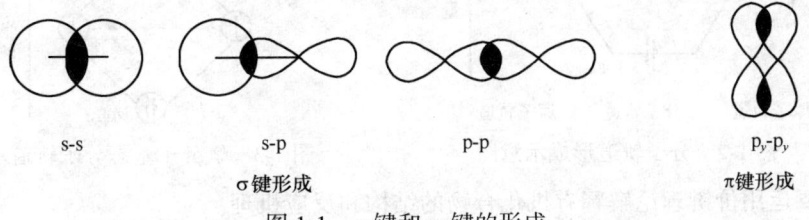

图1-1　σ键和π键的形成

σ键与π键主要差异如下:①由于σ键是沿着电子云密度最大的方向重叠而成,它的重叠程度比π键在侧面重叠程度大,所以σ键比π键牢固。一般情况下,碳原子与碳原子形成的σ键的键能约为19.8kJ/mol;而π键的键能约为15.1kJ/mol。②σ键是轴对称的,成键原子可绕键轴自由旋转;而π键不是轴对称的,成键原子不能绕键轴自由旋转。③σ键可单独存在,π键不能单独存在,它只能与σ键共存,所以π键只存在于双键或叁键之中。④由于σ键的电子云是轴对称呈圆柱形分布,电子云比较集中,不容易受外电场的影响而发生流动(极难极化);而π键的电子云分散在对称平面上下两边,电子云比较分散,受两核的作用力较小,易受外电场的影响而发生流动(易极化)。因此,σ键不易断裂,性质较稳定;π键易断裂,性质较活泼。

共价键的特性:

1) 饱和性:共价键的饱和性是指当一个原子的一个未成对电子与另一个原子的未成对电子配对成键后,就不能再和第三个电子配对了。

2) 方向性:共价键的方向性是指电子云重叠程度越大,形成的共价键越牢固。因此,电子云总要沿着能够发生最大重叠的方向进行重叠,使生成的共价键具有更高的稳定性。

另外,杂化轨道理论,即能量相近的原子轨道可以进行杂化而形成能量相等的杂化轨道,是现代价键理论的重要内容,它成功地突破了"八隅体"学说。

(2) 分子轨道理论:该理论认为分子中的共价键是成键原子的轨道相互作用重新组合而形成的。其要点如下:

1) 整个分子是一个整体,每一个电子都属于整个分子,电子在整个分子中运动,它的运动状态可用单电子的波函数(ψ)来描述,ψ 就是分子轨道。

2) 分子轨道由原子轨道线性组合而成,分子轨道的数目与原子轨道的数目相同。例如,两个原子轨道 ψ_1 和 ψ_2,可组合成两个分子轨道 ψ_{MO} 和 ψ_{MO}^*:

$$\begin{cases} \psi_{MO} = \psi_1 + \psi_2 \\ \psi_{MO}^* = \psi_1 - \psi_2 \end{cases} \tag{1.1}$$

ψ_{MO} 为成键轨道,ψ_{MO}^* 为反键轨道,成键轨道的能量比原子轨道能量低;反键轨道能量比原子轨道能量高。

3) 分子轨道中电子排布仍遵守泡利(Pauli)不相容原理、能量最低原理和洪特(Hunt)规则。因此,在基态时,电子占据能量较低的成键轨道,分子稳定存在,如图1-2所示。

4) 由原子轨道组成分子轨道时,还必须符合三个原则。①能量相近原则:只有能量相近的原子轨道才能有效组合成线性轨道;②原子轨道最大重叠原则:原子轨道重叠部分越大,形成的键越牢固;③对称性匹配原则:只有符号(位相)相同的原子轨道才能组成分子轨道。

氢分子形成的分子轨道为:一般情况下,两个电子处于成键轨道中,体系能量最低,分子处于基态,比较稳定(图1-3)。

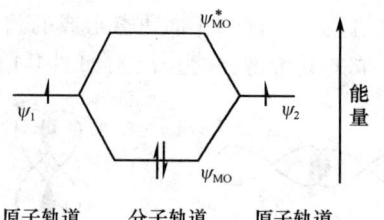
图1-2 分子轨道形成示意图

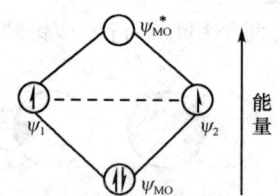
图1-3 氢分子基态分子轨道示意图

本书主要运用价键理论解释有机化合物的结构和反应机理。

(二) 有机化合物的结构

连接有机化合物中原子的作用是共价键,每一对共用电子均可以用一个短线"—"表示,也就是说一个短线表示一个共价键。例如,丁烷的结构可表示如下:

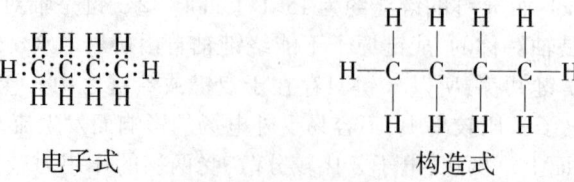

电子式　　　　　　　构造式

像上例中能够表示组成分子的原子的种类和数目、原子间的连接方式和次序的式子，称为结构式。但大多数情况下，为了书写方便，常使用结构简式和键线式。丁烷的结构简式和键线式如下：

$$CH_3CH_2CH_2CH_3$$
结构简式　　　　　　　　键线式

原子之间可以形成单键，也可以形成双键，甚至叁键。例如：

$$CH_3—CH_3 \qquad CH_2=CH_2 \qquad CH\equiv CH$$
乙烷　　　　　　乙烯　　　　　　乙炔

除了少部分的分子是线型或平面型的结构，绝大部分的分子是具有空间立体构型的。例如：

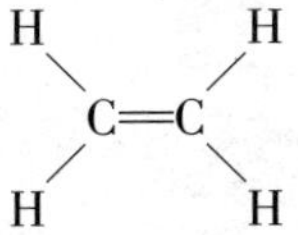

乙烯：平面结构　　　乙炔：线型结构　　　甲烷：正四面体结构

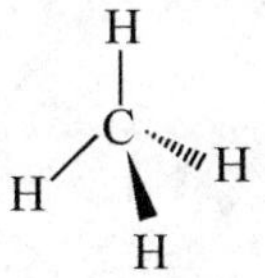

四、共价键的重要物理量

1. 键长（bond length） 成键的两个原子之间存在着吸引力和排斥力，当这两个力达到平衡时，体系的能量最低，形成了稳定的共价键。此时，两个成键原子间的距离即为键长。一定的共价键键长基本是一定的，当然，相同的共价键在不同的化合物中也稍有差异。一些常见共价键的键长见表1-1。

表1-1　常见共价键的键长

共价键	键长/nm	共价键	键长/nm
C—H	0.107	C=O	0.122
C—Cl	0.176	C=N	0.129
C—Br	0.194	C≡N	0.116
C—I	0.214	O—N	0.109
C—C	0.154	C—N	0.147
C=C	0.135	C—O	0.143
C≡C	0.120	O—H	0.096

键长越短，电子云重叠程度越大，共价键越稳定。

2. 键能（bond energy） 由1mol A原子（气态）和1mol B原子（气态）结合成1mol AB分子（气态）时，放出的能量称为键能；反之，1mol AB分子（气态）共价键断裂，解离成1mol A原子（气态）和1mol B原子（气态）所要吸收的能量称为解离能。对于双原子分子来说，键能和解离能是相等的。但对于多原子分子，键能与键的解离能是不同的。例如，甲烷的四个C—H键的解离能（D）如下：

$$CH_4 \longrightarrow \cdot CH_3 + H\cdot \quad D(CH_3—H) = 435.1 \text{ kJ/mol}$$
$$\cdot CH_3 \longrightarrow \cdot CH_2 + H\cdot \quad D(CH_2—H) = 443.5 \text{ kJ/mol}$$

$\cdot CH_2 \longrightarrow \cdot CH + H\cdot \quad D(CH—H) = 443.5 \text{ kJ/mol}$

$\cdot CH \longrightarrow \cdot C + H\cdot \quad D(C—H) = 338.9 \text{ kJ/mol}$

$CH_4 \longrightarrow \cdot C + 4H\cdot \quad \Delta H = 1661 \text{ kJ/mol}$

而 C—H 键的键能,是指这四个共价键的解离能的平均值,为 416.5 kJ/mol。因此,多原子分子的共价键键能与解离能是不同的。常见共价键的键能见表 1-2。

表 1-2　常见共价键的键能

共价键	键能/(kJ/mol)	共价键	键能/(kJ/mol)
C—H	412.1	C=O	736.8
C—Cl	334.7	C=N	606.7
C—Br	284.5	C≡N	891.2
C—I	217.6	C—N	284.5
C—C	361.0	C—O	355.6
C=C	612.5	O—H	462.3
C≡C	833.9		

键能能反映共价键的强度,一般情况下键能越大,共价键越牢固。

3. 键角(bond angle)　指同一原子形成的两个共价键键轴的夹角。键角与有机化合物分子的空间结构有关。例如,在甲烷分子中四个 C—H 之间的夹角为 109.5°,所以甲烷是正四面体型的;在乙炔分子中两个 C—H 与碳碳键之间的夹角均为 180°,所以乙炔分子是直线型的。

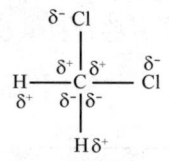

图 1-4　二氯甲烷中各键的极性

4. 键的极性与极化　两个相同的原子形成的共价键是非极性共价键,简称非极性键。两个不同原子形成的共价键是极性共价键,简称极性键。极性共价键中一个原子带部分正电荷,另一个原子带部分负电荷,如图 1-4 为二氯甲烷中各键的极性。

共价键的极性的大小,由成键的两个原子电负性之差来决定。电负性相差越大,键的极性也越大。共价键的极性可用偶极矩 μ 的大小进行量化比较。偶极矩的值等于正负电荷中心所带电荷与它们之间距离的乘积:$\mu = qd$,偶极矩 μ 的单位为德拜(D),电量 q 的单位是库仑(C),距离 d 的单位是米(m)。偶极矩是矢量,可以用箭头表示,指向带负电荷的一端。

对于双原子分子,共价键的极性就表示了分子的极性,而多原子分子的极性则是由组成分子的共价键和分子的空间构型所决定的,其偶极矩是各共价键的偶极矩的矢量和。例如:

$\mu = 6.2 \times 10^{-30}\text{C}\cdot\text{m}$　　$\mu = 0$　　$\mu = 0$　　$\mu = 3.83 \times 10^{-30}\text{C}\cdot\text{m}$

HCl 是由极性键构成的双原子分子,为极性分子;H_2O、$CHCl_3$ 是由极性键构成的多原子分子,分子的空间结构使其各键偶极矩的矢量和不等于零,为极性分子;C_2H_2 和 CCl_4 也是由极性键组成的多原子分子,分子的空间构型使各键偶极矩的矢量和等于零,因此为非极性分子。

在外电场(玻璃器皿的壁、极性溶剂或试剂等)的影响下,共价键的电子云分布发生改变,使分子的极性发生了改变,这种现象称为键的极化。可以用极化度衡量共价键极化的难易程度,极化度越大,共价键越容易极化,它与形成共价键的原子的性质有关,一般来说,原子的电负性越大,原子半径越小,原子核对外层电子的束缚力就越大,受外电场的影响就越小,其极化度也越小。例如,C—X 的极化度是随着卤素原子的原子序数的增大而不断增大的。

π 键和 σ 键相比较,π 键比 σ 键受原子核的影响小,因此 π 键的极化度更大,更易受外电场的影响。

但当外界电场消失后,共价键的极化也就随之消失,共价键恢复原来状态。因此,键的极化是一种暂时现象。

五、共价键的断裂方式与有机化学反应类型

有机化合物之间进行反应,反应物转变成了生成物,实质上是原有的共价键断裂,生成了新的共价键。共价键的断裂方式有两种:均裂和异裂。共价键的断裂方式决定反应类型。

1. 均裂与自由基(也称游离基)**型反应** 共价键断裂时,平均分给成键的两个原子或基团,这种断裂方式,称为共价键的均裂(homolysis)。

$$A:B \longrightarrow A\cdot + B\cdot$$

共价键的均裂往往在高温、光照或在催化剂的作用下才能产生。通过共价键的均裂产生的带有单电子的原子或基团称为自由基,自由基的活性高、反应能力强。在有机化学反应中,有一部分反应是由自由基引发或参与的,这类反应称为自由基型的反应。并且自由基反应可以分为自由基型的取代反应和自由基型的加成反应。

2. 异裂与离子型反应 共价键断裂时,组成共用电子对的两个电子被成键的两原子或基团的一方所占有,形成带负电荷的离子,另一方则形成正离子。这种断裂方式称为共价键的异裂(heterolysis)。

$$A:B \longrightarrow :A^- + B^+$$

共价键的异裂往往是在外电场或酸碱等催化剂的作用下产生的。在有机化学反应中通过共价键的异裂而进行的反应称为离子型反应。值得注意的是,在共价键的异裂过程中形成的离子,只是反应的中间体,非常活泼,不能稳定存在,与无机化合物的离子是有区别的。因此,有机化合物离子型的反应与无机化合物的离子型反应是不同的。

六、有机化合物的分类

有机化合物数目繁多,为便于系统研究,掌握结构和性质上的规律性,可将有机化合物按一定的方式进行分类。常用的分类方法有两种:一种是根据分子中碳原子结合方式(碳架)分类,另一种是根据分子中所具有的官能团分类。

(一)按碳架分类

根据碳原子的结合方式不同,有机化合物可分为三类。

1. 链状化合物(chain compound) 这类化合物分子中的碳原子相互连接成链状,或在长链上连有支链。由于脂肪中以这类化合物为主,所以又把链状化合物称为脂肪族化合物。例如:

$$CH_3CH_2CH_2CH_3 \qquad\qquad CH_3CH_2CH_2OH$$
正丁烷 正丙醇

2. 碳环化合物(carbocyclic compound) 这类化合物含有完全由碳原子组成的环状结构,故

称为碳环化合物,根据碳环的结构特点,又可分成以下两类。

(1) 脂环族化合物:这类碳环化合物具有与相应的链状化合物相似的性质,所以称为脂环族化合物。例如:

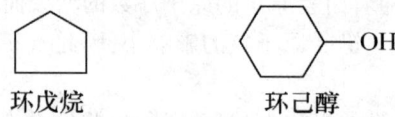

(2) 芳香族化合物:这类化合物分子中,含有苯环或稠合苯环,其性质与脂环族化合物不同。例如:

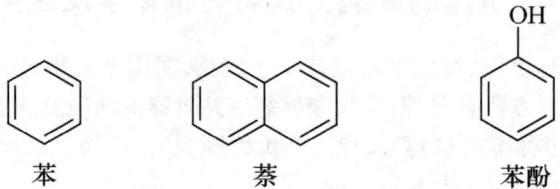

3. 杂环化合物(heterocyclic compound)　在这类化合物分子中,含有由碳原子和其他原子(O、N、S)所连成的环。例如:

(二) 按官能团分类

官能团(function group)又称功能基,是决定有机化合物性质的原子或原子团。由于含有相同官能团的化合物,其化学性质相似,所以为了便于研究,将有机化合物按官能团进行分类。常见的重要官能团见表1-3。

表1-3　常见的重要官能团

官能团名称	官能团结构	类别	实例
双键	C=C	烯烃	$H_2C=CH_2$
叁键	—C≡C—	炔烃	H—C≡C—H
卤素	—X	卤代烃	CH_3Cl
羟基	—OH	醇	CH_3—OH
		酚	C_6H_5—OH
醚键	—C—O—C—	醚	C_2H_5—O—C_2H_5
羰基	C=O	醛	CH_3CHO
		酮	CH_3COCH_3
羧基	—COOH	羧酸	CH_3COOH
氨基	—NH_2	胺	$CH_3CH_2NH_2$

续表

官能团名称	官能团结构	类别	实例
硝基	—NO_2	硝基化合物	C_6H_5—NO_2
巯基	—SH	硫醇	C_2H_5—SH
磺酸基	—SO_3H	磺酸	C_6H_5—SO_3H
氰基	—CN	腈	CH_3CN

> **知识链接** 　　　　　　　　**研究有机化合物的一般步骤**
>
> 　　研究有机化合物,就是在理论的指导下,通过一定实验手段确定其组成、结构、性质和作用等,以致建立人工的合成方法和拓展用途。一般来说,大体分为以下几个步骤。
>
> 　　1. 分离提纯。研究一个未知的有机化合物首先要把它分离提纯,保证达到应有的纯度。分离提纯的方法有重结晶、升华、蒸馏以及色谱法等。
>
> 　　2. 纯度的检验有测定物理常数法和色谱分析法等。
>
> 　　3. 实验式和分子式的确定:①元素定性分析,确定化合物的元素组成;②元素定量分析,确定各元素原子的相对数目,得出实验式;③测定相对分子质量,确定各元素原子的真实数目,得出分子式。
>
> 　　4. 结构式的确定,通过波谱解析,明确结构式。
>
> 　　5. 人工合成方法的研究与改进。
>
> 　　6. 研究其功能和用途。

七、有机化学与药学的关系

　　有机化学是一门重要的基础性学科,与药学的关系尤为密切。不管是新药的研究、开发,药品的生产,还是药物的质量分析都离不开有机化学的知识。因此,在药学人才培养的知识链中,有机化学是一门具有相当分量的基础课程。通过学习,掌握有机化学的基础知识和基本理论,掌握一些与药学相关的重要的有机化合物和有机化学反应,弄清重要反应的机理。在理论学习的同时也要加强有机实验教学,掌握有机化学实验的基本技能,为学习生物化学、药物化学和药物分析等后续课程和毕业后的实际工作打下坚实的基础。

> **知识链接** 　　　　　　　　**药物与化学**
>
> 　　目前,使用的药物按来源可分为三大类:①天然来源的植物药、矿物药及来源于动物组织的药物。②微生物来源的药物,如抗生素等。③化学合成的药物,就是化学药物或西药。绝大多数是化学合成的药物;有些来源于天然物或微生物的药物,现在也可以用化学合成的方法制得;有些还可以以天然产物中的成分为主要原料经化学合成制得,即"半合成"药物。

本 章 小 结

　　本章主要阐述的知识点有:有机化学发展简史,有机化合物性质特点,有机化合物结构和共价键理论要点,有机化学与药学的关系,有机化合物共价键的断裂方式及反应类型,有机化合物的分类方法,等等。

　　本章所涉及的基本概念有:有机化合物、同分异构现象及异构体、"八隅体"学说、价键理论、分子轨道理论、σ 键、π 键、成键轨道、反键轨道、键能、键长、键角、单键、双键、叁键、电子式、结构式、键线式、极性、极化性、偶极矩、均裂、自由基反应、异裂、离子型反应、官能团及常见官能团,等等。

目标检测

一、名词解释
1. 有机化学
2. 同分异构现象
3. "八隅体"学说
4. σ键、π键
5. 结构式
6. 极性、极化性、偶极矩
7. 官能团
8. 现代价键理论

二、根据原子电负性的差异指出下列共价键偶极矩的方向
1. C—H
2. C—Cl
3. C—O
4. C—N
5. N—O
6. C—B
7. C—S
8. N—S

三、根据构成分子的原子电负性和分子的空间构型，预测下列化合物的偶极矩方向
1. CH_3Cl
2. CH_3OCH_3
3. $(CH_3)_3N$
4. 哌啶

四、将下列各化合物中指定共价键按键长递增和键能递减顺序排列
1. 比较 C—C 键：① $H_3C—CH_3$ ② $H_2C=CH_2$ ③ $HC≡CH$
2. 比较 C—X 键：① $H_3C—Br$ ② $H_3C—Cl$ ③ $H_3C—I$
3. 比较 C—O 键：① $CH_3CH_2—OH$ ② $CH_3C(H)=O$
4. 比较 C—N 键：① $CH_3C≡N$ ② $CH_3CH_2—NH_2$ ③ $CH_3C(H)=NOH$

五、请回答对下列化合物提出的问题
① $(CH_3)_3CC—Br$
② $CH_3CH_2CH_2—O—CH(CH_3)_2$
③ CH_3COCH_3
④ $CH_3CH_2CH_2C≡CH$
⑤ $CH_3CH_2CH_2COOH$
⑥ CH_3CH_2CHO
⑦ $CH_3CH_2CH_2CH_2CH_2OH$
⑧ 环戊烯
⑨ 苯甲醛 (PhCHO)
⑩ $CH_3CH_2CH_2CHCH_3$ | NO_2
⑪ 甲苯
⑫ 苯胺 ($PhNH_2$)
⑬ $CH_3COOCH_2CH_3$
⑭ $CH_3CH_2CHCOOH$ | NH_2

1. 按碳架分类，上述化合物属于链状化合物的是（　　）；属于碳环化合物的是（　　）；属于杂环化合物的是（　　）。
2. 按官能团分类法，指出上述化合物属于哪一类化合物和所含官能团。
3. 指出上述化合物中，哪些化合物之间互为同分异构体。

六、写出下列化合物的分子式、电子式、结构简式和键线式
1. $CH_2=CH—CH_3$
2. $HC≡CH$
3. $CH_3—O—CH_3$ (乙醚结构)
4. 丙醛
5. 1,1-二氯乙烷
6. 正丙醇

7. 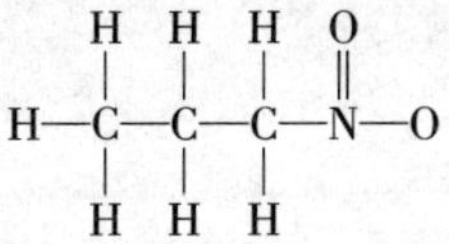
```
    H H H O
    | | | ||
H — C — C — C — N=O
    | | |
    H H H
```

8. 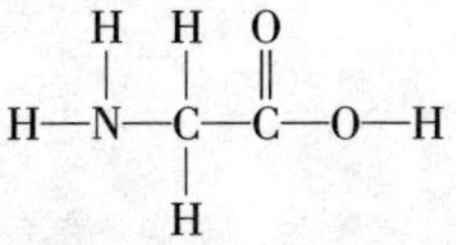
```
  H H O
  | | ||
H—N—C—C—O—H
  |
  H
```

七、用有机化合物的特性解释下面现象

1. 加油站或油库在许多位置都放置"杜绝火种"的警示牌。
2. 一般情况下，金属导线要用塑料或橡胶包裹。
3. 粘在衣服上的油漆要用汽油等有机溶剂才能洗掉。
4. 把浓硫酸加到砂糖中产生"黑面包"现象。

八、根据相关文献、专著或网络资源，查阅有机化学发展历史的相关资料，并自拟题目写一篇 500~800 字的论文（如：获得诺贝尔奖的有机化学家、对有机化学发展产生重大影响的成果或有机化学发展过程中的大事记等）。

九、试用现代价键理论分析 σ 键和 π 键的相同点和不同点。

第2章 脂 肪 烃

> **学习目标**
> 1. 掌握烃类碳原子的杂化状态及分子结构特点；
> 2. 掌握烃类化合物的系统命名法和普通命名法；
> 3. 掌握构造、构型及构象的概念及构象的写法；
> 4. 掌握烃类化合物的各类反应规律、机理；
> 5. 掌握诱导效应和共轭效应，并以此解释亲电加成反应的机理及碳正离子的稳定性；
> 6. 掌握脂环烃的命名和化学性质；
> 7. 理解脂环烃的分类、典型脂环烃的结构及其稳定性的关系。

第1节 烷 烃

只含碳和氢两种元素的有机化合物称为碳氢化合物，简称烃（hydrocarbon）。烃是最简单的有机化合物，其他有机化合物可以看成烃的衍生物。

从结构来分：

烃 $\begin{cases} 脂肪烃（aliphatic\ hydrocarbon）\\ 芳香烃（aromatic\ hydrocarbon） \end{cases}$

烷烃（alkane）分子中碳原子以单键互相连接成链，其余的键完全和氢原子相连，含氢量达到最高限度，因此是饱和烃（saturated hydrocarbon）。

一、烷烃的结构

烷烃中碳原子以单键和其他碳原子或氢原子相结合。最简单的烷烃是甲烷，分子式为 CH_4。甲烷是石油气、天然气和沼气的主要成分，多被用作燃料。

甲烷分子中的碳采取 sp^3 杂化形式，即碳原子的 1 个 2s 轨道和能级相差不大的 3 个 2p 轨道进行杂化，组成 4 个能量相同的 sp^3 杂化轨道，并指向四面体的 4 个顶点（图2-1），分别与氢的 s 轨道重叠形成完全等同的 4 个 σ 键。在立体结构中，碳原子位于四面体的中心，4 个氢位于正四面体的 4 个角上，4 个 σ 键之间的夹角相等，为 109.5°（图2-2）。这种四面体的构造可以使各个键彼此尽量远离，以减少电子间的相互排斥并使键的形成最为有效，体系也最为稳定。

为了形象地表示甲烷分子的立体结构，常用凯库勒球棍模型（图2-3）和斯陶特比例模型（图2-4）来演示。

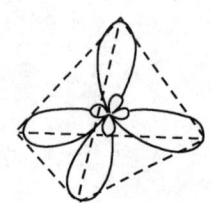 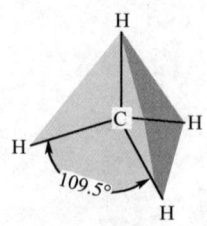 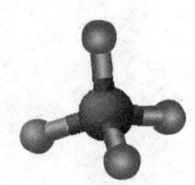

图2-1 sp^3 杂化轨道分布图　　图2-2 甲烷的四面体结构　　图2-3 球棍模型

sp³杂化轨道的形状是一头大,一头小,具有方向性。当它与其他原子成键时,由于用电子云密度较大的一瓣去重叠,这样轨道重叠的程度要比未杂化的 s 轨道或 p 轨道更为有效,因而形成的共价键也更稳定。杂化后形成的 4 个 sp³ 杂化轨道的形状和性质完全相同,斥力也相等,因此这 4 个 sp³ 杂化轨道平均分割了碳原子所处的空间。在几何学上,4 个 sp³ 杂化轨道的对称轴在空间的取向相当于从正四面体的中心伸向其 4 个顶点的方向,各轴之间的夹角均为 109.5°(图 2-5)。

 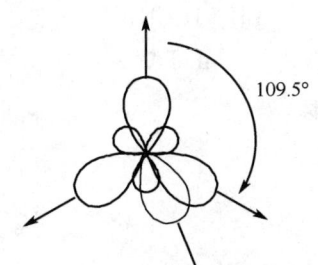

图 2-4　比例模型　　　图 2-5　sp³ 杂化轨道的空间形状

与甲烷类似,其余烷烃中的碳均为 sp³ 杂化。除了形成 C—H σ 键之外,两个碳原子的 sp³ 杂化轨道也可以相互重叠形成 C—C σ 键。这种键是沿着键轴方向形成的,轨道重叠程度大,键比较牢靠,成键电子云沿着键轴呈圆柱形对称分布,故 σ 键可以绕键轴自由旋转而不影响电子云的重叠程度。

虽然形成的 C—H σ 键和 C—C σ 键的斥力稍有不同,但在各种烷烃碳链中的 C—C—C 的键角仍然是 109.5°。因此烷烃的分子结构不是直线型的。X 射线衍射研究表明,高级烷烃晶体的碳链是锯齿形的(图 2-6)。

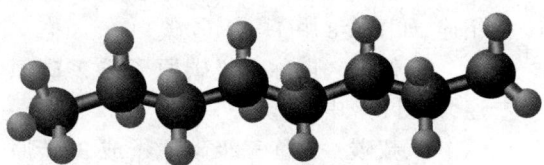

图 2-6　锯齿形的烷烃碳链

但在气态或液态时,碳链可以有不同的形式,如戊烷(图 2-7):

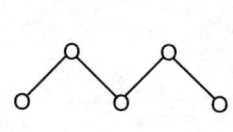 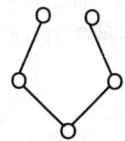

图 2-7　碳链的不同形状

二、烷烃的同系列和异构现象

(一) 同系列和同系物

甲烷的分子式是 CH_4,乙烷、丙烷、丁烷和戊烷的分子式分别为:C_2H_6、C_3H_8、C_4H_{10} 和 C_5H_{12}。两个烷烃分子式间之差为 CH_2 或其倍数。这样的一系列化合物称为同系列(homologous series)。同系列中的各个化合物彼此互称为同系物(homologue)。CH_2 则称为同系列的系差。烷烃同系

列的通式为 C_nH_{2n+2}。同系物具有许多相似的性质，因此只要研究同系列中一个或几个化合物的性质就能触及其他。

(二) 构造异构

甲烷、乙烷和丙烷没有同分异构体。从丁烷 C_4H_{10} 开始，出现了碳链异构。

$$CH_3CH_2CH_2CH_3 \qquad\qquad CH_3CHCH_3 \atop\qquad\qquad\qquad\qquad\qquad CH_3$$

     正丁烷   异丁烷

而戊烷有三种异构体：

  $CH_3CH_2CH_2CH_3$ $CH_3CHCH_2CH_3$ $CH_3-C(CH_3)_2-CH_3$

    正戊烷   异戊烷   新戊烷

这种由于构造不同产生的同分异构称为构造异构。构造异构属于同分异构的一种。随着碳原子数目不断增加，异构体的数目也在迅速增加。

(三) 化学环境中 C、H 的分类

在烷烃分子中，碳原子所处的部位不完全相同，有的在端点处，有的在碳链的中间，它们所连接的碳原子和氢原子的数目也不尽相同。根据碳原子在分子中所处位置不同将其分为以下四类。

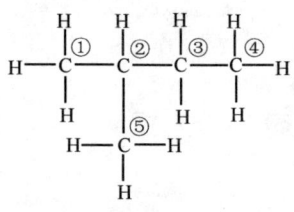

图 2-8 不同类型的 C、H 原子

1. 伯碳 也称一级碳原子或 1°碳原子。它仅和一个碳原子相连，如图 2-8 中①、④、⑤碳。

2. 仲碳 也称二级碳原子或 2°碳原子。它和两个碳原子相连，如图 2-8 中③碳。

3. 叔碳 也称三级碳原子或 3°碳原子。它和三个碳原子相连，如图 2-8 中②碳。

4. 季碳 也称四级碳原子或 4°碳原子。它与四个碳原子相连。

相应地，与伯、仲、叔碳原子相连的氢原子则分别称为伯(1°)、仲(2°)、叔(3°)氢原子。在考虑烷烃分子的各种氢相对反应活性时，将经常用到这些名称。

三、烷烃的命名

有机化合物主要的命名方法有普通命名法(common nomenclature)和系统命名法(systemic nomenclature)。

(一) 烷基

烷烃分子去掉一个氢原子(或几个氢)后剩下的部分称为烷基，如甲基 CH_3—、乙基 CH_3CH_2—、丙基 $CH_3CH_2CH_2$—等，用 R—表示。常见的烷基有：

   CH_3— CH_3CH_2— $CH_3CH_2CH_2$—

  甲基 Me-   乙基 Et-   正丙基 n-Pr

$$\underset{\underset{CH_3}{|}}{CH_3CH-}$$
异丙基 i-Pr

$$CH_3CH_2CH_2CH_2-$$
正丁基 n-Bu

$$\underset{\underset{CH_3}{|}}{CH_3CHCH_2-}$$
异丁基 i-Bu

$$\underset{\underset{CH_3}{|}}{CH_3CH_2CH-}$$
仲丁基 s-Bu

$$\underset{\underset{CH_3}{|}}{\overset{\overset{CH_3}{|}}{CH_3-C-}}\\CH_3$$
叔丁基 t-Bu

(二) 普通命名法

对于结构比较简单的烷烃通常采用普通命名法。其命名原则是：对于含 1~10 个碳原子的直链烷烃用甲、乙、丙、丁、戊、己、庚、辛、壬、癸表示，称为某烷。如 CH_4 称为甲烷，$CH_3(CH_2)_4CH_3$ 称为正己烷；10 个以上碳原子的直链烷烃，用小写中文数字表示，如十一烷、十三烷等；通常在烷烃名称前加一词头，如正、异、新来区分异构体。

直链烷烃为正烷烃。"异"表示碳链的一端具有 $\underset{\underset{CH_3}{|}}{CH_3CH-}$ 结构的烷烃，"新"表示碳链一端具有 $\underset{\underset{CH_3}{|}}{\overset{\overset{CH_3}{|}}{-C-CH_3}}$ 结构的烷烃。例如：

$$CH_3CH_2CH_2CH_2CH_3$$
正戊烷

$$\underset{\underset{CH_3}{|}}{CH_3CHCH_2CH_3}$$
异戊烷

$$\underset{\underset{CH_3}{|}}{\overset{\overset{CH_3}{|}}{CH_3-C-CH_3}}$$
新戊烷

普通命名法只适用于一些含碳原子数目较少的烷烃异构体的命名。

(三) 系统命名法

系统命名法是在 IUPAC 系统命名的基础上，结合我国文字特点修改制定的命名原则。

(1) 直链烷烃命名时不加"正"字，根据碳原子个数称为某烷。

(2) 对于结构复杂的支链烷烃，选择最长的碳链作为主链，称为某烷。除主链外的支链都作为取代基。

(3) 主链上的编号从最靠近取代基的一端开始。若主链上连有 2 个或 2 个以上的取代基时，编号顺序应使支链位次尽可能低。若从两端编号取代基的位次完全一样，则应选择基团较简单的一端编号。

(4) 按取代基由小到大的顺序，将位次、取代基名称依次写在主链名称的前面，位次和取代基名称间用短线隔开。当有多个相同取代基时，用二、三等表示相同取代基的数目，每个位次之间用逗号隔开。

(5) 如果支链上还有取代基时，应从与主链相连的碳原子开始，给支链上的碳原子编号，注明支链上取代基的位置及名称，将它作为一个整体放在括号内，括号外加上支链的位次。

基团大小是人为规定的,它并不反映基团实际的空间大小。其划分原则详见烯烃"次序规则"部分。

下面是采用系统命名法的几个实例:

$CH_3-CH_2-CH_2-CH-CH_3$
　　　　　　　　　$|$
　　　　　　　　CH_2-CH_3

3-甲基己烷

$CH_3CHCH_2CCH_3$ （带CH_3取代基）

2,2,4-三甲基戊烷

2,3,5-三甲基己烷

$CH_3CH_2CH_2CHCHC(CH_2CH_3)_3$
　　　　　　　　　　$|$
　　　　　　　$CH(CH_3)_2$

4-甲基-3,3-二乙基-5-异丙基辛烷

$CH_3CH_2CH_2CH_2CH_2CHCH_2CH_2CHCH_3$

2-甲基-5-(1,1-二甲基丙基)癸烷或2-甲基-5-1′,1′-二甲基丙基癸烷

四、烷烃的物理性质

有机化合物的物理性质主要指熔点、沸点、相对密度、溶解度、偶极矩等。由于在一定条件下,物理性质有固定的数值,所以这些数值也被称为物理常数(表2-1)。通过测定相关物理常数可以鉴别和鉴定有机化合物。

表2-1　一些正烷烃的物理常数

名称	分子式	熔点/℃	沸点/℃	相对密度 d_4^{20}
甲烷	CH_4	-182.6	-161.5	0.424
乙烷	C_2H_6	-172.0	-88.6	0.546
丙烷	C_3H_8	-187.1	-42.1	0.501
丁烷	C_4H_{10}	-135.0	-0.5	0.579
戊烷	C_5H_{12}	-129.7	36.1	0.626
己烷	C_6H_{14}	-95.0	63.7	0.659
庚烷	C_7H_{16}	-90.5	98.4	0.684
辛烷	C_8H_{18}	-56.8	125.7	0.703
壬烷	C_9H_{20}	-53.7	150.8	0.718
癸烷	$C_{10}H_{22}$	-30.0	174.1	0.730

从表中可以看出,随着烷烃相对分子质量的增加,物理性质呈现出规律性的变化。这主要体现在以下几个方面。

(一) 沸点

沸点的高低与分子间作用力的大小有关。由于烷烃是非极性分子,分子间作用力主要是色散力。色散力与分子的接触面积有关,即相对分子质量越大,沸点越高。

烷烃的沸点随相对分子质量的增加而升高,但升高的幅度逐渐减小。对于低级烷烃,每增加一个 CH_2,其相对分子质量的变化幅度较大,沸点的差值也大;而对高级烷烃而言,增加一个 CH_2,相对分子质量增加幅度相对较小,沸点差也小。对于直链烷烃,大约每增加一个 CH_2,沸点升高 20~30℃。在室温时,C_1~C_4 的烷烃为气体,C_5~C_{16} 的烷烃为液体,C_{17} 以上的烷烃为固体(图 2-9)。

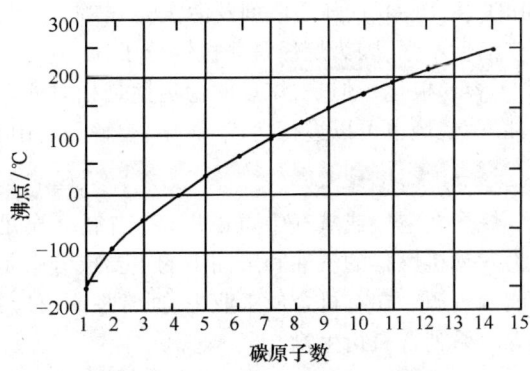

图 2-9　直链烷烃的沸点变化曲线

烷烃异构体中,支链越多,阻碍越大,分子间距离也就越远,色散力也逐渐减弱。因此支链烷烃的沸点要低于直链烷烃,支链越多,沸点越低(表 2-2)。

表 2-2　戊烷三种异构体的沸点和熔点

名称	结构简式	沸点/℃	熔点/℃
正戊烷	$CH_3(CH_2)_3CH_3$	36.1	−129.7
异戊烷	$(CH_3)_2CHCH_2CH_3$	27.9	−159.9
新戊烷	$C(CH_3)_4$	9.5	−16.6

(二) 熔点

与沸点相似,直链烷烃的熔点也是随着相对分子质量的增加而升高。但是偶数碳原子的烷烃熔点升高的幅度比奇数碳的烷烃要大一些,构成两条熔点曲线,偶数在上,奇数在下(图 2-10)。

熔点不仅涉及分子间作用力,还与分子在晶格中堆积的紧密程度有关。分子的对称性越高,在晶格中的堆砌也就越紧密,分子间作用力也就越大,熔点越高。偶数碳原子组成的锯齿状碳链中,两端的甲基处在相反的位置,对称性相对较高,因而熔点较高。

同分异构体中,对称性越高,熔点越高。如表 2-2 中,新戊烷的熔点最高,异戊烷的

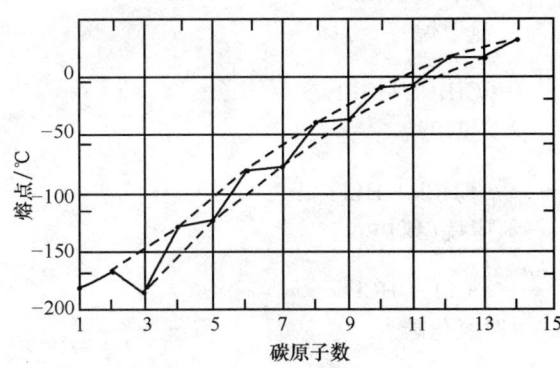

图 2-10　直链烷烃的熔点变化曲线

熔点最低。

(三) 溶解度

烷烃为非极性化合物,不溶于水,易溶于非极性或弱极性溶剂,如苯、氯仿、四氯化碳、醚等。

(四) 密度

所有的烷烃都比水轻,相对密度都小于 1,最高接近 0.8。随着相对分子质量的增加,烷烃的密度也逐渐增大。

五、烷烃的化学性质

烷烃是不活泼的化合物,因为与强酸(如 H_2SO_4、HCl)、强碱(如 NaOH)、强氧化剂(如

$KMnO_4$、$K_2Cr_2O_7$)、强还原剂及活泼金属等在一般情况下不发生反应。这些说明烷烃进行异裂反应活性不强,因为烷烃是非极性分子,C—C 键或 C—H 键是非极性或极性很弱的 σ 键,键能较大,不容易极化。但是,烷烃的稳定性是相对的。如果有足够的能量,如在高温、光照、催化剂等条件下,烷烃也可以进行卤代、氧化、裂解等自由基型反应。

(一) 氧化反应

烷烃在空气或氧气中可以燃烧,当氧气充足时产物是二氧化碳和水,同时放出大量热能。作为发动机燃料的汽油和柴油中的主要成分就是不同结构的烷烃混合物,因此烷烃是非常重要的能源资源。在有机合成工业中,通常控制反应条件,使用某些催化剂将烷烃氧化成醇、醛、酮、酸等一系列含氧衍生物。

$$CH_4 + 2O_2 \longrightarrow CO_2 + 2H_2O + 890 kJ/mol$$

(二) 裂解

烷烃在高温下可使 C—C 键、C—H 键断裂,生成相对分子质量较小的烷烃、烯烃和氢气称为高温裂解。在石油化工生产中,通常利用高碳馏分热裂来得到低碳馏分,以增加汽油的产量和质量。裂解过程中可得到乙烯、丙烯、丁二烯等多种化工原料。

(三) 卤代反应

烷烃分子中氢原子被卤素取代的反应称为卤代反应。

1. 甲烷的卤代反应 甲烷与氯气在紫外光照射下或适当加热条件下,甲烷分子中的四个氢原子能逐个被氯原子取代,得到多种氯代甲烷和氯化氢的混合物,分离很困难。

$$CH_4 + Cl_2 \xrightarrow{h\nu} CH_3Cl + HCl$$
一氯甲烷

$$CH_3Cl + Cl_2 \xrightarrow{h\nu} CH_2Cl_2 + HCl$$
二氯甲烷

$$CH_2Cl_2 + Cl_2 \xrightarrow{h\nu} CHCl_3 + HCl$$
三氯甲烷(氯仿)

$$CHCl_3 + Cl_2 \xrightarrow{h\nu} CCl_4 + HCl$$
四氯化碳

其他卤素也能发生类似作用,但反应的活性不一样。氟最活泼,反应过于激烈,难以控制。氯其次,在室温下光照即可发生反应。溴与烷烃发生取代反应必须在加热和光照的条件下。碘最不活泼,反应难以进行。因此卤素的相对反应活性顺序是 $F_2 > Cl_2 > Br_2 > I_2$。一般用氯和溴作为卤代试剂。

2. 1°、2°和3°氢原子的相对反应活性 对于同一烷烃,不同类型的氢原子被取代的容易程度是不相同的。大量实验证明,不同类型的氢被取代的相对反应活性顺序为

$$3°H > 2°H > 1°H > CH_4 的 H$$

甲烷和乙烷的一氯代反应产物只有一种,而丙烷的一氯代产物有两种。

$$CH_3CH_2CH_3 + Cl_2 \xrightarrow{h\nu} CH_3CH_2CH_2Cl + CH_3\underset{\underset{Cl}{|}}{C}HCH_3$$

1-氯丙烷 45%   2-氯丙烷 55%

丙烷分子中存在两种氢——6个1°氢和2个2°氢。假定所有的氢原子活性相同,那么氯取代1°氢与2°氢的概率之比为3:1,但产物中2-氯丙烷的量却比1-氯丙烷多,这说明2°氢的活性比1°氢大,更容易被卤素取代,它们的相对活性之比为

$$\frac{1°氢}{2°氢} = \frac{45/6}{55/2} = \frac{1}{3.7}$$

同样以异丁烷进行氯代反应,取代1°氢生成的产物占64%,取代3°氢得到的产物占36%。

$$CH_3CHCH_3 + Cl_2 \xrightarrow{h\nu} CH_3CHCH_2Cl + CH_3CCH_3$$
$$\quad\ \ |\qquad\qquad\qquad\qquad\quad\ |\qquad\qquad\ \ |$$
$$\ CH_3\qquad\qquad\qquad\qquad\ CH_3\qquad\quad Cl$$

1-氯-2-甲基丙烷　　2-氯-2-甲基丙烷
64%　　　　　　　　36%

1°氢与3°氢的相对反应活性之比为

$$\frac{1°氢}{3°氢} = \frac{64/9}{36/1} = \frac{1}{5}$$

所以烷烃氯代时,三种氢的活性之比是:1°氢:2°氢:3°氢 = 1:3.7:5。

烷烃的氯代反应中,尽管氯对三种氢原子具有选择性,但选择性不高,常得到混合物,分离提纯很不方便,所以在合成上用处不大。在实验室中则将溴作为烷烃卤代试剂,因为溴代时,烷烃氢原子的活性比为1°氢:2°氢:3°氢 = 1:80:1600,选择性较高,产物较纯净。

3. 自由基取代反应的机理　大多数有机反应比较复杂,它并不是由反应物到产物的一步反应,而是中间经历许多步骤。化学反应所经历的途径和过程称为反应机理(reaction mechanism),也称反应历程。因此必须深入了解反应机理,才能认清反应本质,发现各种反应之间内在的联系,掌握反应的规律,以求达到控制和利用反应的目的。有机反应机理不是凭空捏造的,而是人们在大量实验事实的基础上作出的理论推理。

实验证明,甲烷的氯代反应机理为自由基链反应(free-radical chain reaction)。在反应过程中,烷烃 C—H σ键均裂形成自由基,自由基间再发生连锁反应,最终生成产物卤烃。整个反应可以分为三个阶段。

(1) 链的引发(chain-initiating step):在室温黑暗条件下,甲烷与氯气不反应。当用紫外光照射或加热时,反应立即发生。光照或加热给予的能量先使氯分子发生共价键的均裂,产生氯原子自由基,由此引发了整个反应。

$$Cl—Cl \xrightarrow{h\nu} Cl\cdot + Cl\cdot \qquad\qquad ①$$

(2) 链的增长(chain-propagating step):氯原子自由基很不稳定,活性很强,它有获得一个电子而达到八隅体结构的强烈倾向。当它和反应体系中浓度很高的甲烷分子碰撞时,便夺得一个氢原子形成 HCl 分子,同时产生甲基自由基:

$$Cl\cdot + CH_4 \longrightarrow CH_3\cdot + HCl \qquad\qquad ②$$

甲基自由基仍非常活泼。它与氯分子相碰,夺取一个带有一个单电子的氯原子,生成氯甲烷和新的氯原子自由基:

$$CH_3\cdot + Cl_2 \longrightarrow CH_3Cl + Cl\cdot \qquad ③$$

新产生的 Cl· 又可以重复②③两步反应。

在反应的初始阶段,CH_4 浓度很高,生成的 Cl· 主要与 CH_4 碰撞而得到产物 CH_3Cl。随着反应的进行,CH_4 的量逐渐减少,CH_3Cl 的浓度逐步提高,这时 Cl· 与 CH_3Cl 碰撞的机会增加,反应得到二氯甲烷。

$$CH_3Cl + Cl\cdot \longrightarrow \cdot CH_2Cl + HCl$$

$$\cdot CH_2Cl + Cl_2 \longrightarrow CH_2Cl_2 + Cl\cdot \qquad ④$$

反应一步一步地传递下去,直至生成 CCl_4,得到四种氯代甲烷的混合物。

$$CH_2Cl_2 + Cl\cdot \longrightarrow \cdot CHCl_2 + HCl$$

$$\cdot CHCl_2 + Cl_2 \longrightarrow CHCl_3 + Cl\cdot \qquad ⑤$$

$$CHCl_3 + Cl\cdot \longrightarrow \cdot CCl_3 + HCl$$

$$\cdot CCl_3 + Cl_2 \longrightarrow CCl_4 + Cl\cdot \qquad ⑥$$

(3) 链的终止(chain-terminating step):反应不会无限制地进行下去。因为甲烷不断被消耗,自由基的浓度在不断增加,自由基之间碰撞的机会也在增加。自由基一旦相互碰撞形成了分子,自由基就被消耗了,逐渐减少直至消失,链反应也随之结束。

$$Cl\cdot + Cl\cdot \longrightarrow Cl-Cl \qquad ⑦$$

$$CH_3\cdot + CH_3\cdot \longrightarrow CH_3CH_3 \qquad ⑧$$

$$CH_3\cdot + Cl\cdot \longrightarrow CH_3Cl \qquad ⑨$$

只要产生少量活性中间体,就可以使反应不断地传递下去,直到活性中间体被消耗完,反应才停止,这种反应称为链反应。若活性中间体是自由基,则称为自由基链反应。

4. 反应活性与自由基的稳定性 为什么烷烃卤代时,氢原子的活性有 3°H>2°H>1°H 呢?实际上,活性的大小与反应速率的快慢有关。但是烷烃卤代的机理是一个多步反应,决定整个反应速率的一步是最关键的。在链的引发阶段,氯分子吸收一定的能量分解成氯原子,而后者为了满足八隅体结构很快反应释放出能量。在链终止阶段,自由基之间相互碰撞,反应速率很快。而在链增长阶段,取代氢的反应有两步:

$$Cl\cdot + CH_4 \longrightarrow CH_3\cdot + HCl \qquad ①$$

$$CH_3\cdot + Cl_2 \longrightarrow CH_3Cl + Cl\cdot \qquad ②$$

这两步是连续反应,其中反应①所需要的能量较高,反应速率较慢。因此链增长阶段的第一步决定了整个链反应速率,称为速率决定步骤,即在多步反应中,整个反应的速率取决于最慢的一步。

反应①生成了活性中间体——自由基。因此,比较 3°H、2°H、1°H 及甲烷 H 的相对反应活性,也就是比较 3°、2°、1°自由基与甲基自由基的稳定性顺序。虽然自由基很活泼,但不同自由基的稳定性还是有差异的,其顺序为

$$3° > 2° > 1° > \cdot CH_3$$

C—H 键均裂形成自由基时所吸收的能量(键的解离能)越少,生成自由基的动力越大,稳定性越高,与之相应的氢越活泼。下面是一些烷烃的解离能数据:

$CH_3—H \longrightarrow CH_3· + H·$ $\Delta H = 435.1 \text{ kJ/mol}$

$CH_3CH_2—H \longrightarrow CH_3CH_2· + H·$ $\Delta H = 410 \text{ kJ/mol}$

$CH_3CH_2CH_2—H \longrightarrow CH_3CH_2CH_2· + H·$ $\Delta H = 410 \text{ kJ/mol}$

$CH_3CHCH_3 \longrightarrow CH_3CH· + H·$
$\quad\quad |\quad\quad\quad\quad\quad\quad\quad |$
$\quad\quad H\quad\quad\quad\quad\quad\quad CH_3$ $\Delta H = 397.5 \text{ kJ/mol}$

$\quad\quad CH_3\quad\quad\quad\quad CH_3$
$\quad\quad\,|\quad\quad\quad\quad\quad\quad\,|$
$CH_3—C—H \longrightarrow CH_3—C· + H·$
$\quad\quad\,|\quad\quad\quad\quad\quad\quad\,|$
$\quad\quad CH_3\quad\quad\quad\quad CH_3$ $\Delta H = 380.7 \text{ kJ/mol}$

六、烷烃的来源

烷烃的主要来源是自然界存在的石油、天然气和沼气。天然气的主要成分是易挥发的甲烷,还有少量的乙烷、丙烷。石油是各种烃类的混合物,除了烷烃,还含有环烷烃和芳香烃等。对从地底下直接开采出来的原油进行分馏,可得到不同沸程的馏分(表 2-3)。

表 2-3 石油馏分组分

沸程	馏分	组成成分	沸程	馏分	组成成分
<20℃	石油气	$C_1 \sim C_4$	175~325℃	柴油	$C_{12} \sim C_{18}$ 及芳香烃
20~60℃	石油醚	$C_5 \sim C_6$	不挥发液体	润滑油	
60~205℃	汽油	$C_5 \sim C_{10}$ 及环烷烃	不挥发固体	沥青等	

第 2 节 烯 烃

烯烃(alkene)是分子中含有碳碳双键的不饱和烃,通式为 C_nH_{2n},与单环环烷烃相同。与同碳数的烷烃相比,烯烃和单环环烷烃都少两个氢原子,即含有一个不饱和度。烯烃的多数反应在双键上发生,碳碳双键是烯烃的官能团。

一、烯烃的结构和命名

(一) 烯烃的结构

以最简单的烯烃——乙烯为例。它的分子式为 C_2H_4,构造式为 $\begin{matrix} H \\ \\ H \end{matrix}\!\!C\!\!=\!\!C\!\!\begin{matrix} H \\ \\ H \end{matrix}$。现代物理学方法测定得出:乙烯分子为平面型分子,即两个 C 原子和四个 H 原子共平面(图 2-11),经过键参数分析,双键也不是单键的简单加合。

杂化轨道理论认为,乙烯碳原子在成键时采取 sp^2 杂化,即碳原子的 1 个 2s 轨道和能级相差不大的 2 个 2p 轨道进行杂化,组成 3 个能量相等的 sp^2 杂化轨道(图 2-12)。

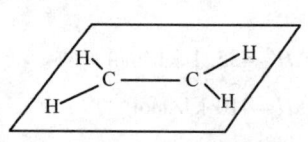

图 2-11 乙烯分子的平面结构

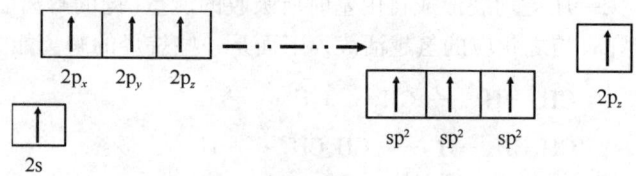

图 2-12 sp² 杂化示意图

这 3 个 sp² 杂化轨道，呈平面对称分布，轨道对称轴之间的夹角呈 120°，相交于中心碳原子，指向正三角形的 3 个顶点（图 2-13）。未参与杂化的 p 轨道的对称轴垂直于 sp² 杂化轨道对称轴所在的平面（图 2-14）。

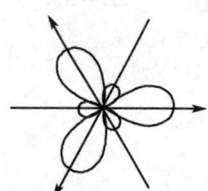

图 2-13 sp² 杂化轨道示意图

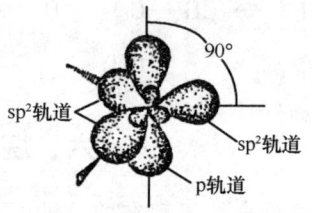

图 2-14 sp² 轨道与 p 轨道的关系

每个碳原子各以 2 个 sp² 杂化轨道和氢原子的 1s 轨道重叠形成 2 个 C—H σ 键，再以 1 个 sp² 杂化轨道相互重叠形成 C—C σ 键（图 2-15）。

2 个碳原子未参与杂化的 2p 轨道，垂直于 5 个 σ 键所在的平面，且相互平行，在侧面重叠形成 1 个 π 轨道。以这种方式形成的共价键称为 π 键，处在 π 轨道上的电子称为 π 电子（图 2-16）。

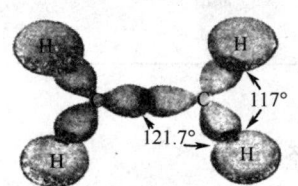

图 2-15 乙烯分子中的 σ 键

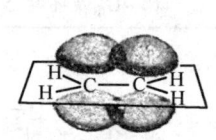 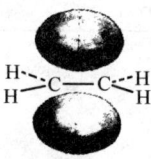

图 2-16 乙烯分子中 π 键的形成

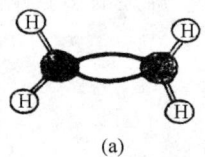

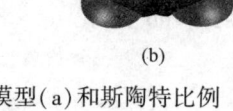

图 2-17 凯库勒球棍模型（a）和斯陶特比例模型（b）

应当明确指出的是，碳碳双键中，两条短线的含义是不同的。一个短线代表 σ 键，一个短线代表 π 键。图 2-17 所示的是乙烯分子的两种近似模型。

（二）烯烃的命名

烯烃的系统命名法与烷烃相似，命名时要注意双键的位置及立体构型。

(1) 选择含有碳碳双键的最长碳链为主链，以主链碳原子的数目命名为某烯。

(2) 给双键最小的编号，即从最靠近双键的一端给主链编号。

(3) 依次写出取代基的位次、名称，标出双键位次，注明构型。其中双键位次是双键碳原子编号中较小的一个。

例如:

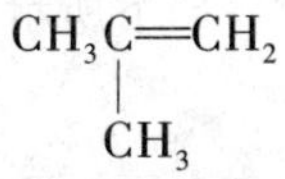

$CH_3CH=CH_2$ 中的 CH_3 下方
2-甲基丙烯(异丁烯)

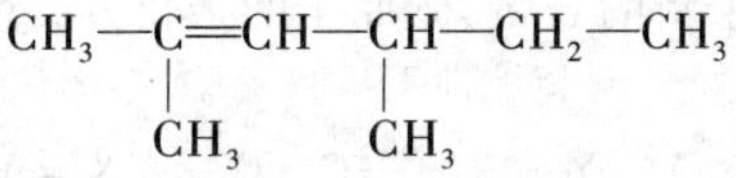

$CH_3-C=CH-CH_2-CH_2-CH_3$ 下方两个 CH_3
2,4-二甲基-2-己烯

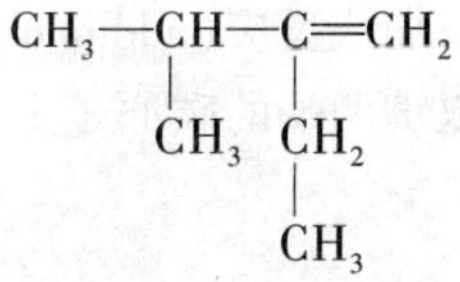

$CH_3-CH-C=CH_2$ 下方 CH_3 和 CH_3
3-甲基-2-乙基-1-丁烯

几种烯基:

$CH_2=CH-$
乙烯基

$CH_3CH=CH-$
1-丙烯基(丙烯基)

$CH_2=CHCH_2-$
2-丙烯基(烯丙基)

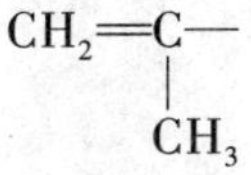

$CH_2=C-$ 下方 CH_3
1-甲基乙烯基(异丙烯基)

$CH_3CH=CHCH_2-$
2-丁烯基

二、烯烃的物理性质

烯烃的物理性质与烷烃相似。常温常压下,含 2~4 个碳原子的烯烃为气体,含 5~15 个碳原子的烯烃为液体,高级烯烃为固体。它们的熔点、沸点和相对密度都随相对分子质量的增加而升高。和烷烃一样,烯烃也极难溶解于水而易溶于有机溶剂。常见烯烃的物理常数见表 2-4。

表 2-4 部分烯烃的物理常数

名称	熔点/℃	沸点/℃	相对密度	聚集状态
乙烯	−169.4	−103.7	0.5700	气体
丙烯	−185.2	−47.7	0.6100	气体
1-丁烯	−130.0	−6.4	0.6255	气体
顺-2-丁烯	−139.3	3.5	0.6213	气体
反-2-丁烯	−105.5	0.9	0.6024	气体
异丁烯	−141.0	−6.5	0.6310	气体
1-戊烯	−166.2	30.1	0.641	液体
2-甲基-1-丁烯	−137.6	31.2	0.650	液体
1-己烯	−138.0	63.5	0.673	液体
1-十八碳烯	17.5	179.0	0.791	固体

三、烯烃的化学性质

与烷烃相比,烯烃表现出较强的反应活性。这是因为烯烃碳碳双键中的 π 键较弱,易受到极化,键易断裂而发生反应。此外,由于受 π 键的影响,α-H 也表现出一定的活性,易被其他基团取代。

(一) 亲电加成反应

加成反应(addition reaction)指的是碳碳双键中的 π 键打开,两个一价的原子或基团分别加到双键两端的碳原子上,形成两个新的 σ 键,碳原子的杂化方式由 sp^2 转为 sp^3。如下所示:

$$\text{C=C} + \text{X—Y} \longrightarrow \overset{|}{\underset{\overset{|}{X}}{C}}-\overset{|}{\underset{\overset{|}{Y}}{C}} \quad X = Y \text{ 或 } X \neq Y$$

双键的加成反应在药物合成中有着重要的实用价值。通常借助双键的加成而实现官能团的转换来合成卤代烃、醇等。

1. 加卤素　烯烃与氯、溴很容易加成。例如,将乙烯或丙烯通入溴的四氯化碳溶液中,红棕色很快褪去。在实验室中,通常用这个反应来检验烯烃的存在。烯烃也可以使溴水褪色。

$$CH_3CH=CH_2 + Br_2 \xrightarrow{CCl_4} CH_3-\underset{\overset{|}{Br}}{CH}-\underset{\overset{|}{Br}}{CH_2}$$

1,2-二溴丙烷

烯烃与氟反应过于猛烈,往往使碳链断裂,副产物多,无实用价值。烯烃与碘反应难以发生。一般讲烯烃与卤素的加成指的是烯烃与氯、溴的加成反应。

如果把乙烯通到含有 NaCl 的饱和溴水中,所得产物除了 1,2-二溴乙烷还有 1-氯-2-溴乙烷,而没有 1,2-二氯乙烷。

$$CH_2=CH_2 + Br_2 \xrightarrow[H_2O]{NaCl} \underset{\overset{|}{Br}}{CH_2}-\underset{\overset{|}{Br}}{CH_2} + \underset{\overset{|}{Cl}}{CH_2}-\underset{\overset{|}{Br}}{CH_2}$$

这个现象说明两个溴原子不是同时加到双键上的,而是分步进行的,否则不会给 Cl^- 机会生成 1-氯-2-溴乙烷,产物应仅为 1,2-二溴乙烷。同时产物中出现 1-氯-2-溴乙烷而没有 1,2-二氯乙烷,则说明 Cl^- 肯定不是在第一步加到双键碳原子上,若没有溴首先起作用就不反应。

π络合物　　　溴鎓离子

从理论上讲,第一步是溴分子在接近乙烯分子过程中,受 π 电子的影响而发生键的极化。带微正电荷的溴原子 $Br^{\delta+}$ 比带负电荷的溴原子 $Br^{\delta-}$ 更不稳定。$Br^{\delta+}$ 首先向碳碳双键进攻,形成不稳定的 π 络合物。随着极化程度的加大,Br—Br 键断裂,形成一个含溴的三元环状活性中间体——溴鎓离子(bromonium ion),并分离出溴负离子。

第二步,溴负离子从碳的背后进攻溴鎓离子而生成 1,2-二溴乙烷,这在立体化学上称为反式加成。

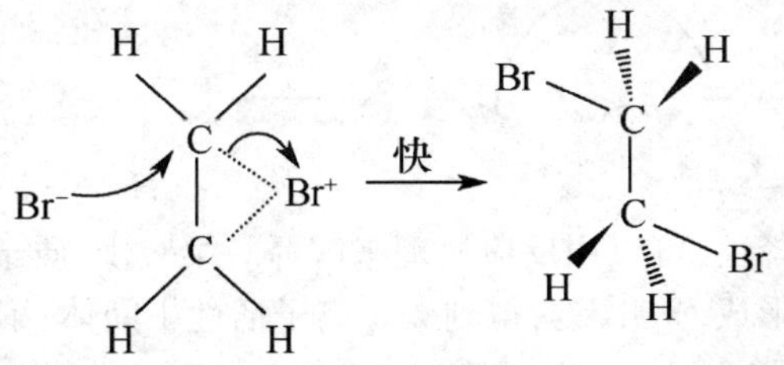

在第一步反应中,涉及 π 键和 Br—Br σ 键的断裂需要一定的能量,而在第二步中正负离子相互结合生成新的共价键,放出能量。所以第一步反应速率较慢,决定了整个化学反应速率,是速控步骤。由于存在离子的产生和结合,此反应属于离子型反应。由于 π 电子云的特点,烯烃很容易给出电子,也就是很容易受到缺电子的物质进攻,如正离子。缺电子的物质需要得到电子而趋于稳定,因而被称为亲电试剂。在速控步骤中,带微正电荷的溴原子进攻碳碳双键而生成活性中间体——溴鎓离子,因此烯烃与卤素 Br_2 的加成反应属于离子型的亲电加成反应(electrophlic addition)。

烯烃与氯的加成反应中,活性中间体倾向于碳正离子型。因为形成的环状氯鎓离子稳定性不及碳正离子。

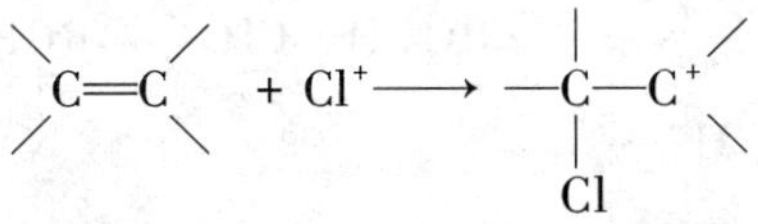

2. 加卤化氢　卤化氢气体或浓氢卤酸溶液与烯烃加成,可得到一卤代烷。

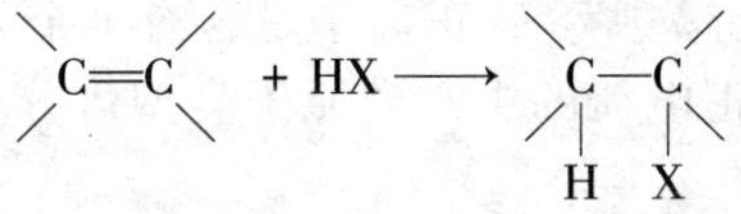

浓氢碘酸和浓氢溴酸能直接和烯烃起反应,而浓盐酸与烯烃作用则需要催化剂 $AlCl_3$。

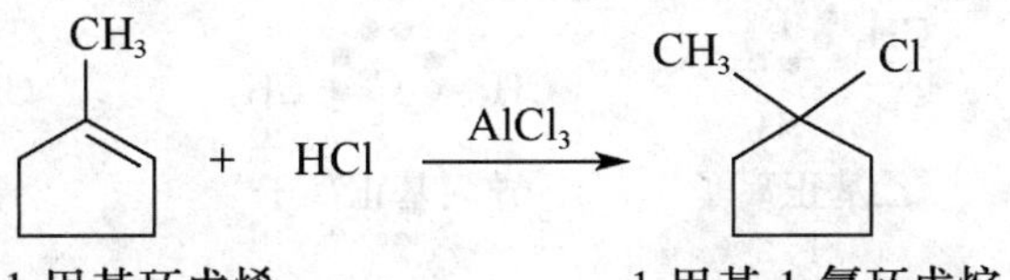

1-甲基环戊烯　　　　　1-甲基-1-氯环戊烷

故卤化氢活性的次序为 HI>HBr>HCl,恰好与酸性顺序一致。

乙烯是对称分子,与氢卤酸的加成,卤离子加到任何一个碳原子上得到的都是一卤乙烷。不具对称性的丙烯与卤化氢的加成,则可以得到两种不同的产物:

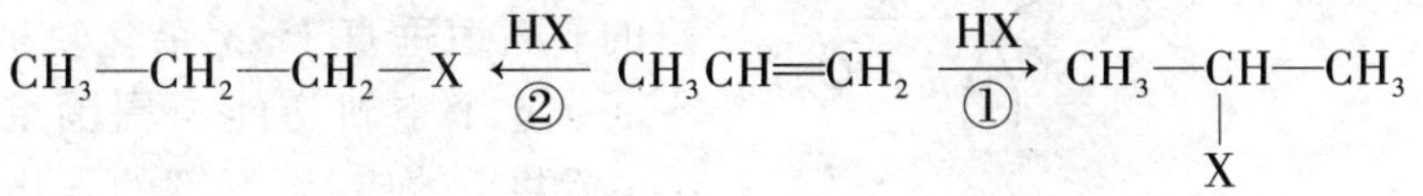

$$CH_3-CH_2-CH_2-X \xleftarrow{HX}{②} CH_3CH=CH_2 \xrightarrow{HX}{①} CH_3-\underset{X}{CH}-CH_3$$

实验证明,①中 2-卤代丙烷是主要产物。在总结了大量实验事实的基础上,人们发现,不对称的烯烃与酸(HX)的加成,酸的负性基团 X^- 主要加到含氢较少的双键碳原子上,这就是历史上第一个被发现的区域选择性规则——马尔科夫尼科夫(Markovnikov)规则。区域选择性就是指反应中键的形成或断裂有两种或两种以上的取向,而有一主要产物生成的现象,只有一种产物生成则称为区域专一性。马尔科夫尼科夫规则简称马氏规则,应用马氏规则可以预测反应的主要产物。

(1) $\ce{>C=C< + H-X -> >C-C^+<}$ （H在左碳，右碳带正电）

反应中出现的区域选择性，可以用反应机理来解释。第一步，质子 H⁺ 首先进攻烯烃 π 键，π 键异裂将电子提供给质子形成 C—H 键，得到碳正离子活性中间体；第二步再加上负性基团。

(2) $\ce{>C-C^+< + X^- -> >C-C<}$ （H在左碳，X在右碳）

形成碳正离子的第一步是决定整个反应速率的步骤，生成的碳正离子越稳定，反应就越容易发生，反应速率就越快，按此反应得到的产物在混合物中的比例也就越大。

仍以丙烯为例，质子有两种加成的取向。氢加到 2 号碳原子上，产生正丙基碳正离子，它属于 1° 正离子；若氢加到 1 号碳原子上，产生异丙基正离子，是 2° 正离子。根据马氏规则，2-溴代丙烷应该是主要产物，也就是说异丙基正离子的稳定性要大于正丙基碳正离子。因为加成的取向取决于碳正离子的相对稳定程度。

$$\ce{RCH=CH_2 + H^+} \begin{cases} \ce{-> RC^+H-CH_3 ->[X^-] RCH(X)-CH_3} \\ \ce{-> RCH_2-C^+H_2 ->[X^-] RCH_2-CH_2-X} \end{cases}$$

碳正离子的稳定性与什么有关呢？碳正离子是含有 1 个外层只有 6 个电子的碳原子作为中心原子的正离子。按照带正电荷的中心碳原子类型可分为一级（1°）、二级（2°）和三级（3°）三类。

甲基正离子　　乙基正离子　　异丙基正离子　　叔丁基正离子
　　　　　　　　　1°　　　　　　2°　　　　　　　3°

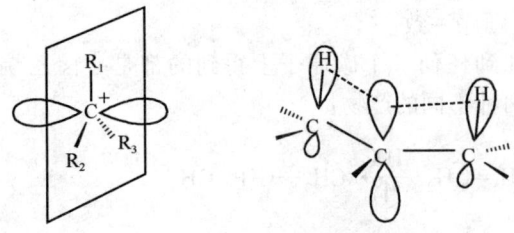

图 2-18　碳正离子的结构

一个带电体系的稳定性取决于所带电荷的分布情况，电荷越分散，体系越稳定。碳正离子的稳定性也是如此。

碳正离子中心碳原子采取 sp² 杂化，有一个空的 p 轨道垂直于 sp² 杂化轨道对称轴所在的平面。这个空轨道能与周围烷基的 σ 键发生 σ-p 超共轭效应，碳氢键的 σ 电子便离域到 C⁺ 的空轨道中，中心碳原子的正电荷得到分散，体系趋于稳定（图 2-18）。参与共轭的 C—H 键数目越多，则体系就越稳定，碳正离子就越容易生成。碳正离子的稳定性次序为：3°＞2°＞1°＞⁺CH₃。

再来分析丙烯与卤化氢的加成。由于异丙基正离子（2°）的稳定性要大于正丙基碳正离子（1°），生成异丙基正离子的相对反应速率快，主要产物为 2-卤代烷，反应体现出选择性。

马氏规则也可以用诱导效应来解释。因成键原子的电负性不同而引起电子沿着碳链向某一方向移动的现象称为诱导效应(inductive effect)，用"I"表示。各原子或原子团的诱导效应是以氢为基准，比较其斥电子或吸电子的能力大小，并以符号"⟶"代表电子云移动的方向：

$$Y^{\delta+} \longrightarrow C^{\delta-} \qquad C \mathrel{=\!=\!=} H \qquad C^{\delta+} \longrightarrow X^{\delta-}$$
$$+I \qquad\qquad\quad I=0 \qquad\qquad\quad -I$$

斥电子的原子或基团带微量正电荷，具有+I效应；而吸电子的基团带微量负电荷，具有−I效应。在诱导效应中，键极性的影响可延伸到其他原子上，但随着距离的增加而逐渐减弱直至消失。

当双键上连有烷基时，由于烷基具有供电子作用，决定了π电子云的极化方向。π电子云的偏移使得离烷基较远的双键碳原子带部分的负电荷，加成试剂的负基部分加到含氢较少的双键碳原子上。

$$CH_3 \longrightarrow CH \stackrel{\delta+}{=\!=\!=} CH_2^{\delta-}$$

$$CH_3 — \underset{+}{CH} — CH_3 \quad \overset{H^+}{\longleftarrow}$$

$$CH_3 — \underset{X}{CH} — CH_3 \quad \overset{X^-}{\longleftarrow}$$

当有过氧化物(如过氧化二苯甲酰等)存在下，不对称的烯烃与HBr加成，生成的是反马氏规则的产物，即过氧化物效应。

$$CH_3CH=\!=CH_2 + HBr \xrightarrow{\text{过氧化物}} CH_3—CH_2—CH_2—Br$$

应当注意的是，只有烯烃与溴化氢，在有过氧化物存在下或光照下(促发自由基)才生成反马氏规则的产物，其反应机理为自由基加成。不对称的烯烃与HI和HCl加成时仍然服从马氏规则。

3. 与浓硫酸的加成 烯烃能和冷的浓硫酸作用生成硫酸氢烷酯。硫酸氢烷酯易溶于硫酸，加水稀释后水解生成醇。这是工业制备醇的重要方法，称为烯烃的间接水合。

$$CH_2=\!=CH_2 + HO\!-\!\underset{\underset{O}{\|}}{\overset{\overset{O}{\|}}{S}}\!-\!OH \xrightarrow{0\sim15℃} CH_3CH_2OSO_2OH \xrightarrow[90℃]{H_2O} CH_3CH_2OH$$

硫酸氢乙酯　　　乙醇

该法也有缺点：大量浓硫酸的使用会导致设备的严重腐蚀。反应的取向也符合马氏加成规则。在高温高压、强酸催化下，将水蒸气直接通到烯烃中发生加成反应生成醇。这种方法称为烯烃的直接水合法。

$$CH_3—CH=\!=CH_2 + H—OH \xrightarrow[100℃,5\text{MPa}]{H_3PO_4/\text{硅藻土}} CH_3\underset{\underset{OH}{|}}{CH}CH_3$$

4. 加次卤酸 卤素与水作用生成次卤酸（HXO）。将烯烃通入卤素的水溶液而生成 β-卤代醇。

$$CH_2=CH_2 + Cl_2 + H_2O \longrightarrow \underset{\underset{OH\ \ \ \ Cl}{|\ \ \ \ \ \ \ \ |}}{CH_2-CH_2}$$

β-氯乙醇（2-氯乙醇）

丙烯与次卤酸反应时，卤素主要加到含氢较多的双键碳原子上。

$$CH_3-CH=CH_2 + Cl_2 + H_2O \longrightarrow \underset{\underset{OH\ \ \ \ Cl}{|\ \ \ \ \ \ \ \ |}}{CH_3-CH-CH_2}$$

1-氯-2-丙醇

对于次卤酸分子 HXO，氧原子的电负性较强，分子极化为 $HX^{\delta+}O^{\delta-}$，亲电试剂是 $X^{\delta+}$。

5. 与乙硼烷的加成 乙硼烷（B_2H_6）可以与烯烃发生加成反应得到烷基硼烷，在碱性下用过氧化氢氧化、水解生成醇，称为硼氢化-氧化反应。例如：

$$\underset{\underset{CH_3}{|}}{CH_3C}=CHCH_3 \xrightarrow[\text{②}H_2O_2/\ OH^-]{\text{①}BH_3,\ THF} \underset{\underset{H\ \ \ \ OH}{|\ \ \ \ \ |}}{\underset{\underset{CH_3}{|}}{CH_3C}-CHCH_3}$$

甲硼烷（BH_3）分子中硼原子外层电子只有六个，尚未达到八电子稳定结构，属于缺电子试剂，很不稳定而二聚成乙硼烷。

$$2BH_3 \Longleftrightarrow B_2H_6$$

乙硼烷同样也是缺电子试剂，作为亲电试剂进攻烯烃 π 键。由于乙硼烷在空气中极易自燃，所以用醚（如四氢呋喃 THF）作反应溶剂。

生成三烷基硼是分步进行的，硼原子加到含氢较多的双键碳原子上。例如，丙烯与乙硼烷的加成：

$$\frac{1}{2}B_2H_6 \xrightarrow{CH_3-CH=CH_2} CH_3CH_2CH_2BH_2 \quad \text{一丙基硼烷}$$

$$CH_3CH_2CH_2BH_2 \xrightarrow{CH_3-CH=CH_2} (CH_3CH_2CH_2)_2BH \quad \text{二丙基硼烷}$$

$$(CH_3CH_2CH_2)_2BH \xrightarrow{CH_3-CH=CH_2} (CH_3CH_2CH_2)_3B \quad \text{三丙基硼烷}$$

得到的三烷基硼不必分离，直接加碱性的过氧化氢氧化、水解后得到伯醇。此反应条件温和，产率较高，不失为合成伯醇的重要方法。

$$(CH_3CH_2CH_2)_3B \xrightarrow[OH^-]{H_2O_2} 3CH_3CH_2CH_2OH$$

（二）催化氢化

在无催化剂的条件下，烯烃加氢很困难，但是有铂、镍、钯等过渡金属存在下，反应可以定量地完成，产物为烷烃。

$$C_nH_{2n} + H_2 \xrightarrow{Ni} C_nH_{2n+2}$$

该反应称为催化氢化。工业上常用雷尼镍(Raney Ni)或铂黑作为催化剂。反应的机理可认为是氢气和烯烃分子在催化剂的表面产生化学吸附作用,氢逐步转移到双键上而完成加成反应。由于反应能定量完成,所以根据消耗氢气的体积来测定烯烃的含量或双键的数目。

加氢反应是放热反应,可以通过测定氢化热来比较烯烃的稳定性。氢化热是指1mol烯烃加氢时放出的热量。它反映的是烯烃、烷烃间能量的差别。双键位置异构的烯烃及顺反异构体之间,它们催化加氢后得到的产物为同一烷烃,那么氢化热越高,烯烃所含能量越高,也就越不稳定。

例如:

$$CH_3CH_2CH=CH_2 + H_2 \longrightarrow CH_3CH_2CH_2CH_3 \qquad 氢化热\ 127\ kJ/mol$$

$$\underset{H}{\overset{CH_3}{>}}C=C\underset{CH_3}{\overset{H}{<}} + H_2 \longrightarrow CH_3CH_2CH_2CH_3 \qquad 氢化热\ 115\ kJ/mol$$

$$\underset{H}{\overset{CH_3}{>}}C=C\underset{H}{\overset{CH_3}{<}} + H_2 \longrightarrow CH_3CH_2CH_2CH_3 \qquad 氢化热\ 120\ kJ/mol$$

从上式看出,稳定性:反-2-丁烯>顺-2-丁烯>1-丁烯。2-丁烯比1-丁烯稳定,可以看出双键两端所连的烷基数目越多,烯烃越稳定。顺反异构体中,反式比顺式稳定。从结构看,顺-2-丁烯上的两个甲基在同一侧,空间位阻较大,使得4个碳原子不能完全在同一平面上,一定程度上削弱了π键,所以内能较高,稳定性较差。

(三) 氧化反应

烯烃的双键较容易被氧化剂,如高锰酸钾、臭氧、过氧有机酸等氧化得到二醇、醛、酮、羧酸、环氧化合物。

1. 高锰酸钾氧化 碱性或中性冷而稀的高锰酸钾水溶液能将烯烃氧化成邻二醇。

$$R-CH=CH-R \xrightarrow[OH^-]{KMnO_4} R-\underset{OH}{\underset{|}{CH}}-\underset{OH}{\underset{|}{CH}}-R$$

反应很灵敏,随着紫红色的褪去,生成棕褐色的MnO_2沉淀,可用作烯烃的鉴别。若是浓的酸性高锰酸钾作氧化剂,则得到碳链断裂的氧化产物。

$$\underset{R_1}{\overset{R}{>}}C=CHR_2 \xrightarrow[H_3O^+]{KMnO_4} \underset{R_1}{\overset{R}{>}}C=O + R_2\overset{O}{\underset{\|}{C}}-OH$$

$$\qquad\qquad\qquad\qquad 酮 \qquad 羧酸$$

$$RCH=CH_2 \xrightarrow[H_3O^+]{KMnO_4} R-\overset{O}{\underset{\|}{C}}-OH + CO_2$$

此反应可用于测定烯烃的结构。

2. 臭氧化 臭氧在低温下迅速定量地与烯烃作用,生成糊状的臭氧化物,称为臭氧化反应。臭氧化物很不稳定,容易发生爆炸,所以不必将它从溶液里分离,直接加水进行水解,产物为醛、酮和过氧化氢。为了防止产生的过氧化氢将醛、酮氧化，通常加入还原剂锌粉。

$$\text{>C=C<} \xrightarrow{O_3} \text{>C} \underset{\underset{O-O}{|}}{\overset{\overset{O}{|}}{C}} \text{<} \xrightarrow[H_2O]{Zn} \text{>C=O} + \text{O=C<}$$

不同结构的烯烃经臭氧化，在还原剂存在下水解得到不同的醛或酮。

$$=CH_2 \longrightarrow HCHO \qquad 甲醛$$
$$RCH= \longrightarrow RCHO \qquad 醛$$
$$R_2C= \longrightarrow R_2C=O \qquad 酮$$

此反应也可用于测定未知烯烃。臭氧化物还可以用氢化铝锂（$LiAlH_4$）或硼氢化钠（$NaBH_4$）还原，产物是醇。

3. 生成环氧化合物 烯烃与过氧有机酸反应得到环氧化合物，再经酸催化水解生成二元醇。

$$\text{环己烯} \xrightarrow{CH_3COOOH} \text{环氧环己烷} \xrightarrow{H_3O^+} \text{1,2-环己二醇}$$

这是实验室由烯烃制备环氧化合物的常用方法。工业上是用银作催化剂，用空气中的氧直接将乙烯氧化成环氧乙烷。但此法不适用其他烯烃。

$$H_2C=CH_2 + O_2 \xrightarrow[250℃]{Ag} H_2C\underset{O}{-}CH_2$$

（四）α-H 的卤代反应

丙烯高温下与卤素作用，进行的是类似于烷烃的光卤代反应，机理为自由基取代，得到的产物是 3-卤代丙烯。而常温下丙烯与卤素则发生亲电加成反应。

$$CH_3CH=CH_2 + Cl_2 \begin{cases} \xrightarrow[气相]{500\sim600℃} Cl-CH_2CH=CH_2 \\ \\ \xrightarrow[CCl_4 溶液]{低温} CH_3\underset{Cl}{\overset{|}{C}}H\underset{Cl}{\overset{|}{C}}H_2 \end{cases}$$

丙烯分子有两种代表性的 C—H。一种是双键碳原子上的氢称为乙烯氢；另一种是 α-C 上的氢原子称为烯丙氢，也称 α-H。丙烯高温被卤素取代的是烯丙氢而不是乙烯氢，是因为烯丙氢在 C=C 的邻位，受 C=C 的影响，使 C—H 的 σ 电子云离域，减弱了 C—H 键的强度，α-H 很容易解离，表现出较强的活性。乙烯氢很难被夺去，几乎不起反应。

实验室常用过氧化物来引发自由基，这样可避免高温反应条件。一个很重要的溴代试剂就是 N-溴代丁二酰亚胺（NBS）。

NBS 专一性地取代烯烃的 α-氢。例如：

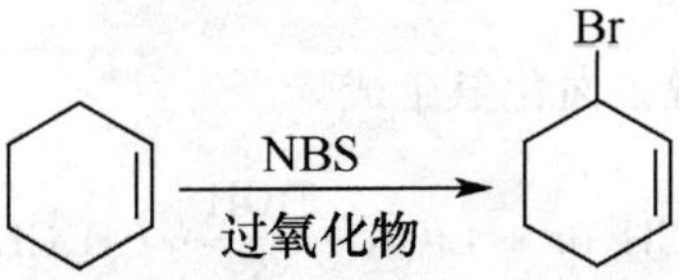

$$\text{环己烯} \xrightarrow[\text{过氧化物}]{\text{NBS}} \text{3-溴环己烯}$$

(五) 聚合反应

在一定条件下，烯烃分子中 π 键打开，相互加成连接而成具有重复链节单元的高相对分子质量化合物。这种化合物称为聚合物，这种反应称为加聚反应，合成聚合物的直接原料称为单体。例如，在齐格勒-纳塔催化剂催化下，乙烯在低压下聚合成聚乙烯。

$$n\ H_2C=CH_2 \xrightarrow{TiCl_4,\ Al(C_2H_5)_3} -(CH_2-CH_2)_n-$$

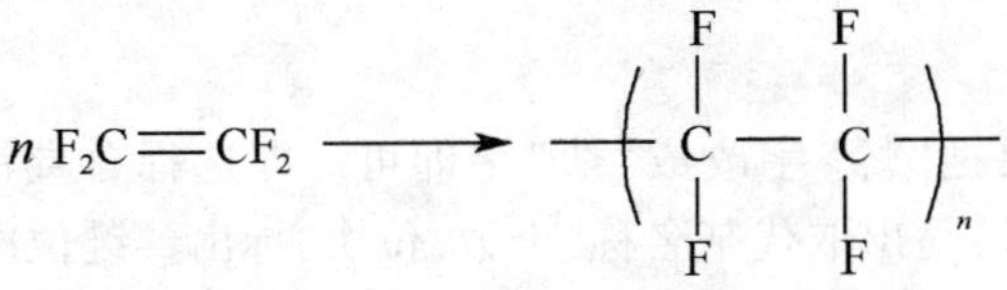

$$n\ F_2C=CF_2 \longrightarrow -(CF_2-CF_2)_n-$$

聚四氟乙烯

> **知识链接**　　聚四氟乙烯
>
> 聚四氟乙烯(polytetrafluoroethene，PTFE)，商标名 Teflon®，特富龙®(俗称"塑料王")是由杜邦公司的 Roy Plunkett 于 1938 年意外发现。杜邦公司在 1941 年取得其专利，并于 1944 年以 Teflon 的名称注册商标。如今聚四氟乙烯已经被广泛应用于生产与生活的许多领域，如被用来制作不粘锅以及干式变压器。也有部分应用于军事武器方面，如美军 M4A1 卡宾枪机匣内部的枪机上镀上一层聚四氟乙烯来增加部件寿命。

四、烯烃的制法

实验室制备烯烃主要通过醇、卤代烃的消除反应。

(一) 醇的脱水

醇的脱水是实验室制备烯烃最有用的方法。例如：

$$CH_3CH_2OH \xrightarrow[170℃]{98\%\ H_2SO_4} CH_2=CH_2$$

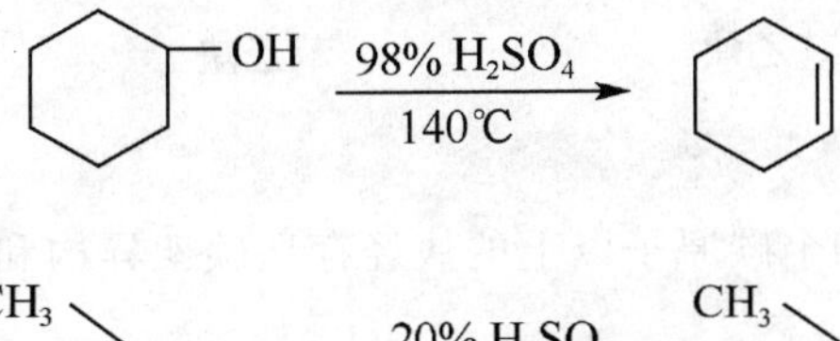

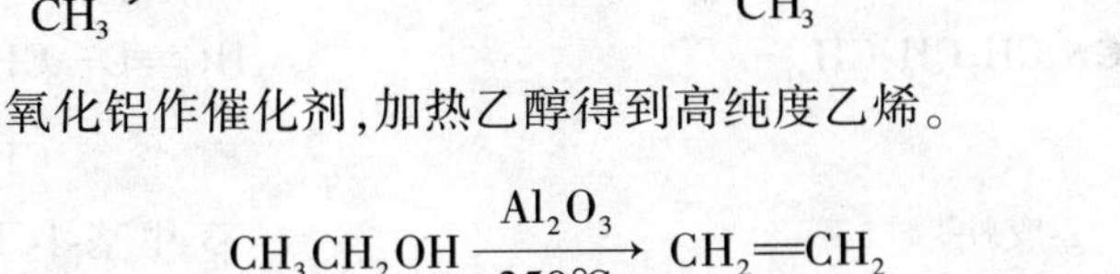

$$\text{环己醇} \xrightarrow[140℃]{98\%\ H_2SO_4} \text{环己烯}$$

$$(CH_3)_3C-OH \xrightarrow[85℃]{20\%\ H_2SO_4} (CH_3)_2C=CH_2$$

另一种方法是用氧化铝作催化剂，加热乙醇得到高纯度乙烯。

$$CH_3CH_2OH \xrightarrow[350℃]{Al_2O_3} CH_2=CH_2$$

（二）卤代烃脱卤化氢

卤代烃与碱的醇溶液共热，脱去卤化氢生成烯烃。

$$CH_3CH_2CH_2CH_2Br + EtOK \xrightarrow[\Delta]{EtOH} CH_3CH_2CH=CH_2$$

第3节 炔 烃

分子中含有碳碳叁键的不饱和链烃称为炔烃（alkyne）。碳碳叁键（—C≡C—）是炔烃的官能团。炔烃比相应的烯烃少两个氢原子，所以炔烃的通式是 C_nH_{2n-2}。

一、炔烃的命名和同分异构

（一）炔烃的命名

炔烃的命名与烯烃类似，只要把"烯"字改成"炔"字即可。即选择含叁键的最长碳链作为主链；从靠近叁键的一端开始编号；写出取代基名称、个数、位次，标出叁键位次。例如：

$$HC\equiv C-CH_2CH_3 \qquad\qquad 1-丁炔$$

$$CH_3CHC\equiv CCH_3 \qquad\qquad 4-甲基-2-己炔$$
$$\quad |$$
$$CH_2CH_3$$

当分子中同时具有碳碳叁键和碳碳双键时，首先选择含有叁键和双键的最长碳链作为主链，称为某烯炔。编号时，应使双键、叁键位次的和最小。例如：

$$CH\equiv C-CH=CHCH_3 \qquad\qquad 3-戊烯-1-炔$$

$$H_2C=CH-C\equiv C-CH_3 \qquad\qquad 1-戊烯-3-炔$$

但是，当双键和叁键处在相同的位次时，则从靠近双键一端开始编号。例如：

$$CH\equiv C-CH_2CH=CH_2 \qquad\qquad 1-戊烯-4-炔（不是4-戊烯-1-炔）$$

有时也用衍生物命名法，以乙炔为母体，其余均看作取代基。例如：

$$H_2C=CH-C\equiv CH \qquad\qquad \text{（苯基）}C\equiv CH$$

乙烯基乙炔　　　　　　　　　　　苯乙炔

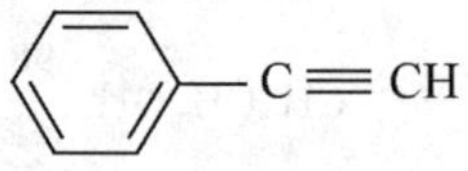

（二）炔烃的同分异构

乙炔和丙炔没有同分异构，四个碳原子以上的炔烃存在碳架异构和官能团异构，但炔烃没有顺反异构。

1. 碳架异构

$$HC\equiv C-CH_2CH_2CH_3 \qquad\qquad HC\equiv C-CHCH_3$$
$$\qquad\qquad\qquad\qquad\qquad\qquad\qquad\qquad\qquad |$$
$$\qquad\qquad\qquad\qquad\qquad\qquad\qquad\qquad\quad CH_3$$

1-戊炔　　　　　　　　　　　　　　3-甲基-1-丁炔

2. 官能团异构

$$HC\equiv C-CH_2CH_3 \qquad H_3C-C\equiv C-CH_3$$
$$\text{1-丁炔} \qquad\qquad\qquad \text{2-丁炔}$$

二、乙炔的结构

乙炔是炔烃同系列中最简单、最重要的成员,其结构式为 $HC\equiv CH$。衍射和光谱实验数据已证明乙炔分子具有线型结构,即四个原子排列在一条直线上。乙炔有这样的结构与其炔键碳原子的杂化形式有着密切的关系。

(一) 碳原子的 sp 杂化

在乙炔分子中,两个碳原子采用 sp 杂化方式,即一个 2s 轨道和一个 2p 轨道杂化,组成两个能量相等的 sp 杂化轨道(图 2-19)。

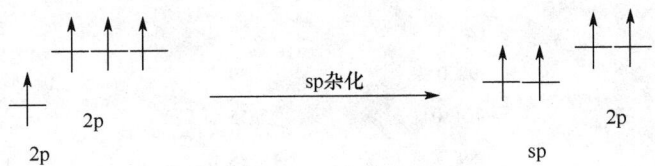

图 2-19　sp 杂化示意图

sp 杂化轨道的形状与 sp^3、sp^2 杂化轨道相似,但在空间的分布上不同(图 2-20)。

两个 sp 杂化轨道的对称轴在一条直线上,其夹角为 180°,所以 sp 杂化又称直线型杂化。

每个 sp 杂化的碳原子还有两个未参与杂化的 p 轨道,这两个 p 轨道的对称轴相互垂直,并都垂直于 sp 杂化轨道对称轴所在的直线(图 2-21)。

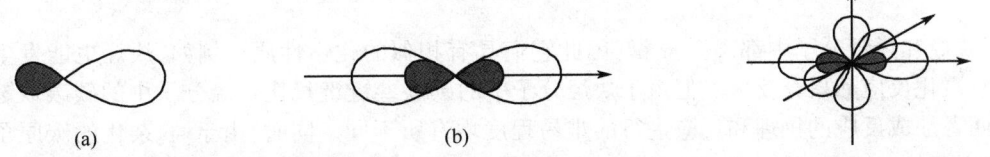

图 2-20　sp 杂化轨道(a)和两个 sp 杂化轨道的分布(b)　　图 2-21　sp 杂化碳原子轨道分布示意图

(二) 碳碳叁键的组成

乙炔分子中的两个碳原子各以一个 sp 杂化轨道沿对称轴正面重叠形成碳碳 σ 键,同时每个碳原子的另一个 sp 杂化轨道分别与氢原子的 1s 轨道重叠,形成两个碳氢 σ 键,三个 σ 键的键轴在一条直线上,所以乙炔分子中两个碳原子和两个氢原子都在一条直线上,即乙炔分子是直线型分子。

在形成这些 σ 键的同时,两个碳原子余下的两对 p 轨道分别平行重叠,生成两个相互垂直的 π 键,两个 π 键的电子云对称地分布在两个碳原子核连线的上下左右,形成一个圆筒形(图 2-22)。

由此可见,碳碳叁键是由一个 σ 键和两个 π 键组成。和碳碳双键一样,以叁键相连的两个碳原子也不能绕 σ 键轴自由旋转,且由于在乙炔分子中两个碳原子之间有两个 π 键,所以两个碳原子间电子云密度较大,距离更近,键长更短。碳碳单键的键长为 154 pm,碳碳

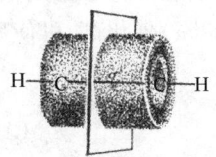

图 2-22　乙炔分子中 π 电子云

双键的键长为 135 pm,而碳碳叁键的键长只有 120 pm。

三、炔烃的物理性质

炔烃的物理性质与烯烃相似,乙炔、丙炔和丁炔为气体,戊炔以上的低级炔烃为液体,高级炔烃为固体。炔烃的物理常数也随相对分子质量的增加而呈现出规律性的变化。炔烃分子极性很弱,难溶于水而易溶于有机溶剂,如炔烃可溶于乙醚、苯、丙酮和四氯化碳等有机溶剂。几种炔烃的物理常数见表 2-5。

表 2-5 一些常见炔烃的物理常数

名称	熔点/℃	沸点/℃	相对密度
乙炔	-82.0	-75.0	0.618(沸点)
丙炔	-101.5	-23.3	0.671(沸点)
1-丁炔	-122.5	8.5	0.668(沸点)
2-丁炔	-28.0	27.2	0.694
1-戊炔	-98.0	39.7	0.695
2-戊炔	-101.0	55.5	0.213
3-甲基-1-丁炔	-89.7	28.0	0.685
1-己炔	-124.0	71.4	0.719
2-己炔	-92.0	84.0	0.7305
1-庚炔	-80.9	99.8	0.733
1-十八炔	22.5	180.0	0.8696(0℃)

四、炔烃的化学性质

由于炔烃和烯烃分子中都含有 π 键,因此它们具有相似的化学性质。例如,炔烃也能发生加成反应、氧化反应和聚合反应。但由于炔烃分子中的碳碳叁键键长比烯烃分子中的碳碳双键短,所以两者加成反应的机理和反应进行的难易程度均有所不同。同时,由于 sp 杂化的碳原子有较大的电负性,从而使与叁键碳原子直接相连的氢原子显得较活泼。

(一) 加成反应

1. 催化氢化　在 Pd、Pt、Ni 等活性强的催化剂存在下,炔烃可以与氢气进行加成,第一步生成烯烃,第二步生成烷烃,且反应难以停留在烯烃阶段。

$$RC \equiv CH \xrightarrow{H_2/Ni} RCH = CH_2 \xrightarrow{H_2/Ni} RCH_2CH_3$$

若在反应中采用活性减弱的催化剂,如用乙酸铅处理过的附在碳酸钙上的钯,即林德拉(Lindlar)催化剂,可使反应停留在烯烃阶段且收率较高。

$$CH_3C \equiv CCH_3 + H_2 \xrightarrow{\text{Lindlar 催化剂}} \underset{H}{\overset{H_3C}{>}}C=C\underset{H}{\overset{CH_3}{<}}$$

若用化学还原剂,如在液氨中以金属锂或钠作还原剂,则产物主要为反式烯烃。

$$CH_3C\equiv CCH_3 \xrightarrow{Na/NH_3} \underset{H}{\overset{H_3C}{>}}C=C\underset{CH_3}{\overset{H}{<}}$$

2. 加卤素　炔烃与卤素的加成也是分两步进行的。先生成二卤代烯,继续反应得四卤代烷。

$$R-C\equiv C-R' \xrightarrow{X_2} R-\underset{X}{\overset{}{C}}=\underset{X}{\overset{}{C}}-R' \xrightarrow{X_2} R-\underset{X}{\overset{X}{C}}-\underset{X}{\overset{X}{C}}-R'$$

例如:

$$HC\equiv CH + Cl_2 \xrightarrow{FeCl_3} \underset{Cl}{\overset{}{C}H}=\underset{Cl}{\overset{}{C}H} \longrightarrow H-\underset{Cl}{\overset{Cl}{C}}-\underset{Cl}{\overset{Cl}{C}}-H$$

$$CH_3C\equiv CCH_3 + Br_2 \xrightarrow{25℃} H_3C-\underset{Br}{\overset{Br}{C}}-\underset{Br}{\overset{Br}{C}}-CH_3$$

虽然炔烃比烯烃多一个π键,但炔烃与卤素进行亲电加成时却比烯烃难。这是由于sp杂化的碳原子电负性比sp^2杂化的碳原子电负性强,所以电子与sp杂化碳原子结合得更加紧密,不容易提供电子与亲电试剂结合,故叁键亲电加成的活性不如双键。例如,当分子中同时存在双键和叁键时,与溴的加成首先发生在双键上。

$$CH_2=CH-CH_2-C\equiv CH \xrightarrow{1mol\ Br_2} \underset{Br}{\overset{}{C}H_2}-\underset{Br}{\overset{}{C}H}-CH_2-C\equiv CH$$

3. 加卤化氢　炔烃与卤化氢的加成,可以加一分子,也可以加两分子。同样,不对称的炔烃与不对称的试剂加成时,加成的产物符合马氏规则。例如,在汞盐的催化作用下,乙炔与氯化氢在气相发生加成反应,生成氯乙烯。这是工业上生产氯乙烯的重要反应。

$$CH\equiv CH + HCl \xrightarrow{HgCl_2} H_2C=CH-Cl$$

$$CH_3C\equiv CH \xrightarrow[HgCl_2]{HCl} CH_3\underset{}{\overset{Cl}{C}}=CH_2 \xrightarrow[HgCl_2]{HCl} CH_3\underset{Cl}{\overset{Cl}{C}}CH_3$$

在过氧化物存在下,溴化氢和炔烃的加成反应与烯烃相似,得到反马氏规则的加成产物。例如:

$$CH_3CH_2C\equiv CH + HBr \xrightarrow{过氧化物} CH_3CH_2CH=CHBr \xrightarrow{过氧化物} CH_3CH_2CH_2CHBr_2$$

4. 加水　在硫酸汞的稀硫酸溶液中,乙炔与水发生加成反应生成乙醛,此反应称为乙炔的水化反应或库切洛夫反应,反应中汞盐($HgSO_4$)是催化剂。

$$HC\equiv CH + H_2O \xrightarrow[10\% \ H_2SO_4]{5\% \ HgSO_4} H_2C=CH\!-\!OH \rightleftharpoons H_3C\!-\!\overset{O}{\overset{\|}{C}}\!-\!H$$
乙烯醇　　　　乙醛

$$CHC\equiv CH + H_2O \xrightarrow[10\% \ H_2SO_4]{5\% \ HgSO_4} CH_3C=CH_2\!-\!OH \rightleftharpoons H_3C\!-\!\overset{O}{\overset{\|}{C}}\!-\!CH_3$$
丙酮

炔烃与水加成时，生成的产物烯醇一般是不稳定的中间体，会迅速得转化成比较稳定的羰基化合物，这样的一个过程，我们称为互变异构。互变异构现象是两种异构分子通过质子转移位置而相互转变的一种平衡现象。烯醇式-酮式之间的互变异构是有机化学中常见的一种互变异构现象。

（二）氧化反应

1. 燃烧 炔烃都能燃烧，生成二氧化碳和水，并有浓烟。

2. 被氧化剂氧化 炔烃被高锰酸钾氧化时，生成羧酸或二氧化碳。例如：

$$CH_3C\equiv CH \xrightarrow[H_2O]{KMnO_4} CH_3COOH + CO_2$$

$$CH_3CH_2C\equiv CCH_3 \xrightarrow[H_2O]{KMnO_4} CH_3CH_2COOH + CH_3COOH$$

（三）聚合反应

炔烃在一定的催化剂下也可以发生聚合反应，生成链状或环状化合物。与烯烃的聚合反应不同的是，炔烃一般不聚合成高分子化合物。

例如，将乙炔通入氯化亚铜和氯化铵的强酸溶液中时，可发生二聚或三聚作用。

$$CH\equiv CH + HC\equiv CH \xrightarrow{Cu_2Cl_2, NH_4Cl} CH_2=CH\!-\!C\equiv CH$$
乙烯基乙炔

$$\xrightarrow[HC\equiv CH]{Cu_2Cl_2, NH_4Cl} CH_2=CH\!-\!C\equiv C\!-\!CH=CH_2$$
二乙烯基乙炔

在高温下，三个乙炔分子可聚合成一个苯分子。

$$3HC\equiv CH \xrightarrow{500\ ℃} \text{[苯]}$$

在这个反应中，苯的产量很低，所以没有工业生产价值，但该反应从理论上说明了从开链化合物可以转变成芳香族化合物，为研究苯的结构提供了重要的依据。

（四）炔氢的反应

与碳碳叁键碳原子直接相连的氢称为炔氢。sp杂化的碳原子电负性较大，从而使得与叁键碳原子相连的氢原子性质较活泼，显示出弱酸性，可与碱金属或某些重金属离子反应生成金属炔化物。

例如，乙炔与熔融的金属钠反应，可生成乙炔钠和乙炔二钠：

$$HC\equiv CH \xrightarrow{Na} HC\equiv CNa \xrightarrow{Na} NaC\equiv CNa$$

丙炔或其他有炔氢的炔烃也可以与氨基钠反应，生成炔化钠：

$$R-C\equiv CH + NaNH_2 \xrightarrow{液氨} R-C\equiv CNa$$

炔化物与卤代烷（一般为伯卤代烃）作用，可在炔烃分子中引入烷基，得到一系列炔烃同系物。例如：

$$R-C\equiv CNa + CH_3Br \xrightarrow{液氨} R-C\equiv CCH_3 + NaBr$$

同时，有炔氢的炔烃还可以与硝酸银或氯化亚铜的氨溶液作用，立即生成炔化银的白色沉淀或炔化亚铜的红棕色沉淀。

$$HC\equiv CH + 2Ag(NH_3)_2NO_3 \longrightarrow AgC\equiv CAg\downarrow + 2NH_4NO_3 + 2NH_3$$
$$HC\equiv CH + 2Cu(NH_3)_2Cl \longrightarrow CuC\equiv CCu\downarrow + 2NH_4Cl + 2NH_3$$

上述反应很灵敏，现象也很明显，常用来鉴别分子中含有炔氢的炔烃。重金属炔化物在湿润时比较稳定，但在干燥时受热或撞击时容易发生爆炸，生成金属和碳，放出大量的热，所以要用稀硝酸及时处理反应生成的重金属炔化物，使其分解，以防危险。

五、炔烃的制备

(一) 乙炔的制备

乙炔是最简单，也是最重要的炔烃，俗称电石气。它是纤维、塑料、橡胶三大合成材料的基本原料，也是有机合成和药物合成的重要原料。目前工业上主要用以下两种方法制备乙炔。

1. 电石与水反应制备

$$CaC_2 + H_2O \longrightarrow C_2H_2 + Ca(OH)_2$$

2. 甲烷部分氧化法

$$4CH_4 + O_2 \longrightarrow HC\equiv CH + 2CO + 7H_2$$

(二) 其他炔烃的制备

1. 二卤代烷脱卤化氢　邻二卤代烷或偕二卤代烷在氢氧化钠或氨基钠的作用下，都可以脱去两分子卤化氢生成炔烃。

$$R-\underset{X}{\underset{|}{C}}H-\underset{X}{\underset{|}{C}}H-R' \xrightarrow[醇]{KOH} RC\equiv CR' + H_2O + KX$$

$$R-CH_2-\underset{X}{\overset{X}{\underset{|}{\overset{|}{C}}}}-R' \xrightarrow[醇]{KOH} RC\equiv CR' + H_2O + KX$$

2. 炔烃的烷基化反应

$$R-C\equiv CH + NaNH_2 \xrightarrow{\text{液氨}} R-C\equiv CNa$$

$$R-C\equiv CNa + CH_3Br \xrightarrow{\text{液氨}} R-C\equiv CCH_3 + NaBr$$

第4节 二烯烃

分子中含有两个碳碳双键的不饱和链烃,称为二烯烃(diene),通式为 C_nH_{2n-2}。

一、二烯烃的分类

根据二烯烃中两个双键的相对位置的不同,可将二烯烃分为以下三类。

1. 累积二烯烃(cumulative diene) 两个双键与同一个碳原子相连接,即分子中含有 $\text{C}=\text{C}=\text{C}$ 结构的二烯烃称为累积二烯烃,如丙二烯 $CH_2=C=CH_2$。

2. 孤立二烯烃(隔离二烯烃)(isolate diene) 两个双键被两个或两个以上的单键隔开,即分子中含有 $\text{C}=\text{C}(\text{C})_n\text{C}=\text{C}$ ($n \geqslant 1$)结构的二烯烃称为孤立二烯烃(隔离二烯烃),如 1,4-戊二烯 $CH_2=CH-CH_2-CH=CH_2$。

3. 共轭二烯烃(conjugate diene) 两个双键被一个单键隔开,即分子中含有 $\text{C}=\text{C}-\text{C}=\text{C}$ 结构的二烯烃称为共轭二烯烃,如 1,3-丁二烯 $H_2C=CH-CH=CH_2$,此类二烯烃在结构和性质上很特殊,在理论和应用上都有重要的价值,是最重要的二烯烃。

二、二烯烃的命名

二烯烃的命名与烯烃相似,先选择含有两个双键的最长碳链作为主链,然后从距离双键最近的一端给主链上的碳原子编号,最后写出取代基名称、个数、位次,标出两个双键的位次。例如:

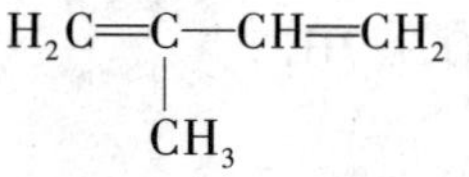

$$\underset{\underset{CH_3}{|}}{H_2C=C-CH=CH_2} \qquad \text{2-甲基-1,3-丁二烯(异戊二烯)}$$

二烯烃的顺反异构体的命名也与烯烃相似。例如:

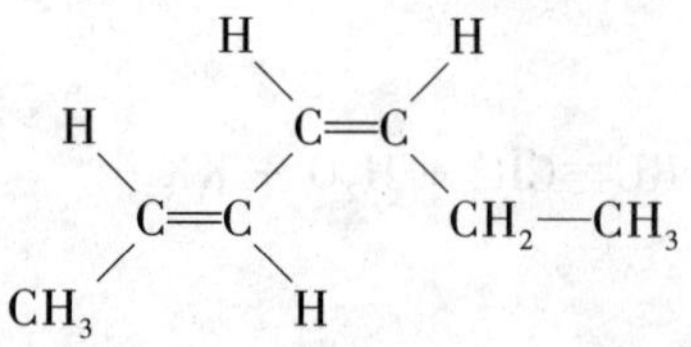

(2E,4Z)-2,4-庚二烯

三、共轭二烯烃的结构

最简单的共轭二烯烃是1,3-丁二烯,其构造式为

$$H_2C \stackrel{134\ pm}{=\!=\!=} CH \stackrel{148\ pm}{-\!\!-\!\!-} CH =\!=\!= CH_2$$

上述分子中，C_2和C_3间碳碳单键的键长为148 pm，明显比烷烃中的碳碳单键要短。此外，1,3-丁二烯的物理性质和化学性质也与单烯烃有所不同。这些特殊的性质与其分子结构有着密切的关系。

在1,3-丁二烯分子中，四个碳原子都是sp^2杂化，它们彼此各以一个sp^2杂化轨道结合形成碳碳σ键，其余的sp^2杂化轨道分别与氢原子的s轨道重叠形成碳氢σ键。由于sp^2杂化轨道是平面分布的，所以分子中的所有原子都处于同一平面。此外，每个碳原子还有一个未参加杂化的与分子平面垂直的p轨道，这四个对称轴相互平行的p轨道就可以侧面重叠形成两个π键，即C_1和C_2、C_3和C_4之间各形成一个π键。同时，C_2和C_3的p轨道由于相邻又相互平行，也可以部分重叠，从而将两个π键连接起来，形成一个包含四个碳原子的大π键（图2-23）。

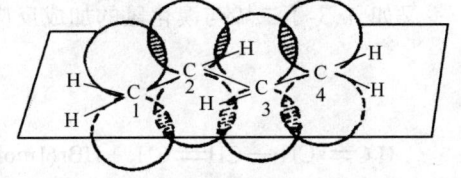

图2-23　1,3-丁二烯分子中p轨道重叠示意图

由此可见，在1,3-丁二烯分子中的π电子不是局限于某两个碳原子之间，而是运动于四个碳原子周围，这样形成的键就称为大π键，也称离域键。"离域"是相对于通常局限于两个原子间（定域）的化学键而言。具有离域键的体系称为共轭体系。在共轭体系中，由于原子间的相互影响，整个分子电子云的分布趋于平均化，体系能量降低，稳定性增加，这种效应称为共轭效应。

共轭体系有几种不同的形式，对于1,3-丁二烯来说，是由两个π键相邻形成的共轭体系，因此称为π-π共轭体系。此外还有p-π共轭体系，如烯丙基正碳离子 $H_2C=CH-\overset{+}{C}H_2$；σ-π超共轭体系，如丙烯 $H_2C=CH-CH_3$。

四、1,3-丁二烯的化学性质

1,3-丁二烯同烯烃一样，易发生加成、氧化和聚合等反应，但由于其分子结构的特殊性，在性质上与烯烃也有着一定的差异。

（一）催化氢化

$$H_2C=CH-CH_2-CH=CH_2 + 2H_2 \xrightarrow{Pd} CH_3CH_2CH_2CH_2CH_3$$
$$\Delta H = -255\ kJ/mol$$

$$H_2C=CH-CH=CH-CH_3 + 2H_2 \xrightarrow{Pd} CH_3CH_2CH_2CH_2CH_3$$
$$\Delta H = -227\ kJ/mol$$

从以上两个反应可以看出，虽然1,4-戊二烯和1,3-戊二烯氢化后都得到相同的产物，但其氢化热不同，1,3-戊二烯的氢化热比1,4-戊二烯的氢化热低，即1,3-戊二烯的内能比1,4-戊二烯的内能低，故1,3-戊二烯较稳定。

（二）亲电加成

与烯烃相似，1,3-丁二烯也能与卤素、卤化氢发生加成反应。但由于其结构的特殊性，加成产物通常有两种。

例如，1,3-丁二烯与溴的加成反应：

$$H_2C=CH-CH=CH_2 + Br_2(1\text{mol}) \begin{array}{l} \xrightarrow{1,2\text{-加成}} CH_2-CH-CH=CH_2 \\ \qquad\qquad\quad |\quad\ \ | \\ \qquad\qquad\ \ Br\ \ Br \\ \xrightarrow{1,4\text{-加成}} CH_2-CH=CH-CH_2 \\ \qquad\qquad\quad |\qquad\qquad\ \ | \\ \qquad\qquad\ \ Br\qquad\qquad Br \end{array}$$

又如，1,3-丁二烯与溴化氢的加成反应：

$$H_2C=CH-CH=CH_2 + HBr(1\text{mol}) \begin{array}{l} \xrightarrow{1,2\text{-加成}} CH_3-CH-CH=CH_2 \\ \qquad\qquad\qquad\quad | \\ \qquad\qquad\qquad\ Br \\ \xrightarrow{1,4\text{-加成}} CH_3-CH=CH-CH_2 \\ \qquad\qquad\qquad\qquad\qquad\quad | \\ \qquad\qquad\qquad\qquad\qquad\ Br \end{array}$$

由此可见，共轭二烯烃与卤素、卤化氢发生亲电加成时，有两种不同的加成方式。一种是发生在一个双键上的加成，这种加成方式称为1,2-加成。另一种加成方式中，分子中的两个π键均打开，试剂的两部分分别加到共轭体系的两端，而在 C_2 和 C_3 之间形成一个新的双键，这种共轭体系特有的加成方式称为1,4-加成，又称共轭加成。共轭二烯烃的加成特点就是，1,2-加成和1,4-加成同时发生，哪一种加成方式占优势，取决于产物的稳定性、反应的温度以及溶剂的性质等条件。

共轭二烯烃发生1,4-加成的理论解释：共轭二烯烃与卤化氢的加成也是亲电加成，反应分两步进行。

第一步：

$$H_2C=CH-CH=CH_2 + H^+ \begin{array}{l} \longrightarrow H_2C=CH-\overset{+}{C}H-CH_3 \quad (1) \\ \\ \longrightarrow H_2C=CH-CH_2-\overset{+}{C}H_2 \quad (2) \end{array}$$

生成的碳正离子(1)比碳正离子(2)稳定，其原因除了碳正离子(1)是2°碳正离子，而碳正离子(2)是1°碳正离子外，碳正离子(1)中还存在 p-π 共轭，这是其稳定性增大的主要原因。

$$CH_2=CH-\overset{+}{C}H-CH_3$$
烯丙基碳正离子

在烯丙基碳正离子中带正电荷的碳原子也是 sp^2 杂化，其空的 p 轨道可以与双键碳原子的 p 轨道相互重叠形成 p-π 共轭体系，π电子可离域到空的 p 轨道上，从而使碳正离子的正电荷得以分散，体系得到稳定(图2-24)。

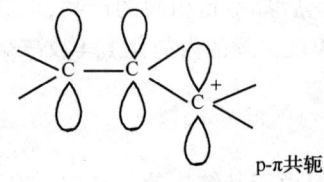

图2-24 烯丙基碳正离子

第二步：

在碳正离子(1)中，由于π电子的离域，使 C_2、C_4 都带上部分的正电荷。

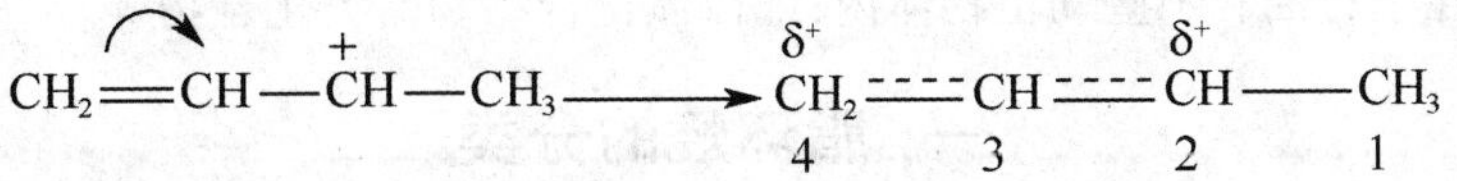

CH₂ ═ CH — CH — CH₃ ⟶ CH₂ ┄ CH ┄ CH — CH₃
+
δ+
δ+
4
3
2
1

反应的第二步，是带负电荷的试剂溴离子加到带正电荷的碳原子上，因 C_2 和 C_4 都带有部分正电荷，所以溴既可以加到 C_2 上发生 1,2-加成，也可以加到 C_4 上发生 1,4-加成。

（三）双烯加成

共轭二烯烃与含有碳碳双键的不饱和化合物之间发生 1,4-加成生成环状化合物的反应，称为双烯合成，也称狄尔斯-阿尔德（Diels-Alder）反应。这是共轭二烯烃特有的反应，在理论和生产上都具有重要的意义。

CH₂
CH
CH
CH₂
+
CH₂
CH₂
20~40 MPa，200℃

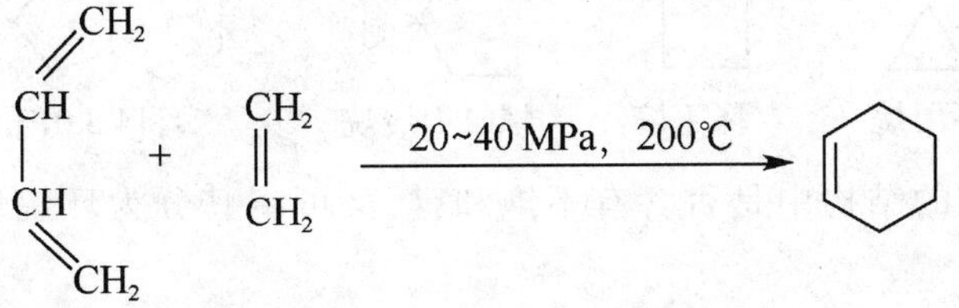

一般把进行双烯加成中的共轭二烯烃称为双烯体，而把与共轭二烯烃进行加成的不饱和化合物称为亲双烯体。亲双烯体是乙烯时，反应十分困难，需要在较高的条件下进行。实践证明，当亲双烯体的双键碳原子上连有强的吸电子基（—CHO、—COR、—CN、—COOH）时，反应较容易进行。例如：

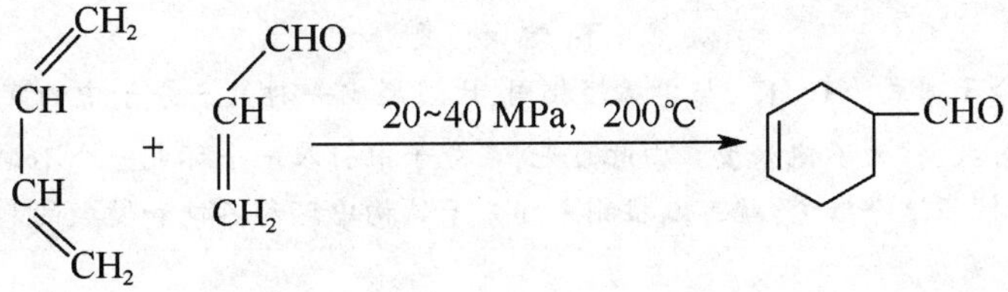

CH₂
CH
CH
CH₂
+
CHO
CH
CH₂
20~40 MPa，200℃
CHO

又如：

CH₂
CH
CH
CH₂
+
CH — C
CH — C
O
O
O
苯，100℃
5 h
C
C
O
O
O

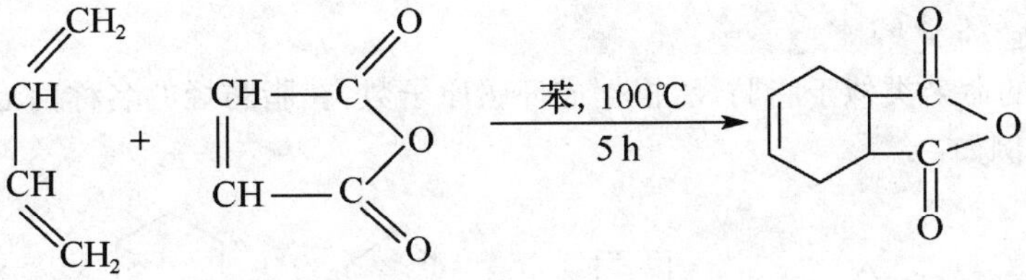

> **知识链接**　　　　Diels-Alder 反应
>
> 1928 年，德国化学家奥托·狄尔斯（Otto Paul Hermann Diels）和库尔特·阿尔德（Kurt Alder）在研究 1,3-丁二烯与顺丁烯二酸酐时发现这一反应。他们因对此重要反应的发现和发展而获得 1950 年的诺贝尔化学奖。不对称 Diels-Alder 反应是不对称合成中最常用的反应之一，广泛应用于药物、天然产物及各种手性化合物的合成。目前，使用手性助剂控制 Diels-Alder 反应过程中的立体化学的研究备受重视。

第 5 节　脂　环　烃

碳原子相互连接成环，性质类似脂肪烃的碳环烃，称为脂环烃（cycloalkane），天然的脂环烃及其衍生物,存在于石油和某些动植物体内,如甾体化合物和萜类化合物等。

一、脂环烃的分类

(1) 根据环碳原子的数目,脂环烃可分为小环(3~4个碳原子)、常见环(5~6个碳原子)、中等环(7~12个碳原子)和大环(12个以上碳原子)。

(2) 根据分子中所含碳环的数目,可将脂环烃分为单环脂环烃、双环脂环烃和多环脂环烃。在双环和多环脂环烃中,根据碳环的连接方式,又可将其分为螺环烃(spiro cyclohydrocarbon)和桥环烃(bridged cyclohydrocarbon)两大类。例如:

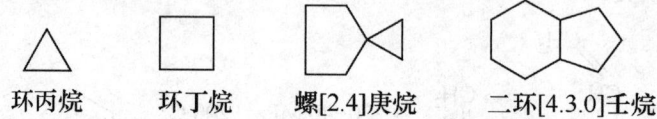

环丙烷　　环丁烷　　螺[2.4]庚烷　　二环[4.3.0]壬烷

(3) 根据脂环烃的结构中是否含有不饱和键,又可将其分为环烷烃、环烯烃和环炔烃。例如:

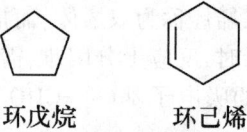

环戊烷　　环己烯

> **知识链接**　　不饱和度
>
> 单环脂环烃的分子通式为 C_nH_{2n},与单烯烃相同,比烷烃少一对氢。分子中的实有氢数比饱和烷烃中含氢数目减少的对数,称为不饱和度。由此可见,在分子中引入一个环或一个不饱和键都可以使分子增加一个不饱和度,按照这个概念,就可以推测未知分子结构中环和不饱和键数的总数。

二、脂环烃的命名

(一) 单环脂环烃的命名

单环脂环烃的命名类似于脂肪烃,根据成环碳原子数,在脂肪烃的名称前冠以"环"字,将其称为环"某"烷。例如:

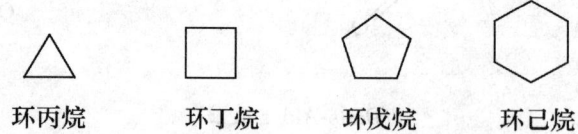

环丙烷　　环丁烷　　环戊烷　　环己烷

若环上有取代基时,一般按照顺时针或逆时针的方向对成环碳原子进行编号,并使取代基位次最小。例如:

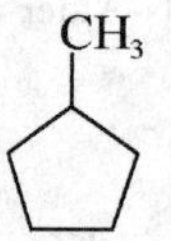

甲基环戊烷 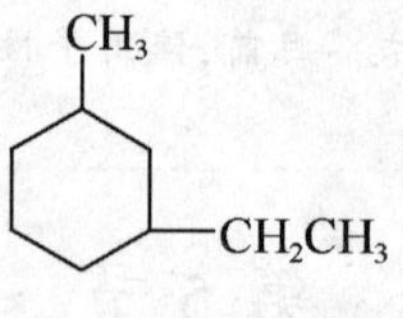　　1-甲基-3-乙基环己烷

若环上有不饱和键时,则从不饱和碳原子开始编号,并使不饱和键位次最小。例如:

3-甲基环己烯　　5-甲基-1,3-环戊二烯

若环上取代基比较复杂时,环烃也可以作为取代基来命名。例如:

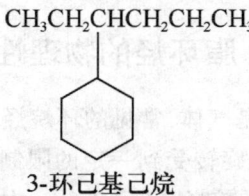

3-环己基己烷

(二) 螺环烃的命名

两个碳环共用一个碳原子的多环脂环烃称为螺环烃,其中共用的碳原子称为螺原子。命名螺环烃时,先根据成环碳原子的总数称为"螺[　　]"某烷,再把各环除螺原子以外的其他碳原子数目,按由小到大的顺序写在方括号中,各数字之间用圆点隔开。例如:

螺[2.4]庚烷　　螺[4.5]癸烷

若环上有取代基时,编号从螺原子邻位的碳原子开始,先编小环,再通过螺原子编大环,并使取代基的位次较小。例如:

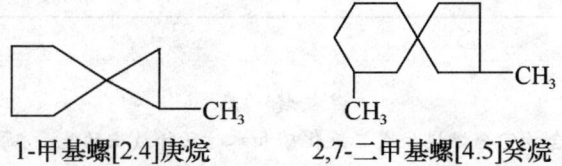

1-甲基螺[2.4]庚烷　　2,7-二甲基螺[4.5]癸烷

(三) 桥环烃的命名

共用两个或两个以上碳原子的多环脂环烃称为桥环烃,其中共用的碳原子称为桥头碳原子。在桥环烃中最常见的是二环桥环烃,命名时先根据成环碳原子的总数,称为"二环[　　]"某烷,再把各"桥"路所含碳原子数目,按由大到小的顺序写在方括号中,各数字之间用圆点隔开。例如:

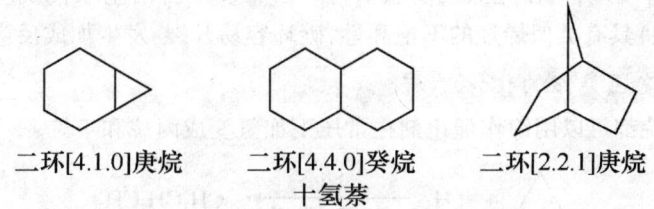

二环[4.1.0]庚烷　　二环[4.4.0]癸烷　　二环[2.2.1]庚烷
　　　　　　　　　　十氢萘

若环上有取代基时,编号从一个"桥头"碳原子开始,先编最长的"桥",再经第二个"桥头"碳原子编次长的"桥",最后编最短的"桥",并使取代基的位次较小。例如:

有机化学

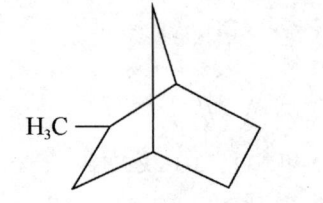
2-甲基二环[2.2.1]庚烷

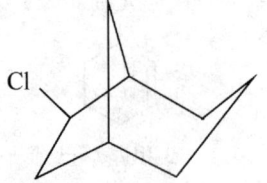
6-氯二环[3.2.1]辛烷

三、脂环烃的物理性质

在常温常压下,环丙烷和环丁烷是气体,常见的环烷烃如环戊烷和环己烷是液体,中环和大环的环烷烃是固体。脂环烃中的单键旋转受到一定的限制,分子具有一定的刚性,所以脂环烃的密度、沸点和熔点比相同碳原子数的烷烃高(表2-6)。大部分的脂环烃都不溶于水。

表2-6 常见脂环烃的物理性质

名称	分子式	熔点/℃	沸点/℃	密度/(×10³kg/m³)	燃烧热/(kJ/mol)	每个CH_2的平均燃烧热/(kJ/mol)
环丙烷	C_3H_6	-127	-32.9	0.720(-79℃)	2091.3	697.0
环丁烷	C_4H_8	-80	11	0.703(0℃)	2744.1	686.2
环戊烷	C_5H_{10}	-94	49.5	0.745	3320.1	664.0
环己烷	C_6H_{12}	65	80.8	0.779	3951.7	658.6
环庚烷	C_7H_{14}	-12	117	0.810	4636.7	662.3
环辛烷	C_8H_{16}	11.5	148	0.836	5313.9	664.2
环十五烷	$C_{15}H_{30}$				9884.9	659.0

> **知识链接**　　　　　　　燃　烧　热
>
> 燃烧热是指1mol化合物完全燃烧生成二氧化碳和水时所释放出的能量,每个CH_2单位平均燃烧热的大小,反映着脂环烃能量的高低和稳定性程度。表中的数据显示,环丙烷的稳定性最差,环己烷最稳定,环再增大,稳定性则有所下降。

四、环烷烃的化学性质

环烷烃中由于只含有碳碳单键和碳氢单键,所以它们的化学性质与烷烃相似,如在常温下不与氧化剂高锰酸钾反应,而在光照或高温下可与卤素发生自由基取代反应。此外,小环环烷烃(环丙烷和环丁烷)具有类似烯烃的不饱和性,碳环容易开裂,发生加成反应。

(一)与开链烷烃类似的化学性质

环丙烷和环丁烷都可以用镍作催化剂在常压下加氢变成丙烷和丁烷。

$$\triangle + H_2 \xrightarrow[\text{40℃, 常压}]{Ni} CH_3CH_2CH_3$$

$$\square + H_2 \xrightarrow[\text{100℃, 常压}]{Ni} CH_3CH_2CH_2CH_3$$

环戊烷、环己烷等要用活性高的铂催化剂在更高的温度下开环。

$$\text{环戊烷} + H_2 \xrightarrow[\text{300°C, 常压}]{Pt} CH_3CH_2CH_2CH_2CH_3$$

环丙烷在室温下,环丁烷在加热条件下可与 X_2 作用生成二卤代物。

$$\text{环丙烷} + Br_2 \longrightarrow BrCH_2CH_2CH_2Br$$

1,3-二溴丙烷

环戊烷、环己烷常温下不反应,但在高温或者光照下与卤素发生取代反应。

$$\text{环戊烷} + Br_2 \xrightarrow{300°C} \text{环戊基-Br} + HBr$$

(二) 环丙烷和环丁烷的开环反应

环丙烷与卤化氢反应,碳环破裂生成卤代烃。常温下环丁烷、环戊烷等与卤化氢不反应。

$$\text{环丙烷} + HBr \longrightarrow CH_3CH_2CH_2Br$$

烷基取代的环丙烷与卤化氢加成时,由中间体碳正离子的稳定性决定开环取向。例如:

$$\text{甲基环丙烷} + HBr \longrightarrow CH_3CH_2\underset{\underset{Br}{|}}{C}HCH_3$$

2-溴丁烷

从上面的反应,我们可以看出几种环的稳定性次序:△ < □ < ⬠ < ⬡

五、环烷烃的结构及稳定性

与直链烷烃中碳原子杂化方式类似,环烷烃的环碳原子也采取 sp^3 杂化。根据共价键理论,当两个碳成键时,它们各自的杂化轨道正面相交,才能达到最大程度的重叠,所以正常的 sp^3 杂化轨道之间的夹角应为 109.5°,而在脂环烃中,为了配合成环,正常的 sp^3 杂化轨道难以正面相交,重叠程度也因此受到不同程度的影响。

环丙烷由于受几何形状的限制,两个成键碳原子的 sp^3 杂化轨道不能沿原子核之间的连线正面重叠,而是偏离一定角度,斜着重叠形成 σ 键(图 2-25)。由于轨道重叠的程度较小,这种键就没有正常的 σ 键稳定,碳环容易开裂,所以环丙烷的稳定性要比链状烷烃差得多。

1885 年,Baeyer 提出了张力学说:由于几何形状的限制,环烷烃中碳碳键角与轨道的正常夹角之间会有偏差,这种张力称为角张力。键角变形得越大,角张力越大,环越不稳定,反应活性也越强。

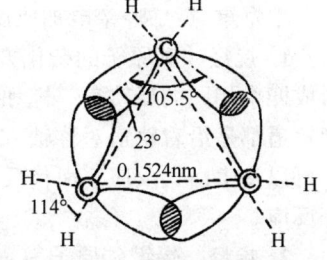

图 2-25 环丙烷分子中碳碳键原子轨道重叠情况

环丙烷中除了存在角张力,也存在扭转张力。由于交叉式构象比重叠式构象稳定,因此在链烃中,任何两个碳碳间都有从重叠式转变成交叉式构象的趋势,对交叉式构象的偏离,使体系的能量升高,产生扭转张力。在环丙烷中,碳碳间被迫采取重叠式构象,故具有较大的扭转张力。

环丁烷的四个碳原子不在同一平面上,碳碳键角为 111.5°,分子中也存在着角张力,但程度较轻,比环丙烷稳定。为了减少扭转张力,环丁烷采取非平面的折叠环,如图 2-26 所示。

在环戊烷中,平面内键角为 108°,接近碳碳单键正常键角,所以环戊烷几乎没有角张力,为了避免扭转张力,它也采取非平面环:半椅式和信封式。其中,后者是稳定的构象,如图 2-27 所示。

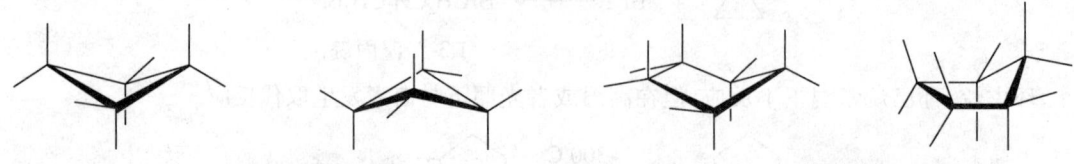

图 2-26 环丁烷的折叠式构象　　　　　图 2-27 环戊烷的信封式构象

环己烷如果是平面环,内角应为 120°,存在与小环方向相反的环张力,应该比环戊烷的稳定性差。但是事实上环己烷是最稳定的环,因为环己烷采取非平面环,六个碳原子不在同一平面上,键角保持为 109.5°,因此完全没有角张力,它有几种空间的排布方式(图 2-28)。

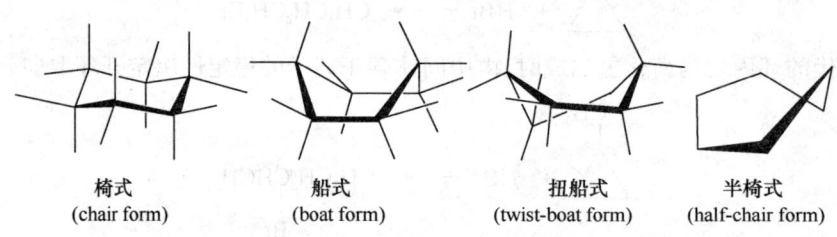

椅式　　　　船式　　　　扭船式　　　　半椅式
(chair form)　(boat form)　(twist-boat form)　(half-chair form)

图 2-28 环己烷的空间构象

其中,椅式构象不仅没有角张力,而且所有的碳碳间都采取交叉式构象,所以也没有扭转张力,是环己烷中能量最低、最稳定的一种构象,即优势构象。船式构象也没有角张力和扭转张力,但是两个船顶上的两对氢原子以及船头上的伸向内侧的氢原子之间存在着由于空间拥挤引起的范德华力,也称跨环张力。由于存在这种张力,船式构象不如椅式构象稳定,很容易通过环内碳碳单间的旋转扭转为扭船式构象。

由于椅式构象最稳定,在室温时环己烷分子绝大部分采取此构象式存在。

<h2 style="text-align:center">本 章 小 结</h2>

本章重点:烯烃亲电加成反应的机理。难点:诱导效应与共轭效应对反应机理的解释。

1. 烷烃 碳原子的杂化方式是 sp^3 杂化,由一个 s 轨道和三个 p 轨道"混合",并"重新组合"形成四个相同的新轨道。饱和烃中碳原子均为 sp^3 杂化,所有的键均为 σ 键。σ 键的特征是:成键轨道都是沿着轨道对称轴方向相互重叠而形成。烷烃的化学性质较稳定,在光照或高温加热下可以发生卤代反应。卤代反应属于自由基取代反应。此外,烷烃还能发生氧化与燃烧、热裂等反应。

2. 烯烃 烯键碳原子为 sp^2 杂化。两个 sp^2 杂化的碳原子各用一个 sp^2 杂化轨道相互重叠形成碳碳 σ 键,每个碳上剩余的两个 sp^2 杂化轨道分别与其他原子轨道形成 σ 键,五个 σ 键在同一个平面上。每个碳原子剩下的 p 轨道在侧面重叠形成 π 键,因此碳碳双键是由一个 σ 键和一个 π 键构成。由于 π 键不能自由旋转,当双键碳上连有两个不同基团时,就产生顺反异构体。烯烃的化学性质有加成反应、氧化反应、α-H 取代。一般情况下,烯烃加成反应遵循马尔科夫尼科夫(Markovnikov)规则(简称马氏规则)。其反应机理可简单概括为碳正离子型和环𬭩离子型。

3. 炔烃和二烯烃 炔烃的官能团是碳碳叁键,叁键碳原子采取 sp 杂化。叁键由一个 σ 键和两个 π 键组成,属于线状构型,没有顺反异构,两个 π 键的电子云以 σ 键轴为对称轴成筒状分布。炔烃的化学性质大致与烯烃相似。本章主要讨论具有特殊性质的共轭二烯烃。共轭二烯烃的结构是双键与单键相间排列的,两个双键连续分布在四个碳原子上,因此四个碳原子共平面,四个 p 轨道不但在 C_1—C_2,C_3—C_4 之间重叠,而且在 C_2—C_3 之间也存在一定程度的重叠,组成一个离域的大 π 键,称为 π-π 共轭。共轭体系能量比孤立 π 键体系能量低。由于共轭使体系中的碳碳双键和碳碳单键的键长、键能趋于平均化,这种效应称为共轭效应。

4. 脂环烃 主要内容包括脂环烃的结构和命名,脂环烃的物理性质,常见脂环烃的化学性质,典型环烷烃的结构及性质的关系等。涉及的基本概念有:脂环烃、不饱和度、角张力、扭转张力等。

目标检测

一、名词解释

1. 脂环烃
2. 张力学说
3. 螺环烃
4. 桥环烃
5. 诱导效应
6. 马氏规则
7. 共轭效应
8. 同系物
9. IUPAC

二、根据所给结构命名或根据名称写出结构式

1. CH₃CHCH₂CH—CHCH₃
         | | |
         CH₃ CH₃ CH₃

2. CH₃CH—CHCH₂CH₃
        | |
        CH₃ CH₂CH₂CH₃

3. CH₃CHCH₂—CHCH₂CHCH₃
        | | |
        H₃C CH₂CH₂CH₃

4. CH₃—C=CH—CH—CH₂—CH₃
             | |
             CH₃   CH₃

5. CH₃CHC≡CCH₃
        |
        CH₂CH₃

6. H₂C=C—CH=CH₂
           |
           CH₃

7. (structure)

8. (methylcyclohexane with CH₂CH₃)

9. (methylcyclopentane)

10. (methylcyclohexene)

11. (cyclopropane)

12.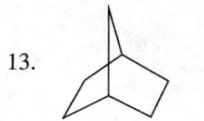

13. (norbornane)

14.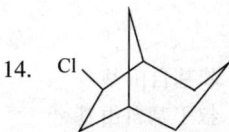

15. 2-甲基-5-(1,1-二甲基丙基)癸烷
16. 3-甲基-2-乙基-1-丁烯
17. 2,4-庚二烯
18. 3-戊烯-1-炔
19. 5-甲基-1,3-环己二烯
20. 3-环己基己烷
21. 2-甲基二环[2.2.1]庚烷
22. 1-甲基螺[2.4]庚烷

三、完成下列化学反应式

1. CH₃C=CH₂ $\xrightarrow{HBr}$
        |
        CH₃

2. CH₃C=CH₂ $\xrightarrow[过氧化物]{HBr}$
        |
        CH₃

3. $CH_3CH_2CH=CH_2 \xrightarrow[\text{过氧化物}]{NBS}$

4. $CH_3CH_2CH=CH_2 \xrightarrow[\text{②}H_2O_2,OH^-]{\text{①}B_2H_6}$

5. [环己烯]$-CH_2CH=CH_2 \xrightarrow[H^+]{KMnO_4}$

6. $CH_3CH=CHCH=CH_2 \xrightarrow{HBr}$

7. [丁二烯] + [CH_2=CHCOOH] →

8. [联环己烯基] + [环戊烯二酮] →

9. $CH_3C\equiv CCH_3 \xrightarrow[\text{Lindlar 催化剂}]{H_2}$

10. $CH_3C\equiv CCH_3 \xrightarrow{\text{Li,液氨}}$

11. $CH_3C\equiv CH \xrightarrow{NaNH_2} \xrightarrow{CH_3CH_2Br}$

四、选择题

1. 下列化合物中沸点最高的是( )
   A. 乙烷   B. 丙烷
   C. 溴乙烷   D. 碘乙烷

2. 2,2,3-三甲基戊烷在光照下与溴反应,主要产物是( )
   A. 2,2,3-三甲基-1-溴戊烷
   B. 2,2,3-三甲基-3-溴戊烷
   C. 2,2,3-三甲基-4-溴戊烷
   D. 3,4,4-三甲基-1-溴戊烷

3. 下列最稳定的自由基是( )
   A. 三苯甲基自由基   B. 苯基自由基
   C. 甲基自由基   D. 叔丁基自由基

4. 下列化合物中,热力学最稳定的是( )
   A. 1-戊烯   B. 反-2-戊烯
   C. 顺-2-戊烯

5. 下列碳正离子最稳定的是( )
   A. $(CH_3)_3C^+$ B. $CH_3\overset{+}{C}HNO_2$
   C. $(CH_3)_2\overset{+}{C}H$ D. $(CH_3)_2\overset{+}{C}C_6H_5$

6. 下列化合物能与硝酸银的氨溶液作用,生成白色沉淀的是( )
   A. 2-戊炔   B. 1-戊炔
   C. 1,3-戊二烯   D. 环戊烯

7. 下列脂环烃中,最稳定的化合物是( )
   A. 环丙烷   B. 环丁烷
   C. 环戊烷   D. 环己烷

8. 下列环己烷的构象中,优势构象是( )
   A. 船式   B. 扭船式
   C. 椅式   D. 半椅式

9. 下列各组化合物,可用酸性高锰酸钾进行鉴别的是( )
   A. 环丙烷和环丁烷   B. 环丁烷和环戊二烯
   C. 环戊烷和甲烷   D. 环己烷和己烷

10. 下列关于角张力的描述中正确的是( )
    A. 环丙烷中只有角张力
    B. 环己烷中角张力几乎为零
    C. 环戊烷的角张力是最小的
    D. 角张力随着环烷烃碳环增大而减小

11. 下列关于脂环烃化学性质的描述中错误的是( )
    A. 环丙烷可以在常温下和卤素加成生成二卤代烷
    B. 环戊烷可以在常温下发生自由基取代
    C. 环戊烷可以在加热条件下和卤素加成生成二卤代烷
    D. 环己烷性质比较稳定,一般不容易发生加成反应

五、简答题

1. 写出异丁烷在光照下一溴代反应的机理。
2. 分别写出乙烯与溴加成和丙烯与溴化氢加成反应的机理。
3. 简述脂环烃的命名规则。
4. 决定脂环烃环系稳定性的主要因素有哪些?

六、推断题

有两种 C_6H_{12} 的烯烃 A 和 B,用酸性高锰酸钾氧化后,A 只生成酮,B 的产物中一个是羧酸,另一个是酮,试写出 A 和 B 的结构。

七、合成题

1. [环己醇] —OH → [2,3-二溴环己烷]

2. 以乙炔、丙烯为原料制备 [环己基丙酮]

3. 以丙炔为原料制备 $CH_2=CHCH_2$ [顺式-2-丁烯结构]

第3章 芳 香 烃

> **学习目标**
> 1. 掌握芳香烃的结构、分类、同分异构现象和命名；
> 2. 掌握苯及其同系物的化学性质、取代基的定位效应及反应活性；
> 3. 理解非苯系芳香烃和休克尔规则；
> 4. 了解苯及其同系物的物理性质；
> 5. 了解稠环芳烃。

芳香烃是芳香族化合物的简称，通常是指以苯为基本骨架且性质与苯类似的一类化合物。在有机化学的发展初期，人们曾经把一些从天然产物中得到的有香味的化合物通称为芳香化合物，研究发现这些芳香化合物大多含有苯环结构。后来人们发现，许多无苯环结构的化合物也有芳香味，而一些含苯环的化合物并不具有所谓的芳香味，有的甚至具有难闻的气味，显然"芳香"一词已失去它原有的意义。现在"芳香烃"是指具有特定环状结构和特殊化学性质的一类化合物。这类化合物具有高度的不饱和度，化学性质稳定，不易发生加成和氧化反应，但易发生取代反应。

芳香烃根据其分子中是否含有苯环可分为苯系芳香烃和非苯系芳香烃。

本章主要讨论苯的结构、分类、芳香烃的亲电取代反应、定位效应、取代反应机理、休克尔规则及稠环芳烃。

许多药物分子具有苯环的结构。例如：

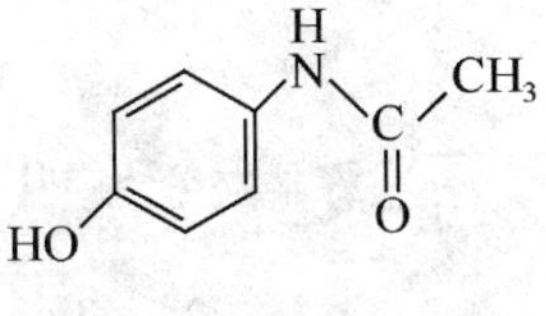

对乙酰氨基酚(扑热息痛) 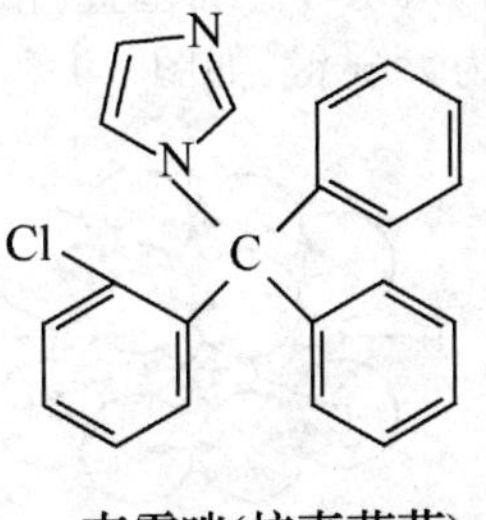　　　克霉唑(抗真菌药)

一、苯 的 结 构

(一) 苯的凯库勒结构式

1825年，英国的法拉第(Faraday)首先从照明气中分离出苯，之后有机化学家对它的结构和性质做了大量工作，提出了多种构造式，但都不能充分地表达苯的结构。直到1865年，凯库勒根据当时已知的苯的分子式 C_6H_6 提出了苯的环状构造式。

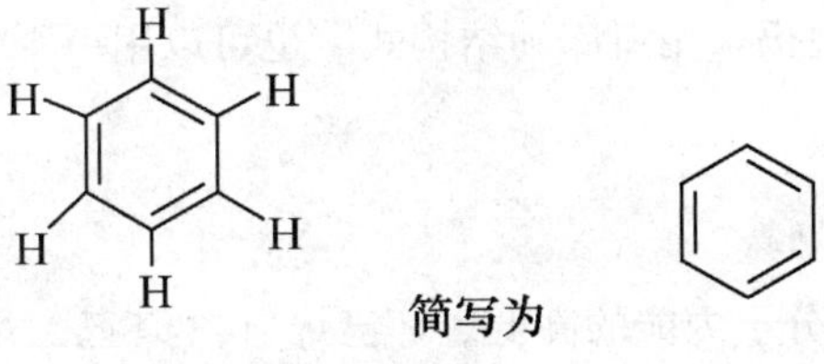

简写为

这一构造式符合苯的一元取代产物只有一种、加氢后能得到环己烷的实验事实。然而它仅说明苯分子的组成以及原子间的排列次序,却不能解释以下现象。

(1) 凯库勒式中有三个双键,苯应该很容易进行类似于烯烃的加成和氧化反应。实际上苯有特殊的稳定性,不能被高锰酸钾氧化,不易与卤素加成,却容易发生取代反应。

(2) 根据凯库勒式,苯的邻位二元取代物应有以下两种,实为一种。

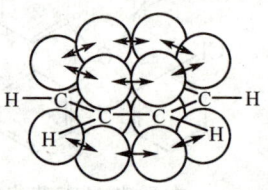 ≡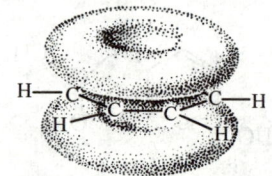

(3) 苯在构造上被认为是假想的 1,3,5-环己三烯,单键和双键交替连接,单、双键长应不一样长。但实际上,苯的六个碳碳键键长相等,均为 0.139 nm,介于碳碳单键 0.154 nm 与双键 0.134 nm 之间,键角为 120°。

以上说明凯库勒式不能完全、真实地反映苯的结构,经典的电子式也不能表达出苯环高度共轭的特点。

(二) 苯分子结构的现代解释

人们利用 X 射线衍射、光谱法等现代物理学方法证明苯分子的六个碳原子和六个氢原子在同一平面上,呈正六边形。

杂化轨道理论认为:苯的六个碳原子都是以 sp^2 杂化轨道相互沿对称轴的方向重叠形成六个 C—C σ 键,正好连成一个正六边形的平面环形结构,每个碳原子各以一个 sp^2 杂化轨道与氢原子的 1s 轨道重叠形成六个 C—H σ 键。成键的所有原子都在同一平面上,每个原子碳上有一个未杂化的 p 轨道与环平面垂直,相互平行。相邻碳原子 p 轨道互相重叠,形成环状闭合的 π-π 共轭体系,称为大 π 键,如图 3-1 和图 3-2 所示。

图 3-1　相互平行的 p 轨道　　图 3-2　苯分子中 π 电子云

π 电子云像两个中空的救生圈位于苯环的上下,六个 p 电子在六个碳原子上离域,为六个碳原子共享(图 3-2)。其共轭程度比 1,3-丁二烯大得多。共轭体系能量的降低使苯环稳定,同时使碳碳键键长发生了平均化,苯中无单双键之分,也就决定了苯的邻位二元取代物没有异构体。由于 π 电子的流动性,共轭 π 键结合程度不及 σ 键牢固,易受亲电试剂进攻,进行亲电取代反应。若进行亲电加成将破坏苯环的共轭体系,稳定性降低,所以苯不易进行加成和氧化反应。

对于苯环的表示方法,现仍采用凯库勒结构式。也可以用一个带有圆圈的正六边形 ⌬ 来表示苯环,圆圈表示大 π 键。

(三) 氢化热——稳定性

氢化热反映有机化合物分子内能的高低。环己烯、1,3-环己二烯、苯加氢后的产物都是环己烷,这样就可以根据氢化热来比较三者的相对稳定性。

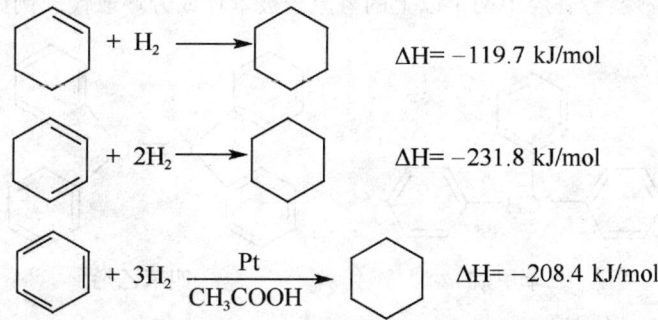

可以将环己烯的氢化热 119.7 kJ/mol 作为单个双键的氢化热。假想中的 1,3,5-环己三烯的氢化热为 119.7×3 = 359.1 kJ/mol，而苯的氢化热只有 208.4 kJ/mol，比环己三烯低了 150.7 kJ/mol，也比 1,3-环己二烯的氢化热 231.8 kJ/mol 低。这些数据进一步说明苯环结构特别稳定，很难发生加成和氧化反应。

> **知识链接**　　**苯的用途及其危害性**
>
> 近年我国职业性苯中毒事故多发生在制鞋、箱包、玩具、电子、印刷、家具等行业，多由含苯的胶黏剂、天那水、硬化水、清洁剂、开油水、油漆等引起。因此，应该引起足够的重视，提高自我保护的意识。
>
> "苯"俗称天那水，是一种具有特殊芳香气味的无色透明液体，易挥发、易燃，蒸气有爆炸性。在我国苯的消费主要用于合成化学制品和药品的中间体，如苯乙烯、苯酚、环己烷、杀虫剂和油漆清除剂等。短期内吸入较高浓度苯后，可发生亚急性苯中毒，出现头昏、头痛、乏力、失眠、月经紊乱等症状，并可发生再生障碍性贫血、急性白血病，表现为迅速发展的贫血、出血、感染等。苯中毒对身体的危害归结为 3 种：致癌、致残、致畸胎。

二、芳香烃的分类、同分异构现象和命名

（一）芳香烃的分类

芳香烃分为苯系芳香烃和非苯系芳香烃两大类。本章讨论的芳香烃主要是指含苯环结构的烃类化合物，按照其结构可分为以下三类。

1. 单环芳香烃　单环芳香烃是分子中含有一个苯环，苯环上的氢原子被烃基取代的衍生物，可分为一烃基苯、二烃基苯和三烃基苯等，还包括苯及其同系物、苯乙烯、苯乙炔等。例如：

C₆H₅—CH₃　　C₆H₅—CH=CH₂　　C₆H₅—C≡CH

2. 多环芳香烃　多环芳香烃是分子中含有两个及两个以上苯环的芳香烃。根据苯环连接的方式，分为三类。

（1）联苯：苯环各以环上的一个碳原子互相连接。例如：

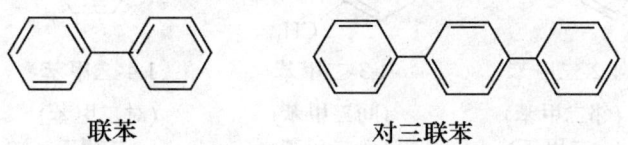

联苯　　　　　　对三联苯

(2) 多苯代芳香烃：芳香烃中两个以上的氢原子被苯环或芳环取代。例如：

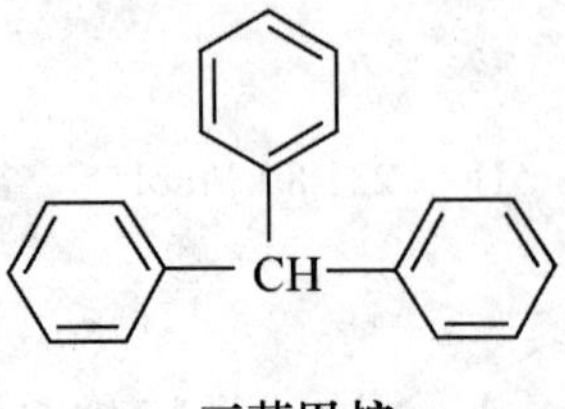

三苯甲烷 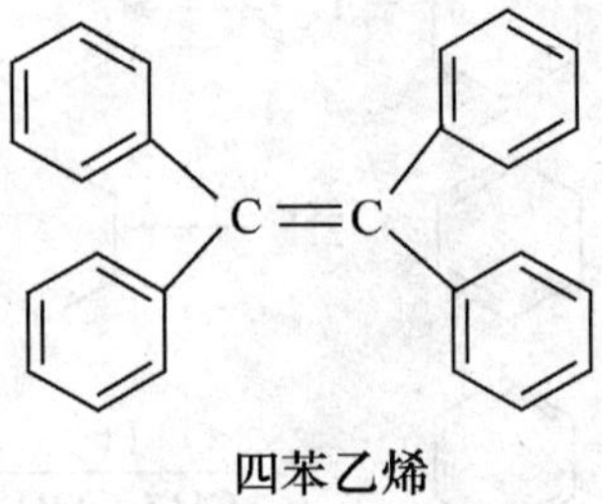　　　　　四苯乙烯

(3) 稠环芳香烃：两个及以上的苯环共用相邻两个碳原子的芳香烃。例如：

萘　　蒽　　菲　　芘

(二) 芳香烃的命名和同分异构现象

一烃基苯的命名以苯环作母体，烃基作取代基，根据烃基的名称称为某烃基苯，"基"字常省略。例如：

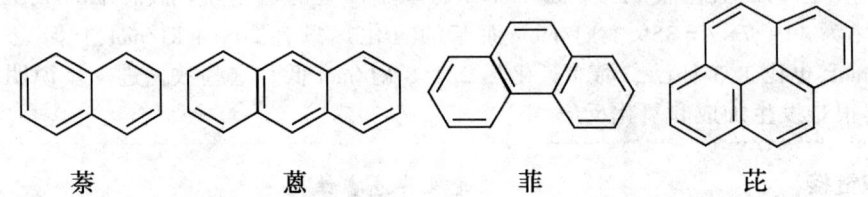

乙苯　　正丙苯　　异丙苯　　苯乙烯

如果烃基结构比较复杂或连有不饱和烃基时，则把苯环作取代基，脂肪烃作母体。例如：

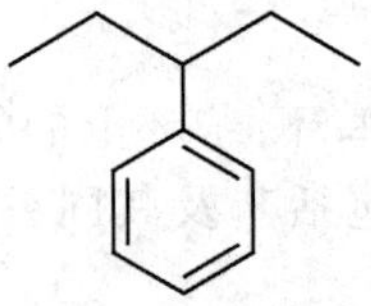

3-苯基戊烷 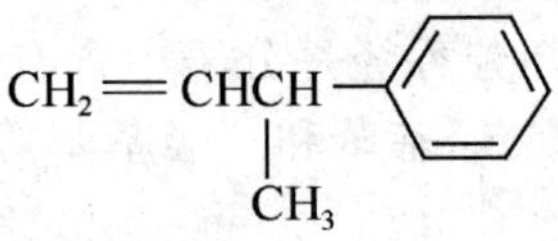　　　　3-苯基-1-丁烯

二烃基苯由于两个烃基的相对位置不同产生三种异构体。例如：

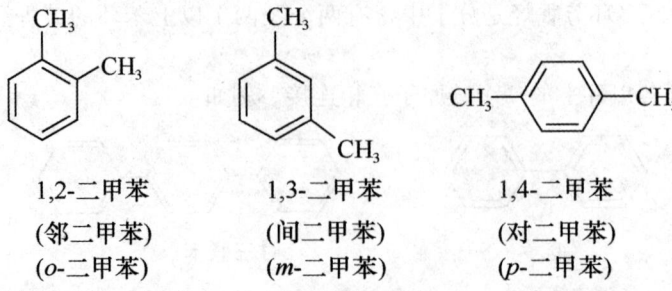

1,2-二甲苯　　　1,3-二甲苯　　　1,4-二甲苯

（邻二甲苯）　（间二甲苯）　（对二甲苯）

（o-二甲苯）　（m-二甲苯）　（p-二甲苯）

具有三个相同烃基的三取代苯也有三种异构体。例如：

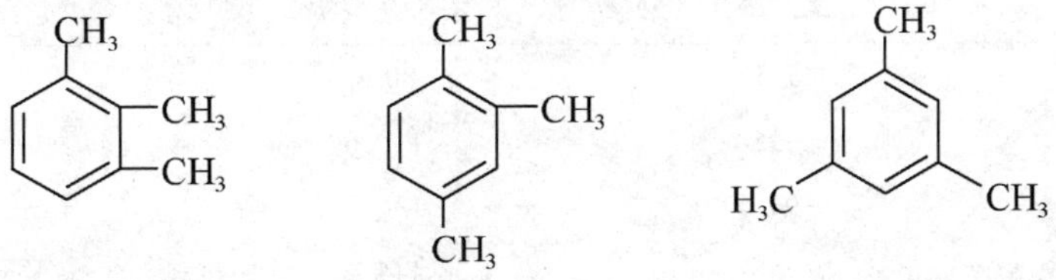

1,2,3-三甲苯　　　　1,2,4-三甲苯　　　　1,3,5-三甲苯
（连三甲苯）　　　　（偏三甲苯）　　　　（均三甲苯）

如果苯环上连有多种烃基，编号应从最简单的烃基开始，遵守烷烃命名编号原则（取代基编号之和要最小）。例如：

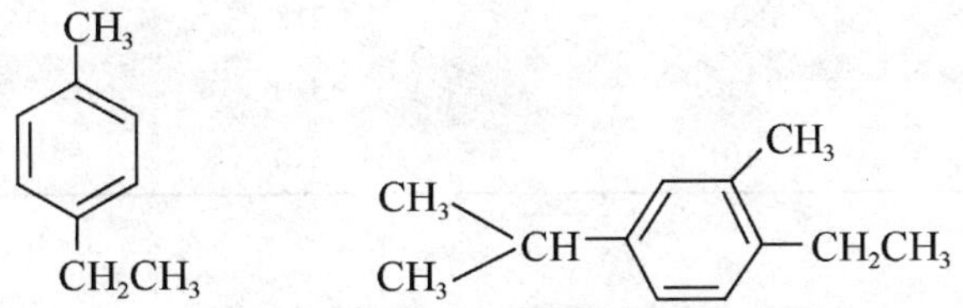

1-甲基-4-乙基苯　　　　1-甲基-2-乙基-5-异丙基苯

苯分子中消去一个氢原子后剩下的原子团—C_6H_5 称为苯基，用 Ph 或 -φ 表示。甲苯中的甲基去掉一个氢原子称为苯甲基或苄基，用 -Bz 表示。芳香烃分子中消去一个氢原子剩下的基团统称芳基，用 -Ar 表示。

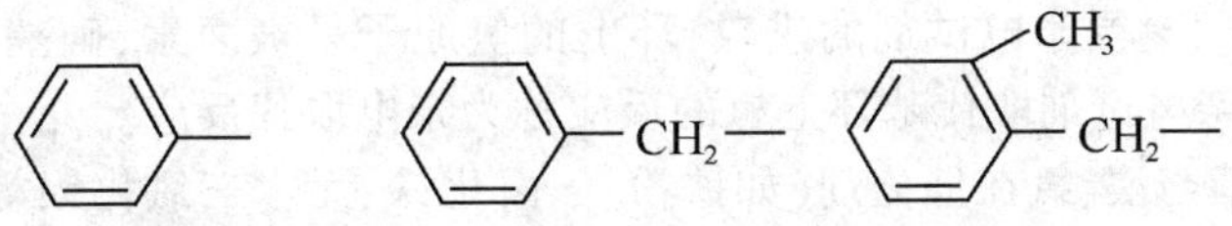

苯基　　　　苄基　　　　邻甲苄基

联苯型化合物的命名以联苯或联苯加官能团为母体，分别从两个苯环相连处开始编号。例如：

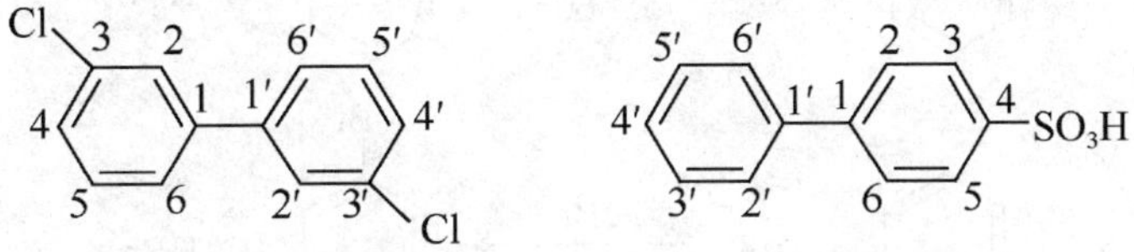

3,3'-二氯联苯　　　　4-联苯磺酸

三、苯及其同系物的物理性质

苯及其同系物多数是无色液体，有特殊气味，比水轻，不溶于水，易溶于醇、醚等有机溶剂。液态芳香烃是许多有机物的良好溶剂。苯及其同系物有毒，长期吸入它们的蒸气，会在人的细胞中积累，与人体中的蛋白质、DNA、RNA 反应，引起肝的损伤，破坏造血器官及神经系统，并能诱发贫血和白血病。甲苯在人体内会被氧化，最终生成苯甲酸，可被排出体外，危害比苯小。

部分芳香烃的物理常数见表 3-1。

表 3-1 萘蒽菲与苯及其同系物的物理常数

名称	熔点/℃	沸点/℃	相对密度
苯	5.5	80.1	0.8765
甲苯	-95	110.6	0.8669
乙苯	-94.5	136.2	0.8670
邻二甲苯	-25.2	144.4	0.8802
间二甲苯	-47.9	139.1	0.8642
对二甲苯	13.3	138.3	0.8611
丙苯	-99.5	159.2	0.8620
异丙苯	-96	152.4	0.8618
萘	80.5	218	0.9625(100℃)
蒽	216	340	1.283(25℃)
菲	101	340	0.9800(4℃)

四、苯及其同系物的化学性质

由于苯系芳香烃都含有苯环结构，它们的性质与烷烃及不饱和烃有显著的不同，本章我们讨论它们的取代、氧化和加成反应，其中取代反应尤为重要。

(一) 亲电取代反应

苯环富有 π 电子，易受亲电试剂的进攻，环上的氢原子易被卤素、硝基、磺酸基、烷基、酰基等亲电基团取代，由亲电试剂取代苯环上氢的反应称为亲电取代反应。

1. 卤代反应 苯与溴、氯在催化剂（如铁粉、三卤化铁、无水三氯化铝等）作用下，加热即能发生反应，得到氯苯或溴苯。

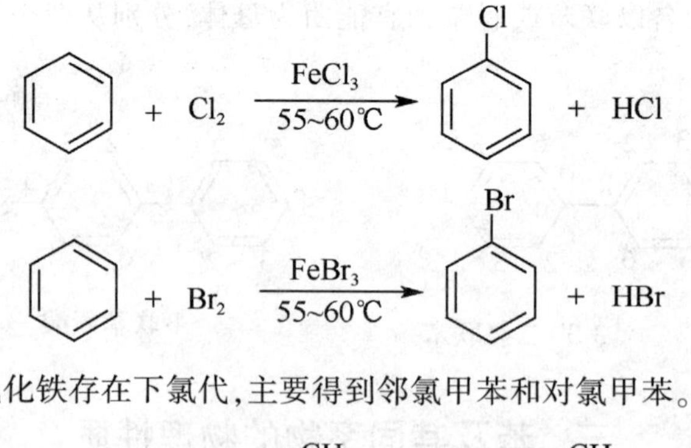

$$\text{C}_6\text{H}_6 + \text{Cl}_2 \xrightarrow[55\sim60℃]{\text{FeCl}_3} \text{C}_6\text{H}_5\text{Cl} + \text{HCl}$$

$$\text{C}_6\text{H}_6 + \text{Br}_2 \xrightarrow[55\sim60℃]{\text{FeBr}_3} \text{C}_6\text{H}_5\text{Br} + \text{HBr}$$

甲苯在铁粉或三氯化铁存在下氯代，主要得到邻氯甲苯和对氯甲苯。

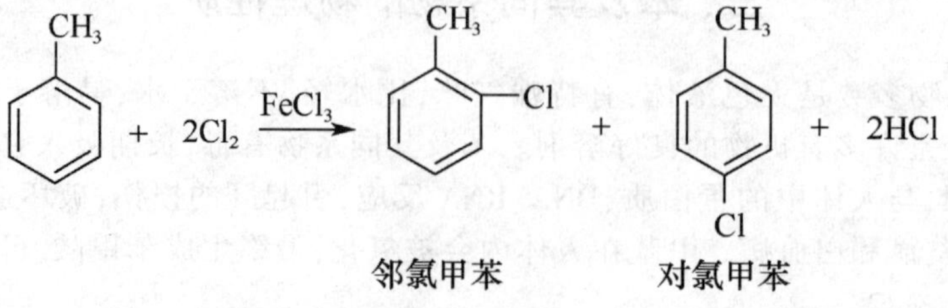

$$\text{C}_6\text{H}_5\text{CH}_3 + 2\text{Cl}_2 \xrightarrow{\text{FeCl}_3} \text{邻氯甲苯} + \text{对氯甲苯} + 2\text{HCl}$$

苯的卤代反应机理（以溴代反应为例）：

在苯的溴代反应中，首先是缺电子的三溴化铁与溴分子作用，使溴分子的 σ 键极化、异裂，产生溴正离子和带负电的配离子 $FeBr_4^-$。

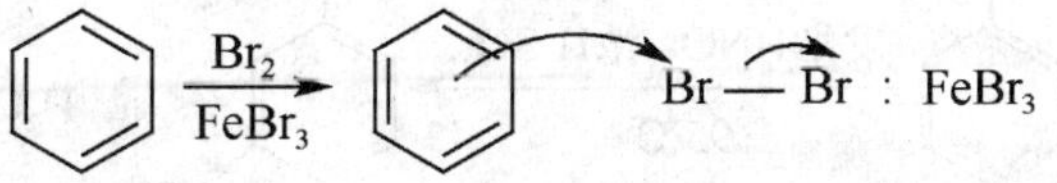

然后溴正离子与富电子苯环的 π 电子云作用形成 π 络合物，π 络合物转变为 σ 络合物（苯正离子中间体）。

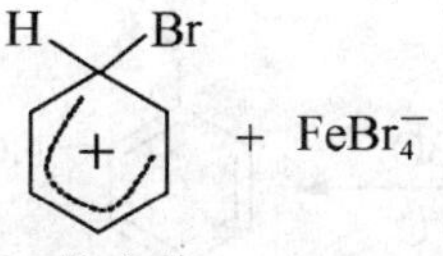

σ络合物

这时苯环上的两个 π 电子与 Br^+ 生成 C—Br 键，被进攻的碳原子脱离了共轭体系，余下的四个 π 电子分布在五个碳原子上，且带一个单位的正电荷，形成一个五中心四电子 π 键。

最后在 $FeBr_4^-$ 的作用下，σ 络合物很快消去一个氢质子，恢复苯的骨架。由不稳定的五中心四电子 π 共轭体系转变成较稳定的苯环大 π 键。这一步，苯的稳定性起了决定作用，产物是溴苯。

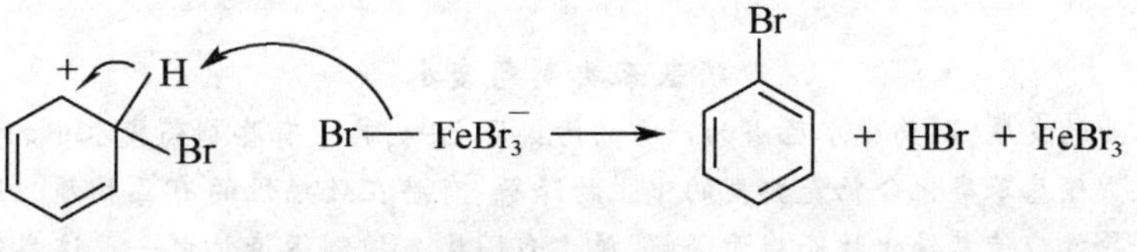

在上述过程中，带正电荷的卤原子先进攻苯环，因而发生的是亲电取代反应。

2. 硝化反应 苯与浓硝酸和浓硫酸的混合物作用，苯环上的氢原子被硝基取代，生成硝基苯。这种向有机化合物分子引入硝基的反应称为硝化反应。浓硫酸在反应中不仅是脱水剂，而且与硝酸作用生成硝酰正离子（NO_2^+）。硝酰正离子是进攻苯环的试剂。反应过程如下：

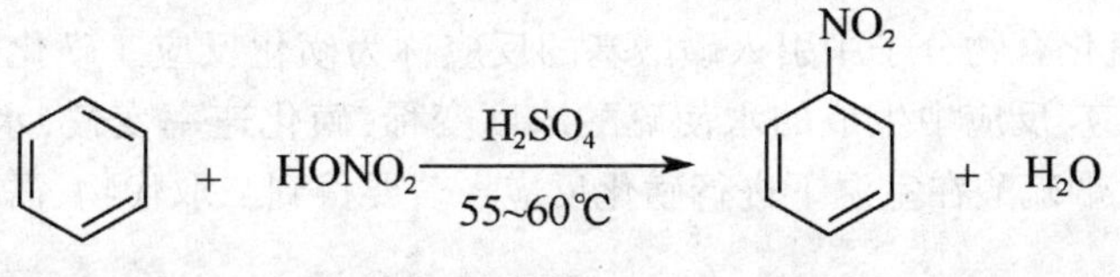

硝化反应的机理与卤代反应相似，亲电试剂为硝基正离子，它进攻苯环的 π 电子云，生成了 σ 络合物。与氮原子相连的碳原子由原来的 sp^2 杂化变为 sp^3 杂化，失去了垂直于环平面的 p 轨道，脱离了共轭体系。

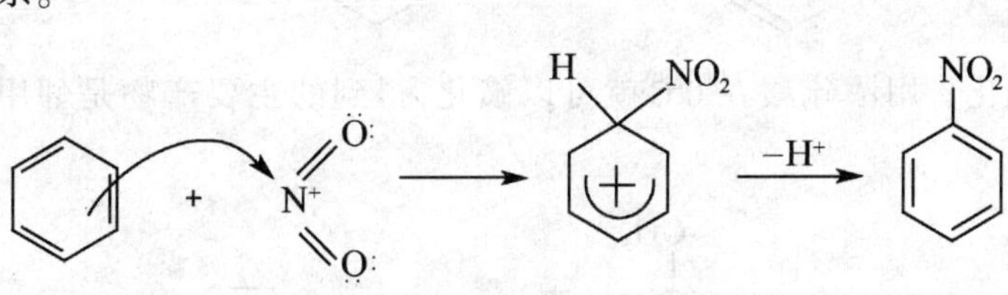

当一个亲电试剂加到苯环上形成不稳定的中间体 σ 络合物后，另一个亲电试剂（如 H^+）很快离去，使苯环保持着高度稳定状态的结构。这种先加成后消除的反应称为亲电加成-消除反应，属于离子型取代。

硝基苯不容易继续硝化，若引入第二个硝基，则必须提高温度，且用发烟硝酸和浓硫酸的混合物，反应要比引入第一个硝基困难得多，主要产物是间二硝基苯。

$$\underset{\text{}}{\text{C}_6\text{H}_5\text{NO}_2} \xrightarrow[95\ ℃]{\text{发烟HNO}_3,\text{浓H}_2\text{SO}_4} \underset{\text{间二硝基苯}}{\text{}} + \text{H}_2\text{O}$$

甲苯硝化却相对容易，反应温度一般低于50℃，产物为邻硝基甲苯和对硝基甲苯。

$$\text{C}_6\text{H}_5\text{CH}_3 + \text{HNO}_3 \xrightarrow[30\ ℃]{\text{H}_2\text{SO}_4} \text{邻硝基甲苯} + \text{对硝基甲苯} + \text{H}_2\text{O}$$

若提高反应温度，硝基甲苯进一步硝化可以得到2,4,6-三硝基甲苯，即烈性炸药TNT。由于该反应放热，硝化反应要缓慢进行，而且产品不能用蒸馏法分离提纯。

硝酸具有很强的氧化性，高温下尤为明显。对于一些易被氧化的物质，如苯胺、苯酚等，进行硝化反应时应先将氨基、羟基保护起来，控制反应在低温进行，硝化后再去掉保护基。

> **知识链接**　　　　　　　　　　**硝基苯类制药废水**
>
> 随着医药工业的发展，制药废水已成为严重的污染源之一，其中有些制药废水中的污染物是以硝基苯类化合物为主。硝基苯类化合物是典型的难生物降解、有潜在致癌性的有毒物质。这是由于硝基对苯环的共轭与诱导效应使其钝化故而难于降解，属于我国优先控制污染物之一。这类废水一般未经过处理直接排放，会严重污染环境，对人体健康和生存危害极大。因此，严格控制废水中硝基苯类化合物的含量具有重要意义。国家污水综合排放标准GB16889-1997的一级排放要求为硝基苯含量≤2 mg/L，COD_{Cr}≤100 mg/L。

3. 磺化反应　苯与98%浓硫酸在75～80℃发生反应，苯环上的氢被磺酸基（—SO_3H）取代，生成苯磺酸。在有机化合物分子中引入磺酸基的反应称为磺化反应。磺化反应与卤代、硝化不同，它是一个可逆反应，反应中生成的水使硫酸浓度变稀，磺化速率变慢，水解速率加快，因此，常用苯与含SO_3的发烟硫酸在室温下进行磺化反应。若要得到二取代物，需提高反应温度。

$$\text{C}_6\text{H}_6 \xrightarrow{\text{H}_2\text{SO}_4,\text{SO}_3} \text{C}_6\text{H}_5\text{SO}_3\text{H} + \text{H}_2\text{O}$$

甲苯比苯易磺化。用浓硫酸在0℃就可以磺化，得到的主要产物是邻甲苯磺酸和对甲苯磺酸。

$$\text{C}_6\text{H}_5\text{CH}_3 \xrightarrow[\text{常温}]{\text{浓H}_2\text{SO}_4} \text{邻甲苯磺酸} + \text{对甲苯磺酸} + \text{H}_2\text{O}$$

在100℃磺化得到的主要是对位产物，因为高温条件下磺化反应可逆，有利于生成更加稳定的产物。磺酸基体积较大，邻位空间位阻大，内能较高，产物不稳定，而对位产物基本上无空间位阻，内能较低，稳定性强。

磺化反应也是亲电取代反应,亲电试剂是 SO_3。磺化试剂中 SO_3 的含量多少决定反应速率的快慢。

4. 傅-克(Friedel-Crafts)烷基化和酰基化反应　傅-克反应是 1877 年由法国化学家傅里德尔(C. Friedel)和美国化学家克拉弗茨(J. M. Crafts)共同发现的,用以制备烷基苯和芳酮。

(1) 傅-克烷基化反应:在无水 $AlCl_3$ 的催化下,苯与卤代烷反应,向苯环引入一个烷基。

$$\text{C}_6\text{H}_6 + \text{C}_2\text{H}_5\text{Cl} \xrightarrow{\text{无水 AlCl}_3} \text{C}_6\text{H}_5\text{C}_2\text{H}_5 + \text{HCl}$$

凡向有机化合物分子中引入烷基的反应统称烷基化反应。除用 $AlCl_3$ 作催化剂外,常用的还有 $FeCl_3$、$SbCl_5$、BF_3、HF、$SnCl_4$、$ZnCl_2$ 等路易斯酸及硫酸和磷酸等质子酸。

知识链接　　傅-克反应中的异构现象

当使用三个或三个以上碳原子的伯卤代烷反应时,往往会发生碳链异构现象。例如,苯与 1-氯丙烷在加热条件下反应,得到的主要产物是异丙苯而不是正丙苯。

$$\text{C}_6\text{H}_6 + \text{CH}_3\text{CH}_2\text{CH}_2\text{Cl} \xrightarrow{\text{无水 FeCl}_3} \underset{65\%\sim69\%}{\text{C}_6\text{H}_5\text{CH}(\text{CH}_3)_2} + \underset{30\%\sim35\%}{\text{C}_6\text{H}_5\text{CH}_2\text{CH}_2\text{CH}_3} + \text{HCl}$$

这是因为,1-氯丙烷作为烷基化试剂,在 $AlCl_3$ 的作用下 C—Cl 键异裂生成正丙基正离子,它是伯碳正离子,很容易重排成较稳定的仲碳正离子,再与苯发生亲电取代反应,主要产物是异丙苯。

$$\text{CH}_3\text{CH}_2\text{CH}_2\text{Cl} \xrightarrow{\text{AlCl}_3} \text{CH}_3\text{CH}_2\overset{+}{\text{CH}}_2 + \text{AlCl}_4^-$$

$$\text{H}_3\text{C}-\underset{\text{H}}{\text{CH}}-\overset{+}{\text{CH}}_2 \xrightarrow{\text{重排}} \text{CH}_3-\overset{+}{\text{CH}}-\text{CH}_3$$

$$\text{C}_6\text{H}_6 + \text{CH}_3-\overset{+}{\text{CH}}-\text{CH}_3 \longrightarrow [\text{中间体}] \xrightarrow{-\text{H}^+} \text{C}_6\text{H}_5\text{CH}(\text{CH}_3)_2$$

同样异丁基伯碳正离子,可以重排成叔丁基正离子,得到唯一产物叔丁苯。

$$\text{C}_6\text{H}_6 + \underset{\underset{\text{CH}_3}{|}}{\text{CH}_3\text{CHCH}_2\text{Cl}} \xrightarrow{\text{AlCl}_3} \underset{100\%}{\text{C}_6\text{H}_5\text{C}(\text{CH}_3)_3}$$

醇或烯在酸性条件下也能提供碳正离子作为烷基化试剂。例如,工业上用乙烯或乙醇制备乙苯。

$$\text{C}_6\text{H}_6 + \text{CH}_3\text{CH}_2\text{OH} \xrightarrow{\text{AlCl}_3} \text{C}_6\text{H}_5\text{CH}_2\text{CH}_3$$

$$\text{C}_6\text{H}_6 + \text{CH}_2=\text{CH}_2 \xrightarrow[95\text{℃}]{\text{AlCl}_3,\text{HCl}} \text{C}_6\text{H}_5\text{CH}_2\text{CH}_3$$

多卤代烷同样是烷基化试剂,用以制备多苯代烷烃。

$$2\ \text{C}_6\text{H}_5\text{H} + \text{CH}_2\text{Cl}_2 \xrightarrow{\text{AlCl}_3} \text{C}_6\text{H}_5\text{-CH}_2\text{-C}_6\text{H}_5 + 2\text{HCl}$$

$$3\ \text{C}_6\text{H}_5\text{H} + \text{CHCl}_3 \xrightarrow{\text{AlCl}_3} (\text{C}_6\text{H}_5)_3\text{CH} + 3\text{HCl}$$

CCl$_4$与苯反应只能得到三苯基氯甲烷,卤代苯不能作为烷基化试剂。

傅-克烷基化是向苯环或芳环上直接引入烃基,生成 C—C 键的主要方法,但因其通常有多元取代物生成,应用受到一定限制。如果苯环上连有硝基、磺酸基、酰基、氰基等吸电子基团,傅-克烷基化反应很难发生。

(2) 傅-克酰基化反应:在 AlCl$_3$ 催化下,苯与酰卤或酸酐发生类似烷基化的亲电取代反应,在苯环上引入酰基而生成芳香酮。

$$\text{C}_6\text{H}_6 + \text{CH}_3\text{COCl} \xrightarrow{\text{无水 AlCl}_3} \text{C}_6\text{H}_5\text{COCH}_3 + \text{HCl}$$

乙酰氯　　　　　　苯乙酮

$$\text{C}_6\text{H}_6 + (\text{CH}_3\text{CO})_2\text{O} \xrightarrow{\text{无水 AlCl}_3} \text{C}_6\text{H}_5\text{COCH}_3 + \text{CH}_3\text{COOH}$$

乙酸酐　　　　　　苯乙酮

与傅-克烷基化相比,酰基化反应得到的是单取代、无重排的产物。

$$\text{C}_6\text{H}_6 + \text{CH}_3\text{CH}_2\text{COCl} \xrightarrow{\text{无水 AlCl}_3} \text{C}_6\text{H}_5\text{COCH}_2\text{CH}_3$$

丙酰氯　　　　　　1-苯基-1-丙酮

环酐与苯的反应在合成上非常重要,用来制备双官能团化合物。

$$\text{C}_6\text{H}_6 + \text{丁二酸酐} \xrightarrow{\text{无水 AlCl}_3} \text{C}_6\text{H}_5\text{COCH}_2\text{CH}_2\text{COOH}$$

丁二酸酐　　　　　　3-苯甲酰基丙酸

(二) 加成反应

1. 加氢　苯比烯烃较难加成,通常需要较高的温度和压力。

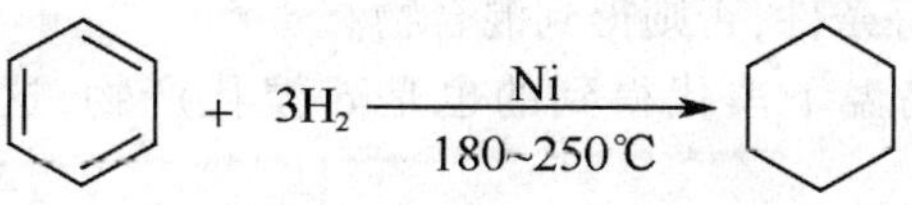

$$\text{C}_6\text{H}_6 + 3\text{H}_2 \xrightarrow[180\sim250℃]{\text{Ni}} \text{C}_6\text{H}_{12}$$

这是工业生产环己烷的方法。若用均相催化剂三氯化铑(三苯基磷)[(Ph₃P)₃RhCl],苯在常温常压下就可以氢化。

2. 加氯 在紫外线的照射下,苯与氯发生加成反应生成六氯化苯,简称六六六,是有机氯农药,曾用作杀虫剂,由于它性质稳定,难以分解,易造成积累性中毒,现已被淘汰。

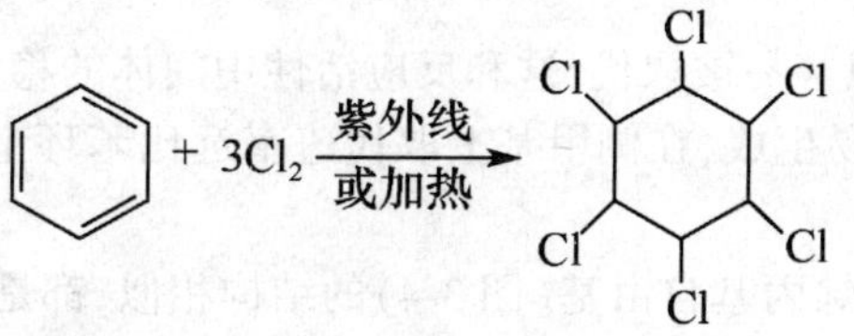

$$\text{C}_6\text{H}_6 + 3\text{Cl}_2 \xrightarrow{\text{紫外线或加热}} \text{C}_6\text{H}_6\text{Cl}_6$$

(三) 氧化反应

苯环不易被氧化,但在特定条件下,苯被氧化成顺丁烯二酸酐(马来酸酐)。它是重要的化工原料。

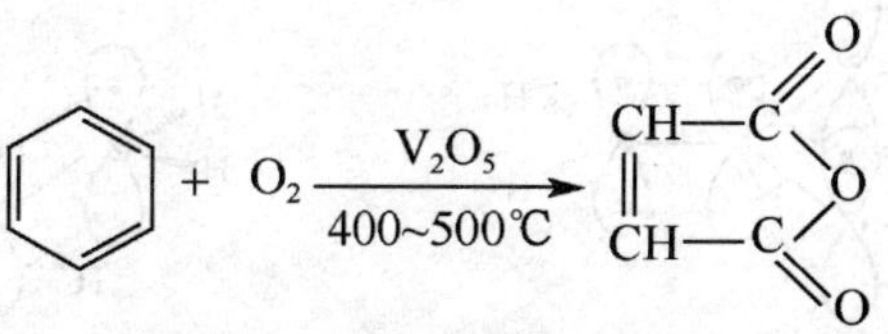

$$\text{C}_6\text{H}_6 + \text{O}_2 \xrightarrow[400\sim500℃]{\text{V}_2\text{O}_5} \text{顺丁烯二酸酐}$$

烷基苯比苯容易被氧化。在酸性高锰酸钾或重铬酸钾溶液等强氧化剂作用下,苯环上含 α-H 的侧链能被氧化成羧基。不论侧链长短,产物均为苯甲酸。例如:

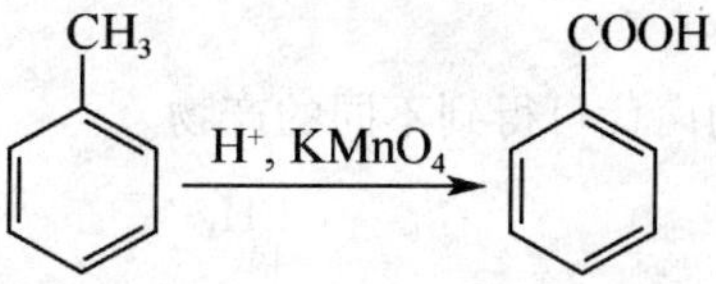

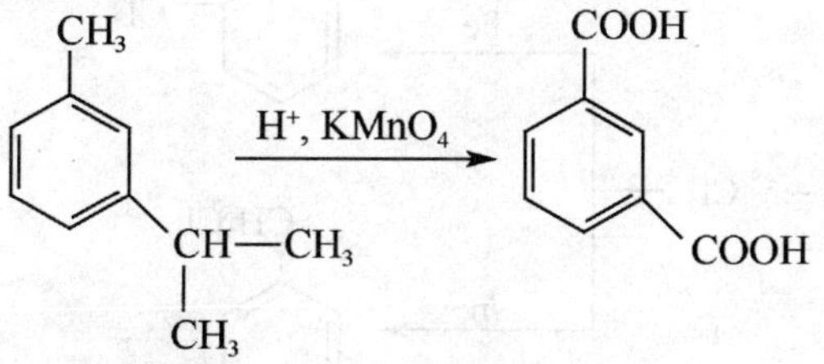

$$\text{C}_6\text{H}_5\text{CH}_3 \xrightarrow{\text{H}^+, \text{KMnO}_4} \text{C}_6\text{H}_5\text{COOH}$$

$$\text{间-CH}_3\text{C}_6\text{H}_4\text{CH(CH}_3)_2 \xrightarrow{\text{H}^+, \text{KMnO}_4} \text{间苯二甲酸}$$

这是合成苯甲酸的重要方法。叔丁基苯没有 α-H,不发生氧化反应。

(四) 烷基苯侧链上 α-H 的卤代

甲苯与氯气在紫外线照射或在高温下,甲基发生氯代反应。反应机理与烷烃卤代相似,同属于自由基链反应。

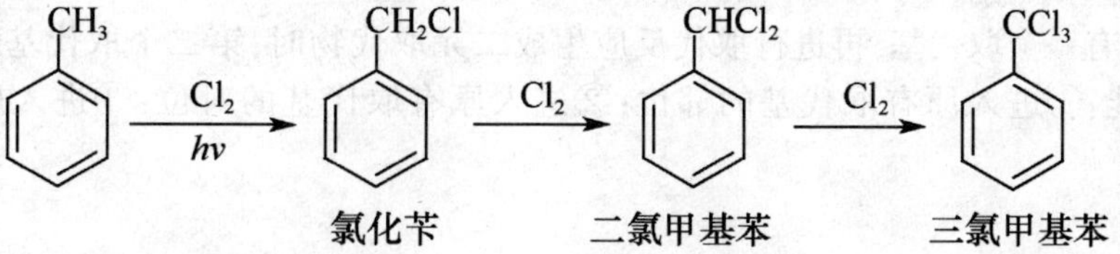

$$\text{C}_6\text{H}_5\text{CH}_3 \xrightarrow[hv]{\text{Cl}_2} \text{C}_6\text{H}_5\text{CH}_2\text{Cl} \xrightarrow{\text{Cl}_2} \text{C}_6\text{H}_5\text{CHCl}_2 \xrightarrow{\text{Cl}_2} \text{C}_6\text{H}_5\text{CCl}_3$$

氯化苄　　　二氯甲基苯　　　三氯甲基苯

要得到单一产物,必须控制好条件,否则得到混合物。

乙苯在紫外线照射或高温下溴代得到的也是 α-溴代产物,这说明苯环侧链的 α-H 非常活泼。

$$\underset{}{\underset{}{C_6H_5CH_2CH_3}} \xrightarrow[hv]{Br_2} \underset{100\%}{C_6H_5CHBrCH_3}$$

苯环侧链的 α-H 之所以容易被取代,这和反应活性中间体的稳定性有关。因为苄基自由基有较大的稳定性,在反应中易生成,在侧甲基上取代速率远比苯环上快得多,所以取代反应在侧链上进行。

苄基自由基(图 3-3)与烯丙基自由基(图 3-4)的结构相似,都是因为自由基中心碳原子的 p 轨道与苯环或双键的 π 键发生共轭,电子离域程度较大,体系内能降低,稳定性提高,有利于 α-H 被卤素取代。苄基自由基的 p 电子离域程度大于烯丙基自由基的 p 电子,因此苄基自由基稳定性大于烯丙基自由基。

图 3-3　苄基自由基　　　　图 3-4　烯丙基自由基

几种自由基的稳定性顺序如下:苄基自由基>烯丙基自由基>叔丁基自由基>异丙基自由基>乙基自由基>甲基自由基。

选择不同的反应条件,烷基苯的卤代可得到不同的产物。

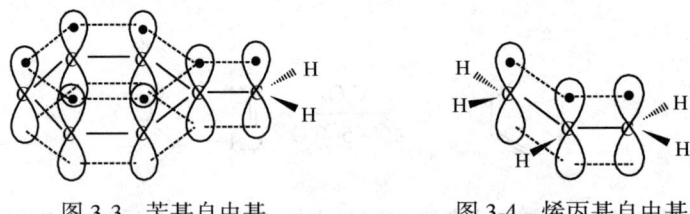

五、苯环上取代基的定位效应及应用

(一) 取代定位效应

当苯环已有一个取代基,再进行取代反应生成二元取代物时,第二个取代基进入苯环的位置,有 3 种可能:①进入原有取代基的邻位;②进入原有取代基的对位;③进入原有取代基的间位。

苯环上原有取代基影响着第二个取代基进入苯环的位置,这种现象称为定位效应,也称定位规律。原有取代基又称定位基。根据定位效应的不同,把定位基分为两种类型。

1. 邻对位定位基 又称第一类定位基,邻对位定位基大部分使苯环活化(卤素除外),使亲电取代反应进行得更加容易,新基团主要进入它的邻位和对位。在这类基团中,其致活作用由强到弱的顺序是:$-NR_2>-NHR>-NH_2>-OH>-OR>-OCOR>-NHCOR>-R>-Ar>-X$(其中 X 为 F、Cl、Br、I)。

邻对位定位基的结构特点是除烃基外,大多具有未共用电子对。这些电子对可与苯环的 π 键共轭,倾向于向苯环供电子,增加苯环电子云密度。烷基的 C—H、C—C σ 电子能与苯环 π 电子发生 σ-π 超共轭效应,显现弱供电子能力,同样能活化苯环。

2. 间位定位基 又称为第二类定位基,属于这类定位基的有 $-\overset{+}{N}R_3$、$-NO_2$、$-CN$、$-SO_3H$、$-CHO$、$-COR$、$-COOH$、$-COOR$。这些取代基与苯环相连的原子有的带有正电荷,有的以重键与电负性更强的原子结合成基团。

(二) 定位效应的理论解释

取代基的定位效应及活化、钝化作用,归根结底都是一个反应速率的问题。如果在邻对位上取代反应比间位快,就显现邻对位定位效应。若取代苯的取代速率比苯的取代速率快就显现活化作用。在反应机理中,苯碳正离子中间体,即 σ 络合物的生成是取代速率的决定步骤。亲电试剂向苯环发动亲电性进攻,如果定位基的存在能使苯环上的电子云密度增加(如供电子基团),碳正离子稳定性提高,则对反应有利,使苯环活化。反之,则使苯环钝化。

那么为什么供电子取代基和吸电子取代基会引起不同的定位效应呢?这是因为供电子基团向苯环供电子,邻、间、对三位置都受活化,但邻位和对位活化程度比间位高,体现邻对位定位效应;吸电子基团使苯环钝化,但邻对位的钝化作用比间位明显,间位电子云密度相对较高,新基团进入间位,起间位定位效应。

下面从电子效应角度简要分析一些常见基团的定位效应。

1. 邻对位定位基的影响

(1) 甲基:甲基或其他烷基是供电子基团,当其连在苯环上时,它通过供电子的诱导效应(+I)和 σ-π 超共轭效应(+C),使苯环上电子云密度增加。由于苯环呈现交替极化的状态,邻对位电子云密度相对增加较多,有利于亲电试剂 E^+ 的进攻,主要得到邻对位产物,而且亲电取代比苯容易进行。

(2) 羟基:羟基是吸电子基团,虽然吸电子诱导效应使苯环上电子云密度减少,但是羟基氧上的未共用电子对能与苯环形成 p-π 共轭效应,且氧上的电子云向苯环转移,向苯环供电子。二者互相矛盾,但共轭效应起主导作用,所以总的结果使苯环电子云密度增加,而且邻对位增加较多,E^+ 主要进攻邻对位。苯酚的亲电取代反应比苯容易,主要生成邻对位产物。

2. 间位定位基的影响 以硝基为例,它是一个强吸电子基团,通过吸电子的诱导效应和吸电子的共轭效应,使苯环电子云密度降低,且邻对位降低得更多,因此亲电试剂进攻间位有利。

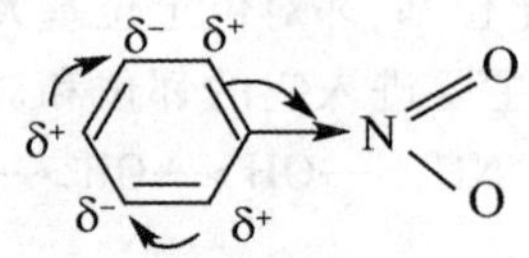

3. 卤素的定位效应 卤素既属于邻对位定位基,又是个吸电子基团。卤素与苯环相连,同时存在着吸电子的诱导效应和供电子的 p-π 共轭效应。由于吸电子诱导效应强于供电子共轭效应,使苯环电子云密度降低,对苯环有弱致钝作用。但在反应瞬间,动态的共轭效应起主导作用,卤原子上的电子云向苯环偏移,交替极化的结果使邻对位带部分负电荷,有利于亲电试剂的进攻,生成邻对位产物。

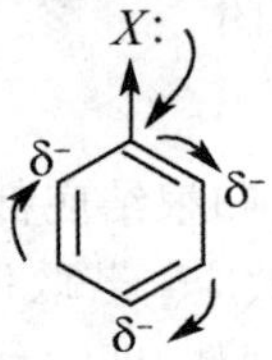

(三) 定位效应在合成中的应用

1. 预测反应的主要产物 如果苯环上已有两个取代基,再导入第三个取代基时,新基团进入的位置由原有的两个取代基共同决定。归纳起来有以下 4 种情况:

(1) 两个取代基的定位方向一致:两个取代基的定位方向一致时,第三个取代基进入的位置由定位效应决定。下面几个例子,箭头表示新取代基进入的位置。

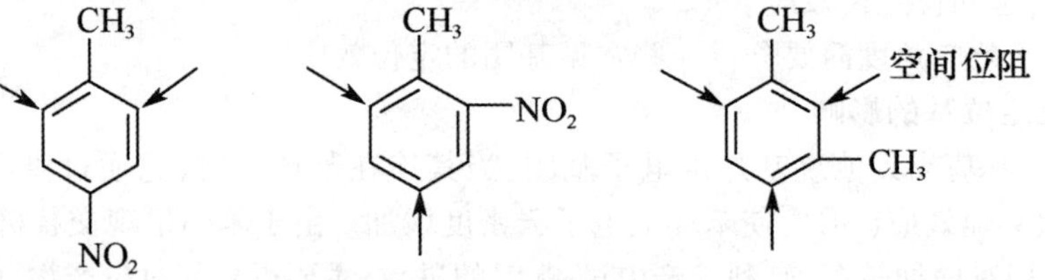

在考虑定位效应的同时,还要考虑到空间位阻的影响,在某些情况下,空间效应甚至起主导作用。例如,两个甲基之间很难导入新基团。

(2) 苯环上存在两个邻对位定位基,且定位方向不一致:如果两个基团有强弱之分,总的定位效应由定位能力较强的基团决定。例如:

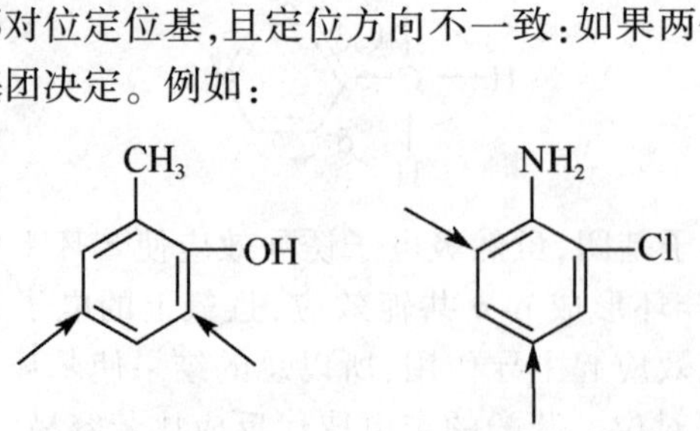

—OH > —CH₃   —NH₂ > —Cl

如果两个基团定位能力相差不大,则新基团进入各位置上的可能性都存在。

(3) 苯环上存在一个邻对位定位基和一个间位定位基,且定位方向不一致,此时邻对位定位基起主导作用。例如:

(4) 两者均为间位定位基,且定位方向不一致,反应很难发生。

2. 设计适当的合成路线 应用定位效应不仅可以判断第二个取代基进入苯环的位置,还可以通过定位效应来指导多官能团取代苯的合成。有时为了得到较纯净的产物,可以用磺酸基(—SO_3H)占据某一位置,待反应发生后,在稀硫酸或稀盐酸中加热除去磺酸基,得到较纯净的化合物。

案例 3-1　　　　从甲苯制纯净的邻氯甲苯

可以采用先磺化,再氯代,然后水解的合成路线。

案例 3-2　　　　以苯为原料合成间溴硝基苯

这里涉及应该先引入哪一个取代基的问题。如果先溴代,后硝化,由于溴属于邻对位定位基,得到的是邻溴硝基苯和对溴硝基苯。所以应该先硝化,利用硝基的间位定位作用,再溴代得到所需产物。

案例 3-3　　　以甲苯为原料制备间硝基苯甲酸和邻硝基苯甲酸

(1) 合成间硝基苯甲酸:利用苯环侧链的氧化反应得到苯甲酸。由于羧基是间位定位基,再硝化,硝基进入间位,生成间硝基苯甲酸。

(2) 合成邻硝基苯甲酸:先将甲苯硝化,甲基是邻对位定位基,得到邻硝基甲苯和对硝基甲苯。将邻硝基甲苯分离出来,然后氧化得到邻硝基苯甲酸。

$$\underset{\text{甲苯}}{\text{C}_6\text{H}_5\text{CH}_3} \xrightarrow[\text{H}_2\text{SO}_4]{\text{HNO}_3} \underset{\text{邻硝基甲苯}}{\text{o-CH}_3\text{C}_6\text{H}_4\text{NO}_2} + \underset{\text{对硝基甲苯}}{\text{p-CH}_3\text{C}_6\text{H}_4\text{NO}_2}$$

$$\text{o-CH}_3\text{C}_6\text{H}_4\text{NO}_2 \xrightarrow[\text{H}^+]{\text{KMnO}_4} \text{o-HOOCC}_6\text{H}_4\text{NO}_2$$

六、稠环芳香烃

(一) 萘

萘为白色晶体,熔点为 80.5~80.6℃,沸点为 218℃,不溶于水而易溶于有机溶剂,易升华,有难闻的气味,可作防虫剂,市售卫生球就是用萘压制成的。煤焦油中含量最高的有机化合物就是萘。

1. 萘的结构 萘的分子式为 $C_{10}H_8$,它是两个苯环通过共用两个相邻碳原子稠合而形成的芳香烃。萘分子中碳原子的位次编排如下:

萘的两个苯环处在同一个平面,萘环上的每个碳原子均为 sp^2 杂化,碳原子之间以 σ 键相连,余下的 sp^2 杂化轨道与氢的 s 轨道重叠形成 C—H σ 键。所有的原子共面,每个碳原子的 p 轨道垂直于 σ 键所在的平面,它们相互平行且在侧面相互重叠,形成了闭合的 π 轨道(图3-5)。在这个大 π 键中共有 10 个 π 电子。

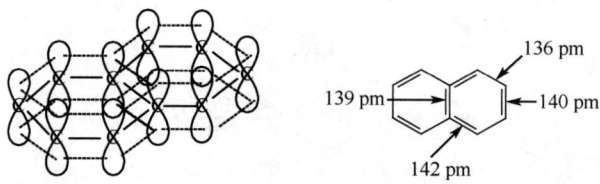

图 3-5 萘的结构示意图

萘分子中十个碳原子并不完全相同,四个处在 α-位,四个处在 β-位,还有两个是稠合碳原子。

α-位碳原子电子云密度比 β-位碳原子电子云密度高,键长也不完全平均化。不同位置的碳原子反应活性不同。萘的稳定性比苯差,反应活性比苯强,容易发生取代、加成和氧化反应。

2. 萘及其衍生物的命名 萘分子中 1、4、5、8 四个位置等同,称为 α-位,2、3、6、7 四个位置等同,称为 β-位。因此萘有两种一元取代物:α-取代物和 β-取代物。命名时可用希腊字母 α、β 注明取代基的位次,也可用阿拉伯数字来标明。一些萘的衍生物命名如下:

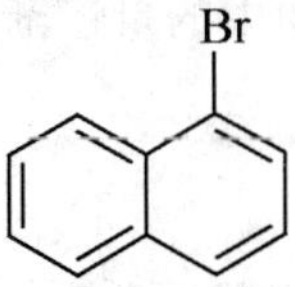

1-溴萘
(α-溴萘)

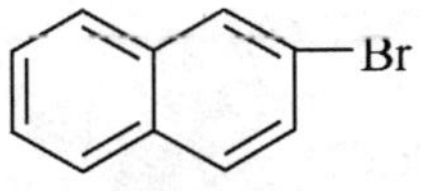

2-溴萘
(β-溴萘)

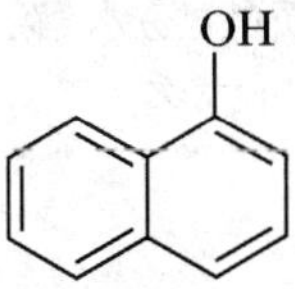

1-萘酚
(α-萘酚)

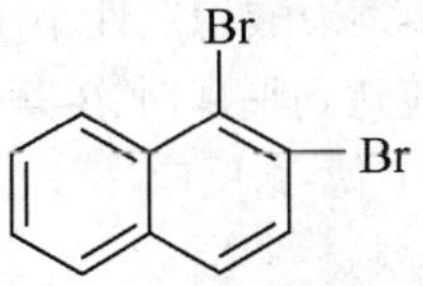

1,2-二溴萘
(α,β-二溴萘)

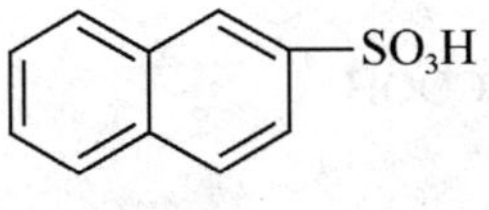

2-萘磺酸

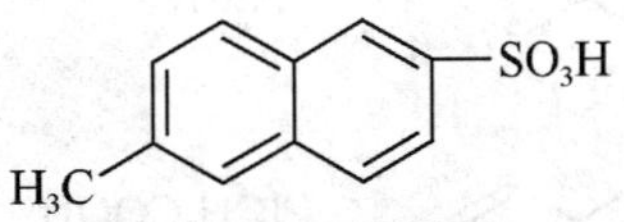

6-甲基-2-萘磺酸

3. 萘的化学性质

（1）取代反应：萘能发生卤代、硝化、磺化和傅-克反应。由于 α-位上电子云密度高于 β-位，故取代反应主要在 α-位上进行。

1）卤代：三氯化铁作催化剂，萘与氯反应主要得到 α-氯萘。

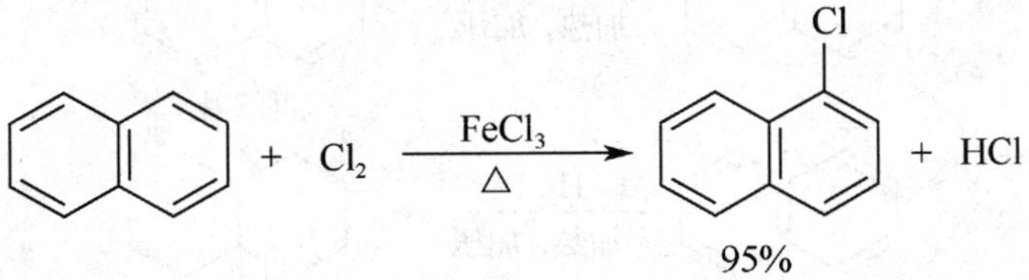

$$\text{萘} + Cl_2 \xrightarrow[\Delta]{FeCl_3} \text{α-氯萘} (95\%) + HCl$$

溴与萘作用，生成 α-溴萘。

$$\text{萘} \xrightarrow[\text{回流}]{Br_2, CCl_4} \text{α-溴萘} + HBr$$

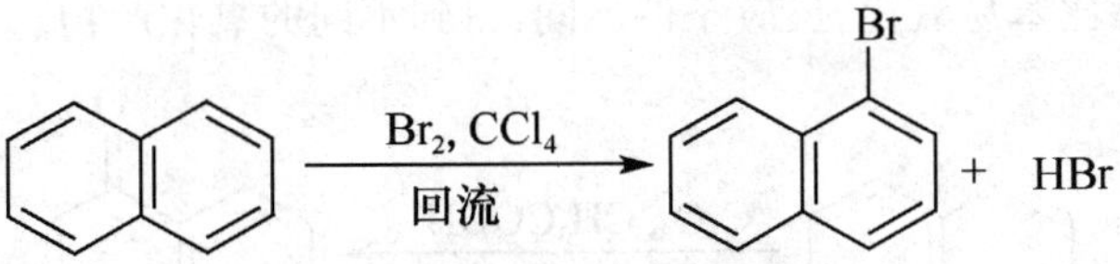

2）硝化：萘硝化比苯要容易得多，反应在室温下就能进行。

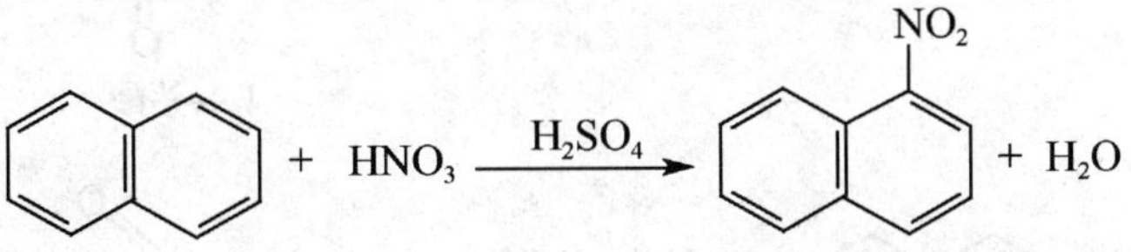

$$\text{萘} + HNO_3 \xrightarrow{H_2SO_4} \text{α-硝基萘} + H_2O$$

3）磺化：萘的磺化反应是可逆的，磺酸基（—SO_3H）进入的位置受温度影响较大。温度在 80℃ 以下主要得到 α-萘磺酸，温度在 160℃ 以上则主要生成 β-萘磺酸。

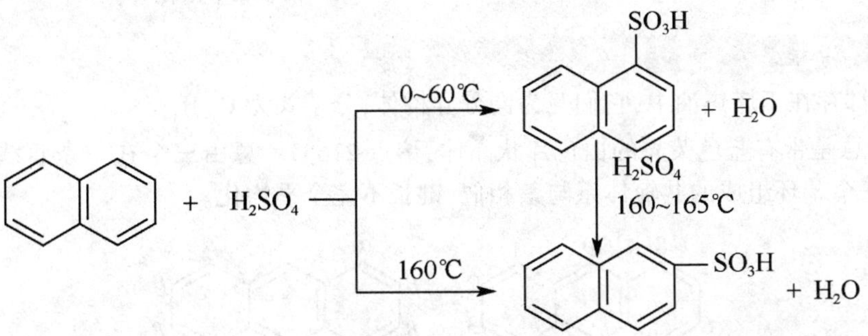

$$\text{萘} + H_2SO_4 \xrightarrow{0\sim60℃} \text{α-萘磺酸} \xrightarrow[160\sim165℃]{H_2SO_4} \text{β-萘磺酸}$$

在低温下，α-萘磺酸为主要产物。当反应温度升高时，生成两种萘磺酸异构体的速率都加快。α-萘磺酸稳定性小于β-萘磺酸,易水解,此时较稳定的β-萘磺酸在混合物中的量逐渐提高。当反应达到平衡时,β-萘磺酸的量较多。

4)傅-克反应

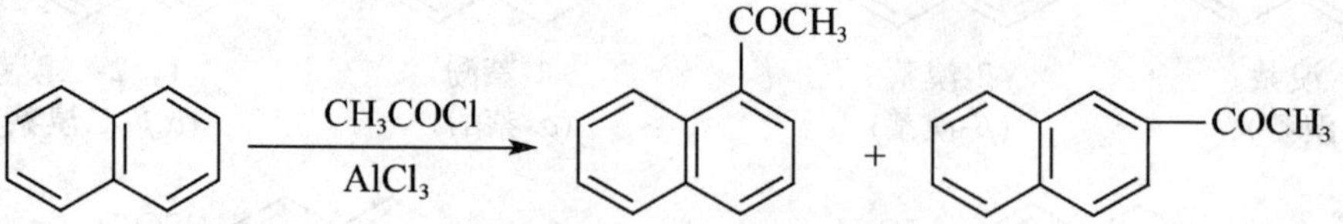

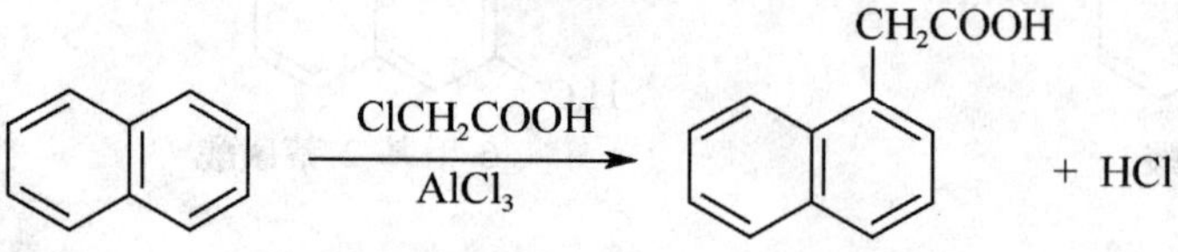

$$\text{萘} \xrightarrow[\text{AlCl}_3]{\text{CH}_3\text{COCl}} \text{1-乙酰基萘} + \text{2-乙酰基萘}$$

$$\text{萘} \xrightarrow[\text{AlCl}_3]{\text{ClCH}_2\text{COOH}} \text{1-萘乙酸} + \text{HCl}$$

(2)加成反应:用钠和乙醇或催化加氢的方法都可以将萘还原。控制反应条件可得到不同程度的还原产物。

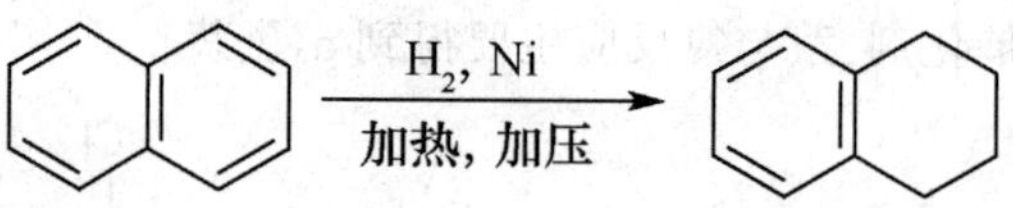

$$\text{萘} \xrightarrow[\text{加热,加压}]{\text{H}_2,\text{Ni}} \text{四氢萘}$$

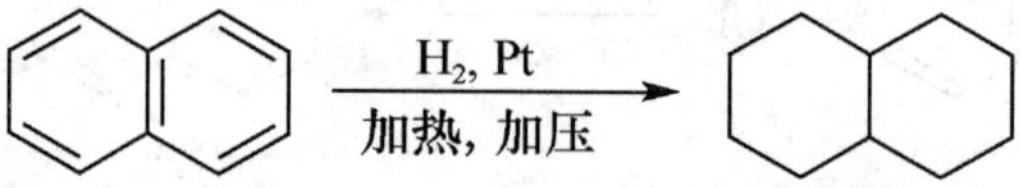

$$\text{萘} \xrightarrow[\text{加热,加压}]{\text{H}_2,\text{Pt}} \text{十氢萘}$$

(3)氧化反应:萘比苯易氧化,反应条件不同,得到不同的氧化产物。

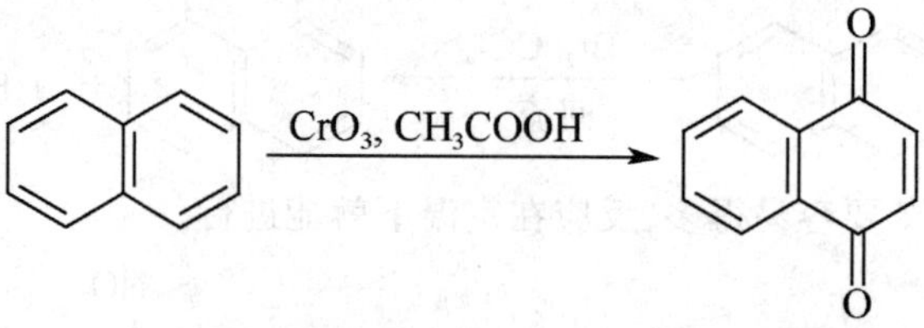

$$\text{萘} \xrightarrow{\text{CrO}_3,\text{CH}_3\text{COOH}} \text{1,4-萘醌}$$

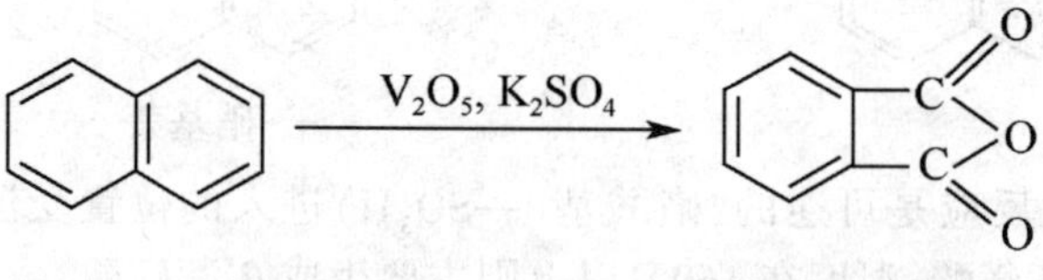

$$\text{萘} \xrightarrow{\text{V}_2\text{O}_5,\text{K}_2\text{SO}_4} \text{邻苯二甲酸酐}$$

(二)蒽和菲

蒽和菲都存在于煤焦油中,它们互为同分异构体,分子式为 $C_{14}H_{10}$。

1. 蒽 蒽是带有蓝色荧光的白色片状晶体,熔点216℃。蒽由三个在一条直线上的苯环稠合而成,这三个苯环组成的共轭体系与萘相似,键长不完全平均化。

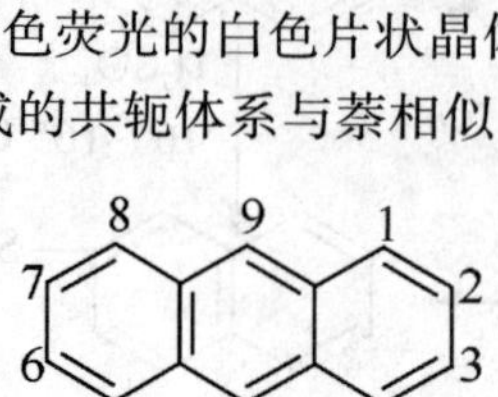

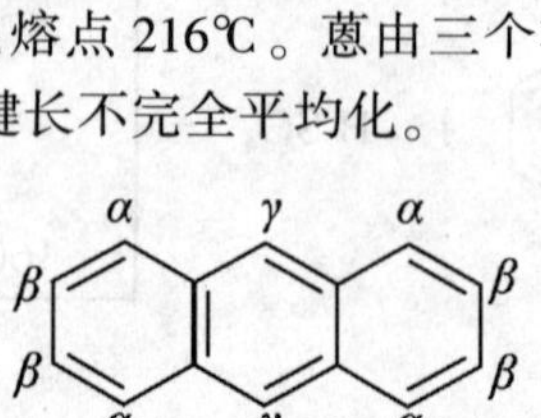

其中1、4、5、8四个位置,称为α-位,2、3、6、7四个位置,称为β-位。9、10两个位置,称为γ-位。

蒽的芳香性远不及苯和萘,在9-、10-位上容易发生加成和氧化反应。

(1) 加成:

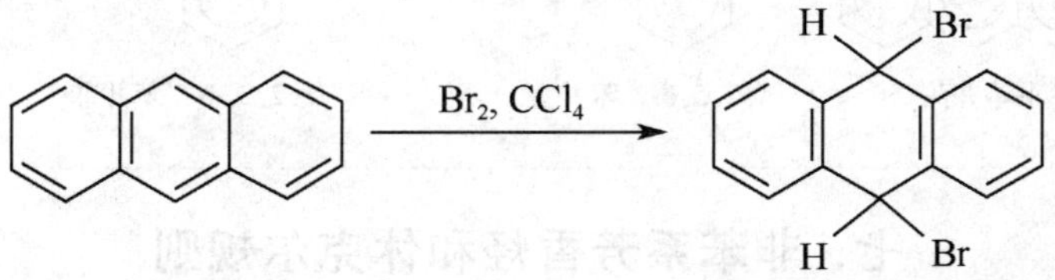

$$\text{蒽} \xrightarrow{Br_2, CCl_4} \text{9,10-二溴蒽}$$

(2) 氧化:

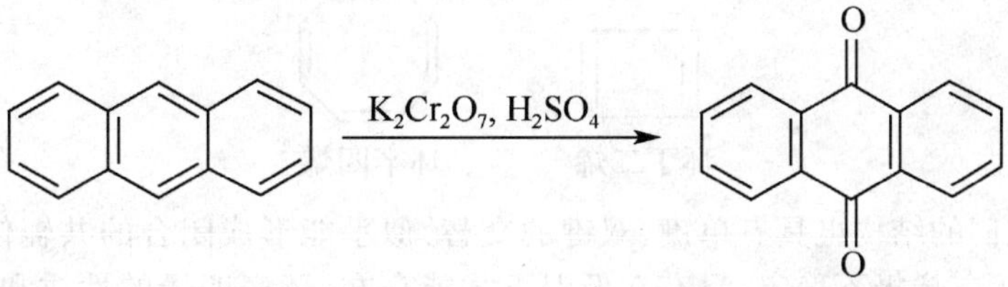

$$\text{蒽} \xrightarrow{K_2Cr_2O_7, H_2SO_4} \text{9,10-蒽醌}$$

2. 菲　菲为白色的片状结晶,熔点101℃,易溶于苯和乙醚,是制药工业的重要原料。菲的三个苯环不在一条直线上。菲环的编号如下:

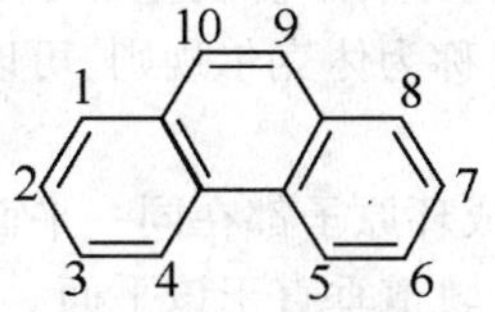

菲的化学性质与蒽相似,反应主要发生在9-、10-位。

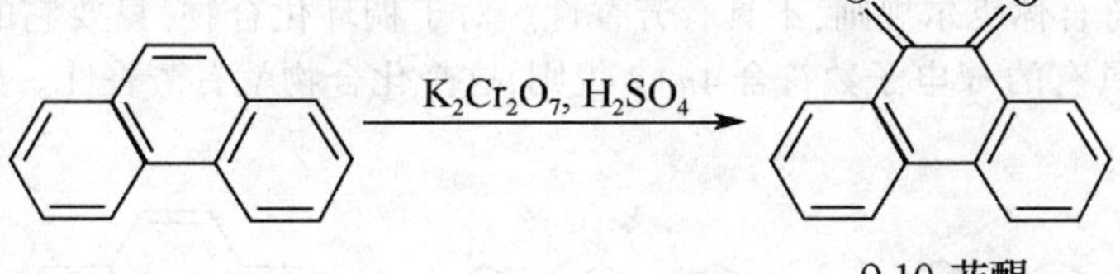

$$\text{菲} \xrightarrow{K_2Cr_2O_7, H_2SO_4} \text{9,10-菲醌}$$

> **知识链接　　致　癌　烃**
>
> 能引起恶性肿瘤的致癌烃存在于煤焦油和沥青中,是一类多环稠苯芳烃。这类化合物都含有四个或更多的苯环结构。它们的蒸气接触皮肤后,经过一定的时间后就可能患皮肤癌。常见的致癌烃有3,4-苯并芘、1,2,5,6-二苯并蒽和1,2,3,4-二苯并菲等。其中3,4-苯并芘的致癌作用最强。蛋白质、油脂和糖类等物质如果"烧焦"就可能产生3,4-苯并芘,汽车尾气和烟草的烟气都含有3,4-苯并芘,容易诱发肺癌和唇癌。

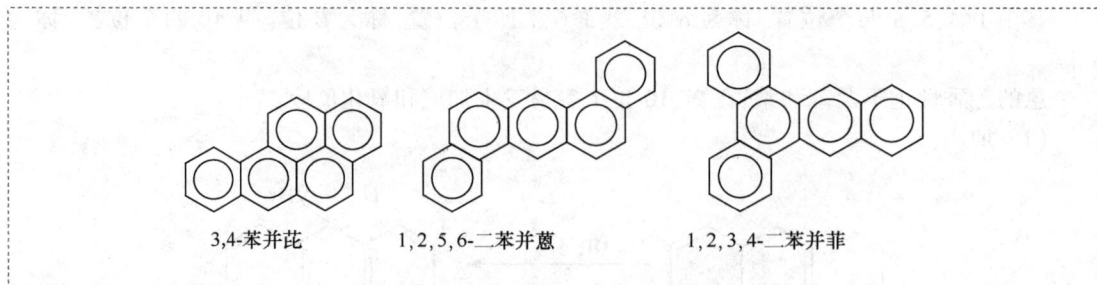

3,4-苯并芘　　　1,2,5,6-二苯并蒽　　　1,2,3,4-二苯并菲

七、非苯系芳香烃和休克尔规则

苯、萘、蒽、菲等具有闭合的共轭 π 键，都具有芳香性。它们可以看成是环状共轭多烯结构，比开链的共轭多烯要稳定。但是，有些不是由苯环组成的烃类化合物，如环丁二烯、环辛四烯：

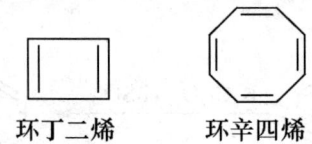

环丁二烯　　环辛四烯

从表面看，它们的结构也具有单键、双键的交替，似乎能形成闭合的共轭体系，理应具有芳香性。事实上环丁二烯极不稳定，只有在低温下才能存在；环辛四烯的性质和开链 1、3、5、7-辛四烯完全一样，很容易发生聚合、加成、氧化。这些说明环丁二烯和环辛四烯不具有芳香性。那么什么样的单环闭合共轭体系具有芳香性呢？

休克尔根据量子力学原理提出：分子必须是共平面的闭合共轭体系；键长平均化；体系较稳定；从实验看，易发生环上的亲电取代反应，不易发生加成反应；π 电子数符合 $4n+2$（$n=0,1,2,3,\cdots$）规则，才具有芳香性。这个规律称为休克尔规则，可以作为判断一个化合物是否具有芳香性的依据。它包括以下三个要点。

（1）必须是一个环状化合物，且成环原子都在同一平面上。
（2）每个成环原子上都有一个 p 轨道垂直于该平面。
（3）π 电子数为 $4n+2$（$n=0,1,2,3,\cdots$）。

苯具有 6 个 π 电子，符合 $4\times1+2=6$，具有芳香性。而环丁二烯只有 4 个 π 电子，环辛四烯有 8 个 π 电子，都不符合休克尔规则，不具有芳香性。对于稠环化合物，只要它的整体轮廓是一个闭合共轭体系，且具有的 π 电子数符合 $4n+2$ 规则，这个化合物就有芳香性。如萘、蒽、菲都具有芳香性。

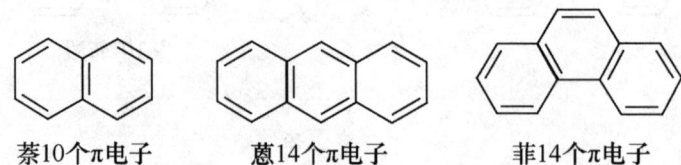

萘 10 个 π 电子　　　蒽 14 个 π 电子　　　菲 14 个 π 电子

不含苯环的一些分子，凡其结构符合休克尔规则者，也具有芳香性。这种烃称为非苯系芳烃。最简单的非苯芳烃就是环丙烯正离子。

它是一个具有 2 个 π 电子的共轭体系，符合 $4n+2$ 规则，具有芳香性。经测定环丙烯正离子中碳碳键长完全平均化,性质比较稳定。

一些常见的非苯芳香烃如下:

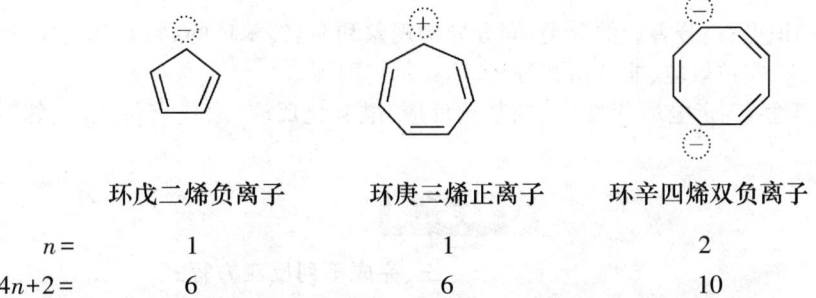

	环戊二烯负离子	环庚三烯正离子	环辛四烯双负离子
$n=$	1	1	2
$4n+2=$	6	6	10

单环共轭多烯称为轮烯,单双键交替排列。环丁二烯称为[4]轮烯,环辛四烯称为[8]轮烯。根据休克尔规则,[10]轮烯、[14]轮烯、[18]轮烯应该是具有芳香性的。

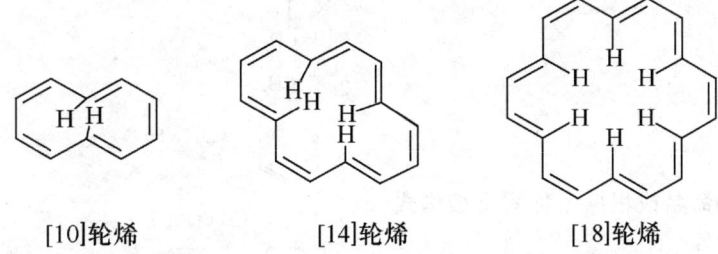

[10]轮烯　　　　　[14]轮烯　　　　　[18]轮烯

但是[10]轮烯、[14]轮烯分子中,环内氢原子具有强烈排斥作用,致使环中碳原子不能在同一平面上,故没有芳香性。[18]轮烯环较大,允许成为平面环,所以具有芳香性。

> **知识链接**　　　　**三维球形芳香分子——富勒烯**
>
> 富勒烯(Fullerene)是单质碳的第三种同素异形体,具有中空的笼状结构,它的家族成员有C_{60}、C_{70}等,C_{60}是其中的突出代表。它是由英国科学家克罗托(H. W. Kroto)、美国科学家斯莫利(R. E. Smally)和科尔(R. F. Curl. Jr)等于1985年在研究激光蒸发石墨的过程中首先发现的,是20世纪90年代科学界重大成果之一。富勒烯的发现为有机化学开辟了一个新的领域,为此,克罗托等获得1996年度诺贝尔化学奖。
>
> C_{60}是单纯由碳原子结合形成的稳定球形分子,它具有60个顶点和32个面,其中12个面为正五边形,20个面为正六边形,整个分子形似足球,分子结构如图3-6所示。又因其稳定性可用美国著名建筑设计师R. B. Fuller发明的短程线圆顶结构加以解释,故命名为富勒烯(Fullerene)。球面弯曲效应和五元环的存在,引起碳原子轨道的杂化方式改变,C_{60}分子中的杂化轨道介于石墨的sp^2和sp^3杂化之间,σ键沿球面方向,而π键则垂直分布在球的内外表面,形成了三维球状芳香分子。五边形环为单键,两个六边形环的共用边则为双键。单键长146 pm称为长键;双键长139 pm称为短键。C_{60}的体积与HIV病毒活性中心的孔穴大小相匹配,有可能堵住洞口,切断病毒的营养供给。
>
>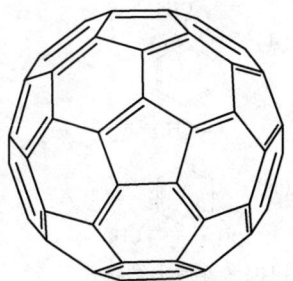
>
> 图3-6　C_{60}分子结构示意图
>
> 通过初步研究表明富勒烯类化合物在抗艾滋病毒、酶活性抑制、切割DNA、光动力学治疗等方面具有独特的功效。富勒烯类化合物在医学、药物学等领域具有良好的应用前景。

本 章 小 结

本章阐述的知识点有：芳香烃的分类、同分异构现象和命名，苯环的结构、苯的化学性质、稠环芳香烃、取代反应、定位效应、非苯系芳香烃、休克尔规则等。

本章的基本概念有：亲电取代反应、烷基化反应、酰基化反应、取代定位效应、邻对位定位基、间位定位基等。

目标检测

一、名词解释

1. 亲电取代反应
2. 硝化反应
3. 磺化反应
4. 傅-克烷基化反应
5. 傅-克酰基化反应
6. 定位效应
7. 定位基
8. 休克尔规则

二、根据所给结构命名或根据名称写出结构式

1. 根据所给结构命名

(1)
SO₃H

(2)

(3)
CH₂Br

(4)
H₃C
CH₃
CH

(5)
CH₃
CH₃
CH₃

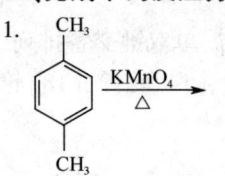

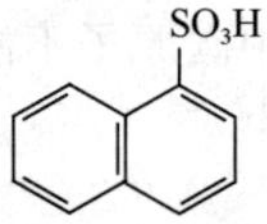

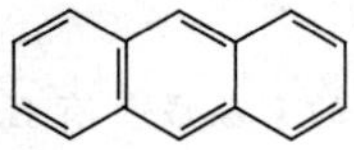

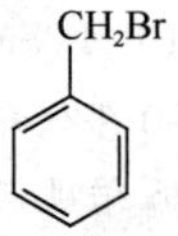

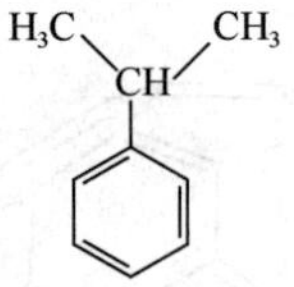

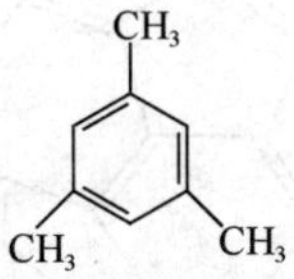

2. 根据名称写出结构式

(1) 1-甲基-4-异丙苯

(2) 间二硝基苯

(3) 苯乙烯

(4) 2-硝基对甲苯磺酸

(5) 萘

3. 写出分子式为 C_8H_{10} 含有苯环的构造异构体并命名。

三、完成下列反应方程式

1.
CH₃
KMnO₄
△
CH₃

2.
CH₃
+ Cl₂
Fe

3.
CH₂COCl
AlCl₃

4.
CH₃
HNO₃
H₂SO₄
KMnO₄

5.
CH₃
+ Cl₂
光照

四、填空题

1. 苯的 6 个碳发生______杂化，形成 6 个 C—C______键。每个碳原子各以一个 sp^2 杂化轨道与氢原子的 1s 轨道重叠形成 6 个______键。
2. 甲苯与浓硫酸发生磺化反应，得到的主要产物是______和______。
3. 甲基通过供电子的诱导效应使苯环上电子云密度______。亲电取代主要得到______、______产物。
4. 硝基是一个强吸电子基团，它使苯环电子云密度______，亲电取代主要得到______产物。
5. 环丙烯正离子具有芳香性，原因是有______个 π 电子，符合______规则。

五、选择题

1. 关于苯的结构，叙述正确的是(　　)

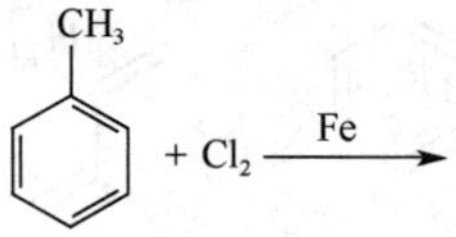

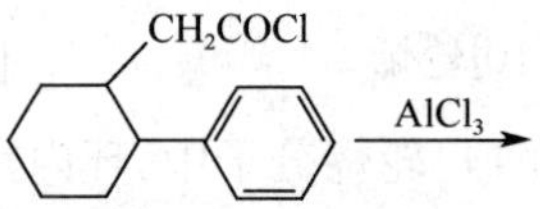

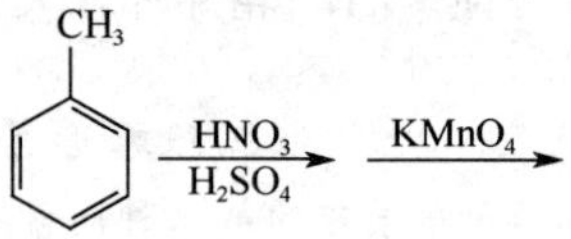

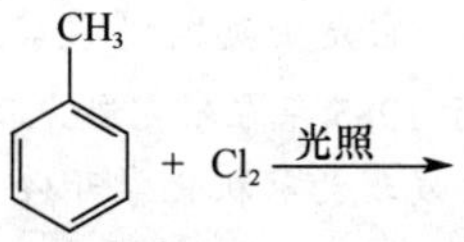

A. 苯环中有封闭式共轭大π键
B. 苯环中有碳碳双键和单键
C. 苯具有平面正六边形结构
D. 苯的结构特点决定其具有芳香性

2. 在芳香烃取代反应中起致活作用的基团是( )
   A. —OH   B. —CH₃
   C. —NH₂   D. —Cl

3. 在芳香烃取代反应中起致钝作用的基团是( )
   A. —SO₃H   B. —CHO
   C. —NH₂   D. —NO₂

4. 下列物质最容易发生亲电取代反应的是( )
   A. 甲苯   B. 苯酚
   C. 溴苯   D. 苯

5. 下列化合物中具有芳香性的是( )

   A. ⬡   B. ⬠

   C. (萘)   D. ▢

6. 下列物质中,亲电取代反应发生在邻对位,且取代反应活性比苯小的是( )

   A. 氯苯-OH   B. 硝基苯-NH₂
   C. 苯酚   D. 苯胺

7. 邻乙基甲苯被高锰酸钾酸性溶液氧化后的产物是( )
   A. 苯甲酸酐   B. 邻乙基苯甲酸
   C. 邻苯二甲酸   D. 邻苯二甲酸酐

8. 用高锰酸钾酸性溶液氧化可得 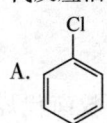 的化合物有( )

   A. 甲苯   B. 苯

   C. 异丙苯   D. 对甲基乙苯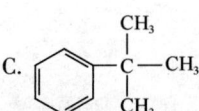

9. 苯环上连有以下哪些基团时,一般不发生傅-克反应( )
   A. —NO₂   B. —CH₃

C. —OH   D. —CN

10. 芳香烃的烷基化反应属于( )
    A. 亲电取代   B. 亲电加成
    C. 亲核加成   D. 亲核取代

六、用化学方法鉴别下列各组化合物

1. 苯、乙苯、环己烯
2. 乙烷、乙苯、乙烯

七、简答题

1. 用箭头表示下列化合物进行一元硝化时,硝基进入的主要位置

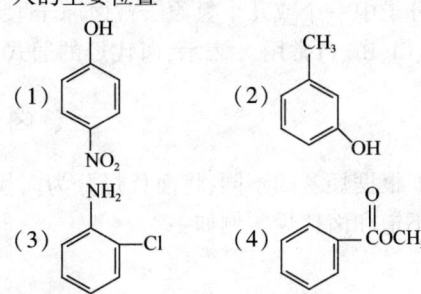

2. 判断下列化合物是否具有芳香性

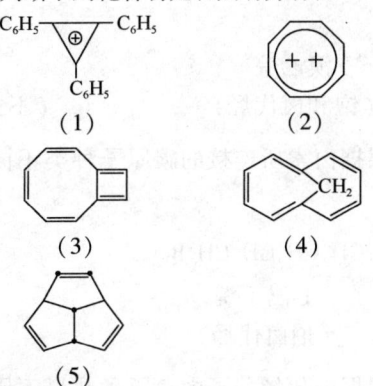

八、推断题

1. 某芳香烃在高温高压和镍催化下,能与氢气发生加成反应生成甲基环己烷,还能使高锰酸钾酸性溶液褪色,推断该烃的结构式。

2. 甲、乙、丙三种芳香烃的分子式均为 C_9H_{12},氧化时甲得一元酸,乙得二元酸,丙得三元酸。但经硝化时甲和乙分别得到两种一硝基化合物,而丙只得一种一硝基化合物,推断甲、乙、丙三者的结构。

九、合成题

以苯为原料合成下列化合物

1. 苯甲酸
2. 间硝基苯甲酸
3. 邻硝基苯甲酸
4. 间溴苯甲酸

第4章 卤代烃

> **学习目标**
> 1. 掌握卤代烃的命名,卤代烃的化学性质与札依采夫规则,卤代烃中卤原子的反应活性;
> 2. 理解卤代烃的定义、分类,亲核取代反应和消除反应机理;
> 3. 了解卤代烃的物理性质。

烃分子中一个或几个氢原子被卤原子取代后所生成的化合物称为卤代烃,简称卤烃。卤素原子(F、Cl、Br、I)常用 X 表示,卤代烃的通式为 R—X。

一、卤代烃的分类

(1) 根据烃基的不同,将卤代烃分为卤代脂肪烃和卤代芳香烃。卤代脂肪烃又分为饱和卤代烃和不饱和卤代烃。例如:

CH_3CH_2Br $CH_2=CHCH_2Cl$ 氯苯

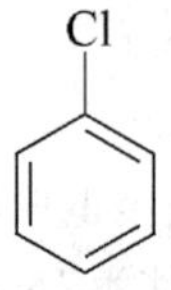

溴乙烷   氯丙烯   氯苯
(饱和卤代烃)   (不饱和卤代烃)   (卤代芳香烃)

(2) 根据卤素所连接的碳原子种类不同,可将卤代烃分为伯卤代烃、仲卤代烃、叔卤代烃。例如:

$CH_3CH_2CH_2CH_2Br$ $(CH_3)_2CHBr$ $(CH_3)_3CBr$

1-溴丁烷   2-溴丙烷   2-甲基-2-溴丙烷
(伯卤代烃)   (仲卤代烃)   (叔卤代烃)

(3) 根据卤代烃分子中卤原子数目不同,可将卤代烃分为一卤代烃、二卤代烃、多卤代烃。例如:

CH_3Cl CH_2Cl_2 $CHCl_3$ CCl_4
(一卤代烃) (二卤代烃)   (多卤代烃)   (多卤代烃)

(4) 根据卤素原子不同,将卤代烃可分为氟代烃、氯代烃、溴代烃、碘代烃。例如:

CH_3F CH_3Cl CH_3Br CH_3I
(氟代烃)   (氯代烃)   (溴代烃)   (碘代烃)

二、卤代烃的命名

对于简单的卤代烃,可根据卤素所连烃基名称来命名,称为卤某烃或某烃基卤。例如:

CH_3CH_2Br $CH_2=CHCH_2Cl$ $(CH_3)_2CHBr$
溴乙烷   氯丙烯   溴异丙烷
乙基溴   烯丙基氯   异丙基溴

对于较复杂的卤代烃则采用系统命名法来命名(把卤素作为取代基),选择连有卤原子的最长碳链作为主链,主链编号一般从离取代基近的一端开始,使卤素及其他取代基具有最低位次,位号之和最小;当卤素与烷基具有相同编号时,优先考虑官能团(卤素原子),使卤素原子位号最小。然后按次序规则,小基团优先列出,写出取代基名称、个数、位次以及主链名称。例如:

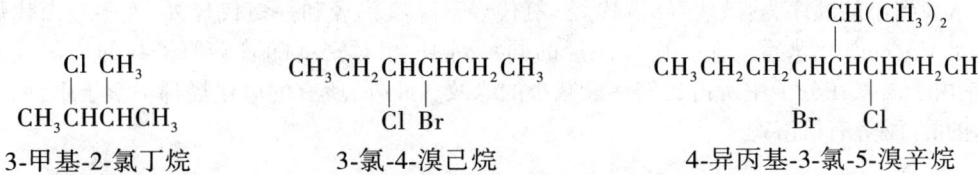

  3-甲基-2-氯丁烷   3-氯-4-溴己烷   4-异丙基-3-氯-5-溴辛烷

不饱和卤代烃的主链编号时,要尽量使双键或叁键位次最小。

$$CH_2=CHCH_2Cl \qquad\qquad \underset{Br}{CH_3CHCH}=CHCH_3$$

   3-氯丙烯   4-溴-2-戊烯

卤代芳香烃通常以芳烃作为母体来命名。

   2-溴甲苯   2-溴萘
   邻溴甲苯 β-溴萘

知识链接   **卤代烃的同分异构现象**

1. 碳链异构 如

$$\underset{\underset{CH_3}{|}}{CH_3-CH}-\underset{\underset{Cl}{|}}{CH}-CH_3 \quad 与 \quad CH_3-CH_2-CH_2-\underset{\underset{Cl}{|}}{CH}-CH_3$$

2. 官能团(卤原子)位置异构 如

$$CH_3-CH_2-\underset{\underset{Cl}{|}}{CH}-CH_2-CH_3 \quad 与 \quad CH_3-CH_2-CH_2-\underset{\underset{Cl}{|}}{CH}-CH_3$$

3. 医药中重要的卤代烃

三氯甲烷俗称氯仿,是一种无色、有甜味的液体,早在1847年就用于外产手术的麻醉,因其对心脏、肝脏的毒性较大,目前临床已很少使用。

氯仿在光照条件下,能被逐渐氧化为剧毒的光气。所以氯仿用棕色瓶盛装,并加入1%的乙醇破坏光气。

氟烷($CF_3CHClBr$)的化学名称是1,1,1-三氟-2-氯-2-溴乙烷,为无色液体,无刺激性,性质稳定,可以与氧气以任意比例混合,不燃不爆。其麻醉强度比乙醚大2~4倍,比氯仿强1.5~2倍,对黏膜无刺激性,对肝、肾功能不会造成持久性的损害,是目前常用的吸入性全身麻醉药之一。

血防846是一种广谱抗寄生虫病药,常用于治疗血吸虫病和肝吸虫病。其化学名称是对二(三氯甲基)苯,因其分子式为$C_8H_4Cl_6$而得名。它是白色有光泽的结晶粉末,无味,易溶于氯仿,可溶于乙醇和植物油,不溶于水。

三、卤代烃的物理性质

在常温常压下,氯甲烷、氯乙烷等低级卤代烃为气体,其余均为液体,高级的卤代烃是固体。卤代烃的沸点一般随相对分子质量增加而升高。具有相同烃基的卤代烃中,卤代烃的沸点、相对密度从大到小的顺序为:碘代烃>溴代烃>氯代烃。除氟代烃和一氯代烃外,大多数卤代烃密度都大于 $1~g/cm^3$,比水重。在一卤代烷烃的同系列中,相对密度随着碳原子数的增加反而降低,这是由于卤素在分子中所占比例逐渐减小的缘故。此外,所有的卤代烃都不溶于水,而易溶于无水的醇、醚等有机溶剂。

四、卤代烃的化学性质

卤代烃的官能团是卤原子,由于卤素的电负性较大,因此形成的碳卤键具有较强的极性,从而使得碳卤键中的碳原子易受到电荷丰富试剂的进攻,发生碳卤键的断裂,生成一系列新的化合物。

(一) 亲核取代反应

在卤代烃分子中,与卤原子直接相连的碳原子电子云密度较低,易受到试剂中的负离子(OH^-、CN^-、RO^-、ONO_2^-)或具有孤对电子的分子(NH_3)进攻,而引起反应。

像这种由试剂中的负离子进攻带部分正电荷的碳原子而引起的取代反应称为亲核取代反应(nucleophilic substitution),以 S_N 表示。其中,S 表示取代(substitution),N 表示亲核(nucleophilic),所用试剂称为亲核试剂(nucleophilic reagent),卤素称为离去基团。

亲核取代反应可用下列通式表示:

$$Nu^- + R-CH_2-X \longrightarrow RCH_2Nu + X^-$$

1. 被羟基取代(水解反应) 卤代烷与氢氧化钠或氢氧化钾水溶液共热,卤原子被羟基(—OH)取代生成醇。

$$CH_3CH_2Br + NaOH \xrightarrow[\Delta]{H_2O} CH_3CH_2OH + NaBr$$

由于多数卤代烷是由醇合成的,故此反应一般没有制备价值。但在卤代烷比醇易获得时,仍不失为合成醇的一种方法,如由氯苄制备苄醇。

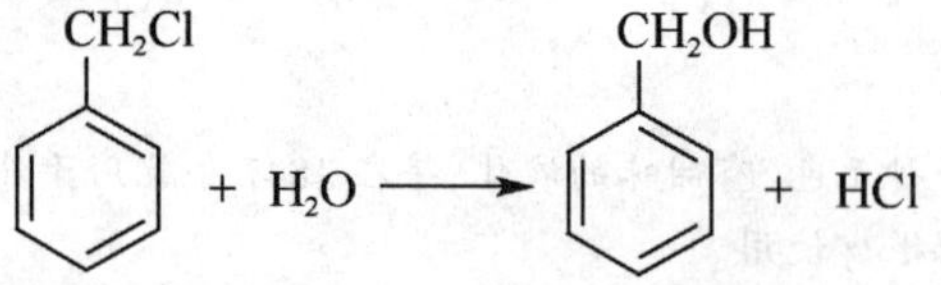

$$C_6H_5CH_2Cl + H_2O \longrightarrow C_6H_5CH_2OH + HCl$$

2. 被烷氧基取代 卤代烷与醇钠作用,卤原子被烷氧基(RO—)取代生成醚。

$$CH_3CH_2Br + CH_3CH_2ONa \longrightarrow CH_3CH_2OCH_2CH_3 + NaBr$$
　　　　　　乙醇钠　　　　　　　　　乙醚

3. 被氨基取代 卤代烷与氨作用,卤原子被氨基(—NH$_2$)取代生成胺。

$$CH_3Br + NH_3 \longrightarrow CH_3NH_2 + HBr$$
　　　　　　　　　　　甲胺

此反应要用过量的氨,否则卤代烷会与生成的胺继续反应:

$$CH_3NH_2 \xrightarrow{CH_3Br} (CH_3)_2NH \xrightarrow{CH_3Br} (CH_3)_3N \xrightarrow{CH_3Br} (CH_3)_4\overset{+}{N}\overset{-}{Br}$$

4. 被氰基取代 卤代烷与氰化钠或氰化钾的醇溶液共热,卤原子被氰基(—CN)取代生成腈。

$$CH_3CH_2Br + NaCN \xrightarrow[\triangle]{乙醇} CH_3CH_2CN + NaBr$$
$$\text{丙腈}$$

生成的腈比卤代烷多一个碳原子,因此该反应可作为增长碳链的一种方法。

5. 与硝酸银反应 卤代烷与硝酸银的醇溶液反应,卤原子与银离子结合成卤化银沉淀,同时生成硝酸酯。

$$CH_3CH_2Cl + AgNO_3 \longrightarrow CH_3CH_2ONO_2 + AgCl\downarrow$$

不同的卤代烃与硝酸银的醇溶液反应活性也是不相同的,因此反应生成卤化银沉淀的速度有着很大的差别,故此反应常可作为不同类型卤代烃的鉴别。

(二) 消除反应

卤代烷与强碱的醇溶液共热,分子中脱去一分子卤化氢生成烯烃,这样的反应称为消除反应(elimination),以 E 表示。例如:

$$CH_3\underset{H}{\overset{}{C}}H\underset{Br}{\overset{}{C}}H_2 \xrightarrow[\triangle]{KOH/醇} CH_3CH=CH_2 + KBr$$

由上述反应可以看出,反应中消除的是 α-碳上的卤原子和 β-碳上的氢原子,因此该反应又称 β-消除反应。

不对称卤代烷在发生消除反应时,可得到两种不同的产物。

$$CH_3\overset{\beta}{\underset{H}{C}}H\overset{\alpha}{\underset{Br}{C}}H\overset{\beta}{\underset{H}{C}}H_2 \xrightarrow{KOH/醇} CH_3CH=CHCH_3 + CH_3CH_2CH=CH_2$$
$$\text{2-丁烯 81\%} \qquad \text{1-丁烯 19\%}$$

大量的实验证明,卤代烷脱卤化氢时,被消除的 β-H 主要来自含氢较少的碳原子,生成双键碳原子上连有烃基最多的烯烃。这个经验规则称为札依采夫(Saytzeff)规则。不同类型卤代烷消除反应活性的顺序为:叔卤代烃>仲卤代烃>伯卤代烃。

知识链接 　　　　　　　　　**卤代烃的水解反应和消除反应**

卤代烃的水解反应和消除反应是同时发生的,哪一种占优势,则与卤代烃的分子结构及反应条件如试剂的碱性、溶剂的极性、反应温度等有关。

一般规律是:伯卤代烃、稀碱、强极性溶剂及较低温度有利于取代反应;叔卤代烃、浓的强碱、弱极性溶剂及高温有利于消除反应。所以卤代烃的水解反应,要在稀碱的水溶液中进行,而脱卤化氢的反应,在浓强碱的醇溶液中进行更为有利。

(三) 与金属反应

卤代烃还可与某些金属如锂、钠、镁等反应,生成有机金属化合物。

1. 与金属钠反应　卤代烷与金属钠反应可制备烷烃,此反应称为武兹(Wurtz)反应。若用不同的卤代烷为原料,因产物复杂又难于分离而无实用价值。

$$2CH_3CH_2Cl + 2Na \longrightarrow CH_3CH_2CH_2CH_3 + 2NaCl$$

2. 与金属镁反应　在卤代烷的无水乙醚溶液中,加入金属镁,反应立即发生,生成的烷基卤化镁称为格利雅(Grignard)试剂,简称格氏试剂。

$$CH_3Br + Mg \xrightarrow{\text{无水乙醚}} CH_3MgBr$$

$$CH_3CH_2I + Mg \xrightarrow{\text{无水乙醚}} CH_3CH_2MgI$$

格氏试剂是一种很重要的试剂,可用来制备烷烃、醇、醛、酮、羧酸等许多有机化合物,在有机合成中有着广泛的应用。

知识链接　　　　　　　格氏试剂的组成与性质

1. 格氏试剂的结构　还不完全清楚,一般认为是由 R_2Mg、MgX、$(RMgX)_n$ 多种成分形成的平衡体系混合物,一般用 RMgX 表示。

2. 格氏试剂性质　非常活泼,能发生多种化学反应。

(1) 与含活泼氢的化合物作用:

$$RMgX + \begin{cases} HOH \longrightarrow RH + Mg(OH)X \\ R'OH \longrightarrow RH + Mg(OR')X \\ R'COOH \longrightarrow RH + Mg(OCOR')X \\ HX \longrightarrow RH + MgX_2 \\ R'C\equiv CH \longrightarrow RH + Mg(C\equiv CR')X \text{ (新的格氏试剂)} \end{cases}$$

(2) 与醛、酮、酯、二氧化碳、环氧乙烷等反应:RMgX 与醛、酮、酯、二氧化碳、环氧乙烷等反应,生成醇、酸等一系列化合物。所以 RMgX 在有机合成上用途极广。格利雅因此而获得1912年的诺贝尔化学奖。

(3) 用于合成其他有机金属化合物:

$$3RMgCl + AlCl_3 \longrightarrow R_3Al + 3MgCl_2$$

$$2RMgCl + CdCl_2 \longrightarrow R_2Cd + 2MgCl_2$$

$$4RMgCl + SnCl_4 \longrightarrow R_4Sn + 4MgCl_2$$

五、亲核取代反应和消除反应机理

(一) 亲核取代反应机理

卤代烃的亲核取代反应是一类重要的反应。由于这类反应可用于各种官能团的转变以及碳链的增长,在有机合成中具有广泛的用途,所以对其反应机理的研究也就比较充分。

亲核取代反应机理可以用一卤代烷的水解为例来说明。在研究水解速率与反应物浓度的关系时,发现有些卤代烷的水解速率只与卤代烷的浓度有关,而另一些卤代烷的水解速率不仅与卤代烷的浓度有关,还与进攻试剂的浓度有关。

例如,溴甲烷在碱性条件下水解,生成甲醇。

$$CH_3Br + NaOH \longrightarrow CH_3OH + NaBr$$

实验表明,当溴甲烷或氢氧化钠的浓度增加一倍时,反应速率也增加一倍;而当两者中任何一种的浓度减少一半时,反应速率也都降低一半。这说明上述反应的反应速率与溴甲烷和碱的浓度都成正比。

$$v = K[CH_3Br][OH^-] \tag{4.1}$$

这种反应速率与两种反应物的浓度都有关的反应,称为二级反应,也称双分子反应,以 S_N2 表示。

又如,叔丁基溴在碱性条件下水解,生成叔丁醇。

$$(CH_3)_3CBr + NaOH \longrightarrow (CH_3)_3COH + NaBr$$

实验表明,叔丁基溴的浓度加倍或减半,反应速率也加倍或减半;而碱的浓度改变对反应速率几乎没有影响。

$$v = K[(CH_3)_3CBr] \tag{4.2}$$

这种反应速率只与一种反应物的浓度有关的反应,称为一级反应,也称单分子反应,以 S_N1 表示。上述实验现象以及其他大量的事实说明,卤代烷的亲核取代反应有两种反应机理。

1. 双分子亲核取代反应(S_N2)

$$CH_3Br + NaOH \longrightarrow CH_3OH + NaBr$$

该反应是一步完成的,亲核试剂从溴离子的背面沿碳溴键的键轴进攻碳原子。在逐渐接近的过程中,C—O 键部分形成,C—Br 键逐渐伸长和变弱,但并没有完全断裂。与此同时,甲基上的三个氢原子也向溴原子一方逐渐偏转,这时中心碳原子、进攻试剂羟基中的氧原子和离去基团溴差不多处在一条直线上,同时中心碳原子和三个氢原子又处在垂直于这条直线的平面上,形成过渡态。当 OH^- 继续接近中心碳原子生成碳氧键时,溴原子则带着一对电子远离碳原子形成溴负离子,同时甲基上的三个氢原子也完全偏到溴原子一边。

$$OH^- + \overset{H}{\underset{H}{\overset{|}{C}}}-Br \longrightarrow HO-\overset{H}{\underset{H}{\overset{|}{C}}}-Br \longrightarrow HO-\overset{H}{\underset{H}{\overset{|}{C}}} + Br^-$$

过渡态

S_N2 反应的特点是双分子进行的反应,反应一步完成,旧键的断裂和新键的生成同时发生,反应的速率与卤代烃及亲核试剂的浓度均有关,并且在反应过程中还伴随着构型的转化,称为瓦尔登(Walden)转化。

2. 单分子亲核取代反应(S_N1)

$$(CH_3)_3C-Br + OH^- \longrightarrow (CH_3)_3C-OH + Br^-$$

该反应分两步进行。

第一步,溴代烃分子中的碳溴键发生断裂,生成碳正离子和溴负离子。

$$CH_3-\underset{\underset{CH_3}{|}}{\overset{\overset{CH_3}{|}}{C}}-Br \longrightarrow CH_3-\underset{\underset{CH_3}{|}}{\overset{\overset{CH_3}{|}}{C^+}} + Br^-$$

第二步,生成的碳正离子很快与亲核试剂结合,生成最终的产物。

$$CH_3-\underset{\underset{CH_3}{|}}{\overset{\overset{CH_3}{|}}{C^+}} + OH^- \longrightarrow CH_3-\underset{\underset{CH_3}{|}}{\overset{\overset{CH_3}{|}}{C}}-OH$$

S_N1 反应的特点是单分子分步进行,整个反应的速率取决于反应的第一步,并且反应过程中有活泼的碳正离子生成。

3. 影响亲核取代反应的因素

(1) 烷基结构的影响:烷基结构对亲核取代反应的影响包括两个方面:一是电子效应,二是空间效应。电子效应主要影响 S_N1 机理,而空间效应主要影响 S_N2 机理。

结论:伯卤代烃易按 S_N2 机理反应,叔卤代烃一般按 S_N1 机理反应,仲卤代烃则两种机理兼而有之。

(2) 离去基团的影响(卤素的影响):亲核取代反应无论按哪种机理进行,离去基团总是要带着一对电子离去。显然离去基团离去的倾向越大,越有利于反应的进行。在 S_N1 或 S_N2 反应中,离去基团的碱性越弱,就越容易带着一对电子离开中心碳原子,即反应物越容易被取代,这样的离去基团就是好的离去基团。例如,I^-、Br^-、Cl^- 都是弱碱,其碱性强弱次序是 $I^-<Br^-<Cl^-$,所以,在卤代烷中它们的离去倾向是 $I^->Br^->Cl^-$。当烃基相同时,各种卤代烷的反应活性是:碘代烷>溴代烷>氯代烷。

(3) 亲核试剂的影响:由于 S_N1 机理的反应速率只与卤代烃的浓度有关,而与亲核试剂的浓度无关,所以亲核试剂对 S_N1 机理反应速率影响不大。

对于 S_N2 机理,由于反应中的过渡态与亲核试剂有关,所以亲核试剂的浓度、亲核能力和体积大小都会影响反应速率。

一般来说,亲核试剂的浓度越大,亲核能力越强,S_N2 反应速率就越快;相反,亲核试剂的浓度越小,亲核能力越弱,S_N2 反应速率就越慢。

亲核试剂体积的大小,对 S_N2 机理也有一定的影响。亲核试剂的体积越大,从卤代烃离去基团的背面进攻中心碳原子就越困难,从而使得 S_N2 反应速率降低。

(4) 溶剂的影响:溶剂极性的大小对亲核取代反应速率的影响很大,甚至可以改变反应的机理。一般来说,溶剂的极性较大时,能加速碳卤键的断裂,有利于反应按 S_N1 机理进行;而溶剂的极性较小时,有利于反应按 S_N2 机理进行。

溶剂对卤代烃亲核取代反应历程的影响可以归纳如下:

在强极性溶剂中,伯、仲、叔卤代烃易按 S_N1 机理进行,反应速率为:

叔卤代烃>仲卤代烃>伯卤代烃

在极性很弱的非质子溶剂中,伯、仲、叔卤代烃易按 S_N2 机理进行,反应速率为:

伯卤代烃>仲卤代烃>叔卤代烃

在极性较小的溶剂中,伯卤代烃按 S_N2 机理,叔卤代烃按 S_N1 机理,而仲卤代烃按 S_N1 和 S_N2 两种机理同时进行。

(二) 消除反应的机理

1. 单分子消除反应(E1) 单分子消除反应(E1)机理与单分子亲核取代反应(S_N1)机理相似,反应也是分为两步进行。

第一步,卤代烃解离生成碳正离子。

$$(CH_3)_3C-Br \xrightarrow{慢} (CH_3)_3C^+ + Br^-$$

第二步,亲核试剂进攻 β-C 上的 H,并夺取质子,生成烯烃。

$$(CH_3)_2C^+-CH_2-H + OH^- \longrightarrow (CH_3)_2C=CH_2 + H_2O$$

整个消除反应的速率取决于反应过程中的第一步,故反应速率只与卤代烷的浓度有关,而与进攻试剂浓度无关。由于 E1 和 S_N1 机理相似,因此两者是同时发生而又相互竞争的反应。

2. 双分子消除反应(E2) 双分子消除反应(E2)机理与双分子亲核取代反应(S_N2)机理相似,反应也是一步完成。但在 E2 反应中亲核试剂不是进攻 α-C,而是进攻 β-C 上的 H,并逐渐形成过渡态。在过渡态中,碳卤键和碳氢键部分断裂,碳碳双键逐渐生成。随着反应的继续进行,β-C 上的 H 和 OH^- 结合生成水而脱去,同时卤素带着一对电子离去,α-C 与 β-C 之间形成双键。

$$OH^- + CH_3-CH(H)-CH_2-X \xrightarrow{EtOH} \left[HO^{\delta-} \cdots H \cdots CH=CH_2 \cdots X^{\delta-} \right]_{过渡态}$$

$$\longrightarrow CH_3CH=CH_2 + X^- + H_2O$$

在这个过程中,新键的形成和旧键的断裂是同时进行的,反应的过渡态涉及两种分子,所以消除反应的速率与卤代烃的浓度和碱性试剂的浓度都有关系。

比较 E2 和 S_N2 的机理,可以看出,在反应中作为亲核试剂的碱既可以进攻 α-C 从而发生 S_N2 反应,同时也可以进攻 β-C 上的 H 从而发生 E2 反应。由此可以看出,S_N2 和 E2 反应是同时发生而又相互竞争的。

(三) 消除反应的方向

大量实验证明,卤代烷脱卤化氢时,服从札依采夫规则,即主要脱去含氢较少的 β-碳原子上的氢原子,生成双键碳原子上连有烃基最多的烯烃。例如:

$$CH_3CH_2CHBrCH_3 \xrightarrow[E2]{KOH/EtOH} CH_3CH=CHCH_3 + CH_3CH_2CH=CH_2$$
$$\qquad\qquad\qquad\qquad\qquad\qquad 81\% \qquad\qquad 19\%$$

$$CH_3CH_2C(CH_3)(Br)CH_3 \xrightarrow[E1]{KOH/EtOH} CH_3CH=C(CH_3)CH_3 + CH_3CH_2C(CH_3)=CH_2$$
$$\qquad\qquad\qquad\qquad\qquad\qquad 71\% \qquad\qquad\qquad 29\%$$

(四)亲核取代反应与消除反应的竞争

一般来说,卤代烃的亲核取代反应和消除反应同时发生而又相互竞争,控制反应方向获得所需要的产物,在有机合成上有着重要的意义。影响反应的因素主要有以下几个方面。

1. 烷基结构的影响 在其他条件相同时,不同卤代烃的反应方向为:

$$\xrightarrow{S_N2\text{ 反应增强}}$$
$$3°R—X \quad 2°R—X \quad 1°R—X$$
$$\xleftarrow{\text{消除反应增强}}$$

叔卤代烃在碱性条件下,易发生消除反应,所以制备烯烃时,常用叔卤代烃作为原料。而伯卤代烃与强的亲核试剂作用时,主要发生取代反应,因此常用伯卤代烃作为制备醇、醚、腈等化合物的原料。

2. 亲核试剂的影响 亲核试剂的碱性越强,浓度越大,越有利于消除反应;反之则有利于取代反应。

$$CH_3CH_2Br \begin{cases} \xrightarrow{NaNH_2} H_2C=CH_2 \\ \xrightarrow{NH_3} CH_3CH_2NH_2 \end{cases}$$

3. 溶剂的影响 一般来说,弱极性的溶剂有利于消除反应,而强极性的溶剂有利于取代反应。

$$RCH_2CH_2X \begin{cases} \xrightarrow{KOH/\text{醇}}_{\triangle} RCH=CH_2 \\ \xrightarrow{KOH/\text{水}} RCH_2CH_2OH \end{cases}$$

4. 温度的影响 虽然升高温度对取代反应和消除反应都是有利的,但由于消除反应中涉及碳氢键的断裂,所需要的能量较高,故升高温度对消除反应更加有利。

六、卤代烃中卤原子的反应活性

卤代烃中卤原子的反应活性与其相连的烃基结构有着密切的关系。通过观察与硝酸银醇溶液反应的速率,可以判断各类卤代烃中卤原子的活性。根据大量实验,卤代烃中卤原子活性大致有以下规律,见表4-1。

表4-1 不同类型卤原子的活性

卤代烃类型	化合物	与硝酸银的醇溶液反应	卤原子活性
卤代乙烯型	$CH_2=CH—Cl$ 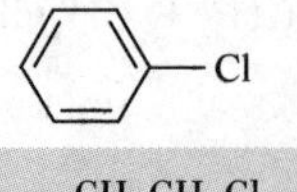 苯基—Cl	加热后也不反应	最不活泼
卤代烷型	CH_3CH_2Cl $RCH=CH{+}CH_2{+}_n Cl$ ($n=2,3,4,\cdots$)	室温不反应,加热产生 AgCl 沉淀	活性次之

续表

卤代烃类型	化合物	与硝酸银的醇溶液反应	卤原子活性
卤代烯丙型	$CH_2=CHCH_2Cl$ 苯-CH_2-Cl	立即反应,生成 AgCl 沉淀	最活泼

(一) 卤代乙烯型（RCH=CHX）

这类卤代烃的卤原子直接连在双键碳原子上,卤原子很不活泼,一般条件下难发生取代反应。例如：

$$CH_2=CH-Cl$$
氯乙烯

氯苯

氯乙烯分子中的氯原子与双键碳原子直接相连,当氯原子的 3p 轨道与双键碳原子的 p 轨道相互平行时,即可发生重叠,形成 p-π 共轭体系,并且是富电子的共轭体系 π_3^4(图 4-1)。

p-π 共轭的结果,使得氯原子 p 轨道上的电子向双键碳原子方向移动,以致氯原子与双键碳原子结合得更加紧密,氯原子弧形显著降低,氯原子很难被取代。

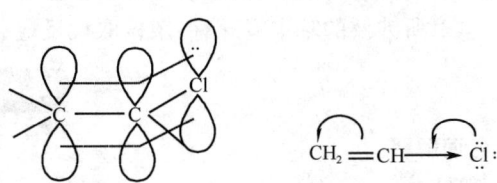

图 4-1 氯乙烯的 p-π 共轭体系

氯苯的结构与氯乙烯相似,也存在 p-π 共轭,也是富电子共轭体系,氯原子和苯环上的碳原子结合得很牢固,氯原子很不活泼,很难发生取代反应。

(二) 卤代烷型（RCH=CH$-$(CH$_2$)$_n$Cl, $n>1$）

这类卤代烃的卤原子与双键碳原子之间相隔两个或多个饱和碳原子。由于卤原子和双键碳原子距离较远,相互之间的影响很小,该类卤代烃需要加热才能发生取代反应。例如：

$CH_2=CHCH_2CH_2Cl$
4-氯-1-丁烯

苯-CH_2CH_2-Cl
2-苯基-1-氯乙烷

(三) 卤代烯丙型（RCH=CH—CH$_2$—Cl）

这类卤代烃的卤原子和双键碳原子之间相隔一个饱和碳原子,卤原子很活泼,易发生取代反应。例如：

$CH_2=CHCH_2Cl$
烯丙基氯

苯-CH_2-Cl
氯苄

上述氯化物在氯原子解离后,生成烯丙基碳正离子或苄基碳正离子,由于在这些碳正离子中都存在着 p-π 共轭体系(图 4-2 和图 4-3),从而使碳正离子的正电荷得到分散,碳正离子趋于稳定,因此烯丙基碳正离子或苄基碳正离子就容易形成,换句话说,也就是氯原子容易解离,显出较强的活性。

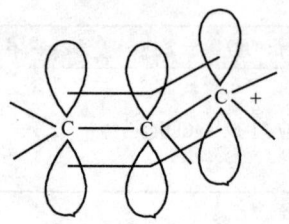

图 4-2 烯丙基碳正离子 p-π 共轭体系

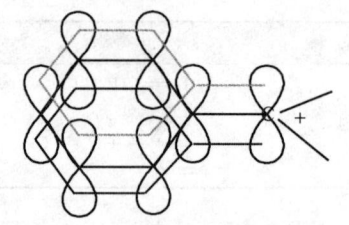

图 4-3 苄基碳正离子 p-π 共轭体系

本章小结

本章主要阐述的知识点有:卤代烃的定义、分类、命名及卤代烃的理化性质,亲核取代反应、消除反应机理、卤代烃中卤原子的反应活性等。

本章所涉及的基本概念有:亲核取代反应、消除反应、札依采夫规则等。

目标检测

一、名词解释

1. 卤代烃
2. 亲核取代反应
3. 消除反应
4. 札依采夫规则

二、根据所给结构命名或根据名称写出结构式

1. CH₃CHCH₃
      | |
     Br CH₃

2. CH₃CH₂CHCH₂CH₃
         | |
        Cl Br

3. CH₂CH=CHCH₃
    |
    Cl

4. CH₃CHCHCH₂CH₃
      | |
     Br CH₃

5. CH₃CHCH=CHCH₃
      |
     CH₂Cl

6. CH₃CHCH₂CHC≡CH
      | |
     Br CH₂CH₃

7. 苯环—CH(CH₃)—CH₂Cl

8. 萘环—Cl

9. 2,4-二硝基氯苯
10. 5-氯-1,3-环戊二烯
11. 5-乙基-2,4-二溴庚烷
12. 溴苄

三、完成下列反应方程式

1. C₆H₅CH₂Cl $\xrightarrow{NaOH/H_2O}$

2. CH₃CH₂Cl $\xrightarrow{NaOC_2H_5}$

3. CH₃CHCH₃ + NaCN $\xrightarrow{醇溶液}$
      |
     Cl

4. CH₃—CH₂—CH—CH₃ $\xrightarrow{NaOH/醇, \Delta}$
             |
            Br

5. CH₃CH₂Br + NH₃(过量) ⟶

6. CH₃CH₂I + AgNO₃ $\xrightarrow{醇}$

7. CH₃CH₂I + Mg $\xrightarrow{无水乙醇}$

8. CH₃—CH—CH₂—C(CH₃)—CH₃ $\xrightarrow[消除一分子HBr]{NaOH/EtOH, \Delta}$
        | |
       Br   Br

四、填空题

1. 卤代烃的分类依据有四种,分别是_____、_____、_____、_____。

2. 若 RI、RBr、RCl 中烃基相同,则其沸点、相对密度的顺序为_____。

3. 卤代烃中碳卤键断裂的原因主要是_____。

4. S_N2 表示_____;其反应特点是

5. 不同结构卤代烃(伯、仲、叔卤代烃)按 S_N1 反应时的活性顺序为 _____。
6. 不同卤代烷(伯、仲、叔卤代烷)消除反应活性顺序为 _____。
7. 卤代烃中卤原子的反应活性顺序为 _____。

五、选择题

1. 下列物质最易发生亲核取代反应的是( )

   A. C₆H₅—CH₂Br B. C₆H₅—Br
   C. 3-溴甲苯 D. CH₃CH₂Br

2. 在非质子性溶剂中,下列离子亲核性强弱顺序为( )
   ① I⁻ ② F⁻ ③ Cl⁻ ④ Br⁻
   A. ①>②>③>④ B. ③>①>②>④
   C. ③>②>④>① D. ①>④>③>②

3. S_N1 表示( )反应。
   A. 双分子亲核取代 B. 单分子亲核取代
   C. 双分子消除 D. 单分子消除

4. 下列化合物按 S_N1 反应活性最大的是( )
   A. 1-溴丁烷 B. 2-溴丁烷
   C. 2-甲基-2-溴丙烷 D. 溴丙烷

5. 下列物质与硝酸银的醇溶液反应,最先生成 AgBr 沉淀的是( )
   A. C₆H₅CHBrCH₃ B. 邻BrC₆H₄CH₂CH₃
   C. C₆H₅C(Br)=CH₂ D. C₆H₅CH₂Br

6. 鉴别下列三种物质采用的试剂是( )
   C₆H₅—Br C₆H₅—CH₂Br C₆H₅—CH₂CH₂Br
   A. AgNO₃ B. Br₂
   C. KMnO₄ D. O₃

7. 下列三种物质亲核取代反应的活性为( )
   ① CH₃CH=CHBr
   ② CH₃CH₂CH₂Br
   ③ CH₂=CHCH₂Br
   A. ①>②>③ B. ③>①>②
   C. ③>②>① D. ②>③>①

8. 下列碳正离子最稳定的是( )
   A. $CH_3CH=CH\overset{+}{C}(CH_3)_2$
   B. $CH_3CH=CH\overset{+}{C}H_2$
   C. $CH_3CH_2CH_2\overset{+}{C}H_2$
   D. $CH_3CH=CH\overset{+}{C}HCH_3$

9. 下列物质在反应中,不能作为亲核试剂的是( )
   A. Cl₂ B. CH₃CH₂ONa
   C. AgNO₃ D. H₂O

10. 下列化合物进行 S_N2 反应的速率最大的是( )
    A. 1-溴丁烷
    B. 2,2-二甲基-1-溴丁烷
    C. 2-甲基-1-溴丁烷
    D. 3-甲基-1-溴丁烷

六、用简单的化学方法区别下列各组化合物

1. 1-氯丙烷,1-氯丙烯,3-氯丙烯
2. 4-氯甲苯,氯苄,β-氯乙苯
3. 一氯甲烷,一溴甲烷,氯仿
4. 苯乙烯,氯苄,丙烯基氯

七、简答题

1. 写出 2-溴丁烷与下列试剂反应的主要产物
   (1) NaOH(水溶液)
   (2) NaOH(醇溶液)
   (3) NH₃
   (4) NaCN 醇溶液
   (5) CH₃CH₂ONa 溶液
   (6) AgNO₃ 醇溶液

2. 将下列化合物反应速率由快到慢排列成序。
   (1) S_N2 反应速率
   ① C₆H₁₁—Cl (环己基氯)
   ② C₆H₁₁—CH₂Cl
   ③ C₆H₁₁—CH₂Cl

   (2) 与 CH₃CH₂ONa 反应的速率
   ① CH₃Cl ② CH₃Br ③ CH₃I

   (3) 与 AgNO₃ 的醇溶液反应速率
   ① CH₃CH₂CH₂Br
   ② CH₂=CHCH₂Br
   ③ CH₃CH=CHBr

   (4) 消除反应速率
   ① CH₃CH₂CH₂CH₂Cl
   ② CH₃CH₂CHCH₃
          |
          Cl

③ $CH_3-\underset{\underset{Cl}{|}}{\overset{\overset{CH_3}{|}}{C}}-CH_3$

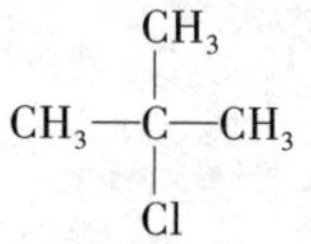

3. 卤代烷与 NaOH 在水与乙醇混合物中进行反应，请指出哪些属于 S_N2 机理，哪些属于 S_N1 机理。

(1) 反应一步完成

(2) 增加溶剂中水的比例，反应速率明显加快

(3) 增加碱的浓度，反应速率加快

(4) 叔卤代烷速率大于仲卤代烷

(5) 试剂亲核性越强，反应速率越快

(6) 溶剂的极性增加对反应有利

八、推断题

某化合物 A 的分子式为 C_4H_8，加溴后的产物经用 KOH 的醇溶液加热后生成分子式为 C_4H_6 的化合物 B，B 能和硝酸银含氨溶液发生沉淀反应，试推测 A 和 B 的结构式，并说明理由。

九、合成题

1. 由苯转化为苄醇。

2. 由乙烯合成丙酸。

第5章 立体化学基础

> **学习目标**
> 1. 掌握顺反异构的概念,顺式和反式,顺反异构体的性质,分子的手性、旋光性与对映异构、手性碳原子及其构型标记等概念,乙烷、正丁烷、环己烷的构象;
> 2. 理解偏振光与旋光性,分子的对称性与对称因素的概念,含手性轴的化合物和外消旋体的拆分;
> 3. 了解十氢萘的构象,旋光异构体的性质。

分子的结构不但包含分子的构造,也包括组成分子的原子或原子团在空间的相互的位置关系,构型和构象就是表示分子空间形象的立体结构(stereoisomerism)。因此,分子的同分异构现象实际上可分为构造异构和立体异构两大类。构造异构是指分子中原子的排列次序不同而产生的同分异构现象,如碳链异构、位置异构、官能团异构以及互变异构等。立体异构是指分子中原子的连接次序虽然相同,但由于在空间的相互位置不同而产生的同分异构现象,包括构型异构和构象异构(conformation),构型(分子的空间结构)异构是指分子的空间结构不同而产生的同分异构现象,如顺反异构和光学异构;构象异构是指具有相同的构型,但由于分子内单键的旋转而产生的异构现象。

研究有机化合物分子的立体异构及由此而引起的理化性质变化的化学称为立体化学。

第1节 顺反异构

一、顺式和反式

如果组成双键的两个碳原子上分别连接两个不同的原子或原子团,但这两个双键碳原子上有相同基团,当这两个相同的原子或原子团处于双键的同侧,把这个构型称为顺式(cis-);当这两个相同的原子或原子团处于双键的异侧,所形成的构型称为反式(trans-)。例如,丁烯二酸 HOOC—CH=CH—COOH 有两种异构体:

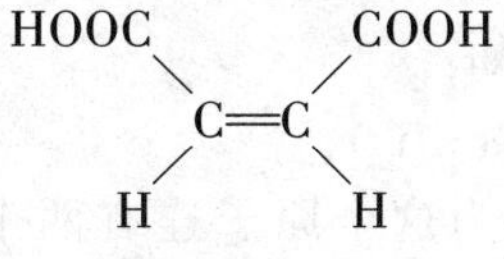

$$\underset{\substack{\text{顺丁烯二酸}\\(cis\text{-丁烯二酸})}}{\overset{HOOC\quad COOH}{\underset{H\quad\quad H}{C=C}}} \qquad \underset{\substack{\text{反丁烯二酸}\\(trans\text{-丁烯二酸})}}{\overset{HOOC\quad H}{\underset{H\quad\quad COOH}{C=C}}}$$

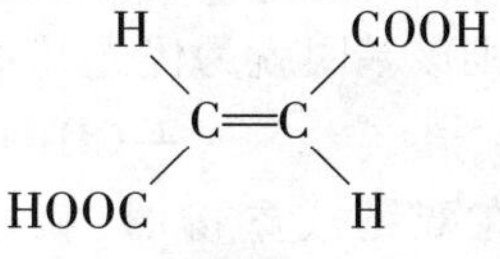

脂环也产生顺反异构现象,如:

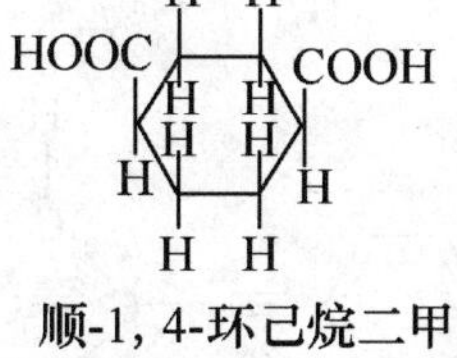

顺-1,4-环己烷二甲酸 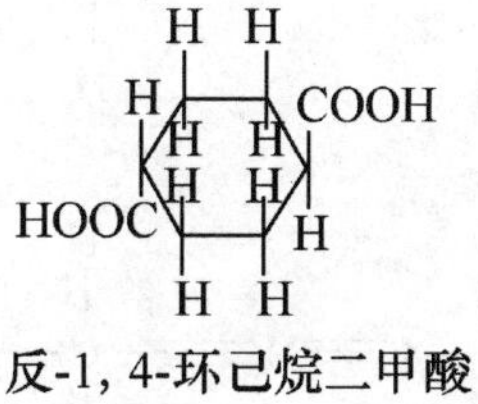　　反-1,4-环己烷二甲酸

由于双键和脂环的结构不能自由旋转,顺式和反式构型不能相互转化。顺反异构体的产生,必须注意以下两点:

(1) 分子中存在不能自由旋转的结构,如碳碳双键和脂环等。

(2) 进行顺反比较的两个碳原子(双键的两个碳原子或脂环上的两个碳原子)中的任何一个碳原子必须连有两个不同的原子或原子团。但两个双键碳原子上连有相同的原子或原子团。例如:

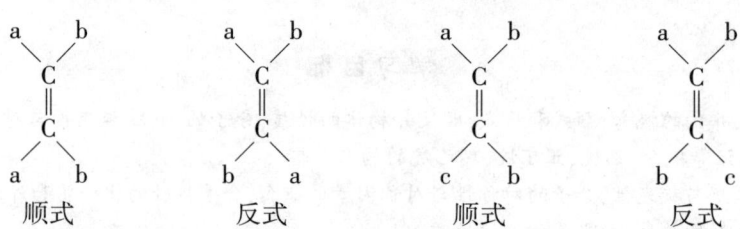

顺反异构体命名时,为了表示其构型,在名称前加"顺"或"反",如上述例子。

二、Z 型和 E 型

如果双键碳原子上所连四个基团均不相同,无法用"顺"或"反"表示其构型,但为了能够表示这类烯烃的不同构型,在烯烃的系统命名法中采用了 Z/E 构型标记法。

Z 是德文"Zusammen"(共同)的第一个字母,表示两个形成双键的碳原子上较优先基团处于双键同侧的意思;E 是德文"Entgegen"(相反)的第一个字母,表示两个形成双键的碳原子上较优先基团处于双键异侧的意思。基团是否优先,是由"次序规则"决定的,"次序规则"以原子序数作为比较标准,即原子序数大的优先于原子序数小的,并遵循逐级比较的原则。下面简要介绍"次序规则"。

(1) 常见原子(包括同位素和孤对电子)的优先次序如下

$$I>Br>Cl>S>P>F>O>N>C>D>H>:(孤对电子)$$

同位素以质量数大的优先。

(2) 在比较与双键碳原子相连基团的优先次序时,首先比较直接与双键碳原子相连的原子,原子序数大的,则该基团优先,若两个原子相同,则比较基团中与这两个原子相连的第二级原子,依次类推,直到比较出为止。例如:

$$—OCH_3>—OH>—CH_2CH_2CH_3>—CH_2CH_3>—CH_3$$

(3) 如果某同级的两个原子相同,并且连有多个原子,只要其中有一个原子的原子序数超过对方任何一个原子,则该基团就为优先基团。例如:

$$—CH_2OH>—C(CH_3)_3$$

(4) 当基团中存在双键或叁键时,就可以认为这个原子连有两个或三个相同的原子。例如:

但要注意的是：①基团的优先次序比较的是同一个双键碳原子上的两个基团；②顺式与 Z 构型、反式与 E 构型之间不存在对应关系。

$$\begin{array}{cc} CH_3CH_2 \diagdown \quad \diagup CH_3 \\ C=C \\ CH_3 \diagup \quad \diagdown H \end{array} \qquad \begin{array}{cc} CH_3 \diagdown \quad \diagup CH_3 \\ C=C \\ H \diagup \quad \diagdown H \end{array}$$

Z 构型(反式)　　　　　　　　Z 构型(顺式)

具有 Z/E 构型的烯烃的命名如下：

(1) 含有一个双键的化合物：命名时将构型标记(Z 或 E)用括号括上,写在名称的最前面。例如：

$$\begin{array}{cc} CH_3CH_2 \diagdown \quad \diagup CH_3 \\ C=C \\ CH_3 \diagup \quad \diagdown H \end{array} \qquad \begin{array}{cc} CH_3CH_2 \diagdown \quad \diagup CH_3 \\ C=C \\ H \diagup \quad \diagdown Cl \end{array}$$

(Z)-3-甲基-2-戊烯　　　　　　　　(E)-2-氯-2-戊烯

(2) 含有多个双键的化合物：命名时将每一个双键的构型标记(Z 或 E)连同双键的位置编号一起写在名称的前面,构型标记之间用逗号隔开。例如：

($1Z,3Z$)-1-苯基-1,3-戊二烯　　　　　　　　($2Z,4E$)-2,4-己二烯

三、顺反异构体的性质

由于空间结构不同,顺反异构体之间表现出不同的物理性质,并表现出某些规律性。其中比较显著的是,顺式异构体的熔点较反式异构体低,在水中的溶解度、燃烧热等较反式的大。表 5-1 列出了丁烯二酸及 2-丁烯酸顺反异构体的物理常数。

表 5-1　丁烯二酸及 2-丁烯酸顺反异构体的物理常数

	顺丁烯二酸	反丁烯二酸	顺-2-丁烯酸	反-2-丁烯酸
熔点/℃	130	287	15.5	72
相对密度	1.590	1.635	1.018	1.0312(15℃)
燃烧热/(kcal/mol)	327	320	486	478
在 100g 水中的溶解度(25℃)	78.8	0.70	40.0	8.3
pK_{a1}(25℃)	1.92	3.03	4.12	4.14
pK_{a2}(25℃)	6.59	4.54		

由于顺反异构体都具有相同的官能团,因此它们的化学性质基本相同,但某些与空间结构有关的性质存在差别。例如,顺丁烯二酸的 pK_{a1} 值较反式的小,是由于顺式的两个羧基靠近,两个带正电荷的氢原子彼此排斥,所以电离度比反式大。顺丁烯二酸的两个羧基在双键的同侧,两者距离较近,比较容易失水变为顺丁烯二酸酐。而反丁烯二酸的两个羧基在双键的异侧,距离较远,

不易失水,加热到250~300℃时才有一部分反丁烯二酸转变为顺丁烯二酸,再失水成酐。

顺反异构体的生理活性也不一样。例如,雌性激素的合成代用品己烯雌酚,反式己烯雌酚的生理活性较强,而它的顺式异构体则不明显。

顺己烯雌酚　　　　　　反己烯雌酚

> **知识链接**　　　　　　顺反异构与药效
>
> 药物分子中的顺反异构是由双键或脂环等刚性或半刚性结构部分使分子内旋转受到限制而产生的。顺反异构的理化性质和生物活性也都有较大差别。如反式己烯雌酚的雌激素活性比其顺式异构体强。抑制纤溶酶原激活因子的氨甲环酸的反式异构体的止血作用比顺式异构体强。盐酸雷尼替丁的反式异构体具有抗溃疡作用,而顺式异构体无活性。
>
> 某些药物在制备或储存过程中由于发生异构化,药物的活性降低或丧失。如维生素A长期储存,改变了维生素A的全反式构型,生成异维生素Aa(9-Z型)、新维生素Ab(11-Z型)等及其混合型异构体,使其药理活性降低。

第2节　对映异构

对映异构(enantiomerism)是构型异构的一种类型,由于这类异构体之间对光的作用不同,也称旋光异构或光学异构。

一、偏振光与旋光性

(一)偏振光

光波是一种电磁波,也是一种横波,其振动方向与传播方向垂直。当一束光向前传播时,其在垂直于传播方向的各个方向上的振动的光量是相等的(图5-1a)。当其通过尼科尔棱镜(Nicol prism)后,光强明显减弱,因为只有与尼科尔棱镜(图5-1b)上光栅平行的光才能通过,而其他方向上振动的光不能透过,这时所得到的光的振动平面只在一个方向上(图5-1c),把这种光称为平面偏振光(plane-polarized light),简称偏振光。

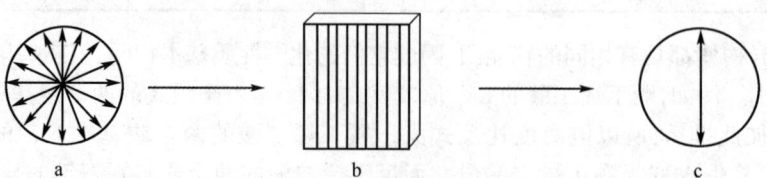

图5-1　平面偏振光的产生示意图

(二) 旋光性

当偏振光通过某种物质(液体或溶液)时,偏振光的振动平面发生了旋转,这种能使偏振光的振动平面发生旋转的性质称为旋光性。具有旋光性的物质称为旋光性物质或光学活性物质,有些物质能够使偏振光的振动方向向右旋转,称为右旋物质,用"+"(d)表示,反之称为左旋物质,用"-"(l)表示。例如,从肌肉中得到的乳酸为右旋乳酸,或(+)-乳酸;葡萄糖发酵得到的乳酸为左旋乳酸,或(-)-乳酸。

(三) 旋光度与比旋光度

在旋光性物质的作用下,偏振光的振动方向改变的角度,称为旋光度,用"α"表示。旋光性物质的旋光度的测定依靠旋光仪来完成。其工作原理如图5-2所示。

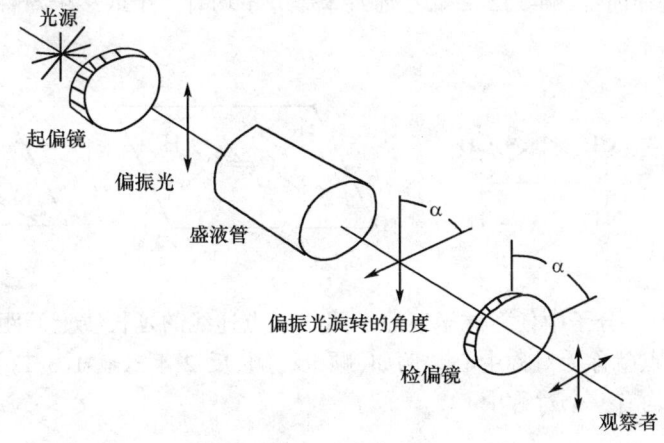

图5-2 旋光仪的工作原理图

旋光仪主要元器件包括一个单色光源、两个Nicol棱镜和一个盛测试液的盛液管。从光源发出的一定波长的光通过第一个Nicol棱镜(起偏镜)后变成偏振光,偏振光通过盛有旋光性物质的溶液试样盛液管后,其振动平面发生偏转,然后旋转第二个Nicol棱镜(检偏镜),使旋转的角度与偏振光的偏转角度相等(这时通过第二个Nicol棱镜的光最强),检偏镜旋转的角度和方向就是偏振光旋转的角度和方向。检偏镜与刻度盘相连,相关数值可以从刻度盘上读出。

对于某种物质,测出的旋光度的值受测定时溶液的浓度(或纯液体的密度)、盛液管的长度、溶剂的性质、温度和光的波长等因素的影响。为了消除这些因素对旋光性能的比较的影响,定义了比旋光度:在一定温度下用一定波长的光,通过一个1dm长盛满浓度为1 g/ml旋光性物质的盛液管时所测得的旋光度,称为比旋光度,用$[\alpha]_\lambda^t$表示。所以比旋光度可用下式求得:$[\alpha]_\lambda^t = \dfrac{\alpha_\lambda^t}{l \cdot C}$,式中$\alpha_\lambda^t$是测得的旋光度;$C$是旋光性物质溶液的浓度(纯液体为密度),即1ml溶液里所含物质的克数;l为盛液管的长度(dm)。光源一般是钠光,波长为586.9 nm或589.0 nm,用D表示,实验温度常为20℃或25℃。所以$[\alpha]_\lambda^t$通常表示成$[\alpha]_D^{20}$或$[\alpha]_D^{25}$。

通过旋光度的测定可计算出比旋光度,再根据比旋光度的值鉴定某未知物的旋光性。例如,某物质的水溶液浓度为5 g/100ml,在1dm长的盛液管内,温度为20℃,光源为钠光,用旋光仪测出旋光度为-4.64°。按照上面的公式,此物质的比旋光度应为$[\alpha]_D^{20} = \dfrac{-4.64}{1 \times 5/100} = -92.8°$,果糖的比旋光度为-93°,因此该物质可能是单糖。

测定已知旋光物质的旋光度,也可计算出该物质溶液的浓度。如一葡萄糖溶液在1dm长的盛液管中测出其$[\alpha]_D^{20}$为+3.4°,而它的比旋光度查知为+52.5°,按以上比旋光度公式即可计算出此葡萄糖溶液的浓度。

$$C = \frac{+3.4}{+52.5 \times 1} = 0.0646(g/ml)$$

二、分子的对称性与对称因素

在进行分子的对称性研究时,如对分子进行某种对称操作后,其立体形象和原来的完全重合时,就说该分子具有某种对称因素。对称因素可以是一个点、一个轴或一个面。

1. 对称面(σ)　把分子分成互为实物和镜像关系两半的假想平面,称为对称面。例如,异丙醇、顺-1,2-二甲基环丙烷、顺-1,2-二氯乙烯及苯等分子均有一个或多个对称面。

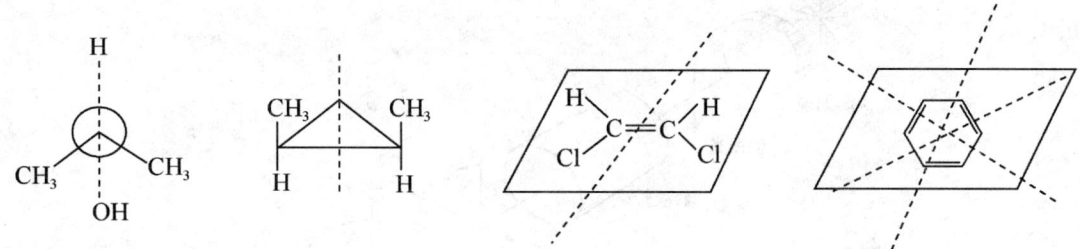

2. 对称中心(P)　分子中任意原子或原子团与P点连线的延长线上等距离处,仍是相同的原子或原子团时,P点就称为对称中心。例如,顺,反,顺,反-2,4二氟-1,3-二氯环丁烷和内消旋2,3-二羟基丁二酸,均有一个对称中心。

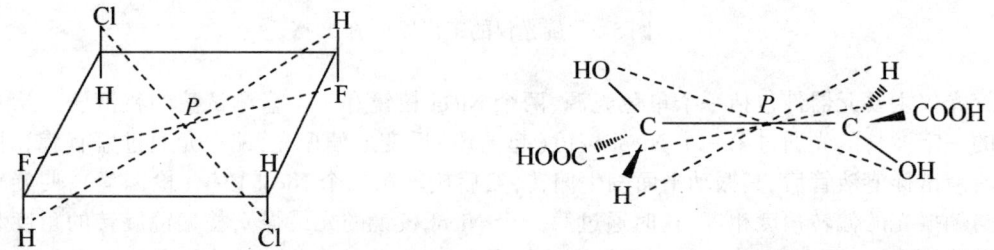

凡具有对称面或对称中心中任何一种因素的分子,称为对称分子。上述的异丙醇等分子是对称分子。凡不具有任何对称因素的分子,称为不对称分子。如乳酸、甘油醛分子,既无对称面,又无对称中心等对称因素,是不对称分子。

三、分子的手性、旋光性与对映异构

在所有的有机化合物中,只有一部分有旋光性,而另一部分没有旋光性。例如,异丙醇分子没有旋光性,乳酸却具有旋光性。从结构分析可以看出,异丙醇分子中基团在空间的排列方式只有一种,乳酸分子中的基团在空间的排列方式有两种(图5-3)。

乳酸分子的这两种构型与人的两只手一样无限相似,却不能从同一个方向重合,而相互之间呈实物与镜像的对映关系,我们把这种性质称为手性或手征性(chirality),具有这种性质的分子称为手性分子。因此乳酸为手性分子,而异丙醇为非手性分子。乳酸分子这两种呈对映关系的空间异构体,被称为对映异构体,简称对映体。大量的实验事实表明,相同条件之下,一对对映体使偏振光的振动方向发生改变的角度相等,但方向相反。例如,(+)-乳酸,$[\alpha]_D^{20} = +3.8°$;(−)-乳酸,$[\alpha]_D^{20} = -3.8°$。

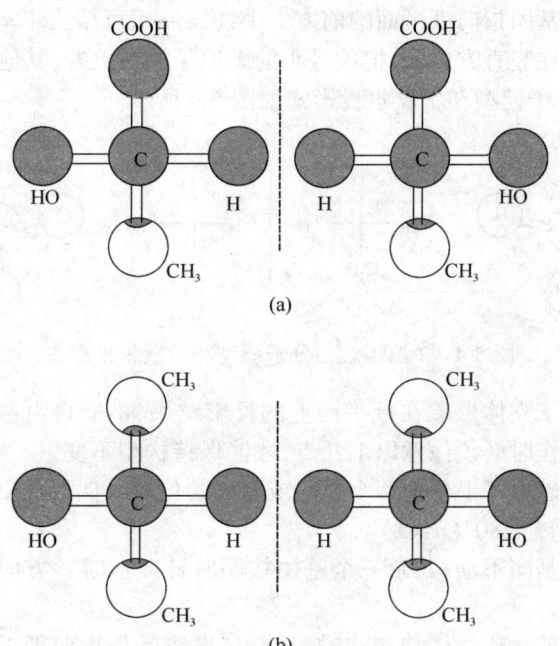

图 5-3 乳酸分子(a)和异丙醇分子(b)的立体模型

由于旋光性不同,对映体之间又可称为旋光异构体或光学异构体。

具有手性的分子必然具有旋光性,因此分子的手性是产生旋光性的充分和必要条件。

一个分子是否具有手性,一般考查它是否有对称面或对称中心等对称因素。异丙醇分子存在对称因素,为非手性分子,无旋光性;乳酸分子不存在对称因素,为手性分子,有旋光性。

四、手性碳原子及其构型标记

(一) 手性碳原子

乳酸分子的中心碳原子(2-位碳原子)上连有四个不相同的基团,具有不对称性,称为不对称碳原子或手性碳原子,用 C^* 表示。

(二) 构型表示

对映体之间属于构型异构,必须通过书面的形式将其表示出来。

1. 楔形式   主要运用不同形状的线表示基团的伸展方向。楔型实线的键表示基团伸向纸平面的前方;楔型虚线的键表示基团伸向纸平面的后方;实线的键表示基团在纸平面上。例如,乳酸分子的楔形式如下:

2. 费歇尔(Fischer)投影式   上述构型表示方法虽然直观,但书写却不方便。现一般用费歇尔投影式表示。它是通过分子的空间构型投影在平面上,形成平面形式。其规定如下:手性碳原子处在纸平面上,在竖直方向上与手性碳原子相连的两个基团指向纸平面的后方;水平方向上与手性碳原子相连的基团指向纸平面的前方。手性碳原子可略去不写,可用竖线和横线的交点代表。通常将碳链放在竖直方向,并把编号小的碳原子放在上方,其他基团放在水平方向上。

例如,2-溴丁烷的分子模型和费歇尔投影式如图5-4所示。

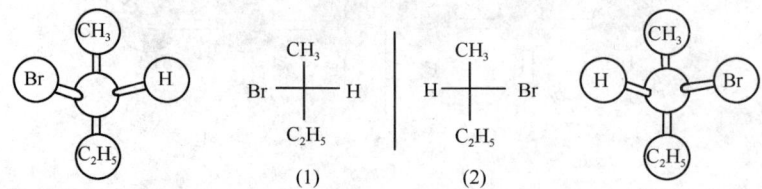

图5-4　2-溴丁烷的分子模型和费歇尔投影式

费歇尔投影式是分子立体形象在纸平面上的投影结果,不能自由翻转,否则会引起构型的改变。对投影式进行操作时必须注意以下几点,才能保持构型不变。

(1) 投影式中手性碳原子上任何两个原子或基团的位置经偶数次交换。
(2) 在纸平面上旋转$n180°(n \geq 1)$。
(3) 投影式中一个基团不动,其余三个基团按顺时针或逆时针方向旋转(实际上为基团交换偶数次)。

在将费歇尔投影式转化成立体结构式时,只要是横线就是指向纸平面前方的,只要是竖线就是指向纸平面后方的。乳酸的费歇尔投影式与透视式的转化如下:

(三) 手性碳原子构型的标记

对于对映异构体来说,手性碳原子上的原子或基团的连接方式不同就表示不同的构型,这个能代表化合物立体特征的不同构型,应该明确地标记出来,以利于命名和文字表述。现常用的是 *R/S* 和 *D/L* 构型标记法。

1. *R/S* 标示法　该方法最早是由 Cahn、Inglod 和 Prelog 三人提出,称为 Cahn-Inglod-Prelog 规则,1970年由国际纯粹与应用化学联合会(IUPAC)建议采用这个规则标示对映异构体构型。它的内容主要包括两个方面:一是次序规则,将手性碳原子上连接的四个不同原子或原子团,按优先次序进行排列 a>b>c>d(>表示优先);二是手性碳原子构型的判断规则,在 d 与手性碳原子连线的延长线上来观察其余三个基团的排列情况,即以 a→b→c 的顺序画圆,如果为顺时针方向,则该手性碳原子为 *R* 构型(拉丁文 *Rectus* 的缩写,意为"右");如果为逆时针方向,则该手性碳原子为 *S* 构型(拉丁文 *Sinister* 的缩写,意为"左"),如图5-5所示。

从图示可以看出,这种规则比较类似汽车的方向盘,也有人称之为方向盘规则。图5-6是2-丁醇中手性碳原子构型的观察。

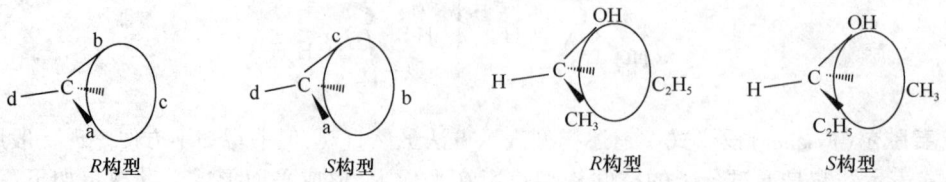

图5-5　判断 *R/S* 构型的方向盘规则　　　图5-6　2-丁醇的 *R/S* 构型判断示意图

在费歇尔投影式中判断手性碳原子的构型,必须依靠投影规则,建立立体形象,再用方向盘规则,进行次序比较。必要时可将费歇尔投影式改写成楔形式,利用其直观性帮助判断。例如,乳酸的一对对映体:

$$
\begin{array}{cc}
\underset{HO}{\overset{COOH}{\underset{H}{\bigg|}}}C\text{---}CH_3 \equiv HO\text{---}\underset{CH_3}{\overset{COOH}{\bigg|}}\text{---}H & H\text{---}\underset{CH_3}{\overset{COOH}{\bigg|}}\text{---}OH \equiv H\underset{OH}{\overset{COOH}{\underset{}{\bigg|}}}C\text{---}CH_3
\end{array}
$$

S构型   R构型

R/S 构型标示法是基于手性碳原子的实际构型的,因此所标示的是绝对构型。在对具有光学活性的化合物进行命名时,在其名称前标明手性碳原子的构型和旋光方向,具体见后面相关内容。

2. D/L 标示法 在使用 R/S 构型标示法之前,人们使用 D/L 构型标示法。因为当时还没有实验方法测定分子构型,因而选择甘油醛(2,3-二羟基丙醛),并人为规定它的构型。在(+)-甘油醛的费歇尔投影式中(碳链在竖直方向上,编号小的碳原子在上方),把羟基写在手性碳原子的右边,规定为 D 构型(拉丁文 *Dexter* 的缩写,意为"右"),而其对映体(-)-甘油醛的羟基写在左边,规定为 L 构型(拉丁文 *Laevus* 的缩写,意为"左")。

$$
\begin{array}{cc}
\text{CHO} & \text{CHO}\\
\text{H}\text{---}\underset{\text{CH}_2\text{OH}}{\bigg|}\text{---}\text{OH} & \text{HO}\text{---}\underset{\text{CH}_2\text{OH}}{\bigg|}\text{---}\text{H}\\
D\text{-(+)-甘油醛} & L\text{-(-)-甘油醛}
\end{array}
$$

其他分子的 D/L 构型是通过与标准甘油醛进行各种直接或间接的方式相联系而确定的。

D、L 构型标示方法有一定局限性,它一般只能标示一个手性碳原子的构型,而对于含多个手性碳原子的化合物,遇到的问题较多,已很少使用。由于长期习惯,现在糖类和氨基酸类化合物尚沿用 D/L 构型的标示方法。

D/L 构型的标示方法,是早期人们无法实际测出旋光物质的绝对构型,而人为规定的构型标示方法。因为它基于相对于人为规定的甘油醛的构型作为标准,因此 D/L 构型又称相对构型。但1951年人们利用 X 射线结构分析,实际测出了酒石酸钠的绝对构型,并由此推出来人为规定的甘油醛的构型,与实际构型正巧相符,因此甘油醛的相对构型,以及由此而来的 D、L 构型标示方法,实际上就是它们的绝对构型。

值得注意的是,D/L 构型、R/S 构型以及旋光方向之间并没有必然的相应关系。

五、含有手性碳原子的化合物的对映异构

(一) 含有一个手性碳原子的化合物的对映异构

含有一个手性碳原子的化合物一定是手性分子,存在对映异构现象,为一对对映体,其中一个是右旋体,另一个是左旋体;构型上,一个是 R 构型,另一个是 S 构型。例如,2-氯丁烷的2-位为手性碳原子,因此为手性分子,它的对映异构及其命名如下:

$$
\begin{array}{cc}
\text{CH}_3 & \text{CH}_3\\
\text{Cl}\text{---}\bigg|\text{---}\text{H} & \text{H}\text{---}\bigg|\text{---}\text{Cl}\\
\text{CH}_3\text{CH}_2 & \text{CH}_3\text{CH}_2\\
R\text{-(-)-2-氯丁烷} & S\text{-(-)-2-氯丁烷}
\end{array}
$$

再如，前面所述的乳酸(2-羟基丙酸)的2-位为手性碳原子，是手性分子，具有旋光性，与实验事实符合。从肌肉中得到的乳酸是右旋的，葡萄糖用左旋乳酸杆菌发酵得到的乳酸是左旋的，而从酸乳中得到的乳酸不能使偏振光的振动平面发生偏转，通过分析可知，酸乳中的乳酸是(+)-乳酸和(−)-乳酸的等量混合物，它们对偏振光的作用相等，方向相反，相互抵消。因此，一对对映体的等量混合物，不表现旋光性，称为外消旋体。

(二) 含有两个手性碳原子的化合物的对映异构

1. 含有两个不相同手性碳原子的化合物　这类化合物中具有两个手性碳原子，而这两个碳原子相互之间所连接的四个基团不完全相同。例如，2,3,4-三羟基丁醛分子中具有两个不相同的手性碳原子。

$$HOH_2C\text{—}\overset{*}{C}H\text{—}\overset{*}{C}H\text{—}CHO$$
$$\quad\quad\quad\quad\;\, |\quad\;\;\, |$$
$$\quad\quad\quad\quad OH\;\;OH$$

2,3,4-三羟基丁醛

C_2^* 手性碳原子连接的四个基团分别是—OH、—CHO、—CH(OH)CH$_2$OH、—H，而 C_3^* 手性碳原子连接的四个原子或基团分别是—OH、—CH(OH)CHO、—CH$_2$OH、—H。C_2^* 与 C_3^* 是两个不同的手性碳原子。由于每一个手性碳原子有两种构型，因此该化合物共有四种构型，如下所示：

(Ⅰ为 D-赤藓糖，化学名称为(2R,3R)-2,3,4-三羟基丁醛；Ⅱ为 L-(+)-赤藓糖，化学名称为(2S,3S)-2,3,4-三羟基丁醛；Ⅲ为 L-(−)-苏阿糖，化学名称为(2R,3S)-2,3,4-三羟基丁醛；Ⅳ为 D-(+)-苏阿糖，化学名称为(2S,3R)-2,3,4-三羟基丁醛)

其中，Ⅰ和Ⅱ、Ⅲ和Ⅳ是对映体。但Ⅰ和Ⅲ或Ⅳ、Ⅱ和Ⅲ或Ⅳ不互为实物镜像的关系，称为非对映异构体，简称非对映体。对映体与非对映体均为旋光异构体或称为光学异构体，非对映体之间不仅旋光性不同，而且理化性质、生物活性都不相同。

根据经验规律可知，含有 n 个不相同手性碳原子化合物的光学异构体的数目应为 2^n 个，组成 2^{n-1} 对对映体。

由于赤藓糖和苏阿糖的构型区别在于，相邻手性碳原子上两个羟基在碳链的同侧和异侧，这个区别能够表明它们的构型特征。以此类推，一般相邻两个手性碳原子的相同基团，在碳链同侧的称为赤藓糖型，简称赤型；在碳链异侧的称为苏阿糖型，简称苏型。例如，麻黄碱的构型如下：

(Ⅰ为(−)-麻黄碱，赤型，化学名称为(1R,2S)-1-苯基-2-甲氨基-1-丙醇；Ⅱ为(+)-麻黄碱，赤型，化学名称为(1S,2R)-1-苯基-2-甲氨基-1-丙醇；Ⅲ为(−)-伪麻黄碱，苏型，化学名称为(1R,2R)-1-苯基-2-甲氨基-1-丙醇；Ⅳ为(+)-伪麻黄碱，苏型，化学名称为(1S,2S)-1-苯基-2-甲氨基-1-丙醇)

Ⅰ和Ⅱ是麻黄碱的一对对映体,Ⅲ和Ⅳ是伪麻黄碱的一对对映体。

2. 含有两个相同手性碳原子的化合物　这类化合物中具有两个手性碳原子,而这两个碳原子连接完全相同的四个不同基团。例如,2,3-二羟基丁二酸(酒石酸),分子中具有两个手性碳原子。

$$HOOC-\overset{*}{C}H-\overset{*}{C}H-COOH$$
$$\quad\quad\quad\ |\ \ \ \ \ \ \ |$$
$$\quad\quad\quad OH\ \ OH$$

2,3-二羟基丁二酸

C_2^* 与 C_3^* 连接的四个基团,都是—OH、—COOH、—CH(OH)COOH 和—H,所以酒石酸是含两个相同手性碳原子的化合物。它和含两个不相同手性碳原子的化合物不同,只有三种构型。其费歇尔投影式如下:

```
    COOH         COOH          COOH              COOH
  H─┼─OH       HO─┼─H         H─┼─OH          HO─┼─H
  HO─┼─H        H─┼─OH        H─┼─OH    ≡    HO─┼─H
    COOH         COOH          COOH              COOH
      Ⅰ            Ⅱ             Ⅲ                Ⅳ
```

(Ⅰ为(−)-酒石酸,苏型,化学名称为(2R,3R)-2,3-二羟基丁二酸;Ⅱ为(+)-酒石酸,苏型,化学名称为(2S,3S)-2,3-二羟基丁二酸;Ⅲ和Ⅳ为内消旋体,赤型,化学名称为(2R,3S)或(2S,3R)-2,3-二羟基丁二酸)

Ⅰ和Ⅱ均具有旋光性,互为对映体。而Ⅲ和Ⅳ是同一种化合物(Ⅲ在纸平面上旋转180°就变成了Ⅳ),在这两个构型中,两个手性碳原子所决定的构型旋光能力相同,方向相反,使得它们的旋光作用正好抵消,整个分子没有旋光性,称为内消旋体,以"*meso*"或"*i*"表示。从结构上看,Ⅲ和Ⅳ构型存在对称平面,是非手性分子,不具有旋光性。内消旋体和左旋体或右旋体互为非对映体,所以内消旋体和左旋体或右旋体,除旋光性不同外,其他物理性质和化学性质都不相同。

因此,判断分子有无旋光性的绝对依据是分子是否具有手性,而不是分子是否含有手性碳原子。有些化合物分子,虽然不含有手性碳原子,但由于它有手性,也可以是光学活性物质。

内消旋体和外消旋体是两个不同的概念。虽然两者都不显旋光性,但前者是纯净化合物,后者是等量对映体的混合物,外消旋体可以拆分成纯净的左旋体和右旋体,而内消旋体不能拆分。

(三) 含两个手性碳原子的脂环化合物

当环上连有两个取代基时,由于其结构较为复杂,存在两个取代基是否相同、位置关系以及顺反关系等因素。因此,必须根据分子中是否存在对称因素,判断该化合物是否具有光学异构现象。

三元环是平面结构的环,环上有两个不相同的手性碳原子时,应有四种光学异构体。其中一对对映体是顺式构型,另一对对映体是反式构型。

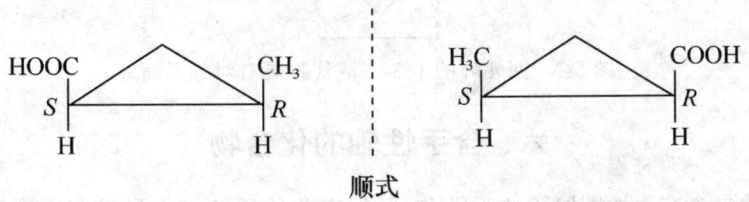

顺式

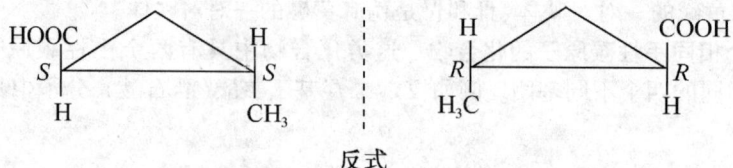

反式

如果三元环有两个相同的手性碳原子时,则有三种光学异构体,其中包括一对对映体(反式)和一个内消旋体(顺式,存在对称平面)。

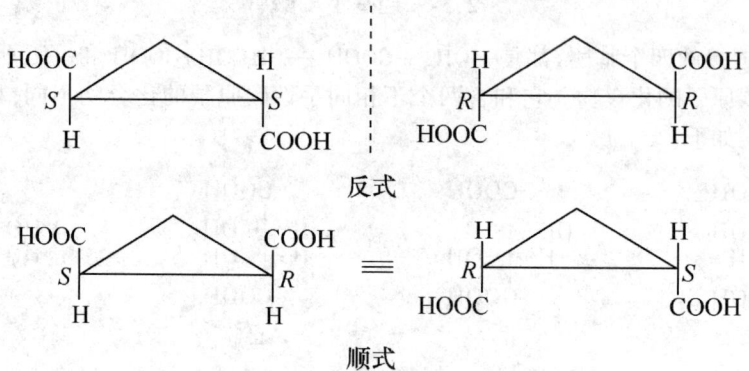

四、五、六元环虽为非平面结构的环,但可以以平面环的形式参照三元环的方式来判断。例如,四元环的1,2-二取代物以及五元环的1,2-二取代物或1,3-二取代物,其光学异构现象与上述三元环二取代物相同;而四元环的1,3-二取代物,不论两个取代基是否相同,只有几何异构体而没有光学异构体。这是因为分子中具有对称面,如图5-7所示。

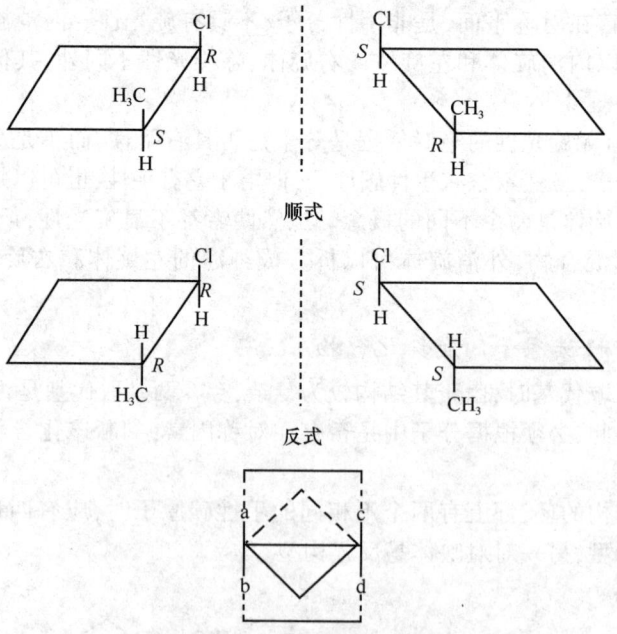

图5-7 四元环的1,3-二取代物具有对称平面

六、含手性轴的化合物

前面讨论的是含有手性碳原子的手性分子,但有些物质分子中虽没有手性碳原子,却具有

旋光性,这是因为分子中含有手性轴。

(一) 丙二烯型的化合物

丙二烯型的化合物属于累积二烯烃类,分子中的特征结构是两个 sp^2 杂化的碳原子夹一个 sp 杂化的碳原子,三个碳原子连续以双键相连,两个 π 键相互垂直,两个 sp^2 杂化的碳原子与所连基团所在的平面也相互垂直。

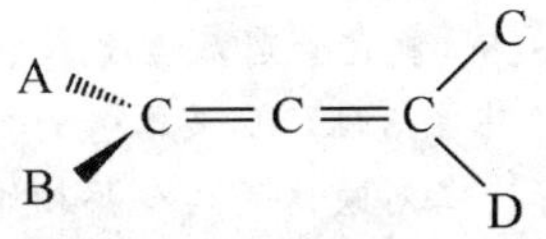

$$\begin{matrix} A & & & C \\ & C=C=C & \\ B & & & D \end{matrix}$$

当 A≠B、C≠D 时,分子中没有任何不对称因素,而有一条对整个分子不对称的轴,称为手性轴。这时分子具有手性,存在对映异构现象。例如,2,3-戊二烯分子存在手性轴,有一对对映体。

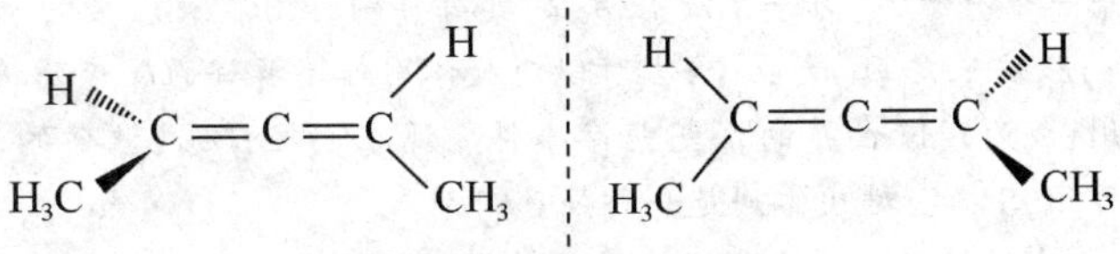

2,3-戊二烯的对映异构现象

(二) 联苯型化合物

联苯是两个苯环通过一个单键相连,两个苯环围绕这个单键可以自由旋转。当两个苯环的邻位分别连有两个体积较大的基团时,由于空间的阻碍作用,两个苯环平面不能处于同一平面。如果同一个苯环上的两个基团不同,那么,分子中就存在手性轴,分子具有手性,有一对对映体。例如,6,6′-二硝基-2,2′-联苯二甲酸存在一对对映体。

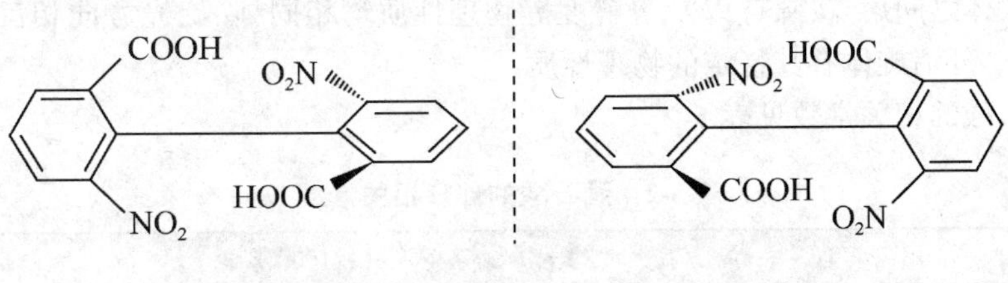

6,6′-二硝基联苯-2,2′-二甲酸的对映异构现象

因此,含有手性碳原子的化合物不一定具有旋光性,具有旋光性的物质也不一定含有手性碳原子。分子的手性是化合物有无旋光性的决定因素。

以上讨论的主要是化合物的构型以及相互关系等问题,这些均属于静态的立体化学。而这些立体的构型对有机化合物的反应也有重要影响,它涉及化学键的断裂、生成、试剂进攻的方向和离去基团离去的方式等整个过程,这属于动态立体化学。因此研究分子按照特定的立体途径进行化学反应的过程,也是立体化学的重要内容。本书在相关反应中将结合立体化学的知识。

> **知识链接**   **手性药物简介**
>
> 手性药物是指由具有药理活性的手性化合物组成的药物。早在 1851 年,巴斯德就说过"不对称性是生物化学和非生物化学唯一清晰的分界线"。生命活动是由一系列复杂的生化反应过程来控制的,而大部分生化反应则是按照不对称选择规律来完成的,包括药物与其受体的结合反应。

因此,作为药理活性物质,其分子的三维结构必须满足生物受体对底物的不对称选择要求。这就决定了很多药物分子必须具备一定的手性,同时也决定了不同的立体异构体可能具有不同的药理活性或活性强度。一般来说,底物与受体的手性匹配度越高,其药理活性就越强。具体有6种情况。

(1) 只有一种对映体有活性,而另一种无显著的药理作用。例如,沙丁胺醇和特布他林是两种支气管扩张药物,其 R 构型分别比 S 构型强80倍至200倍。这说明 S 构型对映体无显著作用。氯霉素消旋体中 (R,R)-氯霉素有活性,而对映体 (S,S)-氯霉素则无活性。

(2) 两个对映体具有等同或相近的药理活性。如果二者的毒副作用差异不大,则可直接使用其外消旋体作为药物。盖替沙星就一个例子。若对映体的两个异构体有相近的活性,但其外消旋体的活性较低,则宜选用单一对映体。如奥美拉唑,两个对映体对治疗胃溃疡的活性相差不大,但其外消旋体的活性却较少,因此临床一般选用治疗指数高的 S 构型对映体作为药物。

(3) 两个对映体具有完全不同的生物活性。例如,甲状腺素钠的 S 构型是甲状腺激素,R 构型是降血脂药;右丙氧芬的 $(2R,3S)$ 构型是镇咳药,$(2S,3R)$ 构型是镇痛药。

(4) 两个对映体中一个有活性,另一个没有活性,具有毒副作用。最出名的例子当属反应停悲剧。20世纪60年代,镇静药肽胺哌啶酮(反应停)当时以消旋体用作缓解妊娠反应药物,但后来发现该药具有严重的胎儿致畸作用,成为震惊世界的医药悲惨事件。现在已经证明,该药的两个对映体中只有 R 构型对映体具有镇静作用,S 构型对映体则是一种强致畸剂。

(5) 对映体中,一个有活性而另一个可发生拮抗作用。哌西那朵的右旋体是阿片受体激动剂,左旋体为阿片受体拮抗剂;在钙通道拮抗剂二氢吡啶类药物的研究中发现,许多二氢吡啶类药物的一个对映体为钙通道拮抗剂,而另一个则是钙通道活化剂。

(6) 有些药物的对映体的药理活性有差异,如抗癌药 (S)-环磷酰胺的活性是 (R)-环磷酰胺的2倍。

七、旋光异构体的性质

同一构造式的所有光学异构体的化学性质几乎是完全相同的。非对映体之间物理性质差异较大;而对映体之间熔点、沸点以及溶解度等物理性质均相同,除旋光方向相反外,比旋光度也相同或接近。外消旋体有其特定的物理性质。

例如,酒石酸的相关常数见表5-2。

表 5-2 酒石酸的部分相关常数

酒石酸	熔点/℃	$[\alpha]_D^{25}$(水)	溶解度/(g/100 g)	pK_{a1}	pK_{a2}
右旋体	170	+12°	139	2.96	4.16
左旋体	170	−12°	139	2.96	4.16
外消旋体	204	0°	20.6	2.96	4.16
内消旋体	140	0°	125	3.11	4.16

对映异构体的生物活性一般有较大差异。例如,微生物在生长过程中,只能利用右旋的丙氨酸;只有 L 构型 α-氨基酸对人有营养价值,而其对映体则没有;氯霉素有四个光学异构体,其中抗菌药效最强的是左旋氯霉素,而右旋氯霉素几乎无效;左旋抗坏血酸有抗坏血病的作用,而右旋抗坏血酸则没有;左旋肾上腺素的收缩血管的作用比其对映体强14倍左右;等等。

八、外消旋体的拆分

具有光学活性的药物中,一对对映体往往只有一个疗效显著,而另一个几乎疗效较差甚至无效,有的甚至相反。但是在这些药物的合成中,得到的是左旋体与右旋体的等量混合物——外消旋体。例如,由邻苯二酚为原料合成肾上腺素,得到的是不显旋光性的外消旋体。

$$\text{邻苯二酚} \xrightarrow[\text{POCl}_3]{\text{ClCH}_2\text{COOH}} \text{COCH}_2\text{Cl 衍生物} \xrightarrow[\text{C}_2\text{H}_5\text{OH}]{\text{CH}_3\text{NH}_2} \text{COCH}_2\text{NHCH}_3 \text{衍生物} \xrightarrow{\text{H}_2/\text{Pd-C}} \text{HO—}\overset{*}{\text{C}}\text{HCH}_2\text{NHCH}_3$$

(dl)-肾上腺素

为了得到疗效更高的药物,需将这一对对映体分离开来,对映体之间的分离称为拆分。由于对映体之间的物理性质和化学性质基本上是相同的,因此用通常的分离方法(如分馏、重结晶等)无法将它们分离开来。而必须采用特殊方法,如化学拆分法、诱导结晶拆分法、生物化学拆分法等。

(一) 化学拆分法

化学拆分法是先用化学方法将对映体转化为非对映体,利用非对映体之间物理性质的差异,通过重结晶、蒸馏等物理方法,将非对映体分离,然后再恢复为单纯的左旋体或右旋体的过程。

例如,一对有机酸外消旋体与一单纯的左旋体或右旋体胺进行反应,得到非对映的有机酸铵盐。

$$\left.\begin{array}{l}(+)\text{-RCOOH}\\(-)\text{-RCOOH}\end{array}\right\} + 2(+)\text{-R}'\text{—NH}_2 \longrightarrow \begin{array}{l}(+)\text{-RCOO}^-(+)\text{—R}'\text{NH}_3^+\\(-)\text{-RCOO}^-(+)\text{—R}'\text{NH}_3^+\end{array}$$

对映体　　　　　　　　　　　　　　　　　非对映体

通过重结晶将二者分离开来,再分别进行酸化,得到左旋酸和右旋酸。这里使用的(+)-胺,称为拆分剂。当然拆分剂也必须是光学活性物质,以保证反应后得到的是非对映体。作为拆分剂还应具备下列条件:①和外消旋体容易形成非对映体化合物,形成的化合物也容易恢复为原来的结构;②所形成的两种非对映体化合物的物理性质差异显著,以便于分离;③价廉易得;④光学纯度高,化学性质稳定。

值得注意的是,拆分剂类型的选择应根据外消旋体分子中的官能团确定。

常用的碱性拆分剂有(-)-番木鳖碱、(-)-马钱子碱、(-)-麻黄碱、(+)-辛可宁等。常用的酸性拆分剂有(+)-酒石酸、(+)-樟脑-10-磺酸等。

(二) 诱导结晶拆分法

其原理是:在需要拆分的外消旋体过饱和溶液中,加入一定量的左旋体或右旋体的晶种,与晶种相同的异构体便优先析出。例如,向某一过饱和的外消旋体(±A)溶液中,加入一定量的右旋体(+A),一部分右旋体便结晶析出,过滤得部分右旋体;再向溶液中加入外消旋体混合物,致使一部分左旋体结晶析出,过滤得到部分左旋体(-A)。如此反复,可将大部分的左旋体和右旋体分离出来。此法的优点是成本较低,效果较好。但其缺点是应用范围有限,它要求外消旋体的溶解度要比纯对映体大。

例如,目前生产(-)-氯霉素的中间体(-)-氨基醇,就是采用此法进行拆分的。

(三) 生物化学拆分法

这种方法是利用酶对光学异构体有选择性酶解作用,而达到分离的目的。以(±)-丙氨酸的拆分说明此过程:首先将外消旋体乙酰化,然后利用猪肾酰化酶对其进行选择性水解,其中一种对映体的酰化物水解速率较另一种快得多,结果得到 L-(+)-丙氨酸和 D-N-乙酰基丙氨酸的混合物。由于两者结构不同,溶解性差异较大,很易分离。用乙酸乙酯提取,D-N-乙酰基丙氨酸进入乙酸乙酯层,L-(+)-丙氨酸留在母液中。再分别处理,就可得到(-)-丙氨酸和(+)-丙氨酸。

$$CH_3-\overset{*}{C}H-COOH \xrightarrow{(CH_3CO)_2O} CH_3-\overset{*}{C}H-COOH \xrightarrow{\text{猪肾酰化酶}} \begin{array}{c}COOH\\H\text{—}\!\!\!\!\!\!-\!\!\!\!\!\!\text{—}NHCOCH_3\\CH_3\end{array} + \begin{array}{c}COOH\\H_2N\text{—}\!\!\!\!\!\!-\!\!\!\!\!\!\text{—}H\\CH_3\end{array}$$
$\quad\ \ \ $|$\qquad\qquad\qquad\qquad\qquad\qquad$|
$\quad$NH$_2\qquad\qquad\qquad\qquad\quad\ $NHCOCH$_3$
$\quad$外消旋体$\qquad\qquad\qquad\quad$外消旋体$\qquad\qquad\quad$D-N-乙酰基丙氨酸$\quad$L-(+)-丙氨酸

生物拆分的另一种方法是利用微生物与一对对映体中的左旋体或右旋体的作用能力不同,在微生物的生长过程中消耗掉其中一种,而剩下另一种异构体。例如,青霉素菌在含有外消旋酒石酸的培养液中生长,消耗掉(+)-酒石酸,留下(-)-酒石酸。

知识链接　　　　　　　　**旋光异构现象的发现**

物质的旋光性很早就被发现,如石英晶体等无机晶体的旋光性早已被人们所知。但对有机化合物旋光性的认识则较晚。1815年法国人比奥(Jeam Baptiste Biot,1774~1862)发现松节油、樟脑和酒石酸都具有旋光性。1848年,著名微生物学家、化学家巴斯德(Louis Pasteur,1822~1895)对酒石酸钠铵晶体的研究,为旋光异构现象,即对映异构现象奠定了理论基础。

巴斯德于1848年研究了19种酒石酸盐的结构,并成功地把左旋和右旋酒石酸钠铵分开,巴斯德把这两种晶体分别溶于水,测定它们的旋光性,发现一种是右旋的,另一种是左旋的,巴斯德注意到:左旋和右旋的晶体外形是不对称的,由此他联想到分子内部的结构,提出:酒石酸钠铵[(NH$_4$)NaC$_4$H$_4$O$_6$·4H$_2$O]分子结构一定是不对称的,他认为,在左旋和右旋的分子中,原子在空间的排列方式是不对称的,它们彼此互为镜像,不能重合(是物体与镜像的关系,好像人的左手和右手)。1874年,荷兰化学家范特霍夫(Jacobus Hendricus Van't Hoff,1852~1911)提出了碳的四面体构型学说,他指出:如果一个碳原子连接四个不同基团,这四个基团在碳原子周围有两种不同的排列形式,即两种不同的四面体空间构型,它们互为镜像,与左右手的关系一样,外形相似却不能重合,范特霍夫认为,具有旋光性的含碳化合物中,应具有不对称碳原子,若含有一个不对称碳原子,就有两个旋光异构体,有两个不对称碳原子,旋光异构体数目会成倍增加。

第3节　构　象

构象异构是由具有相同构造的分子通过碳碳单键的旋转而产生的空间几何形状的不同立体异构体。由于这种碳碳单键的旋转在室温条件下很容易进行,因此虽然构象异构体之间是不同的化合物,却可以自由地相互转化。与构造异构和构型异构之间不同,构象异构体之间不能分离。构象对有机化合物的性质和反应有时有重要影响,因此,我们必须熟悉有机化合物的构象。

一、乙烷的构象

乙烷是最简单的含有碳碳单键的化合物。由于碳碳单键的自由旋转,可以产生无数构象,在所有的构象中,两个碳原子上的氢原子的距离是不同的。其中两个碳原子上的氢原子的距离最近的构象称为重叠式,而距离最远的称为交叉式,这两个构象式具有代表性极限构象式,其他构象都介于两者之间。

构象的表示方法一般有两种:透视式和纽曼投影式。如图 5-8 所示为乙烷分子的两个构象式。

透视式比较直观,但很难画好;而纽曼投影式能较好地表达某一构象式中原子之间的相互位置关系,其具体画法如下:以碳碳单键的延长线为观察方向,离观察者距离较近的碳原子以点表示,距离较远的碳原子以圈表示,每个碳原子上连有三个共价键,三个共价键的夹角为 120°。乙烷的交叉式和重叠式构象,通过碳碳键的键轴旋转 60°,则可以相互转化。

在交叉式构象中,两个碳原子上的氢原子之间的距离最远,互相之间的斥力最小,分子的内能最低,最稳定。与此相反,重叠式构象中,两个碳原子上氢原子之间的距离最近,互相间的排斥力最大,分子的内能最高,最不稳定。其他构象的能量和稳定性介于它们之间。重叠式与交叉式间的能量差大约为 12.5 kJ/mol,这个能量差称为能垒,即交叉式需要得到大约 12.5 kJ/mol 的能量才能旋转成重叠式。乙烷的各种构象关系图与能量曲线如图 5-9 所示。

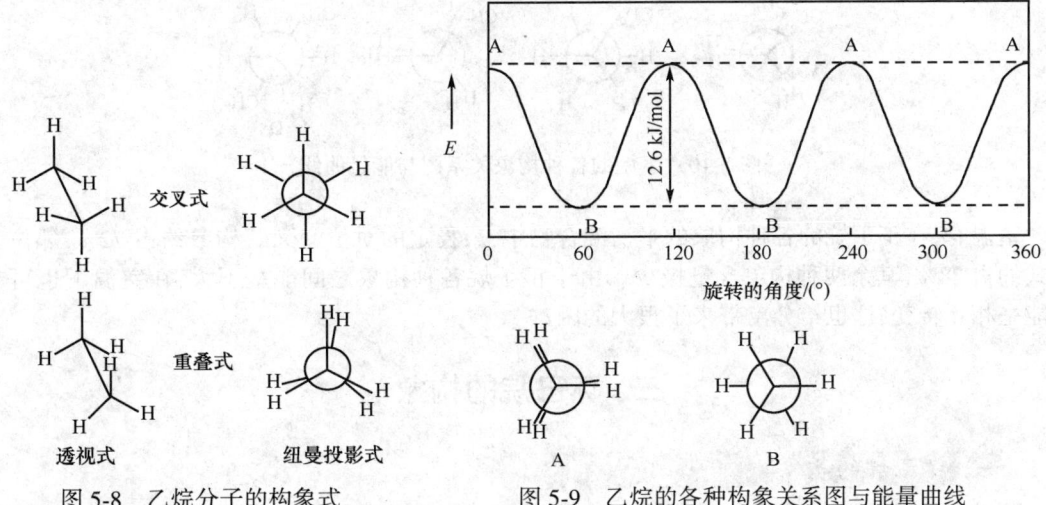

图 5-8 乙烷分子的构象式　　图 5-9 乙烷的各种构象关系图与能量曲线

常温条件下,分子运动产生的能量就可以越过此能垒,使各种构象之间"自由"转换。分子在某一构象停留的时间很短($<10^{-6}$ s),也就是说,在室温下乙烷是一个包括无数构象式的混合物。因此,一般条件下,不能分离出某一构象。

二、正丁烷的构象

正丁烷分子中,有三个碳碳单键,每一个碳碳单键的旋转,都可产生无数个构象式,情况比较复杂。一般讨论沿 C2 与 C3 之间的单键旋转所形成的构象。在这些无数的构象中,有四种典型构象,它们的纽曼投影式如下:

Ⅰ　　Ⅱ　　Ⅲ　　Ⅳ

它们之间可通过旋转 60°,而逐步转化。它们之间的能量差异如图 5-10 所示：

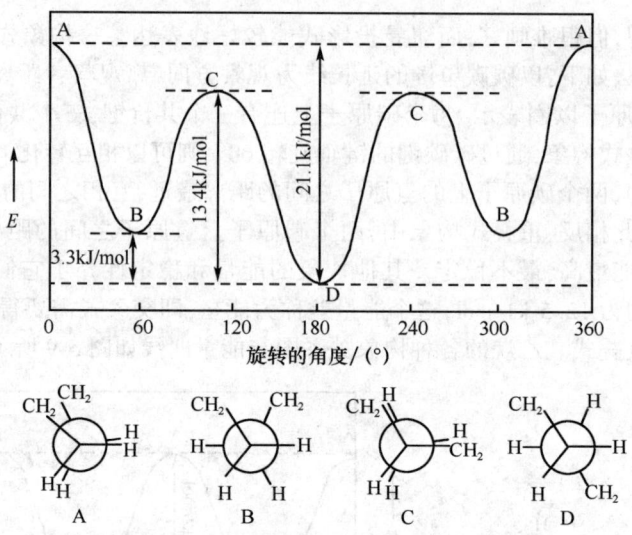

图 5-10　丁烷的各种构象关系图与能量曲线

室温时,在正丁烷的各种构象的平衡混合物中,最稳定的对位交叉式构象约占 72%,邻位交叉式约占 28%,其余两种构象含量极少。由于正丁烷各种构象之间能垒不大,在室温下也可越过能垒相互转变,这也给分离带来了很大的困难。

三、环己烷的构象

(一) 环己烷的构象

环己烷属于无张力环,环上碳碳键的夹角为 109°28′,说明是一个非平面环,以椅式构象和船式构象存在。

椅式构象　　　　　　　　　　船式构象

在环己烷的椅式构象中,所有键角都接近 109°28′,从纽曼投影式可以看出,所有相邻两个碳原子之间都处于邻位交叉式构象(图 5-11)。

环己烷的船式构象中存在着全重叠式构象如图 5-12 所示,氢原子之间斥力比较大,同时船式构象中船头两个氢原子相距较近,约 183pm,小于它们的范德华半径之和 240pm,非键斥力较大,造成船式能量升高。

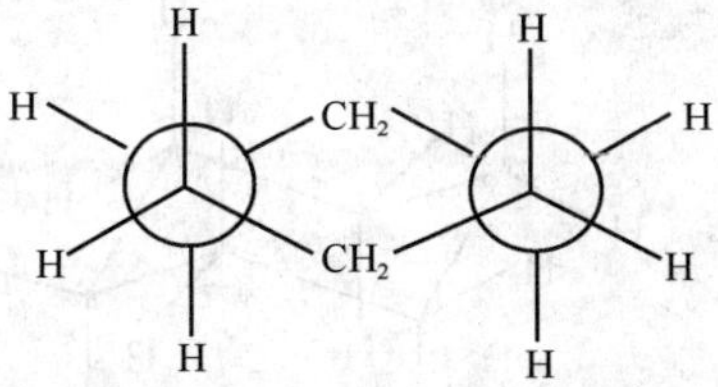

图 5-11　椅式构象的纽曼投影式 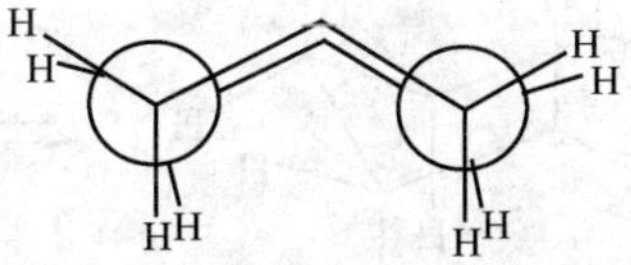　　图 5-12　船式构象的纽曼投影式

因此,环己烷的椅式构象比船式构象稳定。实验表明,环己烷的船式构象比椅式构象能量高 29.7 kJ/mol,在室温条件下它们可以相互转变,达到动态平衡时,99.9% 的环己烷以椅式构象存在,所以椅式构象是环己烷的优势构象。

(二) 直立键与平伏键

在环己烷的椅式构象中,C_1、C_3 和 C_5 组成的平面与 C_2、C_4 和 C_6 组成的平面平行,并且存在一个对称轴(图 5-13)。

环上十二个碳氢键由于指向不同可分为两大类:一类是垂直于这两个平面(或平行于其对称轴)的六个碳氢键,称为直立键,简称 a 键;另一类不与两个平面平行,而与对称轴成 109°28′ 的夹角,称为平伏键,简称 e 键。a 键与 e 键的具体表示如图 5-14 所示。

图 5-13　环己烷的椅式构象中碳原子的空间分布 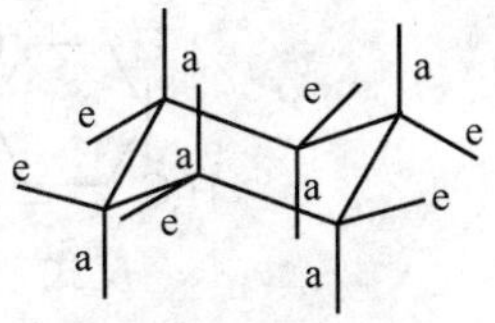　　图 5-14　环己烷椅式构象中 a 键、e 键的分布

在环己烷分子中,每个碳原子都有一个 a 键和一个 e 键。两个环己烷椅式构象相互转变时,原来的 a 键变为 e 键,原来的 e 键变为 a 键。

(三) 环己烷衍生物构象

在环己烷的椅式构象中,处于 a 键上的氢原子之间距离较处于 e 键上的氢原子之间的距离更为接近。当环己烷为一元取代物时,取代基处于 a 键比处于 e 键所引起的排斥作用大,分子内能高,稳定性差。因此取代基处于 e 键的椅式构象是比较稳定的,为优势构象。

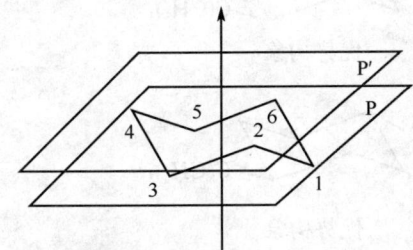

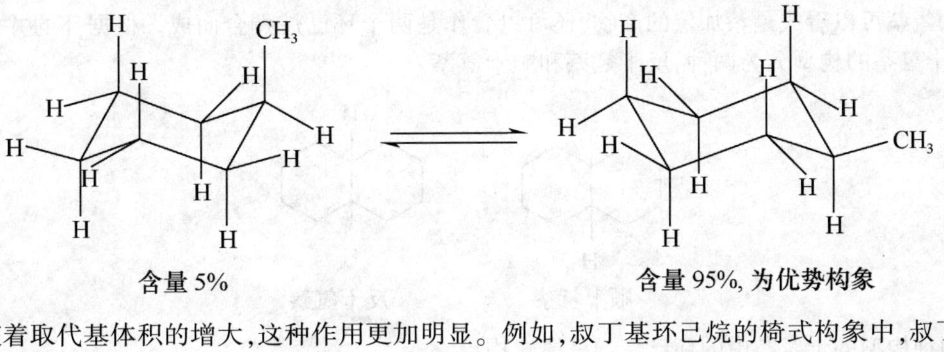

含量 5%　　　　　　　　　　　　　　　含量 95%,为优势构象

随着取代基体积的增大,这种作用更加明显。例如,叔丁基环己烷的椅式构象中,叔丁基几乎全部处于 e 键。

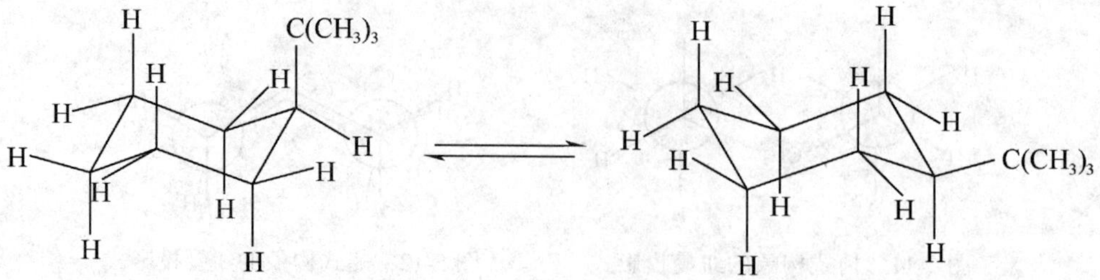

含量<0.1%　　　　　　　　　　含量>99.9%

以上的分析和实验结构是一致的,因此一般情况下可以根据以下原则判断取代环己烷的优势构象。

(1) 一元取代环己烷中,取代基处于 e 键的为优势构象。
(2) 多元取代环己烷中,取代基处于 e 键多者为优势构象。
(3) 有不同取代基时,体积较大的基团处于 e 键者为优势构象。

值得注意的是,在写优势构象时,还必须注意环上各基团相互的位置关系及构型。

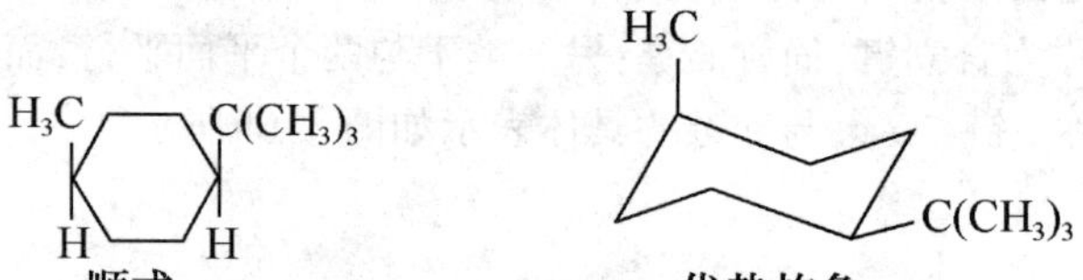

顺式　　　　　　　　优势构象

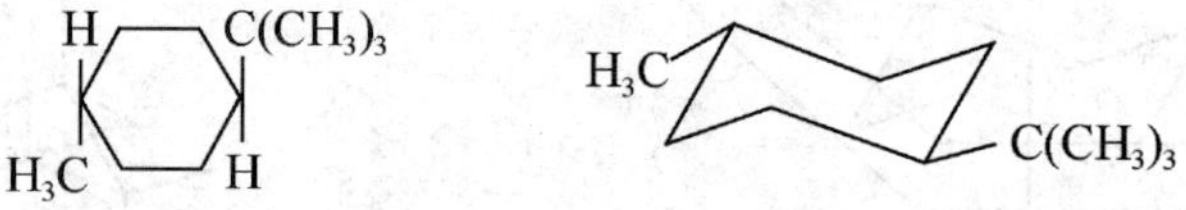

反式　　　　　　　　优势构象

在临床上用于止血的止血环酸,系统名称为反-4-氨甲基环己烷甲酸及其优势构象如下:

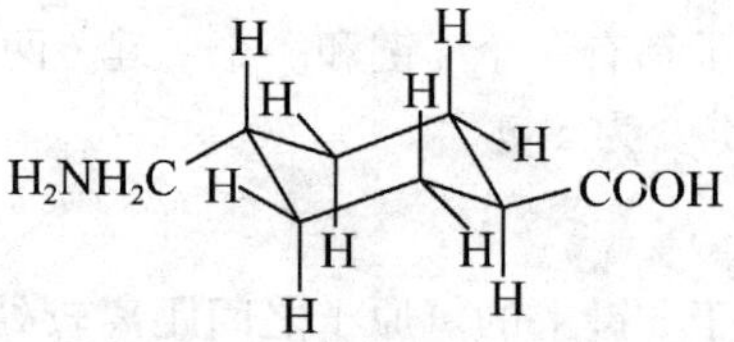

四、十氢萘的构象

十氢萘可以看成是萘加氢的产物,还可以看作是两个环己烷稠合而成。根据环的并合方式不同,十氢萘的构型分为两种:反十氢萘和顺十氢萘。

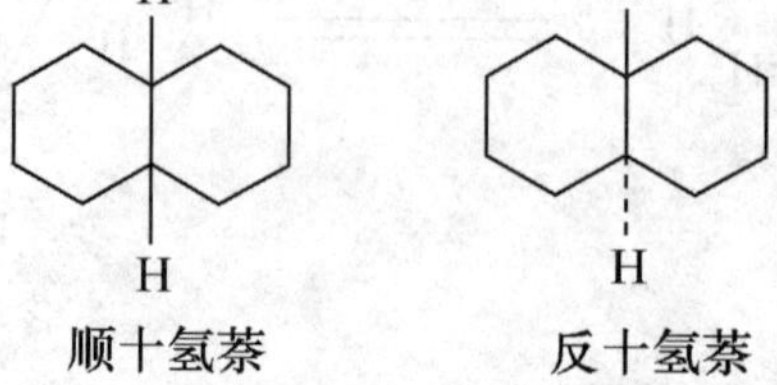

顺十氢萘　　反十氢萘

两种构型的十氢萘中的环己烷均呈椅式构象。

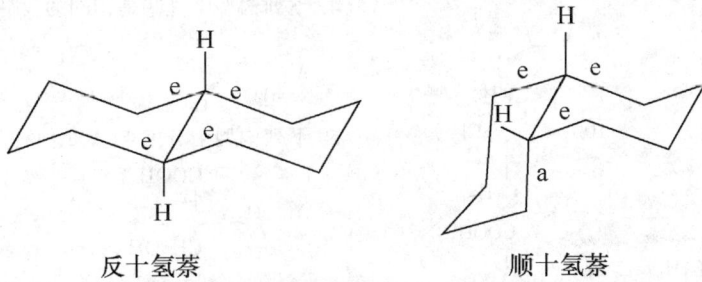

反十氢萘　　　　　　　　顺十氢萘

在反十氢萘中,两环以 e,e 连接,内能较低;在顺十氢萘构象中,两环以 a,e 连接,内能较高。反十氢萘比顺十氢萘稳定。由于受两环稠合的影响,两者之间不能相互转化。

顺十氢萘是沸点 194℃ 的液体,反十氢萘是沸点 185℃ 的液体。

> **知识链接　　　　构象与药效**
>
> 能被受体识别并与受体结构互补的构象,才能产生特定的药理效应,称为药效构象。和受体结合的药物构象,有时为能量最低的优势构象,有时需由优势构象转变为药效构象再与受体结合。不同构象异构体的生物活性有差异,如治疗帕金森病的药物多巴胺作用于多巴胺受体,其药效构象为反式(对位交叉式),而顺式(邻位交叉式)是无效的。

本 章 小 结

本章主要阐述的知识点有:分子结构、同分异构现象、立体化学的含义、旋光度的计算及测定方法、顺反异构和旋光异构的命名、立体异构与药物的理化性质以及药效的关系等。

本章所涉及的基本概念有:顺反异构、顺式、反式、Z 型、E 型、对映异构、偏振光、旋光性、旋光度、手性、R/S 标示法、内消旋体、外消旋体,构象等。

目标检测

一、名词解释

1. 构型异构
2. 构象异构
3. 平面偏振光
4. 旋光度
5. 比旋光度
6. 手性碳原子
7. 对映体
8. 外消旋体

二、根据所给结构命名(如有顺反异构现象,请标注顺反或 E/Z)

1.
2.
3.
4.

三、根据所给结构命名(请标注构型)

1.
2.
3.
4.
5.
6.

7. [结构式：环己烷-OH, CH₃]
8. [结构式：环戊烷-Cl, I, CH₃]
9. COOH / H—OH / HO—H / CH₃
10. H—Cl / Br—H / C₂H₅ (CH₃顶)
11. CH₂=CH—CHBr—C₂H₅
12. COOH / C₂H₅—Cl (CH₃)

四、根据名称写出结构式

1. (S)-α-氯代乙苯
2. (R)-3-甲基-1-戊炔
3. (R)-2-溴丁烷
4. (S)-2-丁醇
5. (S)-3-氯-1-戊烯
6. (R)-2-甲基-1-溴丁烷
7. (R)-2-羟基丙酸
8. (2S,3R)-2-溴-3-碘丁烷
9. (2R,3R)-2,3-二氯丁烷
10. (2S,3R)-2,3-二溴戊烷

五、回答下列问题

1. 下列化合物中为 R 构型的是( )
   A. CH₂CH₃ / H—Br / CH₃
   B. CH₂CH₃ / H—Cl / CH=CH₂
   C. COOH / HO—Br / CH₃

2. 指出下列化合物中为 S 构型的是( )
   A. NC—Cl / C₂H₅ (CH₃顶)
   B. CH₂CH₃ / H—Br / C₃H₇
   C. CH₃ / H—NH₂ / CH=CH₂

3. 下列化合物中有旋光性的是( )
   A. [环己烷-H, C₂H₅]
   B. [环己烷-OH, CH₃, Cl]
   C. CH₃ / H—OH / H—Br / CH₃

4. 下列构型中哪些是相同的，哪些是对映体？
   A. F / H₃C—Br / H
   B. CH₃ / F—Br / H
   C. Br / H—CH₃ / F

5. 下列构型中 B、C 与 A 是何种关系？
   A. COOH / H₂N—H / CH₂OH
   B. NH₂ / H—COOH / CH₂OH
   C. COOH / H₂N—CH₂OH

6. 下列各化合物中有无手性碳原子，若有用"*"标明。
   (1) C₆H₅CHOCH₃
   (2) CH₃CH₂—CH(OH)—COOH
   (3) [环己烷-OH, F]
   (4) CH₃CH₂—CH(CH₃)—C₂H₅

7. 下面四个化合物是否具有光学活性。
   A. CH₃ / H—Br / H—OH / CH₃
   B. C₂H₅ / H—NH₂ / CH₂C₆H₅
   C. [2-氟-2'-羟基联苯-2'-OH]
   D. H₃C—C(F)(OH)=CH—CH₃ 型结构

六、计算题

将 5.678 g 蔗糖配成 20 ml 水溶液，20℃时，在 1 dm 样品管中用钠黄光测得旋光度为 +18.8°。请计算蔗糖的比旋光度。

七、简答题

1. 构造和构象有何不同？判断下列各对化合物是构造异构、构象异构，还是完全相同的化合物。

(1) [两个结构式]

106

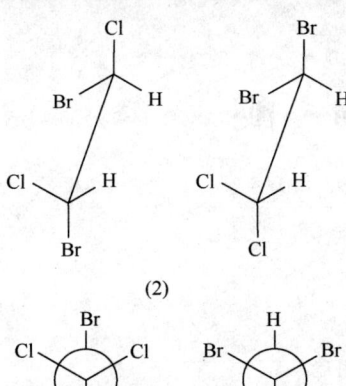

2. 写出 2,3-二甲基丁烷沿 C_2—C_3 σ 键旋转时,能量最低和能量最高的构象。
3. 写出下列化合物最稳定的构象式
   (1) 异丙基环己烷;
   (2) 1,3-二甲基环己烷;
   (3) 1-甲基-4-叔丁基环己烷

第6章 醇 酚 醚

> **学习目标**
> 1. 掌握醇、酚和醚的分类和命名;
> 2. 掌握醇、酚和醚的主要化学性质;
> 3. 理解醇、酚和醚官能团的结构以及鉴别反应;
> 4. 了解醇、酚和醚的制备、物理性质及重要醇、酚和醚的用途。

醇(alcohol)和酚(phenol)的结构中都含有相同的官能团——羟基(—OH)。羟基与脂肪烃基或芳香烃侧链碳原子相连的化合物称为醇,其羟基称为醇羟基。羟基与芳环碳直接相连的化合物称为酚,其羟基称为酚羟基。例如:

醇:ROH　　C_2H_5OH　　乙醇　　环己醇　　苯甲醇(苄醇)

酚:ArOH　　苯酚　　α-萘酚

醚(ether)可看作是醇或酚中羟基上的氢原子被烃基取代的化合物(R—O—R、Ar—O—R)例如:

甲醚　　乙醚　　苯甲醚

第1节 醇

一、醇的结构、分类和命名

(一) 醇的结构

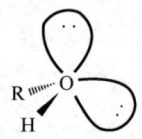

图6-1 醇分子中氧的价键及未共用电子对示意图

醇也可以看做是水分子中的一个氢被烃基取代的衍生物。在醇分子中,羟基氧原子采取sp^3杂化,两对未成键电子对占据两个sp^3杂化轨道,剩下的两个sp^3杂化轨道各含一个电子,分别与碳、氢成键(图6-1)。

由于氧的电负性较大,羟基氧原子上的电子云密度较高,使得C—O键、H—O键都具有较大的极性,这决定了醇具有活泼的性质。

(二) 醇的分类

醇有多种分类方法。根据羟基所连碳原子的类型将醇分为伯醇、仲醇和叔醇,也可分别表示为 1°、2°、3°醇。例如:

$$CH_3CH_2CH_2OH \qquad (CH_3)_2CHCH_2OH \qquad \underset{OH}{CH_3CH_2CHCH_3} \qquad (CH_3)_3COH$$

丙醇(伯醇)　　　异丁醇(伯醇)　　　仲丁醇(仲醇)　　　叔丁醇(叔醇)

醇也可以根据烃基的类型进行分类。例如:

$$CH_3CH_2CH_2CH_2OH$$

丁醇(脂肪醇)　　　环己醇(脂环醇) 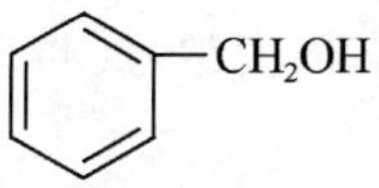　　　苯甲醇(芳香醇)

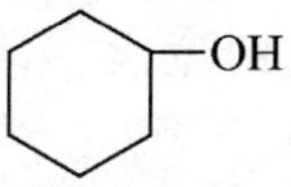

根据烃基是否饱和分为饱和醇和不饱和醇。例如:

$$CH_2=CHCH_2OH$$

烯丙醇(不饱和脂肪醇)

根据分子中所含羟基的数目分为一元醇、二元醇及多元醇。例如:

$$C_2H_5OH \qquad \underset{CH_2OH}{\overset{CH_2OH}{|}} \qquad \underset{CH_2OH}{\overset{CH_2OH}{\underset{|}{CHOH}}}$$

乙醇　　　　　乙二醇　　　　　丙三醇

(三) 醇的命名

1. 普通命名　结构简单的醇类采用普通命名法。烃基用仲、叔、正、异、新等来区别它们的异构。例如:

$$\underset{OH}{CH_3CHCH_3} \qquad CH_3CH_2CH_2CH_2OH \qquad \underset{OH}{CH_3CH_2CHCH_3}$$

异丙醇　　　　正丁醇　　　　仲丁醇

叔丁醇　　　　新戊醇　　　　异丁醇

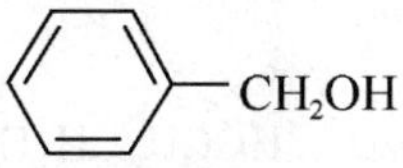

苄醇　　　　　烯丙醇

还有一种称为甲醇衍生物命名法,它是以甲醇为母体,其他基团看作是甲基上的氢被取代的衍生物。例如:

CH₃OH 甲醇

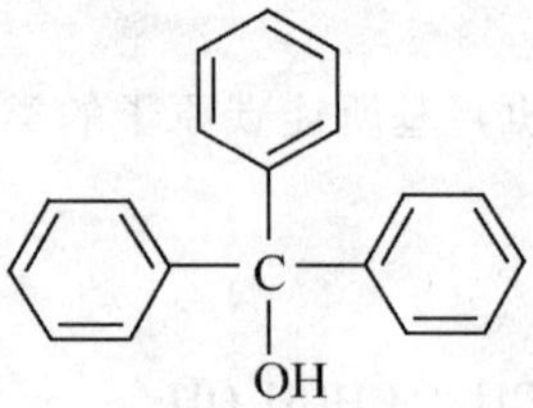

三苯甲醇 (C(C₆H₅)₃OH)

2. 系统命名 醇的系统命名法应遵循下列原则。

（1）选择连有羟基碳原子在内的最长碳链为主链，按主链的碳原子数目称为"某醇"；从最靠近羟基的一端依次编号，将取代基的位次、名称及羟基的位次写在母体名称的前面。例如：

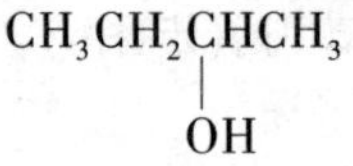

CH₃CH₂CHCH₃
        |
        OH
2-丁醇

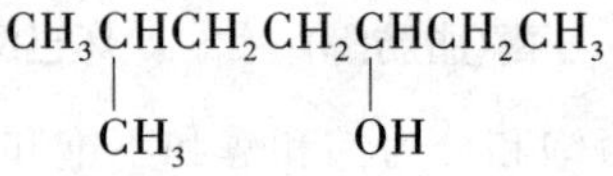

CH₃CHCH₂CH₂CHCH₃
   | |
  CH₃   OH
6-甲基-3-庚醇

（2）芳香醇命名是将芳基作为取代基：

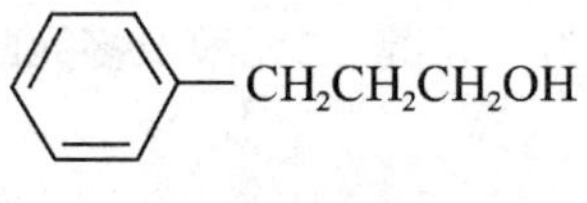

C₆H₅—CH₂CH₂CH₂OH
3-苯基-1-丙醇

（3）对于脂环醇，将环与羟基组成母体，编号从羟基连接的碳原子开始。

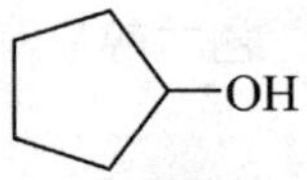

环戊醇

（4）不饱和醇命名时，应选择包含连有羟基碳原子和重键（双键或叁键）在内的最长碳链做主链，并从靠近羟基的一端开始编号。例如：

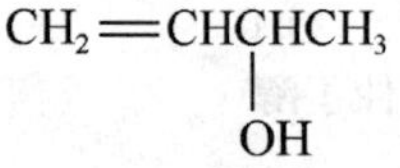

CH₂=CHCHCH₃
         |
         OH
3-丁烯-2-醇

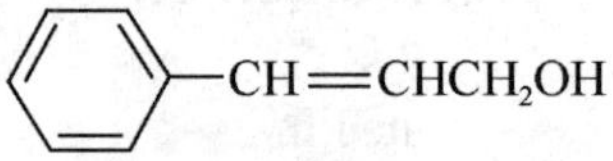

C₆H₅CH=CHCH₂OH
3-苯基-2-丙烯-1-醇

CH₃C≡CCH₂OH
2-丁炔-1-醇

（5）多元醇的命名应选择连有羟基最多的最长碳链做主链，依羟基的数目称二醇、三醇等，并在名称前面标上羟基的位次。例如：

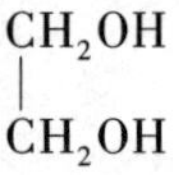

CH₂OH
|
CH₂OH
乙二醇

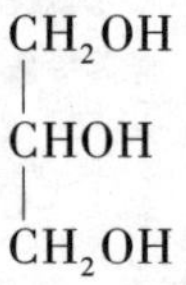

CH₂OH
|
CHOH
|
CH₂OH
1,2,3-丙三醇（甘油）

HOCH₂CH₂CH₂CH₂OH
1,4-丁二醇

二、醇的物理性质

低级一元醇是易挥发的液体，较高级的醇为黏稠液体，高于十一个碳原子的醇在室温下为蜡状固体。部分醇的物理常数见表 6-1。

表 6-1 醇的物理常数

化合物	结构式	熔点/℃	沸点/℃	相对密度
甲醇	CH_3OH	-97	64.7	0.7914
乙醇	CH_3CH_2OH	-114.1	78.5	0.7893
正丙醇	$CH_3CH_2CH_2OH$	-129	97.2	0.8035
异丙醇	$(CH_3)_2CHOH$	-88.5	82.3	0.7855
正丁醇	$CH_3CH_2CH_2CH_2OH$	-90	117.8	0.8098
异丁醇	$(CH_3)_2CHCH_2OH$	-108	107.9	0.8018
仲丁醇	$CH_3CH_2CH(CH_3)OH$	-114	99.5	0.8063
叔丁醇	$(CH_3)_3COH$	25.5	2.5	0.7887
正戊醇	$CH_3(CH_2)_4OH$	-79	137.3	0.8144
正己醇	$CH_3(CH_2)_5OH$	-52	155.8	0.8136
环己醇	$C_6H_{11}OH$	25.1	161.5	0.9624
烯丙醇	$CH_2=CHCH_2OH$	-129	97	0.8540
苯甲醇	$C_6H_5CH_2OH$	-15.3	205.3	1.0429
丙三醇	$HOCH_2CH(OH)CH_2OH$	-17.9	290	1.2613

与烷烃类似,直链饱和一元醇的沸点也是随着碳原子数目的增加而升高;碳原子数目相同的醇,所含支链越多,沸点越低。

甲醇、乙醇和相对分子质量相近的烷烃的沸点见表 6-2。

此外,醇的物理性质还表现出两个重要的特征:

(1) 低级醇的沸点比相对分子质量相近的烷烃高得多。

(2) 低级醇能与水无限混溶,随相对分子质量的增大溶解度降低。

表 6-2 部分醇与烷烃的沸点比较

化合物	相对分子质量	沸点/℃
甲醇	32	64.5
乙烷	30	-80.6
乙醇	46	78.5
丙烷	44	-42.2

醇具有较高的沸点,是因为醇分子之间能形成氢键。醇分子间的氢键表示如下:

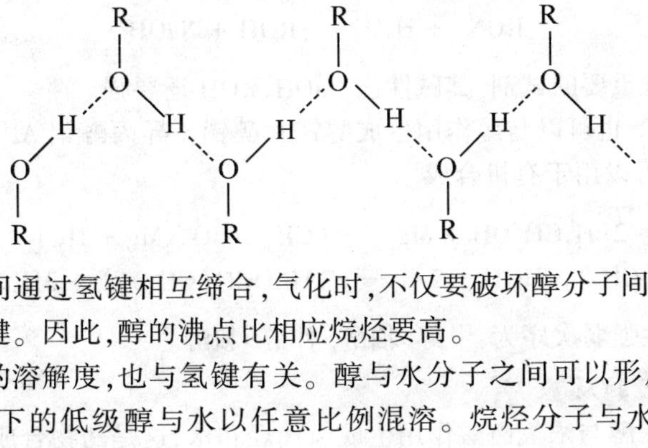

由于液态醇分子间通过氢键相互缔合,气化时,不仅要破坏醇分子间的范德华力,还需额外的能量破坏分子间氢键。因此,醇的沸点比相应烷烃要高。

醇在水中有较大的溶解度,也与氢键有关。醇与水分子之间可以形成氢键,两者相互缔合以致无限溶解。4℃以下的低级醇与水以任意比例混溶。烷烃分子与水分子之间不能生成氢键,故烷烃几乎不溶于水。

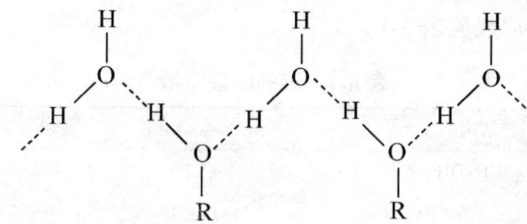

但随着醇分子中烃基部分的增大,不断增长的碳链起了屏蔽作用,阻碍了氢键的形成。故随着相对分子质量的增加,醇的溶解度下降。

$CaCl_2$、$MgCl_2$等一些无机物可与低级醇形成结晶醇化合物。因此,醇类不能用无水氯化钙等作干燥剂除去其中的水分。

醇对于有机物有相当大的溶解度,常用作亲核取代反应和消除反应的溶剂。

三、醇的化学性质

醇的化学性质主要集中在官能团羟基上,其反应一般涉及下式中一种或几种键的断裂:

$$R-CH-\underset{②}{\overset{\overset{H}{\underset{|}{\vdots}③}}{C}}-\underset{①}{O-H}$$

其中,①O—H 键断裂,羟基氢被取代;②C—O 键断裂,羟基被取代;③C—O 键和 β-C—H 键同时断裂,发生消除反应。

(一) 与活泼金属的反应

醇可与活泼的金属钾、钠等作用,生成醇钾或醇钠,并放出氢气。

$$ROH + Na \longrightarrow RONa + \frac{1}{2}H_2 \uparrow$$

$$H_2O + Na \longrightarrow NaOH + \frac{1}{2}H_2 \uparrow$$

醇与金属钠作用时,比水与钠反应要缓和得多。这个现象说明醇羟基中的氢原子没有水分子中的氢活泼,因此醇($pK_a \approx 16$)可看作是比水($pK_a \approx 15.7$)更弱的酸。所以一般情况下,醇与氢氧化钠几乎不反应。

醇钠遇水则强烈水解生成醇。

$$RONa + H_2O \longrightarrow ROH + NaOH$$

醇钠和醇钾是非常重要的试剂,其碱性比 NaOH、KOH 还要强。

活泼金属如镁、铝等也可以与醇作用生成醇镁和醇铝。异丙醇铝 $Al[OCH(CH_3)_2]_3$ 和叔丁醇铝 $Al[OC(CH_3)_3]_3$ 可以用于有机合成。

$$2CH_3CH_2OH + Mg \longrightarrow (CH_3CH_2O)_2Mg + H_2 \uparrow$$

$$6(CH_3)_2CHOH + 2Al \longrightarrow 2Al[OCH(CH_3)_2]_3 + 3H_2 \uparrow$$

不同类型的醇酸性强弱次序为:甲醇>伯醇>仲醇>叔醇。

(二) 羟基被取代的反应

1. 与 HX 酸反应 醇与浓氢卤酸作用生成卤代烃和水,这是药物合成中制备卤代烃的重要方法。反应如下:

$$R-OH + HX \rightleftharpoons R-X + H_2O$$

反应是可逆的,为了使平衡向右移动,通常增加一种反应物用量或移去某一种产物,提高卤代烃的产率。

醇与氢卤酸反应的快慢与氢卤酸的种类及醇的结构有关。

不同种类的 HX 酸活性顺序为:

$$HI > HBr > HCl$$

$$CH_3CH_2CH_2OH \xrightarrow[\triangle]{47\% \; HI} CH_3CH_2CH_2I$$

$$CH_3CH_2CH_2CH_2OH \xrightarrow{NaBr, H_2SO_4} CH_3CH_2CH_2CH_2Br \quad 95\%$$

不同结构的醇反应活性顺序为:

苄醇、烯丙醇 > 叔醇 > 仲醇 > 伯醇

由于 HCl 活性很弱,当它与醇反应时,需要加入无水 $ZnCl_2$ 才能生成卤代烷。浓盐酸和无水 $ZnCl_2$ 配成的溶液,称为卢卡斯(Lucas)试剂。将几滴醇加到 Lucas 试剂中混合均匀,由于反应产生不溶于 Lucas 试剂的氯代烷,使溶液变浑浊(C_6 以下的一元醇能溶于 Lucas 试剂)。Lucas 试剂与烯丙型醇或叔醇反应最快,立即浑浊;仲醇反应较慢,放置片刻才浑浊;伯醇在室温下不反应,加热后才出现浑浊。因此可利用醇与 Lucas 试剂反应的速率快慢来鉴别伯、仲、叔醇。例如:

$$\underset{CH_3}{\underset{|}{CH_3-\overset{CH_3}{\overset{|}{C}}-OH}} + HCl \xrightarrow[室温]{ZnCl_2} \underset{CH_3}{\underset{|}{CH_3-\overset{CH_3}{\overset{|}{C}}-Cl}} + H_2O \; (立即生成浑浊)$$

$$\underset{OH}{\underset{|}{CH_3CH_2CHCH_3}} + HCl \xrightarrow[室温]{ZnCl_2} \underset{Cl}{\underset{|}{CH_3CH_2CHCH_3}} + H_2O \; (放置片刻浑浊)$$

$$CH_3CH_2CH_2CH_2OH + HCl \xrightarrow[加热]{ZnCl_2} CH_3CH_2CH_2CH_2Cl + H_2O \; (加热后才反应)$$

醇与氢卤酸的反应是酸催化下的亲核取代反应。一般情况下,烯丙型醇、叔醇及大多数的仲醇容易按 S_N1 机理进行反应。

$$\underset{R_3}{\underset{|}{R_2-\overset{R_1}{\overset{|}{C}}-OH}} \xrightarrow{H^+} \underset{R_3}{\underset{|}{R_2-\overset{R_1}{\overset{|}{C}}-\overset{+}{O}\underset{H}{\overset{H}{<}}}} \xrightarrow{-H_2O} \underset{R_3}{\underset{|}{R_2-\overset{R_1}{\overset{|}{C^+}}}} \xrightarrow{X^-} \underset{R_3}{\underset{|}{R_2-\overset{R_1}{\overset{|}{C}}-X}}$$

酸性条件下,醇首先被质子化,碳氧键的极性增加直至断裂,失去水分子而生成碳正离子,然后卤素负离子与之结合成卤代烃。

由于中间体形成碳正离子,取代产物往往就有重排的可能。因此除多数伯醇外,仲醇和叔醇常有重排产生,得到的产物与醇的结构不同。

$$\underset{OH}{\underset{|}{H_3C-\overset{CH_3}{\overset{|}{CH}}-CH-CH_3}} \xrightleftharpoons{H^+} \underset{\overset{+}{O}H_2}{\underset{|}{H_3C-\overset{CH_3}{\overset{|}{CH}}-CH-CH_3}}$$

$$\text{H}_3\text{C-CH-CH-CH}_3 \xrightleftharpoons{-\text{H}_2\text{O}} \text{H}_3\text{C-CH-CH-CH}_3$$
(甲基在CH上，$\overset{+}{\text{OH}_2}$在另一CH上) → (甲基在CH上，正电荷在另一C上)

$$\text{H}_3\text{C-}\overset{\text{CH}_3}{\underset{\text{H}}{\text{C}}}\text{-CH-CH}_3 \rightleftharpoons \text{H}_3\text{C-}\overset{\text{CH}_3}{\underset{\text{H}}{\overset{+}{\text{C}}}}\text{-CH-CH}_3 \xrightarrow{\text{X}^-} \text{H}_3\text{C-}\overset{\text{CH}_3}{\underset{\text{X}}{\text{C}}}\text{-CH-CH}_3$$

而大多数伯醇是按 S_N2 机理进行的。

$$\text{RCH}_2\text{OH} \xrightleftharpoons{\text{H}^+} \text{RCH}_2\text{-}\overset{+}{\text{OH}_2}$$

$$\text{X}^- + \overset{\text{R}}{\underset{}{\text{CH}_2}}\text{-}\overset{+}{\text{OH}_2} \longrightarrow \text{RCH}_2\text{X} + \text{H}_2\text{O}$$

2. 无机酸酯的生成　醇与硫酸、硝酸、磷酸等含氧无机酸作用,分子间脱水而生成相应的无机酸酯。

（1）硫酸酯：当伯醇（如乙醇）与浓硫酸作用时,产物为硫酸氢乙酯（酸性酯）。

$$\text{C}_2\text{H}_5\text{OH} + \text{HO-S(=O)(=O)-OH} \longrightarrow \text{C}_2\text{H}_5\text{OSO}_2\text{OH} + \text{H}_2\text{O}$$

反应温度不能过高（<100℃）,否则将得到烯或醚。若将硫酸氢乙酯进行减压蒸馏,在140℃可得到硫酸二乙酯（中性酯）。

$$2\text{C}_2\text{H}_5\text{OSO}_2\text{OH} \xrightarrow{\Delta} \text{C}_2\text{H}_5\text{OSO}_2\text{OC}_2\text{H}_5 + \text{H}_2\text{SO}_4$$

同样的方法可以得到硫酸氢甲酯和硫酸二甲酯。硫酸二乙酯和硫酸二甲酯均可与羟基、氨基上的氢发生甲（乙）基取代,向有机化合物分子中导入甲（乙）基,都是很好的烷基化试剂。但它们有剧毒,使用时要非常小心。

$$\text{ROH} + (\text{CH}_3)_2\text{SO}_4 \longrightarrow \text{ROCH}_3 + \text{CH}_3\text{SO}_4\text{H}$$

叔醇有强烈的消除倾向,与浓硫酸作用得不到硫酸酯,主要产物为烯烃。

（2）硝酸酯：硝酸能很好地与伯醇作用成酯。

$$\text{ROH} + \text{HONO}_2 \longrightarrow \text{RONO}_2 + \text{H}_2\text{O}$$

多元醇的硝酸酯是强烈的炸药,也可作为药用。

$$\begin{array}{l}\text{CH}_2\text{OH}\\|\\\text{CHOH}\\|\\\text{CH}_2\text{OH}\end{array} + 3\text{HONO}_2 \longrightarrow \begin{array}{l}\text{CH}_2\text{O-NO}_2\\|\\\text{CHO-NO}_2\\|\\\text{CH}_2\text{O-NO}_2\end{array} + 3\text{H}_2\text{O}$$

> **知识链接**　　　　　　　　　　**无机酸酯在医药上的应用**
> 甘油三硝酸酯、硝酸异山梨酯等无机酸酯具有扩张冠状动脉的作用,可缓解心绞痛。磷酸酯在临床上也有药用,用于改善各种器官的功能状态,提高细胞活动能力,也可用于心血管疾病、肝病的辅助治疗药物,如二磷酸腺苷(ADP)和三磷酸腺苷(ATP)等。

(三) 脱水反应

醇的脱水反应有两种方式:分子内脱水生成烯烃,分子间脱水生成醚,两者相互竞争。究竟以哪种脱水方式为主,取决于醇的结构和反应条件。常用的脱水剂有硫酸、氧化铝等。

$$CH_3CH_2OH \xrightarrow[170℃]{H_2SO_4} CH_2=CH_2 + H_2O$$

$$C_2H_5O-H + HO-C_2H_5 \xrightarrow[140℃]{H_2SO_4} C_2H_5OC_2H_5 + H_2O$$

从上述反应可以看出,较高温度有利于分子内脱水生成烯烃;较低温度有利于分子间脱水生成醚。

1. 分子内脱水成烯

(1) 反应机理及醇的相对活性:醇脱水生成烯烃的难易程度与醇的结构有关。

$$CH_3CH_2CH_2CH_2OH \xrightarrow[140℃]{75\% H_2SO_4} CH_3CH_2CH=CH_2$$

$$CH_3CH_2CHCH_3 \xrightarrow[100℃]{66\% H_2SO_4} CH_3CH=CHCH_3$$
$$\quad\quad\ |$$
$$\quad\quad OH$$

$$(CH_3)_3C-OH \xrightarrow[87℃]{46\% H_2SO_4} CH_2=C(CH_3)_2$$

从上面反应式可以看出,叔醇最容易分子内脱水,仲醇次之,伯醇最难。这和卤代烃脱卤化氢的 E1 机理类似。事实上,在酸催化下,醇按 E1 机理进行反应:

$$\begin{array}{c}|\ \ \ |\\-C-C-\\|\ \ \ |\\H\ \ OH\end{array} \underset{}{\overset{H^+}{\rightleftharpoons}} \begin{array}{c}|\ \ \ |\\-C-C-\\|\ \ \ |\\H\ \ \overset{+}{O}H_2\end{array} \underset{-H_2O}{\overset{E1}{\rightleftharpoons}} \begin{array}{c}|\ \ \ \overset{+}{\ }\\-C-C-\\|\ \ \ |\\H\end{array} \xrightarrow{-H^+} \begin{array}{c}\\ \diagdown \ \ \diagup\\ C=C\\ \diagup \ \ \diagdown \end{array}$$

故各种醇脱水的相对反应活性主要取决于中间体碳正离子的稳定性。醇的脱水活性顺序为:

苄醇、烯丙型醇>叔醇>仲醇>伯醇

(2) 脱水取向:对于仲醇和叔醇,分子内脱水的方向,与卤代烷脱卤化氢一样遵循札依采夫(Saytzeff)规则,主要生成双键碳原子上连有最多烃基的烯烃。

$$CH_3CH_2CHCH_3 \xrightarrow[100℃]{H_2SO_4} \underset{(主)}{CH_3CH=CHCH_3} + \underset{(次)}{CH_3CH_2CH=CH_2}$$
$$\quad\quad\ |$$
$$\quad\quad OH$$

$$\underset{\underset{OH}{|}}{\underset{|}{CH_3CH_2\overset{CH_3}{\overset{|}{C}}CH_3}} \xrightarrow[80℃]{20\% H_2SO_4} \underset{90\%}{CH_3CH=\overset{CH_3}{\overset{|}{C}}CH_3} + \underset{10\%}{CH_3CH_2\overset{CH_3}{\overset{|}{C}}=CH_2}$$

（3）重排：由于脱水反应经碳正离子过程，因此可能有重排产物生成。

$$\underset{\underset{CH_3}{|}}{CH_3CH_2CHCH_2OH} \xrightarrow[\Delta]{H_2SO_4} CH_3CH=\overset{CH_3}{\underset{CH_3}{\overset{|}{C}}}$$

（重排产物为主）

2. 分子间脱水成醚

$$C_2H_5O{-}H + HO{-}C_2H_5 \xrightarrow[140℃]{H_2SO_4} C_2H_5OC_2H_5 + H_2O$$

$$C_2H_5O{-}H + HO{-}C_2H_5 \xrightarrow[260℃]{Al_2O_3} C_2H_5OC_2H_5 + H_2O$$

要注意的是，叔醇脱水时，消除倾向较大，主要产物为烯烃，得不到醚。

（四）氧化与脱氢反应

广义上说，凡是向有机化合物分子中引入氧原子或脱去氢的反应都属于氧化反应；反之，则为还原反应。伯醇和仲醇分子中的α-氢受羟基的影响比较活泼，容易被氧化，而叔醇分子中没有α-氢而难氧化。常用的氧化剂有重铬酸钾、硫酸或高锰酸钾、硝酸等。醇的结构不同，氧化产物也各异。

1. 直接氧化 伯醇首先被氧化成醛，醛继续被氧化生成羧酸。

$$RCH_2OH \xrightarrow{[O]} RCHO \xrightarrow{[O]} RCOOH$$

用此法制备醛很困难，因为醛比醇更易被氧化。若要得到醛，则必须把生成的醛立即从反应混合物中蒸出，以防止继续氧化。但此方法只能限于产物醛的沸点比原料醇的沸点低的情况。例如，用1-丁醇氧化生成丁醛，产率可达50%。

$$CH_3CH_2CH_2CH_2OH \xrightarrow[\Delta]{K_2Cr_2O_7, H_2SO_4} CH_3CH_2CH_2CHO$$

仲醇被氧化成含相同数目碳原子的酮。由于酮较稳定，不易继续被氧化，故可用于酮的合成。

$$\underset{\underset{OH}{|}}{R{-}CH{-}R'} \xrightarrow{[O]} \underset{\underset{O}{\|}}{R{-}C{-}R'}$$

$$\text{环己醇} \xrightarrow{Na_2Cr_2O_7, H_2SO_4} \text{环己酮}$$

若应用高选择性的氧化剂可使伯醇氧化停留在醛的阶段，产率也比较高，且碳碳重键不受影响。常用的选择性氧化剂有：沙瑞特（Sarret）试剂（$CrO_3 \cdot 2C_5H_5N$）、琼斯（Jones）试剂（$CrO_3 \cdot$ 稀 H_2SO_4）、活性二氧化锰（MnO_2）。

$$CH_3(CH_2)_6CH_2OH \xrightarrow[CH_2Cl_2]{CrO_3 \cdot 2C_5H_5N} CH_3(CH_2)_6CHO$$

$$CH_2=CHCH_2OH \xrightarrow[25℃]{活性\ MnO_2} CH_2=CHCHO$$

用上述氧化剂氧化仲醇,可得到高产率的酮。例如:

$$\text{HO—}\underset{}{\bigcirc}\text{—OH} \xrightarrow[CH_2Cl_2]{CrO_3, 稀H_2SO_4} \text{O=}\underset{}{\bigcirc}\text{=O}$$

叔醇没有 α-氢,很难被氧化,但在强酸性氧化条件下,叔醇先脱水生成烯烃,接着烯键氧化断裂,生成小分子的羧酸及酮的混合物。

由伯醇和仲醇氧化是制备醛酮及羧酸的一种重要方法。

> **知识链接　　　　怎样判断司机是否酒后驾车**
>
> 司机酒后驾车容易肇事,因此交通法规禁止酒后驾车。怎样判断驾车人是否为酒后驾车呢?一种科学、简便的检测方法是使驾车人呼出的气体接触载有经过硫酸酸化处理的三氧化铬(红色)的硅胶,如果 100 ml 血液中含有超过 80 mg 乙醇,呼出的气体中乙醇会使三氧化铬还原为硫酸铬(绿色),通过颜色的变化,即可知驾车人是否喝了酒。
>
> 氧化还原反应的方程式可表示为:
>
> $$2CrO_3 + 3C_2H_5OH + 3H_2SO_4 \Longrightarrow Cr_2(SO_4)_3 + 3CH_3CHO + 6H_2O$$
> (红色)　　　　　　　　　　　　　　(绿色)

2. 脱氢氧化　伯醇或仲醇的蒸气在高温下通过活性铜或银时发生脱氢反应,生成醛或酮。例如:

$$RCH_2OH \xrightarrow[325℃]{Cu} R-\underset{H\ H}{CH-O} \longrightarrow RCHO + H_2$$

$$\underset{R'}{RCHOH} \xrightarrow[325℃]{Cu} R-\underset{H}{\overset{R'}{C}}-O-H \longrightarrow RCOR' + H_2$$

叔醇没有 α-氢,不发生脱氢反应。

此外,分子中的两个羟基分别连在相邻两个碳上的邻二醇可被高碘酸 HIO_4 氧化,C—C 键断裂,生成两分子羰基化合物。

$$\text{Ph—}\underset{OH}{CH}-\underset{OH}{\overset{CH_3}{\underset{|}{C}}}-CH_3 + HIO_4 \xrightarrow{定量} \text{Ph—}\underset{O}{CH} + CH_3\underset{O}{CCH_3} + HIO_3$$

$$HIO_3 + AgNO_3 \longrightarrow AgIO_3 \downarrow \ 白色$$

在反应混合物中加入 $AgNO_3$,产生白色沉淀。而 1,3-二醇及两个羟基相距更远的二元醇则无此现象,该反应可用于邻二醇的鉴别。

由于反应是定量进行的,每断裂一组邻二醇结构就消耗一分子 HIO_4。因此可根据消耗的 HIO_4 量来推测分子中有几组邻二醇结构。

(五) 频哪醇的重排

邻二醇的两个羟基都连在叔碳原子上称为频哪醇(pinacol)。例如:

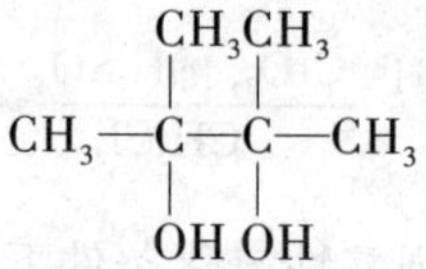

它在酸性条件下脱去一分子水,生成频哪酮:

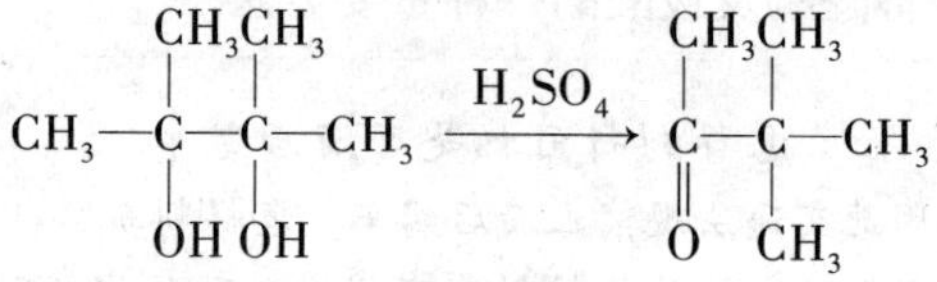

与反应物相比,产物的分子骨架发生了变化,这个反应称为频哪醇重排。

频哪醇重排反应的机理如下:

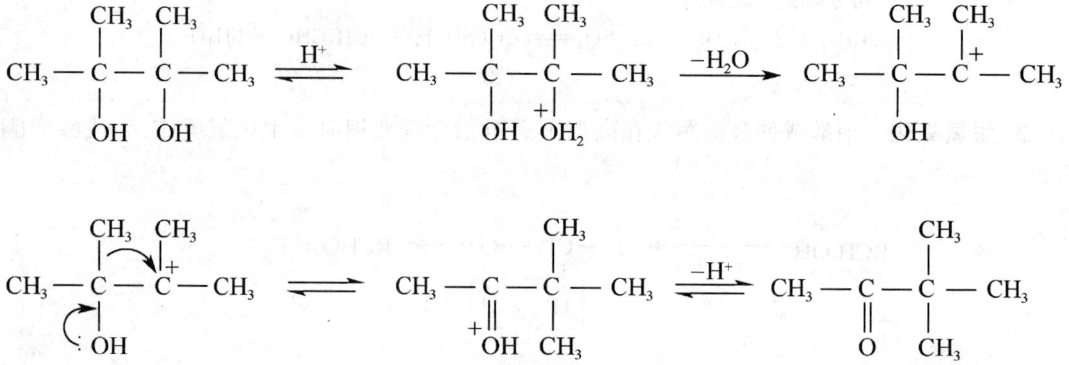

首先,醇分子中一个羟基先质子化,脱水生成叔碳正离子,接着甲基带着一对电子从一个碳原子迁移到邻近带正电荷的碳上,同时羟基氧给出自己的电子对与碳原子形成锌正离子,再脱去一个质子生成稳定的酮。

重排的主要动力在于碳正离子能够变成更稳定的锌正离子,继而很容易失去一个质子得到稳定的产物。

(1) 当频哪醇分子上的四个烃基不相同时,哪一个羟基先质子化,这取决于脱水后形成的碳正离子的稳定性。例如:

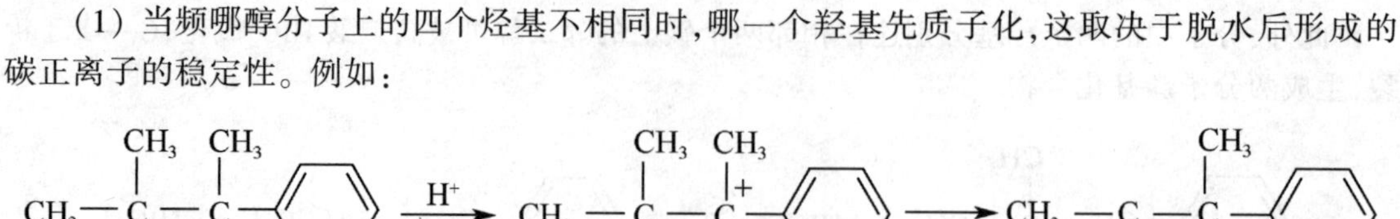

较稳定的苄基碳正离子

(2) 烃基的迁移能力一般是:芳基>烷基>氢。

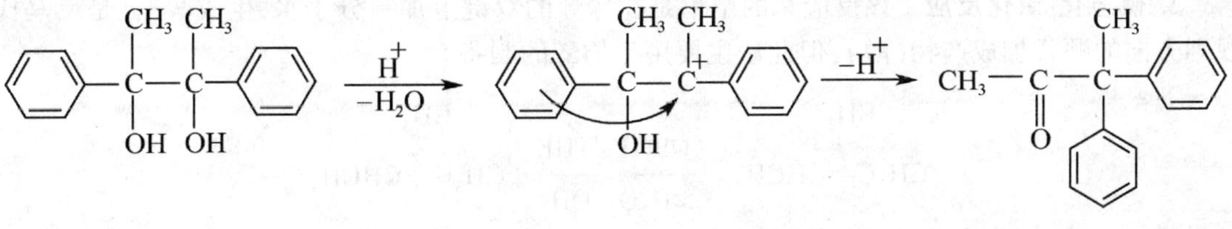

$$\text{（图：频哪醇重排反应机理）}$$

频哪醇重排是一类非常普遍的重排反应，只要反应过程中出现 $-\overset{|}{\underset{OH}{C}}-\overset{|}{C^+}-$ 这样的碳正离子，都可以发生类似的重排。

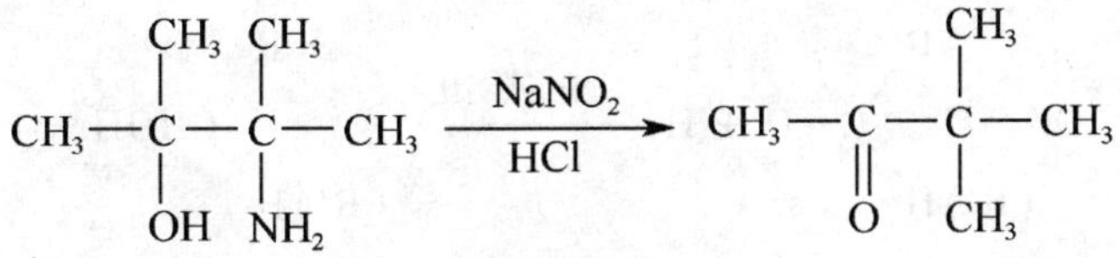

$$\underset{\underset{OH\ NH_2}{|\ \ \ |}}{\underset{|\ \ \ |}{CH_3-\overset{CH_3}{\overset{|}{C}}-\overset{CH_3}{\overset{|}{C}}-CH_3}} \xrightarrow[HCl]{NaNO_2} \underset{\underset{O\ \ \ CH_3}{||\ \ \ |}}{CH_3-\overset{}{C}-\overset{CH_3}{\overset{|}{C}}-CH_3}$$

四、醇的制备

（一）卤代烃的水解

卤代烃水解可制得醇：

$$R-X + NaOH \underset{}{\overset{H_2O}{\rightleftharpoons}} R-OH + NaX$$

由于叔卤代烃、仲卤代烃消除倾向很大，所以不适于制备相应的醇。此外，醇比相应的卤代烃要容易得到，通常是由醇来制备卤代烃。故只有在某种卤代烃比醇更容易得到的情况下，此反应才具有合成价值。例如：烃氯代很容易得到烯丙基氯和苄基氯，因此利用它们合成烯丙醇和苄醇。

$$CH_2=CHCH_2Cl \xrightarrow[H_2O]{Na_2CO_3} CH_2=CHCH_2OH$$

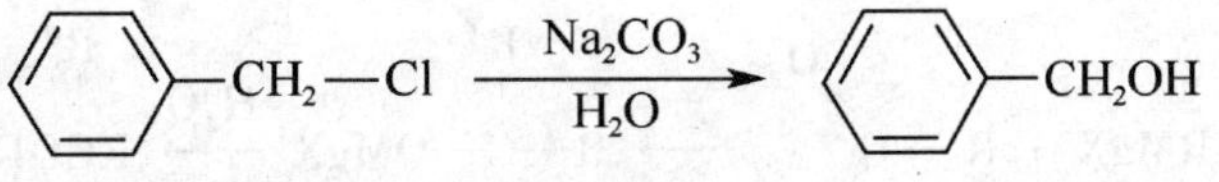

$$Ph-CH_2-Cl \xrightarrow[H_2O]{Na_2CO_3} Ph-CH_2OH$$

（二）从烯烃制备

1. 酸性水合 烯烃酸性水合有两种方法：直接水合和间接水合。

直接水合：

$$CH_3-CH=CH_2 + H-OH \xrightarrow[100℃,5MPa]{H_3PO_4/硅藻土} CH_3-\underset{\underset{OH}{|}}{CH}-CH_3$$

间接水合：

$$CH_2=CH_2 + H_2SO_4 \xrightarrow{0\sim15℃} CH_3CH_2OSO_2OH \xrightarrow[90℃]{H_2O} CH_3CH_2OH$$

这两种方法一般用来制备结构简单的醇。

2. 硼氢化-氧化反应 该反应总的结果是在烯烃的双键上加一分子水,生成醇,且是反马氏规则方向的顺式加成产物(醇),但此法主要用于伯醇的制备。

$$CH_3-\underset{CH_3}{\underset{|}{C}}=CHCH_3 \xrightarrow[\text{②}H_2O_2/OH^-]{\text{①}B_2H_6/THF} CH_3-\underset{H}{\underset{|}{\overset{CH_3}{\overset{|}{C}}}}-\underset{OH}{\underset{|}{C}}HCH_3$$

(三) 醛、酮还原成醇

醛或酮可催化加氢还原成相应的醇。醛还原成伯醇,酮还原成仲醇。常用的催化剂为 Ni、Pt、Pd 等。

$$\underset{(R')H}{\overset{R}{\underset{|}{C}}}=O + H_2 \xrightarrow{\text{Ni 或 Pt}} \underset{(R')H}{\overset{R}{\underset{|}{C}}}HOH$$

若用选择性还原剂如氢化铝锂(LiAlH$_4$)、硼氢化钠(NaBH$_4$)和异丙醇铝,可以只使羰基被还原,而不影响重键。

(四) 格氏试剂法

这是实验室制备醇的重要方法。格氏试剂 RMgX 中带正电荷的 MgX 加到羰基氧原子上,而带负电荷的—R 加到羰基碳原子上,得到的加成产物在酸性条件下水解,可转变成相应的伯、仲、叔醇。

$$RMgX + H-\underset{H}{\overset{O}{\underset{\|}{C}}}-H \longrightarrow R-\underset{H}{\overset{H}{\underset{|}{C}}}-OMgX \xrightarrow[H^+]{H_2O} RCH_2OH$$

$$RMgX + R'-\underset{H}{\overset{O}{\underset{\|}{C}}}-H \longrightarrow R-\underset{H}{\overset{R'}{\underset{|}{C}}}-OMgX \xrightarrow[H^+]{H_2O} R\underset{R'}{\underset{|}{C}}HOH$$

$$RMgX + R'-\underset{R''}{\overset{O}{\underset{\|}{C}}}- \longrightarrow R-\underset{R''}{\overset{R'}{\underset{|}{C}}}-OMgX \xrightarrow[H^+]{H_2O} R\underset{R'}{\overset{R''}{\underset{|}{C}}}OH$$

格氏试剂与环氧乙烷作用可得到增长两个碳原子的伯醇。

$$\underset{O}{\underset{\diagdown\diagup}{CH_2-CH_2}} \xrightarrow[\text{ether}]{RMgX} \xrightarrow{H^+} R-CH_2CH_2OH$$

五、重要的醇

(一) 甲醇

甲醇又称木醇,为无色透明的液体,沸点 64.5℃。甲醇能与水及许多有机溶剂混溶。甲醇有剧毒,人体服用少量(10 ml)可致失明,多于 30 ml 可致死。

甲醇在工业上可以合成甲醛及其他化合物,也可用作抗冻剂、溶剂及甲基化试剂等。

(二) 乙醇

乙醇俗称酒精,是无色透明的液体,沸点 78.5℃。乙醇在工业上常用薯类等高含淀粉或糖类的物质经发酵而制备。乙醇可外用于防腐消毒,其中以 70% 的乙醇溶液消毒效果最好,也可作为广泛应用的溶剂、中草药有效成分的提取剂等。

(三) 丙三醇

丙三醇俗称甘油,为无色透明黏稠液体,无臭,有甜味,沸点 290℃,与水能以任意比例混溶。甘油具有很强的吸湿性,由于对皮肤有刺激性,因此应用水稀释作为皮肤润滑剂。甘油在药物制剂上可作为溶剂、赋型剂和润滑剂。三硝酸甘油酯俗称硝化甘油,常用作炸药,因具有扩张冠状动脉的作用,可用来治疗心绞痛。

(四) 苯甲醇

苯甲醇又称苄醇,无色液体,沸点 205℃,主要存在于植物精油中,有芳香气味。苯甲醇具有微弱的麻醉作用和防腐性能,用于配制注射剂可减轻疼痛及防腐。

> **知识链接**　　　　　多羟基化合物在医药上的应用
>
> 由于羟基数目的增多,多羟基化合物(多元醇)与水分子形成的氢键增多,所以临床上用多羟基化合物作为渗透性利尿剂或脱水药。有此药效的物质有甘露醇、山梨醇和葡萄糖等,其中最常用的是 20% 的甘露醇(己六醇)溶液,它能使脑实质及周围组织脱水,从而降低颅内压,消除水肿。

第 2 节　酚

一、酚的分类及命名

根据分子中羟基的数目不同,酚可分为一元酚、二元酚、三元酚等。酚的命名是在酚字前面加上芳环名称,以此作为母体再加上其他取代基的位次、数目和名称。

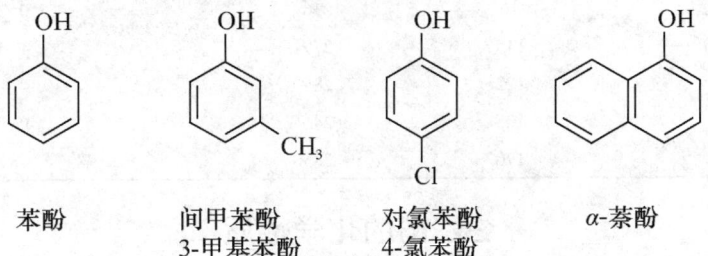

苯酚　　　　间甲苯酚　　　　对氯苯酚　　　　α-萘酚
　　　　　3-甲基苯酚　　　4-氯苯酚

多元酚的命名:

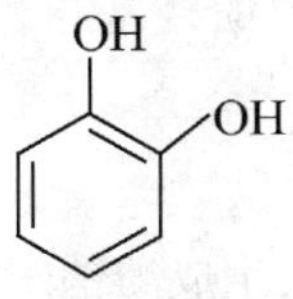

邻苯二酚　　　　　间苯二酚　　　　　对苯二酚
o-苯二酚　　　　　*m*-苯二酚　　　　　*p*-苯二酚
1,2-苯二酚　　　　　1,3-苯二酚　　　　　1,4-苯二酚

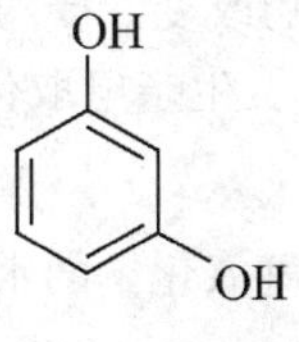

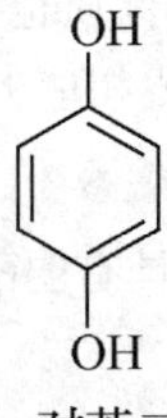

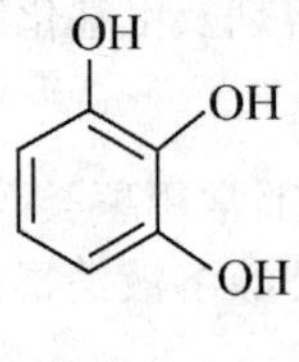

连苯三酚　　　　　偏苯三酚　　　　　均苯三酚
1,2,3-苯三酚　　　1,2,4-苯三酚　　　1,3,5-苯三酚

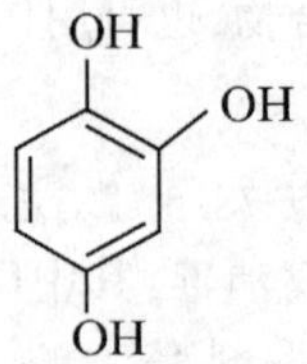

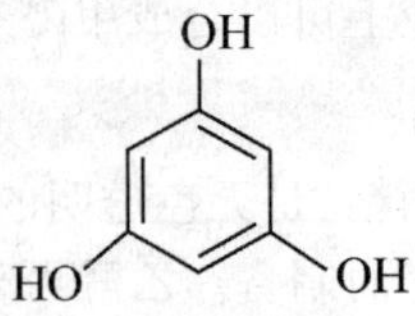

对于结构复杂的酚类，酚羟基则作为取代基来命名：

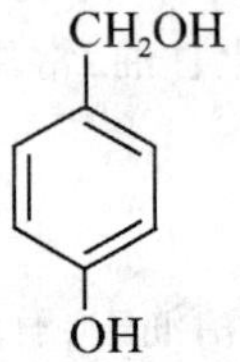

对羟基苯甲醇 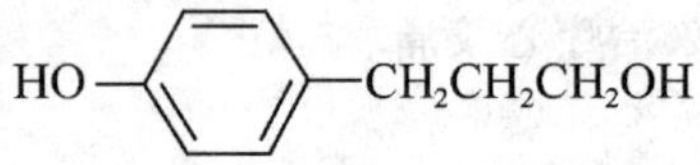　　　　3-(4-羟基苯基)-1-丙醇

二、酚的物理性质

大多数酚为结晶性固体。纯粹的酚为无色低熔点固体。酚的沸点高于相对分子质量相近的芳烃。例如，苯酚的相对分子质量为94，沸点182℃，而甲苯的相对分子质量为92，沸点111℃。

与醇类似，由于酚羟基与水分子通过氢键发生缔合，故苯酚及其同系物在水中有一定的溶解度。羟基越多，酚在水中的溶解度越大（表6-3）。

表6-3　一些常见酚的物理常数

化合物	熔点/℃	沸点/℃	溶解度/(g/100ml H_2O)
苯酚	43	181.8	8.2
邻甲苯酚	30.9	191	2.5
对氯苯酚	42	214	2.7
邻硝基苯酚	46	216	0.2
对硝基苯酚	115	279	1.6
2-萘酚	122	285	0.1
邻苯二酚	105	246	45.1
对苯二酚	170	285	8

三、酚的化学性质

酚是由芳环和羟基两部分组成的，因此酚具有芳环和羟基特有的性质。而这两部分都处在相互影响之中，各自的性质也发生了相应的改变。受芳环的影响，酚羟基与醇羟基有显著的差异；受羟基的影响，酚比相应的芳烃更容易发生亲电取代反应。

（一）酚羟基的反应

1. 酚的酸性　酚具有弱酸性，可以和氢氧化钠的水溶液作用，生成酚钠。

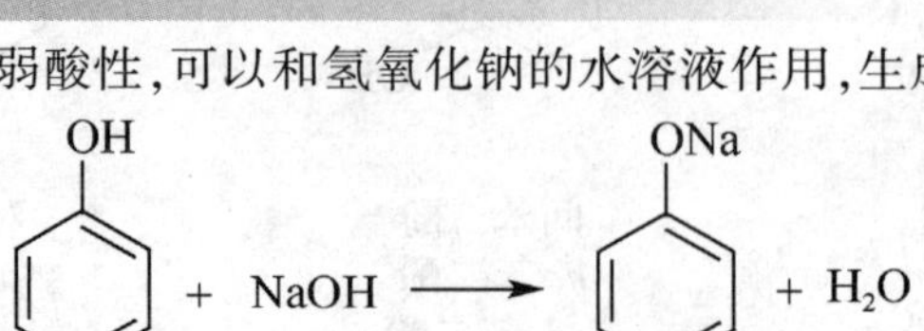

PhOH + NaOH ⟶ PhONa + H_2O

而醇不与氢氧化钠水溶液成盐,因为醇的酸性比水弱(水的 pK_a 为 15.7,醇的 pK_a 约为 16,苯酚的 pK_a 为 10.0),因此,酚的酸性比醇强。

但酚的酸性比碳酸弱(H_2CO_3 的 pK_{a1} 为 6.38),因此酚不溶于碳酸氢钠溶液。如果向酚钠水溶液中通入二氧化碳可以使苯酚游离出来,达到分离提纯的目的。

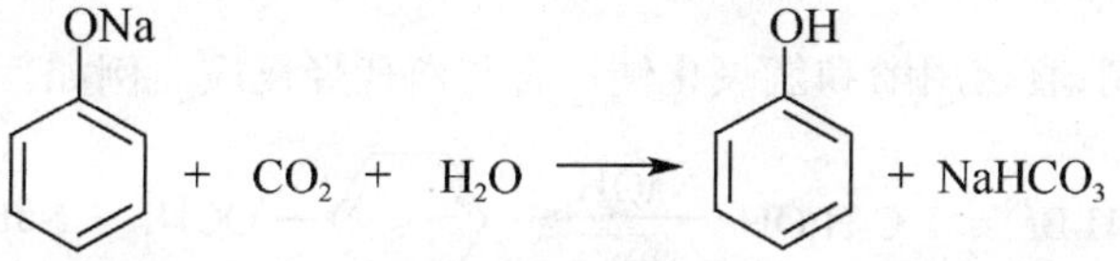

$$\text{PhONa} + CO_2 + H_2O \longrightarrow \text{PhOH} + NaHCO_3$$

化合物的酸性取决于氢原子解离的难易程度和解离后生成的负离子的稳定性。若氢容易解离,并且解离后生成的负离子越稳定,则酸性越强,反之则酸性越弱。而酚体现出弱酸性,这与它的结构有关。

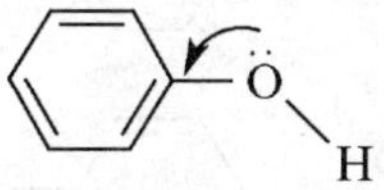

一方面,在苯酚分子中,羟基氧原子是 sp^2 杂化,氧原子未杂化 p 轨道(含有孤对电子)可以与苯环的大 π 键发生 p-π 共轭,电子的离域使得氧原子周围的电子云密度下降,从而有利于氢原子以质子的形式解离而显酸性;另一方面,酚解离氢离子后产生的酚氧负离子,氧原子上的负电荷也可通过 p-π 共轭效应分散到苯环上,体系趋于稳定。而醇解离后生成的烷氧负离子中,由于没有电子的离域作用,负电荷主要集中在氧原子上,很容易再和质子结合生成醇分子,因而酸性较酚弱。

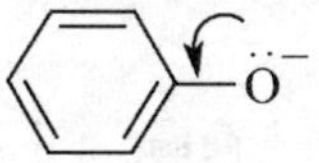

酚类化合物酸性的强弱,还与芳环上所连的取代基种类有关。一般来讲,吸电子基团(如卤素、硝基、酰基等)的存在可使酚的酸性增强。若这类取代基处于羟基的邻对位,效果尤为明显。例如,2,4,6-三硝基苯酚,由于 3 个强的吸电子基(硝基)处于羟基的邻对位,酸性非常强,pK_a 为 0.8,已接近无机强酸的水平。

若是供电子基团(如烷基)的存在,则使酚的酸性减弱。例如,对甲苯酚的 pK_a 为 10.9,酸性比苯酚弱。

2. 与三氯化铁的显色反应 大多数酚类化合物都能与三氯化铁溶液作用发生显色反应。如苯酚与三氯化铁作用呈现蓝紫色。因此,三氯化铁可以用于酚的鉴别。但酚与三氯化铁的显色作用机理尚不十分清楚,一般认为生成了有颜色的配合物。例如:

$$6C_6H_5OH + FeCl_3 \longrightarrow H_3[Fe(OC_6H_5)_6] + 3HCl$$

值得注意的是,能与三氯化铁发生显色作用的不仅限于酚类,凡具有烯醇结构或通过互变后能产生烯醇结构的化合物都可发生这种反应。

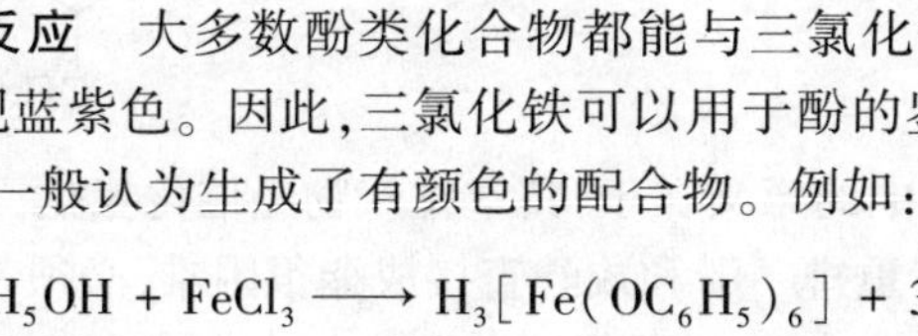

3. 酚醚的生成 在强酸性条件下,醇分子间可脱水成醚,而酚脱水很难,因为酚中的 C—O 键比较牢靠,不易断裂。

醇钠与卤代烃反应生成醚。相应地,酚钠也可与卤代烃作用得到醚。

$$ArOH \xrightarrow{NaOH} ArO^-Na^+ \xrightarrow{R-X} Ar-O-R$$

该反应是强碱 ArO^- 作为亲核试剂去进攻卤烃发生的亲核取代反应。卤代烃 RX 必须是伯卤代烃,否则易发生消除反应。

酚钠不必预先配制,直接用酚和氢氧化钠混合与卤代烃反应。例如:

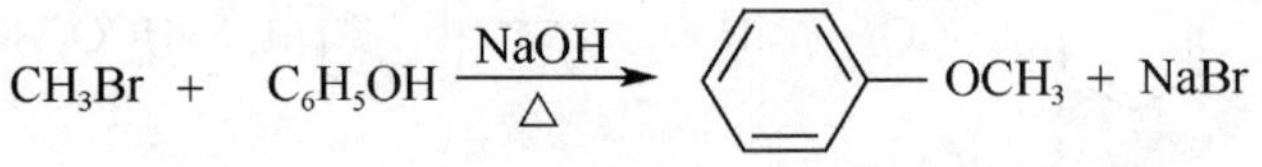

$$CH_3Br + C_6H_5OH \xrightarrow[\triangle]{NaOH} C_6H_5-OCH_3 + NaBr$$

用硫酸二甲酯或硫酸二乙酯代替卤代烃与酚钠作用,则生成甲基醚或乙基醚。

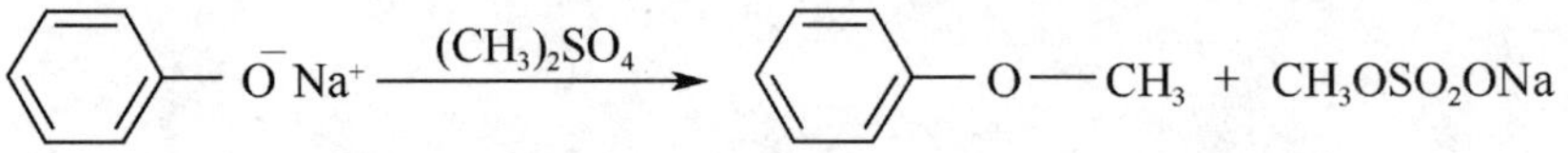

$$C_6H_5-O^-Na^+ \xrightarrow{(CH_3)_2SO_4} C_6H_5-O-CH_3 + CH_3OSO_2ONa$$

$$C_6H_5-O^-Na^+ \xrightarrow{(C_2H_5)_2SO_4} C_6H_5-O-C_2H_5 + C_2H_5OSO_2ONa$$

苯基烯丙基醚在加热时,烯丙基从氧上迁移到邻位碳原子上,生成邻位烯丙基酚,此反应称为克莱森(Claisen)重排。

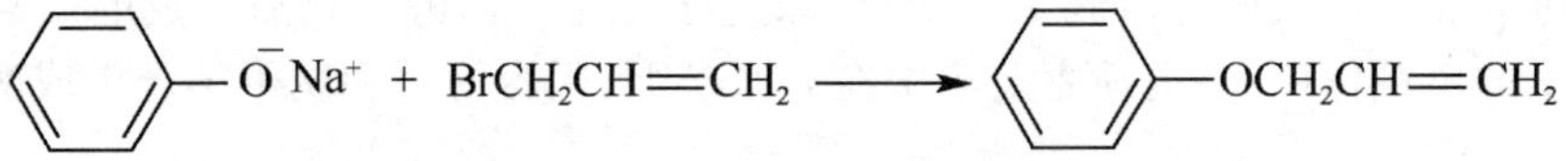

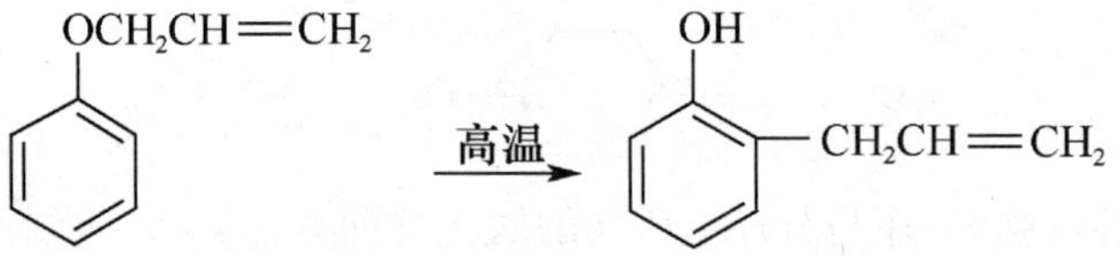

$$C_6H_5-O^-Na^+ + BrCH_2CH=CH_2 \longrightarrow C_6H_5-OCH_2CH=CH_2$$

$$C_6H_5-OCH_2CH=CH_2 \xrightarrow{高温} \text{邻-}(CH_2CH=CH_2)C_6H_4OH$$

如果两个邻位都被其他基团占据,烯丙基则重排到对位。例如:

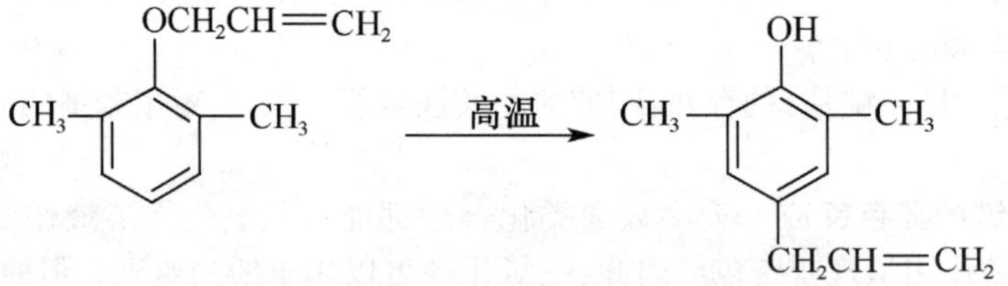

(2,6-二甲基苯基烯丙基醚) $\xrightarrow{高温}$ (2,6-二甲基-4-烯丙基苯酚)

克莱森重排在有机合成中的意义在于:其重排产物经催化氢化,可得到烷基酚。

4. 酚酯的生成及傅瑞斯重排 酚和羧酸直接成酯很困难,必须与活性更强的酰氯或酸酐共热,才得到酚酯。例如:

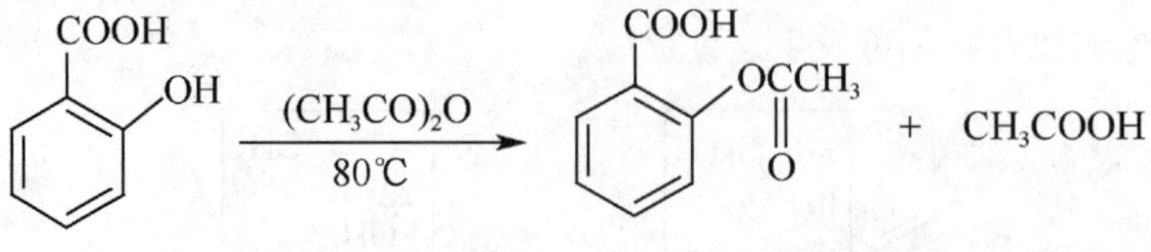

水杨酸 $\xrightarrow[80℃]{(CH_3CO)_2O}$ 乙酰水杨酸 + CH_3COOH

酚酯在无水 $AlCl_3$ 作用下,酰基从氧原子可以迁移到邻位或对位,生成高产率的酚酮,此反应称为傅瑞斯(Fries)重排。

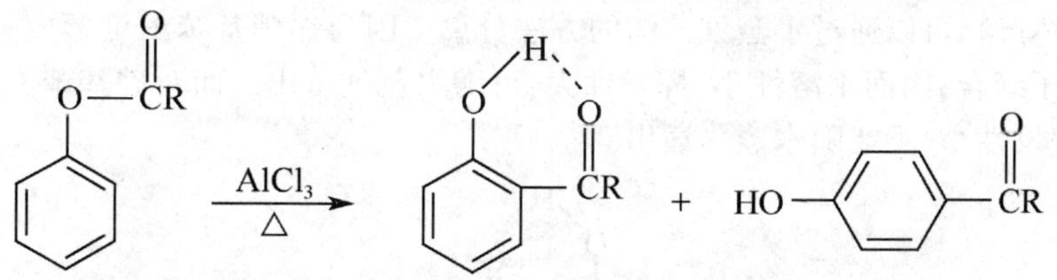

产物中,邻位酚酮可随水蒸气蒸出,以分离邻位和对位异构体产物。

通常低温有利于生成对位异构体,高温有利于生成邻位异构体。例如:

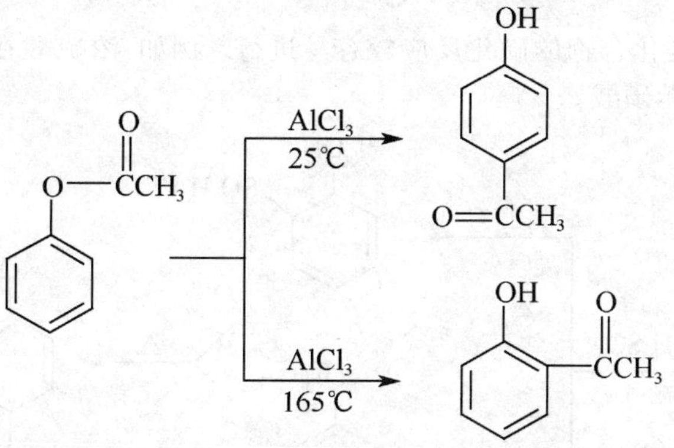

合成上,一般不采用酚的直接酰化反应制备酚酮,而是将酚制成酚酯,再进行傅瑞斯重排。这样步骤虽多,但产率较高,异构体产物也容易分离。

(二) 芳环上的取代反应

由于酚羟基中氧上的未共用电子对与苯环发生 p-π 共轭效应,使苯环上的电子云密度增加,酚很容易发生卤代、硝化、磺化等亲电取代反应。

1. 卤代反应 苯酚与溴水作用立即生成不溶于水的 2,4,6-三溴苯酚白色沉淀。反应非常灵敏,且定量进行,故可作为酚类化合物的定性和定量鉴别。

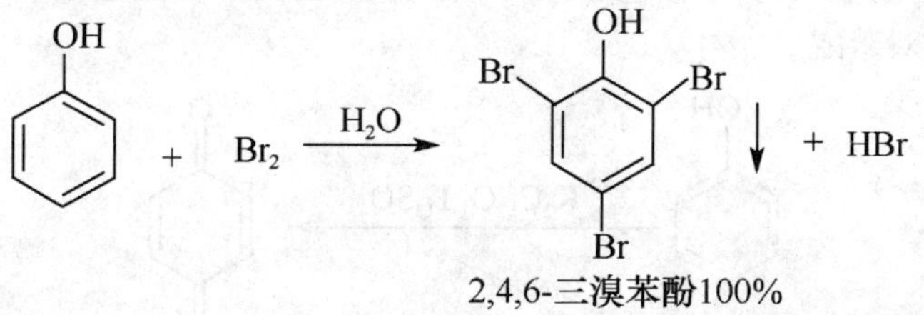

2,4,6-三溴苯酚 100%

若反应在低温下,且在弱极性溶剂(如 CCl_4、CS_2)中反应,可得到一溴取代物。

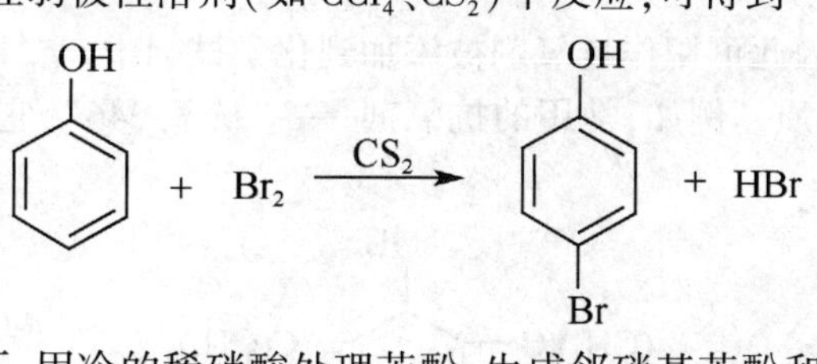

2. 硝化反应 常温下,用冷的稀硝酸处理苯酚,生成邻硝基苯酚和对硝基苯酚的混合物。

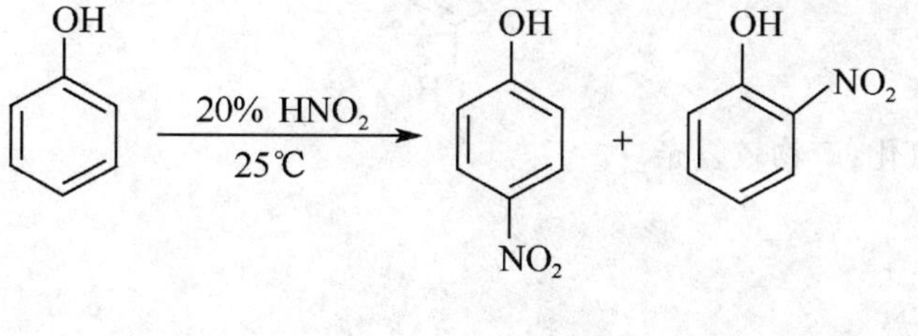

两种异构体产物可以通过水蒸气蒸馏的方法分离。因为邻硝基苯酚可形成分子内氢键，阻碍了它与水分子缔合，因而水溶性小、挥发性大，可随水蒸气蒸出。而对硝基苯酚形成分子间氢键相互缔合，挥发性小，不能随水蒸气蒸出。

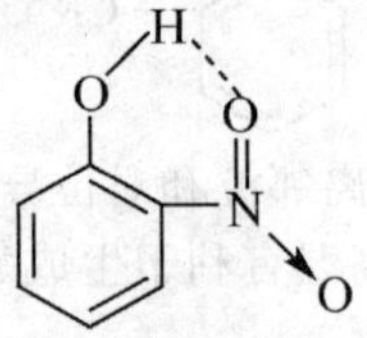

3. 磺化反应 酚类化合物的磺化反应较容易进行。例如，浓硫酸在室温下就可使苯酚磺化，产物主要是邻羟基苯磺酸。

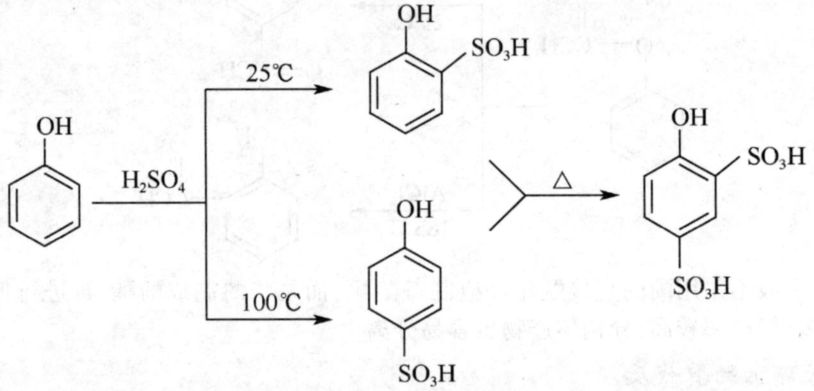

磺化产物与温度有密切联系。若在100℃下进行反应，磺酸基主要进入酚羟基的对位，得到对羟基苯磺酸。若再提高反应温度，则得到4-羟基-1,3-苯二磺酸。

(三) 氧化反应

酚类化合物很容易被氧化，使颜色加深。苯酚被氧化时，不仅羟基被氧化，羟基对位的碳氢键也被氧化，产物为对苯醌。

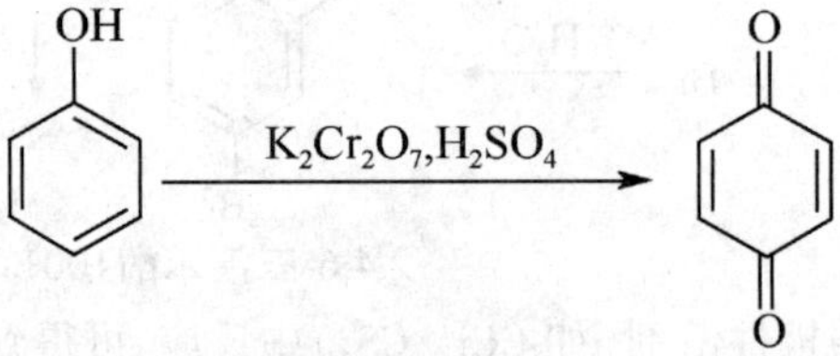

由于酚类易被氧化，因此可用作抗氧剂被添加到化学试剂中，空气中的氧首先氧化酚，即可防止化学试剂被氧化而变质。例如，常用的抗氧剂——"抗氧246"，它的结构是2,6-二叔丁基-4-甲基苯酚。

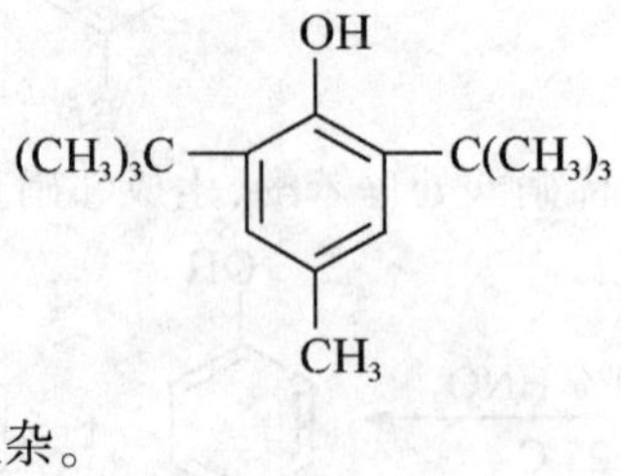

多元酚更易被氧化，产物较复杂。

> **知识链接** 苯二酚在医药上的应用
>
> 苯二酚具有邻、间、对3种异构体。
> 邻苯二酚又称儿茶酚,在生物体内以衍生物的形式存在,如肾上腺素和3,4-二羟基苯丙氨酸(DOPA)都是邻苯二酚的衍生物,其中肾上腺素有升高血压和止喘的作用,DOPA是人体代谢的中间产物。
> 间苯二酚又称雷琐辛,具有杀灭细菌和真菌的能力,刺激性较小,临床上用于治疗皮肤病。
> 对苯二酚又称氢醌,常以苷的形式存在于植物体内,用作抗氧剂。

四、酚的制备

酚是自然界广泛存在的一类化合物。苯酚、甲酚和二甲酚的主要来源是煤焦油。由于需求量的增加,现在苯酚等主要通过合成得到。

酚的合成主要通过官能团的转换途径。

1. 磺酸盐碱熔融法 芳香族磺酸盐与氢氧化钠共熔,生成酚的钠盐,再经酸化得到酚。

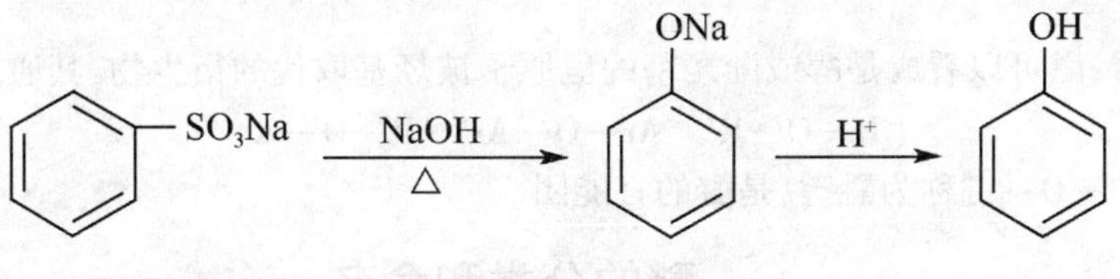

$$C_6H_5SO_3Na \xrightarrow[\triangle]{NaOH} C_6H_5ONa \xrightarrow{H^+} C_6H_5OH$$

反应在高温下进行,因此应用范围受到一定限制。

2. 卤代芳香烃水解 卤代芳香烃的卤原子很不活泼,一般需在加热、高压和催化剂的存在下与稀碱作用,才能水解生成酚。例如:

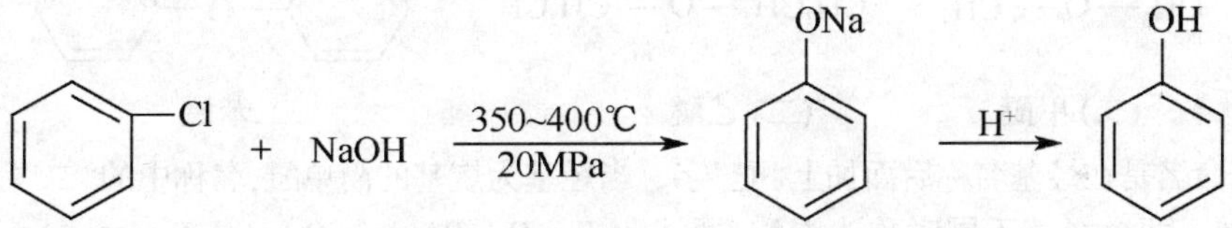

$$C_6H_5Cl + NaOH \xrightarrow[20MPa]{350\sim400℃} C_6H_5ONa \xrightarrow{H^+} C_6H_5OH$$

如果卤原子的邻对位上有一个或数个强吸电子基团(如硝基),卤原子变得十分活泼,反应很容易进行。例如,对硝基氯苯在碱溶液中回流就可水解生成对硝基苯酚。

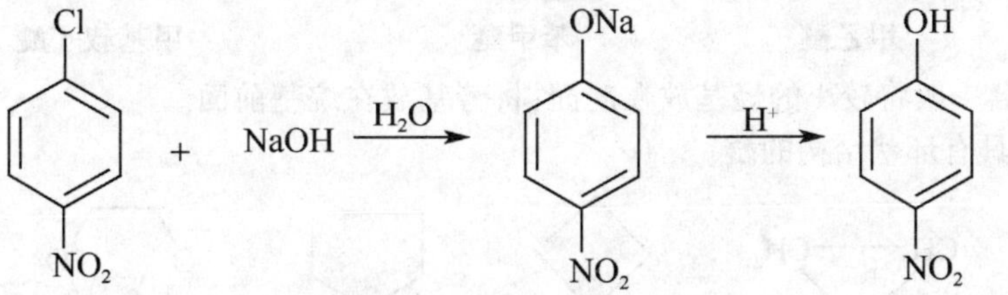

$$p\text{-}O_2N\text{-}C_6H_4\text{-}Cl + NaOH \xrightarrow{H_2O} p\text{-}O_2N\text{-}C_6H_4\text{-}ONa \xrightarrow{H^+} p\text{-}O_2N\text{-}C_6H_4\text{-}OH$$

3. 异丙苯法 这是工业生产苯酚的重要方法。在催化剂作用下,用空气中的氧氧化异丙苯为过氧化物,再经酸化处理即可得到苯酚和另一重要化工原料——丙酮。

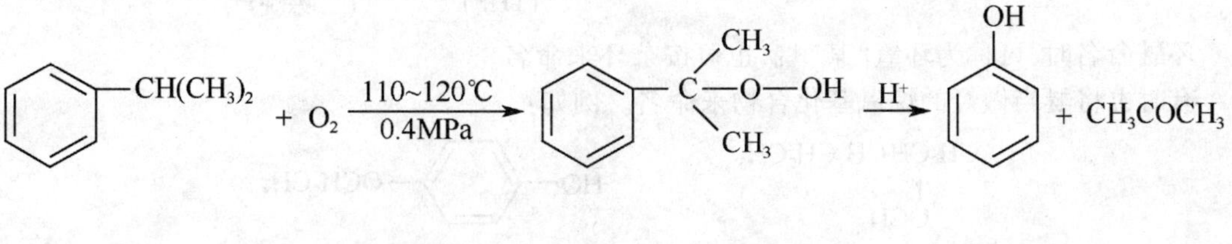

$$C_6H_5CH(CH_3)_2 + O_2 \xrightarrow[0.4MPa]{110\sim120℃} C_6H_5C(CH_3)_2OOH \xrightarrow{H^+} C_6H_5OH + CH_3COCH_3$$

> **知识链接**　　　　　　　　　苯酚与健康
>
> 苯酚俗称石炭酸,最初是在煤焦油中发现的。
>
> 19世纪中期,随着医疗技术的提高,越来越多的外科患者可以通过手术治愈,但一直困扰外科医生的严重问题是,进行外科手术后,患者的死亡率较高。1865年,英国著名外科医生约瑟·利斯特通过细心地观察发现外科手术死亡率较高与感染有关。利斯特苦苦思索,如何阻止感染呢？一天,他发现清洁工人将苯酚倒入臭水沟中。他询问为何这样做,清洁工人说这样可以防止水沟发臭。清洁工人的提示使利斯特思想上产生了一个火花——用苯酚作外科手术消毒剂。于是他选用苯酚作消毒剂进行临床实验,在整个外科手术中进行消毒,即使患者换药也要消毒。这种外科消毒的方法使手术后患者的治愈率大大提高,此后,苯酚作为消毒剂在医学上广泛使用。
>
> 随着科学技术的发展,人们不断研究出强力高效的消毒剂,但苯酚作为消毒剂在外科治疗上发挥的重要作用功不可没。

第3节　醚

从结构上看,醚可以看成是醇或酚羟基的氢原子被烃基取代的衍生物,其通式为:

$$R\text{—}O\text{—}R' \quad Ar\text{—}O\text{—}Ar' \quad R\text{—}O\text{—}Ar$$

醚分子中的—O—键称为醚键,是醚的官能团。

一、醚的分类和命名

1. 单醚　　醚分子中两个烃基相同时称单醚。通式为 R—O—R、Ar—O—Ar。

$$CH_3\text{—}O\text{—}CH_3 \qquad CH_3CH_2\text{—}O\text{—}CH_2CH_3 \qquad C_6H_5\text{—}O\text{—}C_6H_5$$

　　(二)甲醚　　　　　(二)乙醚　　　　　　二苯醚

单醚的命名是在烃基名称后面加上"醚"字。当烃基为烷基的简单醚,名称中的"二"字可省去。

2. 混醚　　两个烃基不同时称为混醚,通式为 R—O—R′、Ar—O—Ar′、R—O—Ar。

$$CH_3\text{—}O\text{—}CH_2CH_3 \qquad C_6H_5\text{—}O\text{—}CH_3 \qquad CH_3\text{—}O\text{—}C(CH_3)_3$$

　　甲乙醚　　　　　　　苯甲醚　　　　　　甲基叔丁醚

混醚的命名一般将较小的烃基放在前面；将芳基放在烷基前面。

3. 环醚　　具有环状结构的醚。

环氧乙烷　　　氧杂丁烷　　　四氢呋喃　　　1,4-二氧六环
　　　　　　　　　　　　　　　　(THF)　　　　(二噁烷)

环醚命名时,可称为环氧"某"烷,也可按杂环来命名。

有时也将醚当做烃的烷氧基化合物来命名。例如:

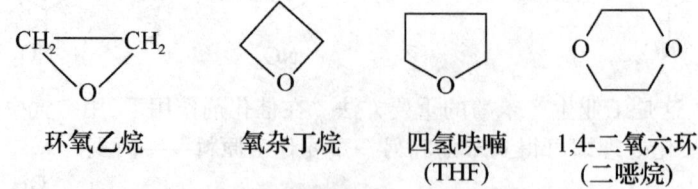

2-甲氧基戊烷　　　　　　　　对乙氧基苯酚

二、醚的物理性质

大多数醚在室温下为液体,有特殊气味,沸点比同碳原子的醇低得多。例如,正丁醇的沸点为 117.8℃,而乙醚的沸点为 34.6℃,这是由于醚分子间不能以氢键相互缔合的缘故。但醚仍能与水分子中的氢形成氢键,因而醚在水中的溶解度比烷烃大,与同碳数的醇相近。例如,正丁醇与乙醚在水中的溶解度均为 8 g/100 ml。环醚(如四氢呋喃、1,4-二氧六环)的水溶性较大,均可与水混溶。

醚常作为有机反应的溶剂和萃取剂。

三、醚的化学性质

由于醚分子中的氧原子与两个烃基相连,故分子的极性很小,所以醚键相当稳定(环氧乙烷除外),对氧化剂、还原剂和碱都十分稳定。例如,常温下醚与金属钠不作用,因此常用金属钠来干燥醚。在许多有机反应中可用醚作溶剂,但这种稳定性是相对的,在一定条件下,醚可发生特有的反应。

(一) 生成𬭩盐

醚结构中的氧原子具有未共用电子对,它能接受强酸(浓盐酸和浓硫酸)中的质子,以配位键的方式生成𬭩盐。

$$R-\ddot{\underset{\cdot\cdot}{O}}-R' + H_2SO_4 \longrightarrow R-\underset{\underset{H}{|}}{O^+}-R' + HSO_4^-$$

𬭩盐是强酸弱碱盐,仅能在强酸中存在。用水稀释时,𬭩盐发生分解而使醚层析出。

$$R-\underset{\underset{H}{|}}{O^+}-R' \xrightarrow{H_2O} R-O-R' + H_3^+O$$

𬭩盐能溶于强酸,利用这个性质可以区别醚与烷烃、卤代烃。

(二) 醚键的断裂

醚与氢卤酸共热,醚键断裂,生成醇和卤代烃。在过量氢卤酸作用下,醇也转变为卤代烃。

$$R-O-R' + HX \xrightarrow{\triangle} R-X + R'-OH \xrightarrow{\text{过量 HX}} R'-X$$

使醚键断裂的氢卤酸的活性顺序为:

$$HI > HBr > HCl$$

因此,氢碘酸作为醚键断裂反应的常用试剂。

$$\underset{O}{\bigcirc} + HI \xrightarrow{\triangle} ICH_2CH_2CH_2CH_2I \quad 65\%$$

对于不同烃基的混醚,醚键优先在较小烃基的一边断裂。当混醚中含有甲基时,醚键在甲基一边断裂,生成卤甲烷。

$$CH_3OCH(CH_3)_2 + HI \xrightarrow{\triangle} CH_3I + (CH_3)_2CHOH$$

芳基烷基醚与氢碘酸反应,醚键总是优先在脂肪烃基一端断裂,生成卤代烃和酚。例如:

$$\text{C}_6\text{H}_5\text{—O—CH}_3 + \text{HI} \xrightarrow{\triangle} \text{CH}_3\text{I} + \text{C}_6\text{H}_5\text{—OH}$$

(三) 生成过氧化物

当醚长期与空气接触,生成有机过氧化物。反应发生在 α-碳原子上,生成过氧键—O—O—。

$$\text{C}_2\text{H}_5\text{—O—C}_2\text{H}_5 \xrightarrow{\text{O}_2} \text{C}_2\text{H}_5\text{—O—CHCH}_3\underset{\text{O—OH}}{|}$$

过氧化物不稳定,受热时易分解而爆炸,且沸点比醚高,所以蒸馏乙醚时不能蒸干,以防意外。因此醚类化合物应避光保存在密闭的棕色瓶中,并加一些抗氧剂(如对苯二酚),以防止过氧化物的生成。醚中过氧化物常用淀粉碘化钾溶液或硫酸亚铁的硫氰酸钾溶液检查。醚中有过氧化物,可用还原剂除去。

知识链接　　乙醚与麻醉

在医院里进行手术,病人会疼痛难忍,因此,必须寻找能使病人意识麻痹、减轻痛苦的药物,以便医生更好地手术。

早在1772年,英国化学家普利斯特里就制备了一氧化二氮(N_2O),又称笑气。

1844年,美国有个年轻人库克吸入笑气,变得异常兴奋,连蹦带跳,摔了一跤,虽然鲜血直流,但一点也不觉得痛。这一幕正好被29岁的牙科医生韦尔斯所注意到。他想,笑气用于牙科手术,也许会减轻病人的痛苦。于是,他在自己身上做试验,并获得成功。从此,笑气成为临床上第一种麻醉药。

莫顿是牙科医生韦尔斯的助手,他发现笑气用于麻醉并不十分理想。他向化学家杰克逊求教,寻找更好的麻醉剂。杰克逊向莫顿提起一件往事,说他有一次吸入了一些乙醚蒸气,不知不觉睡着了。杰克逊的描述使莫顿决定试一试乙醚的麻醉效果。他先用动物做试验,果然有效,接着又在自身做试验证实乙醚有麻醉作用。于是,在病人拔牙之前,他先让病人将蘸有乙醚的毛巾捂住面部,吸入乙醚,使其渐渐失去知觉,然后将牙拔掉。莫顿拔掉牙后,问病人有何感觉,病人高兴地说,真是奇迹,一点疼痛感都没有。1846年,莫顿申请了专利,使乙醚成为临床上第二种麻醉剂。

乙醚作为麻醉剂,在临床上使用了很长一段时间,但是,由于起效慢,并引起病人恶心、呕吐等副作用,现已被其他更好的麻醉剂所代替。不过,在医学上人们提起麻醉药的发展史,自然会想起乙醚。

四、醚 的 制 备

(一) 醇分子间脱水

在酸性条件下,两分子醇脱去一分子水生成醚:

$$\text{ROH} + \text{HOR} \xrightarrow[\triangle]{\text{H}_2\text{SO}_4} \text{R—O—R} + \text{H}_2\text{O}$$

该法只是制备简单醚的一般方法。如乙醚的制备:

$$\text{C}_2\text{H}_5\text{O}\!\mid\!\text{H} + \text{HO}\!\mid\!\text{C}_2\text{H}_5 \xrightarrow{\text{H}_2\text{SO}_4, 140℃} \text{C}_2\text{H}_5\text{OC}_2\text{H}_5 + \text{H}_2\text{O}$$

不同的醇之间脱水,副产物很多,也难以分离,故不用此法制备混醚。而叔醇很容易发生消除反应生成烯烃,也很难得到叔烷基醚。

（二）威廉姆森（Williamson）合成法

卤代烃与醇钠或酚钠反应生成醚。这是制取混醚的常用方法，也可以用来合成单醚。例如：

$$CH_3CH_2Br + CH_3CH_2CH_2ONa \longrightarrow CH_3CH_2-O-CH_2CH_2CH_3 + NaBr$$

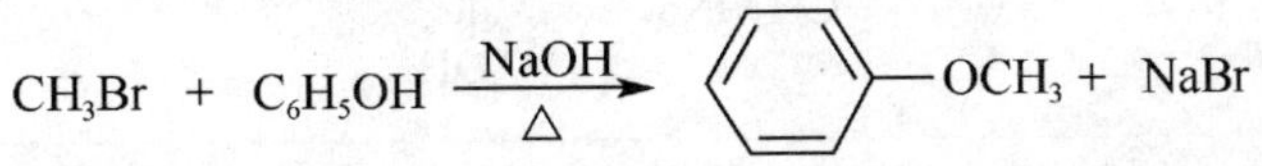

$$CH_3Br + C_6H_5OH \xrightarrow[\triangle]{NaOH} C_6H_5-OCH_3 + NaBr$$

在制备脂肪混醚时，一般用酚钠与脂肪卤代烃作用，而不用醇钠和卤苯反应。

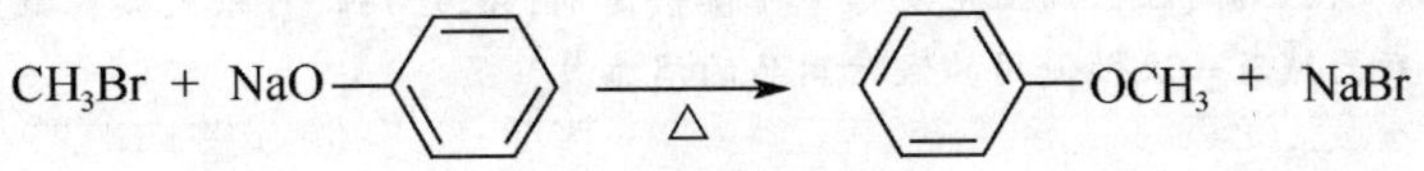

$$CH_3Br + NaO-C_6H_5 \xrightarrow{\triangle} C_6H_5-OCH_3 + NaBr$$

五、环醚的性质

环氧乙烷是最简单的环醚。它是一种无色有毒气体，能溶于水、醇及乙醚。乙烯在金属银催化下与氧作用可得环氧乙烷。

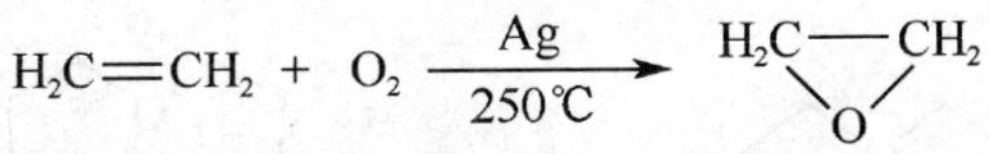

$$H_2C=CH_2 + O_2 \xrightarrow[250℃]{Ag} \underset{O}{H_2C-CH_2}$$

环氧乙烷有着较大张力的三元环，化学性质极为活泼。它在酸或碱催化下可与含活泼氢的化合物发生开环反应。例如：

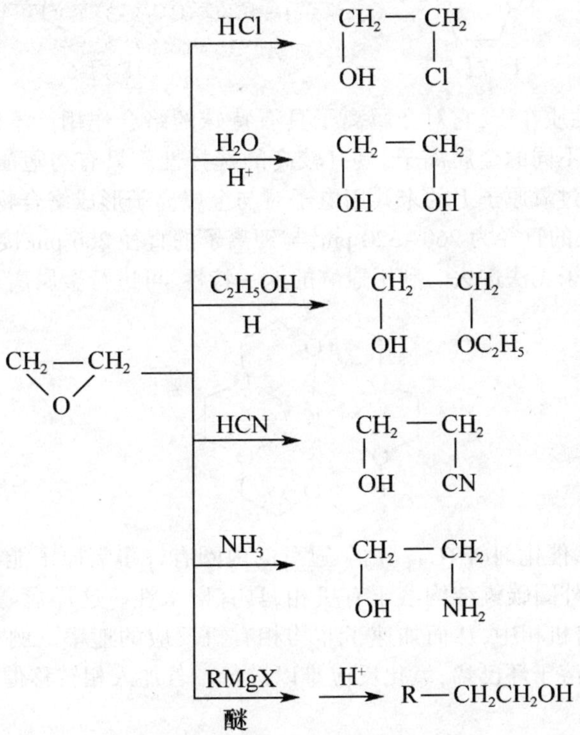

环氧乙烷与下列试剂反应：

- HCl → CH$_2$(OH)—CH$_2$Cl
- H$_2$O / H$^+$ → CH$_2$(OH)—CH$_2$OH
- C$_2$H$_5$OH / H → CH$_2$(OH)—CH$_2$OC$_2$H$_5$
- HCN → CH$_2$(OH)—CH$_2$CN
- NH$_3$ → CH$_2$(OH)—CH$_2$NH$_2$
- RMgX（醚） H$^+$ → R—CH$_2$CH$_2$OH

取代环氧乙烷的开环方向与反应的酸碱性密切相关。酸催化下，反应主要发生在取代基较多的碳氧间；碱性条件下，反应主要发生在取代基较少的碳氧间。

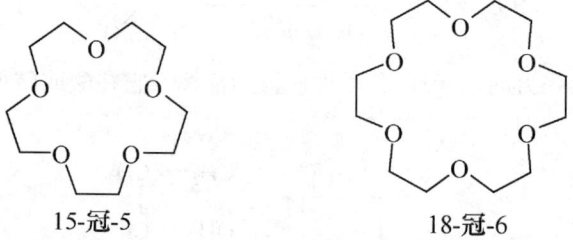

> **知识链接**　　　　　　　　　环氧乙烷在医药上的应用
>
> 　　环氧乙烷又称氧化乙烯,在医药上主要作为气体杀菌剂,穿透力强,可杀灭各种微生物,属于高效灭菌剂,一般用于医疗器械及一次性使用的医疗用品的消毒。

六、冠　醚

　　冠醚(crown ether)是分子中具有(OCH_2CH_2)重复单位的环状醚,因形状类似皇冠,故称冠醚,也称大环多醚。

　　冠醚可命名为:X-冠-Y,其中 X 表示成环原子总数,Y 代表氧原子数。例如:

15-冠-5　　　　　　18-冠-6

　　冠醚的一个重要性质在于,它对金属离子具有特殊的络合作用。不同的冠醚,其分子中的空穴大小不一,可络合不同的金属离子,具有较高的选择性。只有与冠醚空穴大小适合的金属离子才能进入空穴,通过氧原子上的未共用电子对与金属离子形成络合物。

　　例如,18-冠-6 空穴的直径为 260～320 pm,与钾离子的直径 266 pm 接近,因此钾离子进入空穴,而留下的酸根负离子无法进去。利用冠醚的这一特性,可进行金属离子的分离。

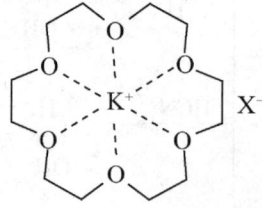

　　冠醚是一种相转移催化剂(PTC)。由于冠醚的内圈有许多氧原子能与水分子形成氢键,因此具有亲水性;而它的外圈碳氢结构溶于有机相,具有憎水性。这样冠醚可以将溶于水相的反应试剂包在内圈带到有机相中,从而加速了非均相有机反应的速率。例如,用高锰酸钾氧化环己烯,由于高锰酸钾不溶于环己烯,氧化反应难以进行。若加入相转移催化剂后,反应能顺利进行,产率也得到提高。

本章小结

本章主要阐述的内容有：醇、酚和醚的物理性质，不同类型醇的化学活泼性顺序，伯醇、仲醇和叔醇的鉴别，酚的酸性，酚与三氯化铁溶液的显色反应，醚键的断裂方式，过氧化醚的检验，醇、酚和醚的制备等。

本章所涉及的基本概念有：醇、酚和醚的分类、命名以及官能团的结构等。

目标检测

一、写出下列化合物名称或根据名称写结构式

1. $(CH_3)_2CHOH$
2. $(CH_3)_3COH$
3. 环己基-CHCH$_3$-OH
4. 对甲基苯酚
5. CH_3—O—苯基
6. $CH_2=CHCH(OH)CH_3$ (带OH)
7. 甘油
8. 3-甲氧基丁烷
9. 2,4,6-三硝基苯酚
10. 3-甲基-4-戊烯-1-醇
11. 2-甲基-1,3-戊二醇

二、完成下列反应式

1. $CH_3COOH + CH_3CH_2CH_2OH \xrightleftharpoons[\Delta]{H^+}$

2. 苯酚 $+ Br_2 \longrightarrow$

3. $2CH_3CH_2OH \xrightarrow[140℃]{浓H_2SO_4}$

4. 对甲基苯甲醚 $+ HI \longrightarrow$

5. 2-甲基环戊醇 $\xrightarrow{分子内脱水}$

三、填空题

1. 醇羟基的氧原子为_____杂化，其中两个杂化轨道与碳、氢形成_____键，另外两个杂化轨道分别被_____占据。
2. 在醇分子中，直接与羟基相连的碳原子称为_____碳原子，该碳原子上的氢称为_____，有此种氢原子的醇_____氧化，无此种氢原子的醇_____氧化。
3. 苯酚比碳酸的酸性_____，因此，苯酚溶于_____溶液，但不溶于_____溶液。
4. 乙醇与浓硫酸共热，140℃生成_____，170℃生成_____。
5. 伯、仲、叔醇与金属钠反应的速率为_____。
6. 使醚键断裂的最有效试剂是_____，苯甲醚与该试剂作用，生成的产物是_____和_____。
7. 苯酚遇三氯化铁溶液发生_____，具有_____结构的化合物都有此反应。
8. 鉴别丙三醇和乙醇可用_____，分离乙醚和乙烷可用_____。

四、选择题

A 型题

1. 与金属钠反应速率最快的是（　　）
   A. $(CH_3)_2CHOH$
   B. $(CH_3)_3COH$
   C. $CH_3CH_2CH_2OH$
   D. 环己基-CHCH$_3$-OH

2. 下列能用于鉴别伯、仲、叔醇的试剂是（　　）
   A. 卢卡斯试剂
   B. 高锰酸钾溶液
   C. 重铬酸钾溶液
   D. 三氯化铁溶液

3. 下列关于苯酚的叙述错误的是（　　）
   A. 苯酚俗称石炭酸
   B. 苯酚易发生取代反应
   C. 苯酚与三氯化铁溶液作用显紫色
   D. 苯酚的酸性比碳酸强

4. 下列能区别乙醇和甘油的是（　　）
   A. $FeCl_3$
   B. $Cu(OH)_2$
   C. $CuSO_4$
   D. $AgNO_3$

5. 能检验乙醚中混有过氧化乙醚的试剂是（　　）
   A. 酸性高锰酸钾溶液
   B. 三氯化铁溶液
   C. 硫酸亚铁的硫氰酸钾溶液
   D. 碘溶液

B 型题

A. 苯酚　　B. 苯甲醇　　C. 苯甲醚

D. 甲苯　　　E．氯苄
6. 能被酸性高锰酸钾氧化生成苯甲酸的是(　　)
7. 加入氢碘酸能生成苯酚的是(　　)
8. 在碱性条件下水解生成苯甲醇的是(　　)
9. 在高温下通过活性铜催化生成苯甲醛的是(　　)
10. 能与三氯化铁溶液显色的是(　　)

X型题
11. 下列物质能被重铬酸钾氧化的是(　　)
    A. 苯酚　　　　　　B. 乙醚
    C. 2-丁醇　　　　　D. 2-甲基-2-丁醇
12. 下列能溶解新制备的氢氧化铜的是(　　)
    A. 乙醇　　　　　　B. 乙二醇
    C. 1,3-丙二醇　　　D. 甘油
13. 下列叙述正确的是(　　)
    A. 检查醚中的过氧化物可用高锰酸钾溶液
    B. 碳酸的酸性强于苯酚
    C. 酚羟基的氧原子为 sp^2 杂化
    D. 在室温下,伯醇与卢卡斯试剂反应立即浑浊

五、用化学方法鉴别下列各组化合物
1. 苯甲醇和对甲苯酚
2. 正丁醇、仲丁醇和叔丁醇
3. 1,3-丁二醇和2,3-丁二醇
4. 苯甲醚和甲苯

六、用化学反应式完成下列转变
1. 由1-溴丙烷制备下列化合物
   (1) 2,3-二氯-1-丙醇
   (2) 异丙醇
2. 甲醇和2-丁醇 —→ 2-甲基-2-溴丁烷

七、推断题
1. 某化合物 $C_4H_{10}O(A)$,能与金属钠反应放出氢气,与浓硫酸共热生成 $C_4H_8(B)$,B 与 HBr 作用生成 $C_4H_9Br(C)$,C 与 NaOH 醇溶液共热生成 $C_4H_8(D)$,D 与 B 为同分异构体,D 经 $KMnO_4$ 酸性溶液氧化只有一种产物。试写出 A、B、C、D 的结构式和有关反应式。

2. 某化合物 $C_9H_{12}O(A)$,不与 NaOH 反应,也不被酸性 $KMnO_4$ 氧化,但与浓氢碘酸作用,生成 B 和 C,B 遇溴水立即有白色浑浊,C 在碱性条件下水解的产物与酸性重铬酸钾溶液反应得到 D。试写出 A、B、C、D 的结构式和相应的化学反应式。

第7章 醛 酮 醌

> **学习目标**
> 1. 掌握醛、酮的命名规则和结构特点,了解其物理性质;
> 2. 掌握醛、酮和α,β-不饱和醛、酮的化学性质;
> 3. 掌握亲核加成、羟醛缩合、卤化反应、歧化反应等相关反应机理;
> 4. 了解有关醌的一些化学性质。

醛(aldehyde)、酮(ketone)和醌(quinone)都是含有羰基($\overset{\diagdown}{C}\!\!=\!\!O$)的化合物,总称为羰基化合物。

羰基的碳分别与烃基及氢相连的化合物为醛(甲醛例外,羰基连接两个氢),其中 $-\overset{\overset{O}{\|}}{C}-H$ 称为醛基,简写为—CHO。若羰基的碳与两个烃基相连的化合物为酮,酮分子中的羰基又称酮基,是酮的官能团。醛、酮的通式为:

醛: 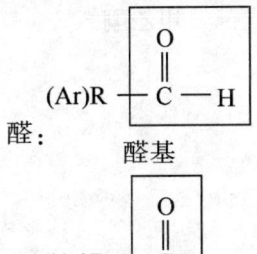 简写为 RCHO(R = H,甲醛)或 ArCHO。

酮: 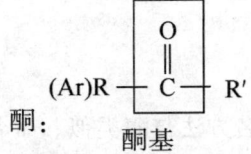 简写为 RCOR′或 ArCOR′(R 也可以与 R′相同)。

醌则是不饱和的环状二酮,例如:

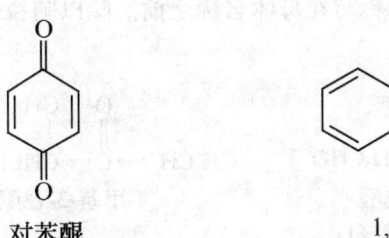

对苯醌 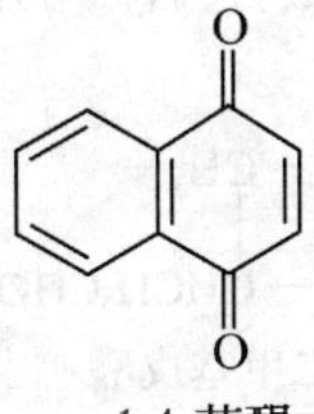   1,4-萘醌

第1节 醛 和 酮

一、醛、酮的分类和命名

(一) 分类

(1) 根据醛、酮分子中烃基的类别可分为脂肪醛、酮,芳香醛、酮和脂环醛、酮。

脂肪醛、酮: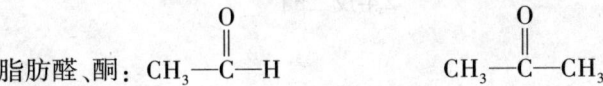

芳香醛、酮: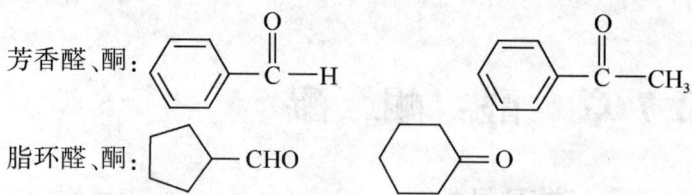

脂环醛、酮: (环戊基)—CHO   (环己基)=O

(2) 根据醛、酮分子中烃基是否饱和可分为饱和醛、酮，不饱和醛、酮。

饱和醛、酮：CH₃—CHO   CH₃—CO—CH₃

不饱和醛、酮：CH₃CH=CHCHO   CH₃CH=CH—CO—CH₃

(二) 命名

1. 普通命名法　对于简单的脂肪醛，可按分子中所含碳原子数称为某醛；简单的脂肪酮则按酮基所连接的两个烃基称为某(基)某(基)酮。例如：

CH₃—CHO　　CH₃CH₂—CHO　　CH₃—CO—CH₃　　CH₃—CO—CH₂CH₃
　乙醛　　　　　丙醛　　　　　二甲酮　　　　　甲乙酮

芳香醛和芳香酮命名时，则把苯环作为取代基。例如：

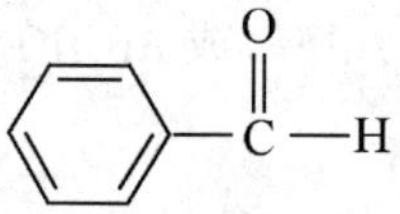

C₆H₅—CHO　　　C₆H₅—CO—CH₃
　苯甲醛 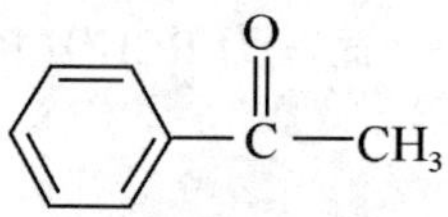　　　　　苯乙酮

2. 系统命名法　对于结构复杂的醛、酮则采用系统命名法，其命名方法与醇类似。命名时选择含有羰基的最长碳链作为主链，并从靠近羰基的一端开始给主链碳原子编号，最后将取代基、不饱和键、酮基的位置、数目、名称写在母体名称之前。除以阿拉伯数字编号外，还可用希腊字母 α、β、γ 来编号。例如：

CH₃CH(CH₃)CH(CH₃)CH₂CHO　　　CH₃CH₂—CO—CH(CH₃)CH₂CH₃
　3,4-二甲基戊醛　　　　　　　　　　4-甲基-3-己酮
　(β,γ-二甲基戊醛)

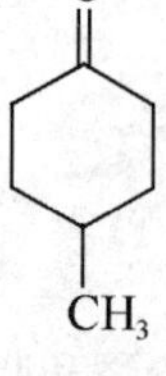

4-甲基环己酮　　　　2,4-戊二酮
　　　　　　　　CH₃—CO—CH₂—CO—CH₃

> **知识链接**　　　　　　　　　　**甲　醛**
>
> 　　甲醛(HCHO)又称蚁醛,是最简单的醛类,通常情况下是一种可燃、无色及有刺激性的气体。易溶于水、醇和醚。35%~40%的甲醛水溶液称为福尔马林,是常用的防腐剂和消毒剂。
> 　　甲醛与浓氨水共同蒸发,生成一种白色晶体环六亚甲基四胺,药品名乌洛托品。内服后遇酸性尿分解产生甲醛而起杀菌作用,用于轻度尿路感染,在医药上用作尿道消毒剂。

二、羰基的结构

醛、酮分子中的羰基碳原子是 sp^2 杂化,氧原子则没有杂化。羰基碳原子有 3 个 sp^2 杂化轨道,其中一个 sp^2 杂化轨道与氧原子的 2p 轨道重叠形成一个 σ 键。碳原子没有参加杂化的 2p 轨道垂直于三个 sp^2 杂化轨道所在的平面,与氧原子的另一个 2p 轨道侧面重叠,形成 π 键,即碳氧双键也是由一个 σ 键和一个 π 键组成。同时由于氧原子的电负性比碳原子大,故羰基中的 π 电子云就偏向于氧原子,从而使得羰基碳原子带上部分正电荷,而氧原子带上部分负电荷。其结构如图 7-1 所示。

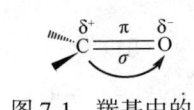

图 7-1　羰基中的 σ 键和 π 键

三、醛和酮的物理性质

常温下,除甲醛为气体外,12 个碳原子以下的脂肪醛、酮都是液体,高级的脂肪醛、酮和芳香酮是固体。

由于羰基具有极性,分子间的作用力较大,因此醛、酮的沸点高于相对分子质量相近的烷烃和醚,但由于醛、酮分子间不能形成氢键,所以醛、酮的沸点比相应的一元醇低。

低级的醛、酮能与水分子形成分子间氢键,所以易溶于水,如甲醛、乙醛、丙酮等。其他的醛、酮在水中的溶解度随烃基的增大而降低,而易溶于苯、乙醚等有机溶剂。

四、醛和酮的化学性质

醛、酮分子中都含有羰基,所以两者具有许多相似的化学性质。由于羰基是一个极性的不饱和基团,因此易受到一些试剂的进攻而发生加成反应。在这类加成反应中,一般首先是试剂中带负电的部分进攻带部分正电荷的羰基碳原子,所以这类加成反应又称为亲核加成(nucleophilic addition)反应,是醛、酮的重要反应之一。醛、酮的第二类反应是 α-碳原子上氢的反应,由于相邻羰基的影响,α-碳原子上氢显得很活泼。醛、酮的第三类反应是氧化还原反应。

(一) 亲核加成反应

1. 与氢氰酸加成　醛、脂肪族甲基酮以及八个碳以下的环酮能与氢氰酸发生加成反应生成 α-氰基醇,反应的通式为:

$$\underset{(CH_3)H}{\overset{R}{>}}C=O + HCN \rightleftharpoons \underset{(CH_3)H}{\overset{R}{>}}\underset{OH}{\overset{CN}{C}}$$

例如:

$$\underset{CH_3}{\overset{H}{>}}C=O + HCN \longrightarrow H-\underset{CH_3}{\overset{CN}{\underset{|}{C}}}-OH$$

实验表明,丙酮与氢氰酸的反应,若无碱存在时,在 3~4 h 内只有一半反应物作用完;若加入酸,反应速率则减慢,加入大量的酸,则放置几天也不反应;但若加入一滴氢氧化钠溶液,反应在 2min 内即可完成。

由于氢氰酸是一种很弱的酸,在溶液中它存在着下列平衡:

$$HCN \rightleftharpoons H^+ + CN^-$$

碱的加入增加了反应体系中氰基负离子的浓度,酸的加入则降低了氰基负离子的浓度,由此可以推断该反应的反应速率与氰基负离子的浓度有着密切的关系。所以一般认为,碱催化下氢氰酸对羰基加成反应的机理是:

$$\underset{(CH_3)H}{\overset{R}{>}}C=O + CN^- \underset{慢}{\rightleftharpoons} \underset{(CH_3)H}{\overset{R}{\underset{CN}{\overset{|}{C}}}}-O^- \underset{快,HCN}{\rightleftharpoons} \underset{(CH_3)H}{\overset{R}{\underset{CN}{\overset{|}{C}}}}-OH + CN^-$$

由上式可以看出,反应中,首先是氰基负离子进攻带部分正电荷的羰基碳原子,生成氧负离子,然后试剂中带正电荷的部分与氧负离子结合,生成加成产物,所以该加成反应又称亲核加成反应。

醛、酮与其他亲核试剂加成反应的机理也是如此,其亲核加成反应机理的通式可表示为:

$$>C=O + Nu^- \underset{慢}{\rightleftharpoons} -\underset{Nu}{\overset{|}{C}}-O^- \underset{快,A^+}{\rightleftharpoons} -\underset{Nu}{\overset{|}{C}}-OA$$

不同结构的醛、酮进行亲核加成反应的难易程度是不同的,其由易到难的顺序如下:

$$\underset{H}{\overset{H}{>}}C=O > \underset{H}{\overset{R}{>}}C=O > \underset{H_3C}{\overset{R}{>}}C=O > \underset{R}{\overset{R}{>}}C=O$$

影响醛、酮亲核加成反应速度的因素主要有两个方面。

(1) 电子效应:烷基是供电子基,与羰基碳原子相连后,使得羰基碳原子所带的正电荷减少,因而不利于亲核加成反应。

(2) 空间效应:当烷基与羰基碳原子相连后,不仅降低了羰基碳原子的正电荷,同时也增大了空间位阻,不利于亲核试剂进攻羰基碳原子,从而降低了其亲核加成反应的速率。

氢氰酸与醛、酮的加成反应,在有机合成上还可作为增长碳链的一种方法。

$$\underset{CH_3}{\overset{H}{>}}C=O + HCN \longrightarrow H-\underset{CH_3}{\overset{CN}{\underset{|}{C}}}-OH \xrightarrow[H^+]{H_2O} H-\underset{CH_3}{\overset{COOH}{\underset{|}{C}}}-OH$$

α-羟基酸

2. 与亚硫酸氢钠加成 醛、脂肪族甲基酮以及低级环酮能与亚硫酸氢钠的饱和溶液发生加成反应,生成 α-羟基磺酸钠,它不溶于饱和亚硫酸氢钠溶液而析出晶体。

$$\underset{(CH_3)H}{\overset{R}{>}}C=O + NaHSO_3 \rightleftharpoons \underset{(CH_3)H}{\overset{R}{>}}C\underset{SO_3H}{\overset{ONa}{<}} \rightleftharpoons \underset{(CH_3)H}{\overset{R}{>}}C\underset{SO_3Na}{\overset{OH}{<}} \downarrow$$

该反应是一个可逆反应,将加成产物分离出来,加入酸或碱,加成产物又会分解为原来的醛或酮。例如:

$$\underset{(CH_3)H}{\overset{R}{>}}C\underset{SO_3Na}{\overset{OH}{<}} \begin{cases} \xrightarrow{HCl} \underset{(CH_3)H}{\overset{R}{>}}C=O + NaCl + SO_2\uparrow + H_2O \\ \xrightarrow{Na_2CO_3} \underset{(CH_3)H}{\overset{R}{>}}C=O + NaHCO_3 + Na_2SO_3 \end{cases}$$

所以,该反应常可用于鉴别、分离和提纯醛或酮。

3. 与格氏试剂加成 格氏试剂中的碳镁键是极性键,其中的碳原子带部分的负电荷,镁带部分的正电荷,故格氏试剂可作为亲核试剂与醛、酮发生亲核加成,加成产物不必分离,可直接水解制得醇。

$$>C=O + R-MgX \xrightarrow{\text{乙醚}} >C\underset{R}{\overset{OMgX}{<}} \xrightarrow{H_2O, H^+} R-\overset{|}{\underset{|}{C}}-OH$$

格氏试剂与甲醛作用生成伯醇,生成的醇比作原料的格氏试剂多一个碳原子。例如:

$$\underset{H}{\overset{H}{>}}C=O + CH_3CH_2-MgX \xrightarrow{\text{乙醚}} CH_3CH_2CH_2OMgX \xrightarrow{H_2O, H^+} CH_3CH_2CH_2OH$$

其他的醛与格氏试剂作用,生成仲醇。例如:

$$\underset{H}{\overset{H_3C}{>}}C=O + CH_3CH_2-MgX \xrightarrow{\text{乙醚}} \underset{CH_3CH_2}{\overset{CH_3}{>}}CHOMgX \xrightarrow{H_2O, H^+} \underset{CH_3CH_2}{\overset{CH_3}{>}}CHOH$$

酮与格氏试剂作用,生成叔醇。例如:

$$\underset{H_3C}{\overset{H_3C}{>}}C=O + CH_3CH_2-MgX \xrightarrow{\text{乙醚}} CH_3-\underset{CH_3}{\overset{CH_2CH_3}{\underset{|}{C}}}-OMgX \xrightarrow{H_2O, H^+} CH_3-\underset{CH_3}{\overset{CH_2CH_3}{\underset{|}{C}}}-OH$$

4. 与醇加成 在干燥的氯化氢或浓硫酸作用下,一分子醛与一分子醇发生加成反应,生成的化合物称为半缩醛(hemiacetal)。例如:

$$CH_3CH_2CHO + CH_3OH \xrightleftharpoons{\text{干燥 } HCl} CH_3CH_2-\overset{OH}{\underset{|}{C}H}-OCH_3$$
$$\text{1-甲氧基丙醇(半缩醛)}$$

半缩醛一般不稳定(环状的半缩醛较稳定),可以继续与另一分子醇反应,脱去一分子水生成稳定的缩醛(acetal)。

$$CH_3CH_2-\underset{OH}{\underset{|}{CH}}-OCH_3 + CH_3OH \xrightleftharpoons{\text{干燥 HCl}} CH_3CH_2-\underset{OCH_3}{\underset{|}{CH}}-OCH_3$$

1,1-二甲氧基丙烷(缩醛)
或丙醛缩二甲醇

缩醛对碱、氧化剂是稳定的,但在稀酸中易分解变成原来的醛。

$$\underset{H}{\overset{R}{C}}\underset{OR'}{\overset{OR'}{\diagdown}} + H_2O \xrightleftharpoons{H^+} \left[\underset{H}{\overset{R}{C}}\underset{OH}{\overset{OH}{\diagdown}}\right] \longrightarrow RCHO + H_2O$$

利用这一性质,在有机合成中可用来保护活泼的醛基。例如,将 $CH_3CH=CHCHO$ 转化为 $CH_3\underset{OH}{\underset{|}{CH}}-\underset{OH}{\underset{|}{CH}}CHO$。

$$CH_3CH=CHCHO \xrightarrow[\text{干燥 HCl}]{C_2H_5OH} CH_3CH=CH\underset{OC_2H_5}{\overset{OC_2H_5}{CH}}$$

$$\xrightarrow{\text{稀冷 KMnO}_4} CH_3\underset{OH}{\underset{|}{CH}}-\underset{OH}{\underset{|}{CH}}\underset{OC_2H_5}{\overset{OC_2H_5}{CH}} \xrightarrow{H_2O, H^+} CH_3\underset{OH}{\underset{|}{CH}}-\underset{OH}{\underset{|}{CH}}CHO$$

上述转化中,若不先将醛基保护起来,当用高锰酸钾处理时,分子中的醛基会被氧化成羧基,得不到所需产物。

在合成中常用乙二醇和醛或酮作用,生成环状的缩醛或缩酮来保护羰基。

$$\underset{H}{\overset{R}{\diagdown}}C=O + HOCH_2CH_2OH \xrightleftharpoons{\text{干燥 HCl}} \underset{R}{\overset{R}{\diagdown}}C\underset{O}{\overset{O}{\diagdown}}\!\!\rceil$$

5. 与氨的衍生物加成 氨及其衍生物可作为亲核试剂,与醛或酮发生加成反应,反应并不停留在加成这一步,加成的产物相继脱去一分子水,生成含有碳氮双键($\diagdown\!\!C=N\!\diagup$)的化合物。氨的衍生物可以是羟胺(H_2N-OH)、肼(H_2N-NH_2)、苯肼($H_2N-NHC_6H_5$)、2,4-二硝基苯肼以及氨基脲等。上述氨的衍生物与醛或酮反应的通式为:

$$\diagup\!\!\!C=O + H_2N-Y \rightleftharpoons \left[\diagup\!\!\!\underset{OH}{\underset{|}{C}}-\underset{H}{\underset{|}{N}}-Y\right] \xrightarrow{-H_2O} \diagup\!\!\!C=N-Y$$

上述反应可简写为:

$$\text{>C=O} + \boxed{\text{H}_2\text{N}}-Y \xrightarrow{-\text{H}_2\text{O}} \text{>C=N}-Y$$

例如：

$$\underset{\text{H}}{\overset{\text{CH}_3}{>}}\text{C}=\boxed{\text{O} + \text{H}_2}\text{N}-\text{OH} \xrightarrow{\text{H}_2\text{O}} \underset{\text{H}}{\overset{\text{CH}_3}{>}}\text{C}=\text{N}-\text{OH}$$

羟胺　　　　　　　　　　乙醛肟

$$\underset{\text{H}}{\overset{\text{CH}_3}{>}}\text{C}=\boxed{\text{O} + \text{H}_2}\text{N}-\text{NH}_2 \xrightarrow{-\text{H}_2\text{O}} \underset{\text{H}}{\overset{\text{CH}_3}{>}}\text{C}=\text{N}-\text{NH}_2$$

肼　　　　　　　　　　　乙醛腙

$$\underset{\text{H}}{\overset{\text{CH}_3}{>}}\text{C}=\boxed{\text{O} + \text{H}_2}\text{N}-\text{NH}-\text{C}_6\text{H}_5 \xrightarrow{-\text{H}_2\text{O}} \underset{\text{H}}{\overset{\text{CH}_3}{>}}\text{C}=\text{N}-\text{NH}-\text{C}_6\text{H}_5$$

苯肼　　　　　　　　　　苯腙

$$\underset{\text{H}}{\overset{\text{CH}_3}{>}}\text{C}=\boxed{\text{O}+\text{H}_2}\text{N}-\text{NH}-\text{C}_6\text{H}_3(\text{NO}_2)_2 \xrightarrow{-\text{H}_2\text{O}} \underset{\text{H}}{\overset{\text{CH}_3}{>}}\text{C}=\text{N}-\text{NH}-\text{C}_6\text{H}_3(\text{NO}_2)_2$$

2,4-二硝基苯肼　　　　　2,4-二硝基苯腙

$$\underset{\text{H}}{\overset{\text{CH}_3}{>}}\text{C}=\boxed{\text{O}+\text{H}_2}\text{N}-\text{NH}-\overset{\text{O}}{\underset{\|}{\text{C}}}-\text{NH}_2 \xrightarrow{-\text{H}_2\text{O}} \underset{\text{H}}{\overset{\text{CH}_3}{>}}\text{C}=\text{N}-\text{NH}-\overset{\text{O}}{\underset{\|}{\text{C}}}-\text{NH}_2$$

氨基脲　　　　　　　　　缩氨脲

6. 与魏蒂西(Wittig)试剂加成 魏蒂西试剂是由三苯基膦$(C_6H_5)_3P$与卤代烃作用制得的**鏻盐**，经强碱(如苯基锂或乙醇钠)处理除去α-氢而制得的。应用该反应制备烯烃，条件温和，双键位置确定。

$$(C_6H_5)_3P + CH_3CH_2Br \xrightarrow{\text{THF}} (C_6H_5)_3\overset{+}{P}-CH_2CH_3Br^-$$

$$(C_6H_5)_3\overset{+}{P}-CH_2CH_3Br^- \xrightarrow{C_6H_5Li} (C_6H_5)_3P=CHCH_3$$

醛、酮与魏蒂西试剂作用脱去一分子氧化三苯基膦生成烯烃，例如：

$$\underset{\text{H}}{\overset{\text{CH}_3}{>}}\text{C}=\text{O} + (C_6H_5)_3P=CHCH_3 \longrightarrow CH_3CH=CHCH_3 + (C_6H_5)_3P=O$$

(二) α-氢的反应

在醛、酮分子中，与羰基碳原子相邻的碳原子称为α-碳原子，α-碳原子上的氢原子受到相邻

羰基的影响而显得比较活泼。这是由于羰基的吸电子性使 α-碳原子上的 C—H 键极性增强,氢原子有变成质子离去的倾向。

1. 酮式和烯醇式互变   在醛、酮分子中,当 α-H 以质子的形式离去后形成碳负离子,由于所形成的碳负离子中存在 p-π 共轭体系,所以该碳负离子较稳定。逆反应进行时,质子若与 α-碳原子结合则得到原来酮式结构的醛、酮;若与氧结合,则得到烯醇式结构的醛、酮。这样就形成了酮式和烯醇式的互变异构体。例如:

$$CH_3-\underset{\underset{O}{\|}}{C}-CH_3 \underset{H^+}{\overset{-H^+}{\rightleftharpoons}} CH_2-\underset{\underset{O}{\|}}{C}-CH_3 \longleftrightarrow CH_2=\underset{\underset{O^-}{|}}{C}-CH_3 \underset{-H^+}{\overset{H^+}{\rightleftharpoons}} CH_2=\underset{\underset{OH}{|}}{C}-CH_3$$

　　酮式　　　　　　　　　　　　　　　　　　　　　　　　　　烯醇式

一般情况下,醛、酮的烯醇式结构是很不稳定,在平衡体系中含量很少,无法分离。但有些醛、酮的烯醇式却很稳定,可以分离。例如,2,4-戊二酮。

$$CH_3-\underset{\underset{O}{\|}}{C}-CH_2-\underset{\underset{O}{\|}}{C}-CH_3 \rightleftharpoons CH_3-\underset{\underset{O}{\|}}{C}-CH=\underset{\underset{OH}{|}}{C}-CH_3$$

　　　　酮式　　　　　　　　　　　烯醇式 92%

2. 卤代和卤仿反应   含有 α-H 的醛可以与卤素发生卤代反应。在酸性条件下,卤代反应可以停留在一卤代物的阶段。例如:

$$Br-C_6H_4-\underset{\underset{O}{\|}}{C}-CH_3 \xrightarrow[20℃]{Br_2, CH_3COOH} Br-C_6H_4-\underset{\underset{O}{\|}}{C}-CH_2Br + HBr$$

在碱性条件下,卤代反应很难停留在一卤代物的阶段,而是生成多卤代物。生成的三卤代物在碱性溶液中一般不稳定,会立即分解生成三卤甲烷(卤仿)和羧酸盐,这类反应就是卤仿反应。例如:

$$CH_3-\underset{\underset{O}{\|}}{C}-CH_3 + X_2 \xrightarrow{NaOH} CH_3-\underset{\underset{O}{\|}}{C}-CH_2X \xrightarrow{NaOH}{X_2} CH_3-\underset{\underset{O}{\|}}{C}-CHX_2$$

$$\xrightarrow[X_2]{NaOH} CH_3-\underset{\underset{O}{\|}}{C}\!\mid\! CX_3 \longrightarrow CH_3COOH + CHX_3$$

　　　　　　　　　　　　　　　　　　　　　卤仿

由于该反应常用的卤素是碘,在反应中生成碘仿,故该反应又称碘仿反应。碘仿是一种黄色的不溶于水的晶体,并有特殊的气味,很容易识别,所以碘仿反应常用来鉴别乙醛和甲基酮。同时,由于次碘酸钠具有氧化性,可以把乙醇及具有 $H_3C-\underset{\underset{OH}{|}}{CH}-$ 结构的仲醇分别氧化成相应的乙醛或甲基酮,所以这类醇也能发生碘仿反应。例如:

$$CH_3CH_2OH \xrightarrow[NaOH]{I_2} CH_3CHO \xrightarrow[NaOH]{I_2} CHI_3\downarrow + HCOONa$$

$$CH_3CHCH_2CH_3 \xrightarrow{NaIO} CH_3CCH_2CH_3 \xrightarrow{NaIO} CHI_3\downarrow + CH_3CH_2COONa$$
$$|\|$$
$$OHO$$

故碘仿反应可作为具有 $H_3C-\overset{OH}{\underset{|}{C}}H-$ 和 $H_3C-\overset{O}{\underset{\|}{C}}-$ 结构化合物的鉴别反应。

3. 羟醛缩合反应 在稀酸或稀碱(最常用的是稀碱)作用下,两分子的醛发生自身加成反应,一分子醛的 α-H 加到另一分子醛的羰基氧上,其余的部分加到羰基碳上,生成 β-羟基醛,这个反应就称为羟醛缩合反应。例如:

$$CH_3-\overset{O}{\underset{\|}{C}}-H + H-CH_2-\overset{O}{\underset{\|}{C}}-H \xrightarrow{\text{稀}OH^-} CH_3-\underset{\underset{OH}{|}}{CH}-CH_2CHO$$

若生成的 β-羟基醛仍有 α-H,则受热或在酸的作用下即发生分子内脱水,生成具有共轭体系的 α,β-不饱和醛。例如:

$$CH_3-\underset{\underset{\boxed{OH\quad H}}{}}{CH-CH}CHO \xrightarrow{\Delta} CH_3CH=CHCHO$$
2-丁烯醛

羟醛缩合反应的机理如下:

(1) 首先,稀碱夺取醛分子中的 α-H,形成碳负离子。

$$OH^- + H-CH_2-\overset{O}{\underset{\|}{C}}-H \rightleftharpoons {}^-CH_2-\overset{O}{\underset{\|}{C}}-H + H_2O$$

(2) 然后,碳负离子作为亲核试剂,进攻另一分子醛的羰基碳原子,生成氧负离子。

$$CH_3-\overset{O}{\underset{\|}{C}}-H + {}^-CH_2-\overset{O}{\underset{\|}{C}}-H \rightleftharpoons CH_3-\underset{\underset{O^-}{|}}{CH}-CH_2CHO$$

(3) 最后,氧负离子从水中夺取质子生成 β-羟基醛。

$$CH_3-\underset{\underset{O^-}{|}}{CH}-CH_2CHO \underset{}{\overset{H_2O}{\rightleftharpoons}} CH_3-\underset{\underset{OH}{|}}{CH}-CH_2CHO$$

其他含有 α-H 的也可以发生羟醛缩合反应,例如:

$$CH_3CH_2CH_2CHO + \boxed{H_2}C-CHO \xrightarrow[80\sim100℃]{\text{稀}OH^-} CH_3CH_2CH_2CH=CCHO$$
$$\underset{CH_2CH_3}{|}\underset{CH_2CH_3}{|}$$
$$86\%$$

具有 α-H 的酮也有类似的反应,但比醛困难而且产率很低。

当两种不同的含 α-H 的醛在稀碱作用下发生羟醛缩合反应时,由于除了同一种醛的自身羟醛缩合以外,还有两种醛之间的交叉缩合,所以会得到四种不同的产物,难以分离,无实际意义。

但若选用一种不含 α-H 的醛与一种含 α-H 的醛进行羟醛缩合,控制反应条件可得到单一产物。例如:

$$C_6H_5\text{CHO} + CH_3CHO \xrightarrow[50℃]{NaOH} C_6H_5\text{CH}=\text{CHCHO}$$

羟醛缩合反应若在分子内进行,则生成环状化合物。例如:

$$CH_3COCH_2CH_2COCH_3 \xrightarrow[100℃]{KOH} \text{3-甲基-2-环戊烯酮}$$

4. 曼尼希(Mannich)反应 含有 α-H 的酮与甲醛以及胺(常用仲胺的盐)在酸性条件下反应生成 β-胺基酮,这个反应就称为曼尼希反应。例如:

$$C_6H_5COCH_3 + HCHO + (CH_3)_2NH \xrightarrow[\Delta]{H^+} C_6H_5COCH_2CH_2N(CH_3)_2 + H_2O$$

5. 珀金(Perkin)反应 芳香醛与 α-C 上有两个活泼氢的酸酐在相应的羧酸盐的催化下加热,发生类似羟醛缩合型的反应,生成 α,β-不饱和酸,这一反应就称为珀金反应。反应的通式为:

$$Ar\text{—CHO} + (RCH_2CO)_2O \xrightarrow[\Delta]{RCH_2COONa(K)} Ar\text{—CH}=\underset{R}{C}\text{COOH}$$

例如:

$$C_6H_5CHO + (CH_3CO)_2O \xrightarrow[\Delta]{CH_3COOK} C_6H_5\text{CH}=\text{CHCOOH}$$

(三) 氧化还原反应

1. 氧化反应 醛很容易被氧化,不仅会被强的氧化剂高锰酸钾、重铬酸钾等氧化,也可被一些弱氧化剂如托伦(Tollens)试剂、斐林(Fehling)试剂所氧化,但这些弱氧化剂却不能氧化酮。

托伦试剂是硝酸银的氨溶液,其与醛共热时,将醛氧化成羧酸,而自身则被还原为金属银,生成的银沉积在洁净的试管壁上,所以该反应又称银镜反应。

$$RCHO + 2Ag(NH_3)_2OH \xrightarrow{\Delta} RCOONH_4 + 2Ag\downarrow + H_2O + 3NH_3$$

斐林试剂包括两个部分,其中 A 为硫酸铜溶液,B 为酒石酸钾的氢氧化钠溶液,使用时等体积混合 A 和 B,得到一深蓝色溶液,与脂肪醛共热,将脂肪醛氧化成羧酸,而自身被还原生成砖红色的氧化亚铜沉淀。

$$RCHO + 2Cu^{2+} + 5NaOH \xrightarrow{\Delta} RCOONa + Cu_2O\downarrow + 4Na^+ + 3H_2O$$

斐林试剂只能氧化脂肪醛,不能氧化芳香醛,因此可用斐林试剂来区别脂肪醛和芳香醛。

2. 还原反应 采用不同的还原剂,可将醛、酮分子中的羰基还原成醇羟基或亚甲基。

(1) 羰基还原成醇羟基

1) 催化氢化：在催化剂 Pt、Pd、Ni 等作用下，醛、酮与氢气加成，分子中的羰基被还原成羟基，同时若分子中有碳碳双键也一起被还原。例如：

$$CH_3CH=CHCHO + H_2 \xrightarrow{Ni \text{ 或 } Pt} CH_3CH_2CH_2CH_2OH$$

2) 用金属氢化物还原：用金属氢化物如硼氢化钠、氢化铝锂等作还原剂还原醛、酮时，只能将分子中的羰基还原成羟基，而不能还原分子中的碳碳双键。例如：

$$CH_3CH=CHCHO \xrightarrow{LiAlH_4} CH_3CH=CHCH_2OH$$

3) 梅尔魏因-庞多夫（Meerwein-Poundorf）还原：醛、酮在异丙醇铝的作用下，分子中的羰基被还原成羟基的反应，被称为梅尔魏因-庞多夫还原反应。

$$\underset{(R')H}{\overset{R}{>}}C=O + (CH_3)_2CHOH \xrightarrow{[(CH_3)_2CHO]_3Al} \underset{(R')H}{\overset{R}{>}}CHOH + CH_3COCH_3$$

它的逆反应可以将仲醇氧化成酮，称为奥彭诺尔（Oppenauer）氧化法。该反应是将不饱和仲醇氧化成酮的好方法。

(2) 羰基还原成亚甲基

1) 克莱门森（Clemmensen）还原：醛、酮与锌汞齐及浓盐酸回流反应，分子中的羰基则被还原为亚甲基，这个反应就称为克莱门森还原反应。例如：

$$\underset{(R')H}{\overset{R}{>}}C=O \xrightarrow[\text{浓 HCl}]{Zn, Hg} \underset{(R')H}{\overset{R}{>}}CH_2$$

2) 沃尔夫-基什纳-黄鸣龙（Wolff-Kishner-Huang ML）还原法：该法最初是将醛、酮与无水肼作用生成腙，然后将腙、醇钠及无水乙醇在封管或高压釜中加热，反应温度高，操作不方便。

$$\underset{(R')H}{\overset{R}{>}}C=O \xrightarrow{H_2NNH_2} \underset{(R')H}{\overset{R}{>}}C=NNH_2 \xrightarrow[\text{高温}]{NaOC_2H_5/C_2H_5OH} \underset{(R')H}{\overset{R}{>}}CH_2 + N_2$$

后来我国著名化学家黄鸣龙对该方法进行了改进，用氢氧化钠、85% 水合肼代替醇钠、无水肼，在聚乙二醇中反应。改良后的反应在常压下就能进行。例如：

$$C_6H_5\overset{O}{\overset{\|}{C}}CH_2CH_3 \xrightarrow[(HOCH_2CH_2)_2O, \triangle]{H_2NNH_2, NaOH} C_6H_5CH_2CH_2CH_3$$

3. 卡尼查罗（Cannizzaro）反应 不含 α-H 的醛在浓碱作用下，发生自身的氧化还原反应，即一分子醛被氧化生成羧酸，另一分子醛被还原生成醇，这一反应就称为卡尼查罗反应。例如：

$$2HCHO \xrightarrow{\text{浓}NaOH} \xrightarrow{H^+} CH_3OH + HCOOH$$

$$2 \; C_6H_5\text{—CHO} \xrightarrow{\text{浓NaOH}} \xrightarrow{H^+} C_6H_5\text{—COOH} + C_6H_5\text{—CH}_2\text{OH}$$

如果两种不含 α-H 的醛在浓碱作用下,则发生交叉卡尼查罗反应,得到混合物。若两种醛中有一种是甲醛,由于甲醛还原性较强,所以总是甲醛被氧化成甲酸,而另一分子醛被还原成醇。例如:

$$\text{HCHO} + C_6H_5\text{—CHO} \xrightarrow{\text{浓NaOH}} \xrightarrow{H^+} \text{HCOOH} + C_6H_5\text{—CH}_2\text{OH}$$

工业生产季戊四醇也正是利用了这一性质:

$$3\text{HCHO} + \text{CH}_3\text{CHO} \xrightarrow{\text{Ca(OH)}_2} \text{HOCH}_2\text{—C(CH}_2\text{OH)}_2\text{—CHO}$$

$$\text{HOCH}_2\text{—C(CH}_2\text{OH)}_2\text{—CHO} + \text{HCHO} \xrightarrow{\text{OH}^-} \text{HOCH}_2\text{—C(CH}_2\text{OH)}_2\text{—CH}_2\text{OH} + \text{HCOOH}$$

(四) 与希夫(Schiff)试剂的显色反应

将二氧化硫通入红色的品红水溶液中,至红色刚好褪去,所形成的无色溶液就是希夫试剂。醛与希夫试剂作用显紫红色,酮则不显色,故可用于醛和酮的鉴别。

五、醛和酮的制备

1. 烯烃的臭氧化

$$\text{CH}_3\text{CH}=\text{CHCH}_3 \xrightarrow[\text{② Zn, H}_2\text{O}]{\text{① O}_3} 2\text{CH}_3\text{CHO}$$

$$\text{CH}_3\text{C}(\text{CH}_3)=\text{CH}_2 \xrightarrow[\text{② Zn, H}_2\text{O}]{\text{① O}_3} \text{CH}_3\text{COCH}_3 + \text{HCHO}$$

2. 炔烃的水合

$$\text{HC}\equiv\text{CH} + \text{H}_2\text{O} \xrightarrow[10\% \; \text{H}_2\text{SO}_4]{5\% \; \text{HgSO}_4} \text{H}_2\text{C}=\text{CHOH} \rightleftharpoons \text{H}_3\text{C—C(=O)—H}$$

$$\text{CH}_3\text{C}\equiv\text{CH} + \text{H}_2\text{O} \xrightarrow[10\% \; \text{H}_2\text{SO}_4]{5\% \; \text{HgSO}_4} \text{CH}_3\text{C(OH)}=\text{CH}_2 \rightleftharpoons \text{H}_3\text{C—C(=O)—CH}_3$$

3. 醇的氧化

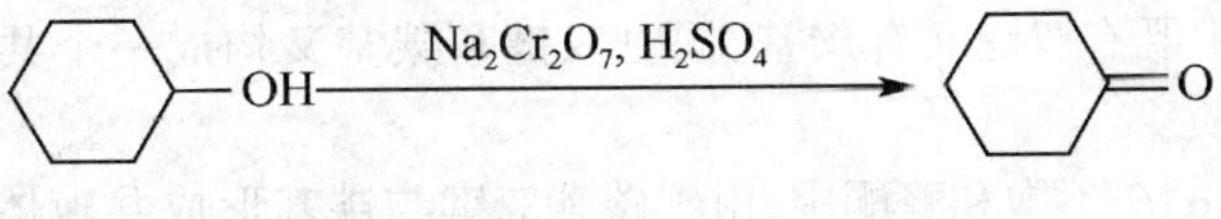

$$\text{环己醇} \xrightarrow{Na_2Cr_2O_7, H_2SO_4} \text{环己酮}$$

$$RCH_2OH \xrightarrow[325℃]{Cu} R-\underset{H}{\overset{}{C}}H-O-H \longrightarrow RCHO + H_2$$

4. 傅-克酰基化反应

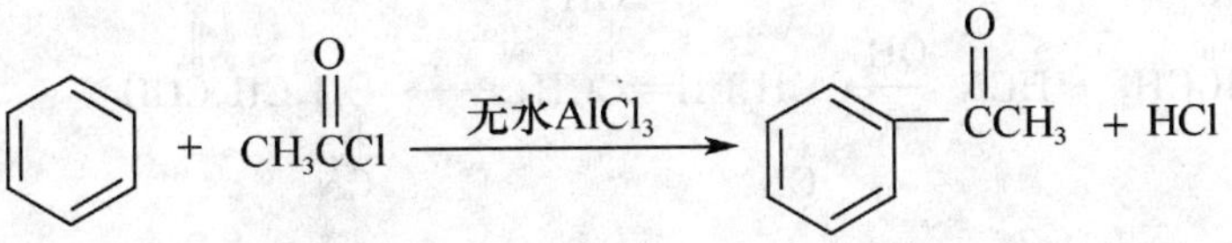

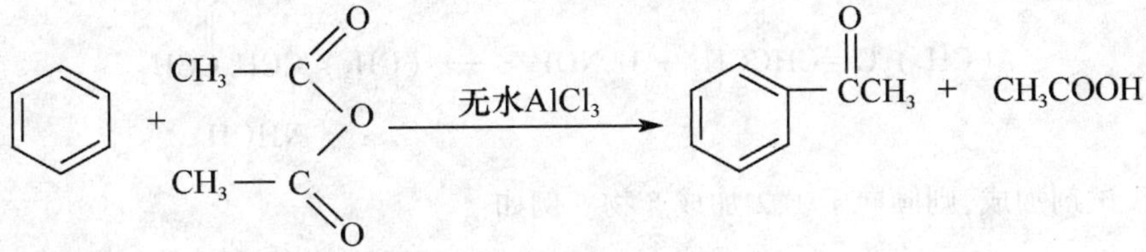

$$C_6H_6 + CH_3COCl \xrightarrow{无水AlCl_3} C_6H_5COCH_3 + HCl$$

$$C_6H_6 + (CH_3CO)_2O \xrightarrow{无水AlCl_3} C_6H_5COCH_3 + CH_3COOH$$

5. 加特曼-科赫(Gattermann-Koch)反应
以一氧化碳及干燥氯化氢为原料,在无水三氯化铝和氯化亚铜的催化下引入醛基的反应称为加特曼-科赫反应。

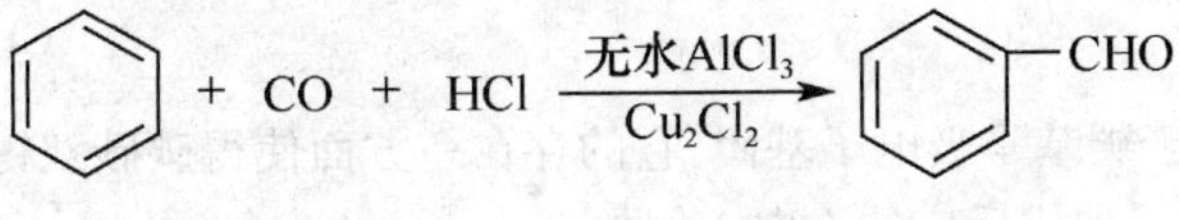

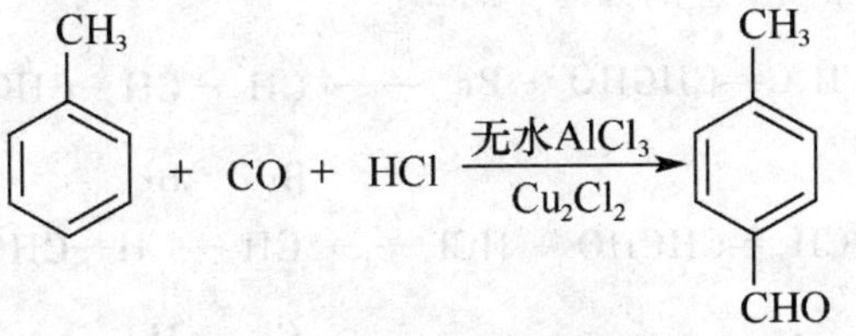

$$C_6H_6 + CO + HCl \xrightarrow[Cu_2Cl_2]{无水AlCl_3} C_6H_5CHO$$

$$\text{甲苯} + CO + HCl \xrightarrow[Cu_2Cl_2]{无水AlCl_3} \text{4-甲基苯甲醛}$$

六、不饱和醛、酮

含有碳碳双键的醛酮称为不饱和醛酮,根据分子中双键与羰基的相对位置可将其分为 α,β-不饱和醛酮和 β,γ-不饱和醛酮。例如:

α,β-不饱和醛酮:

$$CH_2\!\!=\!\!CHCHO \qquad CH_3CH\!\!=\!\!CHCHO \qquad C_6H_5CH\!\!=\!\!CHCHO$$

丙烯醛　　　2-丁烯醛(巴豆醛)　　　3-苯基-2-丙烯醛(桂皮醛)

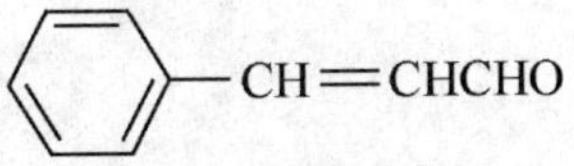

β,γ-不饱和醛酮:

$$CH_2\!\!=\!\!CHCH_2CHO \qquad\qquad CH_2\!\!=\!\!CHCH_2COCH_3$$

3-丁烯醛　　　　　　　　　　4-戊烯-2-酮

（一）α,β-不饱和醛酮的化学性质

α,β-不饱和醛酮中既有双键又有羰基,同时双键和羰基又构成一个共轭体系,这些结构使其具有特殊的化学性质。

1. 亲核加成 在α,β-不饱和醛酮中,由于碳碳双键与羰基形成共轭体系,羰基的吸电子效应通过共轭链传递,使得β-碳也带上部分正电荷,所以在进行亲核加成时,亲核试剂既可以进攻羰基碳发生1,2-加成,也可以进攻β-碳发生1,4-加成。

α,β-不饱和醛酮与醇、氢氰酸、氨的衍生物等作用,主要得到1,4-加成产物。例如:

$$CH_2=CHCCH_3 + HCN \xrightarrow{OH^-} CH_2CH=CCH_3 \longrightarrow CH_2CH_2CCH_3$$
$$\qquad\qquad\qquad\qquad\qquad\qquad\;\;|\qquad\qquad\qquad\;|$$
$$\qquad\qquad\qquad\qquad\qquad\qquad CN\qquad\qquad\quad CN$$
（羰基O、OH、O依次在各结构上方）

$$(CH_3)_2C=CHCCH_3 + H_2NOH \longrightarrow (CH_3)_2CCH_2CCH_3$$
$$\qquad\qquad\qquad\qquad\qquad\qquad\qquad\qquad\;\;|$$
$$\qquad\qquad\qquad\qquad\qquad\qquad\qquad\;\; NHOH$$

与格氏试剂加成,则倾向于1,2-加成产物。例如:

$$CH_2=CHCCH_3 + CH_3MgI \xrightarrow[\text{②}H^+,H_2O]{\text{①无水乙醚}} CH_2=CHCCH_3$$
$$\qquad\qquad\qquad\qquad\qquad\qquad\qquad\qquad\qquad\qquad\;\;|$$
$$\qquad\qquad\qquad\qquad\qquad\qquad\qquad\qquad\qquad\;\; CH_3$$

2. 亲电加成 由于羰基是吸电子基团,它的存在一方面使得碳碳双键的亲电加成反应活性降低,另一方面还控制了加成反应的方向。例如:

$$H_2C=CHCHO + Br_2 \longrightarrow CH_2-CH-CHO$$
$$\qquad\qquad\qquad\qquad\qquad\qquad\;\;|\quad\;\;|$$
$$\qquad\qquad\qquad\qquad\qquad\qquad Br\;\; Br$$

$$CH_2=CHCHO + HCl \longrightarrow CH_2-CH-CHO$$
$$\qquad\qquad\qquad\qquad\qquad\qquad\;\;|\quad\;\;|$$
$$\qquad\qquad\qquad\qquad\qquad\qquad Cl\;\; H$$

3. 插烯规则 2-丁烯醛中的甲基与乙醛的甲基相似,都很活泼,在稀碱条件下,也能发生羟醛缩合反应。

$$CH_3CH=CHCHO + H-CH_2CH=CHCHO \xrightarrow{OH^-} CH_3CH=CHCH-CH_2CH=CHCHO$$
$$\qquad\qquad\qquad\qquad\qquad\qquad\qquad\qquad\qquad\qquad\qquad\qquad\qquad\qquad\;\;|$$
$$\qquad\qquad\qquad\qquad\qquad\qquad\qquad\qquad\qquad\qquad\qquad\qquad\qquad\quad OH$$

$$\xrightarrow{-H_2O} CH_3CH=CHCH=CHCH=CHCHO$$

在结构上,2-丁烯醛可看成是在乙醛分子中的醛基与甲基之间插入了一个乙烯基。乙烯基的插入不妨碍醛基对甲基的影响,并且连续插入多个乙烯基后,这种影响仍不改变,这种现象就称为插烯规则。

（二）乙烯酮

乙烯酮是一种特殊的不饱和酮,有毒,易溶于乙醚、丙酮。

乙烯酮的性质非常活泼,能与含活泼氢的化合物,如水、盐酸、乙酸、乙醇氨等发生加成反

应,生成乙酸及其衍生物。

$$CH_2=C=O + H-OH \longrightarrow CH_3-\overset{O}{\underset{\|}{C}}-OH$$

$$CH_2=C=O + H-OR \longrightarrow CH_3-\overset{O}{\underset{\|}{C}}-OR$$

$$CH_2=C=O + H-NH_2 \longrightarrow CH_3-\overset{O}{\underset{\|}{C}}-NH_2$$

$$CH_2=C=O + H-O-\overset{O}{\underset{\|}{C}}-R \longrightarrow CH_3-\overset{O}{\underset{\|}{C}}-O-\overset{O}{\underset{\|}{C}}-R$$

> **知识链接**　　　　　　　　　甲睾酮
>
> 本品为雄性激素类药,主要用于男性缺乏睾丸素所引起的各种疾病,小剂量应用疗效不好,剂量大或长期使用极易发生肝损害、黄疸。
>
>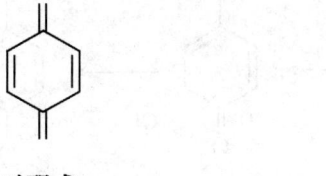
>
> "甲睾酮"属一类兴奋剂,是国内外体育机构严禁的药物。故本品目前已很少应用,相关适应证可改用安全性及疗效均较好的制剂,如十一酸睾酮注射剂或口服剂。

第2节　醌

一、醌的结构和命名

醌是一类具有共轭体系的环己二烯二酮类化合物,醌式结构有对位和邻位两种。

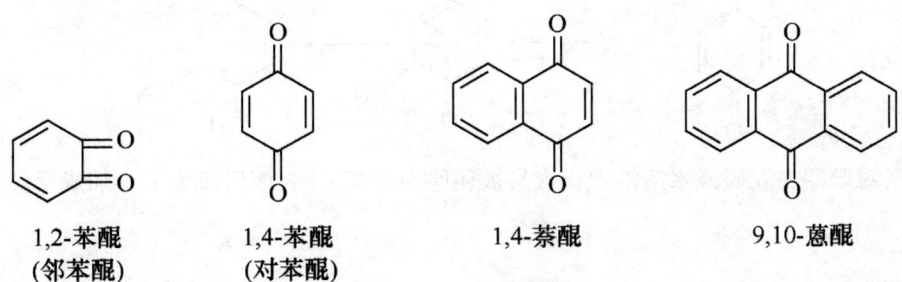

对醌式　　　　　　　　邻醌式

常见的醌类化合物有:

| 1,2-苯醌 | 1,4-苯醌 | 1,4-萘醌 | 9,10-蒽醌 |
| (邻苯醌) | (对苯醌) | | |

二、醌的物理性质

醌类都是有颜色的固体,对位醌大多为黄色,邻位醌大多为红色或橘色。对位醌具有与氯相似的刺激气味,并可用水蒸气蒸馏法提纯,邻位醌没有气味,也不能用水蒸气蒸馏法提纯。

三、醌的化学性质

从醌的结构来看,分子中既有碳碳双键又有羰基,因此醌应具有双键和羰基的性质。同时,醌又是 α,β-不饱和醛酮,应具有 α,β-不饱和醛酮的性质。

(一) 烯键的加成

醌与溴加成,生成二溴化物或四溴化物。

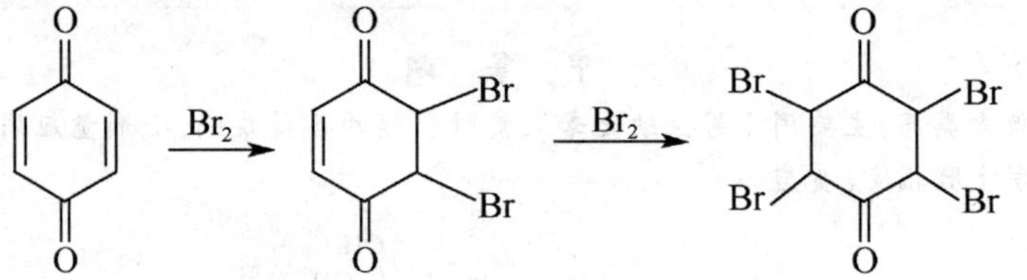

(二) 羰基与氨的衍生物的加成

对苯醌与羟氨作用,生成单肟或双肟。

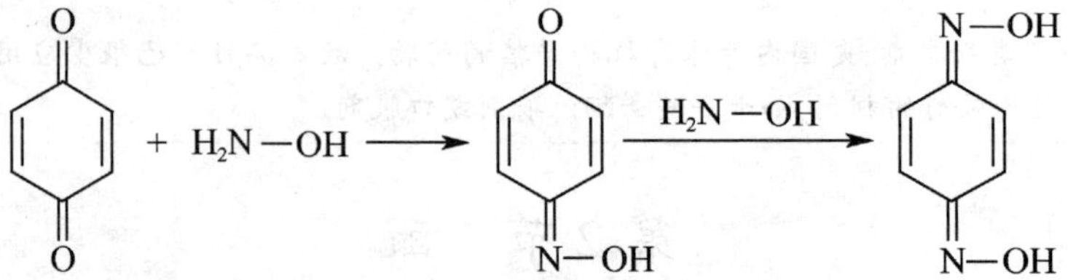

(三) 1,4-和1,6-加成

醌具有 α,β-不饱和醛酮的性质,可发生1,4-加成反应。例如:

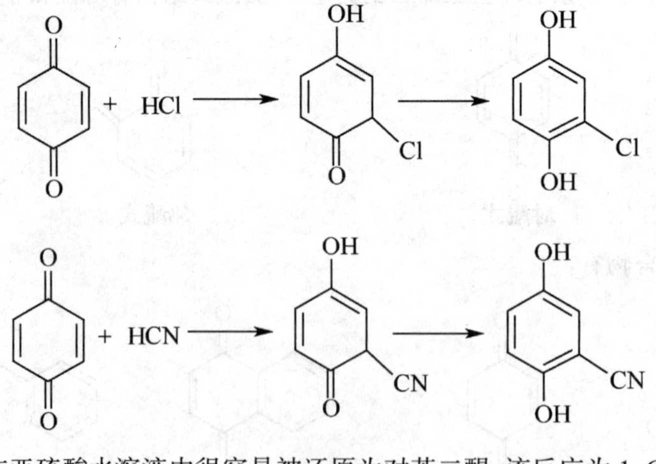

此外,对苯醌在亚硫酸水溶液中很容易被还原为对苯二醌,该反应为1,6-加成反应。

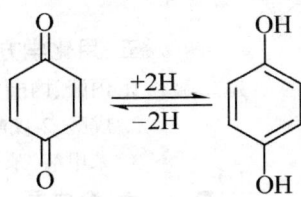

> **知识链接** 维生素 K_3
>
> 化学名为1,2,3,4-四氢-2-甲基-1,4-二氧-萘-2-磺酸钠盐三水合物,又称亚硫酸氢钠甲萘醌维生素K。
>
> 作为辅酶在肝脏参与凝血因子Ⅱ、Ⅶ、Ⅸ、X的合成。缺乏维生素K将导致以上凝血因子减少,造成凝血障碍,可致出血倾向和凝血时间延长。临床常用于维生素K缺乏所引起的出血性疾病,如:①早产儿、新生儿出血和梗阻性黄疸、胆瘘、肝病及慢性腹泻患者出血;②长期大量应用广谱抗生素、双香豆素、水杨酸类药物导致的出血;③肠道吸收不良及低凝血酶原血症等。

本 章 小 结

本章主要阐述醛、酮的结构、命名、化学性质制备,以及不饱和醛、酮的亲核与亲电加成反应等。重点:醛酮的亲核加成反应,α-H 的反应,羟醛缩合发生的条件、形式和应用;卤仿反应的条件和在鉴别及合成上的应用,醛酮的制备及不饱和醛酮的性质。

难点:亲核加成反应的机理。

目标检测

一、名词解释
1. 羰基
2. 亲核加成
3. 缩醛
4. 卤仿反应
5. 插烯规则

二、根据所给结构命名或根据名称写出结构式

1. $CH_3CH=CHCHO$

2. $CH_3-\overset{O}{\overset{\|}{C}}-CH_3$

3. 苯基-CO-CH₃

4. 4-甲基环己酮

5. $C_6H_5-CH=CHCHO$

6. $CH_3CH_2-\overset{OCH_3}{\overset{|}{CH}}-OCH_3$

7. 2,4-戊二酮
8. 3,4-二甲基戊醛
9. 2-丁烯醛
10. 3-戊烯-2-酮

三、完成下列化学反应式

1. $C_6H_5CH=CH-\overset{O}{\overset{\|}{C}}-C_6H_5 \xrightarrow[\underset{|}{CH_3CHCH_3}]{[(CH_3)_2CHO]_3Al}$
$\qquad\qquad\qquad\qquad\qquad\qquad OH$

2. $CH_3COCH_2CH_2COOH \xrightarrow{NaBH_4} \xrightarrow[\Delta]{H^+}$

3. 环己酮 $\xrightarrow{CF_3CO_3H}$ $\xrightarrow{NaOH}$

4. 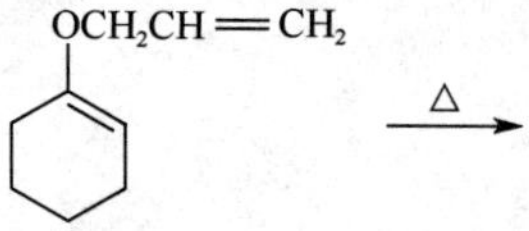 [环己烯-OCH₂CH=CH₂] →(Δ)

5. 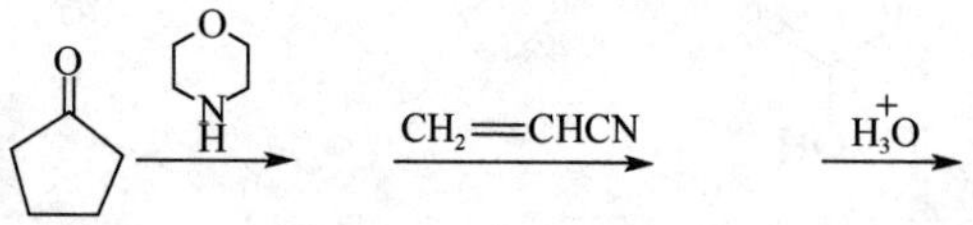 [环戊酮] + 吗啉-H → CH₂=CHCN → H₃O⁺

6. 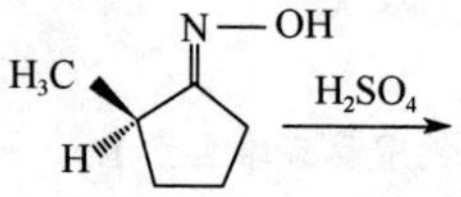 H₃C—[环戊酮肟]—H →(H₂SO₄)

四、简答题

1. 3-氧代十二醛与亚硫酸氢钠的加成产物是一种抗菌消炎药(鱼腥草素),写出化学方程式。

2. 写出下列反应的机理

(1) 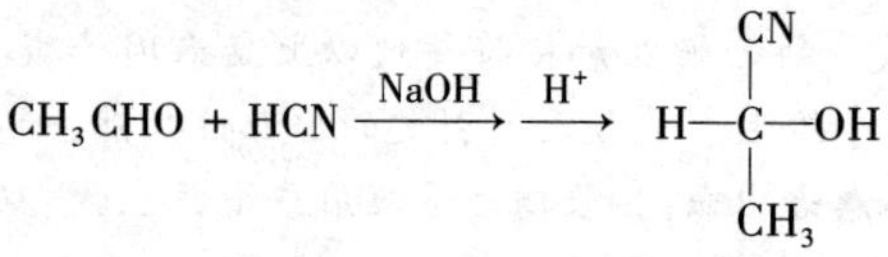 $CH_3CHO + HCN \xrightarrow{NaOH} \xrightarrow{H^+}$ H—C(CN)(OH)—CH₃

(2) CH₃COCH₂CH₂CH₂CHO →(稀碱, Δ) [环己烯酮]

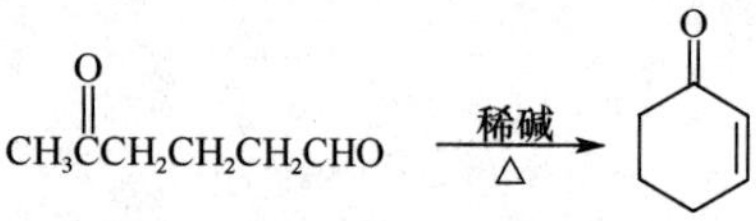

五、用化学方法鉴别下列各组化合物

1. 丙醛、丙酮、正丙醇和异丙醇
2. 戊醛、2-戊酮、3-戊酮和环戊酮
3. 苯甲醛、苯甲醇、己醛和苯乙酮

六、合成题

1. 以苯甲醛、乙醛为原料合成 [茚酮]

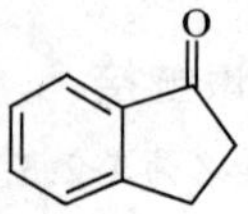

2. $CH_3CH_2OH \longrightarrow CH_3CH_2CH_2CH_2CH(CH_2CH_3)CH_2OH$

七、推断题

分子式为 $C_8H_{14}O$ 的化合物 A,可使溴很快褪色,也可与苯肼反应。A 氧化后得到丙酮和化合物 B,B 与次碘酸钠作用生成碘仿和丁二酸,试写出 A、B 的构造式。

第8章 羧酸及其衍生物

> **学习目标**
> 1. 掌握羧酸及羧酸衍生物的分类、命名、主要化学性质；
> 2. 掌握羧酸的制法；
> 3. 掌握重要的羧酸及羧酸衍生物；
> 4. 理解羧酸的结构；
> 5. 了解羧酸及羧酸衍生物的物理性质、碳酸衍生物。

第1节 羧 酸

自然界中，羧酸常以游离态、羧酸盐或羧酸衍生物形式广泛存在于动植物中，它们有些具有显著的生物活性，能防病、治病，有的还是有机合成、工农业生产和医药工业的原料。

> **知识链接**
>
> 羧酸及其衍生物是一类与药物关系十分密切的重要有机化合物，广泛分布于中草药和其他动植物体内，在有机合成和药物生产中羧酸常作为原料或中间体，有些药物本身就是羧酸或羧酸衍生物。
>
> 具有抗炎、镇痛、解热作用的布洛芬，化学名称 2-(4-异丁基苯基)丙酸，属于羧酸类有机化合物。 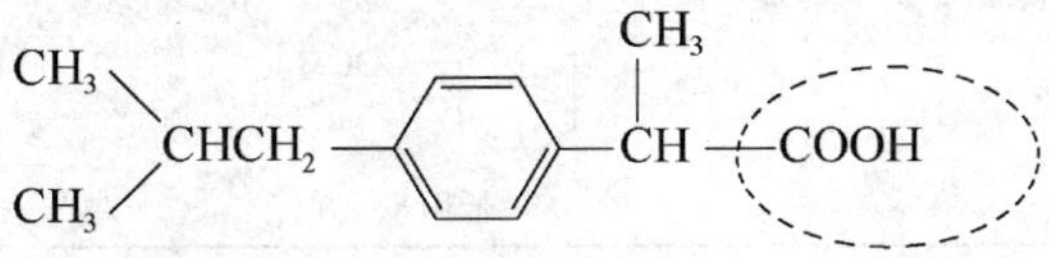
>
> **布洛芬**
>
> 山梨酸钾(化学名称：2,4-己二烯酸钾)是国际粮食及农业组织和世界卫生组织推荐的高效安全的防腐保鲜剂，广泛应用于食品、饮料、烟草、农药、化妆品等行业。 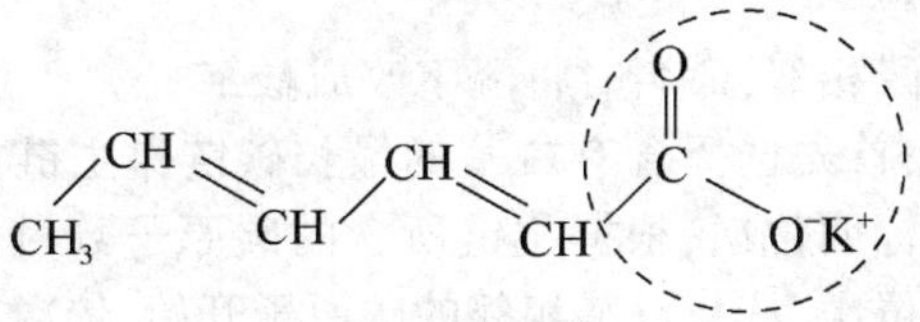
>
> **2,4-己二烯酸钾**

分子中含有羧基(—COOH)的化合物称为羧酸，一元羧酸可用通式(Ar)RCOOH(甲酸为HCOOH)表示。

一、羧酸的结构

羧基是由羰基和羟基组成的，羧基中的碳原子为 sp^2 杂化，未杂化的 p 轨道与羰基氧原子的 p 轨道重叠形成 π 键，羟基氧原子的一对孤对 p 电子与 π 键形成 p-π 共轭体系，使羰基碳原子上的电子云密度增加，导致羰基的亲电性能减弱。羧酸与醛、酮相比，不易与亲核试剂发生加成反应。在 p-π 共轭体系中，电子云的离域使羟基氧原子上的电子云向羰基转移，导致羟基氧原子上的电子云密度减小，氢氧键电子云更偏向氧原子，增强了氢氧键的极性，有利于羟基中氢原子的解离,故羧酸表现出明显的酸性(图 8-1)。

二、羧酸的分类和命名

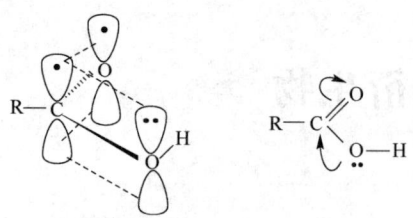

图 8-1 羧酸中的 p-π 共轭

(一) 分类

根据羧酸分子中与羧基相连的烃基种类不同,可分为脂肪酸、脂环酸和芳香酸;根据烃基是否饱和,可分为饱和酸和不饱和酸;根据羧酸分子中含有羧基的数目,可分为一元酸、二元酸和多元酸(表 8-1)。

表 8-1 羧酸的分类

分类		一元酸	二元酸
脂肪酸	饱和脂肪酸	CH_3COOH 乙酸	$HOOCCH_2COOH$ 丙二酸
	不饱和脂肪酸	$CH_2\!=\!CHCOOH$ 丙烯酸	$HOOCCH\!=\!CHCOOH$ 丁烯二酸
脂环酸	饱和脂环酸	⬡—COOH 环己烷甲酸	HOOC—⬡—COOH 1,4-环己二甲酸
	不饱和脂环酸	COOH 在环己烯上 2-环己烯甲酸	HOOC—环己烯—COOH 2-环己烯-1,4-二甲酸
芳香酸		⬡—COOH 苯甲酸	HOOC—⬡—COOH 间苯二甲酸

(二) 命名

很多羧酸最初是从天然产物中得到的,因此常根据它们的来源而得俗名,如蚁酸、醋酸、草酸、油酸等。

羧酸的系统命名原则与醛相似,命名时将醛字改成酸字。

(1) 饱和脂肪酸命名时,首先选择含有羧基的最长碳链作主链,并从羧基碳原子开始给主链上的碳原子用阿拉伯数字标明位次,根据主链所含的碳原子数目,定母体名为某酸。有时也用希腊字母来表示取代基的位次,从与羧基相邻的碳原子开始,依次为 α、β、γ…。例如:

$$\overset{3}{C}H_3\overset{2}{C}H\overset{1}{C}H_2COOH$$
$$\underset{\overset{4}{C}H_2\overset{5}{C}H_3}{|}$$

3-甲基戊酸
(β-甲基戊酸)

$$\overset{5}{C}H_3\overset{4}{C}H_2\overset{3}{C}H\overset{2}{C}H\overset{1}{C}OOH$$
$$\underset{CH_2CH_3}{|}$$

3-甲基-2-乙基戊酸
(β-甲基-α-乙基戊酸)

(2) 命名不饱和羧酸时,选择包含羧基和不饱和键的最长碳链为主链,称为"某烯(炔)酸",同时标明不饱和键的位次。例如:

$$CH_3CH\!=\!CHCOOH$$

2-丁烯酸
(α-丁烯酸)

(3) 命名二元羧酸时,主链中应含有两个羧基。例如:

$$HOOC—COOH \qquad\qquad HOOC(CH_2)_4COOH$$
$$乙二酸 \qquad\qquad\qquad 己二酸$$

(4) 芳香酸和脂环酸命名时,将芳环或脂环看作取代基,以脂肪酸作为母体命名。例如:

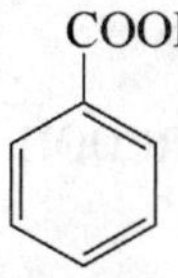

苯甲酸 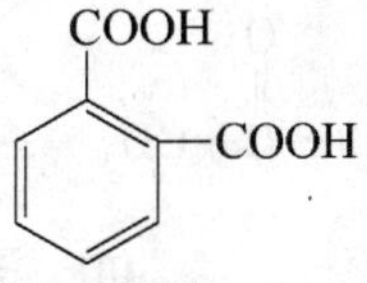　　　　　　　　　　　邻苯二甲酸

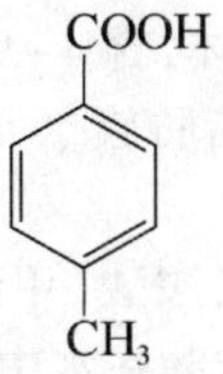

对甲基苯甲酸 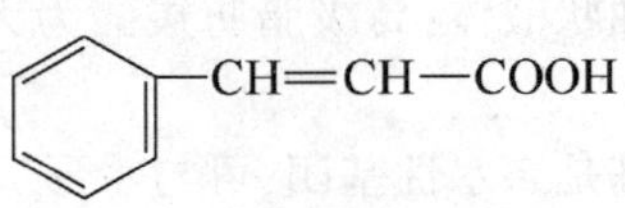　　　　　　　　3-苯基丙烯酸

三、羧酸的制法

(一) 氧化法

石蜡($C_{20}\sim C_{30}$正烷烃)在加热至120~150℃,用高锰酸钾作催化剂,通入空气,可被氧化生成多种脂肪酸的混合物。

$$RCH_2CH_2R' + O_2 \xrightarrow{催化剂} RCOOH + R'COOH$$

伯醇氧化成醛,醛进一步氧化成羧酸,因此伯醇也可以作为氧化法制羧酸的原料。

$$RCH_2OH \xrightarrow[\triangle]{KMnO_4} RCOOH$$

含 α-氢的烷基苯用高锰酸钾氧化时,产物均为苯甲酸。

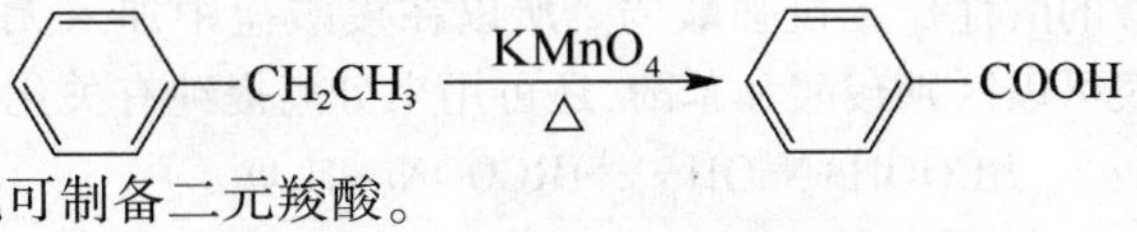

$$Ph\text{-}CH_2CH_3 \xrightarrow[\triangle]{KMnO_4} Ph\text{-}COOH$$

环酮用浓硝酸氧化可制备二元羧酸。

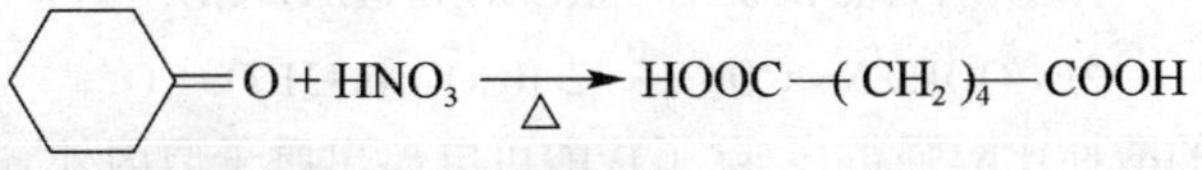

$$\text{环己酮} + HNO_3 \xrightarrow{\triangle} HOOC\text{-}(CH_2)_4\text{-}COOH$$

(二) 格氏试剂合成法

格氏试剂与二氧化碳反应,再将产物用酸水解可制得相应的羧酸。

$$RX \xrightarrow[乙醚]{Mg} RMgX \xrightarrow{CO_2} RCOOMgX \xrightarrow{H_3O^+} RCOOH$$

由格氏试剂合成法制得的羧酸,比格氏试剂中的烃基增加了一个碳原子。

(三) 腈水解法

在酸或碱的催化下,腈水解可制得羧酸。腈可用卤代烷与氰化钠反应制取。

$$RX + NaCN \longrightarrow RCN$$

$$RCN + 2H_2O \xrightarrow{H^+} RCOOH + NH_4^+$$

氰化钠碱性较强,易使仲卤代烷或叔卤代烷脱去卤化氢,发生消除反应。因此,只有伯卤代烷的产率高。此法是有机合成中增长碳链的一种方法。

(四) 利用碘仿反应制备羧酸

甲基酮进行碘仿反应,可用来制备减少一个碳原子的羧酸。

$$R-\overset{O}{\underset{\|}{C}}-CH_3 \xrightarrow{X_2, OH^-} \xrightarrow{H^+} RCOOH$$

四、羧酸的物理性质

低级脂肪羧酸,如甲酸、乙酸、丙酸是具有刺激性气味的液体,含 4~9 个碳原子的羧酸是具有腐败恶臭气味的油状液体;高级脂肪羧酸为无味蜡状固体;脂肪族二元酸和芳香酸常温下都是结晶状固体。

羧酸分子中羧基是亲水性基团,可与水形成氢键,所以低级羧酸(甲酸、乙酸、丙酸)能与水混溶。随着相对分子质量的增大,非极性的烃基越来越大,使羧酸在水中的溶解度逐渐减小,含 6 个碳原子以上的羧酸难溶于水而易溶于有机溶剂。

羧酸的熔点与沸点比相对分子质量相近的醇高。例如,相对分子质量均为 46 的甲酸和乙醇沸点相差 22℃,这是由于羧酸分子间可以形成两个氢键而缔合成较稳定的二聚体。

$$R-\overset{O\cdots H-O}{\underset{O-H\cdots O}{C}}C-R$$

五、羧酸的化学性质

(一) 酸性

羧酸都具有酸性,在水溶液中电离出氢离子,建立如下平衡:

$$RCOOH \rightleftharpoons RCOO^- + H^+$$

羧酸是弱酸,但比苯酚和碳酸的酸性强。因此羧酸能与 $NaOH$、Na_2CO_3、$NaHCO_3$ 等发生反应,生成羧酸盐。但羧酸的酸性比无机强酸弱。所以在羧酸盐中加入无机酸时,羧酸又游离出来。利用这一特点,不仅可以区别羧酸和苯酚,还可用来分离提纯有关化合物。

$$RCOOH + NaOH \longrightarrow RCOONa + H_2O$$
$$RCOOH + NaHCO_3 \longrightarrow RCOONa + H_2O + CO_2$$
$$2RCOOH + Na_2CO_3 \longrightarrow 2RCOONa + H_2O + CO_2$$

在水溶液中羧酸的酸性比醇强得多,除了羧酸可电离出质子原因外,还有一个重要的原因:当羧酸电离为羧酸根负离子时,氧原子上带有一个单位负电荷,更容易供给电子和羰基 π 键形成 p-π 共轭体系。负电荷平均分配于两个氧原子上,增加了羧酸根负离子的稳定性,这也有利于羧酸解离成离子。在结构上的表现就是羧酸根负离子键长的平均化。

$$R-\overset{O}{\underset{\|}{C}}-O^- \equiv R-C\begin{Bmatrix}O\\O\end{Bmatrix}^-$$

例如,X 射线对 $HCOONa$ 测定的结果是,$HCOONa$ 中的 2 个碳氧键键长都是 127 pm,是完全相等的,充分证明了,—COO^- 基团的负电荷不是集中在一个氧原子上,而是平均分配在两个氧原子上。

当羧酸的烃基上(特别是 α-碳原子上)连有电负性大的基团时,由于它们的吸电子诱导效应,使氢氧间电子云偏向氧原子,氢氧键的极性增强,促进氢的解离,或者说凡是能稳定羧酸根负离子的基团,均使羧酸酸性增强。表 8-2 列出一部分一元羧酸的 pK_a 值。

表 8-2 一元羧酸的 pK_a 值

结构式	pK_a 值	结构式	pK_a 值
CH_3COOH	4.76	$HCOOH$	3.75
$CH_3(CH_2)_2COOH$	4.81	FCH_2COOH	2.67
$(CH_3)_2CHCOOH$	4.86	$ClCH_2COOH$	2.87
$(CH_3)_3CCOOH$	5.05	$BrCH_2COOH$	2.90
		$Cl_2CHCOOH$	1.36

取代基的电负性越大,取代基的数目越多,距羧基的位置越近,吸电子诱导效应越强,则羧酸的酸性越强。

$$FCH_2COOH > ClCH_2COOH > BrCH_2COOH > ICH_2COOH > CH_3COOH$$

pK_a　　2.67　　　　　2.87　　　　　2.90　　　　　3.16　　　　　4.76

$$Cl_3CCOOH > Cl_2CHCOOH > ClCH_2COOH > CH_3COOH$$

pK_a　　0.63　　　　　1.36　　　　　2.86　　　　　4.76

$$CH_3CH_2CHClCOOH > CH_3CHClCH_2COOH > ClCH_2CH_2CH_2COOH > CH_3CH_2CH_2COOH$$

pK_a　　2.80　　　　　　4.06　　　　　　　4.52　　　　　　　4.81

由于两个羧基的相互影响,饱和的二元羧酸的酸性比一元酸强,特别是乙二酸,两个电负性大的羧基直接相连,使酸性显著增强。乙二酸的 $pK_{a1}=1.46$,其酸性比磷酸($pK_{a1}=1.59$)还强。

取代基对芳香酸酸性的影响也有类似的规律。当羧基的对位连有硝基、卤素原子等吸电子基团时,酸性增强;而对位连有甲基、甲氧基等斥电子基团时,则酸性减弱。

$$O_2N\text{-}C_6H_4\text{-}COOH > C_6H_5\text{-}COOH > CH_3\text{-}C_6H_4\text{-}COOH > HO\text{-}C_6H_4\text{-}COOH$$

pK_a　　3.42　　　　　　4.20　　　　　　　4.38　　　　　　　4.57

(二) 羧酸衍生物的生成

羧酸分子中羧基中的羟基被其他原子或原子团取代后的生成物称为羧酸衍生物。这些原子或原子团包括卤素原子(—X)、酰氧基(—OOCR)、烷氧基(—OR)及氨基(—NH$_2$),生成的羧酸衍生物分别为酰卤、酸酐、酯和酰胺。羧酸分子中去掉羟基后剩余的部分称为酰基。

$$(Ar)R-\underset{\underset{羧酸}{}}{\overset{O}{\underset{\|}{C}}}-OH \qquad (Ar)R-\underset{\underset{酰基}{}}{\overset{O}{\underset{\|}{C}}}-$$

1. 酰卤的生成　羧酸与 PCl_3、PCl_5、$SOCl_2$ 等作用,生成酰氯。

$$3RCOOH + PCl_3 \longrightarrow 3RCOCl + H_3PO_3$$

$$RCOOH + PCl_5 \longrightarrow RCOCl + POCl_3 + HCl$$

$$RCOOH + SOCl_2 \longrightarrow RCOCl + SO_2 + HCl$$

由于酰氯是一种活泼的羧酸衍生物,很容易水解,所以反应需在无水条件下进行。在分离提纯时,一般采用减压蒸馏的方法。实验室制备酰氯,常用羧酸与亚硫酰氯,因为该反应的副产物都是气体,产物纯度高。

2. 酸酐的生成 在脱水剂的作用下,羧酸加热脱水,生成酸酐。常用的脱水剂有五氧化二磷和乙酸酐等。

$$2CH_3COOH \xrightarrow[\triangle]{P_2O_5} (CH_3CO)_2O + H_2O$$

乙酸酐作为脱水剂时常用来制备其他高级酸酐。

$$2RCOOH + (CH_3CO)_2O \rightleftharpoons (RCO)_2O + 2CH_3COOH$$

3. 酯化反应 羧酸与醇在酸的催化作用下,发生脱水生成酯的反应称为酯化反应。

$$2RCOOH + R'CH_2OH \xrightleftharpoons[\triangle]{浓 H_2SO_4} RCOOCH_2R' + H_2O$$

$$CH_3COOH + CH_3CH_2OH \xrightleftharpoons[\triangle]{浓 H_2SO_4} CH_3COOCH_2CH_3 + H_2O$$

酯化反应是可逆反应,因此可通过增加某种反应物的浓度,并同时蒸出反应生成的酯或水,使平衡向生成物方向移动,以提高酯的产率。

酯化反应的机理:

$$R-\overset{O}{\underset{}{C}}-OH \xrightleftharpoons{H^+} R-\overset{+OH}{\underset{}{C}}-OH \xrightleftharpoons{R'OH} R-\overset{OH}{\underset{H-OR'}{\underset{+}{C}}}-OH \xrightleftharpoons{H^+迁移}$$

$$R-\overset{OH}{\underset{OR'}{\underset{+}{C}}}-OH_2 \xrightleftharpoons{-H_2O} R-\overset{+OH}{\underset{}{C}}-OR' \xrightleftharpoons{-H^+} R-\overset{O}{\underset{}{C}}-OR'$$

羧酸和醇的结构对酯化反应的速率影响很大,一般来说,α-碳上没有侧链的脂肪酸与伯醇的酯化反应最快。这是由于α-碳上的侧链阻碍了醇对羧基碳原子的进攻,侧链越多阻力越大,反应就越难进行。

不同的羧酸酯化反应速率比较:

$$CH_3COOH > RCH_2COOH > R_2CHCOOH > R_3CCOOH$$

不同的醇酯化反应的活性顺序如下:

伯醇>仲醇>叔醇

4. 酰胺的生成 在羧酸中通入氨气或加入碳酸铵,首先生成羧酸的铵盐,然后加热,使之分子内脱水生成酰胺。

$$RCOOH \xrightarrow{NH_3} R\overset{C}{\underset{}{\|}}-ONH_4 \xrightarrow[\triangle]{-H_2O} R\overset{O}{\underset{}{\|}}C-NH_2$$

(三) α-H 被取代

在羧基的影响下,α-H 活性增强,能被卤原子取代。但由于羧基的致活作用比羰基小,所以

羧酸的 α-H 卤代反应需要在红磷或硫等催化剂存在下才能顺利进行。

$$PCH_2COOH \xrightarrow[P \text{ 或 } S]{X_2} RCHCOOH \xrightarrow[P \text{ 或 } S]{X_2} RCCOOH$$
（下：X；右：X,X）

(四) 还原反应

羧酸与大多数还原剂不反应，但能被强还原剂如氢化铝锂还原成醇。

$$RCOOH \xrightarrow{LiAlH_4} RCH_2OH$$

氢化铝锂为选择性还原剂，还原不饱和羧酸时，生成不饱和醇。氢化铝锂只还原羧基，分子中的碳碳双键、叁键不受影响。例如：

$$CH_2=CHCH_2COOH \xrightarrow{LiAlH_4} CH_2=CHCH_2CH_2OH$$

(五) 脱羧反应

羧酸分子脱去羧基放出二氧化碳的反应称为脱羧反应。例如，低级羧酸的钠盐及芳香族羧酸的钠盐在碱石灰存在下加热，可脱羧生成烃。这是实验室用来制取甲烷的方法。

$$CH_3COONa + NaOH \xrightarrow[\triangle]{CaO} CH_4\uparrow + Na_2CO_3$$

一元羧酸的脱羧比较困难，当一元羧酸 α-碳上连有吸电子基团时，脱羧比较容易进行。例如：

$$Cl_3CCOOH \xrightarrow{\triangle} CHCl_3 + CO_2\uparrow$$

(六) 二元羧酸的热稳定性

二元羧酸受热时，由于两个羧基相对位置的不同，发生的反应不同，生成的产物也不相同。

(1) 乙二酸和丙二酸受热发生脱羧反应，生成一元羧酸。

$$HOOC-COOH \xrightarrow{\triangle} HCOOH + CO_2\uparrow$$

$$HOOCCH_2COOH \xrightarrow{\triangle} CH_3COOH + CO_2\uparrow$$

(2) 丁二酸和戊二酸受热时发生脱水反应，生成五元和六元的环酐。

$$\begin{array}{c} CH_2-COOH \\ | \\ CH_2-COOH \end{array} \xrightarrow{\triangle} \begin{array}{c} CH_2-C(=O) \\ | \quad\quad\quad O \\ CH_2-C(=O) \end{array} + H_2O$$

$$\begin{array}{c} CH_2-COOH \\ CH_2 \\ CH_2-COOH \end{array} \xrightarrow{\triangle} \begin{array}{c} CH_2-C(=O) \\ CH_2 \quad\quad O \\ CH_2-C(=O) \end{array} + H_2O$$

(3) 己二酸和庚二酸受热后则既脱羧又失水，生成较稳定的五元和六元环酮。

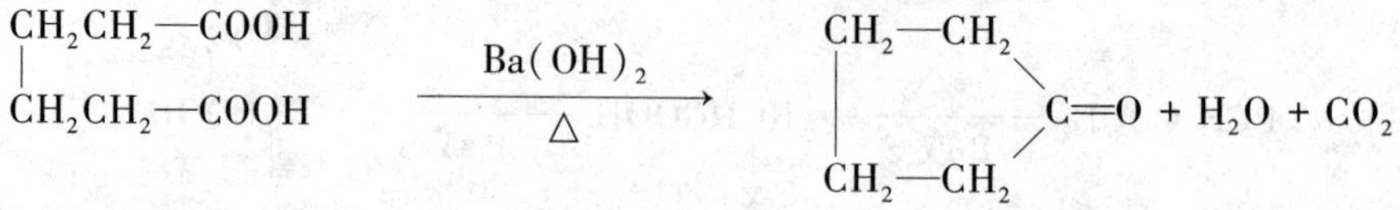

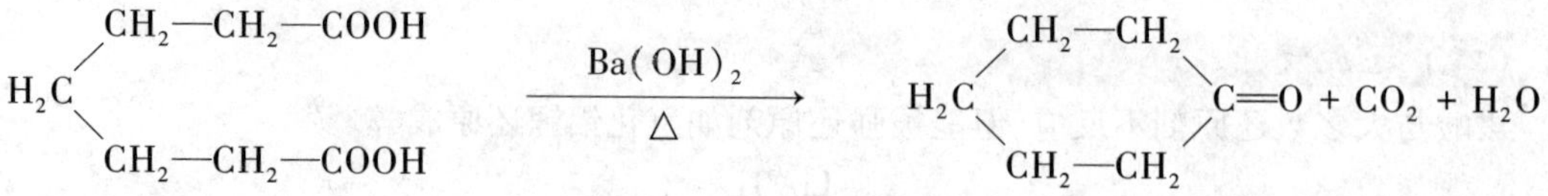

$$\begin{array}{c}CH_2CH_2-COOH\\CH_2CH_2-COOH\end{array} \xrightarrow[\Delta]{Ba(OH)_2} \begin{array}{c}CH_2-CH_2\\CH_2-CH_2\end{array}\!\!\!\!\!\!\!\!\!\!\!\!\!\!\!\!C=O + H_2O + CO_2$$

$$H_2C\!\!\begin{array}{c}CH_2-CH_2-COOH\\CH_2-CH_2-COOH\end{array} \xrightarrow[\Delta]{Ba(OH)_2} H_2C\!\!\begin{array}{c}CH_2-CH_2\\CH_2-CH_2\end{array}\!\!\!C=O + CO_2 + H_2O$$

> **知识链接**　　　　　　　　　　酚 酞
>
> 酚酞为无色固体，可溶于乙醇中，在医药上用作轻泻剂。由于酚酞在酸碱性的溶液中变色非常灵敏（酚酞在pH<8.2溶液中为无色，在pH>10的溶液中呈现红色，在pH为8.2~10的溶液中呈现粉红色），所以在分析化学的酸碱滴定中常用作指示剂。酚酞的变色反应原理如下： 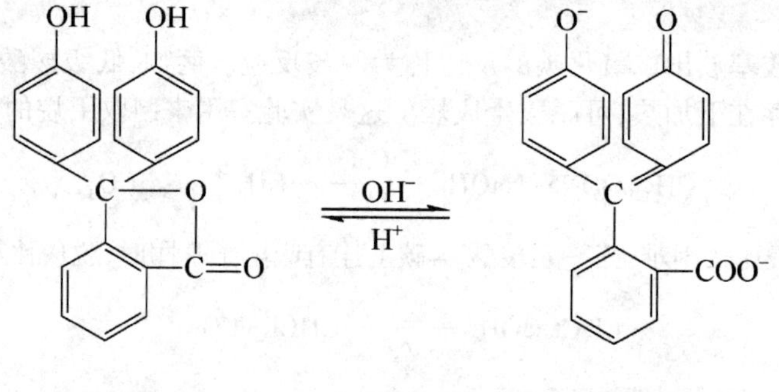
>
> （结构式：无色 ⇌(OH⁻/H⁺) 紫红色）
>
> 无色　　　　　　　　　　　　　紫红色

六、重要的羧酸

（一）甲酸

甲酸（HCOOH）最初是在蚂蚁体内发现的，所以俗称蚁酸，它是具有刺激性臭味的无色液体，可溶于水、乙醇和甘油。熔点8.4℃，沸点100.5℃。由于甲酸的腐蚀性很强，使用时要避免与皮肤接触。

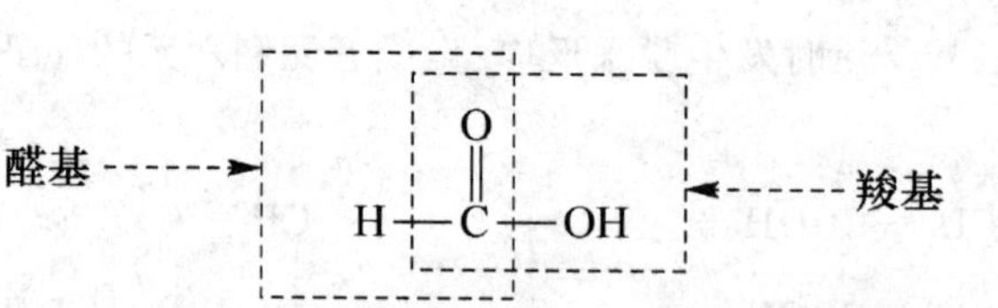

醛基 ---→ [H—C(=O)—OH] ←--- 羧基

甲酸的结构比较特殊，分子中羧基和氢原子直接相连，它既具有羧基结构，又具有醛基结构。因此，它既有羧酸的性质，又有醛类的性质。在饱和一元羧酸中酸性最强（pK_a = 3.77）。能与硝酸银的氨溶液发生银镜反应，也能被高锰酸钾等氧化剂氧化，生成二氧化碳和水，是一种良好的酸性还原剂。

甲酸与浓硫酸等脱水剂共热，分解生成一氧化碳和水，这是实验室制取一氧化碳的方法。

$$HCOOH \xrightarrow{浓 H_2SO_4} CO + H_2O$$

甲酸可用作还原剂、橡胶凝结剂、防腐剂和消毒剂等。

（二）乙酸

乙酸（CH_3COOH）俗称醋酸，是食醋的主要成分，一般食醋中含乙酸3%~5%。乙酸为无色具有刺激性气味的无色液体，沸点118℃，熔点16.6℃。当室温低于16.6℃时，无水乙酸凝结成冰状固体，故常把无水乙酸称为冰醋酸。乙酸能与水按任何比例混溶，也可溶于乙醇、乙醚等有机溶剂。

乙酸是人类最早使用的食品调料，同时也是重要的工业原料，它可以用来合成乙酸酐、乙酸酯、乙酸纤维、维尼纶纤维、胶卷、喷漆溶剂、香料等。乙酸的稀溶液在医药上用作消毒防腐剂。

（三）苯甲酸

苯甲酸（$\text{C}_6\text{H}_5\text{COOH}$）俗称安息香酸，是无味的白色晶体，微溶于水，易升华，熔点122.4℃。

常用甲苯氧化法或由甲苯氯化后水解来制取苯甲酸。

$$\text{C}_6\text{H}_5\text{CH}_3 \xrightarrow[\triangle]{KMnO_4} \text{C}_6\text{H}_5\text{COOH}$$

$$\text{C}_6\text{H}_5\text{CH}_3 \xrightarrow[h\nu]{Cl_2} \text{C}_6\text{H}_5\text{CCl}_3 \xrightarrow[\triangle]{H_2O} \text{C}_6\text{H}_5\text{COOH}$$

苯甲酸具有抑菌防腐能力，而且毒性低，故广泛用作食品、医药和日常化妆品的防腐，也作为治疗疥癣的药物。但由于苯甲酸的水溶性差，通常使用它的钠盐。

苯甲酸是重要的有机合成原料，可用于制备染料、香料、药物、媒染剂、增塑剂等。

（四）乙二酸

乙二酸（HOOC—COOH）是最简单的二元酸，广泛存在于多种植物体内，故俗称草酸。乙二酸是无色晶体，通常含有两分子结晶水，其熔点为101.5℃，无水乙二酸的熔点为189.5℃。乙二酸可溶于水和乙醇，不溶于乙醚。其酸性比一元酸和其他二元酸都强（$pK_{a1}=1.46$）。

乙二酸具有还原性，容易被氧化。在分析化学中常用乙二酸作基准试剂，标定高锰酸钾溶液的浓度。

（五）油酸

油酸（$C_{17}H_{33}COOH$），系统名称为9-十八碳烯酸，是含有一个双键的高级不饱和一元羧酸，以甘油酯状态存在于油脂中。橄榄油、菜子油、椰子油等都是含有油酸的甘油酯。油酸的结构式如下：

$$CH_3-(CH_2)_7-CH=CH-(CH_2)_7-COOH$$

（六）亚油酸

亚油酸（$C_{17}H_{31}COOH$），系统名称为9,12-十八碳二烯酸，是含有两个双键的高级不饱和一元羧酸。亚麻油、大豆油、棉籽油等都是含有亚油酸的甘油酯。亚油酸的结构式如下：

$$CH_3-(CH_2)_4-CH=CH-CH_2-CH=CH-(CH_2)_7-COOH$$

> **知识链接** 　　　　　　　　　　**月桂酸和亚麻酸**
>
> 月桂酸（Lauric acid）又称十二烷酸，构造简式是$CH_3(CH_2)_{10}COOH$。月桂酸含量高的植物油有椰子油、油棕籽油（palm kernel）、巴巴苏油（babassu kernel）等。

主要用于生产醇酸树脂、湿润剂、洗涤剂、杀虫剂、表面活性剂、食品添加剂和化妆品的原料,还可用于香料工业、制药工业等。

美国科学家最新研究发现,月桂酸单甘油酯可以帮助猴子阻断猴子免疫缺陷病毒(简称 SIV,即"猴子版本"的艾滋病病毒)的传播。这一发现有望为人类预防艾滋病病毒感染提供新方法。

亚麻酸简称 LNA,属 ω-3 系列多烯脂肪酸(简写 PUFA),为全顺式 9,12,15-十八碳三烯酸,是构成人体组织细胞的主要成分,在体内转化为机体必需的生命活性因子 DHA 和 EPA。然而,它在人体内不能合成,必须从体外摄取。人体一旦缺乏,即会引起机体脂质代谢紊乱,导致免疫力降低、健忘、疲劳、视力减退、动脉粥样硬化等症状的发生。尤其是婴幼儿、青少年如果缺乏亚麻酸,就会严重影响其智力正常发育,这一点已经被国内外科学家所证实,并被世界营养学界所公认。

许多国家如美国、英国、法国、德国等都立法规定,在指定的食品中必须添加 α-亚麻酸及代谢物,才可销售。中国人群膳食普遍缺乏 α-亚麻酸,日摄入量不足世界卫生组织推荐量(每人每日 1.25 g)的一半。而只有白苏籽、亚麻籽、紫苏籽、火麻仁、核桃、蚕蛹、深海鱼等极少数的食物中含有丰富的 α-亚麻酸及其衍生物。

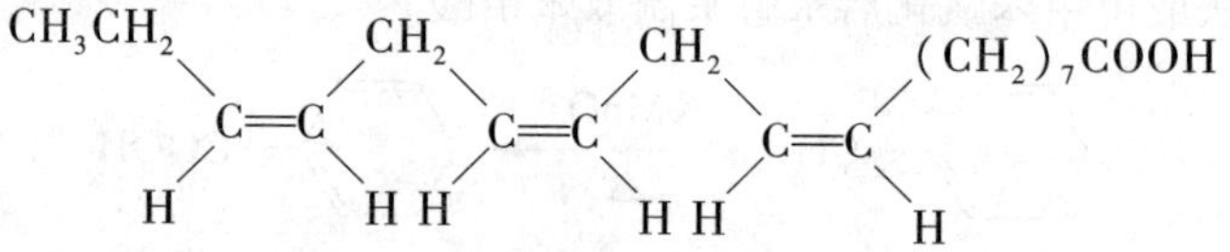

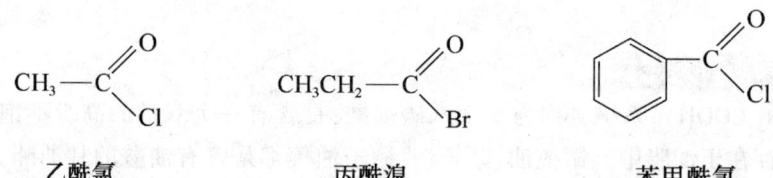

α-亚麻酸结构简式

第 2 节 羧酸衍生物

羧酸衍生物是指羧酸分子中羧基中的羟基被其他原子或原子团取代后生成的化合物,包括酯、酰卤、酸酐和酰胺等。羧酸衍生物在构造上的共同之处是分子中均含有酰基。

一、羧酸衍生物的分类和命名

(1) 羧酸分子羧基上的羟基被卤原子取代的化合物称为酰卤。

酰卤的命名是将酰基的名称加上卤素的名称,但省略"基"字。例如:

乙酰氯　　　　　　丙酰溴　　　　　　苯甲酰氯

(2) 命名酰胺有两种方法,可以用酰基加烃氨基的名称,称为"某酰胺",也可以将氮原子上的烃基用"N"标明。例如:

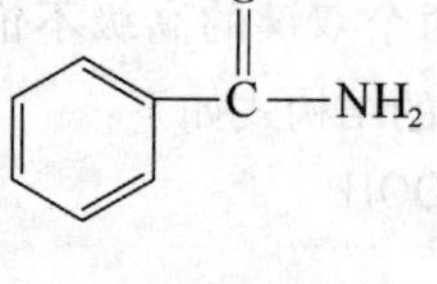

苯甲酰胺 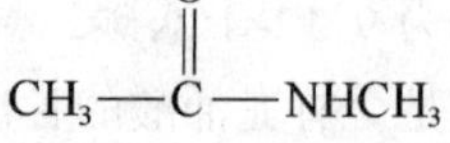　　　　　N-甲基乙酰胺 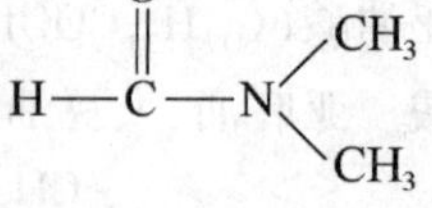　　　　　N,N-二甲基甲酰胺

(3) 酸酐的命名是根据水解得到的羧酸名称后加一个"酐"字,有时省略一个"酸"字。例如:

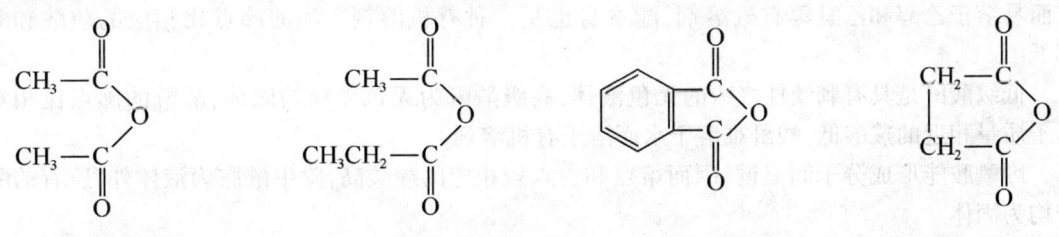

乙酸酐　　　　　乙丙酸酐　　　　　邻苯二甲酸酐　　　　丁二酸酐

(4) 酯的命名可根据水解所得到的羧酸和醇,命名为"某酸某酯";若是分子内形成的酯则以"内酯"命名。

苯甲酸乙酯　　　　　α-甲基丙烯酸甲酯　　　　　δ-戊内酯

> **知识链接**　　　　　　　　　　**蜡**
>
> 高级脂肪酸与高级一元醇生成的酯称为蜡,蜡都是固体,存在于动植物中。蜡不溶于水,但溶于有机溶剂,不易水解,在体内也不易被脂肪酶所水解。
>
> 白蜡又称虫蜡,是寄生于女贞树木上白蜡虫的分泌物,主要成分是二十六酸和二十六醇的酯,熔点高,硬度大。它的结构式为:
>
> $$C_{25}H_{51}-\overset{O}{\underset{OC_{26}H_{53}}{C}}$$
>
> 蜂蜡是工蜂腹部的蜡腺分泌的建造蜂窝的主要物质,它的主要成分是十六酸和三十醇的酯,结构式为:
>
> $$C_{15}H_{31}-\overset{O}{\underset{OC_{30}H_{61}}{C}}$$
>
> 棕榈蜡是植物蜡,存在于棕榈树的叶中,主要成分是二十六酸和三十醇的酯,结构式为:
>
> $$C_{25}H_{51}-\overset{O}{\underset{OC_{30}H_{61}}{C}}$$
>
> 羊毛脂也属于蜡,它是附着在羊毛上的油状分泌物,化学成分为硬脂酸、软脂酸或油酸等与胆甾醇所生成的酯。

二、羧酸衍生物的物理性质

酰氯是无色的液体或低熔点的固体,具有强烈刺激性气味。因其分子中没有羟基,分子间不能产生氢键缔合,所以酰氯的沸点比相应的羧酸低。

低级酯是具有水果香味的无色液体,存在于植物的花、果中。酯的相对密度比水小,难溶于水而易溶于乙醇和乙醚等有机溶剂,酯本身也是一种有机溶剂。酯的沸点比相应的羧酸和醇都低。

低级酸酐是具有刺激性气味的无色液体,高级酸酐为无色无味的固体,酸酐的沸点比相对分子质量相近的羧酸低,酸酐难溶于水而溶于有机溶剂。

因酰胺能形成分子间氢键,因而熔点和沸点较相应的羧酸高,除甲酰胺为液体外,所有的酰胺均为固体。

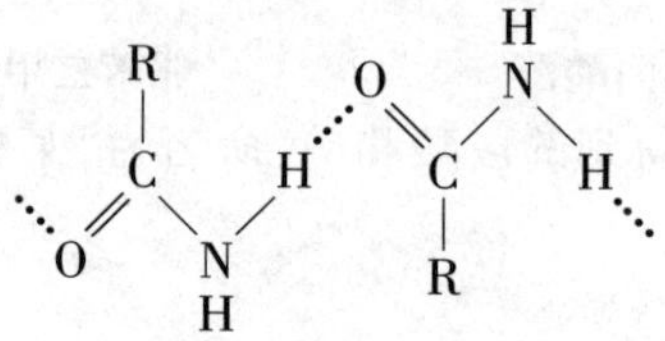

酰胺分子间氢键

低级酰胺可溶于水,N,N-二甲基甲酰胺、N,N-二甲基乙酰胺等可与水混溶,它们是非常好的非质子极性溶剂。

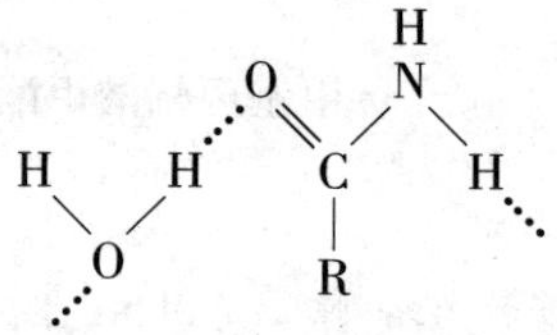

酰胺与水分子间氢键

三、羧酸衍生物的化学性质

由于羧酸衍生物分子中酰基所连的基团都是极性基团,因此它们有相似的化学性质。

(一) 水解、醇解和氨解

1. 水解 四种羧酸衍生物均能发生水解反应,生成相应的羧酸。但由于与酰基相连接的原子或原子团不同,因此发生水解反应的难易程度不一样。进行水解反应的难易次序为:酰氯>酸酐>酯>酰胺。

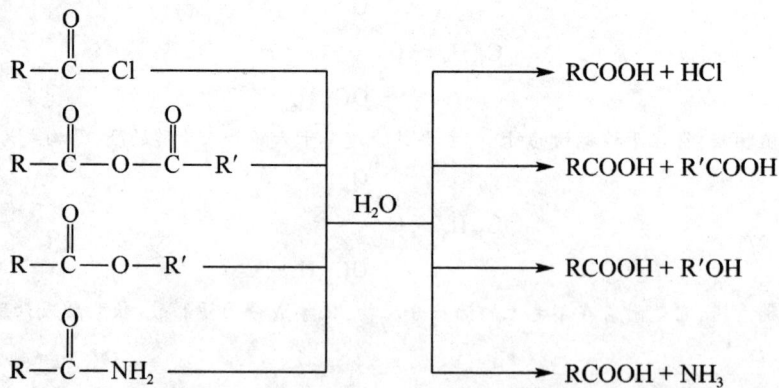

酰氯与水发生剧烈的放热反应,酸酐易与热水反应,在室温下与水反应速率很慢。酯的水解反应比较困难,在酸或碱催化下加热才能进行,酯在碱性条件下的水解反应又称"皂化反应"。

$$CH_3\text{-}\underset{\underset{OH}{|}}{C}HCOOC_2H_5 + H_2O \xrightleftharpoons{\triangle} CH_3\underset{\underset{OH}{|}}{C}HCOOH + C_2H_5OH$$

$$\text{C}_6\text{H}_5\text{—COOC}_2\text{H}_5 + \text{NaOH} \xrightarrow{\triangle} \text{C}_6\text{H}_5\text{—COONa} + \text{C}_2\text{H}_5\text{OH}$$

酰胺的水解要在酸或碱的催化下,经长时间的回流才能完成。

$$\text{C}_6\text{H}_5\text{—CH}_2\text{—}\underset{\underset{\text{O}}{\|}}{\text{C}}\text{—NH}_2 \xrightarrow[\text{回流}]{\text{H}_3\text{O}^+} \text{C}_6\text{H}_5\text{—CH}_2\text{COOH}$$

2. 醇解　酰氯、酸酐和酯都能与醇作用生成酯。

$$\begin{array}{c}
\text{R—CO—Cl} \\
\text{R—CO—O—CO—R} \\
\text{R—CO—O—R}
\end{array} \xrightarrow{\text{R'OH}} \begin{array}{c}
\text{R—CO—OR'} + \text{HCl} \\
\text{R—CO—OR'} + \text{RCOOH} \\
\text{R—CO—OR'} + \text{ROH}
\end{array}$$

酰氯和酸酐能直接与醇反应,生成相应的酯,这是制备酯的重要方法之一,此法尤其适用于其他方法难以合成的酯。例如:

$$\text{C}_6\text{H}_{11}\text{—COCl} + \text{CH}_3\text{CHCH}_3 \longrightarrow \text{C}_6\text{H}_{11}\text{—COCH(CH}_3)_2 + \text{HCl}$$
$$\hspace{5.5cm}|$$
$$\hspace{5.5cm}\text{OH}$$

酯与醇的反应,需要在酸或碱催化下才能进行,反应生成新的酯和新的醇,所以酯的醇解又称酯交换反应。例如:

$$\text{CH}_3\text{COOC}_2\text{H}_5 + \text{CH}_3(\text{CH}_2)_4\text{CH}_2\text{OH} \xrightarrow[\triangle]{\text{H}^+} \text{CH}_3\text{COOCH}_2(\text{CH}_2)_4\text{CH}_3 + \text{C}_2\text{H}_5\text{OH}$$

3. 氨解　酰氯、酸酐和酯都能与氨或胺(氮原子上至少有一个氢原子)作用,生成酰胺。氨解反应进行的难易次序为:酰氯>酸酐>酯。常用酰氯、酸酐作酰化剂制备酰胺。

$$\begin{array}{c}
\text{RCOCl} \\
(\text{RCO})_2\text{O} \\
\text{RCOOR'}
\end{array} \xrightarrow{\text{NH}_3} \begin{array}{c}
\text{RCONH}_2 + \text{NH}_4\text{Cl} \\
\text{RCONH}_2 + \text{RCOONH}_4 \\
\text{RCONH}_2 + \text{R'OH}
\end{array}$$

> **知识链接**　　　　**羧酸衍生物水解、醇解和氨解的反应机理**
>
> 羧酸衍生物的水解、醇解和氨解反应,都属于亲核取代反应,即羧酸衍生物分子中与酰基相连的基团被另外一个亲核基团取代。羧酸衍生物的亲核取代反应是通过加成-消除来完成的。首先是亲核试剂进攻羰基碳原子发生亲核加成,形成中心碳原子为 sp^3 杂化的中间体,然后发生 α-消除反应,恢复羰基结构,完成亲核取代反应。
>
> $$\text{R}\underset{\underset{\text{O}}{\|}}{\text{—C—}}\text{Y} \xrightarrow{:\text{NuH}} \text{R}\underset{\underset{\text{+NuH}}{|}}{\overset{\overset{\text{O}^-}{|}}{\text{—C—}}}\text{Y} \xrightarrow{\text{质子转移}} \text{R}\underset{\underset{\text{Nu}}{|}}{\overset{\overset{\text{OH}}{|}}{\text{—C—}}}\text{Y} \xrightarrow{-\text{HY}} \text{R}\underset{\underset{\text{O}}{\|}}{\text{—C—}}\text{Nu}$$

例如，酯的水解，在酸性条件下是羧酸酯化反应的逆过程。

$$R-\underset{O}{\overset{O}{C}}-OR' + H^+ \rightleftharpoons R-\underset{OR'}{\overset{+OH}{C}} \xrightarrow{H_2O} R-\underset{\overset{+}{OH_2}}{\overset{OH}{C}}-OR' \rightleftharpoons R-\underset{OH}{\overset{OH}{C}}-\overset{+}{O}R'H \rightleftharpoons$$

$$R-\underset{OH}{\overset{+OH}{C}} + R'OH \rightleftharpoons R-\underset{OH}{\overset{O}{C}} + R'OH + H^+$$

在碱性条件下水解是一个不可逆过程，因为生成的羧酸根（RCOO⁻）碱性比烷氧基（RO⁻）碱性弱得多，不可能夺取醇中的氢质子，从而使整个反应变为不可逆。

$$\underset{O}{\overset{R}{\underset{\|}{C}}}-OR' + OH^- \rightleftharpoons HO-\underset{O^-}{\overset{R}{C}}-OR' \rightleftharpoons R-\underset{OH}{\overset{O}{C}} + R'O^- \longrightarrow R-\overset{O}{\underset{\|}{C}}-O^- + R'OH$$

酸或碱对水解、醇解和氨解都有催化作用。羧酸衍生物的结构不同，则进行上述反应的活性不同。与酰基相连接的基团吸电子能力越强，反应越容易进行；羧酸衍生物分子的空间阻碍越大，反应越难进行。

例如，下面四种不同的酯反应活性次序是：

$$CH_3COOC_2H_5 > CH_3CH_2COOC_2H_5 > (CH_3)_2CHCOOC_2H_5 > (CH_3)_3CCOOC_2H_5$$

（二）还原反应

1. 氢化铝锂还原 酰氯、酸酐和酯能被氢化铝锂还原成伯醇；氮原子上至少有一个氢的酰胺可被氢化铝锂还原为相应的伯胺或仲胺。例如：

$$\begin{array}{c} \text{CH-C} \\ \| \quad \overset{O}{\diagdown} \\ \text{CH-C} \\ \overset{O}{\diagup} \end{array} \quad \text{O} \\ \text{CH}_3\text{CH}_2\text{CH}_2\text{COOC}_2\text{H}_5 \quad \xrightarrow[②H_3O^+]{①LiAlH_4} \quad \begin{array}{l} \longrightarrow \text{HOCH}_2\text{CH}=\text{CHCH}_2\text{OH} \\ \longrightarrow \text{CH}_3\text{CH}_2\text{CH}_2\text{CH}_2\text{OH} \\ \longrightarrow \text{CH}_3\text{CH}_2\text{CH}_2\text{CH}_2\text{NH}_2 \end{array} \\ \text{CH}_3\text{CH}_2\text{CH}_2\overset{O}{\underset{\|}{C}}\text{NH}_2$$

用氢化铝锂作还原剂，碳碳双键或叁键不受影响。

2. 罗森蒙德（Rosenmund）反应 酰氯用钯催化剂（Pd-BaSO₄），在少量硫脲存在下，可选择性地氢化还原成醛，称为罗森蒙德反应。加入硫脲是使钯的活性减弱，只能把酰氯还原到醛，否则能继续还原成醇。该反应对硝基、酯基及卤素无影响。例如：

$$C_2H_5O-\overset{O}{\underset{\|}{C}}(CH_2)_8CCl + H_2 \xrightarrow[\text{硫脲}]{Pd-BaSO_4} C_2H_5O-\overset{O}{\underset{\|}{C}}(CH_2)_8\overset{O}{\underset{\|}{C}}H + HCl$$

萘-2-位COCl，4-位NO₂ + H₂ →(Pd-BaSO₄/硫脲) 萘-2-位CHO，4-位NO₂ + HCl

3. 酯的还原　酯在还原剂金属钠与醇作用下被还原为醇。此类反应常用乙醇为溶剂。例如：

$$C_6H_5CH_2COOC_2H_5 \xrightarrow{Na, C_2H_5OH} C_6H_5CH_2CH_2OH$$

(三) 与格氏试剂的反应

酯与格氏试剂反应生成酮，酮继续与格氏试剂反应，得叔醇（甲酸酯除外）。例如：

$$CH_3CH_2\overset{O}{\underset{\|}{C}}-OC_2H_5 \xrightarrow[\text{乙醚}]{CH_3MgBr} CH_3CH_2\underset{CH_3}{\overset{OMgBr}{\underset{|}{\overset{|}{C}}}}-OC_2H_5 \xrightarrow{-Mg(C_2H_5O)Br} CH_3CH_2\overset{O}{\underset{\|}{C}}CH_3$$

$$\xrightarrow[\text{乙醚}]{CH_3MgBr} CH_3CH_2\underset{CH_3}{\overset{OMgBr}{\underset{|}{\overset{|}{C}}}}-CH_3 \xrightarrow{H_3O^+} CH_3CH_2\underset{CH_3}{\overset{OH}{\underset{|}{\overset{|}{C}}}}-CH_3$$

酰卤、酸酐和酰胺与格氏试剂的反应与酯类相似，产物都是醇。

(四) 克莱森 (claisen) 酯缩合反应

具有 α-活泼氢的酯在强碱（如醇钠）作用下，与另一分子酯发生类似于羟醛缩合的反应，生成 β-羰基酸酯的反应，称为克莱森酯缩合反应。如乙酸乙酯在乙醇钠作用下发生克莱森酯缩合反应，生成乙酰乙酸乙酯（β-丁酮酸乙酯）。

$$2CH_3COOC_2H_5 \xrightarrow[\text{②}H_3O^+]{\text{①}CH_3CH_2ONa} CH_3\overset{O}{\underset{\|}{C}}CH_2\overset{O}{\underset{\|}{C}}OC_2H_5 + C_2H_5OH$$

反应机理如下：

$$H-CH_2COOC_2H_5 \xrightleftharpoons{C_2H_5ONa} {}^-CH_2COOC_2H_5 + C_2H_5OH$$

$$CH_3\overset{O}{\underset{\|}{C}}-OC_2H_5 + {}^-CH_2COOC_2H_5 \rightleftharpoons CH_3-\underset{OC_2H_5}{\overset{O^-}{\underset{|}{\overset{|}{C}}}}-CH_2COOC_2H_5$$

$$\rightleftharpoons CH_3-\underset{OC_2H_5}{\overset{O^-}{\underset{|}{\overset{|}{C}}}}-CH_2COOC_2H_5 \rightleftharpoons$$

$$CH_3-\overset{O}{\underset{\|}{C}}-CH_2COOC_2H_5 + C_2H_5O^- \rightleftharpoons CH_3\overset{O}{\underset{\|}{C}}-\overset{-}{C}H-\overset{O}{\underset{\|}{C}}-OC_2H_5 + C_2H_5OH$$

$$CH_3\overset{O}{\underset{\|}{C}}-\overset{-}{C}H-\overset{O}{\underset{\|}{C}}-OC_2H_5 \xrightarrow{H_3O^+} CH_3\overset{O}{\underset{\|}{C}}-CH_2-\overset{O}{\underset{\|}{C}}-OC_2H_5$$

两个都含有 α-活泼氢的不同酯在强碱作用下可进行交叉酯缩合反应，将得到四种不同的产物，难以分离。因此一般进行交叉酯缩合反应时，只用一个含有活泼氢的酯和一个不含活泼氢的酯进行缩合，就可得到较单纯的产物。

$$\text{HCOOC}_2\text{H}_5 + \text{CH}_3\text{COOC}_2\text{H}_5 \xrightarrow[\text{② H}_3\text{O}^+]{\text{① CH}_3\text{CH}_2\text{ONa}} \text{HCOCH}_2\text{COOC}_2\text{H}_5$$

芳香酸酯的羰基不够活泼，一般需要用较强的碱（如 NaH）催化，才能保证缩合反应进行。

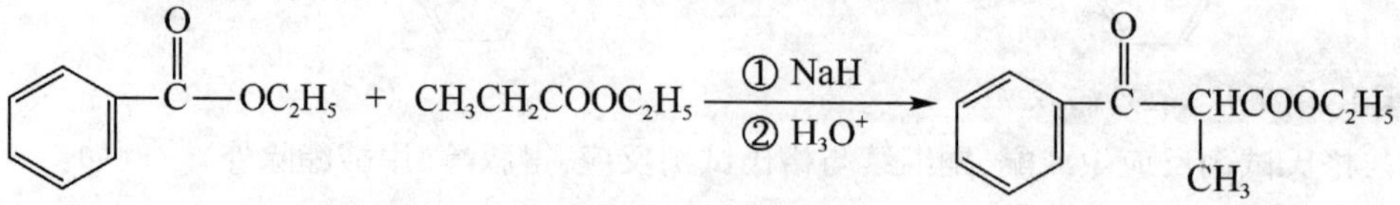

$$\text{C}_6\text{H}_5\text{C(O)OC}_2\text{H}_5 + \text{CH}_3\text{CH}_2\text{COOC}_2\text{H}_5 \xrightarrow[\text{② H}_3\text{O}^+]{\text{① NaH}} \text{C}_6\text{H}_5\text{C(O)CH(CH}_3\text{)COOC}_2\text{H}_5$$

在类似条件下，两个羧基相隔 4~6 个碳原子的二元酸酯，可以发生分子内酯缩合反应，生成五元、六元环酮酯。此反应称为迪克曼（Dieckmann）缩合。例如：

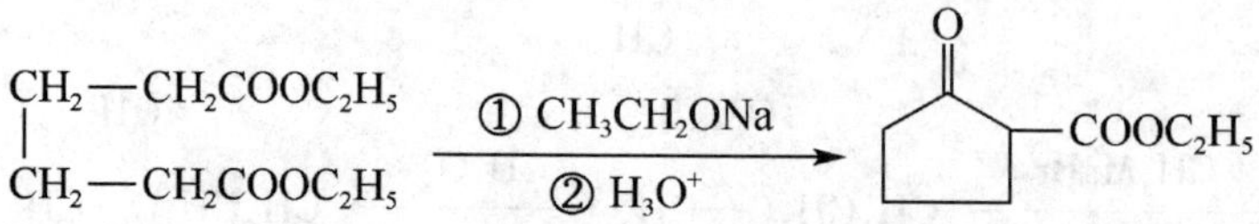

[结构式：二元酸酯经 ① CH₃CH₂ONa ② H₃O⁺ 生成环戊酮-2-甲酸乙酯]

生成的环酮酯在酸性条件下水解得 β-羰基酸，后者对热不稳定，易脱羧转变成环酮。

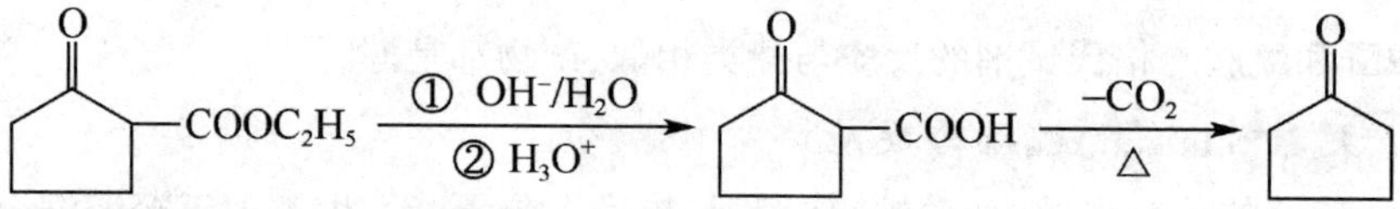

[结构式：环戊酮-2-甲酸乙酯 → 环戊酮-2-甲酸 → 环戊酮]

（五）酰胺的特殊性质

1. 酰胺的酸碱性　酰胺分子中的氮原子与酰基形成 p-π 共轭体系，氮上的孤电子对离域，电子云向羰基偏移，使其电子云密度降低，因而碱性减弱。当氮原子与两个酰基相连，形成酰亚胺时，表现为弱酸性。

酰亚胺能与氢氧化钠等强碱作用生成相应的酰亚胺盐。例如：

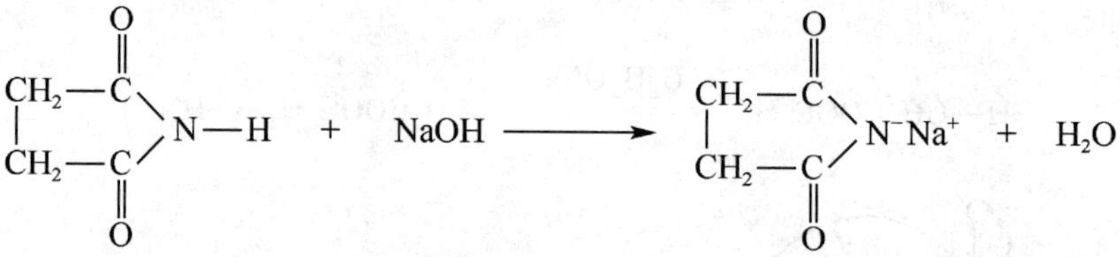

[丁二酰亚胺 + NaOH → 丁二酰亚胺钠 + H₂O]

N-溴代丁二酰亚胺（NBS）是重要的溴化剂，常以此来进行烯丙基氢的溴代反应。例如：

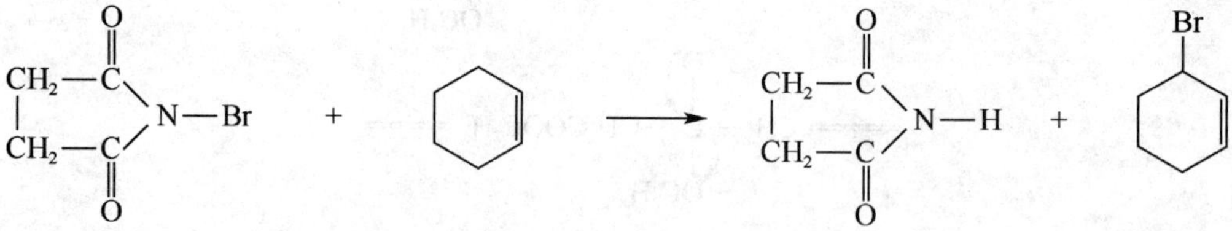

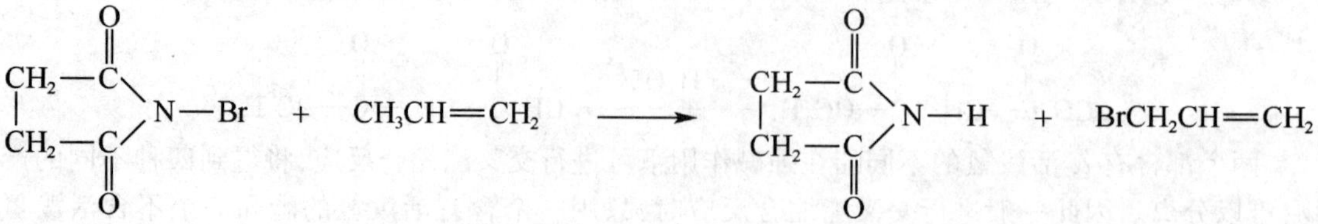

[NBS + 环己烯 → 丁二酰亚胺 + 3-溴环己烯]

[NBS + CH₃CH=CH₂ → 丁二酰亚胺 + BrCH₂CH=CH₂]

NBS 可通过下述方法制得：

$$\underset{\underset{\text{CH}_2}{\overset{\text{CH}_2}{|}}}{\overset{\text{C}=O}{\underset{\text{C}=O}{|}}}\!\!\!\!\!O + NH_3 \xrightarrow{\Delta} \underset{\underset{\text{CH}_2}{\overset{\text{CH}_2}{|}}}{\overset{\text{C}=O}{\underset{\text{C}=O}{|}}}\!\!\!\!\!NH + H_2O$$

$$\underset{\underset{\text{CH}_2}{\overset{\text{CH}_2}{|}}}{\overset{\text{C}=O}{\underset{\text{C}=O}{|}}}\!\!\!\!\!N-H + Br_2 \xrightarrow[0℃]{NaOH} \underset{\underset{\text{CH}_2}{\overset{\text{CH}_2}{|}}}{\overset{\text{C}=O}{\underset{\text{C}=O}{|}}}\!\!\!\!\!N-Br$$

2. 脱水反应 伯酰胺与强脱水剂共热或高温加热，分子内脱水生成腈。这是制备腈的方法之一。常用脱水剂有五氧化二磷（P_2O_5）和亚硫酰氯（$SOCl_2$）等。

$$RCONH_2 \xrightarrow[\Delta]{P_2O_5} RCN + H_2O$$

3. 亚硝酸的反应 伯酰胺与亚硝酸作用，生成相应的羧酸，并放出氮气。

$$RCONH_2 + HNO_2 \longrightarrow RCOOH + N_2\uparrow + H_2O$$

4. 霍夫曼（Hofmann）降解反应 伯酰胺与卤素的碱性溶液作用，脱去羰基生成伯胺，在反应中使碳链减少一个碳原子。这是霍夫曼发现制胺的一种方法，称为霍夫曼降解反应。

$$RCONH_2 + Br_2 + 4NaOH \longrightarrow RNH_2 + 2NaBr + Na_2CO_3 + 2H_2O$$

可以利用此反应制备伯胺。

$$C_6H_5CH_2CONH_2 \xrightarrow{Br_2/NaOH} C_6H_5CH_2NH_2$$

> **知识链接** 　　　　　　　霍　夫　曼
>
> 　　霍夫曼（1818~1892），德国化学家。1818 年 4 月生于吉森，1836 年入吉森大学学习法律，后受到化学家李比希的影响，改学化学，1841 年获博士学位，即留校任李比希的助手。1845 年任伦敦皇家化学学院首任院长和化学教授。1865 年回国，任柏林大学教授。1851 年当选为英国皇家学会会员。1868 年创建德国化学会并任会长多年。
> 　　霍夫曼最先将实验教学介绍到英国，并培养了珀金和弗兰克兰等著名化学家。霍夫曼的研究范围非常广泛。最初研究煤焦油化学，在英国期间解决了煤焦油副产品处理问题，开创了煤焦油染料工业。珀金在他的指导下于 1856 年合成了第一个人造染料苯胺紫，他本人合成了品红，又合成一系列紫色染料，称霍夫曼紫。他在有机化学方面的贡献还有：研究苯胺的组成；由氨和卤代烷制得胺类；发现异氰酸苯酯、二苯肼、二苯胺、异腈、甲醛；制定测定相对分子质量的蒸气密度法；发现四级铵碱加热至 100℃ 以上分解成烯烃、三级胺和水的霍夫曼反应（见霍夫曼规则）。霍夫曼于 1849 年最先提出"氨型"的概念，他提出胺类是由氨衍生而来的，发现了季铵盐，指出氢氧化四乙铵为强碱性。发表论文 300 多篇，著有《有机分析手册》和《现代化学导论》等书。

四、重要的羧酸衍生物

（一）乙酰氯

乙酰氯（CH_3COCl），是一种有刺激性臭味的无色液体，沸点 52℃，相对密度 1.1051。乙酰氯能与乙醚、氯仿、冰醋酸、苯和汽油混溶。乙酰氯极易水解,并放出大量的热。由于空气中的水分就能使之水解,所以在空气中发烟。常用作乙酰化试剂。

(二) 乙酸酐

乙酸酐[$(CH_3CO)_2O$],又称醋(酸)酐,是有刺激性气味的无色液体,熔点-73℃,沸点139℃,易溶于乙醚、苯和氯仿,微溶于水。乙酸酐是重要的乙酰化剂。工业上,乙酸酐可由乙烯酮与乙酸加成制得。

$$CH_2=C=O+CH_3COOH \longrightarrow (CH_3CO)_2O$$

乙酸酐是重要的医药化工原料,可用于制造香料、纤维、药物等。

(三) 乙酸乙酯

乙酸乙酯($CH_3COOC_2H_5$),是可燃性的无色液体,有水果香味,熔点-83.6℃,沸点71℃,微溶于水,溶于乙醇、乙醚和氯仿等有机溶剂。蒸气能形成爆炸性混合物,爆炸极限为 2.2%~11.2%(体积分数)。可用作清漆、人造革、硝酸纤维素塑料等的溶剂,也用于制造染料、药物、香料。

(四) N,N-二甲基甲酰胺

N,N-二甲基甲酰胺[$HCON(CH_3)_2$]为无色液体,沸点-153℃。与水和大部分有机溶剂混溶,是典型的非质子型、强极性的有机溶剂,具有很强的溶解能力,被称为"万能溶剂"。

(五) 丙二酸二乙酯

丙二酸二乙酯[$CH_2(COOC_2H_5)_2$],简称丙二酸酯,为无色有香味的液体,熔点-50℃,沸点199℃,微溶于水,易溶于乙醇、乙醚等有机溶剂。

丙二酸二乙酯可以用氯乙酸钠为原料合成:

$$ClCH_2COONa \xrightarrow{NaCN} NCCH_2COONa \xrightarrow[H^+]{C_2H_5OH} CH_2(COOC_2H_5)_2$$

由于丙二酸二乙酯分子中亚甲基上的氢原子受相邻两个酯基的影响,具有弱酸性(pK_a = 13),能与乙醇钠等强碱作用生成盐。

$$CH_2(COOC_2H_5)_2 + CH_3CH_2ONa \rightleftharpoons Na^+ \overset{-}{C}H(COOC_2H_5)_2 + CH_3CH_2OH$$

生成的碳负离子与卤代烃或酰氯发生亲核取代反应,当向丙二酸二乙酯引入两个不同取代基时,一般先引入大基团,生成一元取代丙二酸酯,后引入小基团,生成二元取代丙二酸酯。

$$CH_2(COOC_2H_5)_2 \xrightarrow[②RX]{①CH_3CH_2ONa} RCH(COOC_2H_5)_2 \xrightarrow[②R'X]{①CH_3CH_2ONa} \underset{R}{\overset{R'}{C}}(COOC_2H_5)_2$$

$$CH_2(COOC_2H_5)_2 \xrightarrow[\underset{R-C-X}{\overset{O}{\parallel}}]{①CH_3CH_2ONa} RCOCH(COOC_2H_5)_2$$

烃基或酰基取代的丙二酸酯经碱性水解、酸化后得到各种取代的丙二酸,再加热脱羧后,可制得相应的羧酸。

$$\underset{R}{\overset{R'}{C}}(COOC_2H_5)_2 \xrightarrow{NaOH} \xrightarrow{H_3O^+} \underset{R}{\overset{R'}{\underset{COOH}{\overset{COOH}{C}}}} \xrightarrow[\Delta]{-CO_2} \underset{R}{\overset{R'}{C}}HCOOH$$

$$R-\underset{O}{\underset{\|}{C}}-CH(COOC_2H_5)_2 \xrightarrow{NaOH} \xrightarrow{H_3O^+} R-\underset{O}{\underset{\|}{C}}-CH\underset{COOH}{\overset{COOH}{<}} \xrightarrow[\Delta]{-CO_2} R-\underset{O}{\underset{\|}{C}}-CH_2COOH$$

这是合成各种类型羧酸的重要方法,称为丙二酸酯合成法。

> **案例-1**
> 以丙二酸二乙酯、溴甲苯、乙醇钠、一碘甲烷为原料,设计合成 2-甲基-3-苯基丙酸的路线。
> **解答:**
>
> $$CH_2(COOC_2H_5)_2 \xrightarrow[\text{②}C_6H_5CH_2Br]{\text{①}CH_3CH_2ONa} C_6H_5CH_2CH(COOC_2H_5)_2 \xrightarrow[\text{②}CH_3I]{\text{①}CH_3CH_2ONa}$$
>
> $$C_6H_5CH_2\underset{COOC_2H_5)_2}{\overset{CH_3}{\underset{|}{C}}} \xrightarrow[\text{②}H_3O^+]{\text{①}CH^-/H_2O} C_6H_5CH_2\underset{COOH}{\overset{CH_3}{\underset{|}{C}}}-COOH \xrightarrow[\Delta]{-CO_2} C_6H_5CH_2\overset{CH_3}{\underset{|}{CH}}COOH$$

> **知识链接**   **乙酰乙酸乙酯的互变异构**
>
> 乙酰乙酸乙酯不是一种结构单一的物质,存在酮式与烯醇式的互变异构:
>
> $$CH_3-\underset{O}{\underset{\|}{C}}-CH_2-\underset{O}{\underset{\|}{C}}-OC_2H_5 \rightleftharpoons \underset{CH_3}{\overset{O\cdots H\cdots O}{\underset{|}{\underset{CH}{C}}=\underset{|}{\underset{}{C}}-OC_2H_5}}$$
>
> 酮式与烯醇式的互变异构
>
> 在室温下,乙酰乙酸乙酯的酮式和烯醇式异构体之间以一定比例(92.5%酮式和7.5%烯醇式)呈动态平衡;彼此互变的速度极快,不能将二者分离。温度低时互变速度变慢。互变异构现象在生物体内比较常见,烯醇式和酮式的含量随化合物的结构不同而不同,一般以酮式比较稳定,但有时烯醇式为主要形式,甚至完全为烯醇式,如酚。

第3节 碳酸衍生物

碳酸衍生物是指碳酸分子中的羟基被其他原子或原子团(—X、—OR、—NH₂等)取代后的产物。例如:

$$\underset{\text{氯甲酸}}{Cl-\underset{O}{\underset{\|}{C}}-OH} \quad\quad \underset{\text{氨基甲酸}}{H_2N-\underset{O}{\underset{\|}{C}}-OH} \quad\quad \underset{\text{碳酰氯}}{Cl-\underset{O}{\underset{\|}{C}}-Cl} \quad\quad \underset{\text{碳酰胺(脲)}}{H_2N-\underset{O}{\underset{\|}{C}}-NH_2}$$

碳酸不稳定,碳酸一元衍生物也不稳定,不能以游离状态存在,如氯甲酸、氨基甲酸、酸式碳酸酯等。而碳酸二元衍生物绝大多数比较稳定。许多碳酸衍生物都是有机合成、药物制备的重要试剂和原料,现仅对部分常见的、较为重要的碳酸衍生物作一些介绍。

一、碳 酰 氯

碳酰氯(COCl₂)可以看作碳酸分子中两个羟基被氯原子取代的产物,俗称光气。它是一种极毒带甜味的气体,有腐草臭味,熔点-118℃,沸点8.2℃,相对密度1.432(0℃)。光气具有酰氯的一般特性,能发生水解、醇解和氨解反应。

$$Cl-\overset{O}{\underset{\|}{C}}-Cl \begin{cases} \xrightarrow{H_2O} Cl-\overset{O}{\underset{\|}{C}}-OH \xrightarrow{H_2O} CO_2 + HCl \\ \xrightarrow{NH_3} H_2N-\overset{O}{\underset{\|}{C}}-NH_2 \\ \xrightarrow{ROH} Cl-\overset{O}{\underset{\|}{C}}-OR \begin{cases} \xrightarrow{NH_3} H_2N-\overset{O}{\underset{\|}{C}}-OR \\ \xrightarrow{R'OH} R'O-\overset{O}{\underset{\|}{C}}-OR \end{cases} \end{cases}$$

> **知识链接**　　　　光　气
>
> 　　光气是制备多种化合物的原料。工业上采用活性炭作活性剂,在200℃的温度下使一氧化碳和氯气作用而制得:
>
> $$CO + Cl_2 \xrightarrow[200℃]{活性炭} Cl-\overset{O}{\underset{\|}{C}}-Cl$$
>
> 　　下述情况也可能产生光气:①三氯甲烷长期储存发生水解作用;②在空气流通不良的场合使用四氯化碳灭火剂;③氯烃和氟利昂的不完全燃烧等。
>
> 　　光气用钢瓶装运,储存时严防高温、震动、撞击。因光气有剧毒,最高允许浓度0.1 ppm,吸入微量也能使人畜致死,故应特别注意安全。由于对人和动物的黏膜及呼吸道有强烈的刺激作用,肺部吸入光气后,浓度稀时刺激细胞壁,引起咳嗽、咽喉发炎、呕吐、黏膜充血;重症时,引起肺部淤血及肺水肿、血管膨胀、心脏机能发生故障、导致急性窒息死亡。此时,从肺部溢出的血流量为肺平时重量的3~4倍,因而光气的中毒死亡称为"在陆地上的溺死"。因此,在第一次世界大战中曾被用作军用毒气。

二、碳酰胺

　　碳酰胺[CO(NH$_2$)$_2$]俗称尿素或脲,是无色长棱形结晶,熔点133℃。易溶于水及乙醇,难溶于乙醚。尿素是蛋白质在人或哺乳动物体内分解代谢的最终产物,成人每日从尿中排泄25~30 g尿素。尿素具有酰胺的一般性质,但因两个氨基同时连在同一羰基碳上,因此也具有特殊的性质。

(一) 弱碱性

　　尿素分子中由于两个氨基与羰基相连接,因此两个氨基均能与羰基发生共轭效应,使其氮原子上的电子云密度比酰胺分子中氮原子上的电子云密度高,具有接受质子的能力,表现为弱碱性,与强酸作用生成盐。例如,在尿素的水溶液中加入浓硝酸,则析出硝酸脲的白色沉淀。

$$H_2N-\overset{O}{\underset{\|}{C}}-NH_2 + HNO_3(浓) \longrightarrow H_2N-\overset{O}{\underset{\|}{C}}-NH_2 \cdot HNO_3 \downarrow$$

(二) 水解

　　尿素在酸、碱或尿素酶的催化下,可水解生成氨或铵。

$$H_2N-\overset{\overset{O}{\|}}{C}-NH_2 + H_2O + 2HCl \xrightarrow{\Delta} CO_2\uparrow + 2NH_4Cl$$

$$H_2N-\overset{\overset{O}{\|}}{C}-NH_2 + 2NaOH + H_2O \xrightarrow{\Delta} Na_2CO_3 + 2NH_3\uparrow$$

(三) 与亚硝酸反应

尿素与亚硝酸反应时,生成二氧化碳和水,定量放出氮气,通过测定氮气的量可以推断脲的含量。

$$H_2N-\overset{\overset{O}{\|}}{C}-NH_2 + 2HNO_2 \longrightarrow CO_2\uparrow + 2N_2\uparrow + 3H_2O$$

由于生成产物为气体和水,不会对反应的后处理带来影响,因此在重氮化反应中为了除去过量的亚硝酸通常加入脲。

(四) 缩二脲的生成及缩二脲反应

将固体尿素缓慢加热到超过其熔点(133℃)时,两分子尿素间脱去一分子氨,生成缩二脲。

$$2H_2N-\overset{\overset{O}{\|}}{C}-NH_2 \xrightarrow{\Delta} H_2N-\overset{\overset{O}{\|}}{C}-\overset{\overset{H}{|}}{N}-\overset{\overset{O}{\|}}{C}-NH_2 + NH_3\uparrow$$

缩二脲为无色结晶,熔点190℃,难溶于水,易溶于碱溶液。在缩二脲的碱性溶液中加入少量硫酸铜溶液,即呈现紫色或紫红色,这个颜色反应称为缩二脲反应。不仅缩二脲能发生此反应,凡分子中含有两个或两个以上酰胺键(—CO—NH—)结构的化合物(如多肽和蛋白质)都能发生缩二脲反应。

(五) 酰脲的生成

脲与酰氯、酸酐或酯作用,可生成酰脲。例如,尿素与丙二酸二乙酯在乙醇钠的催化下进行缩合反应,生成丙二酰脲。

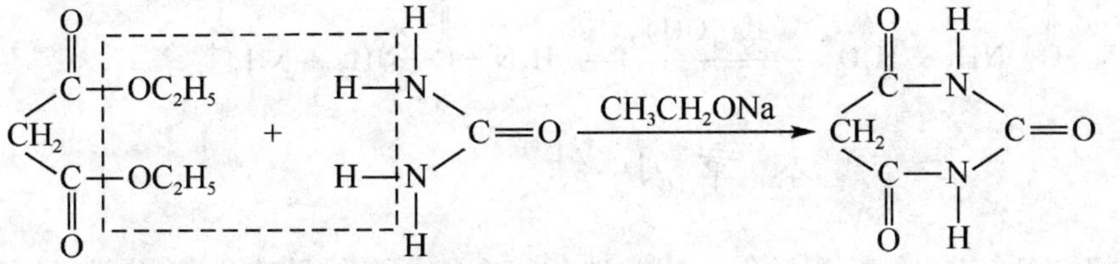

丙二酰脲为无色晶体,熔点245℃,微溶于水。

丙二酰脲分子中亚甲基的氢原子和氮原子上的氢都受两个羰基的影响,因而很活泼,在水溶液中存在酮式和烯醇式的互变异构平衡:

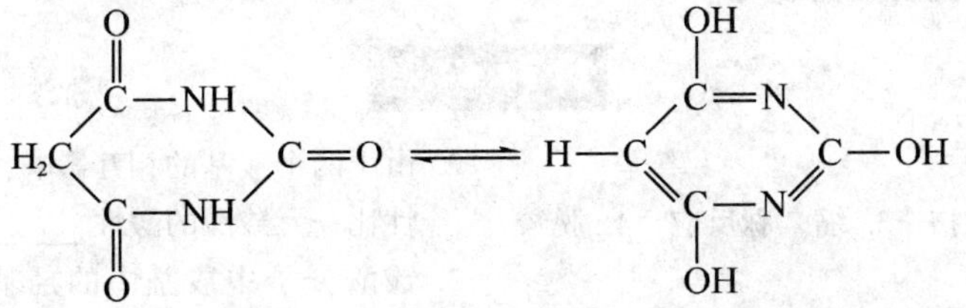

   酮式   烯醇式

烯醇式具有弱酸性($pK_a = 3.98$)，酮式中亚甲基上的两个氢原子被烃基取代后所生成的衍生物，是一类对中枢神经系统起抑制作用的化合物，具有镇静、催眠和麻醉作用，总称为巴比妥类药物。通式为：

$$\begin{array}{c} R_2 \\ | \\ R_1-C-C(=O)-NH-C(=O)-NH \end{array}$$

$R_1 = R_2 = C_2H_5$ 巴比妥

$R_1 = C_2H_5$，$R_2 = C_6H_5$ 苯巴比妥

巴比妥类药物有成瘾作用，用量过大会危及生命。

三、胍

胍在结构上可以看做是尿素分子中的氧被亚氨基（—NH—）取代后所形成的化合物，故又称亚氨基脲。胍分子中去掉氨基上的一个氢原子后剩余部分称为胍基，去掉一个氨基后剩余的基团称为脒基。

$$H_2N-\overset{NH}{\underset{\|}{C}}-NH_2 \qquad H_2N-\overset{NH}{\underset{\|}{C}}-NH- \qquad H_2N-\overset{NH}{\underset{\|}{C}}-$$

　　　　胍　　　　　　　　　　胍基　　　　　　　　　脒基

胍为无色结晶状物质，熔点 50℃，吸湿性强，易溶于水。它是一种有机强碱，$pK_b = 0.52$，与 KOH 碱性相当，能吸收空气中的 CO_2 生成稳定的碳酸盐。

$$2H_2N-\overset{NH}{\underset{\|}{C}}-NH_2 + H_2O + CO_2 \longrightarrow (H_2N-\overset{NH}{\underset{\|}{C}}-NH_2)_2 \cdot H_2CO_3$$

胍容易水解，在氢氧化钡溶液中加热，生成脲和氨。因此，胍通常以盐的形式保存。

$$H_2N-\overset{NH}{\underset{\|}{C}}-NH_2 + H_2O \xrightarrow{Ba(OH)_2} H_2N-\overset{O}{\underset{\|}{C}}-NH_2 + NH_3\uparrow$$

本 章 小 结

本章主要阐述的知识点有：羧酸、羧酸衍生物及碳酸衍生物在自然界的分布、分类，及其结构、命名、理化性质及合成方法等。

本章所涉及的基本概念有：羧酸衍生物、酰卤、酸酐、酯、碳酸衍生物、霍夫曼降解反应、缩二脲及缩二脲反应、巴比妥类药物等。

目标检测

一、名词解释

1. 羧酸　2. 羧酸衍生物　3. 缩二脲反应　4. 脱羧反应　5. 胍

二、填空题

1. 丙酮进行碘仿反应时，可得到_____酸。

2. 由于两个羧基的相互影响，饱和的二元羧酸的酸性比一元羧酸的酸性_____。

3. 羧酸分子中羧基中的羟基被_____取代称为酰胺。

4. 不同的醇酯化反应的活性顺序：伯醇_____仲醇

_____叔醇。

5. 因酰胺能形成分子间_____键,因而酰胺的熔点和沸点较相应的羧酸_____。

三、写出下列物质的构造式

1. N-乙基乙酰胺 2. 苯甲酰胺 3. 碳酰胺 4. 邻苯二甲酸酐 5. 丙二酸二乙酯

四、命名下列各物质

1. 邻苯二甲酸（邻-COOH苯甲酸结构）
2. 1-萘乙酸（萘环-CH₂COOH）
3. 环己基乙酸
4. 间甲氧基苯甲酸
5. 苯甲酰氯
6. 苯甲酸甲酯
7. 3-苯基-2-甲基丙酸（PhCH₂CH(CH₃)CH₂COOH）

五、完成下列各化学反应式

1. 间苯二甲酸 + NaOH →
2. $CH_3CH(CH_2COOH)_2 \xrightarrow{\triangle}$
3. 间甲氧基苯甲酸 + NaHCO₃ →
4. 邻苯二甲酸 + $(CH_3CO)_2O$ →
5. 苯甲酰氯 + H₂O →
6. $HCOOH + CH_3OH \underset{\triangle}{\overset{浓H_2SO_4}{\rightleftharpoons}}$
7. $CH_3-\overset{O}{C}-O-\overset{O}{C}-CH_3 + C_6H_5OH \rightarrow$
8. $H_2N-\overset{O}{C}-NH_2 + NaOH \xrightarrow{\overset{H_2O}{\triangle}}$
9. $C_6H_5CH_2\overset{O}{C}NH_2 + NaOH + Br_2 \rightarrow$
10. $CH_3COC_2H_5 + HCOC_2H_5 \xrightarrow[②H^+]{①C_2H_5ONa}$
11. $CH_3COOH \xrightarrow[P]{Br_2}$

六、选择题

1. 下列化合物中碱性最强的是( )
   A. $CH_3-\overset{O}{C}-NH_2$
   B. $H_2N-\overset{O}{C}-NH_2$
   C. $H_2N-\overset{NH}{C}-NH_2$
   D. $CH_3-\overset{CH_3}{\underset{|}{N}}-CH_3$

2. 下列物质属于酰胺的是( )
   A. C₆H₅NHCH₃
   B. C₆H₅NHCOCH₃
   C. $H_2N-\overset{NH}{C}-NH_2$
   D. $CH_3-\overset{O}{C}-OCH_3$

3. 能发生缩二脲反应的是( )
   A. 脲   B. 乙酰胺
   C. 鸡蛋白质 D. 缩二脲

4. 下列物质中,酸性最强的是( )
   A. H₂CO₃   B. CH₃COOH
   C. C₆H₅OH   D. HCOOH

5. 受热可发生脱羧反应的是( )
   A. 乙酸   B. 乙二酸
   C. 甲酸   D. 苯甲酸

6. 下列哪种试剂不能用来鉴别甲酸、乙酸( )
   A. KMnO₄   B. 托仑试剂
   C. Br₂/H₂O   D. 菲林试剂

7. 加热下列哪种二元酸,可同时发生脱羧和脱水反应生成环酮( )
   A. 丙二酸   B. 丁二酸
   C. 己二酸   D. 戊二酸

8. 不能作酰化试剂的是( )
   A. 乙酰氯   B. 乙酸酐
   C. 乙酸   D. 乙醛

9. 既能使高锰酸钾褪色,又能发生银镜反应的是( )
   A. 甲酸   B. 乙酸
   C. 乙二酸   D. 丙酸

10. 既能与NaOH反应,又能与NaHCO₃溶液反应放出CO₂的物质是( )
    A. 环己醇
    B. 苯甲醇（C₆H₅CH₂OH）
    C. 环己基甲酸
    D. 苯酚

11. 下列酸属于二元羧酸的是( )

A. 乙二酸　　B. 乙酸
C. 苯酚　　　D. 安息香酸

12. 乙酰水杨酸的通用名是(　　)

A. 水杨酸　　B. 阿司匹林
C. 乳酸　　　D. 酒石酸

七、用简单的化学方法区别下列各组物质

1. 乙酸、乙醇和乙醛
2. 甲酸、乙酸和丙烯酸
3. 尿素和乙酰胺
4. 苯甲酸、乙二酸和丁烯二酸
5. 乙酸、乙二酸、丙二酸和乙醇

八、比较苯甲酸(pK_a = 4.17)、乙酸(pK_a = 4.75)、甲酸(pK_a = 3.77)的酸性强弱,并解释原因。

九、回答下列问题

1. 偏苯三酸酐是合成牙科材料——偶联剂 4-META 的原料之一。试以苯为原料,其他试剂任选,合成偏苯三酸酐酰氯

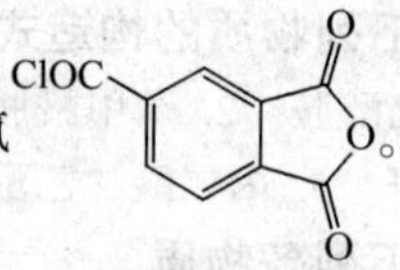

2. 氨苄青霉素和叶酸的结构式分别为:试标出它们分子中的酰胺键和羧基。

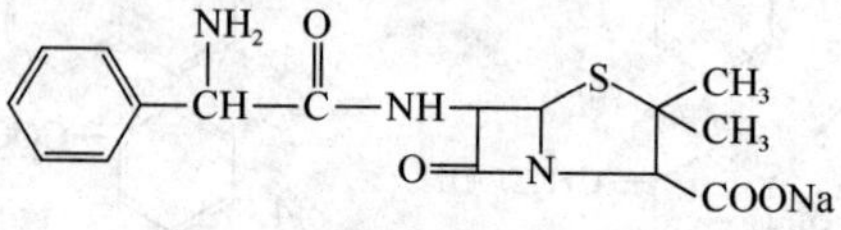

氨苄青霉素

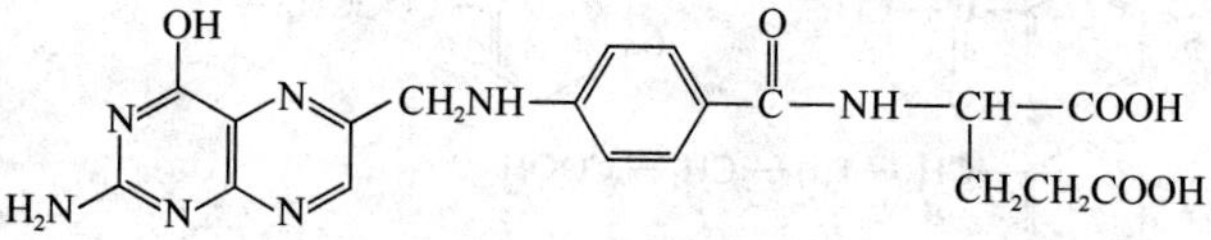

叶酸

第 9 章 取 代 羧 酸

> **学习目标**
> 1. 掌握卤代酸的性质,酮酸的性质,乙酰乙酸乙酯及酮式-烯醇式互变异构现象;
> 2. 理解卤代酸的命名和制备,羟基酸的分类和命名,以及醇酸和酚酸的性质,羰基酸的分类和命名;
> 3. 了解羟基酸的制备以及重要的羟基酸和羰基酸。

羧酸分子中烃基上的氢原子被其他原子或原子团取代后生成的化合物称为取代羧酸(substitution acid),简称取代酸。许多取代羧酸在有机合成及生物代谢中是十分重要的。有的药物结构本身就是取代羧酸,如布洛芬、阿司匹林等。

根据取代基的不同可将取代羧酸分为卤代酸、羟基酸、羰基酸(氧代酸)和氨基酸等。例如:

$$CH_3CHCH_2COOH \quad CH_3CHCH_2COOH \quad CH_3CHCH_2COOH$$
$$\;\;\;\;|\qquad\qquad\qquad\;\;\;|\qquad\qquad\qquad\;\;\;|$$
$$\;\;\;Cl\qquad\qquad\qquad\;OH\qquad\qquad\qquad NH_2$$

3-氯丁酸 3-羟基丁酸 3-氨基丁酸

根据取代基与羧基距离的不同,可将取代羧酸分为 α-,β-,γ-等取代羧酸。例如:

$$CH_3CH_2CHCOOH \quad CH_3CHCH_2COOH \quad CH_2CH_2CH_2COOH$$
$$\;\;\;\;\;\;\;\;|\qquad\qquad\qquad\;\;\;|\qquad\qquad\qquad\;|$$
$$\;\;\;\;\;\;\;Cl\qquad\qquad\qquad\;Cl\qquad\qquad\qquad Cl$$

α-氯丁酸 β-氯丁酸 γ-氯丁酸

第 1 节 卤 代 酸

一、卤代酸的分类和命名

根据卤原子的不同,卤代酸可分为氟代酸、氯代酸、溴代酸和碘代酸。也可以根据卤素取代的位置的不同分为 α-卤代酸、β-卤代酸、……,根据卤原子的数目不同分为一卤代酸、二卤代酸、多卤代酸。

卤代酸的命名是以羧酸为母体,卤素作为取代基,选择含羧基和与卤原子相连的碳原子在内的最长碳链为主链,编号从羰基碳原子开始用阿拉伯数字或希腊字母依次编号,称为"某酸",写名称时必须将卤素原子的名称、位次(1,2,3,…或 α,β,γ,…)以及数目写在"某酸"名称之前。例如:

$$CH_3CHCHCOOH \qquad CH_3CCOOH \qquad$$
$$\;\;\;\;\;\;|\;\;|\qquad\qquad\;\;\;\;\;|$$
$$\;\;\;\;\;Br\;Br\qquad\qquad\;\;\;Cl$$

2,3-二溴丁酸 2,2-二氯丙酸 2,4-二氯苯甲酸
(α,β-二溴丁酸) (α,α-二氯丙酸) (α,γ-二氯苯甲酸)

二、卤代酸的性质

低级卤代酸是液体,随着相对分子质量的增加逐渐变为固体。卤代酸除具有羧基和卤烃的

一般反应外,还表现出羧基和卤素相互影响而产生的一些特殊性质。

(一) 酸性

卤代酸分子中卤素原子是吸电子基团,通过吸电子的诱导效应(-I),使羧酸分子中羧基的酸性增强。卤素的电负性越大,数目越多,与羧基的距离越近,则吸电子诱导效应(-I)越强,酸性也越强。由于卤素原子的电负性顺序是:F>Cl>Br>I,所以一卤代乙酸的酸性是:

$FCH_2COOH > ClCH_2COOH > BrCH_2COOH > ICH_2COOH$
pK_a　　2.66　　　　　2.81　　　　　2.87　　　　　3.13

氯代乙酸的酸性是:

Cl_3CCOOH　　　　$Cl_2CHCOOH$　　　　$ClCH_2COOH$
pK_a　　0.08　　　　　　1.29　　　　　　　2.81

三种一氯丁酸的酸性是:

$\underset{\underset{Cl}{|}}{CH_3CH_2CHCOOH}$　　$\underset{\underset{Cl}{|}}{CH_3CHCH_2COOH}$　　$\underset{\underset{Cl}{|}}{CH_2CH_2CH_2COOH}$　　$CH_3CH_2CH_2COOH$

pK_a　　2.86　　　　　　　4.41　　　　　　　　4.70　　　　　　　4.82

-I 效应在碳链上的传递,随距离增大而迅速减弱,经过三个碳原子后其影响就极其微弱。因此,γ-氯丁酸和丁酸的酸性相差无几。

在卤代苯甲酸中,卤素的位置对羧基酸性的影响因素比较复杂,苯甲酸的 pK_a = 4.17,而三种氯代苯甲酸和三种溴代苯甲酸的酸性如下:

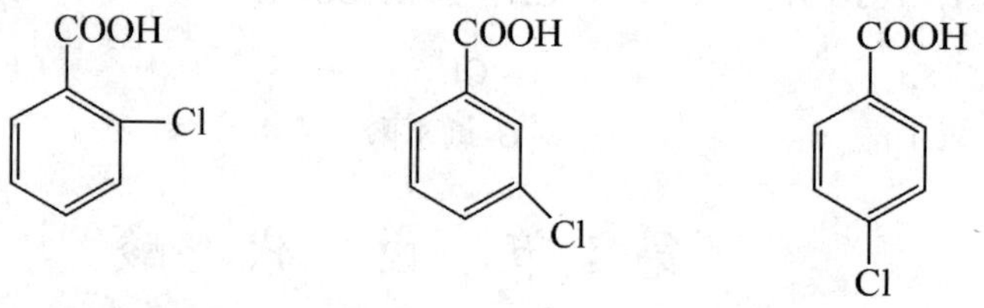

　　　　　邻-氯苯甲酸　　　　间-氯苯甲酸　　　　对-氯苯甲酸
pK_a　　　2.89　　　　　　　3.82　　　　　　　4.03

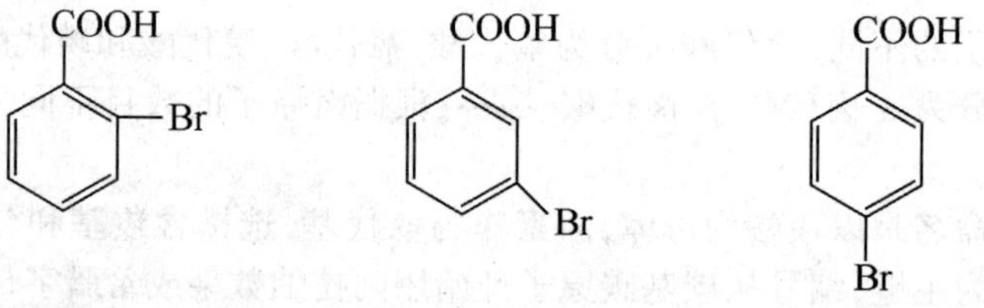

　　　　　邻-溴苯甲酸　　　　间-溴苯甲酸　　　　对-溴苯甲酸
pK_a　　　2.82　　　　　　　3.85　　　　　　　4.18

从上述 pK_a 值可以看出,邻位卤代苯甲酸的酸性比苯甲酸强得多;对位卤代苯甲酸的酸性与苯甲酸的酸性非常接近;间位卤代苯甲酸的酸性比苯甲酸略强。

卤素对苯环的作用比较复杂,从电子效应的角度看,它们是一类使苯环钝化的邻对位定位基,也就是说,间位的电子云密度比邻对位的电子云密度低,因此间位的卤代苯甲酸的酸性比苯甲酸略强,这与实验事实相吻合;邻对位的卤代苯甲酸的酸性均应该比间位的卤代苯甲酸弱,这又与实验事实不符合。这是因为羧基与苯环之间存在吸电子的诱导效应和吸电子的共轭效应,而且以共轭效应为主,苯环的电子云向羧基发生了转移,在邻位卤代苯甲酸分子中,由于邻位的卤素原子的空间效应,一定程度上破坏了羧基与苯环的共平面性,阻碍了苯环通过共轭效应向羧基提供电子的能力,使得羧基的酸性增强。这种现象称为邻位效应。而对位卤代苯甲酸却没有这种现象,因此对酸性的影响不大。

(二) 卤代酸的水解反应

α-卤代酸分子中的卤原子由于受羧基的影响，活性增加，极易发生水解反应，与稀碱溶液作用而生成 α-羟基酸。

$$\underset{X}{R-CH-COOH} + H_2O \xrightarrow{\Delta} \underset{OH}{RCHCOOH}$$

α-卤代酸的卤素原子还容易被其他的亲核试剂所取代，生成所需的 α-取代羧酸。

$$\underset{X}{R-CH-COOH} + NH_3 \xrightarrow{\Delta} \underset{NH_2}{RCHCOOH}$$

$$\underset{X}{R-CH-COOH} \xrightarrow{Na_2CO_3} \underset{OH}{RCHCOOH}$$

β-卤代酸中的 α-H 受两个吸电子基团的影响而比较活泼，容易发生消除，生成 α,β-不饱和羧酸。

$$\underset{X}{RCHCH_2COOH} \xrightarrow[-HX]{\Delta} RCH=CHCOOH$$

γ-和 δ-卤代酸与稀碱溶液作用，易生成稳定的五元或六元环的内酯。

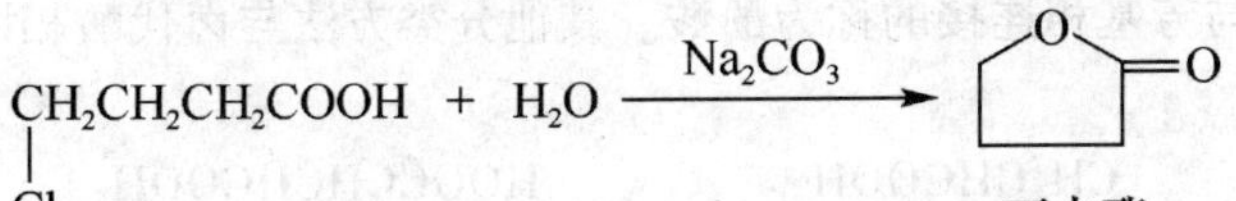

$$\underset{Cl}{CH_2CH_2CH_2COOH} + H_2O \xrightarrow{Na_2CO_3} \text{γ-丁内酯}$$

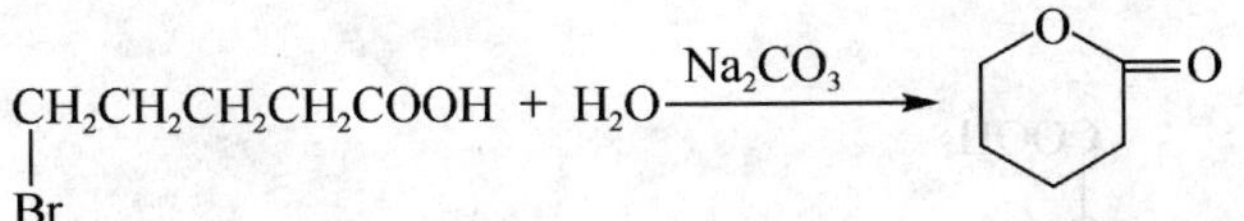

$$\underset{Br}{CH_2CH_2CH_2CH_2COOH} + H_2O \xrightarrow{Na_2CO_3} \text{δ-戊内酯}$$

(三) α-卤代酸酯的反应

1. 达任斯 (Darzens) 反应 α-卤代酸酯在强碱 (醇钠、氨基钠) 的作用下，与一分子醛或酮反应，生成一分子 α,β-环氧羧酸酯的反应。

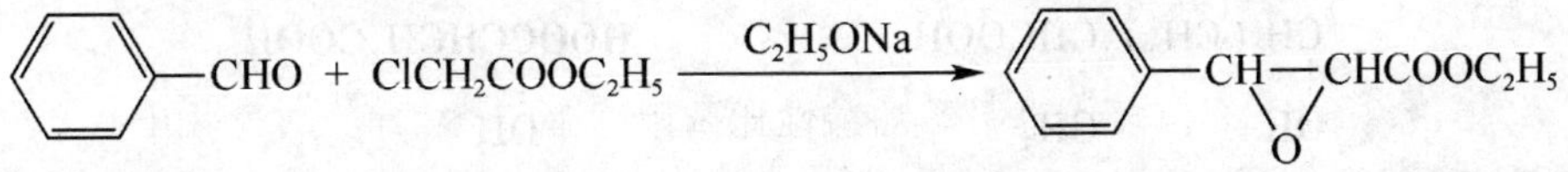

$$Ph-CHO + ClCH_2COOC_2H_5 \xrightarrow{C_2H_5ONa} Ph-CH-CHCOOC_2H_5 \text{(环氧)}$$

α,β-环氧羧酸酯在一定条件下水解，可得到相应的环氧酸，受热后脱羧，生成醛或酮。这也是增长碳链的方法。

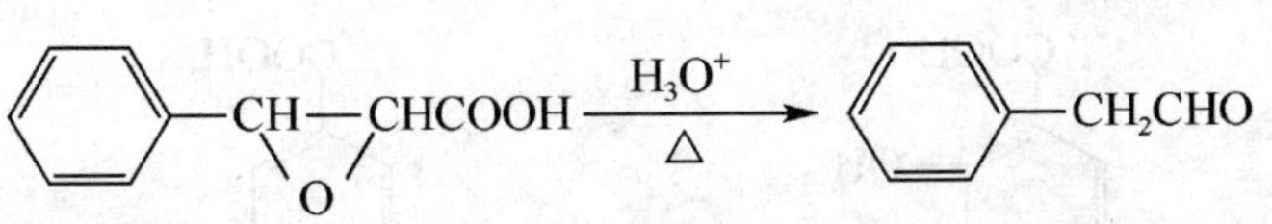

$$Ph-CH-CHCOOH \text{(环氧)} \xrightarrow[\Delta]{H_3O^+} Ph-CH_2CHO$$

2. 列福尔马茨基 (Reformatsky) 反应 在锌粉存在下，α-卤代酸酯与醛或酮在惰性溶剂组成的溶液中，经酸化，得到 β-羟基羧酸酯，这个反应称为列福尔马茨基 (Reformatsky) 反应。

$$BrCH_2COOC_2H_5 \xrightarrow{Zn} BrZnCH_2COOC_2H_5 \xrightarrow{R_2CO}$$

$$\underset{\mathrm{OZnBr}}{\mathrm{R_2CCH_2COOC_2H_5}} \xrightarrow{\mathrm{H_3O^+}} \underset{\mathrm{OH}}{\mathrm{R_2CCH_2COOC_2H_5}}$$

这个反应中不能用镁代替锌。如果用镁进行反应,则生成的格氏试剂反应活性过大,不但与醛酮反应,还会与酯中的羰基加成,影响 β-羟基羧酸酯的产率。

三、卤代酸的制备

1. α-卤代酸的制备 （见第 8 章羧酸性质）

2. β-卤代酸的制备 由 α,β-不饱和羧酸与卤化氢加成得到 β-卤代酸。

$$\mathrm{RCH{=}CHCOOH + HX \longrightarrow \underset{X}{RCHCH_2COOH}}$$

第 2 节 羟 基 酸

一、羟基酸的分类和命名

(一) 分类

根据分子中羟基所连接的烃基不同,可将羟基酸分为醇酸和酚酸。羟基与脂肪烃基相连接的称为醇酸;而羟基与芳基相连接的称为酚酸。其他分类方法与卤代酸相同,不再赘述。

例如:醇酸

$$\underset{\mathrm{OH}}{\mathrm{CH_3CHCOOH}} \qquad \underset{\mathrm{OH\ OH}}{\mathrm{HOOCCHCHCOOH}}$$

酚酸

<!-- 水杨酸结构 -->   <!-- 对羟基苯甲酸结构 -->

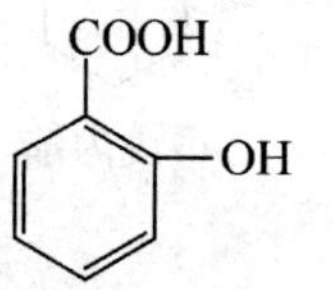

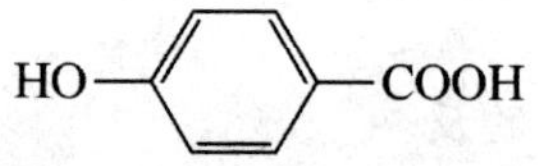

(二) 命名

醇酸的命名与卤代酸的命名相似。

$$\underset{\mathrm{OH}}{\mathrm{CH_2(CH_2)_4}}\underset{\mathrm{CH_3}}{\mathrm{CHCOOH}} \qquad \underset{\mathrm{OH}}{\mathrm{HOOCCHCH_2COOH}}$$

2-甲基-7-羟基庚酸   2-羟基丁二酸

酚酸的命名仍然以芳香酸为母体,羟基为取代基。

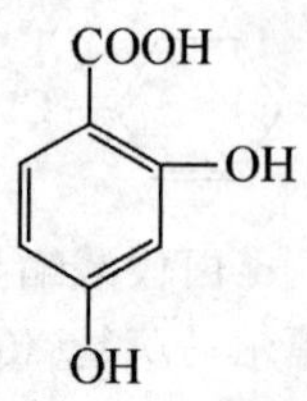

3,4-二羟基苯甲酸 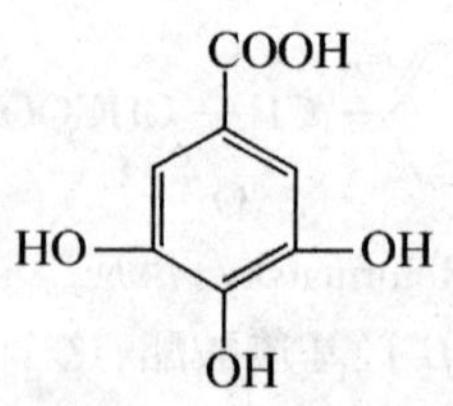   3,4,5-三羟基苯甲酸

对于从自然界得到的羟基酸根据其来源,常采用俗名,如乳酸(2-羟基丙酸)、水杨酸(邻羟基苯甲酸)等。

> **知识链接** 乳 酸
>
> 乳酸在医药方面广泛用作防腐剂、载体剂、助溶剂、药物制剂、pH调节剂等;在病房、手术室、实验室等场所中采用乳酸蒸气消毒,可有效杀灭空气中的细菌,达到减少疾病,利于健康的目的;乳酸还可以直接配制成药物或日常保健品使用,如私处沐浴露,针对成熟女性阴道乳酸杆菌制造慢,加入了乳酸成分,维护好阴道的自洁作用。

二、醇 酸

醇酸多为结晶的固体或黏稠的液体,在水中的溶解度比相应的醇和羧酸大,熔点比相应的羧酸高。许多醇酸都有对映异构体。

醇酸除了具有醇和羧酸的一般性质外,还受羟基和羧基的相互影响,而具有一些特殊的性质。

(一) 酸性

由于羟基的吸电子诱导效应对羧基的影响,醇酸的酸性比相应的羧酸强。

$$CH_3CHCOOH \quad > \quad CH_2CH_2COOH \quad > CH_3CH_2COOH$$
$$\quad\quad |\quad\quad\quad\quad\quad\quad |$$
$$\quad\quad OH\quad\quad\quad\quad\quad OH$$

pK_a 3.87   4.51   4.88

但羟基对羧基的影响比卤素的弱;且随着羟基与羧基距离的增加,这种影响逐渐减弱。

(二) 脱水反应

醇酸受热易发生脱水反应。脱水产物因羟基与羧基的相对位置不同而有所区别。

1. α-醇酸生成交酯 α-醇酸受热时,两分子的α-醇酸互用羧基和羟基与对方的羟基与羧基交叉进行脱水反应,生成六元环的交酯。

$$\underset{\underset{OH}{|}}{RCH}\text{—COOH} + \underset{\underset{HO}{|}}{HOOC\text{—}CH}\text{—}R \xrightarrow[\Delta]{-2H_2O} \text{六元环交酯}$$

2. β-醇酸生成α,β-不饱和羧酸 β-羟基与具有活性的α-氢结合脱去一分子水,发生消除反应,生成α,β-不饱和羧酸。

$$\underset{\underset{OH}{|}}{RCHCH_2COOH} \xrightarrow{-H_2O} RCH=CHCOOH$$

3. γ-和δ-醇酸生成内酯 γ-醇酸不稳定,在室温下自动脱去一分子水,生成稳定的γ-内酯。

$$\underset{\underset{OH}{|}}{RCHCH_2CH_2COOH} \xrightarrow{-H_2O} \text{γ-内酯}$$

因此,不易得到游离的γ-醇酸,γ-内酯是稳定的中性化合物,在碱性条件下开环形成γ-醇酸盐后才稳定;δ-内酯比γ-内酯难生成,通过加热或抽真空也能使之生成内酯,且生成的δ-内酯遇水易开环。

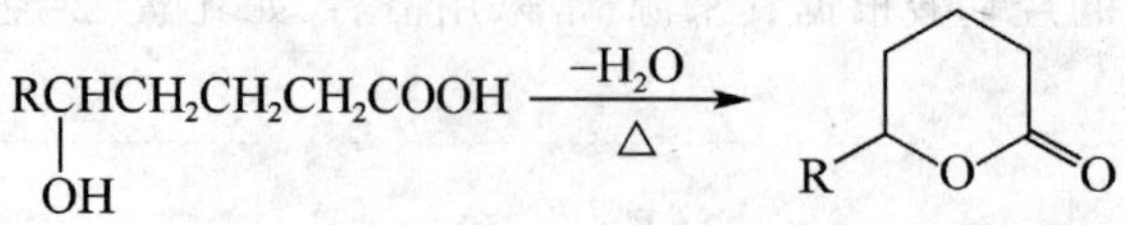

$$RCHCH_2CH_2CH_2COOH \xrightarrow[\triangle]{-H_2O}$$ (六元环内酯，R取代)

内酯也具有酯的性质，难溶于水，在酸或碱存在下可发生水解反应。若在碱存在下水解，则生成稳定的醇酸盐。

> **知识链接** γ-羟基丁酸钠 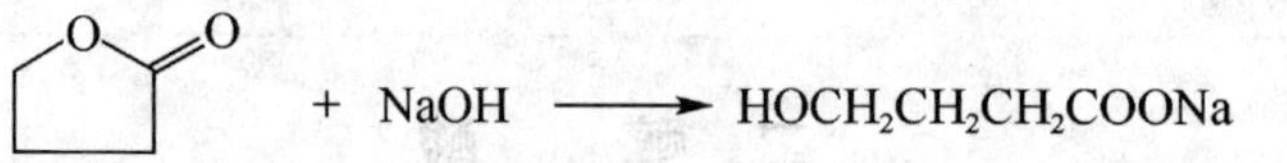
>
> (γ-丁内酯) + NaOH ⟶ HOCH$_2$CH$_2$CH$_2$COONa
>
> γ-羟基丁酸钠具有麻醉作用，它不影响基础代谢和呼吸，且术后苏醒快，适用于呼吸道及肾功能不全患者的麻醉。

（三）α-醇酸的脱羧反应

α-醇酸与稀硫酸共热时，分解脱羧生成比原来少一个碳原子的醛或酮。

$$R-\underset{OH}{\underset{|}{\overset{H(R')}{\overset{|}{C}}}}-COOH \xrightarrow[\triangle]{H_2SO_4} R-\overset{O}{\overset{\|}{C}}-H(R') + CO_2 + H_2O$$

另外，与稀的酸性高锰酸钾溶液共热，氧化脱羧生成比原来少一个碳原子的酮或酸。

$$R-\underset{OH}{\underset{|}{\overset{H(R')}{\overset{|}{C}}}}-COOH \xrightarrow[\triangle]{KMnO_4/H^+} R-COOH(R-\overset{O}{\overset{\|}{C}}-R') + CO_2 + H_2O$$

三、酚　酸

酚酸大多为结晶性固体，是一类芳香环上连有羟基的芳香酸，因此既能表现芳香酸的性质，又能表现酚的性质。但由于两个基团共同存在于同一个芳香环上，能通过芳香环相互影响，并表现出一些特性。

1. 酸性　在酚酸中，由于羟基与芳香环之间既有吸电子诱导效应又有共轭效应，所以几种酚酸异构体的酸性强弱有所不同。

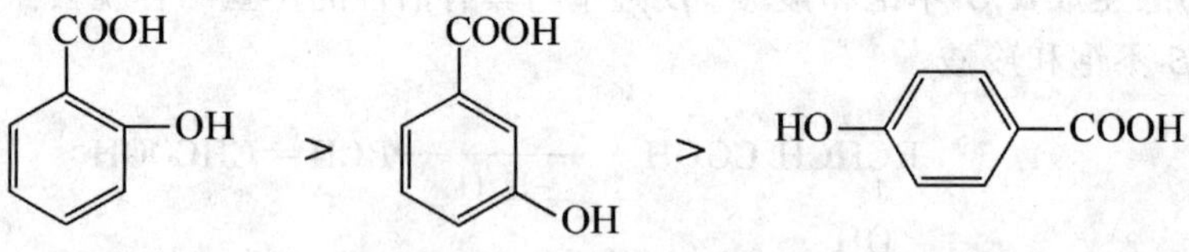

邻羟基苯甲酸　＞　间羟基苯甲酸　＞　对羟基苯甲酸

pK_a　　3.00　　　　　　4.12　　　　　　4.17

从上述数据可以看出邻羟基苯甲酸的酸性最强，这是因为羟基处于羧基的邻位时，一方面在羧基的空间阻碍下，羟基不能和苯环处于同一平面，使得羟基对苯环共轭效应减弱，而主要表现为吸电子的诱导效应，增强了羧基的酸性；另一方面羟基能与羧基氧原子形成分子内氢键，起到稳定羧酸负离子的作用。而羟基处于羧基的对位时，主要是羟基的供电子共轭效应不利于羧基氢原子的解离，因而酸性降低。

2. 脱羧反应　羟基处于邻位或对位的酚酸，对热不稳定，当加热至熔点以上时，则脱去羧基生成相应的酚。

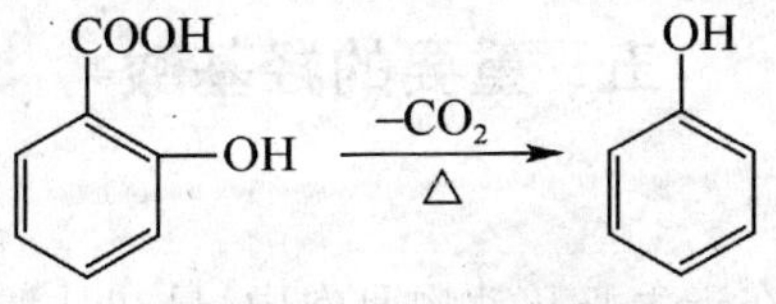

$$\text{邻羟基苯甲酸} \xrightarrow[\Delta]{-CO_2} \text{苯酚}$$

四、羟基酸的制备

(一) 卤代酸水解

α-卤代酸与水共热或与稀碱液作用，水解得到相应的α-羟基酸。

$$\underset{\underset{Cl}{|}}{RCHCOOH} + H_2O \xrightarrow{\Delta} \underset{\underset{OH}{|}}{RCHCOOH} + HCl$$

(二) 羟基腈水解

醛、酮与氢氰酸进行亲核加成反应生成α-羟基腈，然后在酸性溶液中水解可得到相应的羟基酸。这是最常用的方法。

$$R-\underset{\underset{}{\overset{\overset{O}{\|}}{}}}{C}-H(R') + CN^- \longrightarrow R-\underset{\underset{H(R')}{|}}{\overset{\overset{O^-}{|}}{C}}-CN \xrightarrow[\Delta]{H_3O^+} R-\underset{\underset{H(R')}{|}}{\overset{\overset{OH}{|}}{C}}-COOH$$

(三) 由列福尔马茨基反应制备β-羟基酸

$$BrCH_2COOC_2H_5 \xrightarrow{Zn} BrZnCH_2COOC_2H_5 \xrightarrow{R-\overset{\overset{O}{\|}}{C}-H(R')}$$

$$\underset{\underset{OH}{|}}{R_2CCH_2COOC_2H_5} \xrightarrow{OH^-/H_2O} \xrightarrow{H_3O^+} \underset{\underset{OH}{|}}{R_2CCH_2COOH}$$

(四) 柯尔贝-施米特反应

将干燥的酚钠与二氧化碳在高温高压下作用，生成水杨酸钠，再经酸化得水杨酸。

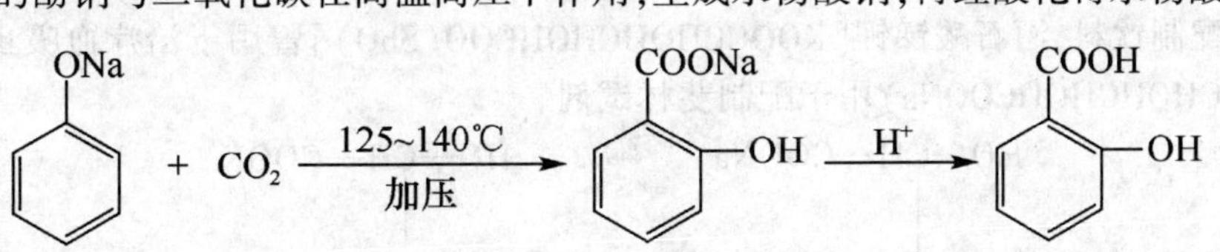

$$\text{PhONa} + CO_2 \xrightarrow[\text{加压}]{125\sim140℃} \text{邻羟基苯甲酸钠} \xrightarrow{H^+} \text{水杨酸}$$

这是工业上制取水杨酸的方法，也是合成酚酸的一般方法。此反应称为柯尔贝-施米特 (Kolbe-Schmitt) 反应。

对羟基苯酸钾可用酚钾与二氧化碳作用而制得。

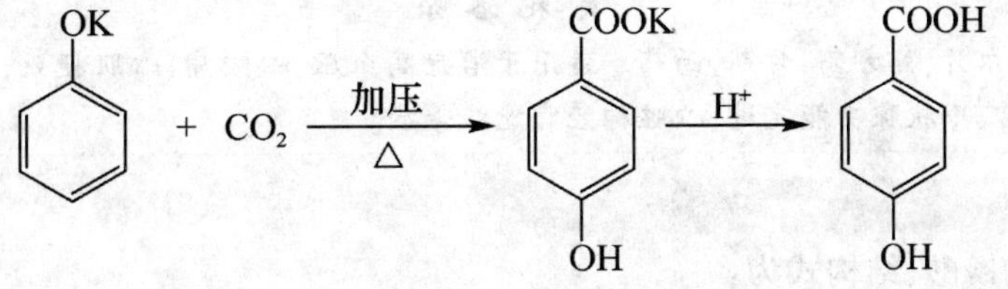

$$\text{PhOK} + CO_2 \xrightarrow[\Delta]{\text{加压}} \text{对羟基苯甲酸钾} \xrightarrow{H^+} \text{对羟基苯甲酸}$$

五、重要的羟基酸

(一) 乳酸(α-羟基丙酸)

乳酸($CH_3CHOHCOOH$)存在于牛奶和动物肌肉中,最初从酸牛奶中分离出来,肌肉剧烈运动后,乳酸含量也会增加,因此会感到酸胀。乳酸为无色黏稠液体,有很强的吸湿性和酸味,溶于水、乙醇、甘油和乙醚,不溶于氯仿和油脂。

乳酸分子中含有一个手性碳原子,存在对应异构现象。从肌肉中得到的是右旋体(熔点26℃),以葡萄糖发酵得到的是左旋体(熔点26℃),从酸牛奶中分离得到的是外消旋体(熔点18℃)。

乳酸具有消毒防腐作用。临床上乳酸钙用来治疗佝偻病等一般缺钙症;乳酸钠用作酸中毒的解毒剂。乳酸也是医药化工、食品及饮料工业的原料。

(二) 苹果酸

苹果酸($HOOCCHOHCH_2COOH$)最初来自苹果。在未成熟的果实内,如山楂、杨梅、葡萄、番茄等都含有苹果酸。自然界存在的苹果酸为左旋体,针状结晶,熔点100℃,易溶于水和乙醇,微溶于乙醚。

丁烯二酸加水后,可得苹果酸,这是工业上制备苹果酸常用的方法。合成的苹果酸熔点为133℃,无旋光性。

苹果酸在食品工业中用作酸味剂。

(三) 酒石酸

酒石酸($HOOCCHOHCHOHCOOH$)常以游离态或盐的形式广泛存在于各种果汁中,葡萄中含量最多。由于在葡萄酿酒过程酒石酸氢钾形成结晶(酒石)而析出,故而得名。酒石在水中加热溶解后,以碳酸钙与之反应,得酒石酸钙的沉淀,再酸化,得到酒石酸。

$$\begin{array}{c} HO-CH-COONa \\ | \\ HO-CH-COOH \end{array} \xrightarrow{CaCO_3} \begin{array}{c} HO-CH-COO \\ | \quad\quad\quad\quad\quad\;\; \diagdown \\ \quad\quad\quad\quad\quad\quad Ca \\ | \quad\quad\quad\quad\quad\;\; \diagup \\ HO-CH-COO \end{array} \xrightarrow{H^+} \begin{array}{c} HO-CH-COOH \\ | \\ HO-CH-COOH \end{array}$$

自然界存在的酒石酸为右旋体,是透明棱形晶体,熔点170℃,有很强的酸味,易溶于水。酒石酸常用于配制饮料,酒石酸锑钾[$KOOCCHOHCHOHCOO(SbO)$]曾用于治疗血吸虫病,酒石酸钾钠($KOOCCHOHCHOHCOONa$)用于配制斐林试剂。

$$\begin{array}{c} HO-CH-COONa \\ | \\ HO-CH-COOK \end{array} \quad\quad \begin{array}{c} HO-CH-COOK \\ | \\ HO-CH-COOSb \end{array}$$
   酒石酸钾钠   酒石酸锑钾

> **知识链接**   **美托洛尔**
>
> 酒石酸美托洛尔片,处方药,片剂,西药。适用于治疗高血压、心绞痛、心肌梗死、肥厚型心肌病、主动脉夹层、心律失常、甲状腺功能亢进、心脏神经官能症等症。

(四) 柠檬酸

柠檬酸又称枸橼酸,结构式为:

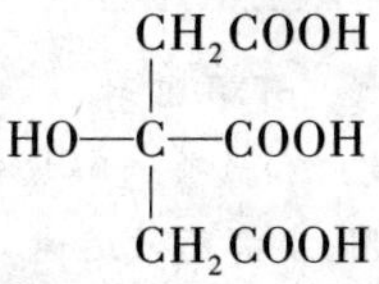

$$\begin{array}{c} CH_2COOH \\ | \\ HO-C-COOH \\ | \\ CH_2COOH \end{array}$$

存在于许多水果中,尤以柠檬中含量最多,达 6%。柠檬酸也是动物体内糖、脂肪和蛋白质代谢的中间产物。柠檬酸为无色结晶,含一分子结晶水,熔点为 100℃(无水柠檬酸的熔点为 153℃),易溶于水、乙醇和乙醚,有强酸味,是在食品和医药领域的重要原料。柠檬酸钠有防止血液凝固和利尿的作用,其镁盐是温和的泻药,柠檬酸铁铵用作补血剂。

(五) 水杨酸

水杨酸又称柳酸,结构式为:

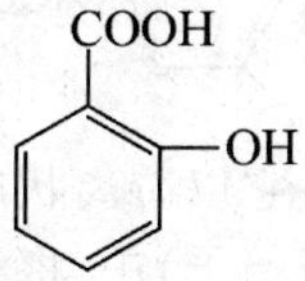

[苯环,邻位 COOH 和 OH]

化学名称为邻羟基苯甲酸,从水杨柳皮中提取可得,为无色针状结晶,熔点 159℃,易升华,微溶于冷水,易溶于乙醇、乙醚、氯仿和沸水。它具有酚和羧酸的一般性质,如易被氧化、遇三氯化铁显紫红色、酸性比苯甲酸强等。

水杨酸具有抗菌防腐、解热镇痛和抗风湿作用,因对肠胃刺激性大,不宜口服,而常用作外用药。其钠盐可作食品防腐剂和口腔清洁剂。

> **知识链接** 　　　　**水杨酸甲酯**
> 　　水杨酸甲酯是由冬青树叶中取得的主要成分(也称冬青油),可作香料和外用扭伤药。
>
> [苯环, OH 和 COOCH₃]

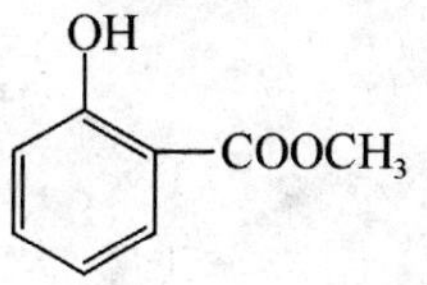

(六) 乙酰水杨酸

乙酰水杨酸俗称阿司匹林(aspirin),结构式为:

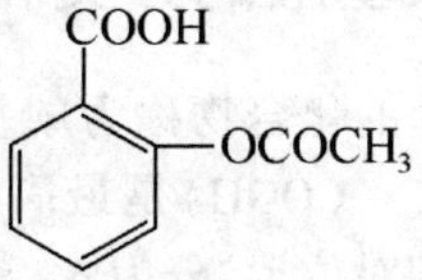

[苯环,邻位 COOH 和 OCOCH₃]

为白色针状结晶,熔点 135℃,微溶于水,易溶于乙醇、乙醚和氯仿。它可用乙酐酰化水杨酸制得。

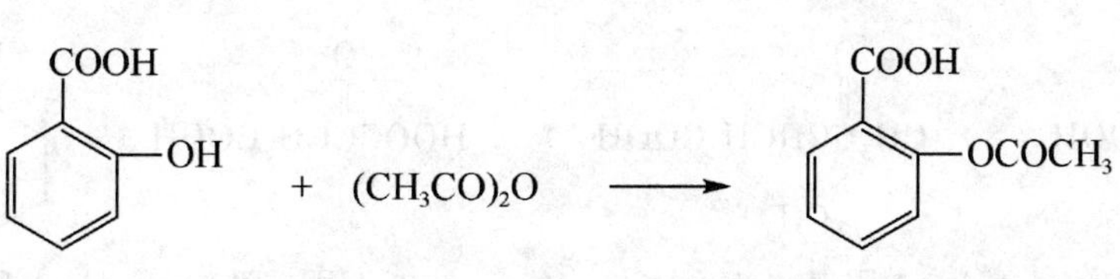

[苯环 COOH/OH] + $(CH_3CO)_2O$ → [苯环 COOH/OCOCH₃]

通过酰化反应,修饰了水杨酸的结构,降低了其对肠胃的刺激性,是常用的解热镇痛内服药。

> **知识链接** 　　　　　　　　阿司匹林
>
> 　　阿司匹林(乙酰水杨酸)是应用最早、最广和最普通解热镇痛药、抗风湿药。具有解热、镇痛、抗炎、抗风湿和抗血小板聚集等多方面的药理作用,发挥药效迅速,药效稳定,超剂量易于诊断和处理,很少发生过敏反应。常用于感冒发热、头痛、神经痛、关节痛、肌肉痛、风湿热、急性风湿性关节炎、类风湿关节炎及牙痛等。阿司匹林是《国家基本药物目录》列入的品种。乙酰水杨酸也是其他药物的中间体。

(七) 没食子酸

没食子酸又称五倍子酸,化学名称是3,4,5-三羟基苯甲酸,结构式为:

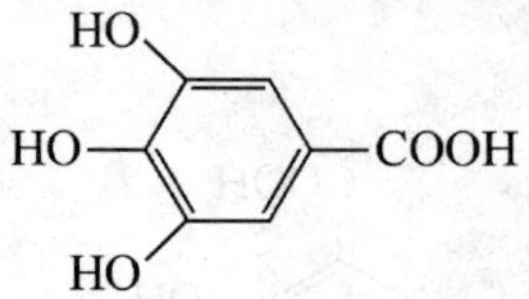

它是植物中分布最广的一种有机酸。它以游离状态或结合成鞣质而存在于茶叶和其他植物的叶子中,特别是大量存在于没食子(五倍子)中,将没食子用稀酸加热或用酶水解即可得到。

没食子酸为白色结晶性粉末,熔点253℃(分解),能溶于水、乙醇和乙醚。没食子酸有强还原性,可用作抗氧剂。加热至210℃以上时,它会失去二氧化碳,生成焦性没食子酸(1,2,3-苯三酚)。

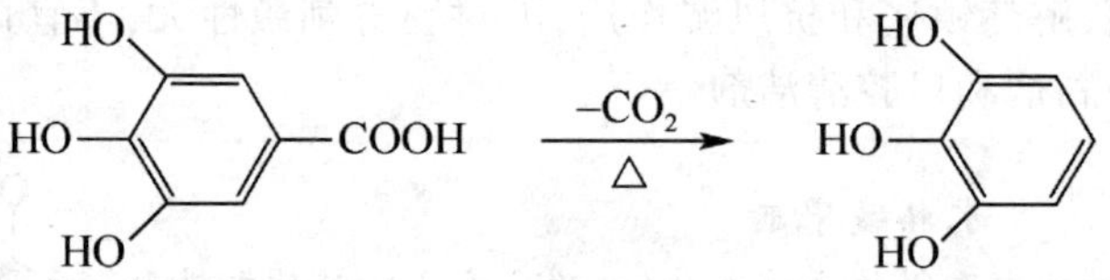

焦性没食子酸(1,2,3-苯三酚)

第3节　羰　基　酸

一、羰基酸的分类和命名

分子中既含有独立羰基又含有羧基的化合物称为羰基酸。根据所含的是醛基或是酮基,将其分为醛酸或酮酸。例如,乙醛酸(OHC—COOH)是最简单的醛酸;丙酮酸(CH₃COCOOH)是最简单的酮酸。还可根据羰基和羧基的相对位置,分为 α-、β-、γ-、… 羰基酸等。

羰基酸的命名与醇酸相似,也是以羧酸为母体,羰基的位次用阿拉伯数字或希腊字母表示。例如:

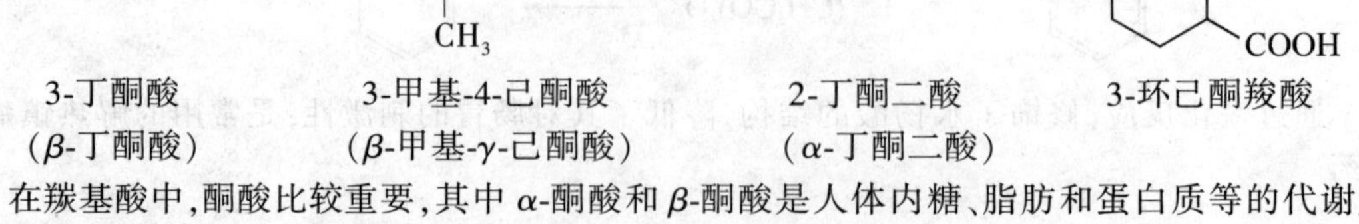

| 3-丁酮酸 | 3-甲基-4-己酮酸 | 2-丁酮二酸 | 3-环己酮羧酸 |
| (β-丁酮酸) | (β-甲基-γ-己酮酸) | (α-丁酮二酸) | |

在羰基酸中,酮酸比较重要,其中 α-酮酸和 β-酮酸是人体内糖、脂肪和蛋白质等的代谢产物,具有重要的生理意义,同时在有机合成上也有广泛的用途。

二、酮酸的化学性质

酮酸分子中含有羰基和羧基,具有酮和羧酸的一般性质,如与氢或亚硫酸氢钠加成、与羟胺生成肟、成盐和酰化等。由于两种官能团的相互影响,α-酮酸和β-酮酸又有一些特殊的性质。

(一) α-酮酸的性质

α-酮酸很容易被氧化,甚至弱氧化剂也能将其氧化成少一个碳原子的羧酸。例如:

$$CH_3\overset{O}{\underset{\|}{C}}COOH \xrightarrow{Tollen} CH_3COOH + Ag\downarrow + CO_2\uparrow$$

α-酮酸与稀硫酸或浓硫酸共热,分别发生脱羧和脱羰反应生成醛或羧酸。

$$R\overset{O}{\underset{\|}{C}}COOH \xrightarrow{浓硫酸} RCHO + CO_2\uparrow$$

$$R\overset{O}{\underset{\|}{C}}COOH \xrightarrow{稀硫酸} RCOOH + CO\uparrow$$

(二) β-酮酸的性质

在β-酮酸分子中,由于羰基和羧基的距离仍然比较近,这两个基团与共同连接的碳原子之间的共价键较为薄弱,容易断裂。但在不同条件下,发生断裂的位置不同。这就形成两种不同的分解反应——酮式分解和酸式分解。

1. 酮式分解 β-酮酸在加热条件下,脱去羧基生成酮。此反应称为酮式分解。

$$R\overset{O}{\underset{\|}{C}}CH_2COOH \xrightarrow{\Delta} R-\overset{O}{\underset{\|}{C}}-CH_3 + CO_2\uparrow$$

2. 酸式分解 β-酮酸与浓碱共热时,α,β-碳原子间的键断裂,生成两分子羧酸盐。此反应称为酸式分解。

$$R\overset{O}{\underset{\|}{C}}CH_2COOH \xrightarrow{40\% NaOH} RCOONa + CH_3COONa + H_2O$$

三、乙酰乙酸乙酯及酮式-烯醇式互变异构现象

(一) 乙酰乙酸乙酯

乙酰乙酸乙酯又称为β-丁酮酸乙酯,为无色透明的液体,具有水果香味,沸点181℃,在水中溶解度不大,易溶解于乙醇和乙醚中。乙酰乙酸乙酯是利用乙酸乙酯经过克莱森(Claisen)酯缩合反应而制得的(详见第8章相关内容)。

> **知识链接**   乙酰乙酸乙酯
>
> 乙酰乙酸乙酯是一种重要的有机合成原料,在医药上用于合成氨基吡啶、维生素B等,也用于偶氮黄色染料的制备,还用于调和苹果香精及其他果香香精。在农药生产上用于合成有机磷杀虫剂蝇毒磷的中间体α-氯代乙酰乙酸乙酯、嘧啶氧磷的中间体,杀菌剂恶霉灵,除草剂咪唑乙烟酸,杀鼠剂杀鼠醚、杀鼠灵等,也是杀菌剂新品种嘧菌环胺、氟嘧菌胺、呋吡菌胺及植物生长调节剂杀雄啉的中间体,此外,乙酰乙酸乙酯也广泛用于医药、塑料、染料、香料、清漆及添加剂等行业。

(二) 酮式-烯醇式互变异构现象

乙酰乙酸乙酯一方面能与氢氰酸、亚硫酸氢钠等发生加成反应,与羟胺、苯肼反应生成肟、

苯腙等。由此，证明它具有酮式结构。另一方面还能与金属钠作用放出氢气，与乙酰氯作用生成酯，能使溴的四氯化碳溶液褪色，与三氯化铁作用产生紫红色。由此，又可证明它具有烯醇式结构。事实上，乙酰乙酸乙酯通常是由酮式和烯醇式两种异构体共同组成的混合物，它们之间在不断地互相转变，并达到动态平衡，经测定，室温下酮式约占 92.5%，烯醇式约占 7.5%。

$$CH_3\overset{O}{\overset{\|}{C}}CH_2COOC_2H_5 \rightleftharpoons CH_3\overset{OH}{\overset{|}{C}}=CH\overset{O}{\overset{\|}{C}}-OC_2H_5$$

像这样两种异构体之间所发生的一种可逆异构化现象，称为互变异构现象。两种异构体互称为互变异构体。互变异构体现象较多，乙酰乙酸乙酯的酮式-烯醇式互变为其中之一。表 9-1 列出了一些羰基化合物的烯醇式的含量。

表 9-1　部分化合物中烯醇式的含量

酮式	烯醇式	烯醇式含量/%
$CH_3\overset{O}{\overset{\|}{C}}-OC_2H_5$	$H_2C=\overset{OC_2H_5}{\underset{OH}{C}}$	0
$CH_3\overset{O}{\overset{\|}{C}}-H$	$H_2C=CHOH$	0
$CH_3\overset{O}{\overset{\|}{C}}-CH_3$	$H_2C=\overset{CH_3}{\underset{OH}{C}}$	0.00015
$C_2H_5O\overset{O}{\overset{\|}{C}}-CH_2\overset{O}{\overset{\|}{C}}OC_2H_5$	$C_2H_5OCCH=\overset{CC_2H_5}{\underset{OH}{}}$	0.1
$CH_3\overset{O}{\overset{\|}{C}}-CH_2\overset{O}{\overset{\|}{C}}OC_2H_5$	$CH_3C=CHCOC_2H_5$ 下OH	7.5
$CH_3\overset{O}{\overset{\|}{C}}-CH_2\overset{O}{\overset{\|}{C}}CH_3$	$CH_3C=CHCOC_2H_5$ OH O	76.0
$C_6H_5\overset{O}{\overset{\|}{C}}-CH_2\overset{O}{\overset{\|}{C}}OC_2H_5$	$C_6H_5C=CHCOC_2H_5$ OH	90.0

一般的羰基化合物（如丙酮）也存在烯醇式，但含量很少。乙酰乙酸乙酯分子中烯醇式异构体存在的比例较一般羰基化合物要高，这是因为分子中的亚甲基氢受羰基和酯基的吸电子诱导效应的影响性较强，容易以质子形式解离，碳碳双键和碳氧双键形成共轭体系，增加了稳定性；另外由于烯醇式异构体能形成六元环的分子内氢键，也有利于烯醇式的存在。

$$\begin{array}{c} H \\ O \cdots O \\ \| \quad \| \\ C \quad C \\ / \backslash / \backslash \\ CH_3 \quad C \quad OC_2H_5 \\ H \end{array}$$

当然，酮式和烯醇式平衡混合物中烯醇式的含量，随分子结构、溶剂、浓度、温度的不同而不同。但在所有的羰基化合物中，β-二羰基化合物产生的烯醇式异构体的含量最高。

(三) 乙酰乙酸乙酯在合成上的应用

乙酰乙酸乙酯亚甲基上的氢原子很活泼，具有弱酸性，与醇钠等强碱作用时，可生成乙酰乙酸乙酯的钠盐,再与活泼的卤代烃或酰卤作用,生成乙酰乙酸乙酯的一取代衍生物;重复上述反应,还可生成乙酰乙酸乙酯的二取代衍生物。

$$CH_3COCH_2COOC_2H_5 \xrightarrow{C_2H_5ONa} [CH_3COCHCOOC_2H_5]^-Na^+ \xrightarrow{RX} CH_3COCHRCOOC_2H_5$$

$$\xrightarrow{C_2H_5ONa} [CH_3COCRCOOC_2H_5]^-Na^+ \xrightarrow{R'X} CH_3CO-CRR'-COOC_2H_5$$

乙酰乙酸乙酯及其取代衍生物属于 β-酮酸酯,在稀碱条件下可进行酮式分解,在浓碱条件下可进行酸式分解。

$$CH_3COCH_2COOC_2H_5 \begin{cases} \xrightarrow[\Delta]{\text{稀 NaOH}} CH_3COCH_3 \\ \xrightarrow[\Delta]{40\%\ NaOH} CH_3COOH \end{cases}$$

$$CH_3CO-CRR'-COOC_2H_5 \begin{cases} \xrightarrow[\Delta]{\text{稀 NaOH}} CH_3CO-CHR'-R \\ \xrightarrow[\Delta]{40\%\ NaOH} R-CHR'-COOH \end{cases}$$

除了上述的基团以外,可根据合成的目标产物的需要,引入如卤代酸酯、卤代丙酮等卤代物,既可以引入一个基团,又可以引入两个基团。

例如,以乙酰乙酸乙酯为原料合成:

(1) 3-甲基-2-戊酮

$$CH_3COCH_2COOC_2H_5 \xrightarrow[\text{②}CH_3CH_2Cl]{\text{①}C_2H_5ONa} CH_3COCH(CH_2CH_3)COOC_2H_5 \xrightarrow[\text{②}CH_3Cl]{\text{①}C_2H_5ONa}$$

$$CH_3CO-C(CH_3)(CH_2CH_3)-COOC_2H_5 \xrightarrow[\text{②}H^+]{\text{①稀 OH}^-} CH_3CO-CH(CH_3)-CH_2CH_3$$

(2) 4-戊酮酸

$$CH_3COCH_2COOC_2H_5 \xrightarrow[\text{②}CH_3COCH_2Cl]{\text{①}C_2H_5ONa} CH_3COCH(CH_2COCH_3)COOC_2H_5 \xrightarrow[\text{②}H^+,\Delta]{\text{①}40\%\ OH^-} CH_3COCH_2CH_2COOH$$

乙酰乙酸乙酯在有机合成上应用非常广泛,是合成酮和羧酸的重要原料。

四、重要的羰基酸

(一) 乙醛酸

乙醛酸(OHCCOOH)是最简单的醛酸,存在于未成熟的水果和动植物组织中,为无色糖浆状液体,易溶于水。由于羧基的吸电子诱导效应,羰基能与一分子水生成结晶状的水合乙醛酸。乙醛酸有醛和羧酸的典型反应,也可进行康尼查罗反应。

(二) 丙酮酸

丙酮酸($CH_3COCOOH$)是最简单的酮酸,是人体内糖、脂肪、蛋白质代谢的中间产物,为无色有刺激性气味的液体,沸点165℃(分解),可与水混溶,酸性比乳酸强。丙酮酸也是乳酸在人体内的氧化产物,丙酮酸和乳酸在体内酶的作用下,可以相互转化。

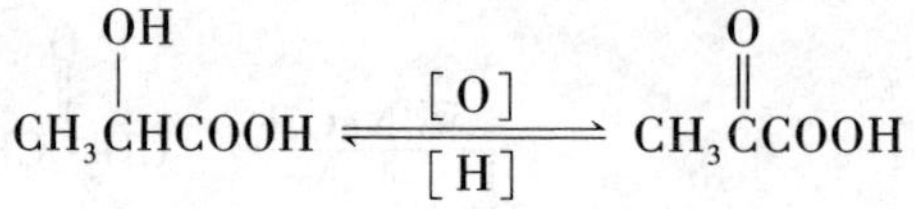

$$CH_3\underset{\underset{OH}{|}}{C}HCOOH \underset{[H]}{\overset{[O]}{\rightleftharpoons}} CH_3\overset{\overset{O}{\|}}{C}COOH$$

丙酮酸具有酮和羧酸的典型反应,还具有 α-酮酸特有的性质,如易被氧化、易发生脱羧反应等。

丙酮酸和氨在催化剂的作用下可还原生成丙氨酸。

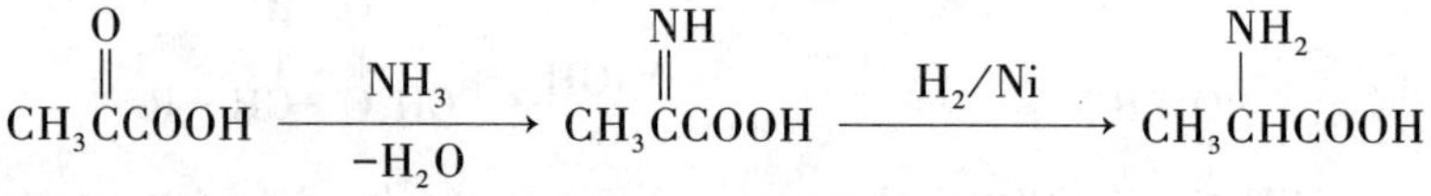

$$CH_3\overset{\overset{O}{\|}}{C}COOH \xrightarrow[-H_2O]{NH_3} CH_3\overset{\overset{NH}{\|}}{C}COOH \xrightarrow{H_2/Ni} CH_3\underset{\underset{NH_2}{|}}{C}HCOOH$$

(三) β-丁酮酸

β-丁酮酸(CH_3COCH_2COOH)又称乙酰乙酸,是人体内脂肪代谢的中间产物,在体内由于酶的作用能与 β-羟基丁酸互变。

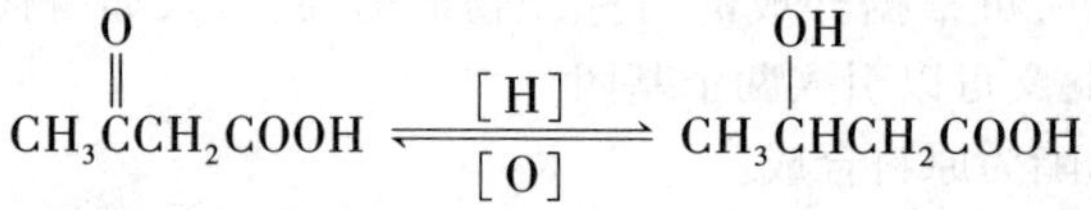

$$CH_3\overset{\overset{O}{\|}}{C}CH_2COOH \underset{[O]}{\overset{[H]}{\rightleftharpoons}} CH_3\underset{\underset{OH}{|}}{C}HCH_2COOH$$

β-丁酮酸是无色黏稠液体,可与水或乙醇混溶。酸性比 β-羟基丁酸强。受热易发生酮式分解,和浓碱作用发生酸式分解。

临床上把 β-丁酮酸、β-羟基丁酸和丙酮统称为酮体。酮体是脂肪酸在人体内不能完全氧化成二氧化碳和水的中间产物,大量存在于糖尿病患者的血液和尿中,使血液的酸度增加,易发生酸中毒。

本 章 小 结

本章主要阐述的知识点有:取代羧酸的结构特点和分类,取代羧酸的俗名及物理性质,取代羧酸的系统命名,取代羧酸的化学性质,互变异构的概念以及产生互变异构的条件,理解产生互变异构的原因。

本章所涉及的基本概念有:取代羧酸、卤代酸、醇酸、酚酸、醛酸、酮酸。

目标检测

一、名词解释
1. 取代羧酸 2. 卤代酸 3. 醇酸 4. 酚酸

二、根据所给结构命名或根据名称写出结构式

1. C₆H₅COOH (苯甲酸结构)

2. CH_3CHCH_2COOH
       $|$
       Cl

3. $CH_3CHCOOH$
       $|$
       OH

4. $CH_2CH_2CH_2COOH$
    $|$
    Br

5. $CH_3COCOOH$

6. 苯乙酸

7. 3-溴丁酸

8. 2-羟基戊酸

9. 3-丁酮酸

10. 2-羟基苯甲酸

三、比较下列化合物的酸性强弱
丙酸、乳酸、β-丁酮酸

四、完成下列化学反应式

1. $CH_3COCHCOOC_2H_5$ $\xrightarrow{①稀 OH^-, \triangle}{②H^+, H_2O}$
       $|$
       CH_3

2. $CH_3COCHCO_2CH_3$ $\xrightarrow{浓 NaOH}{\triangle}$
       $|$
       $CH_2CO_3CH_3$

3. $CH_3CH_2CHCOOH$ $\xrightarrow{\triangle}$
       $|$
       OH

4. 环己烷-COOCH₃, COCH₃ $\xrightarrow{稀 H^+}{\triangle}$

5. 环戊酮-CH₂CH₃, COOH $\xrightarrow{\triangle}$

6. $HOOCCH_2COCCOOH$ $\xrightarrow{\triangle}$
                  $|$
                  CH_3

7. $CH_3CH_2CHCOOH$ $\xrightarrow{NaOH, H_2O}{\triangle}$
       $|$
       Cl

8. CH_3CHCH_2COOH $\xrightarrow{\triangle}$
       $|$
       OH

9. γ-甲基-γ-丁内酯 $\xrightarrow{NaOH, H_2O}{\triangle}$

五、简答题
写出下列各对化合物的酮式与烯醇式的互变平衡体系,并指出哪一个烯醇化程度较大。

(1) 1,3-环己二酮 和 1,4-环己二酮

(2) 4-环己烯酮 和 环己酮

(3) $CH_3COCH_2COCH_3$ 和 $CH_3COC(CH_3)_2COCH_3$

六、推断题
某有机物经加热后放出的气体能使澄清的石灰水变浑浊,其残余物显酸性,并能发生银镜反应。试写出该化合物的名称、结构式和受热反应的化学方程式。

七、合成题
由乙酰乙酸乙酯或丙二酸二乙酯及其他原料合成下列化合物
(1) 3-甲基-2-戊酮
(2) 2-甲基丁酸

第10章 有机含氮化合物

> **学习目标**
> 1. 掌握硝基化合物的命名和化学性质,理解硝基对苯环邻对位取代基性质的影响;
> 2. 掌握胺的分类、命名和胺的化学性质;
> 3. 掌握区别伯、仲、叔胺的方法及氨基保护在有机合成中的应用;理解影响胺的碱性强弱的因素;
> 4. 掌握重氮盐和偶联化合物化学性质及在有机合成中的应用;
> 5. 了解硝基化合物、胺类、重氮化合物、偶氮化合物和腈的物理性质及其重要化合物。

分子中包含含氮基团的有机化合物,称为有机含氮化合物。有机含氮化合物的种类很多,包括硝基化合物、亚硝基化合物、胺、酰胺、腈、异氰酸酯、肼、杂环碱、重氮化合物、偶氮化合物等。本章主要讨论硝基化合物、胺类、重氮化合物和偶氮化合物。

第1节 硝基化合物

烃分子中氢原子被硝基取代后的化合物称为硝基化合物(nitro compound)。硝基化合物的官能团是硝基($-NO_2$)。

一、硝基化合物的结构

根据八隅体理论,硝基化合物经典的电子式和结构式可表示为:

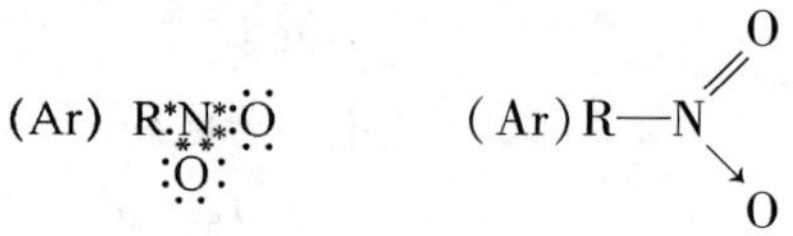

在上述硝基的结构中,氮原子与两个氧原子之间分别形成了双键和单键,以此推断,两个氮氧键的键长应不相等。但是,根据物理方法测定这两个键长是相等的。现代价键理论认为,硝基中氮原子采取 sp^2 杂化,三个 sp^2 杂化轨道分别与两个氧原子和一个碳原子形成三个共平面的 σ 键,氮原子中含有一个未参与杂化的 p 轨道,分别与两个氧原子的 p 轨道侧面重叠形成共轭体系,该共轭体系中具有 4 个 π 电子,由于这个共轭体系的形成,键长平均化。因此,硝基化合物的结构应确切表示为:

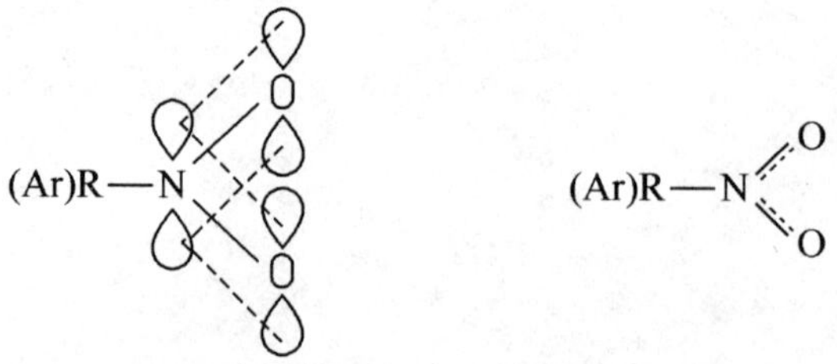

二、硝基化合物的分类和命名

硝基化合物根据分子中烃基种类不同,分为脂肪族、脂环族和芳香族硝基化合物;根据与硝基直接相连的碳原子种类不同分为伯、仲、叔硝基化合物;按分子中硝基数目不同又可分为一硝基化合物和多硝基化合物。硝基化合物的命名常以硝基作为取代基。例如:

脂肪族硝基化合物

CH₃NO₂　　　CH₃CH₂NO₂　　　(CH₃)₂CHNO₂　　　(CH₃)₃CNO₂
硝基甲烷　　　硝基乙烷　　　　硝基异丙烷　　　　硝基叔丁烷

芳香族硝基化合物

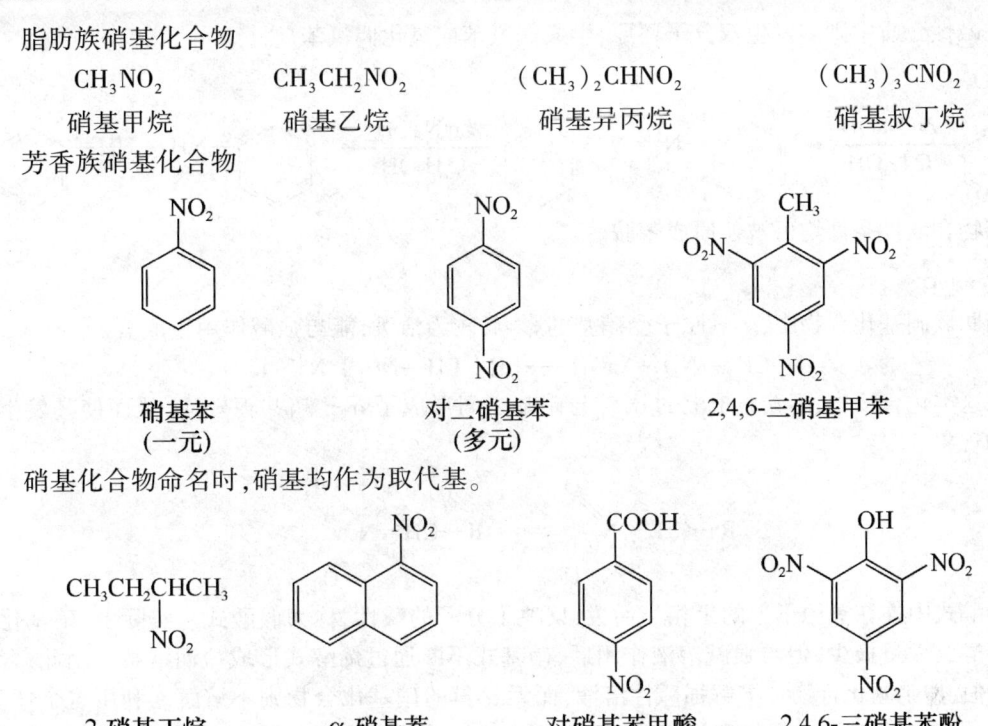

硝基苯　　　　　　对二硝基苯　　　　2,4,6-三硝基甲苯
（一元）　　　　　（多元）

硝基化合物命名时，硝基均作为取代基。

2-硝基丁烷　　　α-硝基萘　　　对硝基苯甲酸　　　2,4,6-三硝基苯酚

三、硝基化合物的物理性质

硝基是强极性的基团，硝基化合物都具有较大的偶极矩，因此熔沸点高，密度大。

脂肪族硝基化合物多数为油状液体，难溶于水，密度大于1；芳香族硝基化合物，除硝基苯是高沸点液体外，其余均为无色或淡黄色固体，不溶于水，味苦，易溶于有机溶剂和浓硫酸。多数硝基化合物具有毒性，易引起肝、肾、血液和中枢神经中毒，因而使用时应特别注意。随着分子中硝基数目的增加，其熔点、沸点升高，密度增大，颜色变深，热稳定性减小，受热易分解而发生爆炸。但也有硝基化合物具有香味，可作香料。

四、硝基化合物的化学性质

硝基是一个强极性的不饱和基团，与羰基有些相似，因此，表现出易被还原的性质，增强α-氢的活泼性；与芳香环相连，能够降低芳香环上的电子云密度，对芳香环上的亲电和亲核取代反应均产生影响。

（一）还原反应

硝基化合物易被还原，尤其与芳香环直接相连时，更容易被还原，但在不同条件下得到不同的还原产物。例如，硝基苯在酸性或中性介质中多发生单分子还原反应，生成N-羟基苯胺或苯胺。

在碱性介质中则多发生双分子还原,生成偶氮苯或氢化偶氮苯。

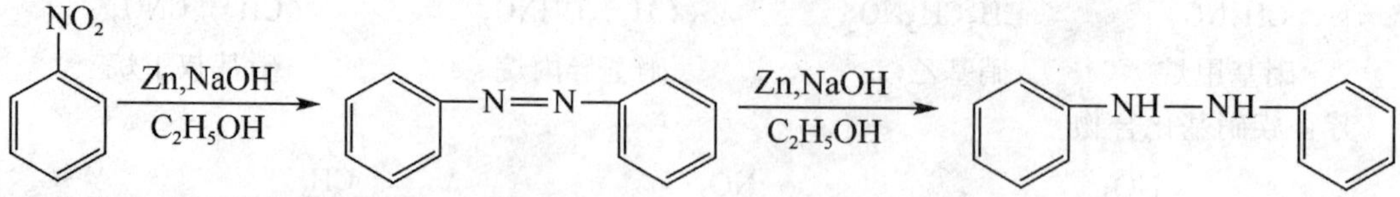

$$\underset{}{C_6H_5NO_2} \xrightarrow[C_2H_5OH]{Zn,NaOH} C_6H_5-N=N-C_6H_5 \xrightarrow[C_2H_5OH]{Zn,NaOH} C_6H_5-NH-NH-C_6H_5$$

这些产物在酸性条件均可被还原成苯胺。

(二) α-氢的活泼性

脂肪族硝基化合物中,α-氢原子受硝基的影响,较为活泼,能与强碱作用生成盐。

$$R-CH_2-NO_2+NaOH \longrightarrow [R-CH-NO_2]^-Na^+ +H_2O$$

在这类化合物中,α-碳原子上的 σ_{C-H} 与硝基之间形成了 σ-π 超共轭效应,从而使其发生互变异构现象。

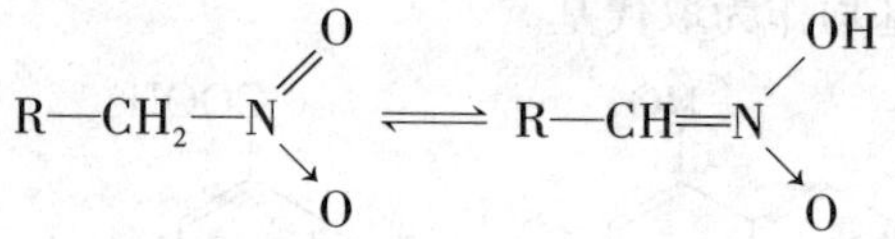

$$R-CH_2-N\begin{matrix}O\\\\O\end{matrix} \rightleftharpoons R-CH=N\begin{matrix}OH\\\\O\end{matrix}$$

烯醇式中连在氧原子上的氢相当活泼,反映了分子的酸性,称为假酸式。实际上,硝基化合物中烯醇式含量极少,但与强碱溶液作用后,硝基式不断通过烯醇式形成盐而溶解。因此,含有α-氢的伯、仲硝基化合物可溶解强碱性溶液,而无α-氢的硝基化合物则不溶解。利用这个性质,可鉴别含有α-氢与无α-氢的硝基化合物。

含有α-氢的伯或仲硝基化合物,由于α-氢的活性,在碱性条件下,还能与醛或酮发生缩合反应。

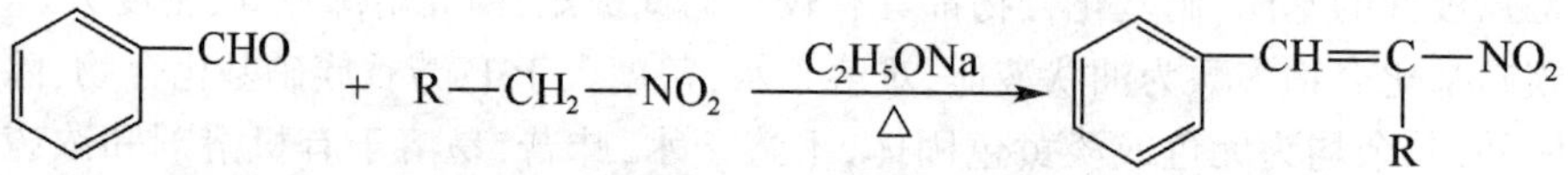

$$C_6H_5CHO + R-CH_2-NO_2 \xrightarrow[\Delta]{C_2H_5ONa} C_6H_5-CH=C(R)-NO_2$$

(三) 硝基对苯环(芳香环)的影响

1. 对亲电取代反应的影响 在硝基与苯环相连的结构中,硝基和苯环之间形成 π-π 共轭体系,由于氮和氧的电负性较大,硝基使苯环上电子云密度降低,是一个使苯环亲电取代反应钝化的间位定位基。

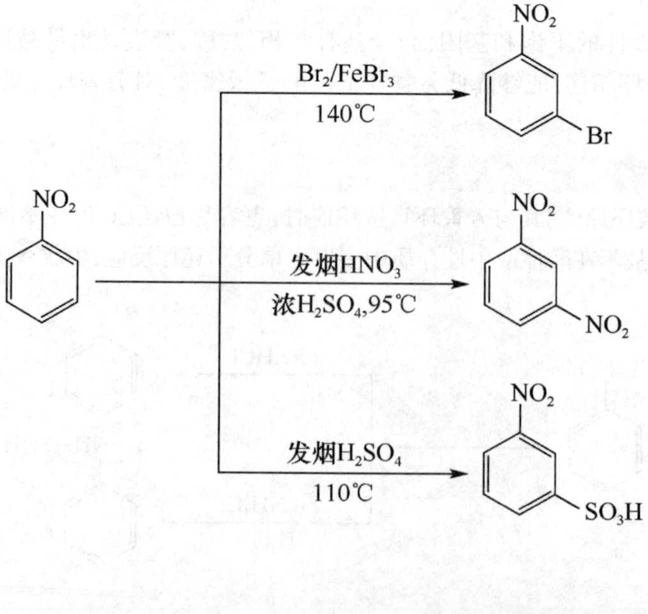

$$C_6H_5NO_2 \begin{cases} \xrightarrow[140℃]{Br_2/FeBr_3} \text{间-溴硝基苯} \\ \xrightarrow[\text{浓}H_2SO_4,95℃]{\text{发烟}HNO_3} \text{间-二硝基苯} \\ \xrightarrow[110℃]{\text{发烟}H_2SO_4} \text{间-硝基苯磺酸} \end{cases}$$

2. 硝基对苯环上卤素的影响 在一般条件下,卤代苯不能发生亲核取代反应。例如,在一般条件下氯苯很难与氢氧化钠作用,发生碱性水解,若要发生水解,需在高温高压条件下进行。

$$\text{C}_6\text{H}_5\text{Cl} \xrightarrow[300℃,1.5\text{MPa}]{\text{OH}^-, \text{Cu}} \xrightarrow{\text{H}^+} \text{C}_6\text{H}_5\text{OH}$$

这是亲核取代反应。但如果在氯苯分子中氯原子的邻对位引入硝基,由于硝基的吸电子作用,硝基邻位或对位碳原子的电子云密度降低,从而使 C—Cl 键极性增强,使这个亲核取代反应变得容易进行。

$$\text{o-ClC}_6\text{H}_4\text{NO}_2 \xrightarrow[160℃,0.2\sim0.6\text{MPa}]{\text{NaOH}/\text{H}_2\text{O}} \xrightarrow{\text{H}^+} \text{o-HOC}_6\text{H}_4\text{NO}_2$$

$$\text{2,4-(NO}_2)_2\text{C}_6\text{H}_3\text{Cl} \xrightarrow[\Delta]{\text{Na}_2\text{CO}_3/\text{H}_2\text{O}} \text{2,4-(NO}_2)_2\text{C}_6\text{H}_3\text{OH}$$

3. 硝基对苯环上羟基酸性的影响 在苯环上硝基吸电子的作用下,苯环上羟基的酸性增强,硝基在羟基邻对位比在间位影响更大。硝基数目越多,影响越大,如下列物质的 pK_a (25℃)值。

化合物	苯酚	间硝基苯酚	邻硝基苯酚	对硝基苯酚	2,4-二硝基苯酚	2,4,6-三硝基苯酚
pK_a	10.00	8.00	7.21	7.16	4.00	0.80

五、重要的硝基化合物

(一) 硝基苯

硝基苯是淡黄色有苦杏仁气味的油状液体,沸点 210.8℃,可作为溶剂,还可作为熔点测定的传热介质。可被还原剂还原,是制造苯胺等的原料。其蒸气有毒,使用时要小心。

(二) 2,4,6-三硝基甲苯(TNT)

2,4,6-三硝基甲苯是黄色结晶,受热不分解,加热到 240℃时易爆炸。受震时相当稳定,须经引爆剂(雷汞)引发才发生爆炸,是一种优良的炸药。

(三) 2,4,6-三硝基苯酚(苦味酸)

苦味酸是黄色片状结晶,溶于热水、乙醇和乙醚中。由于是多硝基化合物,有强烈的苦味,同时其酸性接近无机强酸,因而称为苦味酸。它能与有机碱性化合物生成结晶性的盐,可作为生物碱沉淀剂,还可用于沉淀蛋白质,同时它也是烈性炸药。

知识链接 　　　　**硝基苯类化合物**

硝基苯类化合物(硝基苯、间硝基甲苯、对硝基甲苯、对硝基氯苯和2,4-二硝基氯苯等)广泛应用于医药、农药、炸药、染料、造纸、纺织等工业领域,是一类重要苯类化合物,其结构稳定,种类多且复杂,难以降解,硝基苯被列为美国饮用水中检出的有机污染物及EPA制定的优先污染物之一,也被列为我国环境优先污染物黑名单。硝基苯类化合物是高毒性的物质,通过呼吸道及皮肤侵入人体后,致使人体引起抽搐,嘴唇和指甲发蓝,或皮肤发蓝,腹痛,腹泻,头痛,轻度头昏,气促及肢体发冷,神经系统症状,以及贫血和肝肠疾患,严重时会对人产生致突或致癌。因此,加强环境中硝基苯类化合物的分析与检测至关重要。

第2节　胺

一、胺的结构

胺(amine)可以看作氨分子中氢原子被烃基取代后的化合物,是氨的烃基衍生物。氮原子以sp^3方式进行杂化,形成四个sp^3杂化轨道(三个轨道中为单电子,一个轨道中为电子对),氮原子以三个单电子sp^3杂化轨道与氢原子或碳原子形成三个σ键,留下未共用电子对占据一个sp^3杂化轨道,分子呈棱锥形结构。

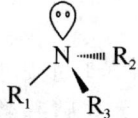

二、胺的分类和命名

(一) 分类

(1) 根据所连烃基的种类不同,胺可分为脂肪族胺和芳香族胺。

$CH_3CH_2NH_2$

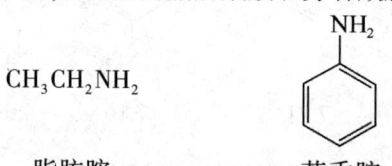

脂肪胺　　　　芳香胺

(2) 根据氮原子上所连接的烃基数不同,胺可分为伯、仲、叔胺和季铵盐(碱)。请注意其与伯、仲、叔醇意义的不同。

NH_3	RNH_2	R_2NH	R_3N	R_4N^+
氨	伯胺	仲胺	叔胺	季铵盐(碱)

(3) 根据氨基的数目,胺可分为一元胺、二元胺和多元胺。

$H_2NCH_2CH_2CH_2CH_2NH_2$

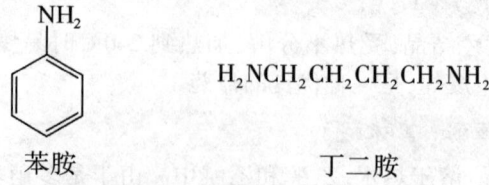

苯胺　　　　丁二胺

(二) 命名

对于结构比较简单的胺,命名时在"胺"字之前加上烃基的名称即可。若为仲胺和叔胺,当烃基相同时,在烃基名称之前加词头"二"或"三";若烃基不同时,则依次将烃基的名称写在"胺"字之前,或以最复杂的烃基作为母体伯胺,小烃基作为氮原子上的取代基;若烃基中有一个为芳基,以芳香胺命名,脂肪烃基作为氮原子上的取代基。例如:

CH_3NH_2　　　　$(CH_3)_2NH$　　　　$(CH_3)_3N$　　　　$CH_3CH_2CH_2N(CH_3)CH_2CH_3$

甲胺　　　　　　二甲胺　　　　　　三甲胺　　　　　　甲乙丙胺

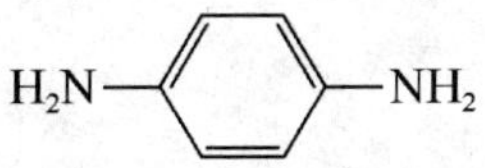

对苯二胺 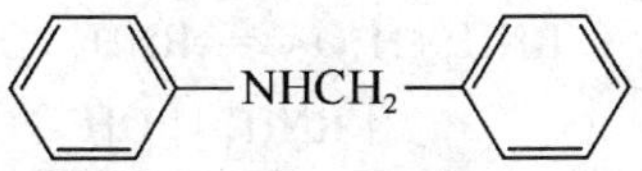　　　　　　　　N-苯甲基苯胺 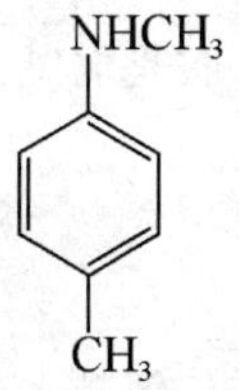　　　　　　　　N-甲基对甲苯胺

对于结构比较复杂的胺,以氨基作为取代基来命名。

2-氨基丁烷　　　　　　N-甲基-1-苯基乙胺

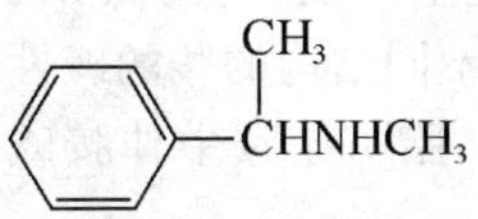

季铵盐(quaternary ammounium salt)和季铵碱(quaternary ammonium hydroxide),若四个烃基相同时,其命名与卤化铵和氢氧化铵的命名相似,称为卤化四某铵和氢氧化四某铵,若烃基不同时,烃基名称由小到大依次排列。

$(CH_3)_4N^+\ OH^-$　　　　　　　$[C_6H_5CH_2\text{-}N(CH_3)_2\text{-}C_{12}H_{25}]^+Br^-$

氢氧化四甲铵　　　　　　　　溴化二甲基十二烷基苄基铵

胺与酸生成的盐,通常称为"氯化某铵、硫酸某铵"或"某胺盐酸盐、某胺硫酸盐"。

$(CH_3)_3NH^+Cl^-$　　　　　　　$(CH_3CH_2NH_3)_2SO_4^{2-}$

氯化三甲铵　　　　　　　　硫酸乙铵
(三甲胺盐酸盐)　　　　　　(乙胺硫酸盐)

三、胺的物理性质

胺是中等极性的化合物,一般情况下,以伯胺为例,其熔沸点随相对分子质量的增加而不断升高。例如,甲胺、乙胺在常温下是气体,丙胺以上是液体,十二胺以上为固体。相同相对分子质量的伯、仲、叔胺的沸点为:伯胺>仲胺>叔胺,这是因伯、仲胺分子间可形成氢键,叔胺则不能。例如,正丙胺、甲乙胺和三甲胺的沸点分别为48.7℃、36.5℃和2.9℃。

低级胺易溶于水,因为它们都能与水形成氢键(叔胺也能与水形成氢键)。随着烃基的增大,其水溶性减小。

胺的气味不佳,低级胺的气味与氨相似;三甲胺具有鱼腥味;1,4-丁二胺和1,5-戊二胺有动物尸体腐败后的特殊气味,所以又称腐胺与尸胺。

四、胺的化学性质

胺分子中氮原子上的未共用电子对对于胺的化学性质非常重要,如胺的碱性、亲核性以及氨基增强芳香环亲电取代反应活性等都与氮原子上的未共用电子对有关。

(一) 碱性

胺分子中氮原子上的未共用电子对能接受质子,因此胺呈碱性,是一个路易斯碱。

$$R-\overset{H}{\underset{H}{N}}: + H^+ \longrightarrow R-\overset{H}{\underset{H}{\overset{|}{N^+}}}-H$$

胺是弱碱,它们的碱性强弱取决于电离平衡常数。

$$RNH_2 + H_2O \rightleftharpoons RNH_3^+ + OH^-$$

$$K_b = \frac{[RNH_3^+][OH^-]}{[RNH_2]}$$

K_b 值越大(pK_b 越小),碱性越强。

胺分子碱性的强弱与其结构密切相关,一是电子效应:使氮原子电子云密度增加的作用,碱性增强,反之亦然;二是空间效应:与氮原子相连的基团体积越大,数目越多,空间阻碍作用越大,碱性越弱。在讨论不同结构的胺的碱性时,应综合这两方面的因素。

1. 脂肪胺的碱性 脂肪族胺中仲胺碱性最强,伯胺次之,叔胺最弱,但它们的碱性都比氨强。例如:

$$(CH_3)_2NH > CH_3NH_2 > (CH_3)_3N > NH_3$$

pK_b 3.27   3.38   4.21   4.76

脂肪胺的氮原子上所连接的基团是脂肪族烃基,为供电子的诱导效应(+I),使氮原子上电子云密度增大,碱性增强,从电子效应角度看,烃基数目越多,碱性越强。但从空间效应看随着烃基数目增多,空间阻碍也在增大,影响了碱性的增强。实验结果与结构分析是一致的。

2. 芳香胺的碱性 芳香胺的碱性比氨弱,氮原子上芳基数目越多,碱性越弱。例如:

NH_3 > C$_6$H$_5$NH$_2$ > (C$_6$H$_5$)$_2$NH > (C$_6$H$_5$)$_3$N

pK_b 4.76   9.40   13.8   接近中性

这是由于苯环与氮原子发生吸电子共轭效应,氮原子电子云密度降低,同时使氮原子空间阻碍作用增大,这两种作用都随着氮原子上所连接的苯环数目增加而增大。因此芳香族胺的碱性均比较弱,三苯胺接近中性,甚至与浓盐酸作用都不能成盐。

当苯环上存在取代基时,苯胺的碱性也受到影响,若苯环上对位与间位连有供电子基团则使碱性增强,而连有吸电子基团则使碱性减弱。例如:

对甲基苯胺   苯胺   间硝基苯胺   对硝基苯胺   邻硝基苯胺

pK_b 7.94   9.40   11.53   13.00   14.25

另外，邻位取代的苯胺由于受到较大的空间阻碍作用，碱性减弱。

胺有碱性，能与强酸生成盐，生成的盐一般都是有一定熔点的结晶性固体，易溶于水而不溶于非极性溶剂。

> **知识链接**   **某些难溶碱性药物的制备**
>
> 在制药过程中，通常把难溶于水的含有氨基、亚氨基或次氨基的药物变成可溶于水的盐，以供药用。例如，局部麻醉药普鲁卡因，在水中的溶解度较小，所以常把它制成普鲁卡因盐酸盐，成盐后易溶于水，便于制成注射液。 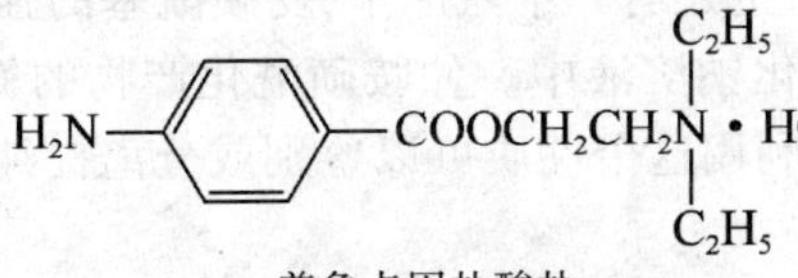
>
> $H_2N-C_6H_4-COOCH_2CH_2N(C_2H_5)_2 \cdot HCl$
>
> 普鲁卡因盐酸盐

（二）酰化和磺酰化反应

伯胺和仲胺与酰基化试剂（如酰卤、酸酐及酯等）作用，氮原子上的氢被酰基取代而生成酰胺的反应称为酰化反应。最常用的酰基化试剂是酰卤和酸酐。

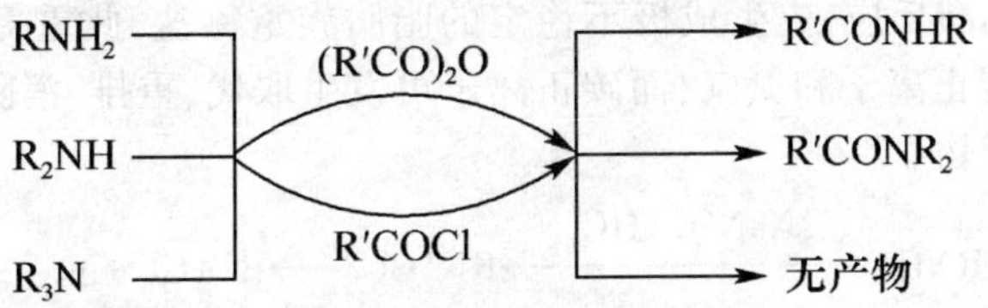

$$RNH_2, R_2NH, R_3N \xrightarrow{(R'CO)_2O \text{ 或 } R'COCl} R'CONHR, R'CONR_2, \text{无产物}$$

胺作为亲核试剂进攻羰基碳，通过加成-消除机理，完成酰基化反应。因叔胺氮原子上没有氢原子，所以不能发生酰化反应。

酰胺是中性物质，为结晶性固体，有固定的熔点，可通过测定酰胺的熔点，鉴别伯胺和仲胺。

胺的酰化反应和酰胺的水解还可以在有机合成中起到保护氨基的作用。例如：

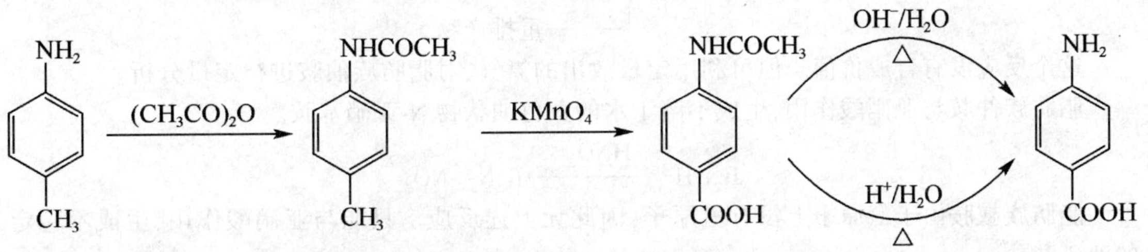

对甲苯胺 $\xrightarrow{(CH_3CO)_2O}$ 对甲基乙酰苯胺 $\xrightarrow{KMnO_4}$ 对乙酰氨基苯甲酸 $\xrightarrow[\Delta]{OH^-/H_2O \text{ 或 } H^+/H_2O}$ 对氨基苯甲酸

> **知识链接**   **酰化反应在制药工业上的应用**
>
> 1875年，研究人员发现苯胺有很强的解热作用，但对中枢神经系统毒性大，无药用价值。后来研究发现对氨基苯酚分子中引入酰基而制得对乙酰氨基酚有很好的解热镇痛作用。 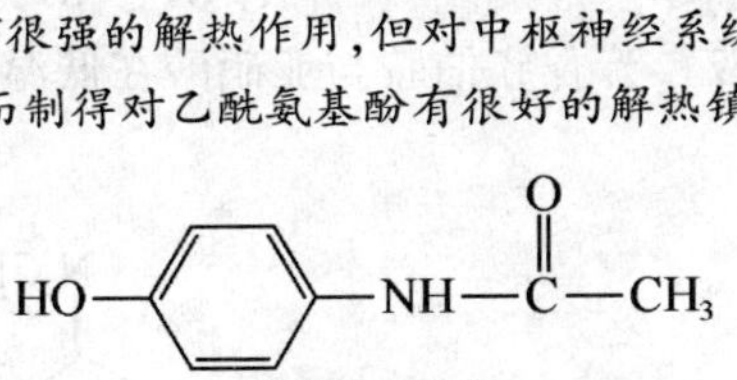
>
> $HO-C_6H_4-NH-CO-CH_3$
>
> 对乙酰氨基酚

伯胺、仲胺可以和芳香族磺酰氯（如苯磺酰氯和对甲基苯磺酰氯）发生酰化反应，生成磺酰胺。叔胺氮原子上没有氢原子，不发生此反应。

$$RNH_2 \atop R_2NH} \xrightarrow{C_6H_5SO_2Cl} {C_6H_5SO_2NHR \atop C_6H_5SO_2NR_2} \xrightarrow{NaOH} {[C_6H_5SO_2NR]^- Na^+ \atop \text{不反应}}$$

$$R_3N \longrightarrow \text{不反应}$$

伯胺的磺酰化产物的氮原子上还有一个氢原子，受磺酰基的强吸电子作用的影响而呈弱酸性，因此能与碱成盐而溶于氢氧化钠溶液中。仲胺磺酰化产物的氮原子上没有氢原子，故不呈酸性，不溶于氢氧化钠溶液中。利用这个性质可以鉴别或分离提纯伯、仲、叔胺。此反应称为兴斯堡（Hinsberg）反应。

（三）与亚硝酸反应

不同类型的胺与亚硝酸反应，出现的现象和产物不同。

1. 脂肪族胺与亚硝酸反应 亚硝酸不稳定，在实际反应中常用亚硝酸钠与盐酸或硫酸代替亚硝酸。

脂肪族伯胺与亚硝酸反应，先生成极不稳定的脂肪族重氮盐，此重氮盐即使在较低的温度下也立即分解成一个碳正离子和氮气，而碳正离子可发生取代、重排、消除等各种反应，生成醇、卤代烃和烯烃等的混合物。

$$RNH_2 \xrightarrow{NaNO_2+HCl} RN_2^+Cl^- \longrightarrow R^+ + Cl^- + N_2\uparrow$$

$$R^+ \begin{cases} \xrightarrow{H_2O} ROH \\ \xrightarrow{Cl^-} RCl \\ \xrightarrow{-H^+} \text{烯烃} \\ \longrightarrow \text{重排产物} \end{cases}$$

这个反应没有合成价值。但可利用定量放出的氮气，对脂肪族伯胺进行定量分析。

脂肪族仲胺与亚硝酸作用，生成不溶于水的黄色油状物 N-亚硝基胺。

$$R_2NH \xrightarrow{HNO_2} R_2N\text{—}NO$$

脂肪族叔胺由于氮原子上没有氢原子，因此无上述反应。只能与亚硝酸作用，生成不稳定的亚硝酸盐。

$$R_3N \xrightarrow{HNO_2} [R_3NH]^+NO_2^-$$

2. 芳香族胺与亚硝酸的反应 芳香族伯胺与亚硝酸在低温下（0～5℃）反应，生成芳香族重氮盐，称为重氮化反应。

$$C_6H_5NH_2 + NaNO_2 + HCl \xrightarrow{0\sim5℃} C_6H_5N_2^+Cl^- + NaCl + H_2O$$

控制反应条件反应可定量进行。芳香族重氮盐非常活泼，可进行多种取代反应和偶联反应，在合成上具有广泛的用途。

芳香族重氮盐与 β-萘酚的碱溶液作用得到橙红色固体偶氮化合物，这是鉴别芳香族伯胺的特征反应。

芳香族仲胺与亚硝酸作用也生成 N-亚硝基胺,此产物为不溶于水的黄色油状物或固体。

$$\text{C}_6\text{H}_5\text{NHCH}_3 \xrightarrow{\text{HNO}_2} \text{C}_6\text{H}_5\text{N(CH}_3\text{)NO}$$

N-亚硝基胺和酸共热,又可分解成原来的仲胺,利用这个性质可分离或提纯仲胺。

$$\text{C}_6\text{H}_5\text{N(CH}_3\text{)NO} \xrightarrow[\Delta]{\text{H}^+/\text{H}_2\text{O}} \text{C}_6\text{H}_5\text{NHCH}_3$$

芳香族叔胺与亚硝酸作用,进行芳香环上的亲电取代反应,生成对亚硝基芳叔胺。若对位被其他基团占据,则亚硝基将进入邻位。

$$\text{C}_6\text{H}_5\text{N(CH}_3\text{)}_2 + \text{NaNO}_2 + \text{HCl} \xrightarrow{0\sim5\,°\text{C}} p\text{-ON-C}_6\text{H}_4\text{-N(CH}_3\text{)}_2$$

$$4\text{-CH}_3\text{-C}_6\text{H}_4\text{-N(CH}_3\text{)}_2 + \text{NaNO}_2 + \text{HCl} \xrightarrow{0\sim5\,°\text{C}} 4\text{-CH}_3\text{-3-NO-C}_6\text{H}_3\text{-N(CH}_3\text{)}_2$$

亚硝基芳香族叔胺在碱性条件下呈翠绿色,在酸性条件下呈橘黄色。这是由亚硝基化合物在酸和碱性条件下的结构不同引起的。

$$\underset{\text{翠绿色}}{p\text{-ON-C}_6\text{H}_4\text{-N(CH}_3\text{)}_2} \underset{\text{OH}^-}{\overset{\text{H}^+}{\rightleftharpoons}} \underset{\text{橘红色}}{\text{醌式结构(HON=C}_6\text{H}_4\text{=N}^+\text{(CH}_3\text{)}_2\text{)}}$$

由于不同类型胺与亚硝酸反应,出现不同现象和不同产物,因此可用来鉴别伯、仲、叔胺。

> **知识链接** 　　　　　　　　　　**强致癌物质 N-亚硝基胺**
>
> 亚硝酸盐在胃肠道中与蛋白质的分解产物胺结合形成亚硝基胺,它是一种强致癌剂。流行病学研究发现,凡饮水中硝酸盐、亚硝酸盐含量高的地区,如日本、爱尔兰、智利、哥伦比亚及我国的华北太行山地区,食管癌胃癌发病率均高。应少吃或不吃硝酸盐、亚硝酸盐处理过的食品如香肠、火腿、烤肉、熏肉、泡菜、腌菜等。另外,发霉的食品中有亚硝胺存在,如霉变的玉米面和红薯渣,有些霉菌可以使食品中的硝酸盐和仲胺含量提高很多倍。

(四) 氧化反应

脂肪族胺室温条件下不易被空气氧化,芳香族胺比脂肪族胺更易被氧化。芳香胺在空气放置,颜色会因氧化而逐渐变深,生成的产物比较复杂。在使用其他氧化剂与之作用时,氧化剂和反应条件不同,产物也不同。例如,用酸性的二氧化锰氧化苯胺,得到对苯醌。

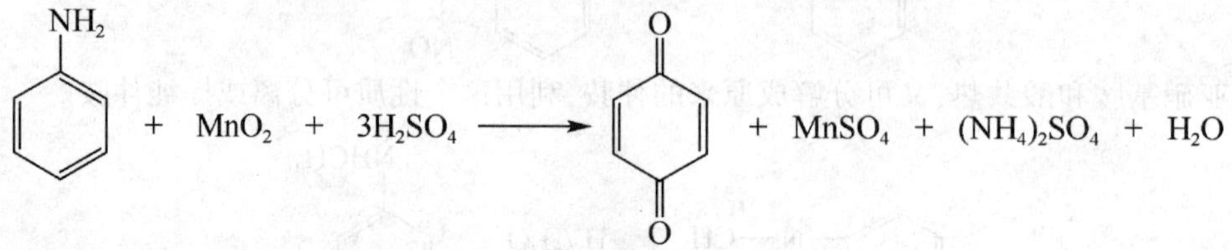

$$C_6H_5NH_2 + MnO_2 + 3H_2SO_4 \longrightarrow C_6H_4O_2 + MnSO_4 + (NH_4)_2SO_4 + H_2O$$

在有机合成中,常需将氨基进行保护,以免被氧化。

(五) 芳香胺中芳香环上的亲电取代反应

芳香族胺中最常见的是苯胺,主要讨论苯胺的亲电取代反应。氨基与苯环相连,通过 p-π 共轭效应,使苯环上的电子云密度增加,苯环的亲电取代反应更容易发生。因此,氨基是一个使苯环活化的邻对位定位基。

1. 卤代反应 苯胺与卤素(Cl_2、Br_2)很容易发生亲电取代反应,无需催化剂的存在。例如,室温下苯胺与溴水作用立即生成 2,4,6-三溴苯胺的白色沉淀。

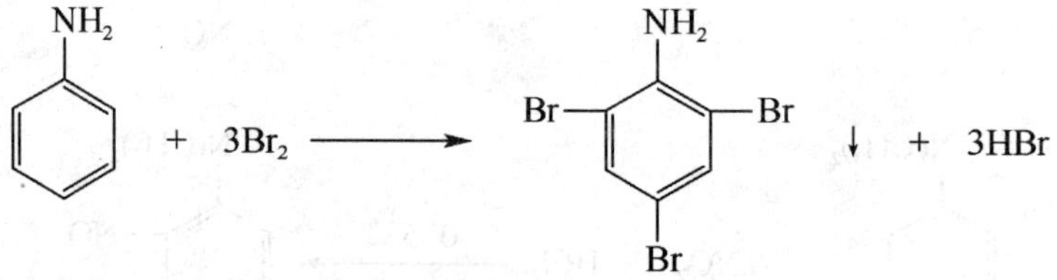

$$C_6H_5NH_2 + 3Br_2 \longrightarrow C_6H_2Br_3NH_2 \downarrow + 3HBr$$

此反应能定量完成,可用于苯胺的定性和定量分析。

为了得到一溴苯胺,可使氨基酰化,以降低氨基活化苯环的能力,使反应停留在一取代阶段,反应结束后水解,恢复氨基。

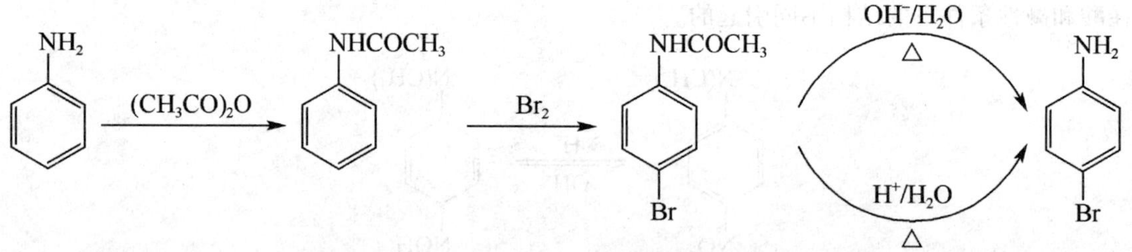

$$C_6H_5NH_2 \xrightarrow{(CH_3CO)_2O} C_6H_5NHCOCH_3 \xrightarrow{Br_2} p\text{-}BrC_6H_4NHCOCH_3 \xrightarrow[\Delta]{OH^-/H_2O \text{ 或 } H^+/H_2O} p\text{-}BrC_6H_4NH_2$$

2. 硝化反应 硝化反应常用的试剂是混酸(浓硫酸与浓硝酸的混合物),浓硝酸具有氧化能力,能够氧化氨基,为了避免这个副反应需将氨基进行保护。因此,硝基进入氨基的邻、间、对位,所采取的反应路径各不相同。

邻硝基苯胺可通过下述路径合成:

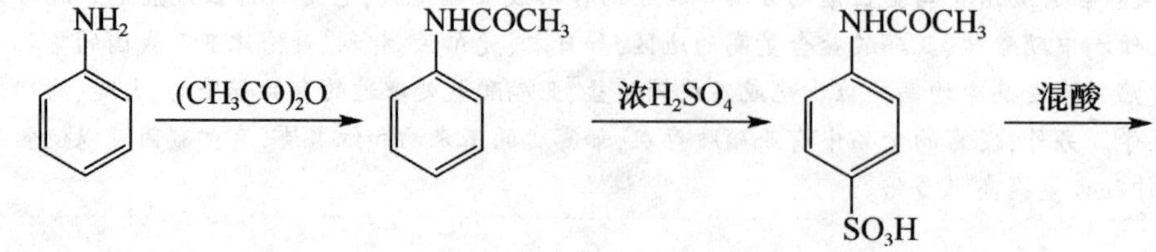

$$C_6H_5NH_2 \xrightarrow{(CH_3CO)_2O} C_6H_5NHCOCH_3 \xrightarrow{\text{浓}H_2SO_4} p\text{-}HO_3SC_6H_4NHCOCH_3 \xrightarrow{\text{混酸}}$$

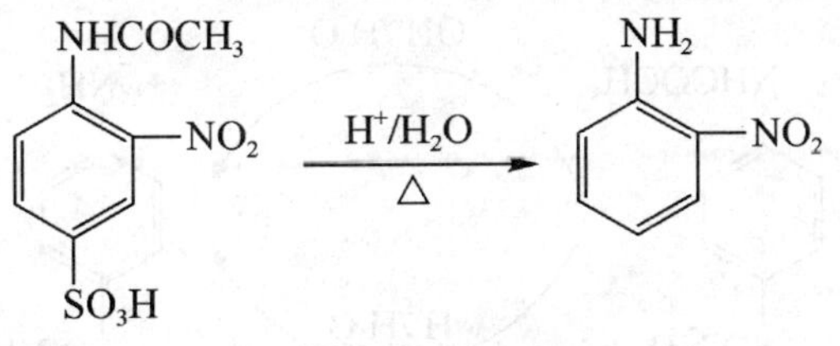

$$\underset{\substack{\text{NHCOCH}_3\\\text{NO}_2\\\text{SO}_3\text{H}}}{\text{（邻位结构）}} \xrightarrow[\Delta]{H^+/H_2O} \underset{\substack{\text{NH}_2\\\text{NO}_2}}{\text{（邻硝基苯胺）}}$$

对硝基苯胺可通过下述途径合成：

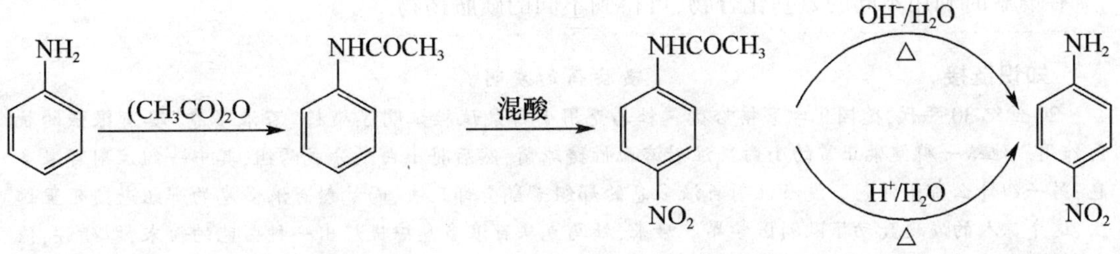

$$\text{苯胺} \xrightarrow{(CH_3CO)_2O} \text{乙酰苯胺} \xrightarrow{\text{混酸}} \text{对硝基乙酰苯胺} \xrightarrow[\Delta]{\substack{OH^-/H_2O \\ \text{或} \\ H^+/H_2O}} \text{对硝基苯胺}$$

间硝基苯胺的合成，可先将苯胺溶于浓硫酸中，使之形成苯胺硫酸盐保护氨基，而铵根正离子基是一个使苯环钝化的间位定位基。

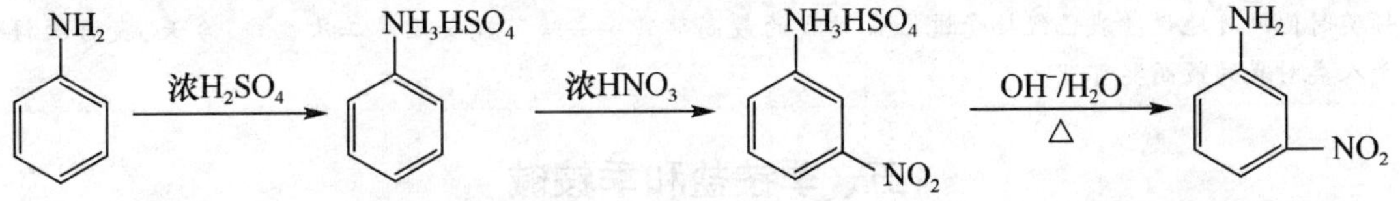

$$\text{苯胺} \xrightarrow{\text{浓}H_2SO_4} \text{苯胺硫酸盐} \xrightarrow{\text{浓}HNO_3} \text{间硝基苯胺硫酸盐} \xrightarrow[\Delta]{OH^-/H_2O} \text{间硝基苯胺}$$

3. 磺化反应 苯胺的磺化是将苯胺溶于浓硫酸中，首先生成苯胺硫酸盐，然后高温（200℃）加热脱去一分子水，并重排生成对氨基苯磺酸。

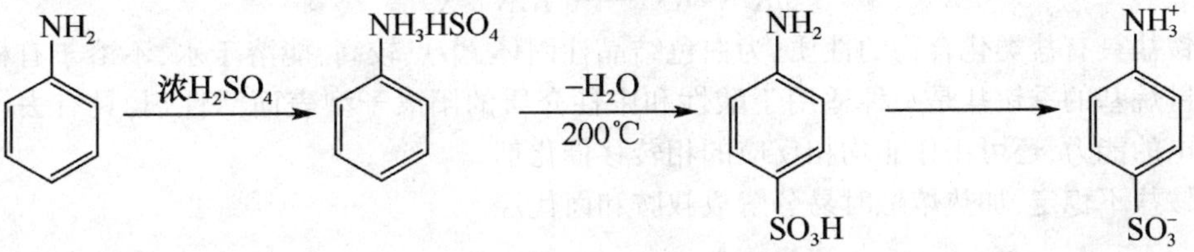

$$\text{苯胺} \xrightarrow{\text{浓}H_2SO_4} \text{苯胺硫酸盐} \xrightarrow[200℃]{-H_2O} \text{对氨基苯磺酸} \longrightarrow \text{内盐}$$

对氨基苯磺酸是白色固体，分子内的氨基和磺酸基形成盐，称为内盐。因此熔点较高，易溶于热水，不溶于有机溶剂，是合成药物与燃料的中间体。

对氨基苯磺酸的酰胺（俗称磺胺）及其衍生物，是一类很重要的药物，如磺胺噁唑（SMZ）、磺胺嘧啶（SD 或 ST）等，有抑制细菌生长繁殖的作用，对脑膜炎、肺炎链球菌等的抑制作用较强。

对氨基苯磺酸的酰胺是最简单的磺胺药物。先将苯胺进行酰化，转变成乙酰苯胺，然后与氯磺酸进行磺化反应，生成对乙酰氨基苯磺酰氯，再进行氨解，最后水解即可得到磺胺：

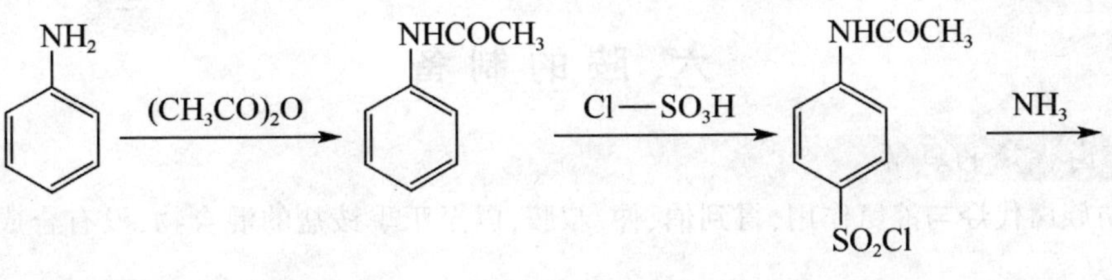

$$\text{苯胺} \xrightarrow{(CH_3CO)_2O} \text{乙酰苯胺} \xrightarrow{Cl-SO_3H} \text{对乙酰氨基苯磺酰氯} \xrightarrow{NH_3}$$

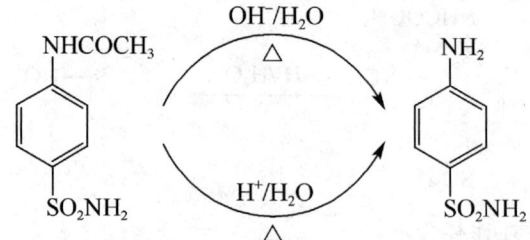

在氨解时利用不同的氨基化合物,可得到不同的磺胺药物。

> **知识链接**   **磺胺药的发明**
>
>   20 世纪 30 年代,德国化学家格哈德·杜马克用小白鼠试验证明了染料"百浪多息"具有很强的抗菌作用。他给一群健康正常的小白鼠注射溶血性链球菌,然后将小白鼠分成两组,其中一组注射百浪多息,另一组什么都不注射。没有注射百浪多息的那组老鼠全部死去,而注射百浪多息的那组老鼠死里逃生,这个惊人的发现轰动了欧洲医学界。后来,杜马克从百浪多息中提炼出一种白色的粉末,即磺胺,他的动物试验获得成功,但这种药物尚未临床试验。命运总是作弄人,不久,杜马克的女儿爱莉因玩耍时不小心割破手指引起严重的细菌感染,高烧不止,命在旦夕。杜马克只好给爱莉莎试用磺胺药。
>
>   因此,爱莉莎成为医学史上第一个用磺胺药治好病的病人。杜马克发明了磺胺药而获得诺贝尔奖,领奖时他风趣地说:"我已经接受过上帝对我的最高奖赏——给了我女儿第二次生命;今天,我再次接受人类对我的最高奖赏。"

五、季铵盐和季铵碱

叔胺和卤代烷作用,生成季铵盐。

$$R_3N + RX \longrightarrow [R_4N]^+X^-$$

季铵盐具有盐类化合物的性质,为白色结晶性固体,熔点较高,能溶于水,不溶于有机溶剂。带有长链烷基的季铵盐是一种适用于酸性和中性介质的阳离子型表面活性剂,具有去污、杀菌和抗静电的能力,还可用作非均相反应的相转移催化剂。

季铵盐不稳定,加热熔融时易分解成叔胺和卤代烃。

$$[R_4N]^+X^- \xrightarrow{\triangle} R_3N + RX$$

季铵盐和强碱作用,生成季铵碱。

$$[R_4N]^+X^- + KOH \rightleftharpoons [R_4N]^+OH^- + KX$$

季铵碱的碱性与氢氧化钠相当,是强碱。季铵碱对热也不稳定,加热(>125℃)时,易发生分解,生成叔胺。

$$(CH_3)_4N^+OH^- \xrightarrow{\triangle} (CH_3)_3N + CH_3OH$$

六、胺 的 制 备

(一) 卤代烃的氨解

将脂肪族卤代烃与液氨作用,得到伯、仲、叔胺,以至于季铵盐的混合物,没有合成某种胺的价值。

芳香族卤代烃与氨的反应非常困难,一般需要在高温、高压和催化剂的存在下才能完成,例如,氯苯与氨的反应,以铜盐为催化剂,在 6~10 MPa 和 200℃的条件下进行。

$$\text{C}_6\text{H}_5\text{Cl} + 2\text{NH}_3 \xrightarrow[200℃,6\sim10\text{MPa}]{\text{铜盐}} \text{C}_6\text{H}_5\text{NH}_2 + \text{NH}_4\text{Cl}$$

若苯环上连有强吸电子基团,则反应比较容易进行。

$$\text{2,4-二硝基-1-氯-3-硝基苯} + 2\text{NH}_3 \longrightarrow \text{2,4-二硝基-1-氨基-3-硝基苯} + \text{NH}_4\text{Cl}$$

在液氨中,氯苯和溴苯还能与 KNH_2(或 NaNH_2)反应,氯与溴被取代,生成苯胺。

$$\text{C}_6\text{H}_5\text{Br} \xrightarrow[-33℃]{\text{KNH}_2/\text{NH}_3} \text{C}_6\text{H}_5\text{NH}_2$$

(二) 含氮化合物的还原

酰胺、腈以及芳香族硝基化合物等均可被还原为胺。这些反应在相关章节中已有或将有较为详细的介绍,肟的还原反应产物为伯胺。

$$\text{RCH=NOH} \xrightarrow[\text{②H}_3\text{O}^+]{\text{①LiAlH}_4} \text{RCH}_2\text{NH}_2$$

$$\text{RCH=NOH} \xrightarrow{\text{H}_2/\text{Ni}} \text{RCH}_2\text{NH}_2$$

(三) 还原氨化

醛或酮和氨进行缩合反应的同时催化加氢生成相应的伯胺。

$$\underset{(\text{H})\text{R}'}{\overset{\text{R}}{>}}\text{C=O} \xrightarrow{\text{NH}_3} \underset{(\text{H})\text{R}'}{\overset{\text{R}}{>}}\text{C=NH} \xrightarrow{\text{H}_2/\text{Ni}} (\text{H})\text{R}'\text{—CH(R)—NH}_2$$

若以伯胺或仲胺代替氨,则可得到仲胺或叔胺。

以上这些反应都生成了亚胺中间体,因此在缩合反应结束后,若立即用金属氢化物进行还原,也能得到相应的产物。

用醛或酮和甲酸铵在高温下反应制备伯胺的反应称为刘卡特(Leuckart)反应。

$$\text{C}_6\text{H}_5\text{COCH}_3 + \text{HCOONH}_4 \longrightarrow \text{C}_6\text{H}_5\text{CH(NH}_2\text{)CH}_3$$

以甲酸为还原剂,甲醛与伯胺或仲胺进行反应,使胺发生甲基化的反应称为艾希魏勒-克拉克(Eschweiler-Claeke)反应。

$$RNH_2 + 2CH_2O + 2HCOOH \longrightarrow RN(CH_3)_2 + 2CO_2 + 2H_2O$$

这些反应均可称为还原氨化反应。通过还原氨化制备仲胺,也是常用的方法。如从环己醇转变成环己胺,经历下述过程:

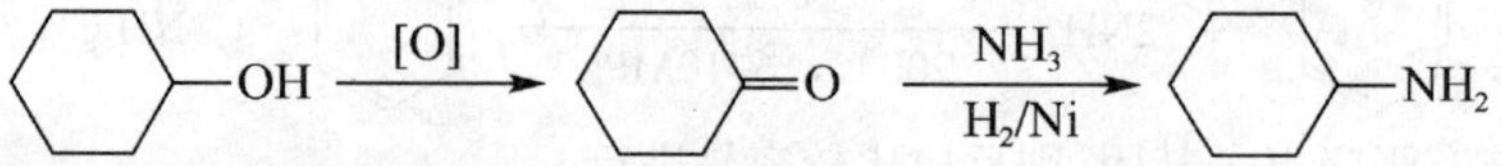

$$\text{环己醇-OH} \xrightarrow{[O]} \text{环己酮=O} \xrightarrow[H_2/Ni]{NH_3} \text{环己胺-NH}_2$$

(四) 盖布瑞尔伯胺合成法

邻苯二甲酰亚胺分子中氮原子上的氢原子受到两个羰基的作用,表现为弱酸性,使之与强碱反应,生成盐,氮负离子作为亲核试剂与卤代烃作用,生成 N-烃基邻苯二甲酰亚胺,然后碱性水解把胺游离出来,则可得到纯净的伯胺。此反应称为盖布瑞尔(Gabriel)伯胺合成法。

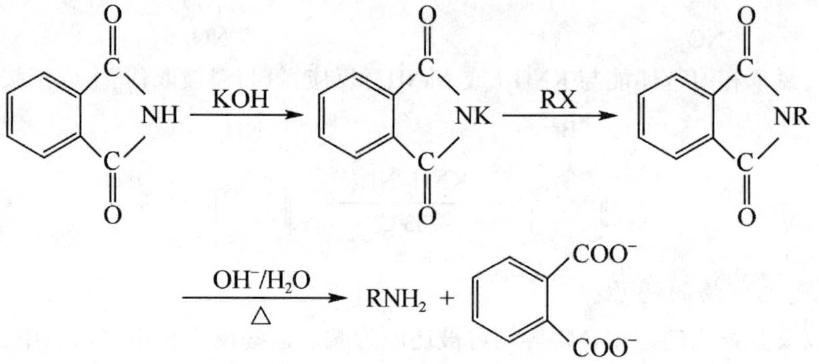

$$\text{邻苯二甲酰亚胺-NH} \xrightarrow{KOH} \text{邻苯二甲酰亚胺-NK} \xrightarrow{RX} \text{邻苯二甲酰亚胺-NR}$$

$$\xrightarrow[\Delta]{OH^-/H_2O} RNH_2 + \text{邻苯二甲酸根}(COO^-)_2$$

现在的改进方法是在水解反应中以水合肼代替氢氧化钠。

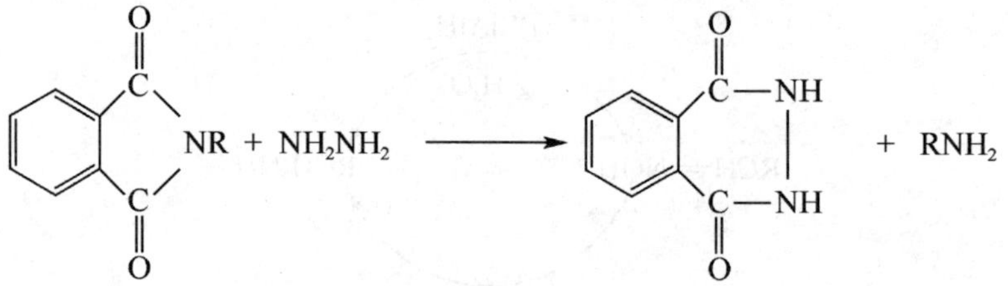

$$\text{邻苯二甲酰亚胺-NR} + NH_2NH_2 \longrightarrow \text{邻苯二甲酰肼} + RNH_2$$

再以盐酸使其酸化,过滤,除去不溶性的邻苯二甲酰肼。滤液碱化得到胺。

此外,霍夫曼(Hofmann)降级反应也是制备伯胺的好方法。

七、重要的胺

(一) 甲胺、二甲胺、三甲胺

甲胺、二甲胺和三甲胺在常温下都是无色的气体,极易溶于水,水溶液呈碱性,能与酸成盐,有特殊气味,刺激皮肤黏膜。这三种物质都是有机合成的重要原料,主要用于合成农药、染料、药物、离子交换树脂等。

(二) 乙二胺

乙二胺是一种黏稠性液体,沸点 117℃ ,极易溶于水。工业上可作为环氧树脂的固化剂。常用的金属离子络合剂乙二胺四乙酸(EDTA),就是利用乙二胺与氯乙酸反应而得。

$$H_2NCH_2CH_2NH_2 + 4ClCH_2COONa + 2Na_2CO_3 \longrightarrow \begin{matrix} NaOOCCH_2 \\ NaOOCCH_2 \end{matrix} NCH_2CH_2N \begin{matrix} CH_2COONa \\ CH_2COONa \end{matrix}$$

$$+ 4NaCl + 2CO_2 + H_2O$$

分析中常用其二钠盐。

(三) 苯胺

苯胺是最简单芳伯胺,常温下是无色油状液体,微溶于水,易溶于有机溶剂。长期存放后因苯胺易被氧化成醌类、偶氮化合物等而变黄、红或棕色,一般使用新蒸馏过的苯胺。苯胺有毒,能引起血色素变质,应避免接触皮肤或吸入其蒸气。现在苯胺的生产一般通过硝基苯还原。可随水蒸气挥发,有机合成中过剩的苯胺可用水蒸气蒸馏方法进行回收。

苯胺主要用于合成药物、染料、炸药等。

(四) 胆碱

胆碱是季铵碱类化合物,其结构式为:

$$[HOCH_2CH_2N(CH_3)_3]^+OH^-$$

化学名称为氢氧化三甲基 β-羟乙铵,白色结晶,吸湿性强,易溶于水,具有碱性,因其最初是在胆汁中发现的,故称为胆碱。胆碱与脂肪代谢有关,有抗脂肪肝的作用,临床上用胆碱治疗肝炎、肝中毒等疾病。胆碱在生物体细胞中以结合状态存在,如胆碱是 α-卵磷脂的组成部分。

胆碱分子中羟基乙酰化的产物,称为乙酰胆碱。其结构式为:

$$[CH_3COOCH_2CH_2N(CH_3)_3]^+OH^-$$

为横纹肌松弛药,乙酰胆碱存在于相邻的神经细胞之间,是通过神经节传导神经刺激的重要物质。

(五) 苯扎溴铵

苯扎溴铵(新洁尔灭)是季铵盐类化合物。结构式为:

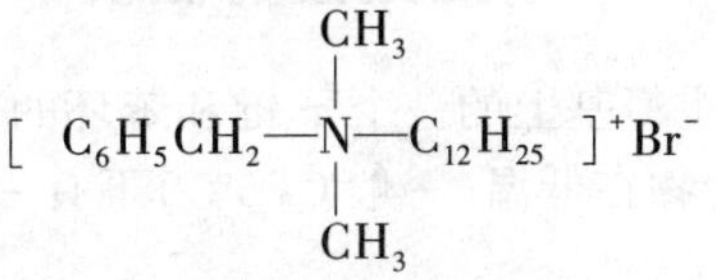

$$\left[C_6H_5CH_2-\underset{\underset{CH_3}{|}}{\overset{\overset{CH_3}{|}}{N}}-C_{12}H_{25} \right]^+Br^-$$

化学名称为溴化二甲基十二烷基苄基铵,新洁尔灭常温下为淡黄色胶体,芳香而味苦,易溶于水,能抵抗酸碱,结构中含有长链烷基的季铵盐,是一种重要的阳离子表面活性剂;而且还具有较强的穿透细胞的能力,也用作杀菌消毒剂。医药上通常用其0.1%的溶液作为皮肤或外科手术器械的消毒剂。

知识链接　　　　　　芳香胺的气味和毒性

芳香胺具有特殊气味且毒性极大,容易渗入皮肤,使用时应特别注意安全。某些芳香胺及其衍生物还具有强烈的致癌作用,如联苯胺、β-萘胺。

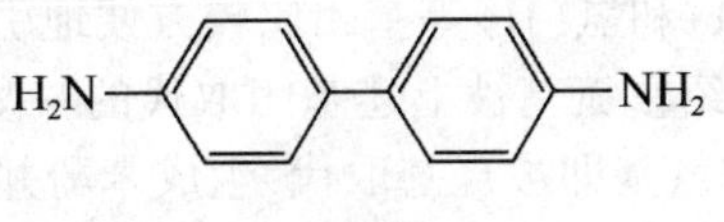

联苯胺 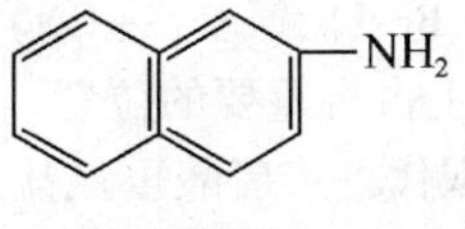　　　　　　　　　β-萘胺

第3节　重氮化合物和偶氮化合物

重氮化合物(diazo compound)和偶氮化合物(azo compound)都含有—N═N—原子团,该原子团的两端都与烃基相连的化合物,称为偶氮化合物,而一端与烃基相连,另一端与非碳原子的基团相连或不与其他基团相连的化合物,称为重氮化合物。

$$\underset{\text{氯化重氮苯}}{\text{C}_6\text{H}_5-\overset{+}{\text{N}}\equiv\text{N Cl}^-} \quad \underset{\text{硫酸重氮苯}}{\text{C}_6\text{H}_5-\overset{+}{\text{N}}\equiv\text{N HSO}_4^-} \quad \underset{\text{苯基重氮苯}}{\text{C}_6\text{H}_5-\text{N}=\text{N}-\text{OH}} \quad \underset{\text{重氮甲烷}}{\text{CH}_2=\text{N}=\text{N}}$$

$$\underset{\text{偶氮苯}}{\text{C}_6\text{H}_5-\text{N}=\text{N}-\text{C}_6\text{H}_5} \quad \underset{\text{偶氮甲烷}}{\text{H}_3\text{C}-\text{N}=\text{N}-\text{CH}_3} \quad \underset{\text{对羟基偶氮苯}}{\text{C}_6\text{H}_5-\text{N}=\text{N}-\text{C}_6\text{H}_4-\text{OH}}$$

芳香族重氮化合物在有机合成和分析上有广泛的用途,是本节讨论的重点内容。

一、重氮化合物的制备

在强酸性水溶液中,芳香族伯胺和亚硝酸在低温(一般 0～5 ℃)下反应,生成重氮化合物,此反应称为重氮化反应。例如,苯胺的盐酸溶液与亚硝酸钠在低温(一般 0～5 ℃)下反应,得到氯化重氮苯,或称重氮苯盐酸盐。

$$\text{C}_6\text{H}_5-\text{NH}_2 \xrightarrow[0\sim5\,^\circ\text{C}]{\text{NaNO}_2/\text{HCl}} \text{C}_6\text{H}_5-\overset{+}{\text{N}}\equiv\text{N Cl}^-$$

一般情况下,生成的重氮盐不经分离,可直接用于下一步合成反应。

二、重氮盐的性质

在芳香族重氮盐正离子中,重氮基上的一个 π 键和苯环的大 π 键形成共轭体系,正电荷因离域而得到分散,因此,这类化合物在低温(一般 0～5 ℃)下有一定的稳定性(脂肪族重氮盐则不然)。

重氮盐是离子型化合物,具有盐的性质,易溶于水,并能在水溶液中完全电离,因此水溶液能导电,不溶于有机溶剂。干燥的重氮盐受热或震动易发生爆炸,而其水溶液则较安全。因此,在合成中常用其新鲜生成的水溶液。

芳香族重氮盐的化学性质很活泼,可发生许多反应,是有机合成的重要中间体。这些反应可分为两大类:一类是放氮反应(取代反应),一类是不放氮反应(还原反应、偶联反应)。

(一) 取代反应

芳香族重氮盐中的重氮基被其他原子或原子团取代,并同时放出氮气。通过这些反应可以把卤原子(F、Cl、Br、I)、氰基(—CN)、羟基(—OH)和氢(H)等基团比较方便地引入芳香环上,因此,在有机合成上占有重要的位置。下面主要介绍重氮基被上述基团取代的一些反应。

1. 被羟基取代　将硫酸重氮盐加热煮沸,重氮基即被羟基取代,生成苯酚并放出氮气。

$$\text{C}_6\text{H}_5-\overset{+}{\text{N}}_2\text{HSO}_4^- \xrightarrow[\Delta]{\text{H}^+/\text{H}_2\text{O}} \text{C}_6\text{H}_5-\text{OH} + \text{N}_2\uparrow$$

为了防止卤素负离子的亲核性而形成的副反应的影响,一般使用硫酸重氮盐,并且在加热之前,应当使用尿素破坏溶液中过剩的亚硝酸。

2. 被氟原子取代　先将硼酸与重氮盐作用,生成重氮硼酸盐,然后将其在干燥条件下温和加热,分解得氟代物。

第 10 章 有机含氮化合物

$$\text{C}_6\text{H}_5\overset{+}{\text{N}}_2\text{Cl}^- \xrightarrow{\text{HBF}_4} [\text{C}_6\text{H}_5\overset{+}{\text{N}}_2]\text{BF}_4^- \xrightarrow{\triangle} \text{C}_6\text{H}_5\text{F} + \text{N}_2\uparrow$$

通过此法,向苯环上引入氟原子的反应,称为席曼(Shiemann)反应。

3. 被碘原子取代 将碘化钾与重氮硫酸盐共热,即可直接得到碘苯,此法操作简单,产率高。

$$\text{C}_6\text{H}_5\overset{+}{\text{N}}_2\text{HSO}_4^- \xrightarrow[\triangle]{\text{KI}} \text{C}_6\text{H}_5\text{I} + \text{N}_2\uparrow$$

4. 被氯原子、溴原子和氰基取代 重氮盐酸盐、氢溴酸盐溶液在相应的卤化亚铜盐的存在下加热,重氮基被氯、溴原子取代,分别生成相应的卤代芳香烃;用氰化亚铜代替卤化亚铜则生成氰基芳香烃,同时放出氮气,此反应称桑德迈尔(Sandmeyer)反应。

$$\text{C}_6\text{H}_5\overset{+}{\text{N}}_2\text{Cl}^- \xrightarrow[\triangle]{\text{Cu}_2\text{Cl}_2} \text{C}_6\text{H}_5\text{Cl} + \text{N}_2\uparrow$$

$$\text{C}_6\text{H}_5\overset{+}{\text{N}}_2\text{Br}^- \xrightarrow[\triangle]{\text{Cu}_2\text{Br}_2} \text{C}_6\text{H}_5\text{Br} + \text{N}_2\uparrow$$

$$\text{C}_6\text{H}_5\overset{+}{\text{N}}_2\text{HSO}_4^- \xrightarrow[\triangle]{\text{CuCN}} \text{C}_6\text{H}_5\text{CN} + \text{N}_2\uparrow$$

可以用细铜粉代替卤化亚铜,这是桑德迈尔的改良反应,称为桑德迈尔-盖特曼(Sandmeyer-Gattermann)反应。

5. 被氢原子取代 重氮硫酸盐和次磷酸或碱性甲醛水溶液作用,重氮基被氢原子取代并放出氮气。

$$\text{C}_6\text{H}_5\overset{+}{\text{N}}_2\text{HSO}_4^- \xrightarrow{\text{H}_3\text{PO}_2} \text{C}_6\text{H}_6 + \text{N}_2\uparrow$$

上述这些反应为合成一些结构较为特殊或复杂的芳香烃衍生物提供了有效的方法。例如,由甲苯合成对甲苯甲酸:

$$\text{C}_6\text{H}_5\text{CH}_3 \xrightarrow[\text{浓HNO}_3]{\text{浓H}_2\text{SO}_4} p\text{-O}_2\text{N-C}_6\text{H}_4\text{-CH}_3 \xrightarrow{\text{Fe/HCl}} p\text{-H}_2\text{N-C}_6\text{H}_4\text{-CH}_3 \xrightarrow[0\sim 5\text{°C}]{\text{NaNO}_2/\text{HCl}} p\text{-}\overset{+}{\text{N}}_2\text{Cl}^-\text{-C}_6\text{H}_4\text{-CH}_3$$

$$\underset{CH_3}{\text{C}_6H_4} \xrightarrow[\Delta]{CuCN} \underset{CH_3}{\text{C}_6H_4\text{-}CN} \xrightarrow[\Delta]{H^+/H_2O} \underset{CH_3}{\text{C}_6H_4\text{-}COOH}$$

再如,由苯合成均三溴苯:

$$\text{C}_6H_6 \xrightarrow[\text{浓HNO}_3]{\text{浓H}_2SO_4} \text{C}_6H_5NO_2 \xrightarrow{Fe/HCl} \text{C}_6H_5NH_2 \xrightarrow{Br_2/H_2O} \text{2,4,6-Br}_3\text{C}_6H_2NH_2$$

$$\xrightarrow[0\sim5℃]{NaNO_2/HCl} \text{2,4,6-Br}_3\text{C}_6H_2N_2^+Cl^- \xrightarrow{H_3PO_2} \text{1,3,5-Br}_3\text{C}_6H_3}$$

(二) 还原反应

用氯化亚锡或亚硫酸钠等还原剂与重氮盐反应,得到芳基肼。如苯肼可用此法合成。

$$\text{C}_6H_5N_2^+Cl^- \xrightarrow{SnCl_2/HCl} \text{C}_6H_5NHNH_2\cdot HCl \xrightarrow{OH^-} \text{C}_6H_5NHNH_2$$

苯肼是结晶性固体,低熔点化合物,熔点 19.8℃,沸点 242℃,是常用的羰基化试剂。

(三) 偶联反应

芳香族重氮盐在低温下与酚或芳香胺(一般为芳叔胺)作用,生成有色的偶氮化合物的反应,称为偶联反应。偶联反应的实质是亲电取代反应,芳香族重氮盐中的重氮基是弱的亲电基团,能够和有高度致活基团的芳香环发生亲电取代反应。

对于苯酚和芳香叔胺,与重氮盐发生的偶联反应主要在其对位发生。

$$\text{C}_6H_5N_2^+Cl^- + \text{C}_6H_5OH \xrightarrow{\text{弱碱}} \text{C}_6H_5\text{-}N=N\text{-}C_6H_4\text{-}OH$$

$$\text{C}_6H_5N_2^+Cl^- + \text{C}_6H_5N(CH_3)_2 \xrightarrow{\text{弱酸}} \text{C}_6H_5\text{-}N=N\text{-}C_6H_4\text{-}N(CH_3)_2$$

如果对位已有基团占据,也可发生在邻位。

$$\text{C}_6H_5N_2^+Cl^- + \underset{CH_3}{\text{p-HO-C}_6H_4} \xrightarrow{\text{弱碱}} \underset{CH_3}{\text{2-(C}_6H_5N=N)\text{-4-CH}_3\text{-C}_6H_3\text{OH}}$$

进行偶联反应时,介质的酸碱性是很重要的。一般在弱碱性介质中,重氮盐与酚类的偶联反应速率快,产率高。这是因为在弱碱性介质中,酚形成苯氧负离子,使芳香环电子云密度增加,有利于偶联反应的进行。而在中性或弱酸性介质中,对重氮盐与芳香胺的偶联反应有利,一方面酸性介质,可以增加芳香胺的水溶性,有利于反应的进行;但另一方面酸性过强,会使大量的芳香胺变成铵盐,使芳香环上电子云密度降低,不利于偶联反应。综合起来,重氮盐与芳香胺的偶联反应在中性或弱酸性介质中进行。

偶氮芳香烃是一类有颜色的化合物,因为通过偶氮基(—N≡N—)将两个芳香环连接起来,扩大了共轭键 π 电子的运动范围,使其吸光作用发生红移,而显示颜色。这里偶氮基(—N≡N—)称为生色基团。因此,有些偶氮芳香烃可直接作染料或指示剂。还可利用偶联反应产生的颜色来鉴定具有苯酚或芳香胺结构的有机药物。

第 4 节 腈

一、腈的定义与命名

腈可看作氢氰酸分子中的氢原子被烃基取代后生成的一类化合物,也可以看做是烃分子中的氢原子被氰基取代的化合物,其通式为(Ar)RCN。

腈的命名是按分子中碳原子数目称为某腈。例如:

$$CH_3CN \qquad NCCH_2CH_2CN$$

乙腈　　　　　　丁二腈

较复杂的腈是以烃为母体,氰基为取代基,称为氰基某烷。

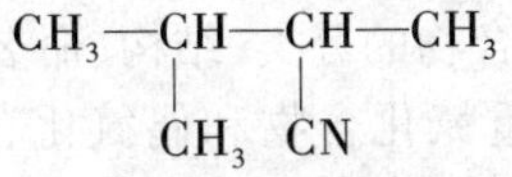

$$CH_3—CH—CH—CH_3$$
$$\qquad\quad |\quad\; |$$
$$\qquad CH_3\; CN$$

2-甲基-3-氰基丁烷

二、腈的化学性质

氰基中含有碳氮叁键,具有不饱和性,可发生还原与水解等反应,在有机合成上有广泛用途。

(一) 还原反应

腈经催化加氢或氢化铝锂还原,则生成伯胺。

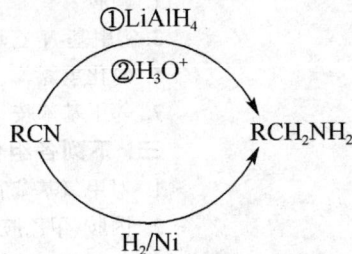

在酸性条件下,以氯化亚锡作还原剂,腈首先被还原成亚胺,再进一步被还原成伯胺。水会使亚胺水解生成醛。

$$RCN \xrightarrow{SnCl_2/HCl} RCH=NH \xrightarrow{SnCl_2/HCl} RCH_2NH_2$$
$$\qquad\qquad\qquad\quad \downarrow H_2O$$
$$\qquad\qquad\qquad\quad RCHO$$

(二) 水解和醇解

在酸或碱催化下,腈水解生成羧酸。

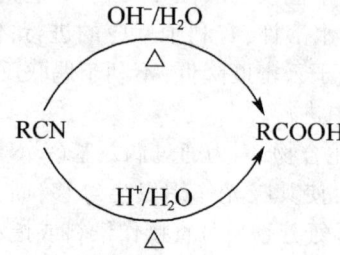

这是使分子碳链增长一个碳原子的良好方法之一。

在浓硫酸催化下,腈和醇共热,发生醇解反应生成酯。

$$RCN + R'OH + H_2O \xrightarrow{H_2SO_4} RCOOR' + NH_3$$

三、腈的制备

卤代烃与氰化钠作用、酰胺的脱水反应以及重氮盐的取代反应均是制备各种腈的良好方法。这些方法在本教材中已有详细描述,可参见相关章节。

本章小结

本章主要阐述的知识点有:硝基化合物、胺、重氮化合物和偶氮化合物以及腈。

本章主要涉及的内容有:硝基化合物的分类、结构、命名方法以及主要化学性质,胺的分类、结构、命名方法以及主要化学性质,重氮化合物和偶氮化合物的结构、命名方法以及主要化学性质。

目标检测

一、根据所给结构命名下列化合物,并指出各属于哪一类化合物

1. $(CH_3CH_2)_2NCH_3$
2. $C_6H_5N(CH_3)_2$
3. $H_2NCH_2CH_2CH_2CH_2NH_2$
4. $CH_3CH_2CH_2N^+(CH_3)_3Br^-$
5. $(CH_3CH_2)_2N-NO_2$
6. CH_3CN
7. $CH_3CH_2CH(NO_2)CH_3$ (异丁基硝基化合物结构)
8. 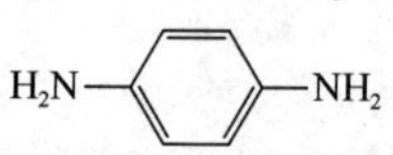 $H_2N-C_6H_4-NH_2$ (对苯二胺)
9. 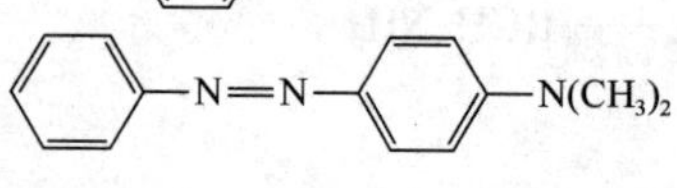 $C_6H_5-N=N-C_6H_4-N(CH_3)_2$
10. 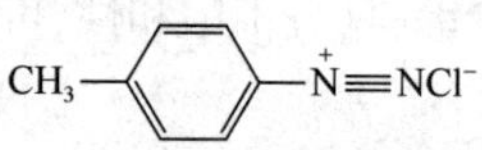 $CH_3-C_6H_4-N^+\equiv N\,Cl^-$

二、根据名称写出结构式

1. 磺胺
2. 氯甲基乙基正丙基铵
3. N-甲基-N-乙基苯胺
4. 氢氧化四甲铵
5. 氯化重氮苯
6. 对氨基苯甲酸
7. 邻甲基苯胺
8. 苄胺

三、下列各组化合物按碱性强弱顺序排列

1. 对甲氧基苯胺、苯胺、对硝基苯胺
2. 丙胺、甲乙胺、苯甲酰胺
3. 氢氧化四甲铵、邻苯二甲酰亚胺、尿素

四、完成下列化学反应式

1. $CH_3CH_2NH_2 + CH_3COCl \longrightarrow$
2. $[(CH_3)_3N^+CH_3]OH^- \xrightarrow{\triangle}$

3. CH₃CH(CH₃)—NH₂ + HNO₂ $\xrightarrow{\Delta}$

4. C₆H₅—NH₂ + NaNO₂ + HCl $\xrightarrow{0\sim5℃}$

5. 苯 $\xrightarrow[H_2SO_4]{HNO_3}$? $\xrightarrow{Fe/HCl}$? $\xrightarrow[NaOH]{C_6H_5-SO_2Cl}$

6. C₆H₅—N₂⁺Cl⁻ + C₆H₅—NHCH₃ ⟶

五、选择题

1. 与亚硝酸作用可生成致癌物的是( )
   A. 三乙胺   B. 二乙胺
   C. 甲胺   D. 氢氧化四甲胺

2. 不能与氯化重氮苯发生偶联反应的是( )
   A. 硝基苯   B. 苯胺
   C. 邻甲酚   D. N,N-二甲胺

3. 兴斯堡反应可以鉴别( )
   A. 伯、仲、叔三类醇   B. 伯、仲、叔三类卤代烃
   C. 伯、仲、叔三类胺   D. 以上都可以

4. 下列化合物碱性最强的是( )
   A. 甲胺   B. 二甲胺
   C. 氨气   D. 苯胺

5. 在有机反应中常用于保护氨基的反应是( )
   A. 氧化反应   B. 还原反应
   C. 酰化反应   D. 缩醛的生成反应

6. 分离苯胺和甲苯的混合物常采用的方法是( )
   A. 混合物与盐酸一起振荡,再用分液漏斗分离
   B. 混合物与苯一起振荡,再用分液漏斗分离
   C. 混合物与水一起振荡,再用分液漏斗分离
   D. 混合物与碳酸钠溶液一起振荡,再用分液漏斗分离

7. 仅从水的溶剂化效应考虑,伯、仲、叔胺的碱性强弱顺序由强到弱排列正确的是( )
   A. 伯胺>仲胺>叔胺   B. 仲胺>伯胺>叔胺
   C. 叔胺>仲胺>伯胺   D. 仲胺>叔胺>伯胺

8. 与亚硝酸反应,无氮气放出的化合物是( )
   A. 乙胺   B. 二乙胺
   C. 乙二胺   D. 氨基乙酸

9. 鉴别苯酚溶液和苯胺溶液,可采取( )
   A. 溴水   B. 高锰酸钾溶液
   C. 硝酸银溶液   D. 三氯化铁溶液

10. 下列化合物碱性最强的是( )
    A. 甲胺   B. 苯胺
    C. 乙酰胺   D. 氢氧化四甲胺

六、鉴别题

1. 甲胺、二甲胺和三甲胺
2. N-甲基苯胺、苯胺和苄胺

七、由指定原料合成下列化合物(无机试剂可任取)

1. 由甲苯合成4-氨基-3-溴苯甲酸
2. 由苯胺合成2,4,6-三溴苯酚

八、推断题

1. 某化合物分子式为 C_7H_9N,有碱性。将其盐酸盐与 HNO_2 作用,加热后能放出 N_2,生成对甲苯酚。试推出其结构简式。

2. 某化合物A分子式为 $C_7H_7NO_2$,无碱性,还原后得到B,结构名称为对甲苯胺。低温下B与亚硝酸钠的盐酸溶液作用得到C,分子式为 $C_7H_7N_2Cl$。C在弱碱性条件下与苯酚作用得到分子式为 $C_{13}H_{12}ON_2$ 的化合物D。试推测A、C和D的结构。

第 11 章　杂环化合物与生物碱

> **学习目标**
> 1. 掌握杂环化合物的分类和命名；理解常见的五元杂环化合物和六元杂环化合物的结构和性质；
> 2. 理解生物碱的概念、性质和提取方法；了解常见的生物碱(麻黄碱、烟碱、阿托品、咖啡碱和茶碱等)。

第 1 节　杂环化合物

在有机化合物的分类中,把分子中含有由碳原子和其他原子共同组成的环状化合物称为杂环化合物。杂环中的其他原子(非碳原子)称为杂原子,常见的有 N、O、S 等原子。一般情况下,杂环化合物指具有一定芳香性、环系比较稳定的芳杂环。而对于那些我们曾学过的环醚、内酯、环酐及内酰胺等环状化合物,也和杂环化合物的定义相吻合,但由于它们的性质与相应的脂肪族化合物类似,大多容易开环,缺乏芳香性,因此,一般不放在杂环化合物中讨论,而是放在相应的各类化合物的章节中。

杂环化合物在自然界的分布非常广泛,种类繁多,数量很大,有的还具有重要的生理作用。例如,抗生素(如青霉素)、维生素(如 VB_1)、血红素、叶绿素、核酸碱基等都含有杂环的结构。杂环化合物与药学的关系十分密切,许多重要的药物如磺胺类、呋喃类、吡唑酮类及吡啶类药物等都是杂环化合物的衍生物。目前,杂环化合物的研究和应用发展很快,不仅是有机化学的重要组成部分,而且已形成了一个重要的有机化学分支——杂环化合物的化学。

一、杂环化合物的分类

杂环化合物可按不同的方法进行分类。根据环的大小分为五元杂环及六元杂环等；根据环数的多少分为单杂环和稠杂环；根据杂原子数目的多少可分为含一个杂原子的杂环化合物和含两个杂原子的杂环化合物等。常见杂环化合物分类如下。

（一）五元杂环化合物

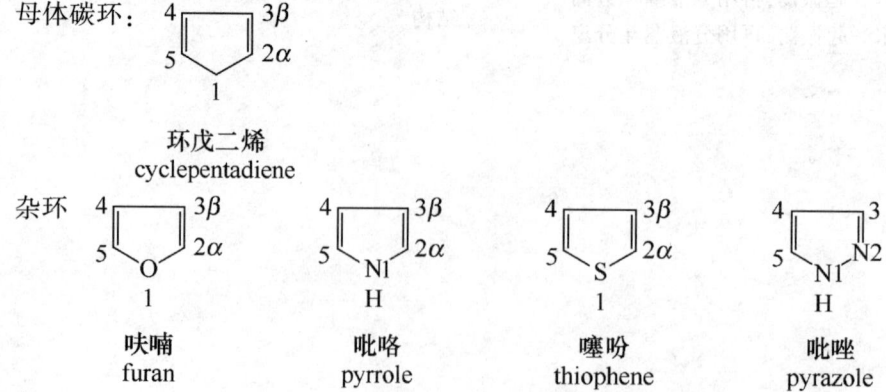

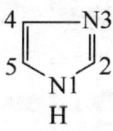
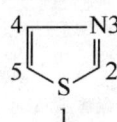
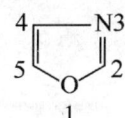

咪唑　　　　　噻唑　　　　　噁唑　　　　　异噁唑
imidazole　　　thiazole　　　oxazole　　　isoxazole

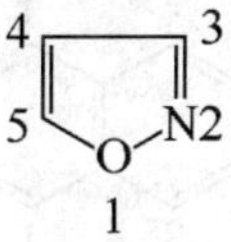

(二) 六元杂环化合物

母体碳环：

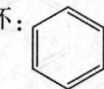

苯
benzene

杂环：

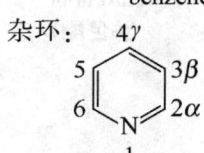
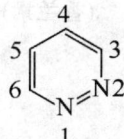
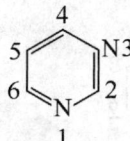
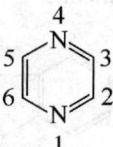

吡啶　　　　　哒嗪　　　　　嘧啶　　　　　吡嗪
pydine　　　pyridazine　　pyrimidine　　pyrazine

母体碳环：

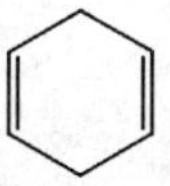

1,4-环己二烯
1,4-cyclohexadiene

杂环：

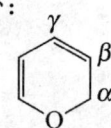

α-吡喃 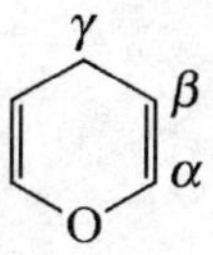　　　　γ-吡喃　　　　α-吡喃酮 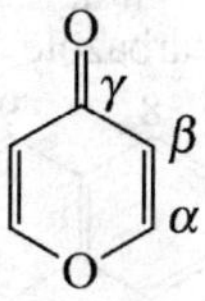　　　γ-吡喃酮

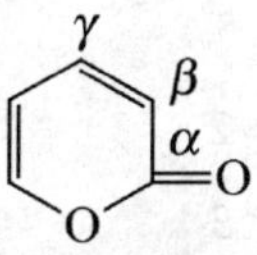

　　　　　　　pyran　　　　　　　　　　　pyrone

(三) 稠杂环化合物

母体碳环：

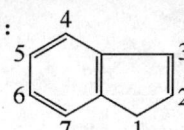

茚
indene

杂环：

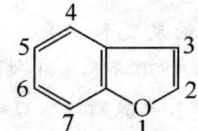
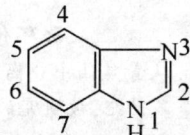
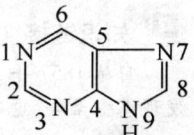

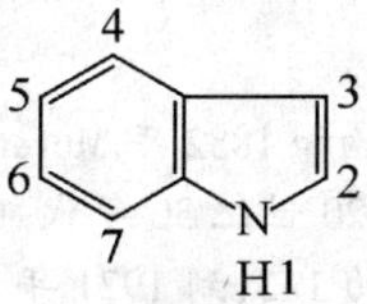

吲哚　　　　　苯并呋喃　　　苯并咪唑　　　嘌呤
indole　　　benzofuran　　benzimidazole　　purine

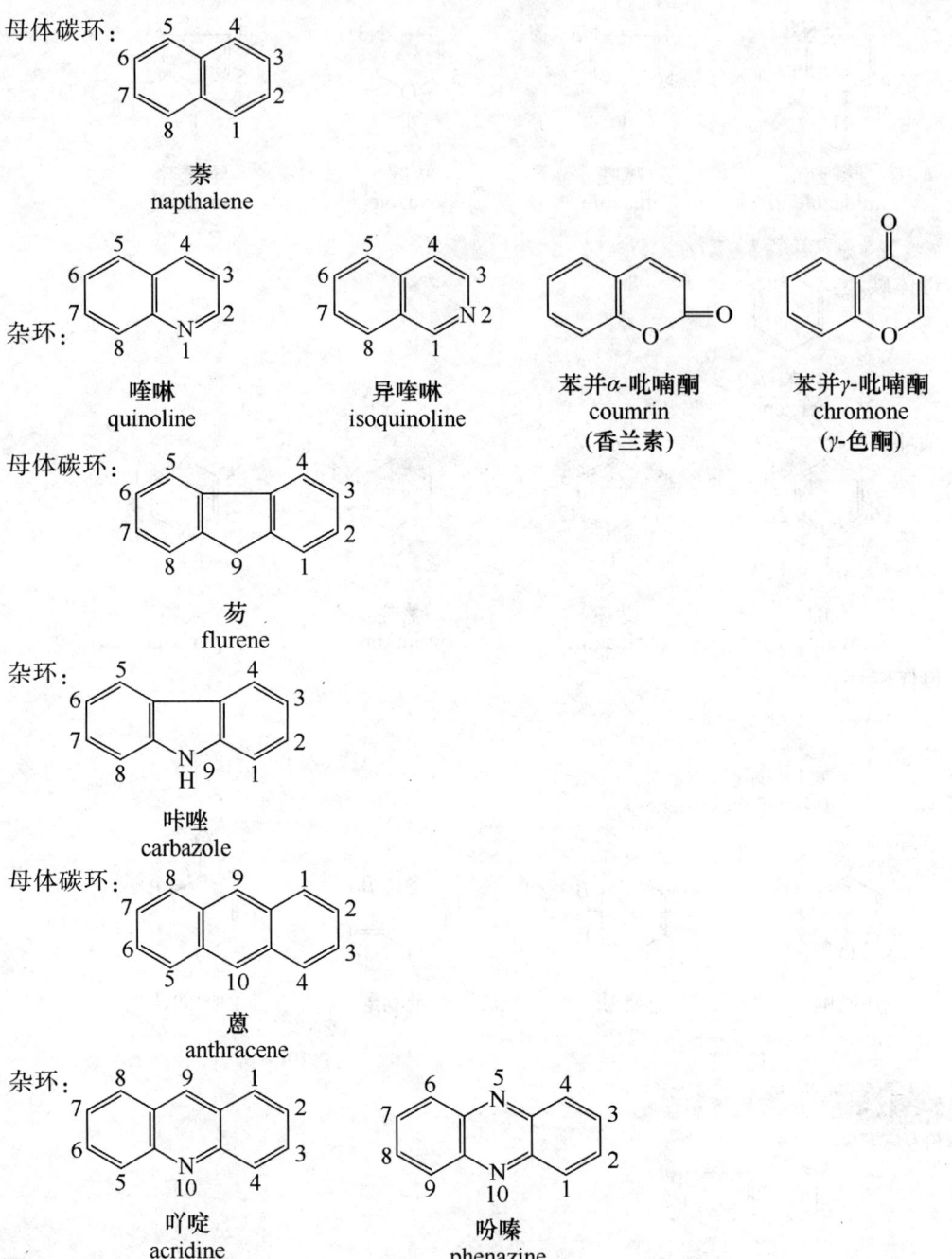

此外，对于杂环化合物的衍生物是以杂环母环结构为基础进行分类的。

> **知识链接**　　　　　　　　　**杂环化合物的发现和发展**
>
> 　　自从1857年Anderson从骨焦油中分离出吡咯,1870年Scheele制出呋喃和1882年Meyer戏剧性地发现噻吩至今,也不过一个多世纪,被研究的化合物已发展到惊人的数字。20世纪30年代拜耳斯坦有机化学手册记载的杂环化合物数目,约有当时已知的数十万种有机化合物的1/3,到1971年,已知的数百万种有机化合物中,有一半以上是杂环化合物。近十年来,杂环有机物所占比例有增无减。杂原子由当初的O、S、N扩展到许多金属和非金属元素,如Se、Te、P、As、Bi等;杂环的大小,也由早期只有五、六元环扩展到包含三、四元小杂环和七、八、九元中杂环及十元以上大杂环在内的所有杂环。

二、杂环化合物的命名

杂环化合物的名称包括杂环母环及环上取代基两部分。

(一) 杂环母环的命名

杂环母环的命名比较复杂,目前一般采用音译命名法,即根据杂环外文名称的发音,用同音汉字加"口"偏旁表示杂环母环的名称。音译法命名较为简单,并与外文相关,便于查阅外文资料,缺点是反映不出名称与结构之间的关系。也可以用系统命名法对杂环母环进行命名,虽能反映出杂环的结构,但由于比较复杂,不常采用。

(二) 杂环母环的编号规则

当环上连有取代基时,需对母环进行编号,以标明各取代基的位置。编号规则如下。

(1) 含一个杂原子的杂环,从杂原子开始用阿拉伯数字或从靠近杂原子的碳原子开始用希腊字母编号。

(2) 含有两个或两个以上杂原子时,则按 O、S、—NH—、—N= 的先后顺序编号,并使杂原子的编号尽可能小。

(3) 有些稠杂环母环有特定编号规则(如异喹啉、嘌呤等)。

(三) 取代杂环化合物的命名

(1) 当取代基较为简单时,取代杂环化合物的命名是以杂环为母体,将取代基的位次、数目及名称依次写在杂环母环名称前。

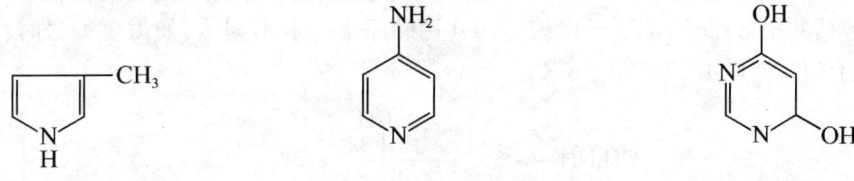

  3-甲基吡咯   4-氨基吡啶   4,6-二羟基嘧啶

(2) 当杂环的侧链含有主要官能团时,以侧链作为母体,杂环作为取代基。

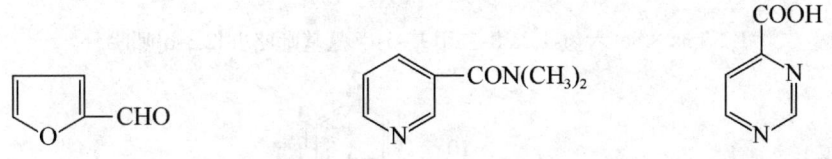

  2-呋喃甲醛 N,N-二甲基-3-吡啶甲酰胺 4-嘧啶甲酸

(3) 某些杂环体系可能有互变异构现象,为了区别各异构体,需在其名称前标明一个或多个氢原子所在的位置。

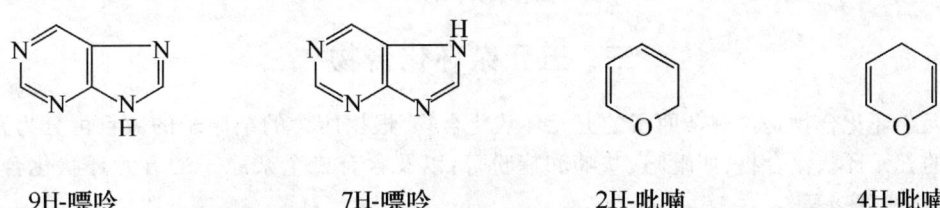

 9H-嘌呤   7H-嘌呤   2H-吡喃   4H-吡喃

(四) 无特定名称的稠杂环母环的命名

无特定名称的稠杂环母环命名,这里只作简单的介绍。

首先,确定基本环。在稠杂环母环中,确定一个为基本环,其余为附加环。它的名称由附加环名+并+[稠边位置]+基本环名组成。基本环根据下列几种情况分别确定。

(1) 由芳香环与杂环组成的稠杂环,杂环为基本环。

(2) 由两个杂环组成的稠杂环,又分下列情况:①环的大小不同时,大环为基本环;②杂环大小相同时,则按所含杂原子 N、O、S 的顺序优先确定基本环;③环大小相同杂原子数目不同时,杂原子多的为基本环;杂原子数目相同时,杂原子种类多的为基本环;④杂原子数目及种类都相同时,则以稠合前杂原子编号较低的杂环为基本环。

其次,要进行稠边位置的标示。基本环各边标以英文 a、b、c、…,附加环各原子标以阿拉伯数字 1、2、3、…,并且均按各环原来的编号顺序进行。在命名中把它们标示在一方括号内,阿拉伯数字写在前,英文字母在后,中间加一短横线,但数字的先后与基本环边的标示走向一致。名称的写法:附加环+并+[稠边位置]+基本环。例如:

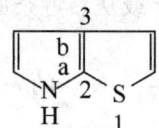   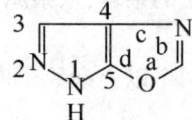

噻吩并[2,3-b]吡咯   6H-吡唑并[4,5-d]噁唑

(五) 取代的稠杂环化合物的命名

对取代的稠杂环化合物命名时,首先对环进行编号,以确定环上各取代基的位置,其编号原则与单杂环基本相似,按 O、S、—NH—、—N= 的顺序,尽可能使杂原子的编号最低。其中,所有的杂原子(包括共用杂原子)都要予以编号。共用碳原子一般不编号,如需要编号时,则根据前面相邻碳原子的编号以 1a,2a 等标示之。

1,2,3,3a,8,8a-六氢-1,3a,8-三甲基-5-甲氨基吡咯并[2,3-b]吲哚

9-甲基苯并[h]异喹啉

三、五元杂环化合物

五元杂环化合物是含有杂原子的五元环状化合物,根据所含的杂原子的数目可分为含一个杂原子的五元环状化合物,如吡咯、呋喃和噻吩等;以及含有二个杂原子的五元环状化合物,如吡唑、咪唑和噻唑等。

(一) 结构与芳香性

1. 含一个杂原子的五元环状化合物   吡咯、呋喃和噻吩是含一个杂原子的五元环状化合物。

| 吡咯 | 呋喃 | 噻吩 |

在这三种化合物的结构中,碳原子和杂原子均以 sp² 的方式进行杂化,相互之间以 sp² 杂化轨道进行正面重叠,形成 σ 键,从而构成环状结构,并处于同一平面;每个原子均有一个未杂化的 p 轨道,呈平行状态,通过侧面重叠形成一个闭合环状的大 π 键;由于每个碳原子的 p 轨道中含有一个单电子,杂原子的 p 轨道中含有一个电子对,这样使得这个大 π 键中电子数达到六个($4n+2, n=2$),符合休克尔规则,因此具有芳香性。结构如图 11-1 所示。

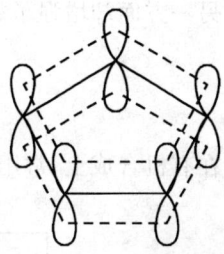

图 11-1 含有一个杂原子的五元环状化合物的结构

在上述结构中可以看出:

(1) 吡咯分子中的氮原子形成了三个 σ 键,其中两个 σ 键是与碳原子形成的,另一个则是与氢原子形成的;呋喃分子中的氧原子和噻吩分子中的硫原子只与碳原子形成两个 σ 键,而另一个 sp² 杂化轨道中存在一个电子对,未形成共价键。

(2) 由于三个杂原子均是以电子对参与共轭体系,五个原子共用六个 π 电子,是多电子的共轭体系,致使碳原子上的电子云密度高,比电子云高度平均化的苯更容易进行亲电取代反应。

2. 含两个杂原子的五元环状化合物　五元杂环中含有两个杂原子,其中有一个杂原子是氮原子的体系称为唑,根据杂原子在环中的距离不同,又可分为 1,2-唑和 1,3-唑。

| 吡唑 | 咪唑 | 噻唑 | 噁唑 | 异噁唑 |

在这些化合物中,1-位上的杂原子分别为氮原子(与氢原子相连)、氧原子和硫原子,而 2-位或 3-位上杂原子均为氮原子。环上的每一个原子均以 sp² 的方式进行杂化,并通过未杂化的 p 轨道的侧面重叠形成了闭合环状的共轭体系,π 电子数为六个($4n+2, n=2$),符合休克尔规则,因此具有芳香性。其中 1-位上的杂原子以孤电子对参与共轭体系,而 2-位或 3-位上的杂原子以单电子参与共轭体系,这个以单电子参与共轭体系的氮原子对环上 π 电子云有一定的吸引作用,使环上碳原子的电子云密度降低,使其发生亲电取代反应的能力下降,同时,由于自身的电子云密度升高,使它的另一个未成键的 sp² 杂化轨道中的孤电子对接受质子的能力增强,从而表现出一定的碱性,并且与水形成氢键的能力增强。

(二) 含一个杂原子的五元环状化合物的性质

1. 物理性质　这三种五元杂环化合物在水中的溶解度均不大,分别为:吡咯(1∶17)、呋喃(1∶35)和噻吩(1∶700)。吡咯的溶解性比呋喃和噻吩都大,是因为吡咯能够和水之间形成微弱的氢键。

2. 化学性质

(1) 酸碱性:由于杂原子以电子对参与共轭体系,其电子云密度降低,接受质子的能力减弱,因此,一方面吡咯的碱性很弱,$pK_b = 13.6$,不能与酸形成稳定的盐。但吡咯经催化氢化生成吡咯烷后,由于共轭体系的消失,碱性明显增强。

pK_b 13.6   3.7

另一方面却增强了氮氢键的极性，而表现出弱酸性，可以和干燥的氢氧化钾共热生成盐。

$$\text{吡咯} + KOH(s) \rightleftharpoons \text{吡咯钾盐} + H_2O$$

在有机合成上，常用吡咯钾盐制取 α-位取代的吡咯衍生物。

吡咯钾盐：
- (1) CO_2 (2) H_3O^+ → α-吡咯甲酸（2-COOH 吡咯）
- $CHCl_3/KOH$ → α-吡咯甲醛（2-CHO 吡咯）
- CH_3COCl → N-乙酰基吡咯 $\xrightarrow{>150℃}$ α-乙酰基吡咯（2-COCH₃ 吡咯）
- CH_3I → N-甲基吡咯 $\xrightarrow{>150℃}$ α-甲基吡咯（2-CH₃ 吡咯）

(2) 亲电取代反应：它们比苯更容易进行亲电取代反应，并由于 α-位上电子云密度比 β 位上的高，亲电取代反应主要发生在 α-位上。上述几种杂环的亲电取代反应活性：吡咯＞呋喃＞噻吩＞苯。

由于强酸性的条件易破坏吡咯与呋喃的闭合环状的共轭体系，引起聚合等反应。因此，在吡咯与呋喃进行亲电取代反应时，应避免强酸性的条件，而噻吩则不然。

1) 卤代反应：吡咯在室温与氯或溴反应，得到四卤化物；呋喃和噻吩在室温与氯或溴反应，得到多卤代产物。若要得到一氯代和一溴代产物，应使反应在更温和的条件下进行，一般需用溶剂对反应物稀释并在低温下进行反应。而与碘的反应需有催化剂的作用。

吡咯 $\xrightarrow{Br_2/\text{乙醚}, 0℃}$ 四溴吡咯

呋喃 $\xrightarrow{Br_2/\text{二氧六环}, 0℃}$ α-溴呋喃

噻吩 $\xrightarrow{Br_2/CH_3COOH, \text{室温}}$ α-溴噻吩

2) 硝化反应:由于吡咯和呋喃在强酸性条件下不稳定,而且吡咯、呋喃和噻吩容易被硝酸氧化。因此,它们的硝化反应需用较缓和非质子化试剂硝酸乙酰酯作硝化剂在低温下进行。

$$CH_3C(O)-O-C(O)CH_3 + HNO_3 \longrightarrow CH_3COONO_2 + CH_3COOH$$

硝酸乙酰酯

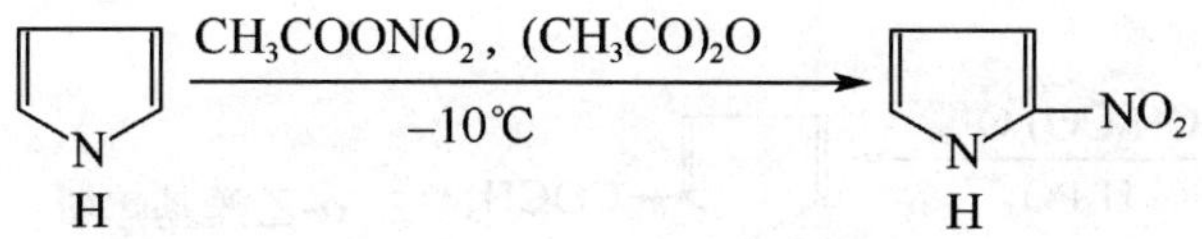

吡咯 $\xrightarrow[-10℃]{CH_3COONO_2, (CH_3CO)_2O}$ 2-NO₂-吡咯 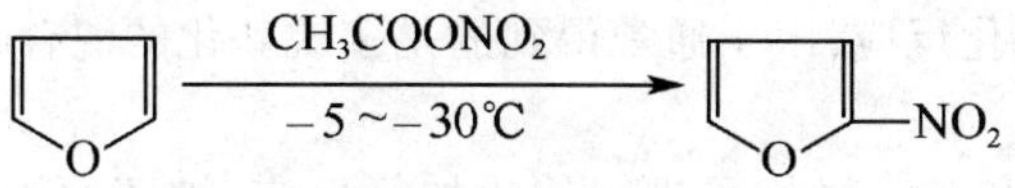   α-硝基吡咯

呋喃 $\xrightarrow[-5\sim-30℃]{CH_3COONO_2}$ 2-NO₂-呋喃   α-硝基呋喃

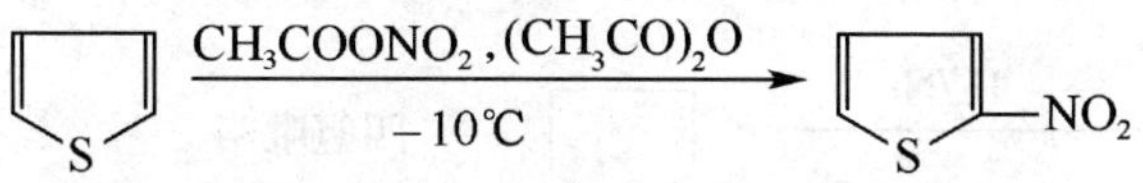

噻吩 $\xrightarrow[-10℃]{CH_3COONO_2, (CH_3CO)_2O}$ 2-NO₂-噻吩   α-硝基噻吩

3) 磺化反应:吡咯和呋喃不能直接与浓硫酸作用,需要用非质子化的试剂对其进行磺化反应。常用吡啶与三氧化硫的加合物作磺化剂。

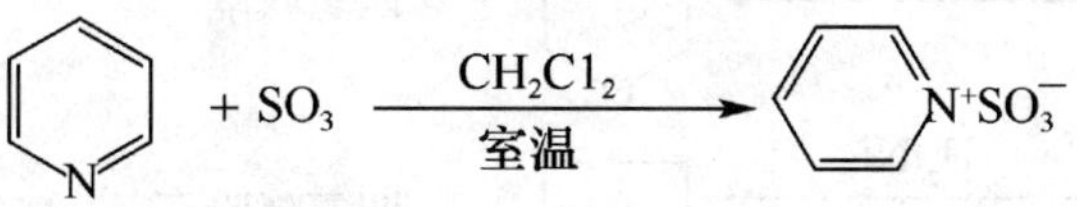

吡啶 + SO₃ $\xrightarrow[室温]{CH_2Cl_2}$ 吡啶-N⁺SO₃⁻   吡啶三氧化硫

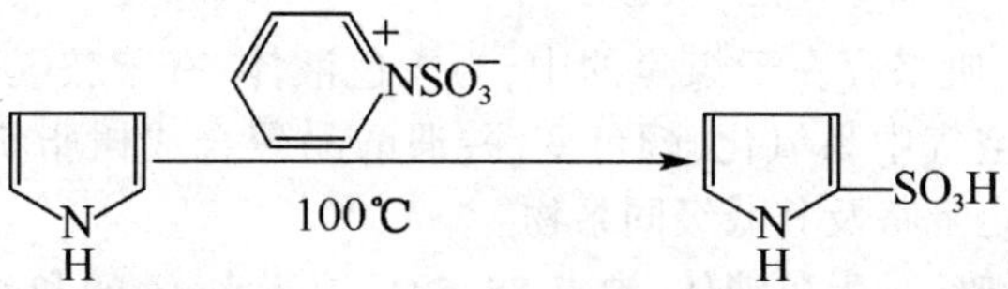

吡咯 $\xrightarrow[100℃]{吡啶·SO_3}$ 2-SO₃H-吡咯   α-吡咯磺酸

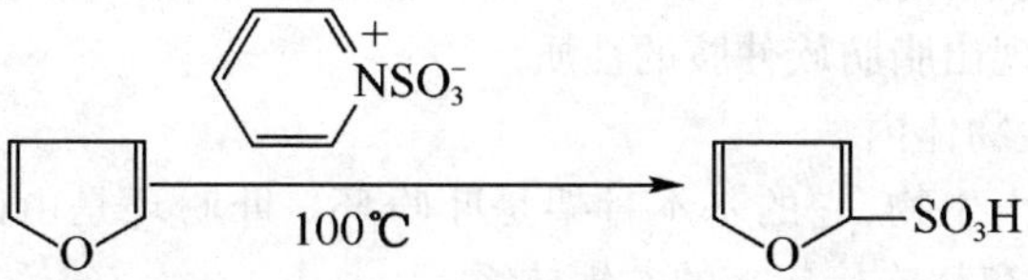

呋喃 $\xrightarrow[100℃]{吡啶·SO_3}$ 2-SO₃H-呋喃   α-呋喃磺酸

噻吩比较稳定,可直接用硫酸进行磺化反应。由于噻吩进行亲电取代反应的能力比苯强,因此与浓硫酸反应的速率比苯快得多。噻吩在室温下即能与浓硫酸作用,生成可溶于水的 α-噻吩磺酸。苯在同样条件下不反应。以此可从煤焦油中提取噻吩,或除去粗苯中少量的噻吩。

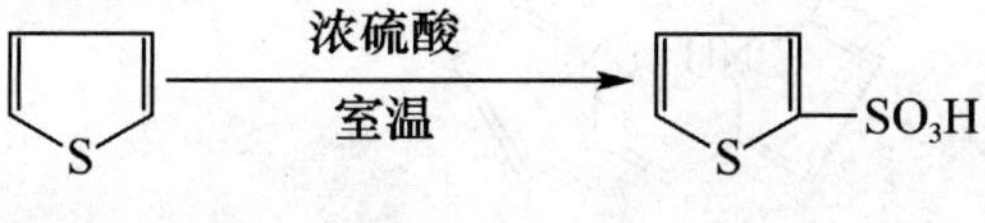

噻吩 $\xrightarrow[室温]{浓硫酸}$ 2-SO₃H-噻吩   α-噻吩磺酸

4) 傅-克反应:吡咯、呋喃和噻吩在比较温和的催化剂(如 $SnCl_2$、BF_3)的存在下也可发生酰基化反应。有时吡咯的酰化反应甚至不需要催化剂。

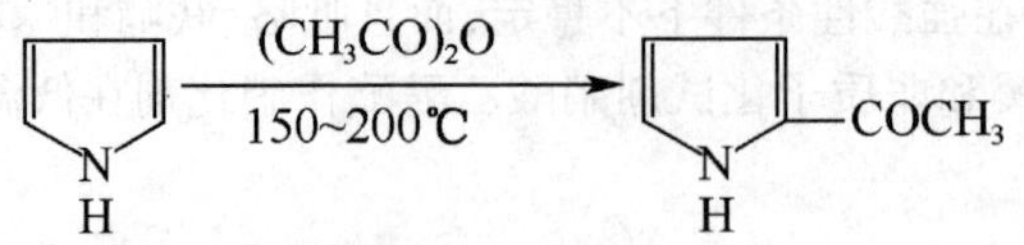

$$\text{吡咯} \xrightarrow[150\sim 200\text{℃}]{(CH_3CO)_2O} \text{α-乙酰基吡咯-COCH}_3 \quad \text{α-乙酰基吡咯}$$

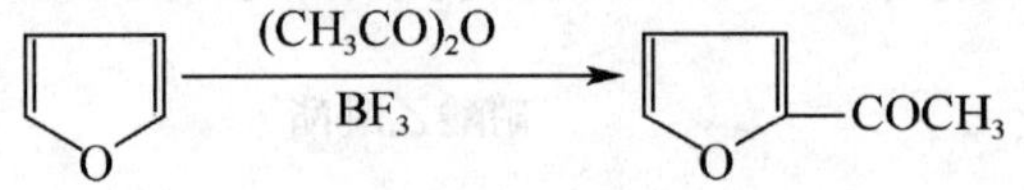

$$\text{呋喃} \xrightarrow[BF_3]{(CH_3CO)_2O} \text{α-乙酰基呋喃-COCH}_3 \quad \text{α-乙酰基呋喃}$$

$$\text{噻吩} \xrightarrow[H_3PO_4]{(CH_3CO)_2O} \text{α-乙酰基噻吩-COCH}_3 \quad \text{α-乙酰基噻吩}$$

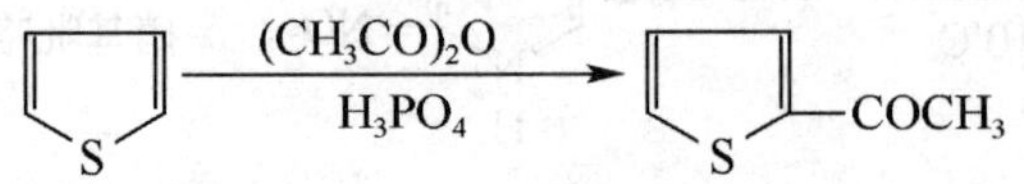

当然,它们也可以进行傅-克烷基化反应,由于通常得到的是多烷基化的混合物,在合成上用途不大。

(3) 催化氢化:吡咯、呋喃、噻吩和苯一样均可进行催化加氢反应,被还原为饱和的脂杂环化合物,并失去芳香性。

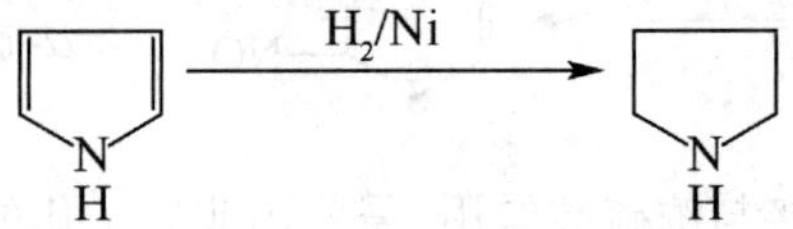

$$\text{吡咯} \xrightarrow{H_2/Ni} \text{四氢吡咯}$$

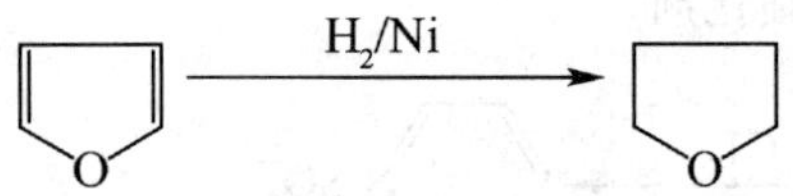

$$\text{呋喃} \xrightarrow{H_2/Ni} \text{四氢呋喃}$$

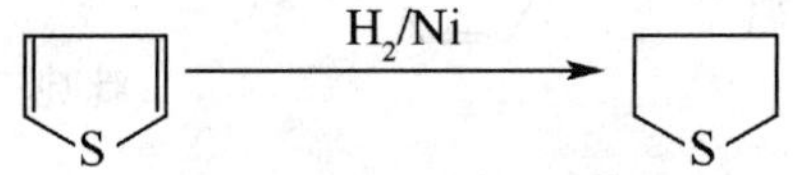

$$\text{噻吩} \xrightarrow{H_2/Ni} \text{四氢噻吩}$$

3. 吡咯及其重要的衍生物　吡咯存在于煤焦油中,为无色液体,有苯胺气味,难溶于水,易溶于乙醇和乙醚等有机溶剂,在空气中易氧化,颜色变深;遇酸易聚合成树脂状,其蒸气遇盐酸浸过的松木片呈红色,可以此鉴定吡咯及其低级同系物。

吡咯的催化氢化产物四氢吡咯,为无色液体,沸点88.5℃,溶于水、乙醇和乙醚等溶剂中,因其具有脂肪族仲胺的结构,而表现出脂肪族仲胺的性质。

吡咯的衍生物广泛存在于生物体内。

(1) 血红素:是吡咯的重要衍生物,它的基本骨架是卟吩环。卟吩环是由四个吡咯环的α-碳原子与四个次甲基(—CH=)交替连接起来的共轭体系。

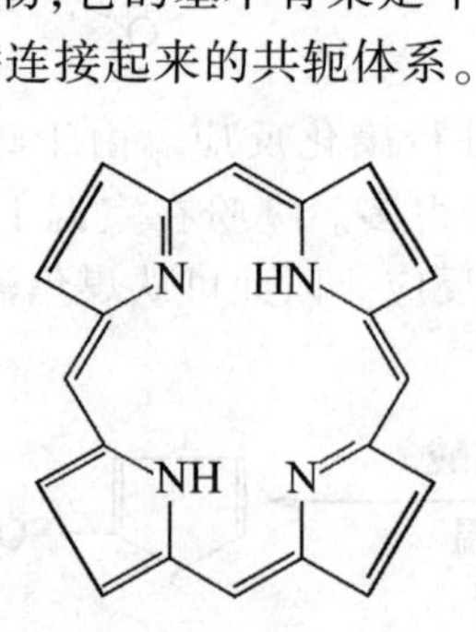

血红素中的卟吩环与二价铁离子络合。

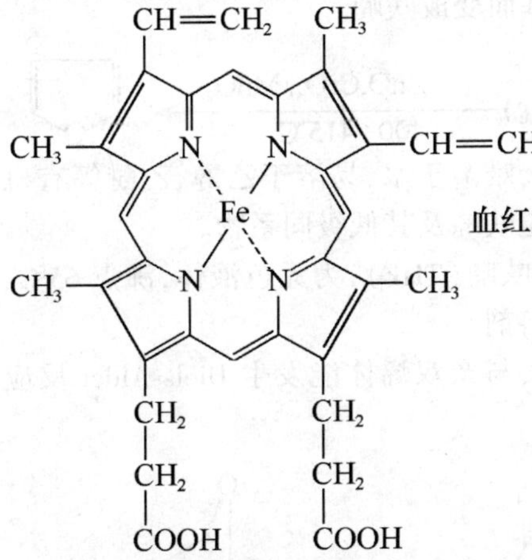

血红素与蛋白质结合为血红蛋白而存在于红细胞中,在高等动物的体内起着输送氧气和二氧化碳的作用。用盐酸对其进行水解,可得血红素。

(2) 叶绿素:是绿色植物叶和茎中所含有的色素,是卟吩环与镁的络合物,与蛋白质等结合构成叶绿体,在植物进行光合作用的过程中,起催化剂的作用,使太阳能转变为化学能,将二氧化碳和水合成为糖类。叶绿素有 a 和 b 两种,叶绿素 a 为蓝黑色结晶,叶绿素 b 为深绿色结晶。

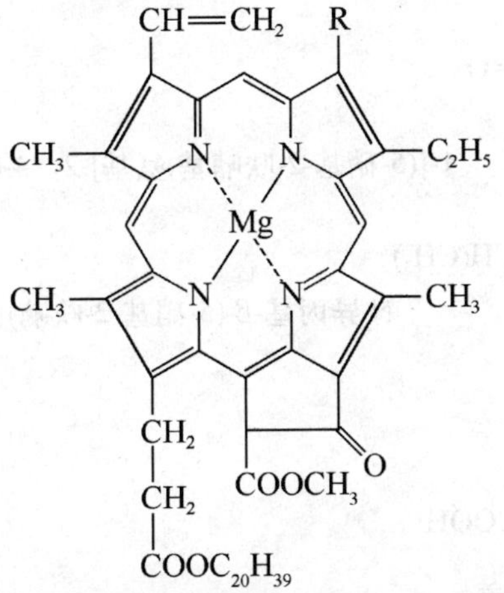

叶绿素a　R=—CH_3
叶绿素b　R=—CHO

4. 呋喃及其重要的衍生物　用酸处理玉米芯、稻糠、高粱秆和花生壳等农副产品,使其中所含的戊多糖水解为戊糖,戊糖失水生成呋喃甲醛,也称糠醛。糠醛为无色液体,沸点 162℃,易溶于水和乙醇等溶剂,在空气中易氧化而变黑。其化学性质与苯甲醛类似,可发生无 α-H 的芳香醛的一系列反应:

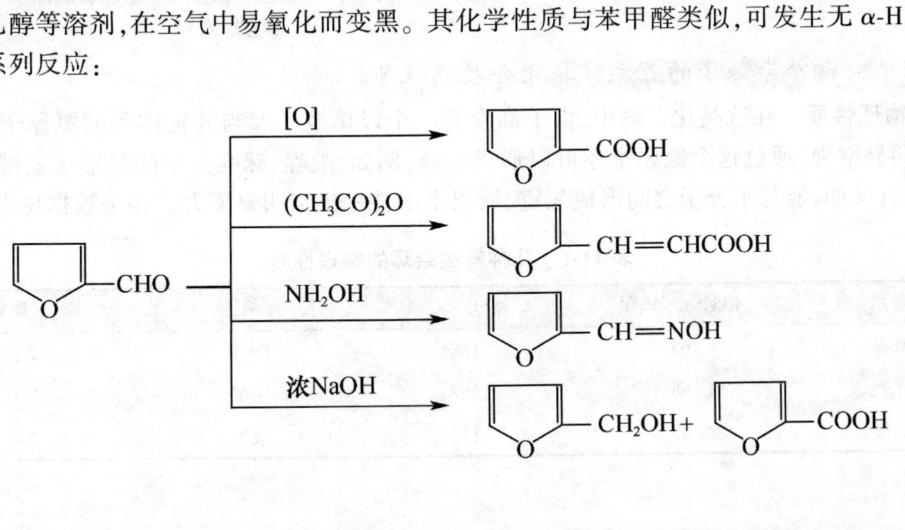

α-呋喃甲醛加热,脱去醛基而变成呋喃。

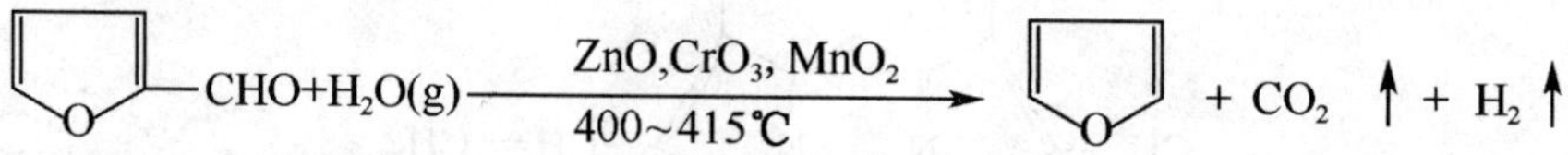

$$\text{furan-CHO} + H_2O(g) \xrightarrow[400\sim415℃]{ZnO,CrO_3,MnO_2} \text{furan} + CO_2\uparrow + H_2\uparrow$$

呋喃是无色易挥发的液体,难溶于水,易溶于乙醇、乙醚等有机溶剂,其蒸气遇盐酸浸过的松木片显绿色,可以此现象鉴定呋喃及其低级同系物。

呋喃催化氢化的产物四氢呋喃(THF),为无色液体,沸点65℃,有乙醚的气味,溶于水及一般的有机溶剂,是一种优良的溶剂。

呋喃具有共轭二烯的结构,与亲双烯体能发生 Diels-Alder 反应,得到外型和内型两种加成产物的混合物。

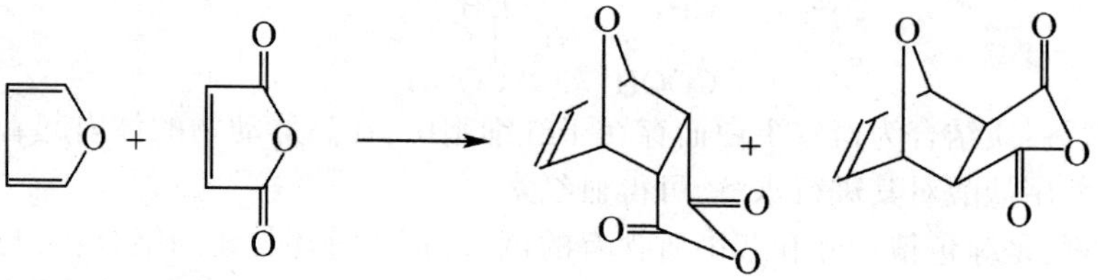

呋喃的一些衍生物具有重要的药用价值:

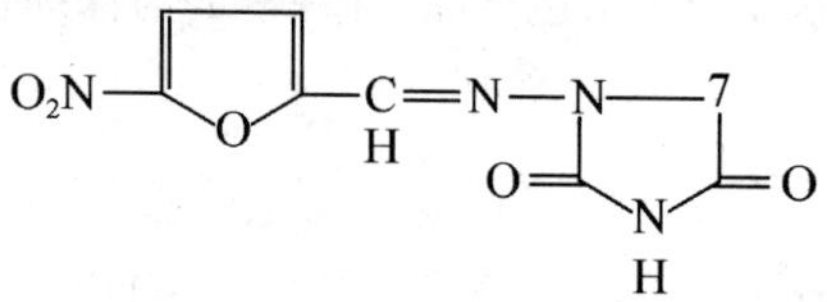

1-[(5-硝基-2-呋喃基)氨基]-2,4-咪唑酰二酮

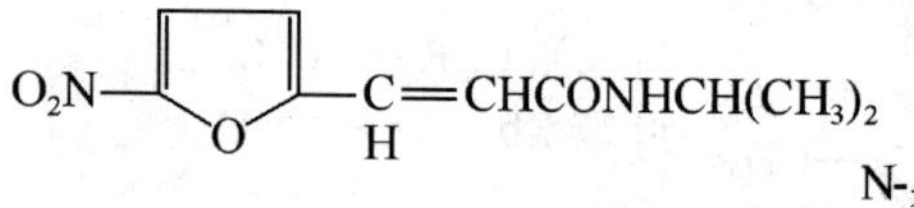

N-异丙基-β-(5-硝基-2-呋喃)丙烯酰胺

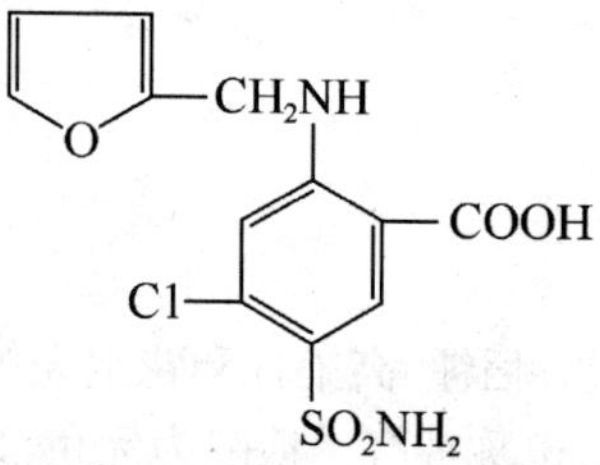

2-氯-4-(2-呋喃甲氨基)-5-羧基苯磺酰胺
(呋塞米)

(三) 含两个杂原子的五元环状化合物的性质

1. 物理性质 在这类化合物中,由于都含有一个以单电子参与共轭体系的氮原子,使分子的极性明显增强,通过这个氮原子还可以形成氢键,例如,吡唑、咪唑分子间易形成氢键,它们的沸点较高;又如,能与水分子之间形成氢键,所以水溶性比吡咯明显增大。相关数据见表 11-1。

表 11-1 几种唑类杂环的物理性质

名称	相对分子质量	沸点/℃	水溶性	pK_a(碱性)
吡唑	68	188	1:1	2.5
咪唑	68	263	易溶	7.0
噻唑	85	117	微溶	2.4

2. 化学性质

（1）**碱性**：唑类化合物中 2-位或 3-位上氮原子的一个 sp^2 杂化轨道中保留着一对未共用电子，可以接受质子，从而表现出碱性。

$$=\!\!\underset{|}{N}: + H^+ \rightleftharpoons =\!\!\underset{|}{\overset{+}{N}}\!\!-H$$
$$\phantom{=\!\!\underset{|}{N}: + H^+ \rightleftharpoons =\!\!\underset{|}{\overset{+}{N}}\!\!-}H$$

（2）**亲电取代反应**：唑类化合物中 2-位或 3-位上氮原子以单电子参与共轭体系，表现出吸电子性，使环上的电子云密度降低，发生亲电取代反应能力降低。

吡唑和咪唑的亲电取代反应都比苯困难。可以在强酸性条件下反应。吡唑主要在 4-位发生，咪唑则在 5-位。

（3）**互变异构现象**：吡唑与咪唑有互变异构现象。以甲基衍生物为例，氮上的氢原子可以在两个氮原子间互变。因此吡唑中的 3-位与 5-位相同，咪唑中的 4-位与 5-位相同。常表示为 3(5)-甲基吡唑和 4(5)-甲基咪唑。

3-甲基吡唑　　5-甲基吡唑　　4-甲基咪唑　　5-甲基咪唑

3. 吡唑及其重要衍生物

吡唑为无色针状结晶，熔点 70℃，它的一些衍生物是常用的药物。例如：

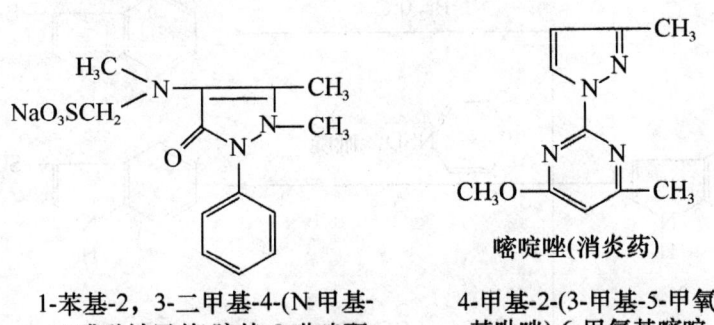

1-苯基-2,3-二甲基-4-(N-甲基-N-磺酸钠甲基)胺基-5-吡唑酮　　4-甲基-2-(3-甲基-5-甲氧基吡唑)-6-甲氧基嘧啶

嘧啶唑（消炎药）

4. 咪唑及其重要衍生物

咪唑为无色固体，熔点 90℃，它的一些衍生物是常用的药物。例如：

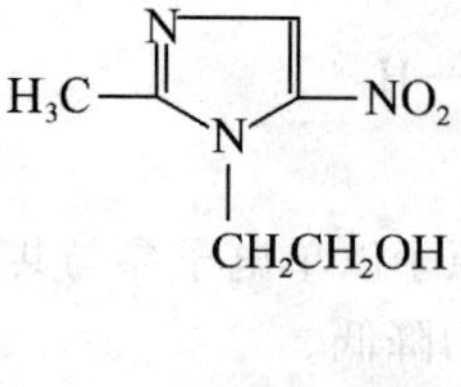

甲硝唑(抗滴虫药)　　　　　克霉唑(抗真菌药)
2-甲基-1-(β-羟乙基)-5-硝基咪唑　　1-[(2-氯苯基)二苯甲基]-1H-咪唑

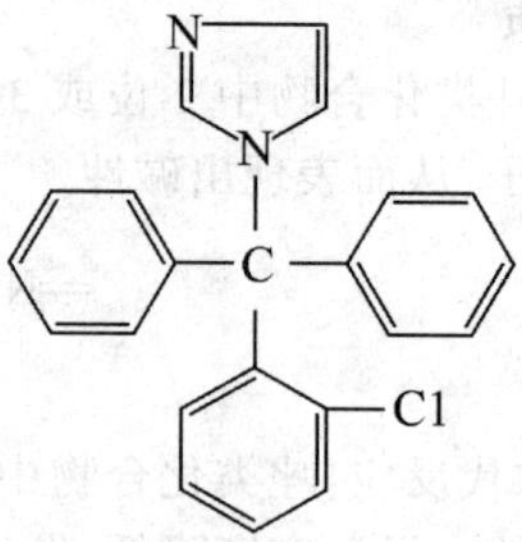

5. 噻唑及其重要衍生物　噻唑为无色有臭味的液体,沸点117℃,与水互溶,具有弱碱性。它的一些衍生物是常用的药物。例如:

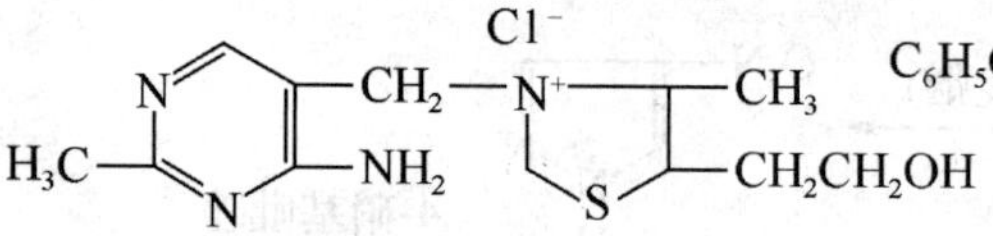

维生素B_1 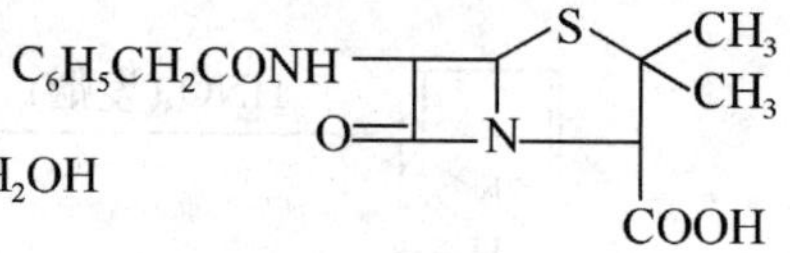　　　　　青霉素G

(四) 五元稠杂环化合物

五元稠杂环化合物中,最常见的是吲哚和咔唑,均是由苯环和吡咯环稠合而成的。

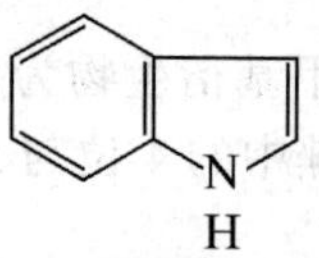

吲哚 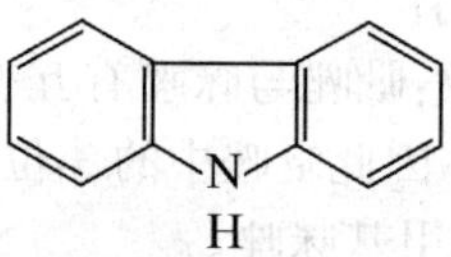　　　　咔唑

吲哚是较为重要的五元稠杂环化合物。吲哚为白色结晶,熔点52℃,沸点235℃。加热至沸点时,有分解现象;吲哚可溶于热水、乙醇及乙醚;在空气中颜色会逐渐变深。

吡咯与苯稠合后,它们的共轭体系并未受到破坏,所以吲哚具有芳香性,性质与吡咯相似。能使浸有盐酸的松木片显红色。酸性($pK_a = 17.0$)与吡咯相当。

其亲电取代反应在杂环上进行,取代基主要进入β-位(形成的中间体的正电荷可向苯环上离域而较稳定)。

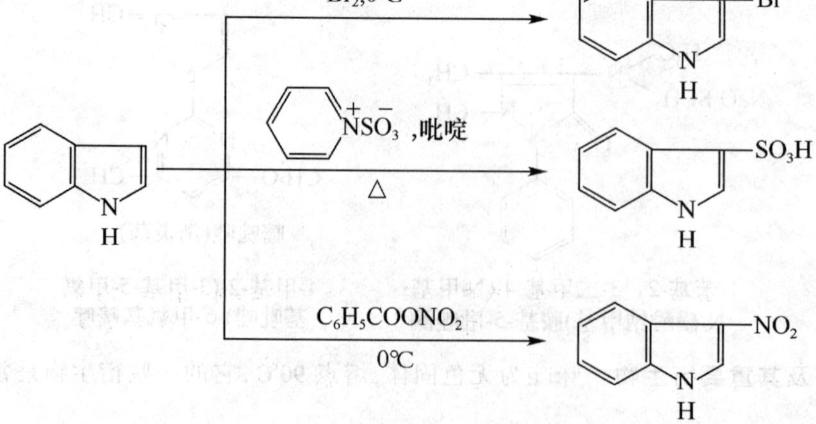

重要的吲哚衍生物有：

2-甲基-1-(4-氯苯甲酰基)
-5-甲氧基-1H-吲哚-3-乙酸
吲哚美辛(消炎药)

2-氨基-3-(3-吲哚基)丙酸
色氨酸(重要的α-氨基酸)

四、六元杂环化合物

六元杂环化合物是含有杂原子的六元环状化合物，根据所含的杂原子的数目可分为含一个杂原子的六元环状化合物，其中以吡啶最重要；以及含有两个杂原子的六元环状化合物，嘧啶、吡嗪、哒嗪互为同分异构体，其中以嘧啶最重要。

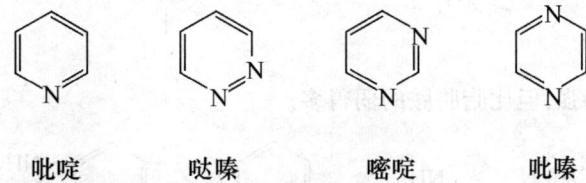

吡啶　　哒嗪　　嘧啶　　吡嗪

（一）吡啶

1. 结构与芳香性　吡啶与苯相似，环上的六个原子(五个碳原子和一个氮原子)也都以 sp^2 的方式进行杂化，相互之间以 sp^2 轨道形成 σ 键，组成六元环，并共处同一个平面。环上每个原子的未杂化的 p 轨道(各有一个电子)相互平行，侧面重叠，构成具有六个 π 电子的闭合环状的共轭体系(图 11-2)。符合休克尔规则，因此具有芳香性。

由于环中氮原子的电负性比碳原子大，所以环上碳原子电子云密度降低，形成缺 π 芳杂环，它的亲电取代反应比苯难进行。同时，氮原子上还保留着一个未成键的含有一对电子的 sp^2 杂化轨道，并且氮原子上具有较高的电子云密度。

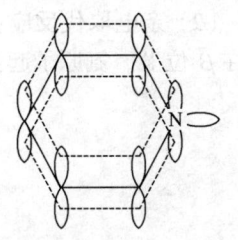

图 11-2　吡啶的分子结构

+0.18
+0.05
+0.15
−0.58

吡啶的偶极矩如下：

7.33×10^{-30} C·m

2. 物理性质　吡啶存在于煤焦油和骨焦油中,是具有特殊臭味的无色液体,沸点 115.5℃,密度 0.982。

由于吡啶环上的氮原子能与水分子之间形成氢键,所以能以任何比例与水互溶。

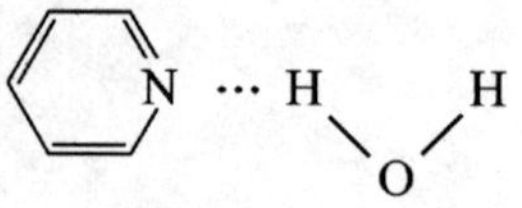

同时,又能溶解大多数极性和非极性有机化合物,甚至可溶解某些无机盐类,是有广泛应用价值的溶剂。

3. 化学性质

(1) 碱性:氮原子上未成键的电子对未参与共轭,具有弱碱性($pK_b = 8.8$),可以与酸结合。

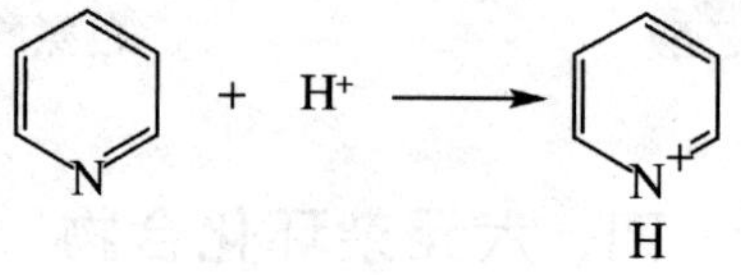

还能与碘甲烷作用生成季铵盐

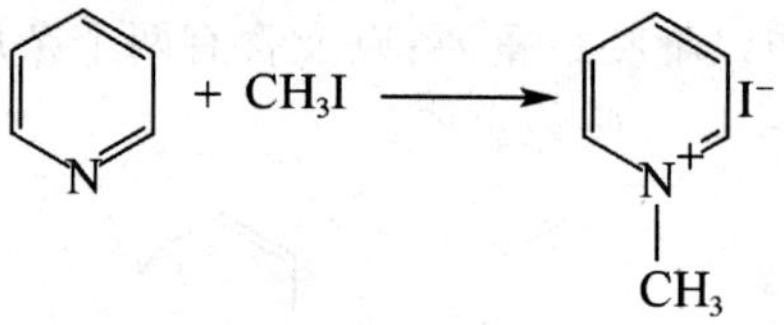

其碱性比苯胺的略强,但比脂肪胺的弱得多。

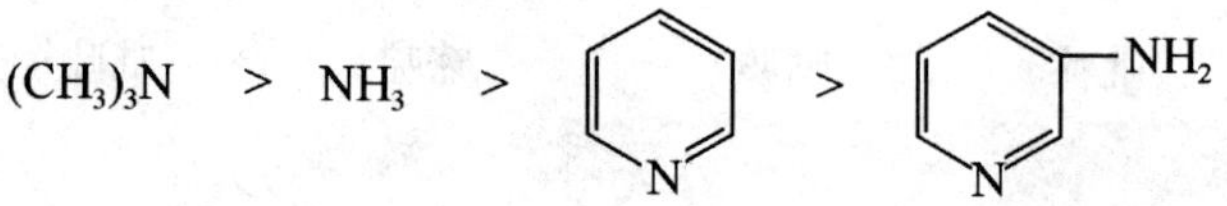

$(CH_3)_3N$ > NH_3 > 吡啶 > 3-氨基吡啶

(2) 亲电取代反应:吡啶环上的氮原子不但使环发生亲电取代反应比苯困难,而且主要发生在 β-位上。氮原子起到了第二类定位基的作用。

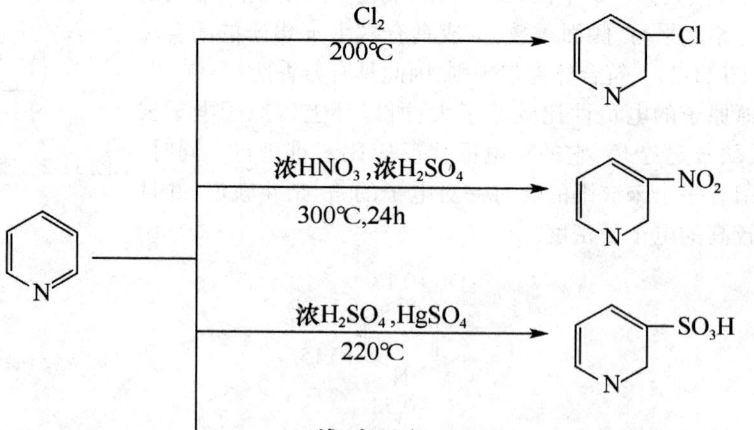

吡啶 + Cl_2 / 200℃ → 3-氯吡啶

吡啶 + 浓HNO_3,浓H_2SO_4 / 300℃,24h → 3-硝基吡啶

吡啶 + 浓H_2SO_4,$HgSO_4$ / 220℃ → 3-吡啶磺酸

傅-克反应 → 不能反应

若吡啶环上有第一类定位基时,能使吡啶环活化,能使亲电取代反应较容易进行,并且取代位置由第一类定位基决定。

$$\underset{NH_2}{\text{2-aminopyridine}} \xrightarrow[20℃]{Br_2/CH_3COOH} \underset{N}{\text{5-bromo-2-aminopyridine}}$$

$$\underset{\substack{OH\\HO \quad N}}{} \xrightarrow[\text{室温}]{Br_2/CCl_4} \underset{\substack{OH\\HO \quad N}}{\text{Br}} + \underset{\substack{OH\\HO \quad N}}{\text{Br}}$$

（3）亲核取代反应：与亲电取代反应正好相反，亲核取代反应较容易，反应主要发生在 α 位和 γ 位上。

$$\text{吡啶} \xrightarrow[\text{②氧化}]{\text{①}C_6H_5Li,0℃} \text{2-苯基吡啶}-C_6H_5$$

$$\text{吡啶} \xrightarrow[\text{②水解}]{\text{①}NaNH_2,100℃} \text{2-氨基吡啶}-NH_2$$

$$\underset{N}{}-Cl \xrightarrow{CH_3ONa/CH_3OH} \underset{N}{}-NH_2$$

$$\underset{\substack{Br\\N}}{\text{3,4-二溴吡啶}} \xrightarrow[160℃]{NH_3/H_2O_2} \underset{\substack{NH_2\\Br\\N}}{}$$

α-位和 γ-位有甲基时，由于能与吡啶环形成 σ-π 共轭效应，吡啶环具有吸电子性，使得甲基上氢原子酸性增强，易与羰基化合物脱水进行缩合反应。

$$\underset{N}{}-CH_3 + HCHO \xrightarrow[\triangle, -H_2O]{ZnCl_2} \underset{N}{}-CH=CH_2$$

$$\underset{\substack{CH_3\\N}}{} + C_6H_5CHO \xrightarrow[\triangle, -H_2O]{ZnCl_2} \underset{\substack{CH=CHC_6H_5\\N}}{}$$

（4）氧化还原反应：吡啶对氧化剂稳定，很难被氧化。当环上有烃基时，烃基容易被氧化。

$$\underset{\substack{CH_3\\N}}{} \xrightarrow[H_2O, \triangle]{KMnO_4} \underset{\substack{COOH\\N}}{}$$

$$\underset{N}{}-C_6H_5 \xrightarrow[H_2O, \triangle]{KMnO_4} \underset{N}{}-COOH$$

吡啶与过氧化氢作用,可发生类似叔胺的氧化反应,生成N-氧化物。这是因为N-氧化吡啶中氧原子上的一对p电子与环形成了供电子的p-π共轭效应,使之易进行亲电取代反应,取代基可进入α-位和γ-位,但主要进入γ-位。另外,N-氧化吡啶通过氧原子的吸电子的诱导效应,使环上的亲核取代反应更容易进行。并且,当这些反应完成后,氮原子上的氧原子又能除去,通过此反应可以合成多种吡啶类衍生物。

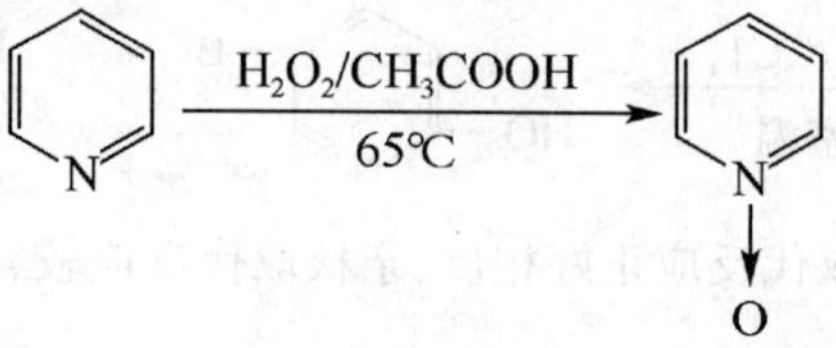

N-氧化吡啶

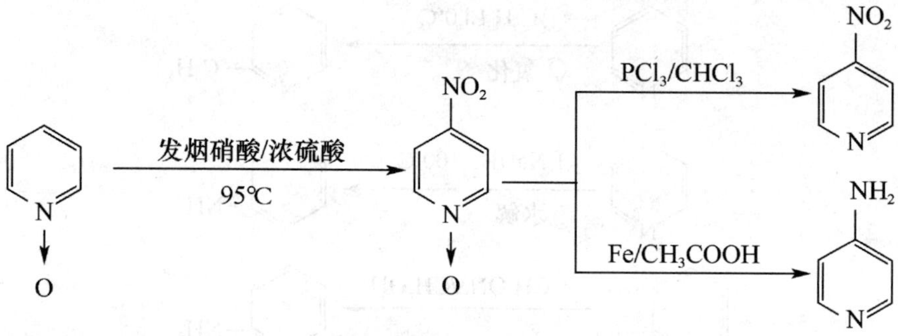

吡啶比苯容易还原,在常压下就可被还原为六氢吡啶。

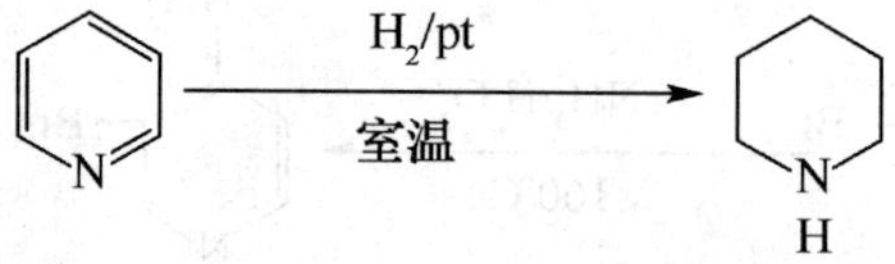

哌啶 (六氢吡啶)

六氢吡啶又称哌啶,为无色液体,能与水混溶,它的碱性($pK_b = 2.8$)比吡啶强,性质与脂肪仲胺相似,在有机反应中用作碱性试剂。

4. 重要的衍生物

(1) 维生素PP,包括烟酸和烟酰胺。

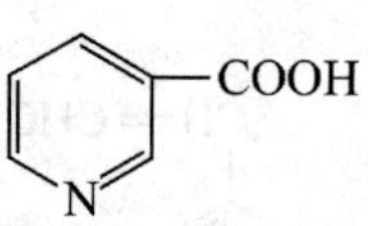

β-吡啶甲酸
(烟酸)

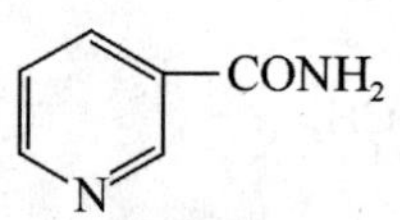

β-吡啶甲酰胺
(烟酰胺)

(2) 异烟肼,为抗结核病药。

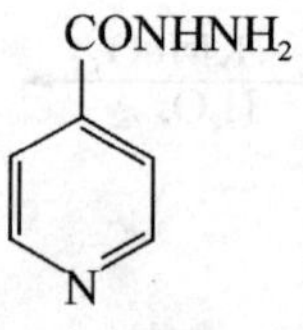

4-吡啶甲酰肼
(异烟肼)

(3) 维生素 B_6，包括吡哆醇、吡哆醛和吡哆胺三种化合物。一般以吡哆醇作为维生素 B_6 的代表。

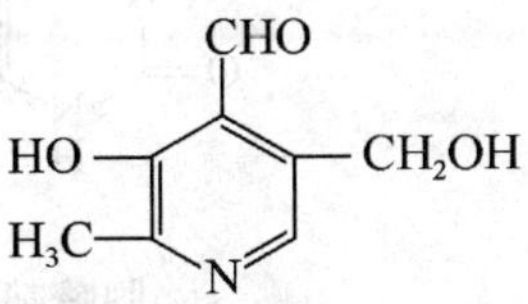

2-甲基-5-羟甲基-3-羟基-4-吡啶甲醛(吡哆醛)

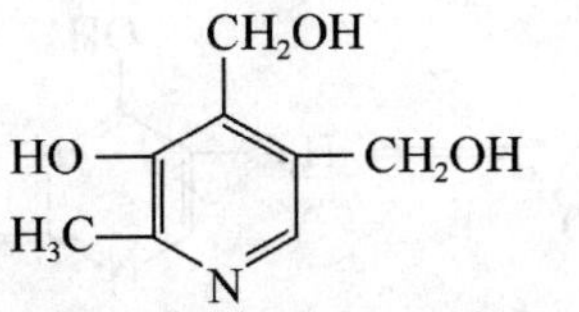

6-甲基-5-羟基-3,4-吡啶二甲醇(吡哆醇)

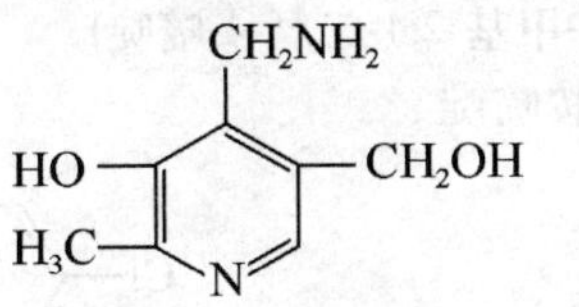

6-甲基-4-氨甲基-5-羟基-3-吡啶甲醇(吡哆胺)

(二) 嘧啶

1. 结构与性质 嘧啶的结构与吡啶相似，但由于嘧啶环上含有两个均以未杂化的单电子的 p 轨道参与闭合环状的共轭体系，因此两个氮原子均通过诱导效应和共轭效应从环上吸引电子，使环上的电子云密度降低，并且由于两个氮原子之间的相互作用，氮原子上的电子云密度比吡啶环上的低。这就决定了嘧啶的碱性($pK_b = 12.7$)比吡啶弱得多，亲电取代反应比吡啶困难，而亲核取代反应则比吡啶容易，主要发生在 2-、4-、6-位。例如：

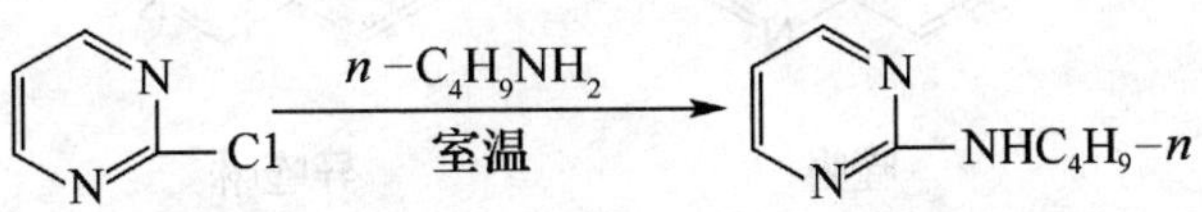

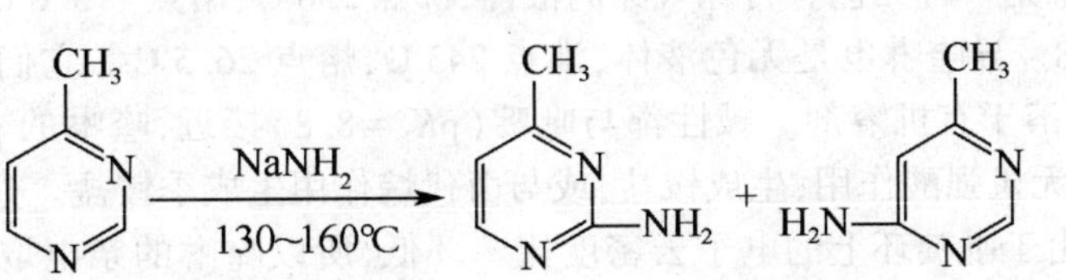

而亲电取代反应一般是在环被第一类基团活化后，才能顺利进行。

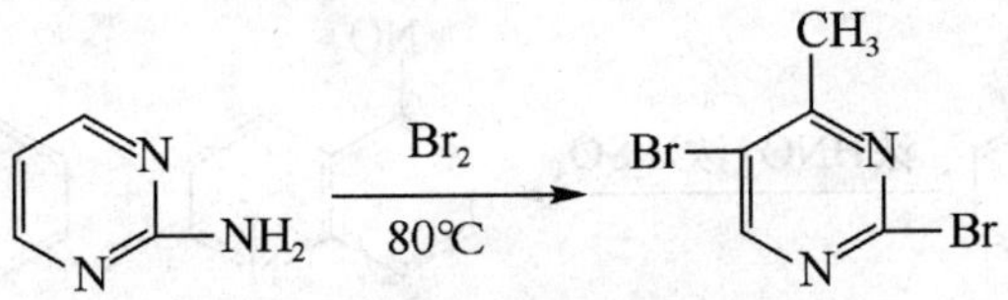

嘧啶为无色结晶，熔点 22℃，能与水形成氢键，因此易溶于水。

2. 重要的嘧啶衍生物

(1) 胞嘧啶、尿嘧啶和胸腺嘧啶：三者都是核酸的三个碱基。

$$\text{尿嘧啶(2,4-二氧嘧啶)} \rightleftharpoons \text{(烯醇式)} \qquad \text{胞嘧啶(2-氧-4-氨基嘧啶)} \rightleftharpoons$$

尿嘧啶(2,4-二氧嘧啶)　　　　　　　　胞嘧啶(2-氧-4-氨基嘧啶)

胸腺嘧啶(5-甲基-2,4-二氧-4-嘧啶)

（2）其他含有嘧啶环结构的药物：磺胺嘧啶。

2-(对氨基苯磺酰氨基)嘧啶
磺胺嘧啶(消毒抗菌药)

2-氨基-6-乙基-5-对氯苯基嘧啶
乙胺嘧啶(抗疟药)

（三）六元稠杂环化合物

1. 喹啉和异喹啉　是由苯环和吡啶环稠合而成，但稠合的位置不同。

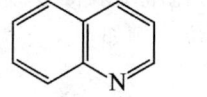　　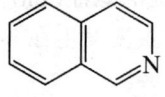

　　喹啉　　　　　　　异喹啉

（1）性质：喹啉是一种无色有特殊气味的液体，沸点238℃，熔点-15.6℃，相对密度1.0929，折光率(n_D^{20})1.6268。异喹啉也是无色液体，沸点243℃，熔点26.5℃。它们的水溶性都比吡啶小，均微溶于水，易溶于有机溶剂。碱性都与吡啶($pK_b = 8.8$)接近，喹啉的$pK_b = 9.1$，异喹啉的$pK_b = 8.6$。可以与无机强酸作用，生成铵盐，或与卤代烷作用生成季铵盐。

　　喹啉分子中，由于吡啶环上的电子云密度比苯环低，所以喹啉的亲电取代反应发生在苯环上，取代基主要进入 5-位和 8-位。

$$\text{喹啉} \xrightarrow{\text{浓}HNO_3,\text{浓}H_2SO_4} \text{5-硝基喹啉} + \text{8-硝基喹啉}$$

5-硝基喹啉　　　8-硝基喹啉

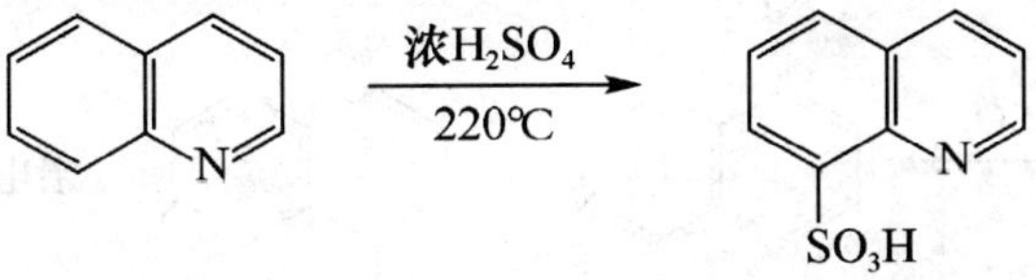

$$\text{喹啉} \xrightarrow[220^\circ C]{\text{浓}H_2SO_4} \text{8-喹啉磺酸}$$

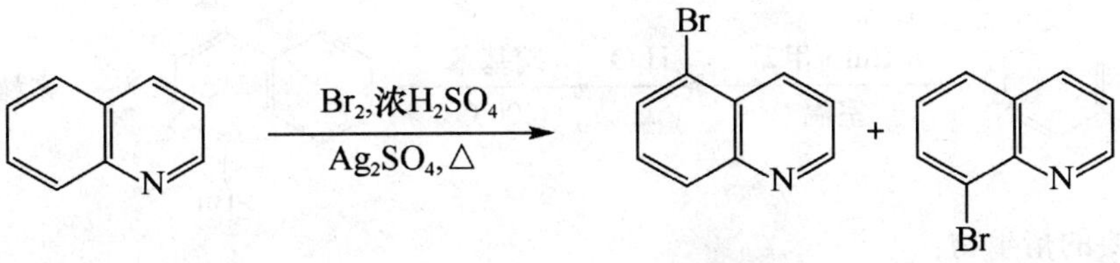

8-喹啉磺酸

$$\text{喹啉} \xrightarrow[Ag_2SO_4, \triangle]{Br_2, \text{浓}H_2SO_4} \text{5-溴喹啉} + \text{8-溴喹啉}$$

亲核取代反应在吡啶环上进行,取代基主要进入2-位,其次进入4-位。

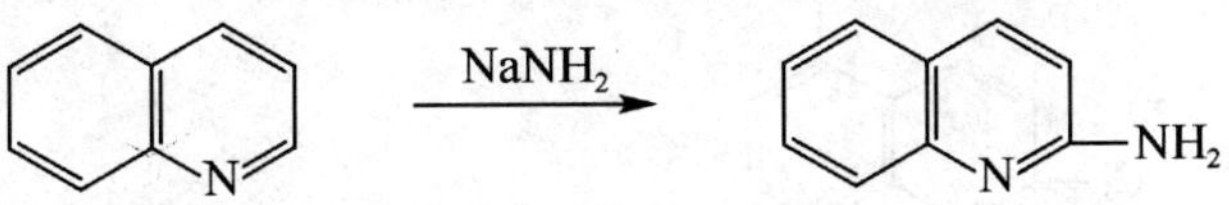

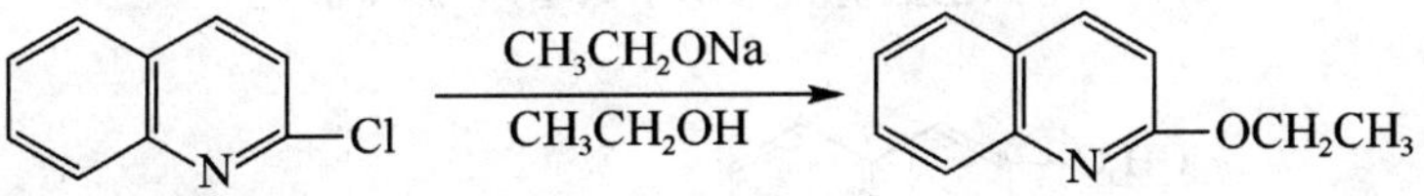

$$\text{喹啉} \xrightarrow{NaNH_2} \text{2-氨基喹啉}$$

$$\text{2-氯喹啉} \xrightarrow[CH_3CH_2OH]{CH_3CH_2ONa} \text{2-乙氧基喹啉}$$

喹啉氧化时,被破坏的是苯环。

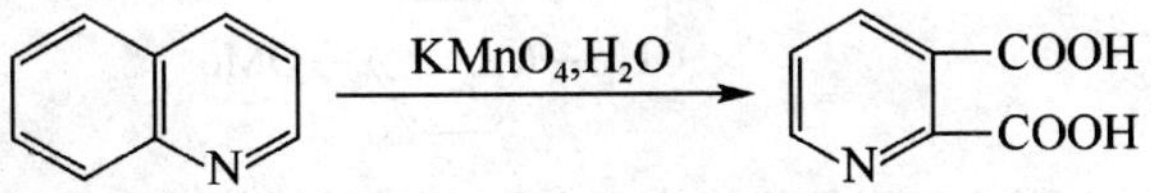

$$\text{喹啉} \xrightarrow{KMnO_4, H_2O} \text{吡啶-2,3-二甲酸}$$

加氢还原时,吡啶环首先被还原。

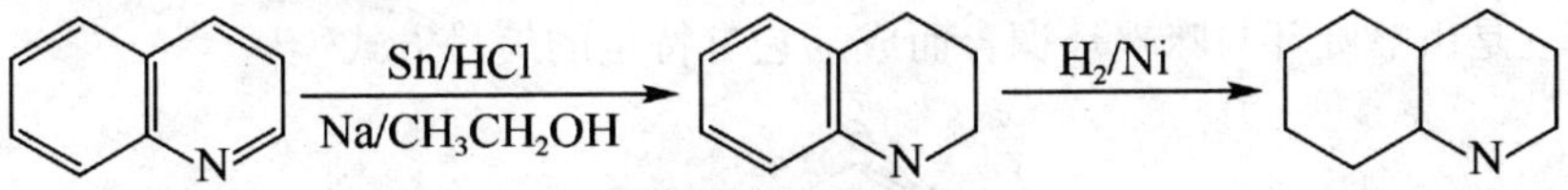

$$\text{喹啉} \xrightarrow[Na/CH_3CH_2OH]{Sn/HCl} \text{1,2,3,4-四氢喹啉} \xrightarrow{H_2/Ni} \text{十氢喹啉}$$

2-位和4-位的侧链上的 α-氢具有活性。

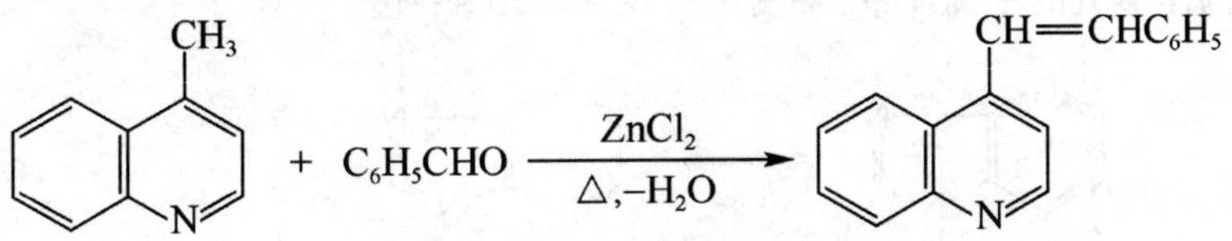

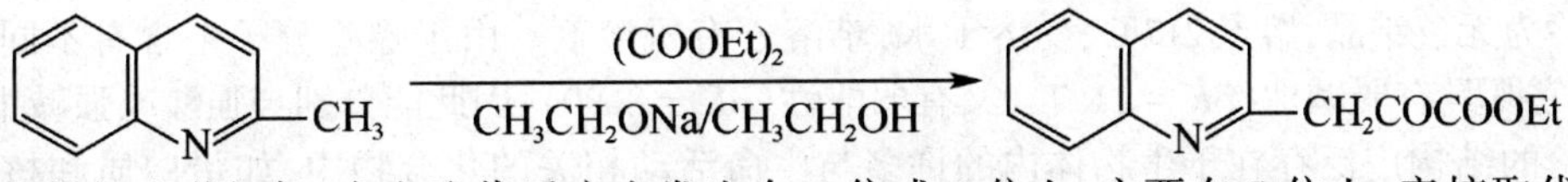

$$\text{4-甲基喹啉} + C_6H_5CHO \xrightarrow[\triangle, -H_2O]{ZnCl_2} \text{4-(2-苯乙烯基)喹啉}$$

$$\text{2-甲基喹啉} \xrightarrow[CH_3CH_2ONa/CH_3CH_2OH]{(COOEt)_2} \text{喹啉-2-CH_2COCOOEt}$$

异喹啉与喹啉相似,亲电取代反应也发生在5-位或8-位上,主要在5-位上;亲核取代反应主要发生在1-位上。

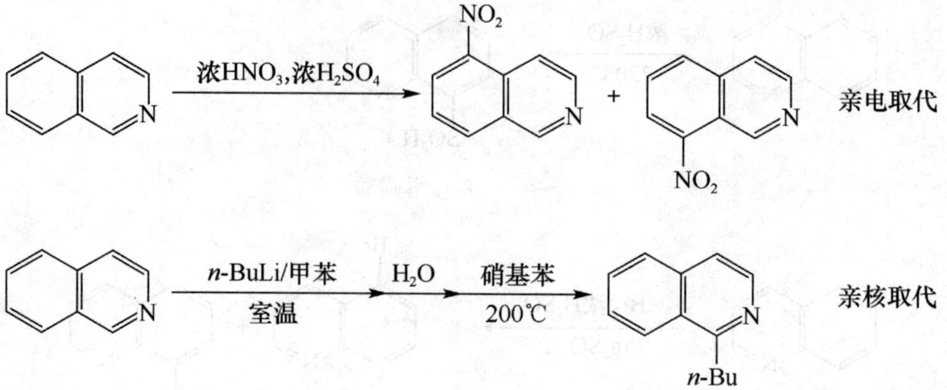

[亲电取代反应图示]：异喹啉 + 浓HNO₃,浓H₂SO₄ → 5-硝基异喹啉 + 8-硝基异喹啉　亲电取代

[亲核取代反应图示]：异喹啉 → (n-BuLi/甲苯, 室温) → H₂O → 硝基苯 200℃ → 1-正丁基异喹啉　亲核取代

（2）重要的衍生物：

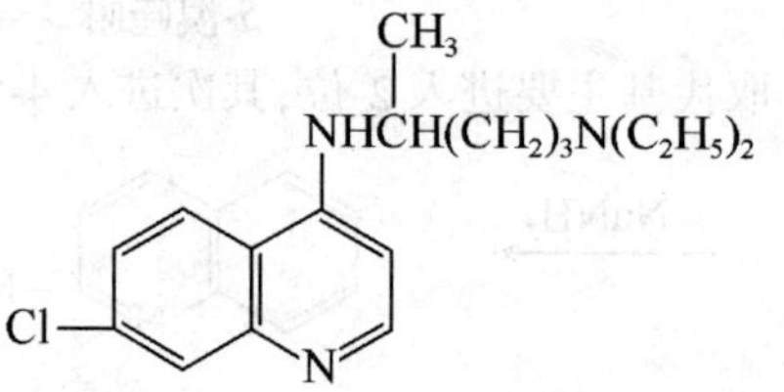

4-(4-二乙氨基-1-甲基丁氨基)-7-氯喹啉

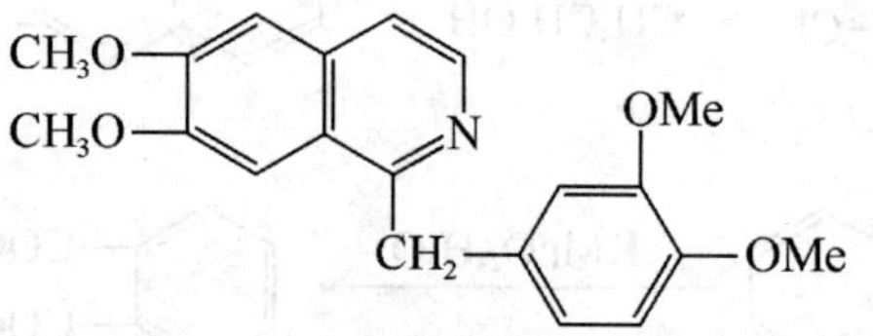

1-[(3,4-二甲氧基苯基)甲基]-6,7-二甲氧基异喹啉
罂粟碱

2. 嘌呤　是由嘧啶环与咪唑环稠合而成。它有特定的编号方式。

[嘌呤结构图，标注1-9位，其中N位于1,3,7,9位]

它是两个互变异构体形成的平衡体系，平衡主要在 9H-嘌呤一边。

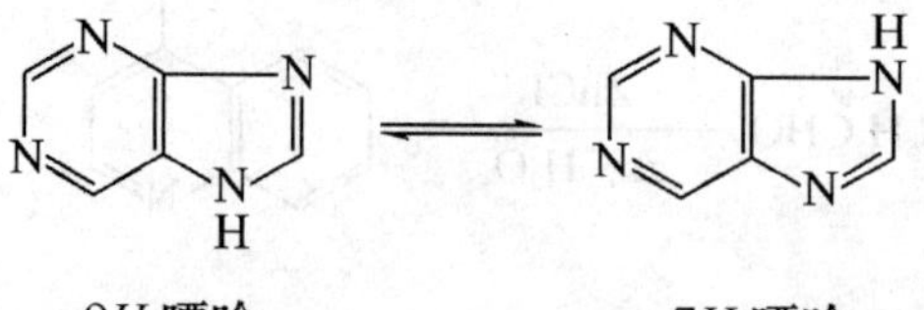

9H-嘌呤　⇌　7H-嘌呤

嘌呤为无色结晶，熔点 217℃，易溶于水，难溶于有机溶剂。由于嘌呤分子中含有不同类型的氮原子，它既具有弱碱性（$pK_b = 11.7$），又有弱酸性（$pK_a = 8.90$），因此能分别与强酸或强碱生成盐。

嘌呤的结构广泛存在于生物体内的许多与生命活动相关的化合物中，如蛋白质和核酸等中都含有嘌呤的结构。嘌呤的一些衍生物还具有重要的药学作用。

（1）尿酸（2,6,8-三羟基嘌呤）：是核蛋白在体内代谢的最终产物。正常人的血液和尿中只有少量存在。尿酸有酮式和烯醇式两种互变异构体，在平衡混合物中酮式占优势。

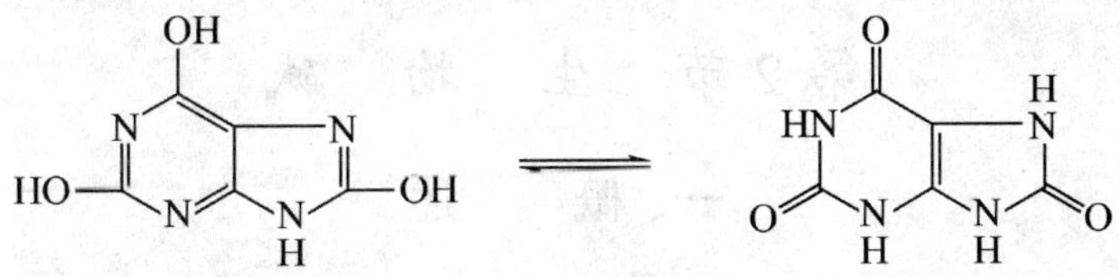

烯醇式　　　　　　　　　　　　　　　酮式

（2）腺嘌呤和鸟嘌呤：是核酸的碱基中属于嘌呤类的两种。

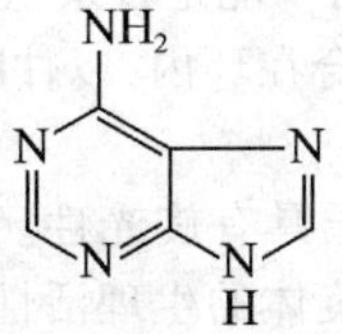

腺嘌呤
6-氨基嘌呤

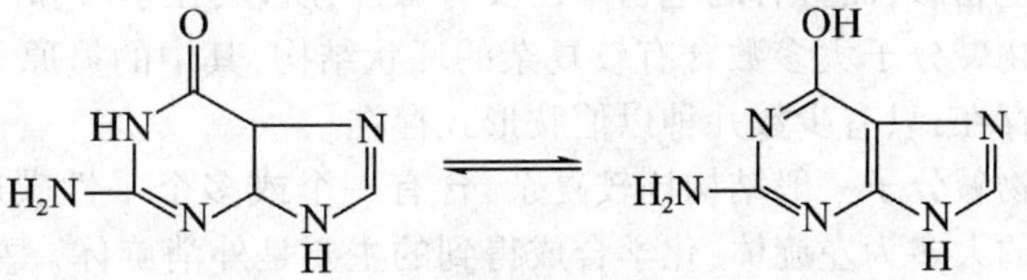

鸟嘌呤
2-氨基-6-氧嘌呤

（3）咖啡因、茶碱和可可豆碱：都是黄嘌呤（2,6-二羟基嘌呤）的甲基衍生物，存在于茶叶、咖啡和可可豆中。

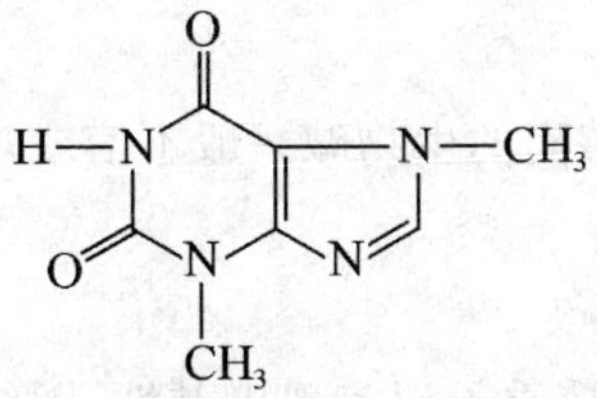

3,7-二甲基黄嘌呤
可可豆碱

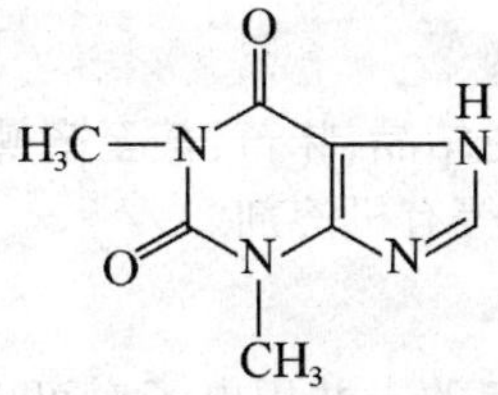

1,3-二甲基黄嘌呤
茶碱

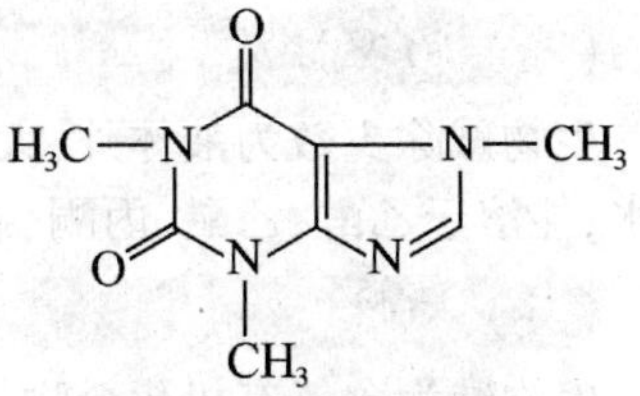

1,3,7-三甲基黄嘌呤
咖啡因

咖啡因为白色针状结晶，无臭，味苦。它是中枢神经兴奋药，用于中枢性呼吸衰竭、循环衰竭和神经衰弱等。常与解热镇痛药合用，是复方阿司匹林的成分之一。

茶碱为白色无臭的结晶性粉末，主要用作利尿药。

可可豆碱为单斜形晶体或结晶性粉末，无臭，略带苦味。主要用作利尿和冠状动脉扩张药。

知识链接　　　杂环化合物的应用

据统计，在现今已知的有机化合物中，杂环化合物的数量占总数的65%以上。杂环化合物在各方面都具有广泛的应用价值。

首先，杂环是医药化学的重要物质基础之一。40%以上的药物中都含有杂环结构。国际上新近开发的一些高效、性能好的医药新品种中，大多引入了杂环结构，主要杂环有咪唑、噻唑、三唑、吡啶、嘧啶、哌嗪和三嗪等。例如，吡啶可生产医药头孢立新、泼尼松、醋酸地塞米松、磺胺类硫酸哌酸、碘苷、黄体酮等数十种药物；咪唑在医药上主要用以合成抗真菌类药物，如克霉唑、昔康唑等；嘧啶可生产核苷抗病毒药，如三氟胸苷、齐多夫定、阿糖腺苷、阿糖胞苷、拉米夫定、司他夫定等。

其次，杂环化合物在新型材料研究方面大有作为。在生物模拟材料方面，通过对于糜原蛋白酶中羟基和咪唑基等多功能基团协同作用研究，人们合成了相应的模拟酶，其活性比蛋白酶活性高出十倍；在有机导体和超导材料方面，已经发现的有机导体中，绝大多数都是杂环化合物，如第一个有机导体是四硫代富瓦烯，第一个有机超导材料是四硒杂环化合物；在储能材料研究方面，通过某些杂环分子的扩环和缩环反应，将太阳能储存起来，这是近代发现的杂环化合物一个重要新用途；在工程高分子材料方面，多种杂环高分子材料具有优良的耐高温、耐酸碱、耐氟化物和电绝缘性能。

最后，杂环化合物还广泛应用于食品业、农业、染料业等各个方面。

第2节 生 物 碱

一、概 述

生物碱是存在于生物体内,具有碱性和明显生理活性的含氮有机化合物。由于它们主要存在于植物体内,又称植物碱。但是,并不是所有与上述定义一致的化合物都是生物碱,如氨基酸就不是生物碱;而且有的生物碱还没有碱性,所以,在学习和研究生物碱时不能是教条主义。

生物碱分子大多数含有较复杂的环状结构,其中的氮原子大多数嵌合在环内,以仲胺、叔胺的形式存在,只有少数几种以伯胺形式存在。

生物碱分子一般结构比较复杂,含有一个或多个手性碳原子,使分子具有旋光性。从植物中提取的大多为左旋体;化学合成得到的主要是外消旋体。左旋体和右旋体的生理活性差异较大,左旋体通常比右旋体具有更高的活性。

生物碱的命名主要根据其来源,如麻黄碱、烟碱等;有时也采用音译名,如尼古丁(nicotine)。

二、生物碱的性质

(一) 物理性质

生物碱除少数为液体外,大多为无色结晶,味苦,甚至辛辣。游离的生物碱一般不溶或难溶于水,能溶于乙醇、乙醚、丙酮、氯仿及苯等有机溶剂。

(二) 碱性

生物碱为含氮有机化合物,氮原子上的未共用电子对可以接受质子而表现出碱性,因结构不同,其碱性的强弱程度也不同,但一般都能与酸形成盐,成盐后可溶于水。但这些盐在碱的作用下,生物碱还可以重新游离出来。

$$—N: \underset{OH^-}{\overset{H^+}{\rightleftharpoons}} —N^+H$$

在很多时候临床上使用的是可溶性生物碱的盐,如硫酸阿托品、磷酸可待因、盐酸吗啡等。利用其盐与游离体的溶解性不同,还可提取分离和精制生物碱。

(三) 颜色反应

生物碱还可与一些试剂发生反应显现颜色,且因其结构不同而显示不同的颜色,可以此来鉴别生物碱。与生物碱作用而出现颜色的试剂称为生物碱显色剂。常用的生物碱显色剂有钒酸铵、钼酸钠、对二甲氨基苯甲醛的硫酸溶液以及甲醛-硫酸试剂等。

(四) 沉淀反应

大多数生物碱或其盐的水溶液能与一些试剂生成难溶性的盐或配合物而沉淀。这些沉淀往往具有不同的颜色与晶体形状。常把与生物碱发生沉淀反应的试剂称为生物碱沉淀试剂。常用的生物碱沉淀试剂多为重金属盐类、相对分子质量较大的复盐及一些酸性物质,如氯金酸($HAuCl_4$)、氯铂酸(H_2PtCl_6)、碘化铋钾($BiI_3 \cdot KI$)、碘化汞钾(K_2HgI_4)、磷钼酸($H_3PO_4 \cdot 12MoO_3 \cdot 12H_2O$)、磷钨酸($WO_3 \cdot 2H_3PO_4$)和苦味酸等。根据沉淀反应可检查某些植物中是否含有生物碱,并利用沉淀的颜色、形状等来鉴别生物碱,也可利用此反应来分离和精制生物碱。

三、生物碱的提取

由于植物中的化合物种类比较多,生物碱也可能存在多种,甚至有的相互之间性质极为相似,因此生物碱的提取不是一件容易的事。一般来说,生物碱的提取应先根据其性质和在植物中的存在形式,用稀酸、有机溶剂等抽提出粗品。然后根据不同的生物碱,采用合适的方法对其进行精制,如生物碱的沉淀、重结晶、水蒸气蒸馏、升华、柱层析和 HPLC 等方法。

> **知识链接**　　　　　　　　　**生物碱与药物**
>
> 已发现的生物碱有1.2万种,由不同的氨基酸或其直接衍生物合成而来,是次级代谢物之一,对生物机体有毒性或强烈的生理作用。含有生物碱的植物有100多个科,双子叶植物中的茄科、豆科、毛茛科、罂粟科、夹竹桃等所含的生物碱种类特多,含量也高;单子叶植物中除麻黄等少数科外,大多不含生物碱。真菌中的麦角菌也含有生物碱(麦角碱)。生物碱存在于植物体的叶、树皮、花朵、茎、种子和果实中,分布不一。一种植物往往同时含几种甚至几十种生物碱,如已发现麻黄含7种生物碱,抗癌药物长春花中已分离出60多种生物碱。
>
> 植物体内生物碱含量虽少,但与人类关系密切。许多生物碱是治病良药,如毛茛科黄连根茎中的小檗碱是黄连素的主要成分,有抗菌消炎作用;萝芙木中的利血平能降血压;石蒜中的加兰他敏对小儿麻痹后遗症有疗效;罂粟果皮中所含的吗啡碱是著名镇痛剂;奎宁碱是有价值的解热剂;三尖杉碱和长春花碱是治癌良药;秋水仙素(碱)能人工诱变产生多倍体。有的生物碱可用来制作农业用的杀虫剂。人们在脊椎动物和无脊椎动物体内也分离到了生物碱,其中某些动物的生物碱与它们所摄取食用的植物有关,蟾蜍、蝶螈和某些鱼类中发现的生物碱是真正的动物代谢产物。

四、生物碱的举例

(一) 麻黄碱

麻黄碱又称麻黄素,存在于中药麻黄中。结构式和光学异构体为:

$$
\begin{array}{c}
\text{CH}_3 \\
\text{H}{-}\!\!\!-\text{NHCH}_3 \\
\text{H}{-}\!\!\!-\text{OH} \\
\text{C}_6\text{H}_5
\end{array}
\qquad
\begin{array}{c}
\text{CH}_3 \\
\text{H}{-}\!\!\!-\text{NHCH}_3 \\
\text{HO}{-}\!\!\!-\text{H} \\
\text{C}_6\text{H}_5
\end{array}
$$

(−)-赤型-1-苯基-2-甲氨基-1-丙醇　　　(−)-苏型-1-苯基-2-甲氨基-1-丙醇
　　　麻黄碱　　　　　　　　　　　　　　　伪麻黄碱

实际上麻黄中较多的是(−)-麻黄碱和(+)-伪麻黄碱两种。

游离的麻黄碱为无色结晶形固体,无臭。常见的多含有半分子结晶水,熔点为34℃,沸点为255℃。易溶于水或乙醇,可溶于氯仿、乙醚及苯。其水溶液具有碱性,能与无机酸或强有机酸结合成盐。临床上用它的盐酸盐,治疗支气管哮喘、过敏性反应、鼻黏膜肿胀和低血压等。

麻黄碱可以通过从麻黄中提取得到,也可以通过化学合成制取。

(二) 莨菪碱和阿托品

莨菪碱和阿托品等生物碱分布于颠茄、莨菪、曼陀罗、洋金花等茄科植物中,总称为颠茄生物碱。

莨菪碱是莨菪醇和莨菪酸所形成的酯。

$$
\text{N—CH}_3\text{—OOCCH—}\underset{\text{CH}_2\text{OH}}{\text{C}_6\text{H}_5}
$$

莨菪碱

莨菪碱为左旋体,在其结构中莨菪酸的 α-碳原子是手性碳原子,由于受到羰基的影响,α-H

具有一定的活性,在碱性条件下或受热时易发生外消旋化,外消旋化的莨菪碱即为阿托品。

阿托品呈长柱状晶体,熔点118℃。其难溶于水,易溶于乙醇、氯仿中。阿托品具有解除平滑肌痉挛、抑制腺体分泌及扩大瞳孔的作用,临床上用于平滑肌痉挛、胃及十二指肠溃疡、散瞳、盗汗和胃酸过多等,还可以用于有机磷农药的解毒剂。阿托品作用强度只有莨菪碱的一半。

(三) 小檗碱

小檗碱存在于黄连、黄柏、三棵针等中草药中,又称黄连素,是异喹啉类的衍生物。在植物中常以盐酸盐的形式存在,而游离的小檗碱主要以季铵碱的形式存在。

小檗碱为黄色针状结晶,味极苦,较易溶于热水和热乙醇,几乎不溶于乙醚。其与无机酸形成的盐在水中的溶解度也不大。其盐酸盐也只微溶于水。

盐酸小檗碱

小檗碱有显著的抗菌作用,对多种革兰阳性菌和革兰阴性菌有抑制作用。临床上常用其盐酸盐来治疗细菌性痢疾和肠炎等。

(四) 烟碱

烟碱又称尼古丁,是存在于烟草中的一种生物碱,是吡啶衍生物。

烟碱

烟碱为无色油状液体,沸点246℃,能溶于水和一般有机溶剂,有旋光性,天然存在的为左旋体。烟碱有毒,少量可使中枢神经系统兴奋,呼吸增强,血压升高。大量则抑制中枢神经,出现恶心、呕吐、头痛,使心脏麻痹以致死亡。

知识链接   **珍爱生命,远离毒品**

毒品是指鸦片、海洛因、甲基苯丙胺(冰毒)、吗啡、大麻、可卡因以及国务院规定管制的其他能够使人形成瘾癖的麻醉药品。

吸毒容易,戒毒难。这是因为人一旦吸食了毒品,很容易形成毒瘾。以阿片类为例说明什么是毒瘾,阿片类药包括阿片、吗啡(阿片中的生物碱)、海洛因(吗啡的衍生物)以及具有吗啡作用的化合物,如哌替啶、美沙酮等。这些药物滥用后均易产生依赖性,即形成强制性追求重复用药的趋向,不能解脱。这就是毒瘾。

毒品犯罪已成为严重危害社会的一大恶瘤,青少年又是毒品传播的高危人群。深刻认识毒品的危害,并自觉拒绝和远离毒品刻不容缓。下面以咖啡因为例,附赠劝诫诗一首:

新型毒品咖啡因,本是一种生物碱,提自茶与咖啡果,或是化学来合成,长期服用可使人惊厥、心律失常、肠溃疡,吸食丧失少年志,远离毒品走正道。

本章小结

本章主要阐述的知识点有：杂环化合物的定义，杂环化合物在自然界的分布、分类、命名和理化性质，常见的杂环化合物以及在药物中的存在；生物碱的定义、生物碱在自然界的分布、命名、理化性质、提取方法以及常见的生物碱，等等。

本章所涉及的基本概念有：杂环化合物、杂原子、五元杂环、六元杂环、稠杂环、互变异构、芳香性、生物碱等。

目标检测

一、名词解释
1. 杂环化合物　2. 生物碱

二、填空题
1. 呋喃、噻吩、吡咯结构上共同点是构成环的_____原子都为_____杂化，这三种杂环都是_____型分子，它们都具有_____性。
2. 五元杂环吡咯和六元杂环吡啶都是共轭体系，吡咯是_____电子环，吡啶是_____电子环；吡咯呈弱_____性，吡啶呈弱_____性。
3. 吡啶与硝基苯相似，不易进行_____取代，主要发生在_____位上；而易于进行_____取代，主要发生在_____位上。
4. 喹啉用高锰酸钾氧化时，_____发生破裂，用钠和乙醇还原是其_____环被还原，这说明在喹啉分子中吡啶环比苯环难_____，易_____。

三、选择题
1. 下列化合物芳香性由弱到强的顺序是(　　)
   A. 苯、噻吩、吡咯、呋喃
   B. 呋喃、吡咯、噻吩、苯
   C. 呋喃、噻吩、吡咯、苯
   D. 噻吩、呋喃、吡咯、苯
2. 下列化合物酸性由弱到强的顺序是(　　)
   A. 乙醇、吡咯、苯酚　B. 吡咯、乙醇、苯酚
   C. 乙醇、苯酚、吡咯　D. 苯酚、吡咯、乙醇
3. 下列化合物碱性由弱到强的顺序是(　　)
   A. 吡啶、苯胺、氨　B. 氨、苯胺、吡啶
   C. 苯胺、吡啶、氨　D. 吡啶、苯胺、氨

四、根据所给结构命名

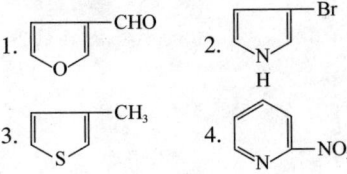

五、根据名称写出结构式

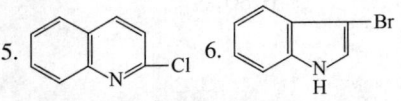

1. 糠醛　2. 四氢吡咯　3. α-噻吩磺酸　4. β-甲基吡啶　5. 3-溴喹啉　6. α-呋喃甲醇　7. 2,4-二甲基噻吩　8. 溴化 N,N-二甲基四氢吡咯　9. 2-甲基-5-乙烯基吡啶　10. 2,5-二氢噻吩　11. N-甲基-2-乙基吡咯

六、鉴别或分离下列化合物
1. 呋喃和噻吩　2. 呋喃和糠醛　3. 吡咯和吡啶
4. 吡啶和喹啉　5. 萘、喹啉和8-羟基喹啉　6. 除去混在苯中的少量噻吩　7. 除去混在甲苯中的少量吡啶　8. 除去混在吡啶中的少量六氢吡啶

七、按碱性由强至弱的顺序排列以下化合物
1. 氨、吡啶、苯胺
2. 吡咯、六氢吡啶、吡啶
3. 奎宁是一种生物碱，存在于南美洲的金鸡纳树皮中，也称金鸡纳碱。奎宁是一种抗疟药，虽然多种抗疟药已人工合成，但奎宁仍被使用。奎宁的结构式如下：

分子中有两个氮原子，哪一个碱性强？

八、完成下列化学反应式
1. 呋喃 + Br_2 $\xrightarrow{\text{二氧六环}}_{0℃}$
2. 噻吩 $\xrightarrow{\text{浓硫酸}}_{\text{室温}}$

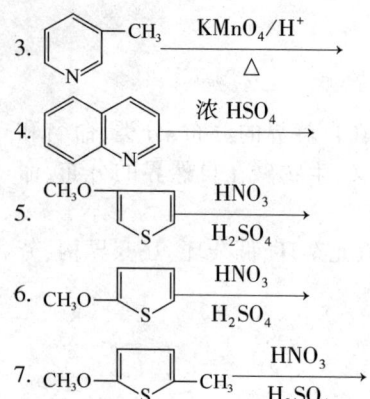

第12章 氨基酸 蛋白质 核酸

> **学习目标**
> 1. 掌握氨基酸的化学性质;
> 2. 理解氨基酸的分类和命名,蛋白质的组成、分类和性质,核苷、核苷酸的结构;
> 3. 了解氨基酸的物理性质,蛋白质的结构,核酸的碱基组分和糖组成。

第1节 氨 基 酸

分子中既含有氨基又含有羧基的化合物称为氨基酸(amino acid)。氨基酸是蛋白质的基本组成单位,是人体必不可少的物质。在自然界中,氨基酸主要以多肽或蛋白质的形式存在于动植物体内,游离态的氨基酸很少。

一、氨基酸的分类和命名

(一) 分类

根据分子中氨基与羧基的相对位置,可将氨基酸分为 α-氨基酸、β-氨基酸和 γ-氨基酸等。其中 α-氨基酸在自然界广泛存在,最为重要。

根据分子中所含氨基与羧基的数目,可将氨基酸分为酸性氨基酸,分子中羧基的数目比氨基多;中性氨基酸,分子中羧基和氨基的数目相等;碱性氨基酸,分子中氨基的数目比羧基多。一般来说,酸性氨基酸显酸性,碱性氨基酸显碱性,但中性氨基酸不呈中性而呈弱酸性,这是由于羧基的电离常数比氨基大一些。

(二) 命名

氨基酸的命名是以羧酸为母体,氨基作为取代基。例如:

$$CH_3CHCOOH \qquad HOOCCH_2CHCOOH$$
$$\ \ \ \ \ |\qquad\qquad\qquad\qquad\ \ \ \ \ \ |$$
$$\ \ \ NH_2 \qquad\qquad\qquad\qquad\ \ \ NH_2$$

2-氨基丙酸   2-氨基丁二酸

由于 α-氨基酸常可通过蛋白质水解获得,因此许多 α-氨基酸还可以按其来源来命名。常见的 α-氨基酸见表12-1。

表12-1 常见的 α-氨基酸

名称	结构式	等电点
甘氨酸	H_2NCH_2COOH	5.97
丙氨酸	$CH_3CHCOOH$ $\quad\ \ \ \|$ $\quad\ NH_2$	6.00
缬氨酸*	$CH_3CH-CHCOOH$ $\quad\ \|\qquad\ \ \|$ $\quad CH_3\ \ \ NH_2$	5.96

续表

名称	结构式	等电点
亮氨酸*	CH₃CHCH₂CHCOOH 　　｜　　　｜ 　　CH₃　　NH₂	5.98
异亮氨酸*	CH₃CH₂CH—CHCOOH 　　　　　｜　　｜ 　　　　　CH₃　NH₂	6.02
天冬氨酸	HOOCCH₂CHCOOH 　　　　　｜ 　　　　　NH₂	2.77
谷氨酸	HOOCCH₂CH₂CHCOOH 　　　　　　　｜ 　　　　　　　NH₂	3.22
赖氨酸*	H₂NCH₂CH₂CH₂CHCOOH 　　　　　　　　｜ 　　　　　　　　NH₂	9.74
丝氨酸	CH₂CHCOOH ｜　｜ OH　NH₂	5.68
精氨酸	NH　　　　　　　　NH₂ ‖　　　　　　　　｜ H₂N—C—NHCH₂CH₂CH₂CHCOOH	10.76
苏氨酸*	CH₃CHCHCOOH 　　｜　｜ 　　OH NH₂	5.60
半胱氨酸	CH₂CHCOOH ｜　｜ SH　NH₂	5.05
苯丙氨酸*	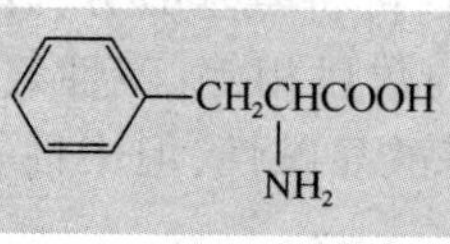 C₆H₅—CH₂CHCOOH 　　　　　｜ 　　　　　NH₂	5.46
甲硫氨酸*	CH₃SCH₂CH₂CHCOOH 　　　　　　　｜ 　　　　　　　NH₂	5.74
色氨酸*	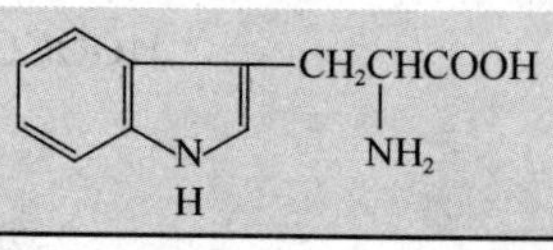 吲哚-CH₂CHCOOH 　　　　　｜ 　　　　　NH₂	5.89

*表示人体必需氨基酸

自然界中存在的氨基酸,除甘氨酸外,都具有旋光性。由蛋白质水解得到的氨基酸都是 L 型的,因此 L 常省略不写。

> **知识链接**　　　　　　必需氨基酸的概念和作用
>
> 必需氨基酸是指人体(或其他脊椎动物)必不可少的,而机体内又不能合成的,必须从食物中补充的氨基酸。对成人来说,这类氨基酸有 8 种,包括赖氨酸、蛋氨酸、亮氨酸等。其对人体正常的生长发育、伤口愈合等生理活动有着非常重要的作用。例如,赖氨酸参与结缔组织、微血管上皮细胞间质的形成,并保持正常的渗透性;可增加食欲,促进胃蛋白酶的分泌;能增强免疫能力,改善发育迟缓,防止蛀牙,促进儿童生长;提高钙的吸收,促进骨骼生长;如果缺乏,会降低人的敏感性,妇女会停经,出现贫血、头晕、头昏和恶心等病状。

二、氨基酸的物理性质

α-氨基酸都是无色晶体,具有较高的熔点,熔融的同时发生分解,易溶于水,难溶于乙醇、乙醚等有机溶剂。

三、氨基酸的化学性质

氨基酸具有氨基和羧基的一些典型性质。同时,由于两个基团的相互影响,氨基酸还有一些特殊的性质。

(一) 羧基的反应

与羧酸相似,氨基酸能与碱反应生成盐,与醇反应生成酯,加热能脱羧等。

$$CH_3CHCOOH + NaOH \longrightarrow CH_3CHCOONa + H_2O$$
$$\underset{NH_2}{|} \qquad\qquad\qquad \underset{NH_2}{|}$$

$$CH_3CHCOOH + ROH \longrightarrow CH_3CHCOOR + H_2O$$
$$\underset{NH_2}{|} \qquad\qquad\qquad \underset{NH_2}{|}$$

$$\underset{\underset{NH_2}{|}}{RCHCOOH} \xrightarrow[\Delta]{Ba(OH)_2} RCH_2NH_2 + CO_2$$

(二) 氨基的反应

1. 生成盐的反应

$$CH_3CHCOOH + HX \longrightarrow CH_3CHCOONa$$
$$\underset{NH_2}{|} \qquad\qquad\qquad \underset{NH_3^+X^-}{|}$$

2. 与亚硝酸的反应

$$CH_3CHCOOH + HNO_2 \longrightarrow CH_3CHCOOH + H_2O + N_2\uparrow$$
$$\underset{NH_2}{|} \qquad\qquad\qquad \underset{OH}{|}$$

利用这一性质,根据反应所得氮气的体积,可对氨基酸和蛋白质分子中的氨基进行定量分析。

(三) 特殊的反应

1. 两性电离和等电点 氨基酸分子中的氨基和羧基可以相互作用生成盐:

$$\underset{\underset{NH_2}{|}}{RCHCOOH} \rightleftharpoons \underset{\underset{NH_3^+}{|}}{RCHCOO^-}$$

这种由分子内部的酸性基团和碱性基团相互作用所形成的盐,称为内盐。内盐分子中既有带正电的部分,又有带负电的部分,故又称两性离子。游离态的氨基酸主要以两性离子的形式存在。

氨基酸在水溶液中,形成如下的平衡体系:

$$\underset{\underset{NH_2}{|}}{RCHCOO^-} \underset{OH^-}{\overset{H^+}{\rightleftharpoons}} \underset{\underset{NH_3^+}{|}}{RCHCOO^-} \underset{OH^-}{\overset{H^+}{\rightleftharpoons}} \underset{\underset{NH_3^+}{|}}{RCHCOOH}$$

　　负离子　　　　　　两性离子　　　　　　正离子

从上述平衡可以看出,氨基酸在酸性溶液中,主要以正离子形式存在;而在碱性溶液中主要以负离子形式存在。就某一氨基酸来说,当其酸式电离和碱式电离相等时,即氨基酸完全以两性离子存在时,这时溶液的 pH 就称为这种氨基酸的等电点(isoelectric point),以"pI"表示。

由于各种氨基酸的结构是不相同的,所以它们的等电点也是不相同的。中性氨基酸的 pI 为 5.0~6.0,酸性氨基酸的 pI 为 2.7~3.2,碱性氨基酸的 pI 为 9.5~10.7。在等电点时,氨基酸的溶解度最小,最易从溶液中析出。利用这种性质,可以分离提纯氨基酸。

2. 生成肽的反应 一分子 α-氨基酸的羧基与另一分子 α-氨基酸的氨基间脱去一分子水,生成一个最简单的肽,即二肽。

$$NH_2CH(R)-CO-[OH+H]-NH-CH(R')COOH \xrightarrow{-H_2O} NH_2CH(R)-CO-NH-CH(R')COOH$$

二肽分子中的"—C(O)—N(H)—"称为肽键。由于二肽分子的末端还有氨基和羧基,因此还可以继续与氨基酸缩合生成三肽、四肽、五肽……以至多肽。

(四) 显色反应

α-氨基酸的水溶液与茚三酮的水合物混合加热,就能生成蓝紫色的化合物。这是鉴别 α-氨基酸最常用、最简单的方法。

反应中,α-氨基酸首先被水合茚三酮氧化成醛,并放出二氧化碳和氨。

$$\text{茚三酮水合物} + RCH(NH_2)COOH \longrightarrow \text{还原产物-CHOH} + RCHO + CO_2 + NH_3$$

然后,一分子水合茚三酮、一分子水合茚三酮的还原产物和氨缩合,形成有色物质。

$$\text{茚三酮水合物} + NH_3 + \text{还原产物} \longrightarrow \text{蓝紫色化合物}$$

> **知识链接**   **多肽结晶牛胰岛素的合成**
>
> 1953 年,英国生物化学家桑格宣布破译出由 17 种 51 个氨基酸组成的,具有两条多肽链牛胰岛素的全部结构。这是人类第一次搞清楚一种重要蛋白质分子的全部结构。桑格也因此荣获 1958 年的诺贝尔化学奖。
>
> 我国从 1958 年开始,由中国科学院上海生物化学研究所、中国科学院上海有机化学研究所和北京大学生物系三个单位联合,以钮经义为首,由龚岳亭、邹承鲁、杜雨花、季爱雪、邢其毅、汪猷、徐杰诚等人共同组成一个协作组,在前人对胰岛素结构和肽链合成方法研究的基础上,开始探索用化学方法合成胰岛素。经过 7 年辛苦的研究,我国科学家在 1965 年 9 月 17 日完成了结晶牛胰岛素的全合成。经过严格鉴定,它的结构、生物活力、物理化学性质、结晶形状都和天然的牛胰岛素完全一样。这是世界上第一个人工合成的蛋白质,为人类认识生命、揭开生命奥秘迈出了可喜的一大步。这项成果获 1982 年中国自然科学一等奖。

第2节 蛋白质

蛋白质(protein)不同于一般多肽(polypeptide),它是存在于细胞中的高分子化合物之一。在有机体中,蛋白质发挥着各种各样的生理作用与机械功能。诸如供给机体营养、执行保护机能、负责机械运动、控制代谢过程、输送氧气、防御病菌侵袭、传递遗传信息等,均是由蛋白质承担的。因此可以说蛋白质是生命最基础的高分子化合物。

一、蛋白质的组成和分类

蛋白质是由氨基酸以酰胺键形成的高分子化合物,实际上它与多肽之间没有严格的界限,但一般将相对分子质量在10000以上的多肽称为蛋白质。

蛋白质的种类很多,分类方法主要有下面两种。

1. 根据蛋白质的形状不同分类

(1) 纤维蛋白:如丝蛋白、角蛋白等。它们的分子呈细长形,排列成纤维状,不溶于水。

(2) 球蛋白:如酪蛋白、蛋清蛋白、胰岛素、酶等。分子折叠卷曲成球形或椭球形,溶于水。

2. 根据蛋白质的化学组成分类

(1) 单纯蛋白质:水解的最终产物都是 α-氨基酸,如球蛋白、蛋清蛋白等。

(2) 结合蛋白质:由单纯蛋白质与非蛋白质部分结合而成的。非蛋白质部分又称辅基。按辅基种类不同,结合蛋白质可分为:核蛋白、脂蛋白、糖蛋白、磷蛋白、血红蛋白等。

二、蛋白质的结构

(一) 蛋白质的一级结构

每一种蛋白质都有其特定的构象(立体形状)。蛋白质分子中氨基酸的连接顺序是蛋白质最基本的结构,称为一级结构(primary structure),而其特殊的构象称为蛋白质的二级结构、三级结构或四级结构。

实验证明,蛋白质分子中的氨基酸是通过肽键(—CONH—)相互连接成多肽链。多肽链是蛋白质分子的基本结构,而肽键则是主要的连接方式(主键)。有些蛋白质就是一条多肽链,有些蛋白质则由两条或多条肽链构成。

多肽链中氨基酸的排列顺序,与蛋白质的功能有着密切的联系。研究蛋白质的结构,首先必须了解其肽链的氨基酸排列次序,这是蛋白质最基本的结构。

(二) 蛋白质的二级结构

由于肽链不是直线型的,价键之间有一定角度,而且分子中又含有许多酰胺键,因此一条肽链可以通过酰胺键中羰基氧原子与另一酰胺键中氨基的氢原子形成氢键而绕成螺旋形,称为 α-螺旋,这是蛋白质的一种二级结构(图12-1)。在二级结构中,以氢键维持它的稳定性。

另一种二级结构是 β-折叠形。这种结构模型中,由链间的氢键将肽链拉在一起形成"片"状。蛋白质的肽链排列在折叠形的各个平面上,两条肽链可以是平行的,也可以是反平行的(图12-2)。

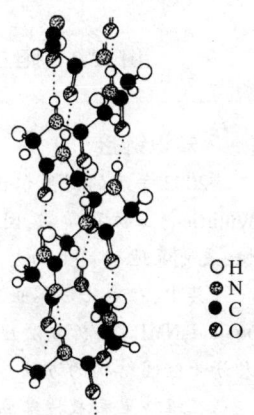

图12-1 α-螺旋示意图

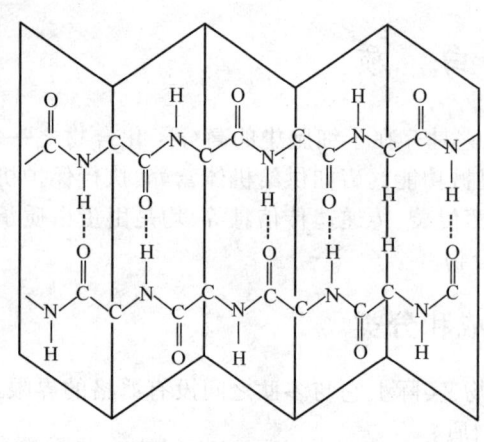

图 12-2 β-折叠示意图

(三) 蛋白质的三级结构

螺旋形的肽链相互扭在一起或卷曲成其他形状,则构成三级结构。蛋白质分子中的多肽链通过副键或肽链之间的范德华力,进一步折叠盘曲形成各异的空间构象。

蛋白质的三级结构的形成及稳定性也与一级结构有关。因为蛋白质能形成稳定的空间结构,必须借助某种力量将链与链或链内某些片段之间联系在一起。这种力量来自于蛋白质分子中疏水基团的相互影响,它们趋向于脱离分子表面的水溶液,而在分子内部紧密相邻,彼此吸引,使蛋白质分子的三级结构趋于稳定。图 12-3 为肌红蛋白的三级结构。

(四) 蛋白质的四级结构

结构复杂的蛋白质分子,由两条或多条具有三级结构的多肽链(亚基)以一定形式,聚合成一定空间构型的聚合体,这种空间构象称为蛋白质的四级结构。图 12-4 为血红蛋白的四级结构。

图 12-3 肌红蛋白的三级结构

图 12-4 血红蛋白的四级结构

知识链接　　　　　　蛋白质三维空间结构研究

2002 年度的诺贝尔化学奖授予了芬恩(John B. Fenn)、田中耕一(Koichi Tanaka)和维特里希(Kurt Wüthrich)三位科学家,因为他们把化学研究中的仪器分析方法应用到生物大分子的研究中,从而能更快、更可靠地确定生物大分子的组成和空间结构。

其中,在瑞士苏黎世联邦理工学院工作的维特里希教授的贡献是,把核磁共振(nuclear magnetic resonance,NMR)分析方法应用到生物大分子(蛋白质和核酸)的结构研究中,建立了一套完整的确定生物大分子空间结构的方法。

在维特里希教授建立研究蛋白质结构的核磁共振方法之前,蛋白质分子的空间结构只能用 X 射线晶体衍射方法确定。这种研究需要首先将蛋白质结晶出来,再通过晶体衍射方法得到晶体结构。该方法得到的是蛋白质分子在晶体状态下的空间结构,这种结构与蛋白质分子在生物细胞内的本来结构有较大的差别。晶体中的蛋白质分子相互间是有规律地、紧密地排列在一起的,运动性较差;而自然界的生物细胞中的蛋白质分子则是处于一种溶液状态,周围是水分子和其他的生物分子,具有很好的运动性。而且,有些蛋白质只能稳定地存在于溶液状态,无法结晶。维特里希教授开创的用 NMR 研究蛋白质结构的方法,可以在溶液状态进行研究,得到的是蛋白质分子在溶液中的结构,这更接近于蛋白质在生物细胞中的自然状态。此外,通过改变溶液的性质,还可以模拟出生物细胞内的各种生理条件,即蛋白质分子所处的各种环境,以观察这些周围环境的变化对蛋白质分子空间结构的影响。在溶液环境中,蛋白质分子具有与自然环境中类似的运动性,可以观察到整个结构表面的一些松散链段的运动性,而蛋白质的活性部位往往是在整个结构的表面,因此 NMR 方法为蛋白质与蛋白质、蛋白质与底物或小分子的相互作用提供了一个有效的观察手段。

三、蛋白质的性质

蛋白质分子中,存在着游离的氨基和羧基,因此具有类似氨基酸的性质。但同时蛋白质又具有高分子化合物的特性。

(一) 两性电离及等电点

与氨基酸一样,蛋白质也是两性物质(在肽链的 C 端有 COOH,N 端有 NH_2)。调节蛋白质溶液的 pH,使其酸式电离和碱式电离的电离程度相等,则蛋白质完全以两性离子形式存在,此时溶液的 pH 为该蛋白质的等电点。等电点时,蛋白质的溶解度、黏度、渗透压、膨胀性都最小。大多数蛋白质等电点小于 7。

(二) 盐析

蛋白质在水溶液中形成的颗粒直径在 1~100 nm 之间,具有胶体性质,因此蛋白质不能通过半透膜。如果向蛋白质胶体溶液中加入大量 NaCl 等电解质,蛋白质将会以沉淀析出,这种作用称为盐析。其原因是加入电解质,能中和蛋白质颗粒所带的电荷,同时盐的水溶性强,破坏了蛋白质颗粒表面的水化膜,从而使胶体凝聚。

蛋白质的盐析是一个可逆过程,在一定条件下,盐析出来的蛋白质仍可溶解于水,并恢复原来的生理活性。蛋白质盐析所需盐的最小浓度,称为盐析浓度。不同的蛋白质盐析时所需盐析剂的浓度是不同的。因此可以用不同浓度的盐溶液使不同的蛋白质分段析出,达到分离的目的。

(三) 蛋白质的变性

蛋白质受物理或化学因素的影响,其分子中的二、三级结构遭到破坏,肽链松散,导致蛋白质在理化和生物性质上的改变,这种现象称为蛋白质的变性。变性的主要表现有溶解度降低,黏度变大,难以结晶,生物活性丧失等。

在医疗和食品工业中通常利用蛋白质变性的作用。例如,医疗器皿用乙醇或高温蒸煮的方法消毒,目的是使细菌蛋白质变性而被杀灭。临床上急救重金属盐中毒时,让患者服用大量乳品和鸡蛋清,使蛋白质在消化道中与重金属盐结合成为变性的不溶解物质,阻止人体对重金属盐离子的吸收。制作豆腐,是利用钙盐或镁盐使大豆蛋白凝固。

(四) 蛋白质的颜色反应

1. 水合茚三酮反应 在蛋白质溶液中加入稀的水合茚三酮共热,呈蓝紫色。利用这个现象,通过纸上色层分析,可对蛋白质进行定性和定量分析。

2. 缩二脲反应 蛋白质与硫酸铜的强碱溶液反应呈紫色,这与缩二脲($H_2N—CO—NH—CO—NH_2$)与硫酸铜的强碱溶液反应呈红紫色相类似,因此蛋白质的这种显色反应,称为缩二脲反应。实验证明,凡分子中含有两个或两个以上肽键或具有类似缩二脲结构的化合物,都能发生缩二脲反应。

3. 蛋白黄反应　在蛋白质溶液中加入浓硝酸,有沉淀析出,再加热,沉淀变为黄色。这是因为分子中含有苯环的氨基酸,苯环与浓硝酸发生硝化反应,生成黄色的硝基化合物。如苯丙氨酸、酪氨酸、色氨酸等存在于蛋白质中时就有此反应。皮肤上沾有浓硝酸会变黄,就是这个道理。

4. 米隆反应　在蛋白质溶液中加入米隆(Millon)试剂(汞和亚汞的硝酸及亚硝酸盐混合物),先析出沉淀,再加热,沉淀变成砖红色。这一反应是酪氨酸中酚基所特有的,因大多数蛋白质含有酪氨酸,所以这个反应具有普遍性,用来检验蛋白质中有无酪氨酸存在。

第3节　核　　酸

核酸是除蛋白质及多糖以外的又一类有重要生理作用的天然高分子化合物,它们存在于所有细胞的细胞核中。核酸与生物的生长、繁殖、遗传变异有着极为密切的关系。

核酸是由多个核苷酸组成的高分子化合物,核苷酸是由一分子戊糖和一分子含氮杂环(碱基)组成的核苷的磷酸酯。组成核苷的戊糖是 D-核糖及 D-脱氧核糖。含氮杂环(碱基)是嘌呤或嘧啶的衍生物。

一、碱基组分

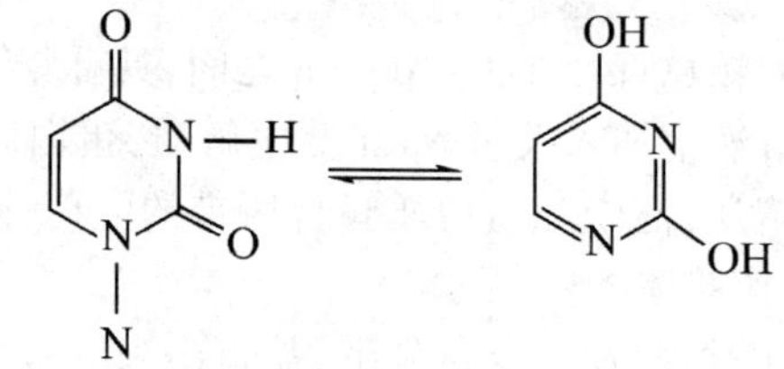

尿嘧啶(U)

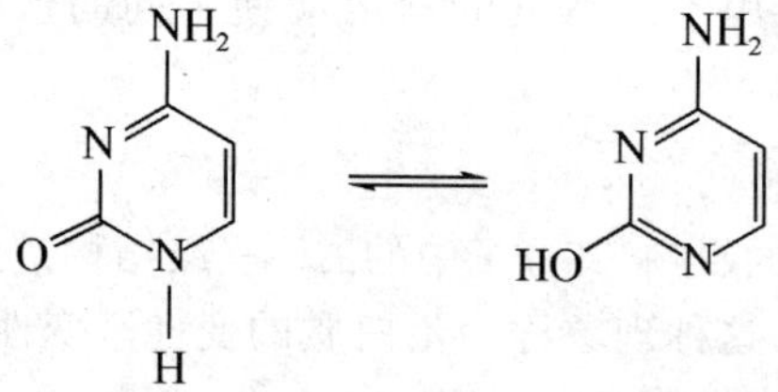

胞嘧啶(C)

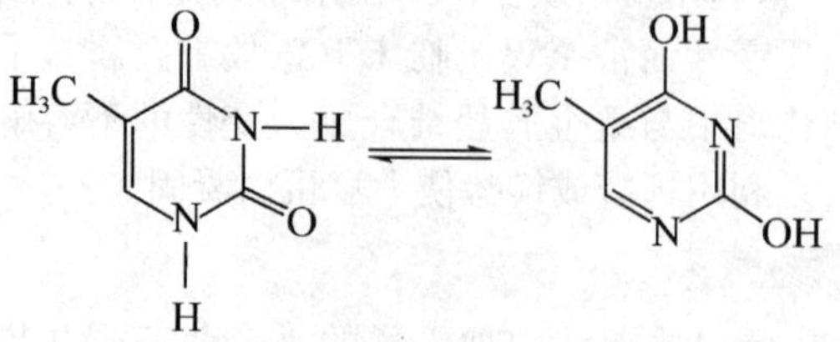

胸腺嘧啶(T)

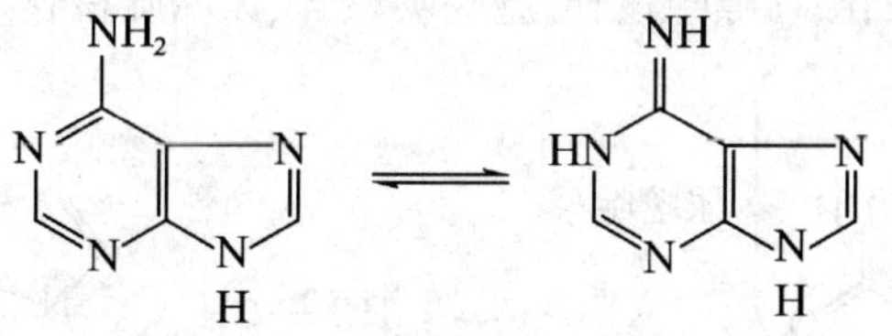

腺嘌呤(A)

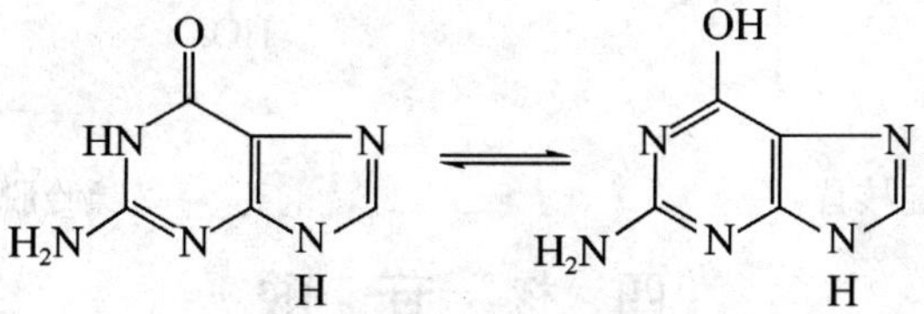

鸟嘌呤(G)

碱基在生理系统中主要以左边异构体的形式存在。

二、糖 组 分

戊糖的结构式为：

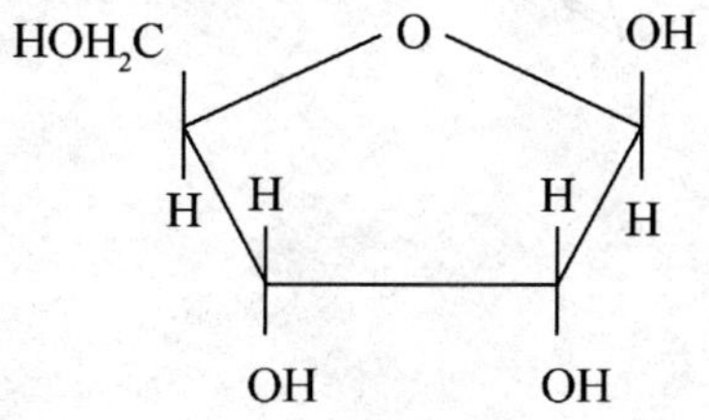

β-D-核糖 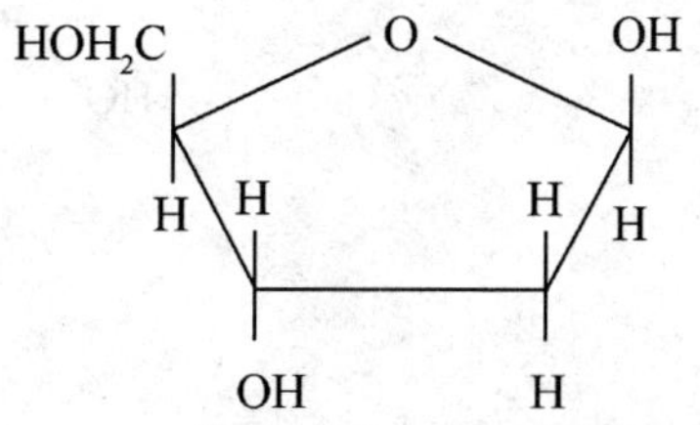   β-D-2-脱氧核糖

DNA 和 RNA 的主要区别在于所含戊糖的不同。含有核糖的核酸称为核糖核酸 RNA；含有脱氧核糖的核酸称为脱氧核糖核酸 DNA。两类核酸中，戊糖的构型都是 β 型。

> **知识链接**   核酸的发现和研究
>
> 核酸的发现要比蛋白质晚得多。1869 年，24 岁的瑞士化学家米歇尔(F. Miescher)从脓细胞中提取到一种富含磷元素的酸性化合物，因存在于细胞核中而将它命名为"核质"(nuclein)。
>
> 1889 年，奥特曼(R. Atlmann)得到第一个不含蛋白质的核质，具有酸性，因此命名为核酸。但当时核酸只是被看成是细胞中的一般化学成分，并没有人注意到它在生物体内的功能。直到 1944 年，埃弗雷(O. Avery)在寻找导致细菌转化原因的过程中，发现 DNA 才是遗传物质。从此核酸是遗传物质的重要地位被确立，人们把对遗传物质的注意力从蛋白质移到核酸上。1953 年，沃森(Watson)和克里克(Crick)又创立了 DNA 双螺旋结构模型，该模型的确立为遗传学进入分子水平奠定了基础，是现代分子生物学的里程碑。从此核酸研究受到了前所未有的重视。

三、核 苷

核苷可以看做是糖中半缩醛羟基与碱基中氮原子上的氢脱水形成的。嘌呤衍生物以 N_9、嘧啶衍生物以 N_1 分别与糖的 C_1 以 β-糖苷键相连。

DNA 中的核苷有腺嘌呤脱氧核苷、鸟嘌呤脱氧核苷、胞嘧啶脱氧核苷、胸腺嘧啶脱氧核苷。

RNA 中的核苷有腺嘌呤核苷、鸟嘌呤核苷、胞嘧啶核苷、尿嘧啶核苷。例如：

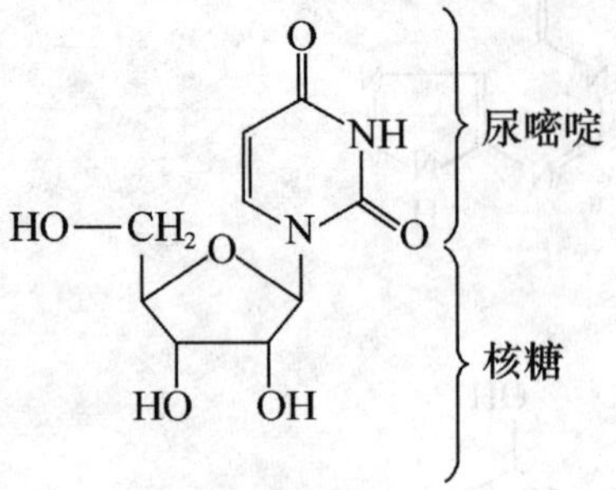

尿嘧啶核苷 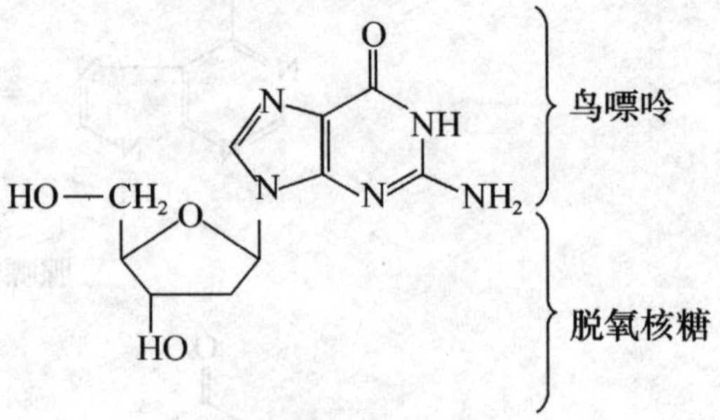　　　　　　　　　鸟嘌呤脱氧核苷

四、核 苷 酸

核苷酸是由核苷通过糖中的 3′-位或 5′-位的羟基和磷酸所生成的酯。核苷酸是构成核酸的基本单位。

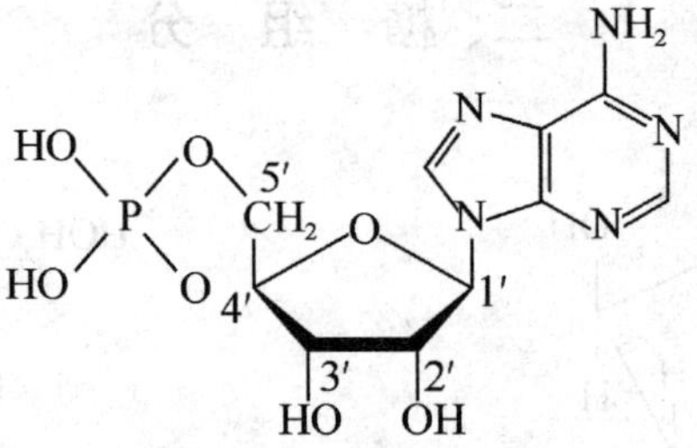

腺苷-5′-磷酸酯

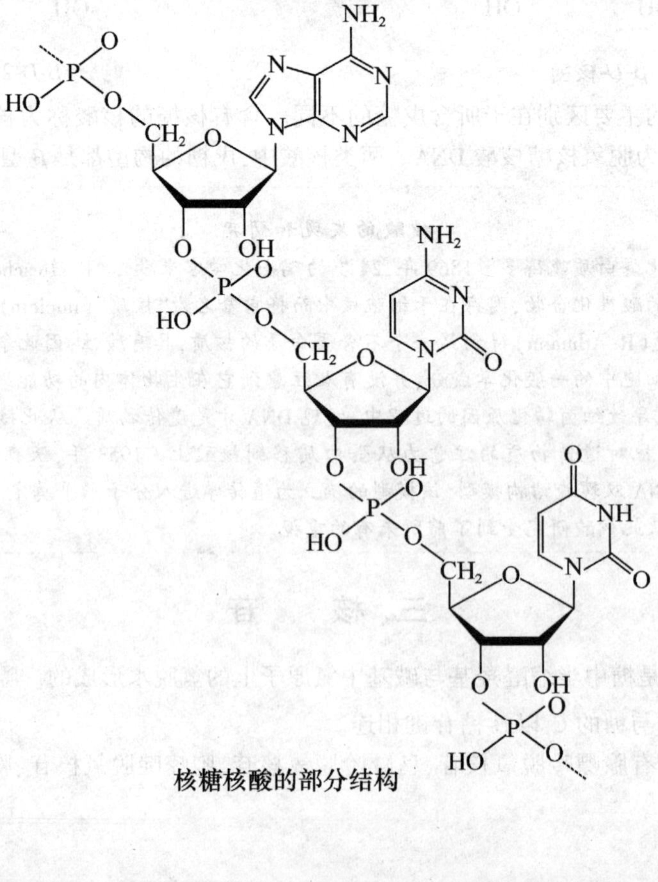

核糖核酸的部分结构

本章小结

本章主要阐述的知识点有：氨基酸的分类、命名和物理性质、化学性质，蛋白质组成、分类、结构及性质，核酸的组成等。

本章所涉及的基本概念有：酸性氨基酸、中性氨基酸、碱性氨基酸，两性电离、等电点，蛋白质的一级结构、二级结构、三级结构、四级结构，盐析，蛋白质变性，核苷，核苷酸等。

目标检测

一、名词解释

1. 肽键 2. 等电点 3. 蛋白质的变性 4. 盐析

二、试写出谷氨酸与下列试剂反应的主要产物

1. HCl 2. NaOH 3. C_2H_5OH/H^+ 4. $NaNO_2/HCl$

三、填空题（可查阅相关专业书籍）

1. 测定蛋白质含量的主要方法有_____、_____、_____。
2. 测定蛋白质相对分子质量的主要方法有_____、_____、_____。
3. 维持蛋白质二级结构的主要作用力是_____。
4. 测定核酸含量的主要方法有_____、_____、_____。
5. 维持DNA双螺旋结构稳定的最主要作用力是_____。

四、鉴别题

1. $CH_3CHCOOH$ 和 CH_3CHCH_3
   　　|　　　　　　　　　|
   　　NH_2　　　　　$NHCOCH_3$

2. $CH_3CHCOOH$ 、 $CH_3CHCOOH$ 、 CH_2CH_2COOH
   　　|　　　　　　　|　　　　　　　|
   　　$NHCH_3$　　　NH_2　　　　NH_2

五、简答题

1. 在pH为2、6、10时，丙氨酸主要以什么样的形式存在？
2. 谷氨酸的系统名为：2-氨基戊二酸（$pK_{a1} = 2.19$，$pK_{a2} = 4.25$，$pK_{a3} = 9.67$），试回答下列问题：
   （1）写出其结构式。
   （2）写出谷氨酸在pH = 10.00的水溶液中，占优势的离子结构。
   （3）若谷氨酸溶于pH = 7的纯水中，所得溶液的pH是x，则x_____7（填">"或"<"）；此氨基酸等电点是大于x还是小于x？为什么？
3. 蛋白质的一级、二级、三级和四级结构分别是指什么？维持这些结构的作用力又分别是什么？
4. DNA和RNA中分别含有哪几种碱基？

六、推断题

某化合物的分子式是$C_3H_7O_2N$，有旋光性，能与氢氧化钠或盐酸作用成盐，与醇作用成酯，与亚硝酸作用放出氮气，试写出该化合物的结构式和各步反应式。

第13章 糖 类

> **学习目标**
>
> 1. 掌握单糖中葡萄糖、果糖的差向异构化、氧化、成脎、成苷反应等化学性质；
> 2. 理解单糖中葡萄糖、果糖的组成和结构特点，双糖中蔗糖、麦芽糖、乳糖的组成、结构特点、结构单元、成苷方式及有关的化学性质；
> 3. 了解淀粉、纤维素、糖原等多糖的组成单元、结构特点、分类、性质和用途。

糖类(saccharide)也称碳水化合物(carbohydrate)，是自然界中分布最广泛的一类有机化合物，是人类的主要食物之一，也是一切生物体维持生命活动所需能量的主要来源。同时，糖类化合物还是生物体内组织细胞的重要成分，有着非常重要的生理作用，是体内合成脂肪、蛋白质和核酸的基本原料。

> **知识链接** 碳水化合物的由来
>
> 糖类化合物主要由 C、H、O 三种元素组成，最初分析得知它们分子中氢和氧的比例恰好等于水分子中的氢氧之比，符合 $C_m(H_2O)_n$ 的组成通式，相当于碳的水合物，因此糖类被称为"碳水化合物"。后来结构研究发现有些糖类分子中氢氧之比并不是 2∶1，如鼠李糖($C_6H_{12}O_5$)、脱氧核糖($C_5H_{10}O_4$)；而有些物质，如甲醛(CH_2O)、乙酸($C_2H_4O_2$)、乳酸($C_3H_6O_3$)等虽然不属于糖类，但分子却符合通式 $C_m(H_2O)_n$。因此，用"碳水化合物"称呼糖类并不恰当，但因沿用已久，迄今在某些学科中仍然使用。

从化学结构上看，糖类是多羟基醛或多羟基酮及它们的脱水缩合物。

糖类通常根据其水解的情况，分为以下三类。

1. 单糖(monosaccharide)　不能水解的糖称为单糖，如葡萄糖、果糖、核糖等。

2. 低聚糖(oligosaccharide)　水解后能生成 2~10 个单糖分子的糖称为低聚糖，又称寡糖，其中最重要的是双糖，如蔗糖、麦芽糖、乳糖等。

3. 多糖(polysaccharide)　水解后能生成 10 个以上单糖分子的糖类称为多糖，如淀粉、糖原、纤维素等。

糖类通常根据其来源而采用俗名，如来自甘蔗汁的称为蔗糖，来自葡萄糖汁中的称为葡萄糖以及来自乳汁中的称为乳糖等。

一、单　糖

从化学结构上看，单糖是多羟基醛或多羟基酮。前者称为醛糖(aldose)而后者称为酮糖(ketose)。醛糖和酮糖统称糖，也就是碳水化合物。

最简单的醛糖是甘油醛，最简单的酮糖是甘油酮。

$$\begin{array}{cc} \text{CHO} & \text{CH}_2\text{OH} \\ | & | \\ \text{CH—OH} & \text{C}=\text{O} \\ | & | \\ \text{CH}_2\text{OH} & \text{CH}_2\text{OH} \\ \text{甘油醛} & \text{甘油酮} \end{array}$$

自然界中的大多数单糖主要是戊醛糖、己醛糖和己酮糖。其中以葡萄糖、果糖和核糖最为重要,葡萄糖和果糖是单糖的代表。因此,下面以葡萄糖和果糖为例,讨论单糖的结构、构型及性质。

(一) 葡萄糖的组成和结构

> **知识链接**　　　　　　　　　　**葡萄糖与人体生理功能**
>
> 人体血液中的葡萄糖称为血糖,是人体新陈代谢不可缺少的重要营养物质,为人的生命活动提供能量。体内每克葡萄糖被氧化可释放出 17.1 kJ 热量,人和动物所需要能量的 50% 来自葡萄糖。正常人血糖浓度为 3.9~6.1 mmol/L(或 0.7~1.0 g/L),糖尿病患者的尿液中含有葡萄糖,含量随病情的轻重而不同,因此保持血糖浓度的恒定具有重要的生理意义。葡萄糖不需要经过消化就可被人体直接吸收利用,因此葡萄糖在医学上是常用的营养物质。50 g/L 的葡萄糖溶液是临床上输液常用的等渗溶液,有利尿、强心和参与肝肾解毒、抗炎护肝等作用,临床上用于治疗水肿、心肌炎、血糖过低等。

1. 葡萄糖的开链式结构和构型

(1) 开链式结构:由元素分析和相对分子质量测定确定,葡萄糖属于己醛糖,分子式为 $C_6H_{12}O_6$。通过实验事实推断己醛糖的结构为:

$$CH_2-\overset{*}{CH}-\overset{*}{CH}-\overset{*}{CH}-\overset{*}{CH}-CHO$$
$$\;\;OH\;\;\;OH\;\;\;OH\;\;\;OH\;\;\;OH$$

己醛糖分子中有四个手性碳原子(C_2、C_3、C_4 和 C_5),所以应有 $2^4=16$ 个光学异构体,其中 8 个是 D 型,8 个是 L 型。这 16 个光学异构体都是已知物,其中 D-(+)-葡萄糖、D-(+)-半乳糖、D-(+)-甘露糖以及 D-(+)-塔罗糖是天然产物,其余都是人工合成的。

D-(+)-葡萄糖的构型可用费歇尔投影式表示如下(开链式结构):

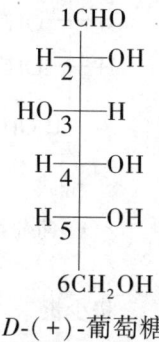

D-(+)-葡萄糖

(2) 单糖构型的确定:采用 D、L 构型标记法:规定凡是单糖分子中距离羰基最远的(即编号最大的)手性碳原子上的羟基在费歇尔投影式右边的为 D 型;该羟基在费歇尔投影式左边的为 L 型。自然界存在的单糖几乎都属于 D 型。

2. 葡萄糖的变旋光现象与环状结构　　葡萄糖是多羟基醛,能被氧化、还原,形成肟、酯等,这些性质都可从其开链式结构得到合理解释,但是葡萄糖还有下列特性则无法用开链式结构加以解释:①葡萄糖分子虽有醛基,但不能与亚硫酸氢钠发生羰基加成反应,也不能与希夫试剂发生显色反应;②葡萄糖存在变旋光现象。

(1) 变旋光现象:人们从实验中发现,葡萄糖有两种晶体,一种是从乙醇溶液中析出的晶体,熔点为 146℃,其水溶液的比旋光度为 +112°,这种晶体通常称为 α-D-(+)-葡萄糖,其水溶液在放置过程中比旋光度逐渐下降到+52.7°,不再改变;另一种是从吡啶溶液中析出的晶体,熔点为150℃,其水溶液的比旋光度为+18.7°,这种晶体通常称为β-D-(+)-葡萄糖,其水溶液在放置过程中比旋光度逐渐上升到+52.7°时恒定不再改变。这种糖在水溶液中比旋光度自行转变达到定值的现象,称为变旋光现象(mutarotation)。

(2) 单糖的环状结构及其表示法:D-葡萄糖为什么具有变旋光现象? 上述实验事实很难用葡萄糖的开链式结构加以解释。通过深入研究,并受到醛可以与醇作用生成半缩醛这一反应的启示,人们认为葡萄糖分子中的醛基与C_5上的羟基发生加成反应,即C_5上羟基的氢加到醛基的氧上,形成半缩醛(酮)羟基。糖分子中的半缩醛(酮)羟基称为苷羟基。与此同时,C_5上羟基的氧与醛基的碳相连,形成一个稳定六元环的半缩醛,这就是葡萄糖的环状结构。由于葡萄糖通常以稳定的六元含氧环形式存在,与六元杂环吡喃相似,故称为吡喃糖(pyranose)。若单糖以五元含氧环形式存在时,与五元杂环呋喃相似,故称为呋喃糖(furanose)。

在 D-(+)-葡萄糖由链状结构转化为环状结构的过程中,分子中的C_1也成为了一个新的手性碳原子,这个新的手性中心使得葡萄糖的环状结构可以有两个光学异构体。在环状结构中通常规定在 D-型糖中,将投影式中苷羟基与C_5上的羟基处于同侧的称为α-型,反之异侧的称为β-型,两者为非对映异构体。

α和β两种环状结构,在溶液中可通过醛式结构相互转变,最后达到互变平衡状态,这就是葡萄糖产生变旋光现象的原因。在α-D-(+)-吡喃葡萄糖和β-D-(+)-吡喃葡萄糖的一对异构体中,由于只是1号手性碳原子的构型相反,这种仅端基不同的异构体称为端基异构体,也称异头物(anomer)。

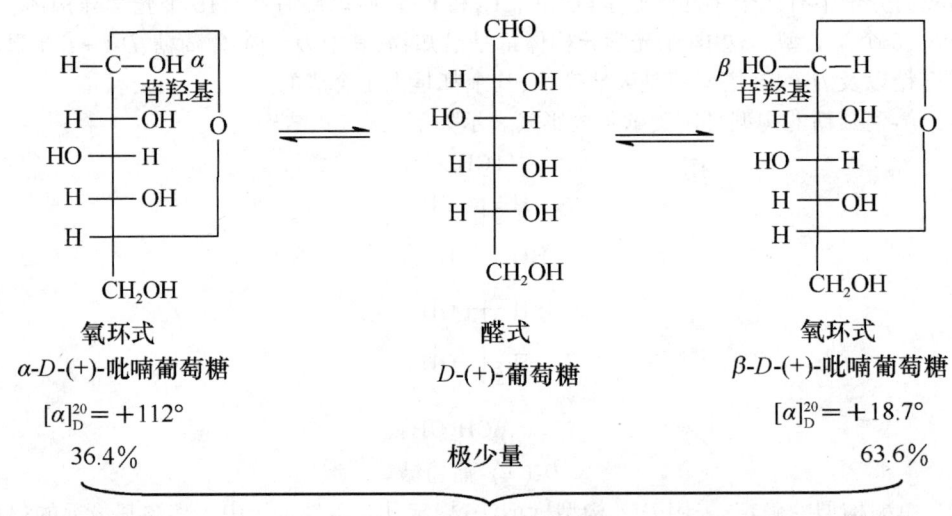

其中 α-D-(+)-吡喃葡萄糖的$[\alpha]_D^{20}=+112°$,β-D-(+)-吡喃葡萄糖的$[\alpha]_D^{20}=+18.7°$,它们的固态是稳定的,有各自的熔点,但在水溶液中,两者可通过醛式结构相互转化,以动态平衡的形式存在。

除葡萄糖外,凡是分子中具有苷羟基的环状结构的单糖都会发生变旋光现象。由于在水溶液中葡萄糖的链状结构浓度很低,因此对于一些具有一定可逆程度的反应,如与亚硫酸氢钠或希夫试剂,葡萄糖就不易发生反应。

3. 葡萄糖的哈沃斯(Haworth)式 在葡萄糖的直立环状结构式中,碳链不可能直线排列,氧桥键也不可能那样长,为了更加合理地反映葡萄糖分子的空间分布,哈沃斯建议按下列规则将葡萄糖的费歇尔投影式转化成哈沃斯式。

(1) 在费歇尔投影式中,连在手性碳原子右边的羟基在哈沃斯式中位于环平面的下方,反之位于环平面的上方。

(2) 哈沃斯式中,D、L 构型的确定:D 型糖的羟甲基在哈沃斯式中位于环平面的上方,L 型糖的羟甲基在哈沃斯式中位于环平面的下方。

(3) 哈沃斯式中,α-、β-异构体的确定:在 D 型糖中,苷羟基在环平面之上者为 β-型;苷羟基在环平面之下者为 α-型。

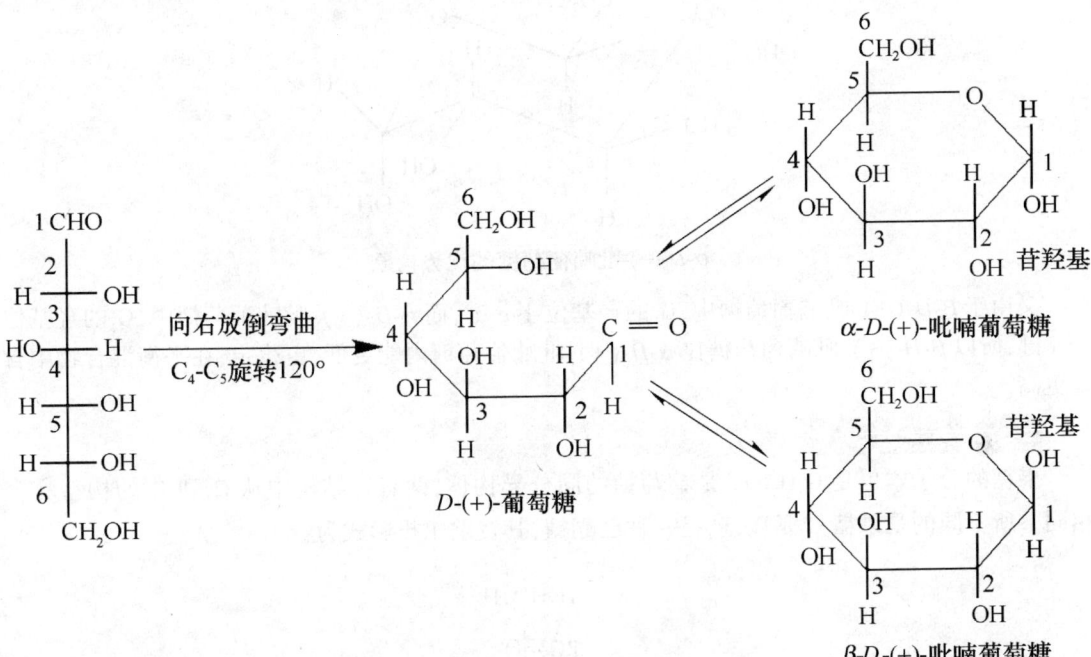

4. 葡萄糖的构象式 葡萄糖的哈沃斯式比费歇尔投影式更加合理地反映了葡萄糖分子的空间分布,但该式仍然不能解释为什么在平衡混合物中 β-D-(+)-吡喃葡萄糖的含量高于 α-D-(+)-吡喃葡萄糖这一事实。由于吡喃环中的 C—O—C 键角为 110°,与环己烷中 C—C—C 键角很接近,所以吡喃环也像环己烷一样,成环的各个原子并不是在同一平面上,而是以椅式构象存在。

其中 β-D-(+)-吡喃葡萄糖的椅式构象有两种,一种是 N 式(normal form),另一种是 A 式(alternative form)。

从上式可以看出,在 N 式中,所有的取代基都在 e 键上,相互之间距离最远,空间排斥力最小。而在 A 式中所有的取代基都在 a 键上,相互之间有排斥作用,所以 β-D-(+)-吡喃葡萄糖的 N 式较稳定,是优势构象。

同理可知,α-D-(+)-吡喃葡萄糖也有两种椅式构象,它的优势构象也是 N 式。

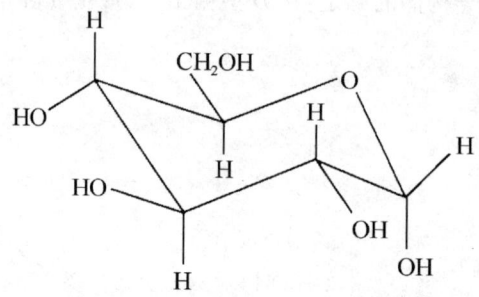

α-D-(+)-吡喃葡萄糖的优势构象

又由于 β-D-(+)-吡喃葡萄糖中,C_1 的羟基位于 e 键,而 α-D-(+)-吡喃葡萄糖中,C_1 的羟基位于 a 键,所以 β-D-(+)-吡喃葡萄糖比 α-D-(+)-吡喃葡萄糖内能更低,更稳定,在平衡混合物中含量更高。

(二) 果糖的组成和结构

果糖的分子式也是 $C_6H_{12}O_6$,是葡萄糖的同分异构体,两者在结构中从 C_3 到 C_5 的构型完全相同。所不同的是果糖 C_2 是羰基,是一种己酮糖,其费歇尔投影式为:

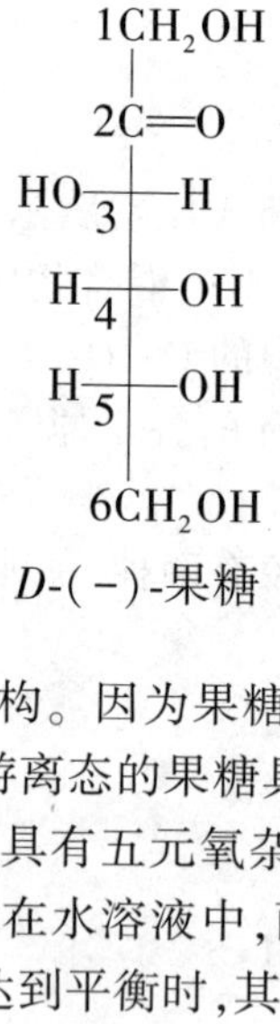

$$\begin{array}{c} 1CH_2OH \\ | \\ 2C=O \\ HO-3-H \\ H-4-OH \\ H-5-OH \\ | \\ 6CH_2OH \end{array}$$

D-(−)-果糖

与葡萄糖相似,果糖也可形成环状结构。因为果糖 C_5 和 C_6 都可以与 C_2 的羰基形成半缩酮结构,所以果糖有两种环状结构,一种是游离态的果糖具有六元氧杂环形成的四氢吡喃型结构,称为吡喃果糖;另一种是结合态的果糖则具有五元氧杂环形成的四氢呋喃型结构,称为呋喃果糖,它们都有各自的 α 和 β 两种异构体。在水溶液中,两种环状结构之间也可以通过开链式结构相互转化,因此果糖也有变旋光现象,达到平衡时,其比旋光度为 −92°。

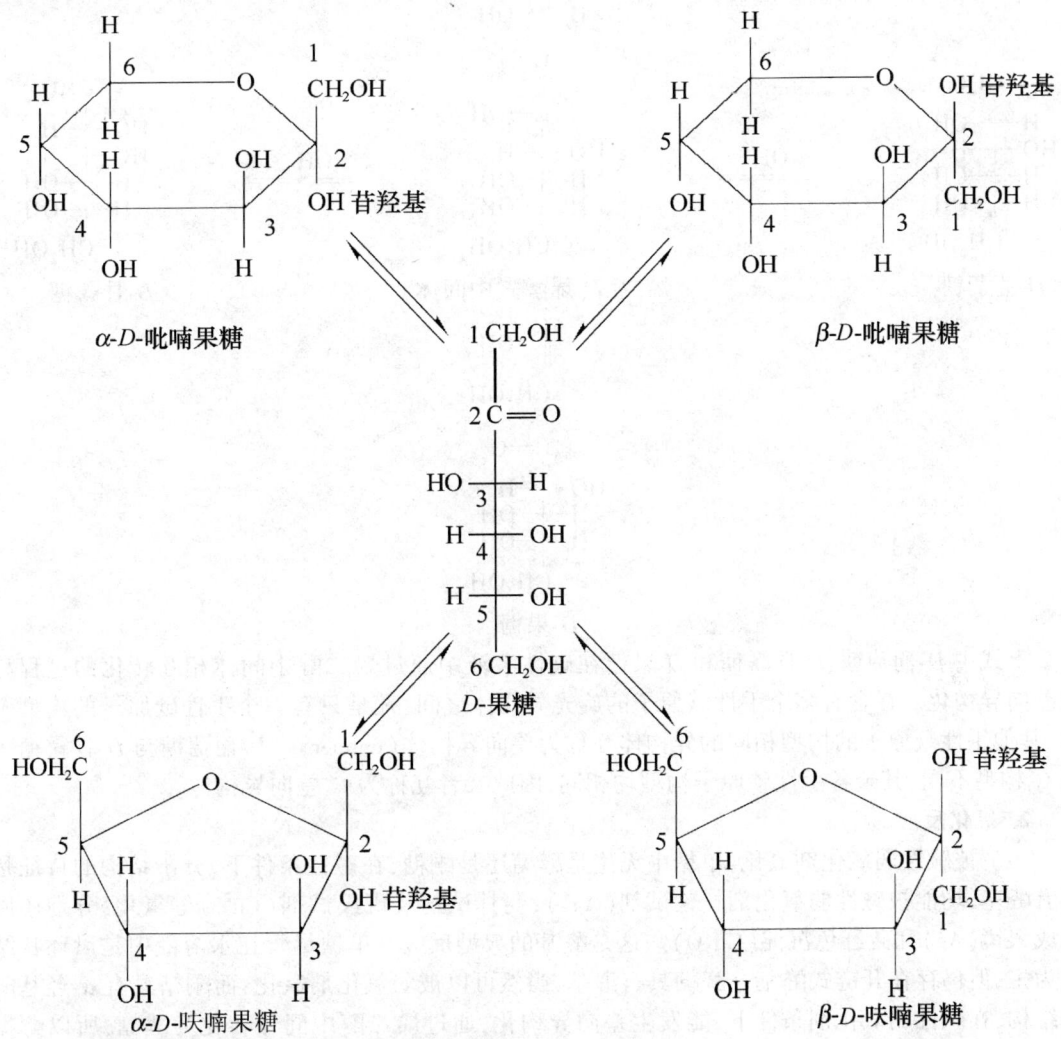

(三) 单糖的化学性质

从结构上看,单糖分子中既有羰基又有羟基,因此表现出醛酮和醇的一般性质。又由于这两种官能团的相互影响以及在溶液中开链式结构和环状结构的相互转变,单糖主要以环状结构形式存在,但在水溶液中可与开链状式结构互变,形成动态平衡,因此单糖的化学反应有的以环状结构进行,也有的以开链式结构进行,表现出一些特殊的性质。

1. 差向异构化(epimerzation) 用稀碱性溶液处理 D-葡萄糖时,由于是在碱性溶液中,醛糖与酮糖都能发生互变反应,所以 D-葡萄糖可通过烯二醇中间体,转化为 D-果糖以及 D-甘露糖,生成三种糖的平衡混合物。

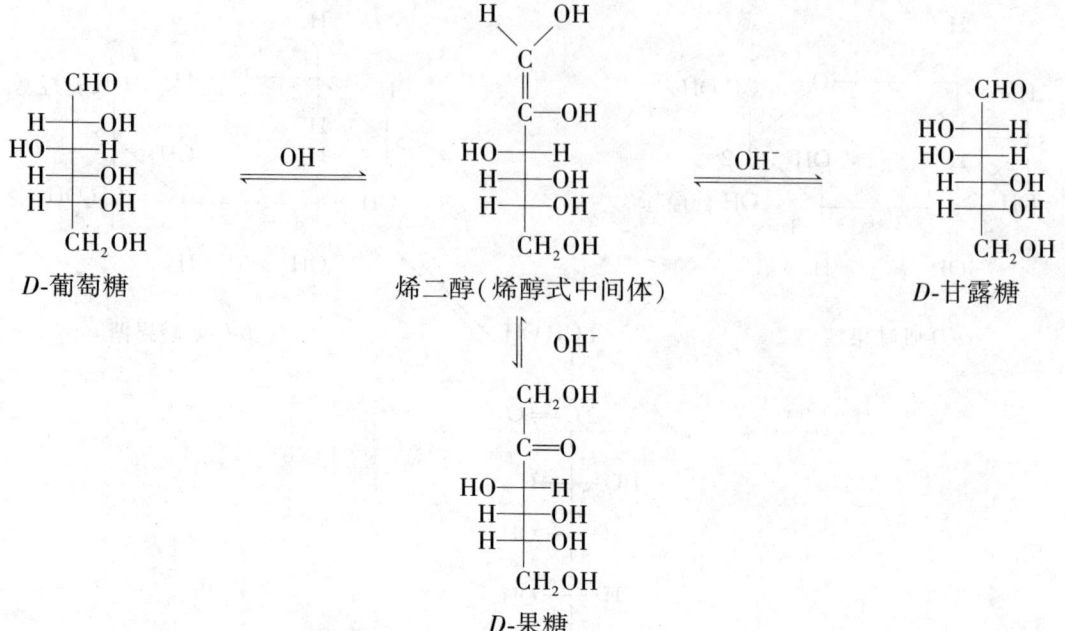

上式中 D-葡萄糖、D-甘露糖和 D-果糖在碱性溶液中通过烯二醇中间体相互转化的过程称为差向异构化。在含有多个手性碳原子的旋光异构体之间,凡是只有一个手性碳原子的构型不同,其他手性碳原子的构型相同的异构体互称为差向异构体(epimer)。D-葡萄糖与 D-甘露糖仅是 C_2 构型不同,其余各手性碳原子构型均相同,因此二者互称为 C_2 差向异构体。

2. 氧化反应

(1) 被碱性弱氧化剂氧化:单糖中无论是醛糖还是酮糖,在碱性条件下,分子结构的特征是具有醛基,均能被碱性弱氧化剂托伦试剂(Ag^+)、斐林试剂及班氏试剂(Cu^{2+})等氧化,分别还原生成银镜(Ag)和砖红色沉淀(Cu_2O)。这是醛基的典型反应。单糖尽管在水溶液中是以环状结构为主,但仍存在开链式醛基。醛糖具有醛基,当然可以被弱氧化剂氧化;而酮糖具有 α-羟基酮的结构,在碱性弱氧化剂条件下,能发生差向异构化,通过烯二醇中间体转化为醛糖,所以酮糖也能够与碱性弱氧化剂反应。凡是能与碱性弱氧化剂(托伦试剂、斐林试剂及班氏试剂)发生反应的糖,称为还原糖。如葡萄糖、果糖、甘露糖都是还原糖。反之称为非还原糖。所有的单糖都是还原糖。

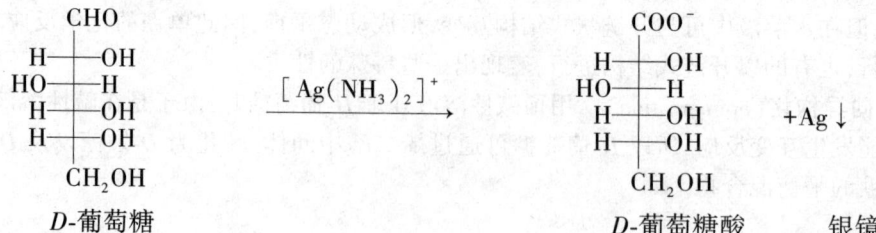

(2) 被溴水氧化:溴水是弱氧化剂,只能选择性地氧化醛糖,其结果是醛基被氧化成羧基,使溴水的颜色褪去。但不能氧化酮糖,因为溴水是弱酸性溶液,在酸性条件下(溴水 pH=6.0),酮糖不能发生差向异构化,因此溴水不能氧化酮糖,可利用溴水是否褪色来鉴别醛糖与酮糖。

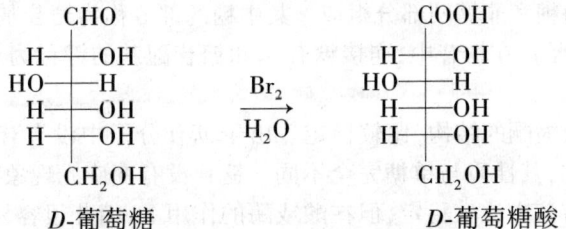

D-葡萄糖　　　　　　　　　　　D-葡萄糖酸

（3）被稀硝酸氧化：稀硝酸的氧化性比溴水强，不仅能氧化糖的醛基，还可氧化糖的伯醇羟基，生成二元糖羧酸，称为糖二酸。

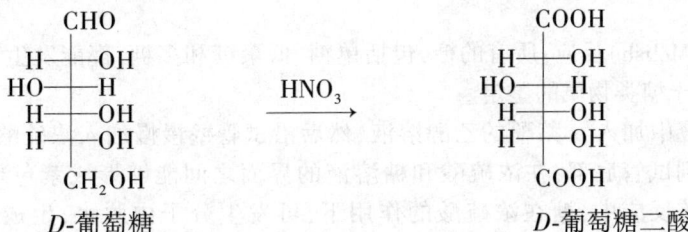

D-葡萄糖　　　　　　　　　　　D-葡萄糖二酸

3. 成脎反应　单糖的开链式结构中具有羰基，可与苯肼作用首先生成苯腙，然后继续与过量的苯肼作用生成糖脎(osazone)。其反应过程为：

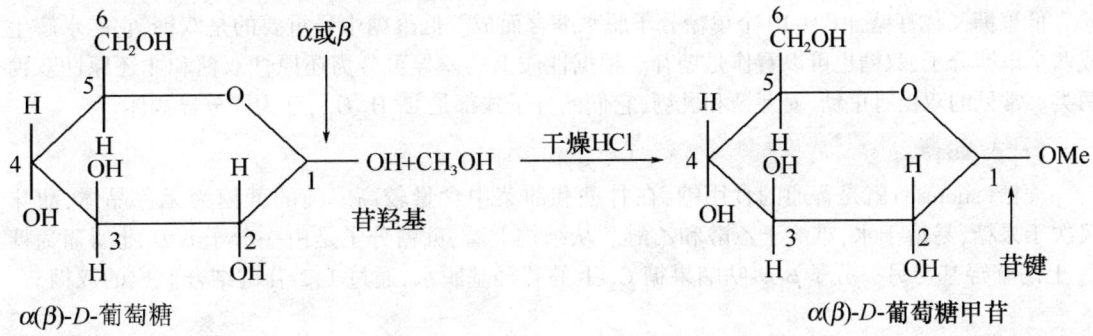

D-葡萄糖　　　　　　D-葡萄糖苯腙　　　　　　D-葡萄糖脎

糖脎是难溶于水的黄色晶体，由于不同的糖脎晶形不同，而且熔点也不同，成脎速度也不同。如 D-果糖成脎比 D-葡萄糖快。因此，实验室运用显微镜观察脎的晶形及结晶速度来定性鉴别各种单糖。

无论醛糖或酮糖，成脎反应都发生在 C_1 和 C_2 上，其他碳原子不参与反应，如果只是 C_1 和 C_2 两个碳原子的构型不同，而其他碳原子的构型相同，都可生成相同的糖脎，如 D-葡萄糖、D-果糖和 D-甘露糖形成相同的脎，说明这三个糖 C_3 以下的构型相同。因此对于生成同一种脎的几种糖来说，确定糖的构型有较大意义。

4. 成苷反应　单糖分子中含有苷羟基，较其他羟基活泼，在适当条件下可与醇或酚等含有羟基的化合物脱水，生成具有缩醛结构的化合物，称为糖苷(简称苷)。例如，D-葡萄糖在干燥氯化氢的作用下，与甲醇脱水生成 D-葡萄糖甲苷。

糖苷的分子结构由糖和非糖两部分组成。其中糖的部分称为糖苷基(糖体),非糖部分称为糖苷配基(配糖体或苷元),在糖苷中,连接糖苷基和糖苷配基的键称为苷键,苷键有氧苷键、氮苷键、硫苷键等。

糖苷相当于缩醛或缩酮的结构,比较稳定。由于糖苷分子中没有苷羟基,因此在水溶液中不能转化为开链式结构,其性质与单糖完全不同。糖苷没有变旋光现象,没有还原性,也不能形成糖脎。糖苷在碱性溶液中比较稳定,但在酸或酶的作用下,糖苷很容易发生水解,生成原来的糖和糖苷配基。

糖苷类化合物广泛地存在于自然界中,其中多数具有生理活性,是许多中草药的有效成分。

5. 显色反应

(1) 莫立许(Molish)反应:所有的糖,包括单糖、低聚糖和多糖,都能发生莫立许反应,而且反应很灵敏,常用于糖类物质的鉴定。

在糖的水溶液中加入 α-萘酚的乙醇溶液,然后沿试管壁慢慢加入浓硫酸,不得振摇,使密度大的浓硫酸沉到试管底部,在浓硫酸和糖溶液的界面之间能够形成紫色环,此颜色反应称为莫立许反应。该反应中,糖在浓硫酸的作用下,可发生分子内脱水,生成糠醛或糠醛衍生物,如:

$$\text{HOCH}_2\text{CHCHCHCHO} \xrightarrow[\text{强酸}]{-3\text{H}_2\text{O}} \text{α-呋喃甲醛(糠醛)}$$
$$\quad\quad\quad\quad\text{OHOHOH}$$

戊醛糖

$$\text{HOCH}_2\text{CHCHCHCHCHO} \xrightarrow[\text{强酸}]{-3\text{H}_2\text{O}} \text{HOCH}_2\text{—5-羟甲基呋喃甲醛(5-羟甲基糠醛)}$$
$$\quad\quad\quad\quad\text{OHOHOHOH}$$

己醛糖

其显色原因是糖与无机强酸共热,脱水生成了糠醛或糠醛衍生物。糠醛及其糠醛衍生物与 α-萘酚在硫酸作用下,生成有色的化合物。

(2) 塞利凡诺夫(Seliwanoff)反应:在酮糖的溶液中(酮糖包括游离的酮糖或双糖分子中的酮糖,如果糖或蔗糖)加入塞利凡诺夫试剂(间苯二酚的浓盐酸溶液),加热,很快出现红色。在同样的时间内,醛糖通常显色较慢,所以通过利用与塞利凡诺夫试剂发生显色反应的时间差别,鉴别醛糖和酮糖。

二、低 聚 糖

低聚糖又称寡糖,由2~10个单糖分子脱水缩合而成。低聚糖中最重要的是双糖,它能水解生成两个单糖分子,双糖也可以看作是糖苷。根据性质上的差异可分为还原性双糖和非还原性双糖两类。常见的双糖有蔗糖、麦芽糖和乳糖,它们的分子式都是 $C_{12}H_{22}O_{11}$,互为同分异构体。

(一) 蔗糖

蔗糖(sucrose)就是普通的食用糖,在甘蔗和甜菜中含量较高。纯的蔗糖为无色晶体,甜味仅次于果糖,易溶于水,难溶于乙醇和乙醚。从结构上看,蔗糖分子是由一分子 α-D-吡喃葡萄糖 C_1 上的苷羟基与另一分子 β-D-呋喃果糖 C_2 上的苷羟基脱水,通过1,2-苷键结合而成的双糖。

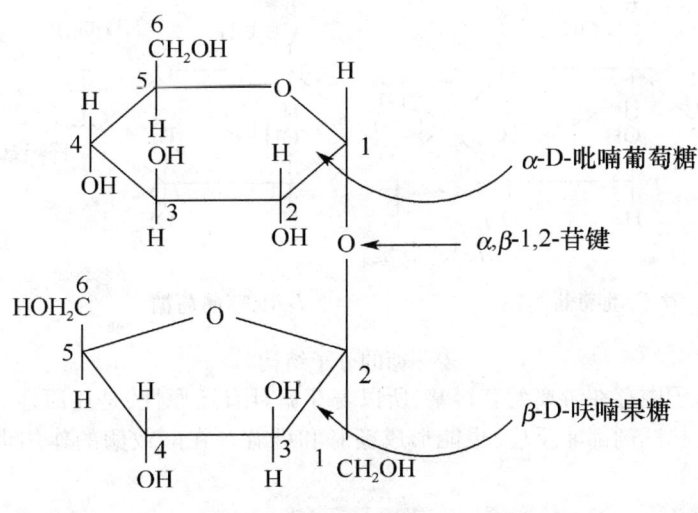

蔗糖的分子结构

由此可知,蔗糖的化学名称是 α-D-吡喃葡萄糖基-β-D-呋喃果糖,或 β-D-呋喃果糖基-α-D-吡喃葡萄糖。由于蔗糖分子中没有苷羟基,所以蔗糖的水溶液没有变旋光现象,没有还原性。是非还原性糖,与托伦试剂、斐林试剂都不反应,也不能形成糖脎和糖苷。在酸或酶的作用下,可水解生成葡萄糖和果糖。

$$C_{12}H_{22}O_{11} + H_2O \xrightarrow{H^+ \text{或酶}} C_6H_{12}O_6 + C_6H_{12}O_6$$

蔗糖　　　　　　　　　D-葡萄糖　　D-果糖

$[\alpha]_D^{20} = +66.5°$　　　　　　$[\alpha]_D^{20} = +52.7°$　$[\alpha]_D^{20} = -92°$

转化糖 $[\alpha]_D^{20} = -19.8°$

蔗糖的水溶液为右旋性,水解后生成由等量的葡萄糖和果糖组成的混合物,混合物为左旋性,所以蔗糖的水解过程又称蔗糖的转化,水解后的混合物则称为转化糖。蜂蜜的主要成分就是转化糖。

> **知识链接**
>
> **糖的甜度**
>
> 甜味的高低称为甜度,它是甜味剂的重要质量指标。甜味剂的甜度,现在还不能用物理或化学的方法定量测定,只能凭人们的味觉感官比较判断来求得各种糖的甜度值。通常以蔗糖的甜度为 100 作为比较标准。常见各种糖的相对甜度见表 13-1。
>
> 表 13-1　常见糖的相对甜度
>
> | 常见糖类 | 相对甜度 | 常见糖类 | 相对甜度 |
> |---|---|---|---|
> | 蔗糖 | 100 | 果糖 | 170 |
> | 乳糖 | 20 | 葡萄糖 | 67 |
> | 麦芽糖 | 70 | | |

(二) 麦芽糖

麦芽糖(maltose)存在于麦芽中,可由淀粉部分水解而制得。它是一种白色结晶性粉末,易溶于水。从结构上看,麦芽糖是由一分子 α-D-吡喃葡萄糖 C_1 上的苷羟基和另一分子 D-吡喃葡萄糖的 C_4 上的醇羟基脱水,通过 α-1,4-苷键结合而成的双糖。

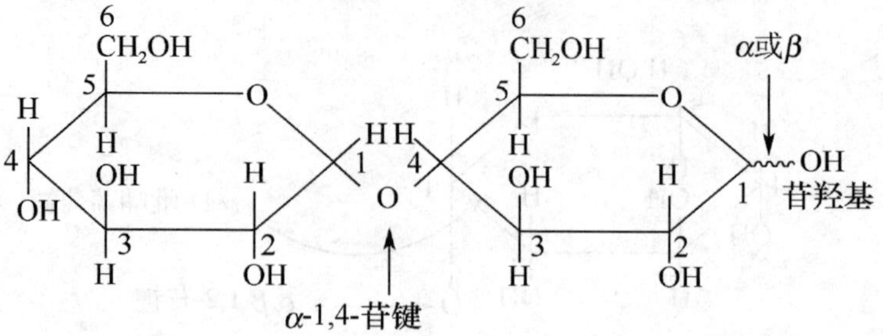

α-D-吡喃葡萄糖　　*D*-吡喃葡萄糖

麦芽糖的分子结构

由于麦芽糖分子中存在游离的苷羟基，所以麦芽糖具有还原性，是还原性二糖，有变旋光现象，与托伦试剂、斐林试剂都能反应，也能形成糖脎和糖苷。在酸或酶的作用下，水解生成两分子 *D*-葡萄糖。

（三）乳糖

乳糖（lactose）主要存在于哺乳动物的乳汁中。从结构上看，乳糖是由一分子 *β-D*-吡喃半乳糖 C_1 上的苷羟基与另一分子 *D*-吡喃葡萄糖 C_4 上的醇羟基脱水，通过 *β*-1,4-苷键结合而成的双糖。

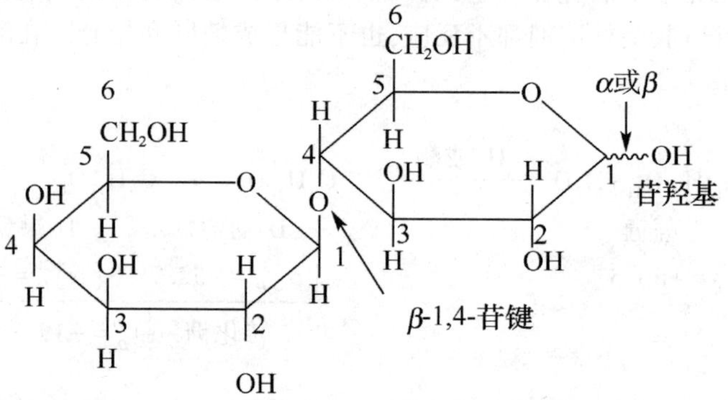

β-D-吡喃半乳糖　　*D*-吡喃葡萄糖

乳糖的分子结构

由于乳糖分子中也保留一个苷羟基，所以乳糖也具有还原性，是还原性二糖。有变旋光现象，也能形成糖脎、糖苷。在酸或酶的作用下，水解生成 *D*-半乳糖和 *D*-葡萄糖。

三、多　糖

多糖广泛存在于自然界中，与人们的生活密切相关。多糖是许多单糖分子以苷键结合而成的天然高分子化合物，主要有淀粉、糖原、纤维素。多糖的特性是无甜味，大多数难溶于水，少数能和水形成胶体溶液。多糖分子的末端虽然含有苷羟基，但因为相对分子质量很大，苷羟基对多糖的化学性质影响极不明显，所以表现为无还原性，也无变旋光现象，也不能形成糖脎。

（一）淀粉

淀粉（starch）是人类最主要的食物，同时也是一种重要的工业原料。淀粉是绿色植物光合作用的主要产物，广泛存在于植物的种子、块茎与果实中，在小麦、玉米及薯类中含量最多。例如，在小麦与玉米中淀粉含量可达 70%，它是提供给人体能量的主要营养物质。通常把糖类、脂肪、蛋白质三大类有机化合物称之为人体最基本的三大营养素。

天然淀粉是一种无臭无味的白色粉状物质,由直链淀粉和支链淀粉两部分组成。淀粉用水处理后,得到的可溶解的部分为直链淀粉,不溶而膨胀的部分为支链淀粉。一般淀粉中含直链淀粉 10%~20%,支链淀粉 80%~90%。

1. 直链淀粉 直链淀粉存在于淀粉的内层。从结构上看,其基本结构单元是 D-葡萄糖,一般是由数百到上千个 D-葡萄糖通过 α-1,4-苷键结合形成链状,其分子的部分结构如下:

直链泡粉分子的部分结构

直链淀粉的链并不是伸开的一条直链,而是盘旋呈螺旋状,每一圈约含六个葡萄糖单位,螺旋中间的空穴恰好可以容纳碘分子,并依靠分子间的作用力使碘分子与淀粉之间松弛地结合,形成深蓝色的物质,可用于淀粉和碘的相互鉴别。

2. 支链淀粉 支链淀粉存在于淀粉外层。从结构上看,一般由数千到上万个 D-葡萄糖单位组成,其中的主链也是由 α-1,4-苷键连接而成,但它还有通过 α-1,6-苷键或其他方式连接的支链。

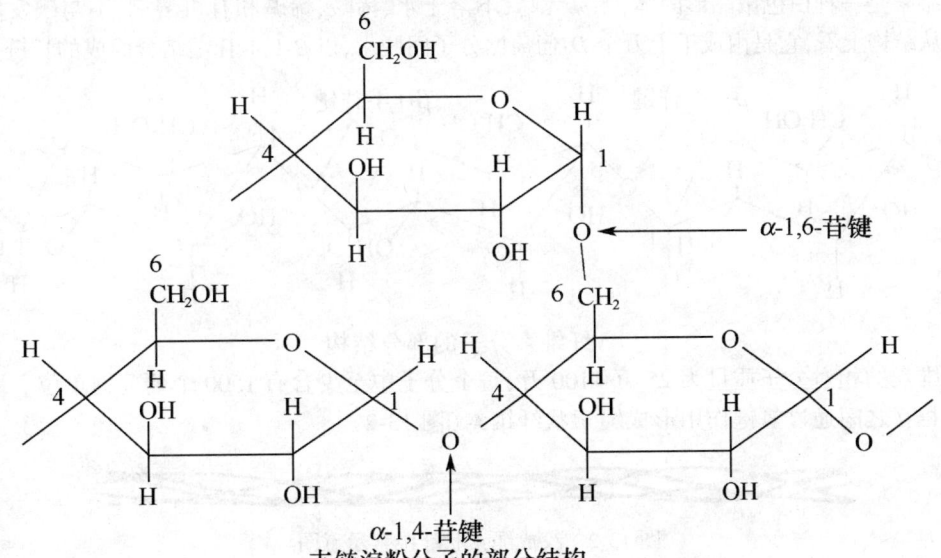

支链淀粉分子的部分结构

淀粉在酸或酶的催化作用下,逐步水解成一系列产物,水解的最终产物是 D-葡萄糖。根据淀粉的水解产物遇碘呈现不同的颜色,以判断淀粉水解的程度。

$$(C_6H_{10}O_5)_n \longrightarrow (C_6H_{10}O_5)_m \longrightarrow C_{12}H_{22}O_{11} \longrightarrow nC_6H_{12}O_6$$

$\quad\quad$ 淀粉 $\quad\quad\quad\quad\quad$ 糊精 $\quad\quad\quad\quad$ 麦芽糖 $\quad\quad\quad$ D-葡萄糖

I_2 $\quad$(蓝色)$\quad\quad\quad\quad$(蓝紫色)$\quad\quad\quad$(无色)$\quad\quad\quad\quad$(无色)

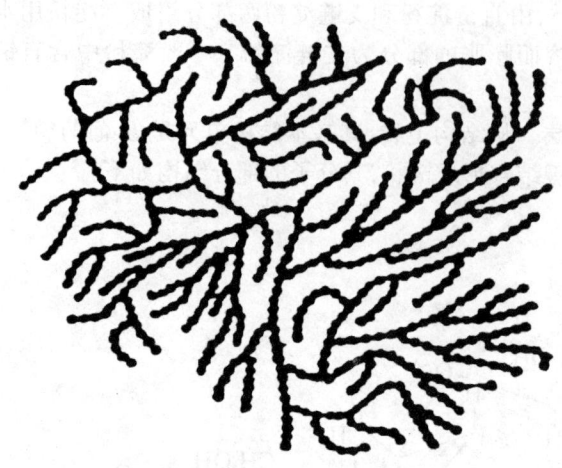

图 13-1 糖原结构示意图

糊精是淀粉部分水解的产物,分子比淀粉小,但仍是多糖,能溶于水,水溶液有黏性,可用作黏合剂。

(二) 糖原

糖原(glycogen)是人与动物体内储存的一种多糖,又称动物淀粉,主要存在于肝脏和肌肉中,糖原起到调节血糖浓度保持正常水平的作用。当人类将食物中的淀粉转化为葡萄糖,血液中葡萄糖含量较高时,它就结合成糖原储存于肝脏和肌肉中。当血液中葡萄糖含量低于正常水平时,糖原即可被糖原磷酸化酶分解为葡萄糖,供给肌体能量。糖原结构如图 13-1 所示。

从结构上看,糖原水解的最终产物也是 D-葡萄糖,故其结构单位也是 D-葡萄糖。糖原的结构与支链淀粉很相似,结构单位之间以 α-1,4-苷键结合,链与链之间的连接点以 α-1,6-苷键结合,但是分支更多、更密。支链淀粉中每隔 20~25 个葡萄糖单位出现一个 α-1,6-苷键,而糖原相隔 8~10 个葡萄糖单位出现一个 α-1,6-苷键。

糖原是无色粉末,易溶于水,遇碘作用呈蓝紫色或紫红色。

(三) 纤维素

纤维素(cellulose)是自然界中最丰富的多糖,是构成植物细胞壁及支柱的主要部分。植物的细胞壁大约 50% 是纤维素,木材含纤维素为 40%~50%,棉花中含纤维素最多,达到了 92%~95%。

纤维素是一种白色微晶形固体,无臭无味,不溶于水、稀酸、稀碱和有机溶剂,不与碘发生显色反应。从结构上看,它是由成千上万个 D-葡萄糖分子间脱水,以 β-1,4-苷键结合而成的长链分子。

纤维素分子的部分结构

纤维素的相对分子质量为 25 万~100 万,每个分子中至少含有 1500 个葡萄糖单位。纤维素分子链相互之间通过氢键作用形成绳索状纤维素(图 13-2)。

图 13-2 绞成绳索状纤维素示意图

纤维素和淀粉一样,不具有还原性,水解比淀粉难。在高温高压下,纤维素与无机酸共热,最终水解成 D-葡萄糖。例如,用酶部分水解可产生纤维二糖。同时,纤维素作为重要的工业原料,除了直接用于纺织和造纸外,还可以通过对其处理从而得到一系列有用的纤维素衍生物,如火棉、羧甲基纤维素钠、赛璐玢等。

> **知识链接** **膳食纤维素与人体健康**
>
> 膳食纤维又称纤维素或食物纤维,它属于糖类,是不能被人体消化吸收的多糖物质。食草动物胃中存在某些微生物,能分泌纤维素水解酶,将纤维素水解成葡萄糖,然后再被动物吸收利用,所以纤维素是食草动物的饲料。而人类消化道中没有消化纤维素的水解酶,所以纤维素不能直接被人体利用。但食物中的膳食纤维素对人体健康起了非常重要的作用。假如吃进去的膳食纤维素减少,能量摄入就增加,动脉容易硬化,血浆胆固醇上升,缺血性的心脏病发病率就会升高,也会引起便秘和痔疮,还会影响无机盐的吸收,钙、磷、铁、镁、胆固醇吸收下降。膳食纤维素能刺激肠胃蠕动,具有排便作用;促进牙齿发育健全,减缓成人牙齿功能退化,减少龋齿和牙周病;增加咀嚼食物时间,有利于食物的消化;还具有治疗糖尿病、控制体重等作用。所以食物中有一定量的纤维素对人体是不可缺少的,有益的。膳食纤维素在蔬菜、水果中含量非常丰富。因此,多吃蔬菜、水果,对保证身体健康是有益的。

本 章 小 结

本章主要阐述的知识点有:糖类的定义、分类,单糖的结构及表示法,单糖的构型确定、环状结构异构体的表示法,单糖的化学性质及鉴别,常见的单糖;双糖的结构单元、连接方式、分类、常见的双糖;多糖的结构单元、连接方式、性质、常见的多糖等。

本章所涉及的基本概念:变旋光现象、端基异构体、差向异构体、差向异构化、苷羟基、还原糖、非还原糖、转化糖、糖苷、苷键等。

目标检测

一、名词解释
1. 差向异构体 2. 端基异构体 3. 变旋光现象
4. 还原糖、非还原糖 5. 苷键 6. 苷羟基

二、填空题
1. 单糖的差向异构化是在_____作用下,通过_____中间体完成的。
2. 醛糖能被溴水氧化是因为分子中具有_____结构。
3. 葡萄糖水溶液中含有_____、_____和_____三种平衡混合物,其中含量最多的是_____。
4. 糖苷是由_____和_____两部分通过_____键连接起来的化合物,成苷反应只发生在_____羟基上,因而糖的_____羟基也称苷羟基。
5. 多糖是由很多_____分子按一定方式通过_____键结合而成的。其性质和单糖不同。多糖由于在缩合过程中失去了大部分的_____基,所以没有_____性,不能生成糖脎,也没有_____现象,与斐林试剂_____发生反应。一般_____溶于水,_____甜味。

三、选择题
1. 下列不属于单糖的是(   )
   A. 葡萄糖　　　　　　B. 果糖
   C. 核糖　　　　　　　D. 麦芽糖
   E. 甘露糖
2. 下列为非还原糖的是(   )
   A. 葡萄糖　　　　　　B. 果糖
   C. 麦芽糖　　　　　　D. 蔗糖
   E. 甘露糖
3. 下列既能水解,又有还原性的是(   )
   A. 葡萄糖　　　　　　B. 果糖
   C. 麦芽糖　　　　　　D. 蔗糖
   E. 淀粉
4. 下列不能使溴水褪色的糖是(   )
   A. 葡萄糖　　　　　　B. 果糖
   C. 半乳糖　　　　　　D. 核糖
   E. 甘露糖
5. 还原糖的结构特点是有(   )
   A. 醛基　　　　　　　B. 酮基
   C. 苷羟基　　　　　　D. 苷键
   E. 醇羟基
6. 下列化合物可与斐林试剂反应生成砖红色沉淀的是(   )
   A. 果糖　　　　　　　B. 蔗糖
   C. 淀粉　　　　　　　D. 纤维素

E. 糖原
7. 与托伦试剂不能发生银镜反应的是(　　)
   A. 果糖　　　　　　　B. 己醛
   C. 麦芽糖　　　　　　D. 蔗糖
   E. 乳糖
8. 鉴别 D-葡萄糖和 D-果糖可选用的试剂是(　　)
   A. 溴水　　　　　　　B. 托伦试剂
   C. 斐林试剂　　　　　D. 2,4-二硝基苯肼
   E. 碘水溶液
9. 下列能与所有糖作用显紫色的是(　　)
   A. 托伦试剂　　　　　B. 斐林试剂
   C. 塞利凡诺夫试剂　　D. 莫立许试剂
   E. 班氏试剂
10. 醛糖和酮糖最好选用的试剂是(　　)
    A. 塞利凡诺夫试剂—托伦试剂
    B. 斐林试剂
    C. 2,4-二硝基苯肼
    D. 莫立许试剂
11. 下列哪一组糖生成的糖脎是相同的(　　)
    A. 乳糖、葡萄糖、果糖
    B. 半乳糖、甘露糖、葡萄糖
    C. 甘露糖、果糖、半乳糖
    D. 麦芽糖、果糖、半乳糖
    E. 甘露糖、果糖、葡萄糖
12. 自然界存在的葡萄糖是(　　)
    A. D 型　　　　　　　B. L 型
    C. D 型和 L 型　　　D. 绝大多数 D 型
    E. D 型多于 L 型
13. 己醛糖在碱性条件下,很容易发生(　　)
    A. 酯化反应　　　　　B. 成盐反应
    C. 成环反应　　　　　D. 差向异构化
    E. 碳链断裂
14. 糖类与醇发生的成苷反应,常用的催化剂是(　　)
    A. 浓盐酸　　　　　　B. 稀氢氧化钠
    C. 干燥 HCl　　　　　D. 稀硫酸
    E. 浓碱
15. 下列糖中与乳糖的分子式相同的是(　　)
    A. 葡萄糖　　　　　　B. 麦芽糖
    C. 果糖　　　　　　　D. 半乳糖
    E. 糖元
16. $α$-D-(+)-吡喃葡萄糖和 $β$-D-(+)-吡喃葡萄糖不是(　　)
    A. 端基异构体　　　　B. 差向异构体
    C. 异头体　　　　　　D. 对映异构体
    E. 非对映异构体

17. 下列能与碘试液反应而变蓝色的是(　　)
    A. 葡萄糖　　　　　　B. 蔗糖
    C. 乳糖　　　　　　　D. 淀粉
    E. 果糖
18. 淀粉水解的最终产物是(　　)
    A. 葡萄糖　　　　　　B. 果糖
    C. 麦芽糖　　　　　　D. 蔗糖
    E. 乳糖
19. 人不能以纤维素作为食物是因为缺乏水解它的酶是(　　)
    A. $α$-1,4-苷键　　　　B. $α$-1,6-苷键
    C. $β$-1,4-苷键　　　　D. 肽键
    E. $α$-1,2-苷键
20. 淀粉的基本组成单位是 D-葡萄糖,它在直链淀粉中的主要连接方式为(　　)
    A. $α$-1,4-苷键　　　　B. $α$-1,6-苷键
    C. $β$-1,4-苷键　　　　D. $β$-1,6-苷键
21. 支链淀粉是有多个 D-吡喃葡萄糖结构单元采用下列何种键结合而成的化合物(　　)
    A. $β$-1,4-苷键和 $α$-1,6-苷键
    B. $α$-1,4-苷键和 $β$-1,6-苷键
    C. $α$-1,2-苷键和 $α$-1,6-苷键
    D. $α$-1,4-苷键和 $α$-1,6-苷键
    E. $α$-1,4-苷键和 $α$-1,2-苷键
22. 鉴别糖类最常用的反应是(　　)
    A. 银镜反应　　　　　B. 莫立许反应
    C. 氧化反应　　　　　D. 成脎反应
    E. 酯化反应
23. 对莫立许反应的结果正确叙述是(　　)
    A. 莫立许反应呈阳性,说明物质中一定含有糖
    B. 莫立许反应呈阴性,说明物质中一定不含糖
    C. 莫立许反应呈阴性,说明物质中一定含有糖
    D. 莫立许反应呈阳性,说明物质中只含有还原糖
    E. 莫立许反应呈阴性,说明物质中含非还原糖

四、写出下列化合物的哈沃斯式
1. $β$-D-吡喃葡萄糖　2. $β$-D-甘露糖甲苷　3. $α$-D-呋喃果糖　4. $β$-D-吡喃半乳糖　5. 蔗糖　6. $α$-D-麦芽糖

五、完成下列反应式,写出其主要产物
1. D-半乳糖与溴水作用的反应式
2. D-半乳糖与稀硝酸作用的反应式
3. D-甘露糖与甲醇(干燥 HCl)作用的反应式
4. D-半乳糖与苯肼(过量)作用生成脎的反应式

六、用化学方法鉴别下列各组化合物
1. 葡萄糖和果糖　2. 葡萄糖和半乳糖　3. 麦芽糖

和葡萄糖甲苷　　4. 葡萄糖和蔗糖　　5. 葡萄糖二酸和葡萄糖甲苷　　6. 蔗糖、麦芽糖和果糖　　7. 蔗糖、麦芽糖和淀粉　　8. 葡萄糖、淀粉和纤维素

七、简答题

1. 酮不能被弱氧化剂(托伦试剂、斐林试剂、班氏试剂)氧化,但果糖是酮糖,为什么可以被弱氧化剂氧化?
2. 葡萄糖可与溴水反应而果糖不能,为什么?
3. D-葡萄糖与-葡萄糖甲苷哪一种有变旋光现象?为什么?
4. 蔗糖是非还原糖,在酸性水溶液中也有变旋光现象,为什么?
5. 乳糖有无变旋光现象?为什么?
6. 淀粉与纤维素在化学结构上的主要区别是什么?

如何用化学方法鉴别两者?

八、推断题

1. 某甲糖,无还原性,但水解后能生成转化糖,水解产物是乙和丙,乙和丙均为六碳糖,都能发生银镜反应,只有乙能和溴水反应,试写出甲、乙、丙结构的哈沃斯式。
2. 有甲和乙两种 D-丁醛糖,能生成相同的糖脎,但如果用硝酸氧化时,分别生成相应的无旋光性的糖二酸丙和有旋光性的糖二酸丁,试写出甲、乙、丙、丁的结构式和上述反应式。
3. 有一个 D-戊醛糖甲,用硝酸氧化生成具有旋光性的糖二酸乙,甲通过降碳反应,得到了丁醛糖丙,丙氧化后生成无旋光性的糖二酸丁,试写出甲、乙、丙、丁的结构式和上述反应式。

第 14 章 萜类和甾体化合物

> **学习目标**
> 1. 掌握萜类和甾体化合物的定义、结构特征和分类；
> 2. 熟悉重要的萜类和甾体化合物的结构、来源和药用价值；
> 3. 了解萜类化合物的化学性质，甾体化合物的构型、类型和系统命名法。

萜类(terpenoids)和甾体(steroids)化合物是相当重要的两类天然产物。二者在结构上看来很不相同，但它们在生物体内却都是由乙酸为原料合成的。许多萜类和甾体化合物具有药用价值，是中药的有效成分，可直接用来治疗疾病，有的可以作为药物合成的原料，有些甾体化合物在动物体内起着非常重要的生理作用。因此，萜类和甾体化合物与药学的关系极为密切。

第 1 节 萜类化合物

许多植物的花、果、叶、茎及根经水蒸气蒸馏或溶剂提取可得到不溶于水并且有挥发性和香味的油状物质，称为挥发油（又称香精油），千百年前我国就已利用香精油作药物和香料。它们大多为混合物，其主要成分是萜类化合物，如松节油中的蒎烯、薄荷油中的薄荷醇、樟脑油中的樟脑等。

一、萜类化合物的结构和性质

(一) 萜类化合物的结构

19 世纪对香精油的研究，发现了不少分子式为 $C_{10}H_{16}$ 并含有双键的碳氢化合物，称为萜烯（萜在这里有 10 的意思），如香叶烯、苧、松节油、莰烯等。

萜类化合物或萜类是指两个或两个以上异戊二烯(C_5H_8)的低聚体及其氢化物和含氧衍生物。它们的共同点是分子的碳原子数都是 5 的整数倍。例如：

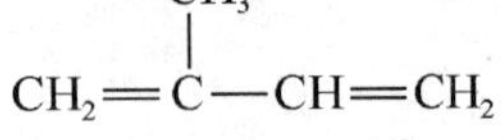

异戊二烯 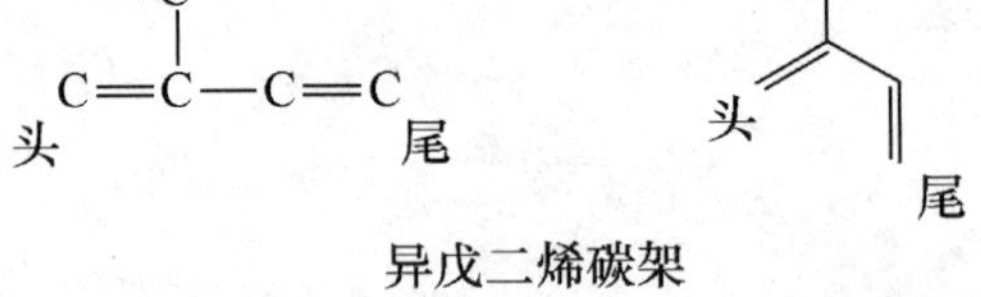　　　　　　异戊二烯碳架 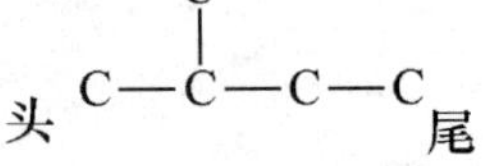　　　　　　异戊二烯单位

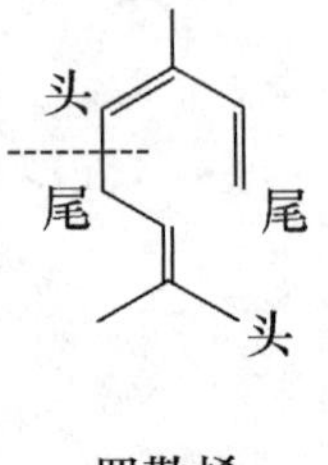

罗勒烯　　　　　　　月桂烯(香叶烯)　　　　　　苧烯(柠檬烯)
(存在于吴茱萸中)　　(存在于月桂油中)　　　　(存在于橘子油、柠檬油中)

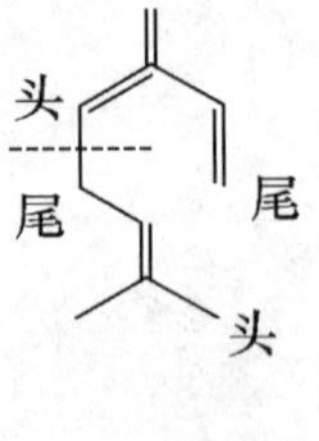

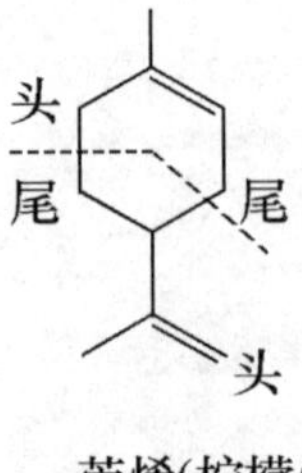

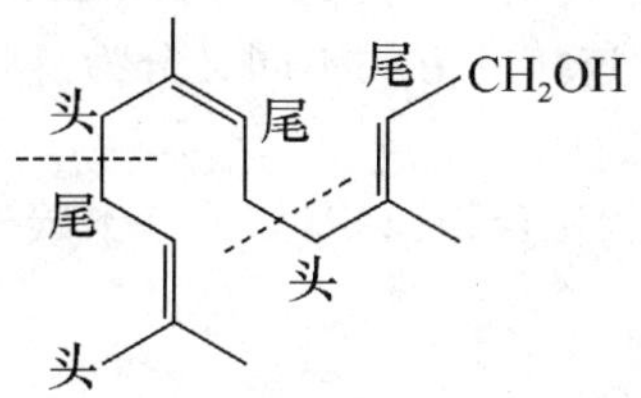

金合欢醇(法尼醇)   叶绿醇(植物醇)
(存在于橙花、玫瑰花油中)   (叶绿素水解产物之一)

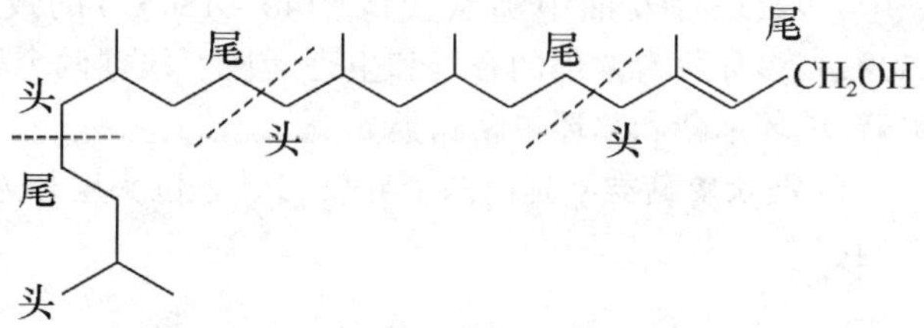

由此可见，萜类化合物的共同结构特点是：可看作是若干个异戊二烯(C_5H_8)单位，以头尾(少数以头头、尾尾)相连接而成的化合物，可用通式$(C_5H_8)_n$表示($n \geq 2$)。这种结构特点称为萜类化合物的"异戊二烯规则"。

(二) 萜类化合物的性质和生理活性

萜类化合物的数目众多，其性质也不尽相同，有的是液体，有的是固体；有的具有挥发性，有的没有挥发性；有的香，有的不香；有的有旋光性，有的无旋光性等。化学结构互有异同，没有共同的官能团，因此不存在整类化合物的通性，化学性质主要表现出分子内所含官能团的性质。例如，在双键上可以发生加成反应和氧化反应；羰基上能发生羰基反应(如与羰基试剂反应)，内酯结构容易水解开环等。

萜类化合物具有一定的生理活性，可以供药用，具有祛痰、平喘、止咳、祛风、解热、镇痛、抗菌、利尿、降压、抗病毒、驱虫、活血化瘀等作用，所以萜类化合物在医药领域占有重要的地位。

二、萜类化合物的分类和命名

根据分子中所含异戊二烯单位的数目，萜类化合物可按表14-1进行分类。

表14-1 萜类化合物的分类

类别	异戊二烯单位数(n)	碳原子数	举例
单萜类	2	10	蒎烯、薄荷醇、柠檬醛
倍半萜类	3	15	α-麝子油烯、金合欢醇
二萜类	4	20	叶绿醇、松香酸、维生素A
三萜类	6	30	甘草次酸、角鲨烯
四萜类	8	40	胡萝卜素、番茄烯
多萜类	>8	>40	

萜类化合物也可根据碳架的不同分为链状萜、单环萜、双环萜、三环萜等类型。

不同的萜类化合物种类繁多，结构千差万别，用系统命名法命名比较烦琐，一般根据来源和类别名称(如烷、烯、醇、醛、酮、酸等)用俗名称之，如柠檬烯、薄荷醇、月桂烯、角鲨烯、胡萝卜素等。

三、常见的萜类化合物

(一) 单萜类化合物

单萜类化合物是含有两个异戊二烯单位的萜烯及其衍生物，广泛存在于高等植物的分泌组织中,多数是挥发油中沸点较低(140~180℃)的成分,它们的含氧衍生物沸点较高(200~230℃),多数具有浓郁的香气和生理活性。根据两个异戊二烯单位连接的方式不同又分为链状单萜、单环单萜和双环单萜三类。

1. 链状单萜类　是由两个异戊二烯单位头尾相连接而成的链状化合物,具有如下基本碳架结构:

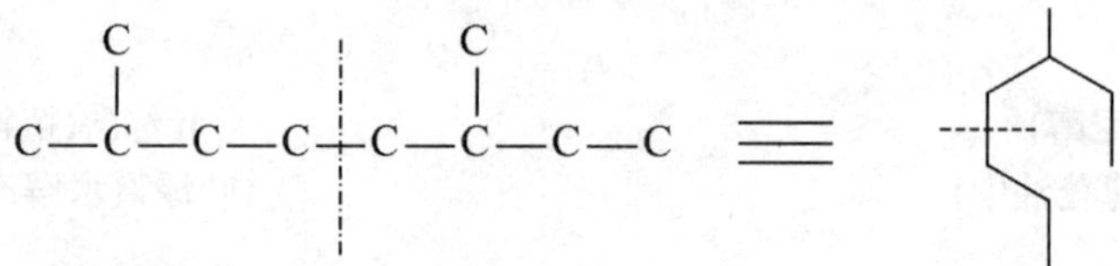

许多链状单萜类化合物都是香精油的主要成分。例如,月桂油中的月桂烯,吴茱萸中的罗勒烯是链状单萜中的萜烯,柠檬油和柠檬草油中的柠檬醛,香茅油、玫瑰油中的香茅醇和香叶醇等,均是其含氧衍生物,也是单萜类化合物。它们的结构如下:

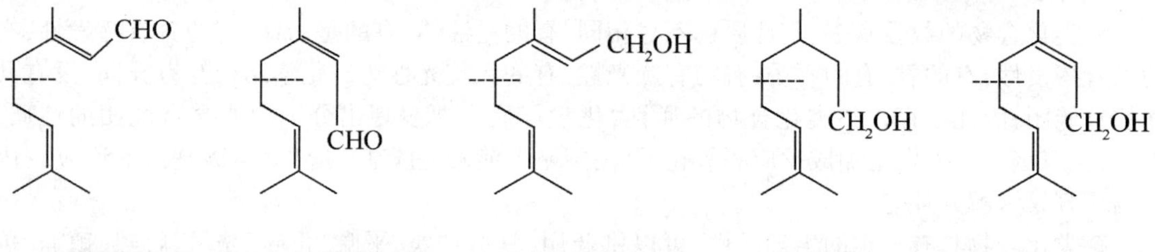

α-柠檬醛(E型)　　β-柠檬醛(Z型)　　香叶醇(Z型)　　香茅醇　　橙花醇(Z型)

从顺反异构现象来看:香叶醇烯键旁碳原子所连接的氢与甲基位于双键异侧,为 E 构型。橙花醇是它的顺反异构体,存在于橙花油中,具有 Z 构型。链状单萜类化合物中分子内部多数含有碳碳双键或手性碳原子,因此它们大多数存在 Z、E 异构体或对映体。

链状单萜中许多化合物都是珍贵的香料,如有玫瑰香气的橙花醇,有柠檬香气的柠檬醛都用于配制香料。柠檬醛与丙酮缩合生成紫罗兰酮,这是一种名贵的人造香料,柠檬醛也是合成维生素 A 的原料。

蜜蜂发现蜜源时,便分泌出香叶醇吸引其他同伴,因此香叶醇也是一种昆虫的信息素。

2. 单环单萜类　是由两个异戊二烯单位头尾相连接而成的具有一个六元环状的化合物。其中比较重要的有苧烯、薄荷醇、薄荷酮及桉油精等。

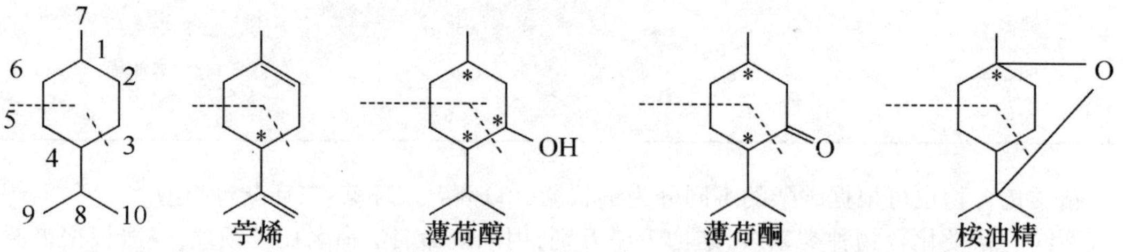

苧烯　　薄荷醇　　薄荷酮　　桉油精

苧烯又称柠檬烯,因其分子内含有一个手性碳原子,所以有一对对映异构体。其右旋体存在于柠檬油中,左旋体存在于松针油中,松节油和香茅油中存在其外消旋体。它们都有柠檬香气,用作香料、溶剂及合成橡胶的原料。

薄荷醇(3-萜醇)俗名薄荷脑,分子内含有一个手性碳原子。薄荷醇和薄荷酮都是薄荷油中的重要成分,其中薄荷醇的含量最高可达90%,二者都有浓郁的薄荷香气,广泛用于医药和食品工业。薄荷醇是人们最熟悉的萜类物质之一,它具有芳香凉爽气味,有杀菌、防腐作用,并有止痛和止痒的功效,是清凉油、人丹等药物的主要成分之一。薄荷醇也可作为香味剂用于医药、化妆及食品工业中,如清凉油、牙膏、糖果、烟酒等。

桉油精是桉叶油中的主要成分,具有解热消炎作用和较强的抗菌防腐作用。

3. 双环单萜类 可以看作是由萜烷分子中的 C_8 和 C_1、C_2、C_3 相连形成的桥环化合物。其结构构型可分别称为莰烷、蒎烷及蒈烷;若是 C_4 和 C_6 相连形成的桥环化合物称为苧烷。

双环单萜的命名编号一般是从两个环共用的一个碳原子开始,先从大环,再到小环,然后将其他碳原子编号。例如:

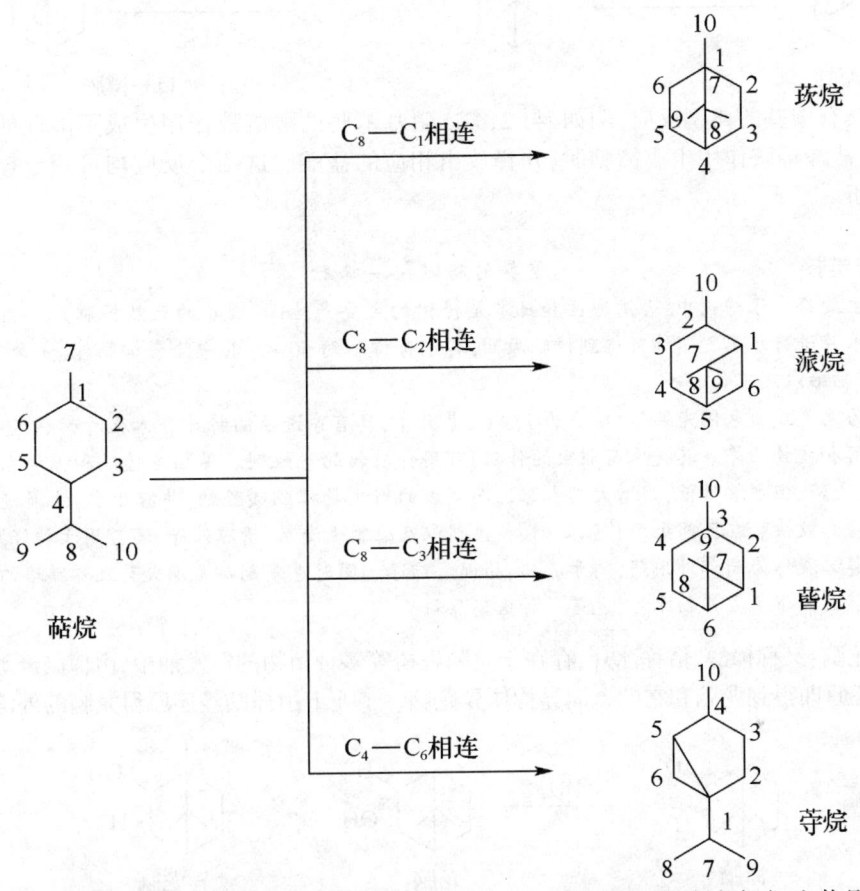

上述四种双环单萜烷在自然界并不存在,但它们的不饱和衍生物或含氧衍生物则广泛分布于植物体内,尤以蒎烷和莰烷的衍生物与药物关系密切,如蒎烯、樟脑等。

(1) 蒎烯:是松节油的主要成分(占松节油的 80%~90%),所以又称松节烯。它是蒎烷的不饱和衍生物,分子中除六碳环与四碳环外,还含有一个双键。根据双键的位置不同,有两种异构体,可分别称为 α-蒎烯(沸点为 155.5℃)和 β-蒎烯(沸点为 163.5℃)。

α-蒎烯　　　　β-蒎烯

松节油因具有局部止痛作用,医疗上可作为外用止痛搽剂。工业上可用作漆、蜡的溶剂;α-蒎烯又是工业上用来合成冰片、樟脑等的重要原料。

(2) 樟脑:又称 2-莰酮(α-崁酮),是莰烷的含氧衍生物。樟脑是最重要的萜酮之一,主要存在于樟树中的挥发油。从樟树中得到的樟脑为右旋体,人工合成品为外消旋体。其分子中有两个手性碳原子,但因为碳桥只可能在环的一边,受环和碳桥的限制,实际上只有一对对映异构体。

从樟脑树的挥发油中得到的樟脑是右旋体,工业上用α-蒎烯人工经下列反应合成樟脑,得到的是外消旋体:

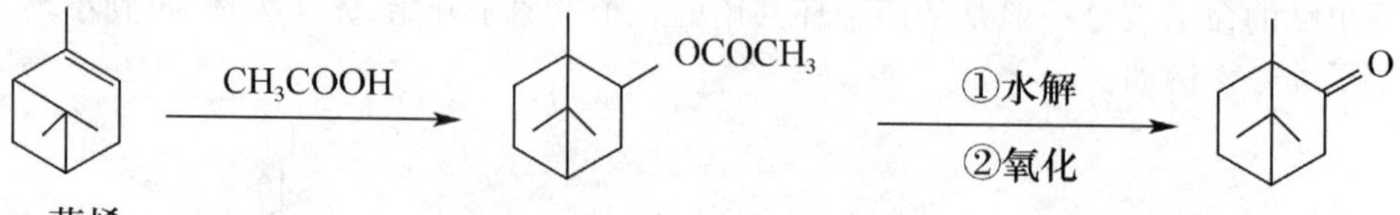

$$\text{α-蒎烯} \xrightarrow{CH_3COOH} \text{(OCOCH}_3\text{)} \xrightarrow[\text{②氧化}]{\text{①水解}} (\pm)\text{-樟脑}$$

樟脑具有羰基的典型反应,例如,与2,4-二硝基苯肼的醇溶液作用生成不溶性的2,4-二硝基苯腙;与盐酸羟胺作用生成樟脑肟,并释放出相应的盐酸。这两个反应均可用于樟脑的定性和定量分析。

> **知识链接**　　　　　　**重要的萜酮——樟脑**
>
> 樟脑主要存在于樟树中,台湾地区和日本是樟树的主要产地,我国产的天然樟脑产量占世界第一位。将樟木片进行水蒸气蒸馏可得到樟脑原油,其中含樟脑约50%。其中除含樟脑外,还含有黄樟素、桉树脑、樟脑烯以及丁香酚等。
>
> 樟脑为无色或白色闪光晶体,熔点为179℃,易升华,具有穿透性的特殊香味及清凉感,不溶于水而易溶于乙醇和植物油等。其气味有驱虫的作用,可用作衣物的防蛀剂。樟脑是呼吸和循环系统的兴奋剂,为急救良药,但水溶性低,为增大其水溶性而制成的衍生物樟脑磺酸钠,易溶于水,注射进入体内后迅速吸收而奏效快。在医药上用作强心剂、祛痰剂以及配制十滴水、清凉油等,还可用于神经痛的治疗。樟脑的乙醇溶液作为局部外用药,用于冻伤、局部炎症等。同时也是制备无烟火药及赛璐珞的原料。此外樟脑电解还原得主要产物冰片,也是一种医药原料。

（3）龙脑:又称樟醇,俗称冰片,存在于龙脑香树等多种植物的挥发油中,由樟脑经硼氢化钠还原或电解还原即得到龙脑和它的差向异构体异龙脑。工业上由樟脑经还原得龙脑的外消旋体。

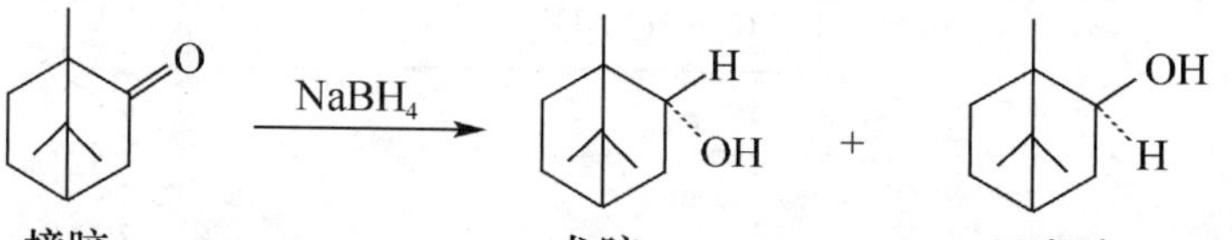

$$\text{樟脑} \xrightarrow{NaBH_4} \text{龙脑} + \text{异龙脑}$$

龙脑为透明六角片状结晶,能升华,有似胡椒又似薄荷的香气。有升华性,熔点206~208℃,合成品为外消旋混合物。它不溶于水,易溶于乙醚、乙醇、氯仿等有机溶剂。龙脑具有发汗、镇痉、止痛、防腐、驱虫等作用,是人丹、六神丸、冰硼散等药的主要成分之一。异龙脑因刺激性较大不宜入药,可作香料。

(二) 倍半萜类化合物

倍半萜是由三个异戊二烯单位连接而成的。它也有链状和环状之分,主要也存在于挥发油中。常见的二萜有金合欢醇、愈创木薁、山道年、没药醇、α-香附酮等。

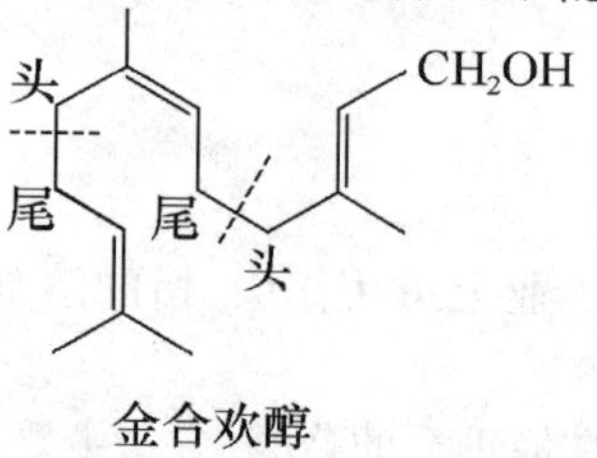

金合欢醇 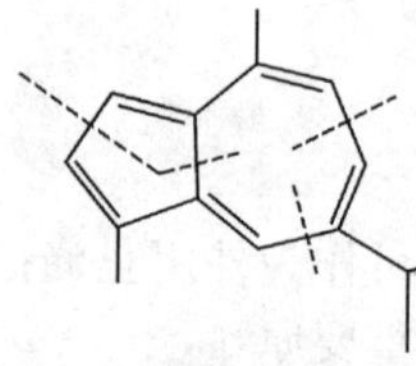　　　愈创木薁 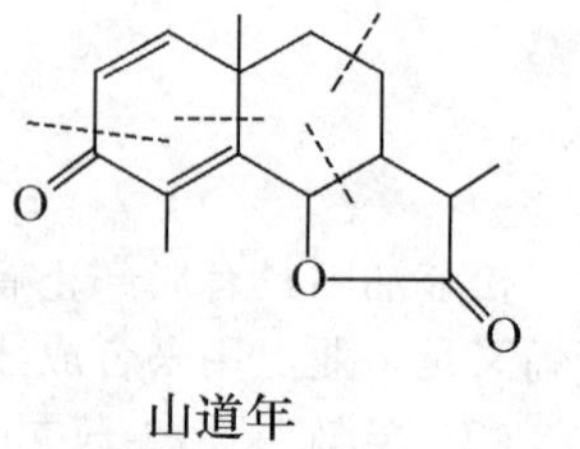　　　山道年

1. 金合欢醇 又称法尼醇，是一种链状不饱和醇，其结构式如下：

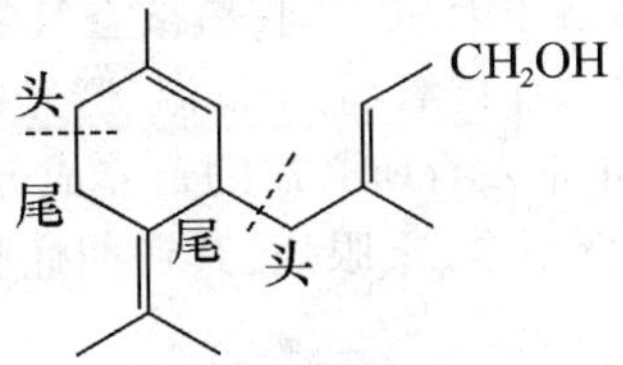

金合欢醇

金合欢醇存在于香茅草、橙花、玫瑰、茉莉花等多种芳香植物的挥发油中。它是一种珍贵的香料，用于配制高级香精。它还具有保幼激素活性，其十万分之一浓度的水溶液即可阻止蚊的成虫出现，对虱子也有致死作用。

2. 愈创木薁 是双环倍半萜类化合物，存在于满山红、香樟或桉叶的挥发油中，具有消炎、促进烫伤或灼伤创面愈合以及防止辐射等效能，是国内烫伤膏的主要成分。

3. 山道年 是三环倍半萜类化合物，存在于菊科植物茴蒿的未开放的花蕾中，目前主要用提取的方法获得。山道年过去在医药上是常用的驱蛔虫药，其作用是使蛔虫麻痹而被排出体外。但因山道年对人体毒性太大，现已被淘汰。

（三）二萜类化合物

二萜是由四个异戊二烯单位连接而成的。链状和单环二萜比较少，主要是二环和三环二萜，尤其是含氧衍生物较多。常见的二萜化合物有叶绿醇、松香酸、维生素 A 等。

1. 叶绿醇 为链状二萜的一个代表，是叶绿素的组成部分，广泛分布于植物中，是叶绿素的水解产物之一，也是合成维生素 E 和维生素 K_1 的原料。其结构为：

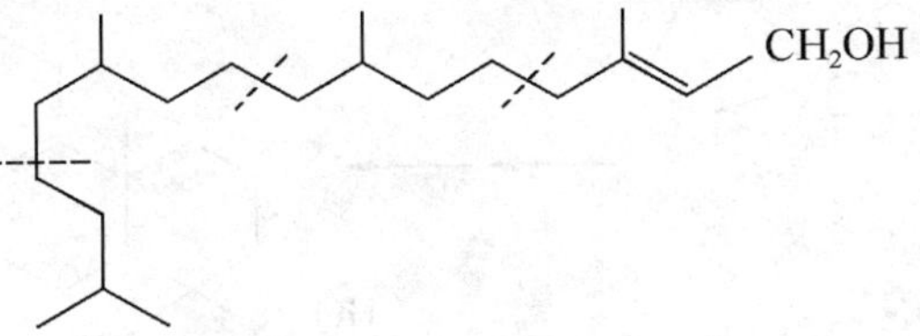

叶绿醇

2. 松香酸 是一个三环二萜类含氧衍生物，松脂经水蒸气蒸馏，蒸出松节油后的残留物称为松香，其主要成分便是松香酸。松香酸为黄色透明、硬脆的玻璃状固体，其钠盐或钾盐加在肥皂中作为起泡剂。松香酸还广泛用于造纸、制清漆和制药等。

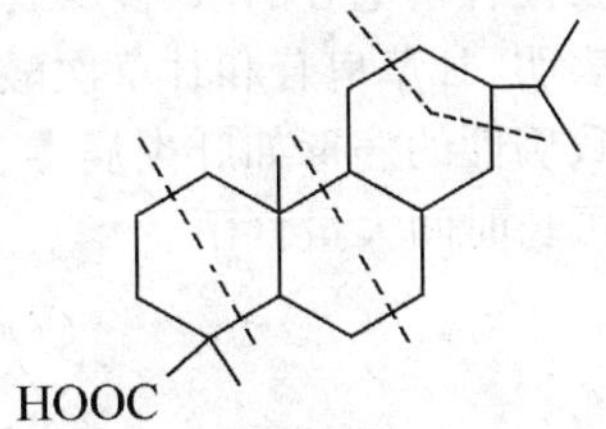

松香酸

3. 维生素 A 又称视黄醇、视网膜醇、抗干眼醇，为单环二萜醇，有多个碳碳双键构成的共轭体系。维生素 A 的结构为：

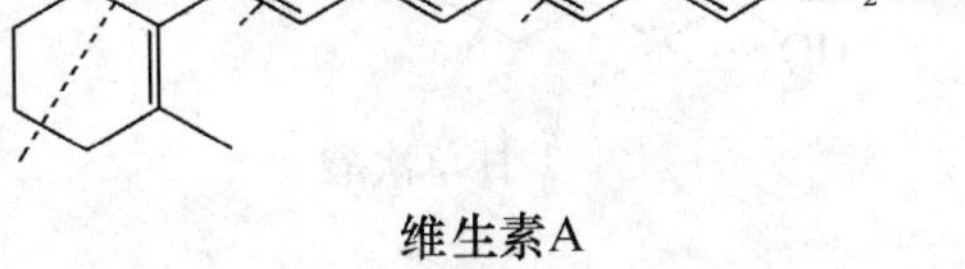

维生素A

维生素A通常存在于奶油、蛋黄中,主要存在于动物肝脏中,特别是鱼肝中的含量丰富;为黄色结晶,熔点63~64℃;不溶于水而易溶于有机溶剂;易被空气氧化,遇紫外线或高温也易失去活性。通常将其溶于精制植物油中并添加抗氧剂,于低温、避光处储存。

为脂溶性维生素,是哺乳动物正常发育所必需的营养成分之一。能维持黏膜及上皮组织的正常机能,缺乏维生素A则引起发育不全、干眼病,其初期症状就是夜盲,因为它与暗视觉直接有关。

> **知识链接**　　　　　　　　　　**维生素A与暗视觉**
>
> 在体内维生素A经氧化作用生成视黄醛,视黄醛能与视网膜上的一种视蛋白结合成为视觉色素——视紫红质,它是暗视觉的物质基础。视紫红质在光中分解,在暗处合成,此过程可简化表示为:
>
> 维生素A $\xrightarrow{[O]}$ 视黄醛 + 视蛋白 $\underset{\text{光}}{\overset{\text{暗环境}}{\rightleftharpoons}}$ 视紫红质
>
> 人刚走进黑暗环境,什么也看不清,过一会儿,就能辨认景物了,这是因为视网膜中视紫红质逐渐增多,从而出现了暗视觉。视黄醛的产生和补充都需要维生素A为原料,若其供应不足,则视紫红质恢复缓慢,就会造成暗视觉障碍,此即夜盲症。

(四) 三萜类和四萜类化合物

1. 三萜类化合物　三萜是由六个异戊二烯单位连接而形成的。角鲨烯、羊毛甾醇和甘草次酸是三种重要的三萜。

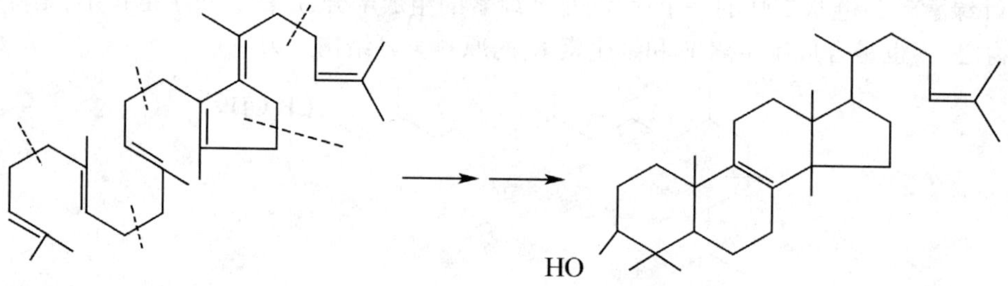

角鲨烯　　　　　　　　　　　羊毛甾醇

角鲨烯为开链三萜类化合物,主要分布于酵母、麦芽、橄榄油和鲨鱼肝油中,在生物体内可环化成羊毛甾醇,羊毛甾醇又是生物合成胆甾醇的前体。

甘草次酸为五环三萜类化合物,是甘草皂苷的水解产物,具有比甘草皂苷更高的甜度(约为蔗糖甜度的250倍)。近年的研究表明,甘草皂苷和甘草次酸均有一定的防癌和抗癌作用,甘草次酸还具有抗病毒感染的作用,对致癌性的病毒如肝炎病毒、EB病毒及艾滋病毒的感染均有抑制作用。甘草次酸有细胞毒性,不可长时间大量食用。

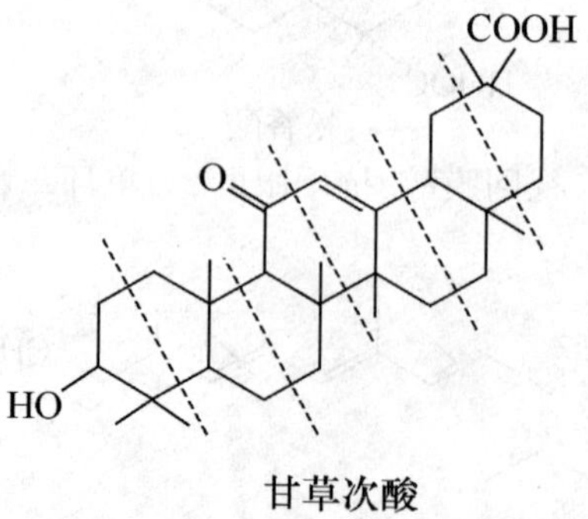

甘草次酸

2. 四萜类化合物 四萜是由 8 个异戊二烯单位连接而成的,含 40 个碳原子。这一类中最有名的是胡萝卜色素类化合物,广泛存在于植物的叶、茎和果实中。有 α、β、γ 三种异构体,其中 β-胡萝卜素含量最高、生理活性最强,因为在体内可转化成维生素 A,所以能治疗夜盲症。它们在结构上都具有较长的多烯共轭体系,能吸收长波长的光,是分子中的发色团,因而呈现出鲜艳的红黄色,所以通常又称多烯色素。因为位于多烯碳链中间的烯键很容易断裂,在动物和人体的肝脏内,经酶催化可氧化断裂成两分子维生素 A,所以 β-胡萝卜素能在体内显示出维生素 A 的活性,也称它为维生素 A 原。其溶液遇浓硫酸显深蓝色。

因最早多烯色素是从胡萝卜中来的,后来又发现很多结构与此相似的色素,所以通常把四萜称为胡萝卜类色素。常见四萜化合物如下:

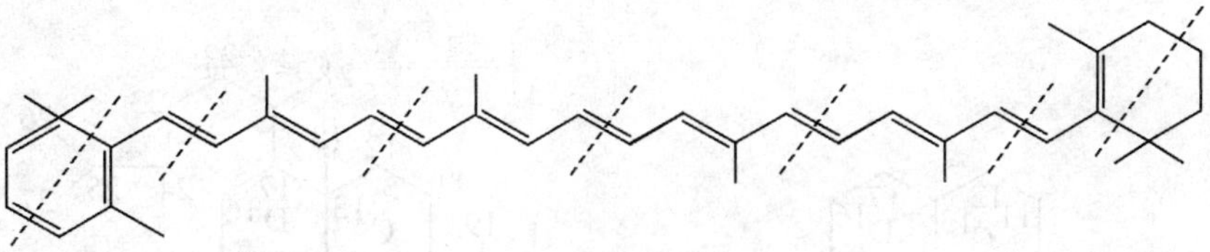

β-胡萝卜素

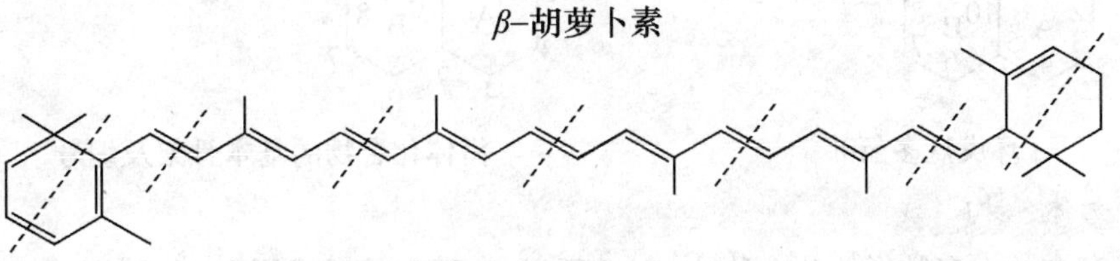

α-胡萝卜素

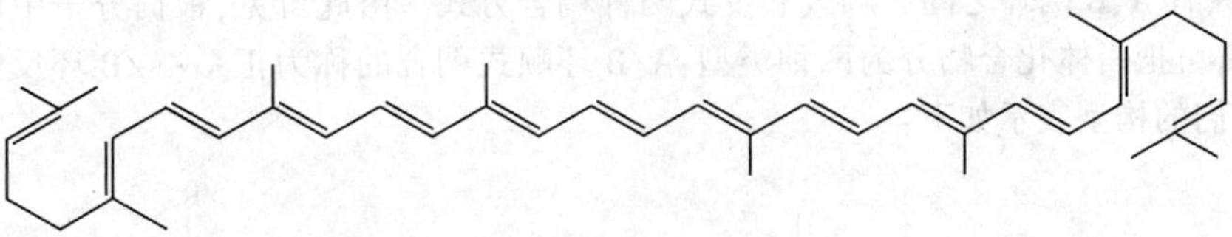

番茄红素

番茄红素是胡萝卜素的异构体,(熔点 168~169℃)是链萜,存在于番茄、西瓜、柿子等水果中,为红色结晶,可作食品色素用。

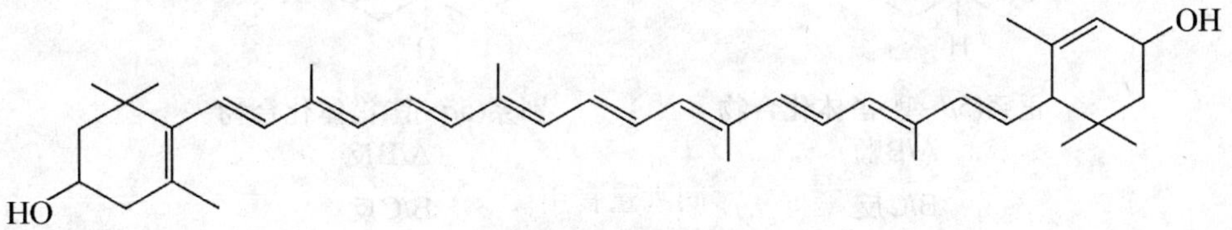

叶黄素(叶黄二醇)

叶黄素是存在于植物体内的一种黄色的色素,与叶绿素共存,只有在秋天叶绿素破坏后,才显其黄色。

第 2 节 甾体化合物

说起胆固醇、胆酸、醋酸可的松、氟轻松这些物质,人们并不陌生,它们就是甾体化合物(steroid)中的几个代表。甾体化合物是一类广泛存在于动植物体内,且具有重要生理活性的天然物质。

一、甾体化合物的结构

（一）基本结构

甾体化合物的基本结构特征是指分子中具有一个"环戊烷多氢化菲"的母核和三个侧链。"甾"是一个象形字,很形象地表达了这种基本结构特征:"田"字表示含有由四个环稠合而成的环戊烷多氢菲(又称甾烷),"巛"表示环上的三个侧链。一般来说,其中 C_{10} 和 C_{13} 侧链通常连有甲基,称为角甲基;另一个 C_{17} 侧链常连有一个不同碳原子数的碳链。甾环的其他位置上也可以有羟基、羰基、双键等官能团。这些官能团的数目和位置不同,就构成各种不同的甾体化合物。4 个环依次用 A、B、C、D 标明,碳原子的编号规定如下:

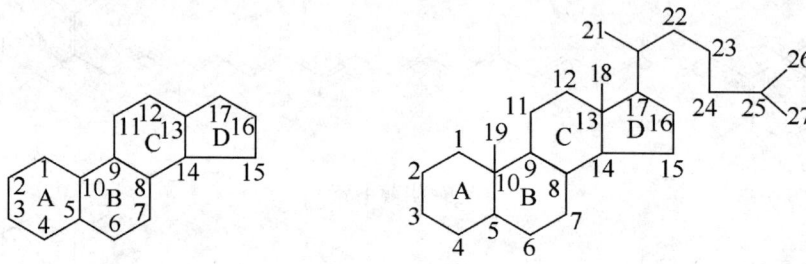

环戊烷多氢菲　　　　　甾体化合物的基本骨架及编号

（二）立体结构

自然界存在的大多数甾体化合物中,B/C 环、C/D 环都是反式稠合(分别用"B/C 反"、"C/D 反"表示),只有 A、B 两环之间有顺式和反式两种稠合方式。由此可见,根据分子中四个环的稠合方式不同,可把甾体化合物分为两种类型:A/B 环顺式稠合的称为正系;A/B 环反式稠合的称为别系。它们的构型表示如下:

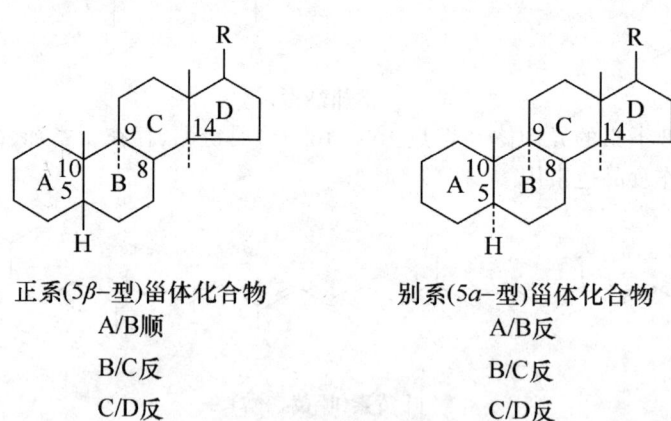

正系(5β-型)甾体化合物　　　　　别系(5α-型)甾体化合物
A/B 顺　　　　　　　　　　　　　A/B 反
B/C 反　　　　　　　　　　　　　B/C 反
C/D 反　　　　　　　　　　　　　C/D 反

1. 正系(或 5β-型)　A、B 环为顺式(e、a 稠合),相当于顺十氢化萘的构型,就是 C_5 上的氢原子和角甲基都伸向环平面前方,处于同侧,用实线表示。

2. 别系(或 5α-型)　A、B 环为反式(e、e 稠合),相当于反十氢化萘的构型,就是 C_5 上的氢原子和角甲基都伸向环平面后方,处于不同侧,用虚线表示。

例如,从自然界得到的胆甾烷和粪甾烷是一对差向异构体,一为正系,另一为别系,其构型如下:

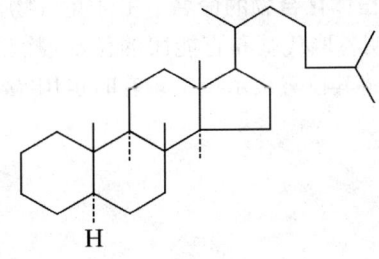

粪甾烷：正系(5β-型)　　　　　　胆甾烷：别系(5α-型)

如果 C_4—C_5、C_5—C_6 或 C_5—C_{10} 间有双键，A/B 环既非顺式稠合又非反式稠合，则无正系与别系之分。

为简化表示与甾环相连的原子或基团在空间的不同取向而有不同的构型，常以上述甾环的平面式为参考标准。位于环平面前方者称为 β-型，用实线连接；位于环平面后方者称 α-型，用虚线连接；构型待定的原子或基团用波纹线连接。天然甾体化合物的两个角甲基均为 β-型，C_{17} 上的侧链一般也为 β-型，所以在上述甾环的平面结构式中，三个侧链都是用实线连接的。其他位置的氢和取代基的空间取向与它们同侧的为 β-型，相反者为 α-型。

二、甾体化合物的分类和命名

甾体化合物根据其来源、结构和生理作用的不同，可分为甾醇类、胆甾酸类、甾体激素和强心苷类等。

存在于自然界的甾体化合物都有其习惯名称。若按系统命名法命名，首先确定选择甾体母核，然后在甾体母核名称的前后分别标明取代基或官能团的名称、数量、位置与构型。

1. 甾体母核的选择及命名　根据 C_{10}、C_{13} 与 C_{17} 处所连侧链的不同，常见的甾体基本母核有六种，其名称和结构特点如下：

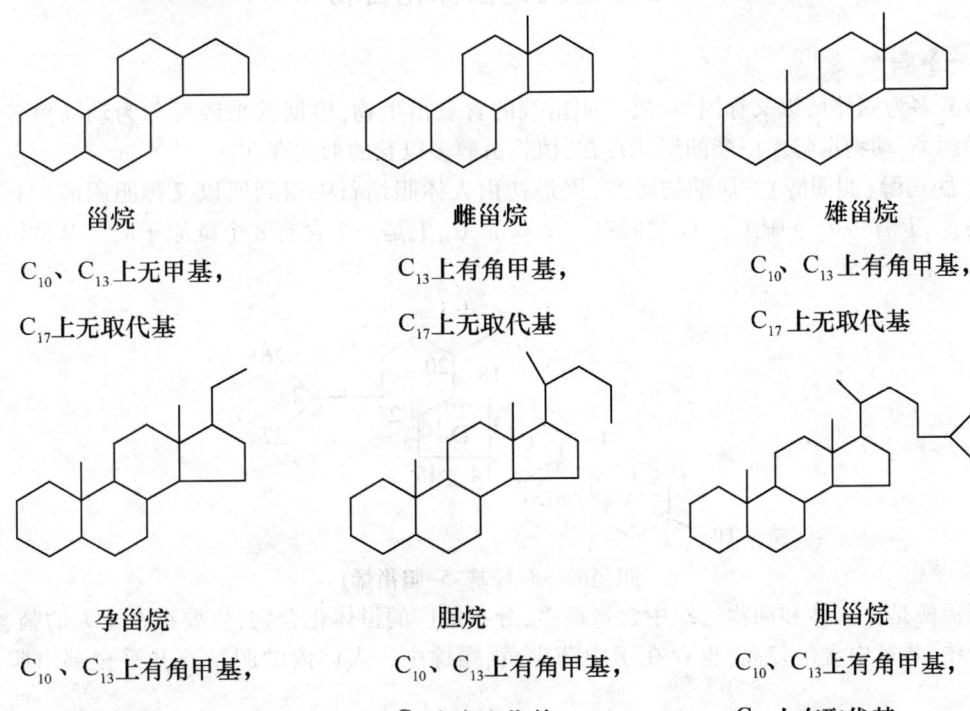

甾烷　　　　　　　　　　雌甾烷　　　　　　　　　　雄甾烷

C_{10}、C_{13} 上无甲基，　　　C_{13} 上有角甲基，　　　C_{10}、C_{13} 上有角甲基，

C_{17} 上无取代基　　　　　C_{17} 上无取代基　　　　　C_{17} 上无取代基

孕甾烷　　　　　　　　　　胆烷　　　　　　　　　　胆甾烷

C_{10}、C_{13} 上有角甲基，　　C_{10}、C_{13} 上有角甲基，　　C_{10}、C_{13} 上有角甲基，

C_{17} 上有乙基　　　　　　C_{17} 上有取代基　　　　　C_{17} 上有取代基

2. 甾体化合物的命名　甾体化合物命名时,首先选择相应的甾体母核来命名,再在母核名称前标明各取代基和官能团的位次、构型、数量及名称。母核中含有碳碳烯键时,将"烷"改成"烯"并将其位置表示出来。有时也用"△"表示双键,并在"△"右上角标明双键的位次。例如:

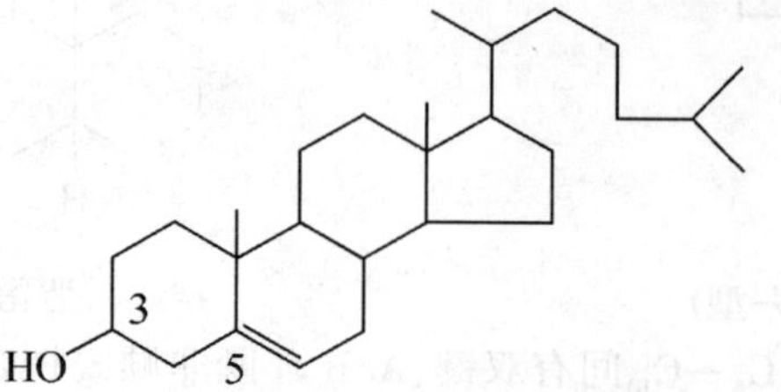

△^{5}-3β-羟基胆甾烯(甾醇)

若有羧基或酮基,则应称为"某酸"或"某酮"。如:

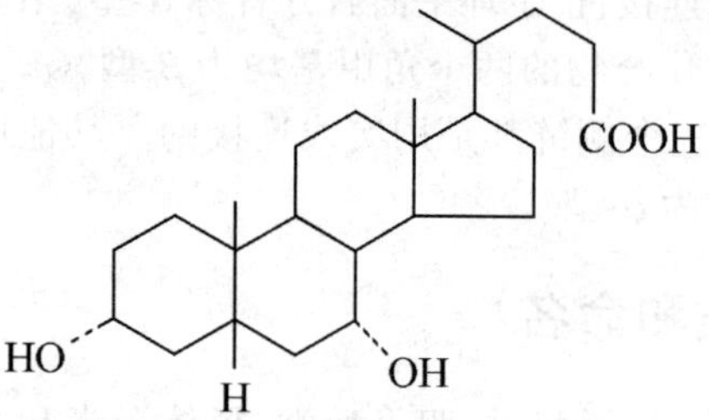

3α,7α-二羟基-5β-胆烷-24-酸
(鹅去氧胆酸)

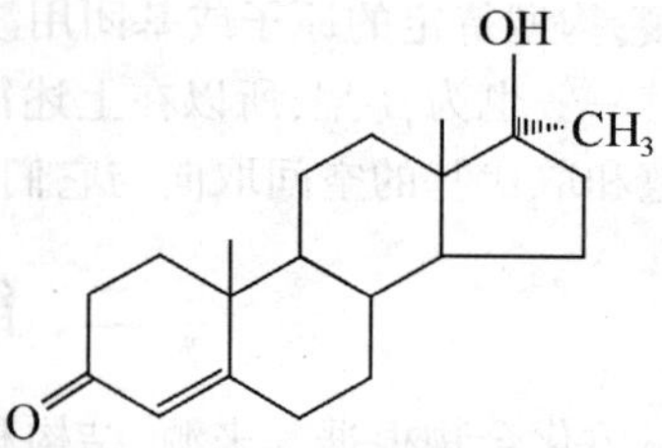

17α-甲基-17β-羟基雄甾-4-烯-3-酮
(甲睾酮)

可见,甾体化合物用系统命名法命名一般都比较麻烦,因此通常用与其来源或生理作用有关的俗名,如胆固醇、胆酸、麦角固醇等。

三、重要的甾体化合物

(一) 甾醇类

甾醇多为固体所以又称固醇,属于胆甾烷的含氧衍生物,根据其来源可分为动物甾醇和植物甾醇两类,动物甾醇多以酯的形式存在,植物甾醇多以苷的形式存在。

1. 胆甾醇(胆固醇)　属动物甾醇,因最初由人体胆结石中得到所以又称胆固醇。其结构特点是:C_3上有一个羟基,C_5—C_6之间有一个双键,C_{17}上是一个含有 8 个碳原子的烷基侧链。结构式如下:

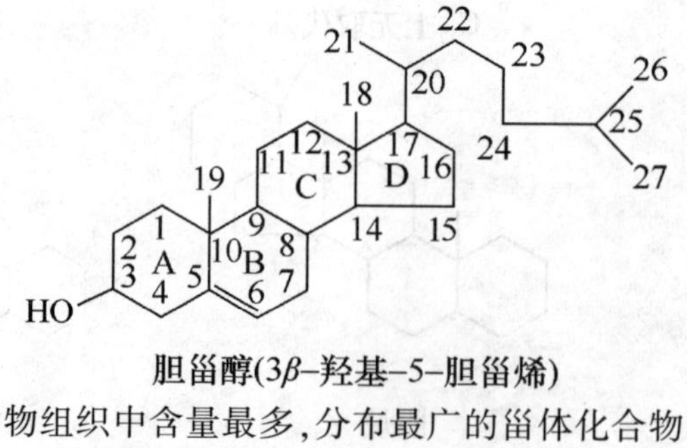

胆甾醇(3β-羟基-5-胆甾烯)

胆甾醇是在人体和动物组织中含量最多,分布最广的甾体化合物,主要存在于人的脑、脊髓和血液中,蛋黄中含量较高,也存在于中药牛黄、蟾蜍中。人体内的胆结石几乎全部由胆甾醇组成。

胆甾醇是一种无色或微黄色结晶,不溶于水而溶于有机溶剂。胆甾醇分子中的碳碳双键可与一分子溴或溴化氢加成,也能够催化加氢生成二氢胆甾醇,其羟基可以发生酯化反应。将胆甾醇溶解到氯仿中,加入乙酸酐和浓硫酸后,溶液逐渐由浅红变为蓝色,最后变为绿色,临床和中药化学中常用此反应定性检验甾体化合物。

在人体中胆甾醇含量过低和过高都于健康不利。

> **知识链接**   **胆甾醇在人体中的功与过**
>
> 胆甾醇自它从胆结石中发现那天起,其名声就不是很好。许多人都把它视为"害人精",其实这是一种偏见。
>
> 人体中胆甾醇几乎无处不在,大约平均每千克体重含有 2 g。胆甾醇在维护人体健康方面功不可没。它是构成生物膜的重要组分,有人曾发现给动物喂食缺乏胆甾醇的食物,结果这些动物的红细胞脆性增加,容易破裂;胆甾醇在体内还能转化成多种具有重要生理功能的物质,包括维生素 D_3、胆甾酸和甾体激素等。我们不妨想象一下体内没有胆甾醇的后果。近期有学者认为,体内长期胆甾醇偏低会诱发癌症;在老年人群中,体内胆甾醇含量较高者寿命更长。只有当胆甾醇的摄取过多或代谢出现障碍时,胆甾醇才会对人体构成威胁。此时胆固醇会从血清中沉积在动脉血管壁上,导致冠心病和动脉粥样硬化症;过饱和胆固醇从胆汁中析出沉淀则是形成胆固醇系结石的基础。
>
> 因此,胆甾醇是人体中不可缺少的物质,不足或过量都会产生严重后果。

2. 7-脱氢胆甾醇和麦角甾醇   7-脱氢胆甾醇是一种动物甾醇,与胆甾醇在结构上的差异仅在于 C_7—C_8 之间的单键换成了双键。实际上,胆甾醇正是7-脱氢胆甾醇生物合成的前体。在肠黏膜内,胆甾醇经酶催化氧化就成为7-脱氢胆甾醇,经血液循环送到皮肤组织中,再经紫外线照射,7-脱氢胆甾醇的 B 环从 C_9—C_{10} 之间破裂转变成维生素 D_3。

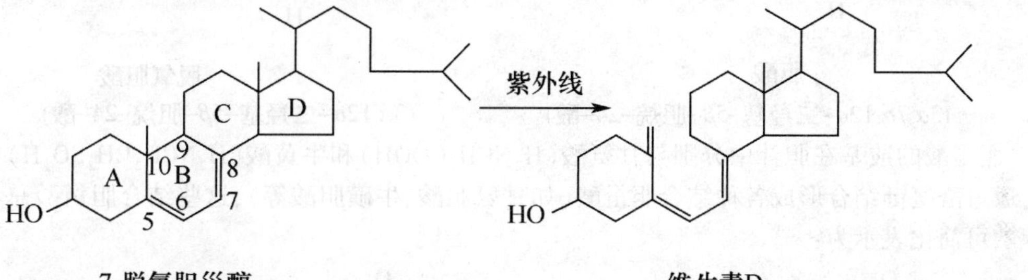

7-脱氧胆甾醇   →紫外线→   维生素D_3

麦角甾醇是一种植物甾醇,存在于酵母、霉菌及麦角中,中药猪苓、灵芝中也含此结构。它与 7-脱氢胆甾醇比较只是 C_{17} 的侧链有所不同,而且,受紫外线照射时麦角甾醇也同样发生 B 环开裂,生成的是维生素 D_2。

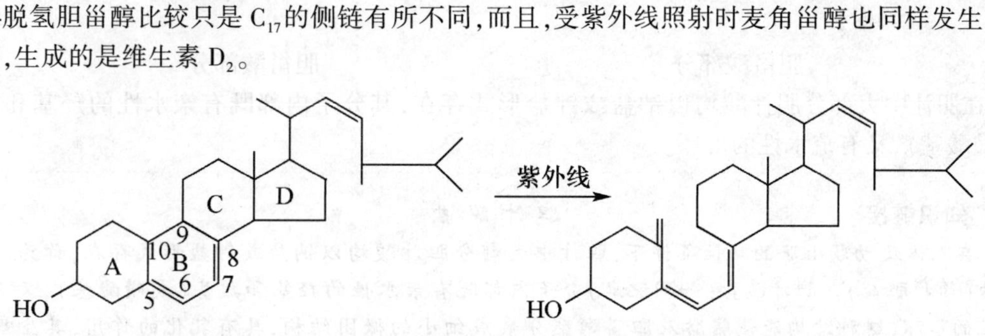

麦角甾醇   →紫外线→   维生素D_2

维生素 D 是一类抗佝偻病维生素的总称,它们都是甾醇的衍生物。

> **知识链接** 　　　　　　　　　　　　维生素D
> 　　维生素D是一类抗佝偻病维生素的总称,它们都属于甾醇的开环衍生物,目前已知的至少有10种,其中D_2、D_3的生理活性最强,它们的主要生理功能是调节钙、磷代谢,维持血液中钙、磷的正常浓度,从而促进骨骼钙化及牙齿生长,促进骨骼正常发育。当维生素D严重缺乏时,儿童便患佝偻病,成人则为软骨病。为了防止佝偻病和软骨病,可适当服用维生素D,并同时补充钙。获得维生素D的最简单方法是日光浴,可以促进体内维生素D的合成,从而促进钙的吸收。维生素D_2和维生素D_3广泛存在于动物体内,含量最多的是鱼类的肝脏,也存在于牛乳、蛋黄中。它们都是脂溶性维生素,对热和空气都比较稳定。将麦角甾醇用紫外线照射后加入牛奶和其他食品中,也能给人体补充维生素D。

(二) 胆甾酸类

　　胆甾酸是动物的胆组织分泌的一类甾体化合物。在人和动物的胆汁中含有几种结构与胆甾醇相似的酸如胆酸、脱氧胆酸、鹅脱氧胆酸和石胆酸等,总称为胆甾酸,是一类饱和的胆烷羟基酸,在人体内以胆固醇为原料直接生物合成。至今发现的胆甾酸已有100多种,其中最重要的是胆酸和脱氧胆酸。

胆酸　　　　　　　　　　　　　　　　脱氧胆酸
(3α,7α,12α-三羟基-5β-胆烷-24-酸)　　　(3α,12α-二羟基-5β-胆烷-24-酸)

　　胆甾酸的羧基在胆汁中分别与甘氨酸(H_2NCH_2COOH)和牛黄酸($H_2NCH_2CH_2SO_3H$)中的氨基,通过酰氨键结合形成各种结合胆甾酸(如甘氨胆酸、牛磺胆酸等),这些结合胆甾酸总称为胆汁酸,可简化表示为:

$$R-\overset{O}{\underset{\|}{C}}-NH-CH_2-COOH \qquad\qquad R-\overset{O}{\underset{\|}{C}}-NH-CH_2-CH_2-SO_3H$$

胆甾酸部分　　　　　　　　　　　　　胆甾酸部分

　　在胆汁中大部分胆汁酸均以钠盐或钾盐形式存在,其分子内部既有亲水性的羟基和羧基(或磺酸基),又有疏水性的甾环。

> **知识链接** 　　　　　　　　　　　　胆汁酸盐
> 　　在人体及动物小肠的碱性条件下,胆汁中大部分胆汁酸均以钠盐或钾盐形式存在,称为胆汁酸盐(简称胆盐)。胆汁酸盐(如同肥皂)分子内部既有亲水性的羟基和羧基(或磺酸基),又有疏水性的甾环,这种结构能使脂肪及胆甾醇酯分散成细小的微团结构,具有乳化的作用,其生理功能:一是使脂肪乳化,而便于被机体消化和吸收;二是抑制胆汁中胆甾醇的析出。因此,胆汁酸盐的主要作用是乳化小肠内的脂肪,促进脂肪的消化和吸收。另外,胆汁酸盐还有抑制胆汁中胆固醇的析出作用。其钠盐化合物是利胆药。甘氨胆酸钠和牛黄胆酸钠的混合物在临床上用于治疗胆汁分泌不足而引起的疾病。

(三) 甾体激素

激素(也称荷尔蒙)是人和动物体内各种内分泌腺分泌的一类具有生理活性的物质,对机体的生长、代谢、发育和生殖等发挥重要的调节作用,其含量甚微,但生理功能很强。根据分子组成不同,激素可分为含氮激素和甾体激素两类。甾体激素按其来源又分为性激素和肾上腺皮质激素。

1. 性激素 包括雄性激素和雌性激素,它们主要是体内性腺的分泌物,具有促进动物发育和维持第二性征的生理功能。

(1) 雄性激素:以睾丸酮(素)为代表,它是在睾丸中由胆固醇转变而成的。由于睾丸素在体内及消化道中易被破坏,口服无效,制成油溶液注射剂,作用也不持久,所以多用其衍生物甲基睾丸素,其性质稳定,常以舌下含服给药,作用与睾丸素相似。

(2) 雌性激素:可分为两类,一类是由成熟的卵胞产生,称为雌激素或卵胞激素,具有促进雌性第二性征的发育和性器官最后形成的作用,如雌二醇;另一类由以卵胞排卵后形成的黄体所分泌,称为黄体激素或孕激素,具有保胎作用,如黄体酮等。睾酮和黄体酮这两种激素的结构极为相似,区别仅在于睾酮 C_{17} 上连有一羟基,而黄体酮 C_{17} 上连的是乙酰基。

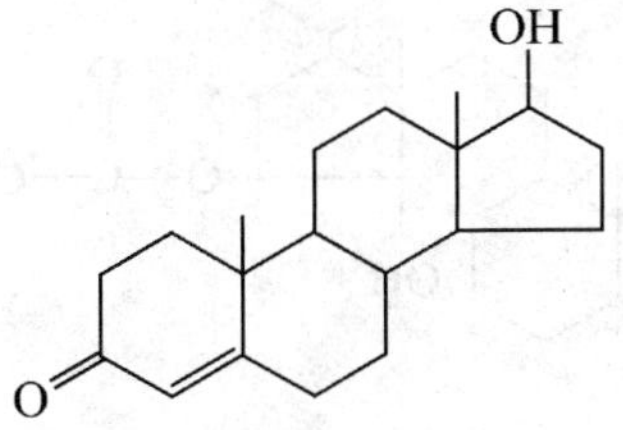

睾丸酮 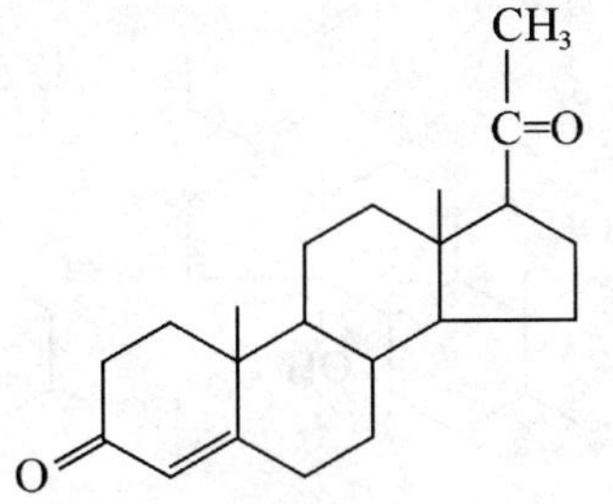　　　　**黄体酮** 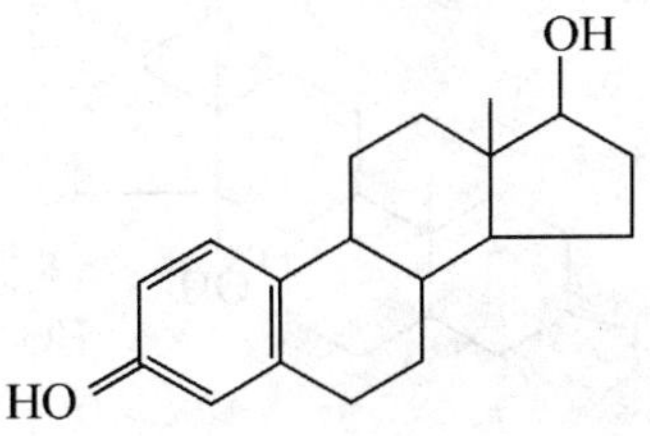　　　　**雌二醇**

2. 肾上腺皮质激素 是肾上腺皮质分泌的激素,是一类维持生命活动的重要物质。肾上腺皮质激素主要用作甾体抗炎药物,如可的松、醋酸可的松、氢化可的松、皮质甾酮、醛固酮等。它们的结构特征是: C_3 上有酮基, C_{17} 上都有 $-\overset{O}{\underset{}{C}}-CH_2OH$, C_4-C_5 间有双键,它们的区别仅在于 C_{11} 、 C_{17} 、 C_{18} 的氧化程度不同。

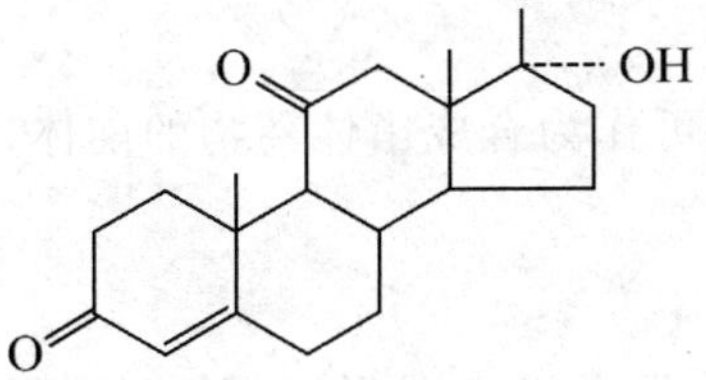

可的松 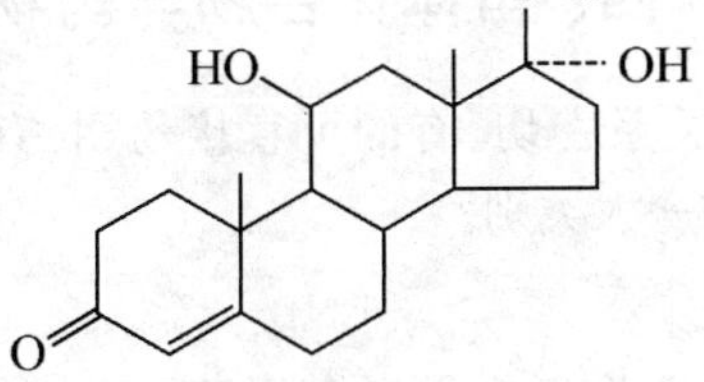　　　　**氢化可的松** 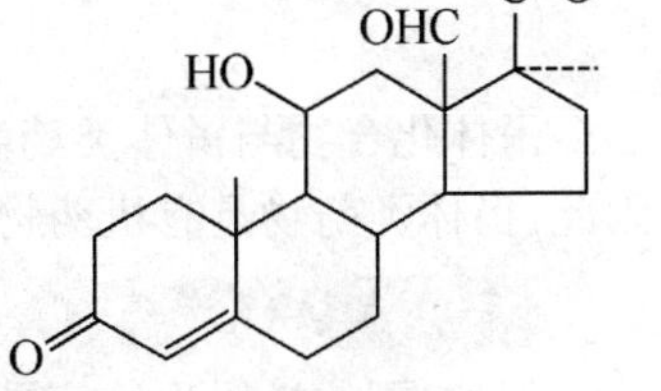　　　　**醛固酮**

> **知识链接**　　　　**肾上腺皮质激素**
>
> 肾上腺皮质激素是由哺乳动物肾上腺皮质分泌的一类激素,是一类维持生命活动的重要物质,动物缺乏它会引起机能失常以致死亡。其中7种具有显著的生理作用。早已发现,肾上腺分泌的激素减少会导致人体极度虚弱,出现贫血、恶心、低血压、低血糖、皮肤呈青铜色等症状。根据其生理功能不同可

分为两类。一类是维持调节糖、脂质和蛋白质代谢的糖代谢皮质激素,主要调节体内糖、脂肪和蛋白质的代谢及生长发育,大剂量应用时,可产生抗炎、抗毒、抗休克和抗过敏药理作用,故又称抗炎激素。常用的糖皮质激素的药物有可的松、氢化可的松、地塞米松等。临床上用于治疗类风湿性关节炎、皮肤病及各种休克等疾病。另一类是维持调节组织中电解质运转和水分布的盐代谢皮质激素,主要通过"储钠排钾"作用调节体内 Na^+、K^+ 平衡,如 11-脱氧皮质酮、醛固酮等。

(四)强心苷和皂苷类

甾体化合物与糖缩合而成的苷,有强心苷和皂苷两类。

1. 强心苷 存在于一些有毒植物的花或叶中,如玄参科植物毛地黄叶中的洋地黄毒苷,夹竹桃科黄花夹竹桃花中含黄夹桃毒苷等。它们因小剂量能使心跳减慢、心跳强度增加的功能而称为强心苷。临床上用于治疗心力衰竭和心律失常等,但有剧毒,若超过安全剂量,能使心脏中毒甚至停止跳动。强心苷的强心作用是由强心苷的甾体配糖基产生的,下面是几种强心苷的甾体配糖基。

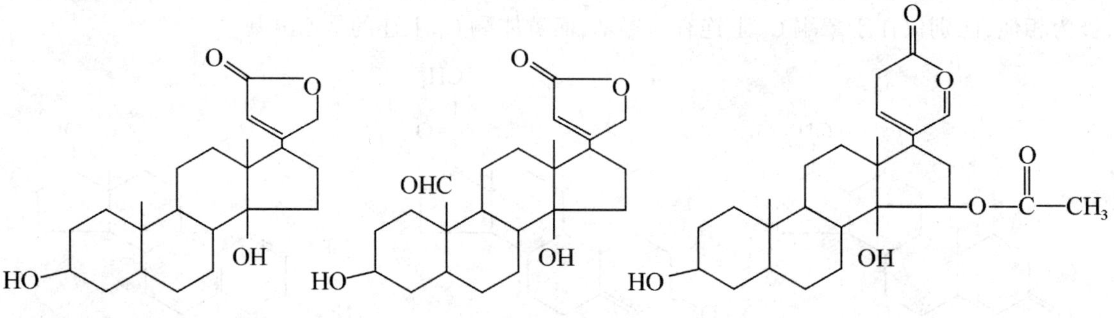

毛地黄毒苷配糖基
(毛地黄叶中)

黄夹桃A毒苷配糖基
(黄夹桃花中)

蟾毒苷配糖基
(蟾蜍腮腺分泌物中)

2. 皂苷 皂苷存在于百合科、薯蓣科、龙舌兰科等植物中,因其水溶液在振摇时能产生似肥皂样的持久泡沫而得名,又称皂素。某些皂苷水解得到的甾体配糖基是合成甾体药物的原料,如薯蓣皂苷配糖基、剑麻皂苷配糖基、番麻皂苷配糖基都是合成肾上腺皮质激素、性激素和甾体避孕药的原料。

水解皂苷得到的苷配糖基可作为合成甾体药物的原料,如薯蓣皂苷配糖基是合成黄体酮和肾上腺皮质激素的原料。

四、甾体化合物与药物

甾体化合物与甾体类药物关系密切,有的可直接药用,有的可作为合成甾体药物的前体。因此,甾体类药物是有机药物的一大类别。

(一)直接作为药用

例如,可的松用于治疗风湿性关节炎,洋地黄毒苷配糖基用作强心剂,β-谷甾醇用作降血脂药,等等。

(二)用作合成甾体药物的前体

许多有价值的甾体药物是以天然存在的甾体化合物为原料合成出来,目前这项工作仍有很大空间。例如,以薯蓣皂苷配糖体经过下列几步处理就可得到醋酸可的松。

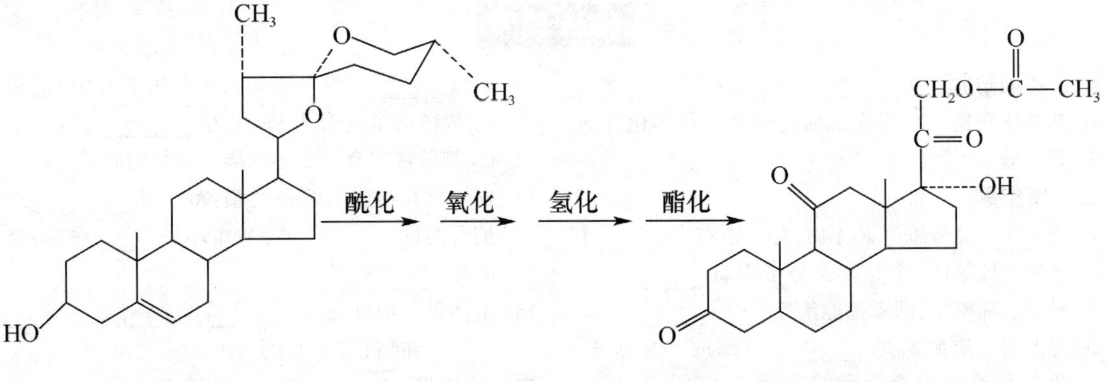

薯蓣皂苷配糖基 →酰化→氧化→氢化→酯化→ 醋酸可的松

以胆甾醇为原料可合成维生素 D_3：

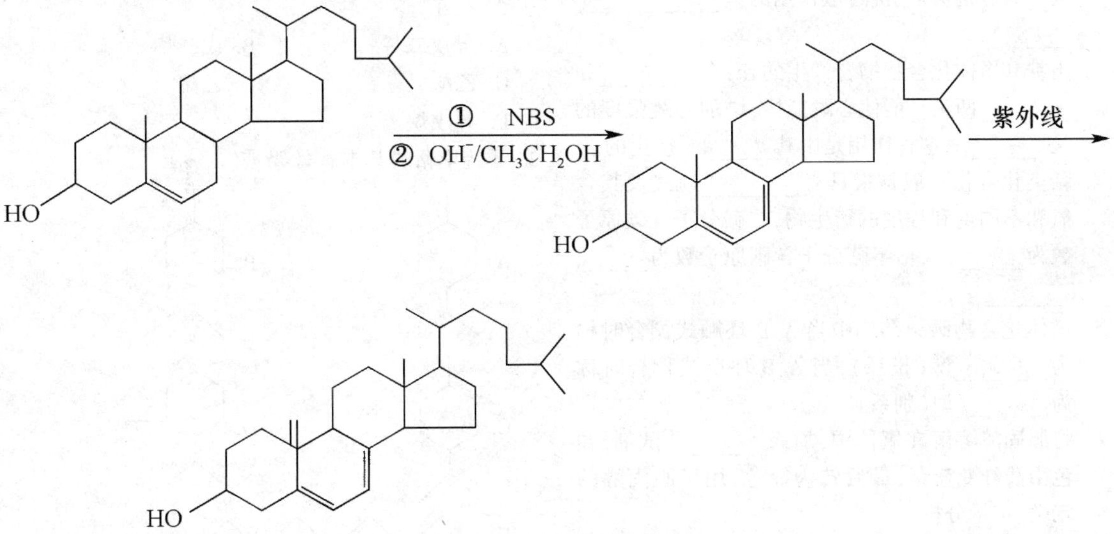

前已述及，以麦角甾醇为原料通过光化学方法可合成维生素 D_2。

可的松的抗炎疗效发现者获得了 1950 年的诺贝尔医学奖，但实际上可的松是不良反应较多的甾体药物，后来通过对其结构进行修饰，已合成出一系列高效低毒的甾体抗炎、抗过敏药物，如氢化可的松、去炎松、地塞米松、氟轻松等。

本 章 小 结

本章主要阐述的知识点有：萜类化合物的结构特征，萜类化合物的分类和化学性质，常见萜类化合物的来源、结构、特性和用途。甾体化合物的基本结构，甾体化合物立体结构的类型和表示方法，甾体化合物的命名法，部分重要甾体化合物的来源、结构、特性、生理功能或用途，甾体化合物与甾体类药物的关系。

本章所涉及的基本概念有：萜类化合物、异戊二烯规则、甾体化合物。

目标检测

一、名词解释
1. 萜类化合物　2. 异戊二烯规则　3. 甾体化合物
4. 胆汁酸

二、填空题
1. _____又称维生素 A 原,分子中有_____个异戊二烯单位,维生素 A 分子中有_____个异戊二烯单位,两者都能治疗_____。
2. 肾上腺皮质激素是_____分泌的一类激素。此类激素减少会导致人体极度虚弱,出现_____、_____、_____等症状。按生理功能分为_____皮质激素和_____皮质激素。其中具有抗炎症、抗过敏作用的是_____。
3. 由糖和甾体化合物缩合产生的苷,有_____和_____两类。能使心跳减慢,增加心跳强度的是_____,这种作用是由其_____产生的。
4. 萜类化合物一般是指具有_____通式及其含氧和不同饱和程度的衍生物,二萜分子含碳原子数为_____,倍半萜分子含碳原子数为_____。
5. 甾体化合物碳架结构中当 A/B 环顺式稠合时称为_____型(正系),当 A/B 环反式稠合时称为_____型(别系)。
6. 将胆固醇溶解在氯仿中,加入_____试剂,颜色由浅红变蓝紫,最后转为绿色,用于胆固醇的定性、定量分析。
7. 胆酸属于_____系甾体化合物,胆甾酸分子结构中含有_____个羟基和_____个羧基。
8. 挥发油是指从_____的花、果、叶、茎及根经_____蒸馏或用溶剂提取出来的不溶于水,具有_____性和_____味的油状物质。
9. 萜类化合物从结构上可看作是若干个异戊二烯分子(C_5H_8),以_____相连接而成,可用通式_____表示,这种结构特点称为萜类化合物_____规则。
10. 萜类化合物可以根据分子中所含_____的数目分类,又可根据_____的不同分类。
11. 柠檬醛属于_____状_____萜类,而且是合成_____的主要原料。
12. 蒎烯属于_____状_____萜类,有_____蒎烯和_____蒎烯两种,其结构分别为_____、_____。
13. 甾体化合物的基本结构特征是指分子中具有一个由_____的母核和三个侧链。其中 C_{10} 和 C_{13} 侧链通常连有甲基,称为_____;另一个 C_{17} 侧链常连有一个不同碳原子数的碳链。
14. 甾体化合物分为两种类型:A/B 环_____式稠合的称_____系;A/B 环_____式稠合的称_____系。
15. 甾体化合物可分为_____类、_____类、_____和强心苷(贰)类。

三、选择题
A 型题
1. 在生物体内合成萜类和甾体物质的原料是(　　)
   A. 异戊二烯　　　B. 戊二烯
   C. 乙酸　　　　　D. 乙烯
   E. 异戊烷
2. 开链单萜的基本碳骨架是(　　)
   A. B. C. D. E.
3. 肾上腺皮质激素的结构特征是(　　)
   A. C_3、C_{11}、C_{17} 都有羟基,$C_4 \sim C_5$ 都有双键
   B. C_3、C_7、C_{11} 都有酮基
   C. C_3、C_{11} 都有酮基,$C_5 \sim C_6$ 都有双键
   D. C_{17} 都有羟基、C_{17} 都有 $-\overset{O}{\underset{\|}{C}}-CH_2OH$
   E. C_3 都有酮基、C_{17} 都有 $-\overset{O}{\underset{\|}{C}}-CH_2OH$,$C_4 \sim C_5$ 都有双键
4. 下列油状物质不是挥发油的是(　　)
   A. 柠檬油　　　　B. 薄荷油
   C. 松节油　　　　D. 花生油
   E. 玫瑰花油
5. 能够与丙酮缩合生成紫罗兰酮和用于维生素 A 合成的萜是(　　)

A. 柠檬醛　　　B. 橙花醇
C. 柠檬烯　　　D. 樟脑
E. 龙脑

6. 关于胆酸及其三个羟基的构型,下列判断正确的是(　　)
   A. 5β 系(A/B 反式);3α,7α,12α
   B. 5α 系(A/B 反式);3α,7β,12β
   C. 5β 系(A/B 顺式);3β,7α,12β
   D. 5β 系(A/B 顺式);3α,7α,12β
   E. 5α 系(A/B 顺式);3β,7α,12α

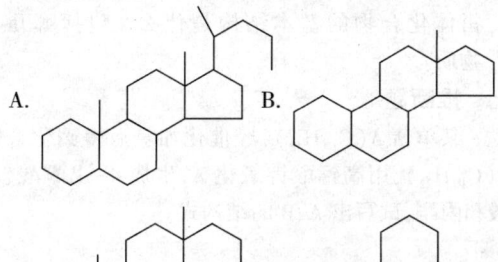

7. 能够抑制胆汁中胆甾醇析出的成分是(　　)
   A. 胆碱　　　　B. 胆酸
   C. 胆汁酸盐　　D. 醛固酮
   E. 可的松

8. 甜度极高,有防癌、抗癌、抗病毒感染作用的一种萜类化合物是(　　)
   A. 龙脑　　　　B. 樟脑
   C. 胆甾醇　　　D. 甘草次酸
   E. 薄荷醇

9. 甾体化合物都含有的基本结构是(　　)

10. 能使幼虫不能成蛹,蛹不能成蛾,蛾不产卵的一种萜类化合物是(　　)
    A. 山道年　　　B. 橙花醇
    C. 金合欢醇　　D. 维生素 A
    E. 叶绿醇

11. 胆酸的母核是(　　)

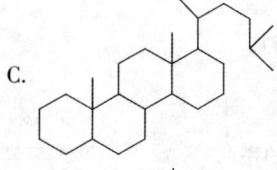

12. 下列化合物不属于萜类化合物的是(　　)

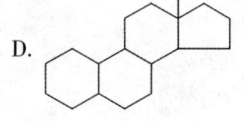

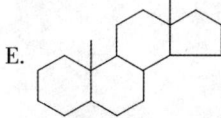

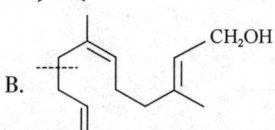

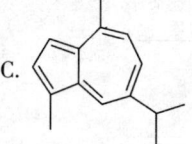

13. 属于胆汁酸的化合物是(　　)
    A. 胆酸　　　　B. 脱氧胆酸
    C. 牛磺胆酸　　D. 石胆酸

E. 磷脂酸

B 型题

A. 薄荷醇　　　　B. 樟脑
C. 龙脑　　　　　D. 松节烯
E. 愈创木薁

14. 国产烫伤膏的主要成分是( )
15. 可作为合成樟脑和冰片原料的是( )
16. 冰硼散的主要成分之一是( )
17. 十滴水中含有( )

C 型题

A. 麦角甾醇
B. 薯蓣皂苷配糖基
C. 两者均能
D. 两者均不能

18. 用于合成醋酸可的松( )
19. 用于合成维生素 D_3( )
20. 用作强心剂( )
21. 用于合成维生素 D_2( )

A. 催化加氢
B. 酯化反应
C. 两者均可
D. 两者均不可

22. 胆甾醇能够发生( )
23. 胆酸能够发生( )
24. 可的松能够发生( )
25. 松节烯能够发生( )

四、完成下列反应式

1.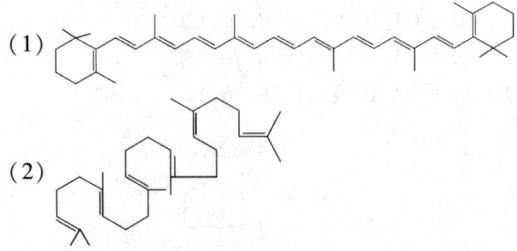

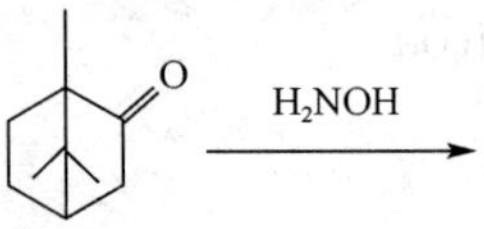

2.

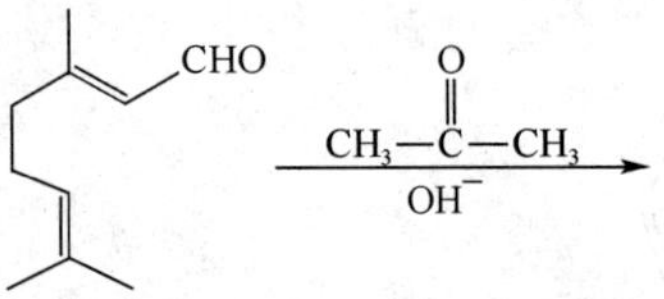

3.

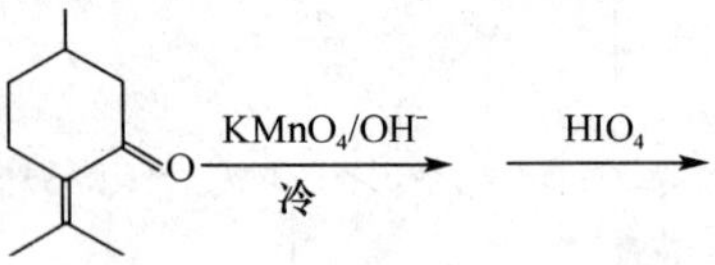

4.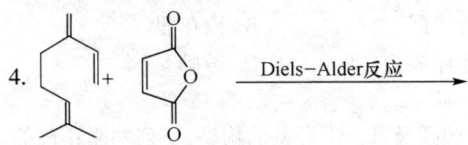

五、简答题

1. 划分下列化合物中的异戊二烯单位,并指出它们各属于哪类萜。

(1)

(2)

2. 写出下列化合物的结构式,并指出它们属于哪一类萜体化合物。
(1)柠檬醛　(2)薄荷醇　(3)蒎烯　(4)龙脑
(5)樟脑　(6)维生素 A

3. 写出下列化合物的结构式,并指出它们属于哪一类甾体化合物。
(1)胆甾醇　(2)氢化可的松　(3)醛固酮
(4)甘氨胆酸

六、问答题

1. 胆汁酸与胆甾酸有什么不同?
2. 什么是异戊二烯规则?
3. 甾体化合物的基本结构是什么?包括哪几类物质?

七、推断题

某单萜 A($C_{10}H_{18}$),经催化加氢后得到化合物 B($C_{10}H_{22}$),用高锰酸钾氧化 A,生成 4-戊酮酸、乙酸和丙酮,试写出 A、B 的结构式。

第15章 药用合成高分子化合物

> **学习目标**
>
> 1. 理解高分子化合物的基本概念,化学合成高分子化合物的反应类型,合成高分子化合物的老化与降解;
>
> 2. 了解高分子化合物的分类、命名,高分子化合物的结构类型及其性能特点,与药学相关的重要的合成高分子化合物。

一、高分子化合物的基本概念

高分子化合物是指相对分子质量很大,通常在 1 万以上(一般为几万到几十万,甚至上百万)的化合物,简称高分子,又称高聚物。例如,纤维素、淀粉和蛋白质等是天然高分子化合物;合成纤维和塑料等是人工合成的高分子化合物,它们均具有很高的相对分子质量。

(一) 链节与单体

高分子化合物虽然有很高的相对分子质量,是由成千上万个原子通过共价键连接而成,但其组成比较简单,大多数具有规则的重复结构单元。例如:

$$n CH_2{=}CH_2 \xrightarrow{\text{聚合}} {-}[CH_2{-}CH_2]_n{-}$$

乙烯　　　　　　　　　聚乙烯

聚乙烯是由很多个"—CH_2—CH_2—"结构单元重复连接而成的,这种组成高分子链的重复的结构单元称为链节。这种能够聚合成高分子化合物的小分子化合物(如乙烯)则称为单体。当然几种不同的单体(低分子化合物)也能互相聚合形成高分子化合物。

(二) 聚合度

从上述的例子可以知道高分子化合物链节重复的次数为 n,n 称为聚合度。聚合度可按下式计算:

$$\text{聚合度} = \frac{\text{高分子化合物的相对分子质量}}{\text{链节的相对分子质量}}$$

当然,高分子化合物的相对分子质量等于其结构单元的相对分子质量与聚合度的乘积。不管是天然高分子化合物,还是合成高分子化合物实际上都是由相同链节、不同聚合度的高分子组成的混合物,因此,其相对分子质量一般是指平均相对分子质量,n 则是平均聚合度。

二、高分子化合物的分类

高分子化合物种类繁多,而且还会越来越多,必须进行科学的分类,才能更有利于对其进行深入研究。目前主要有以下四种分类方法。

1. 根据来源　　可将高分子分为天然高分子和合成高分子两类。天然高分子是从自然界得到的,如纤维素等;合成高分子是通过化学反应合成的,如合成纤维等。

2. 根据高分子材料的性能　　可分为塑料、纤维和橡胶三类。

(1) 塑料是一种具有可塑性的高分子材料,根据其热熔性能可分为热塑性和热固性,前者为线型分子,受热时可以流动和软化,冷却后变为固体而成型,可反复塑成各种形状,次品和废品可以重复利用;后者为体型结构的分子,一经加工成型,就不再受热软化。塑料的共同特点是具有较好的机械强度。

(2) 纤维可分为天然纤维和化学纤维。棉、麻、丝、毛等的纤维是天然纤维。化学纤维又可分为合成纤维和人造纤维,合成纤维(如尼龙、涤纶等)是用低分子的有机化学原料为单体合成的;人造纤维(如黏胶纤维、醋酸纤维等)是利用天然高分子化合物经过化学加工而成的。纤维的特点是能抽丝成型,具有较好的强度和挠曲性能。

(3) 橡胶包括合成橡胶和天然橡胶。橡胶的特点是具有高弹性的性能,可作为弹性材料使用。

我们常把塑料、合成纤维和合成橡胶称为"三大合成"材料。

3. 根据用途 可将高分子分为通用高分子、工程材料高分子、功能高分子、医用高分子、药用高分子、生物高分子和高分子催化剂等。

4. 根据构成高分子主链的元素组成 可分为碳链高分子、杂链高分子、元素有机高分子和无机高分子四大类。碳链高分子的主链是由碳原子连接而成的,如聚乙烯和聚氯乙烯等。

$$\begin{bmatrix} CH_2-CH_2 \end{bmatrix}_n \qquad \begin{bmatrix} CH_2-CH \\ | \\ Cl \end{bmatrix}_n$$

杂链高分子的主链除碳原子以外,还含有氧、氮、硫等其他元素,如聚酯、聚酰胺等。

聚酯 　　　　　　　　　　　聚酰胺

元素有机高分子主链上不一定含有碳原子,而是由硅、氧、铝、钛、硼等元素构成,但其侧链是有机基团,如聚硅氧烷等。

元素无机高分子的主链和侧链基团均是由无机基团构成的,如无机耐火橡胶等。

$$\begin{bmatrix} R \\ | \\ Si-O \\ | \\ R \end{bmatrix}_n \qquad \begin{bmatrix} Cl \\ | \\ P=N \\ | \\ Cl \end{bmatrix}_n$$

聚硅氧烷 　　　　　　　　无机耐火橡胶

> **知识链接** 　　　　　　**人类使用和合成橡胶的历史**
>
> 人类使用天然橡胶的历史已经有几个世纪。哥伦布在发现新大陆的航行中发现,南美洲土著人玩的一种球是用硬化了的植物汁液做成的。哥伦布和后来的探险家们将这些球带回了欧洲。后来人们发现这种弹性球还能够擦掉铅笔的痕迹,因此给它起了一个普通的名字"擦子(rubber)"。这仍是现在这种物质的英文名字,这种物质就是橡胶。但是直到1839年,美国人古德伊尔(Charles Goodyear)成功地将天然橡胶进行硫化后,橡胶才成为有使用价值的材料。通过与硫黄一起加热进行硫化,实现了橡胶分子链的交联,使分子链间作用力增强,从而橡胶具备了良好的弹性。
>
> 人工合成橡胶的思路渊源于人们对天然橡胶的剖析和仿制。1917年德国人首次用2,3-二甲基-1,3-丁二烯生产了合成橡胶,取名为甲基橡胶W和甲基橡胶H。由于这种橡胶的性能比天然橡胶差得多,故第一次世界大战后就停止了生产。1927~1928年,美国的帕特里克又合成了聚硫橡胶(聚四硫化乙烯)。20世纪30年代初期,由于德国施陶丁格的大分子长链结构理论的确立(1932)和苏联谢苗诺夫的

链式聚合理论(1934)的指引,聚合工艺和橡胶质量有了显著的改进。在此期间的代表性橡胶有丁苯橡胶、丁腈橡胶。40 年代初,由于战争的急需,促进了丁基橡胶技术的开发和投产。50 年代中期,由于发明了新型催化剂,石油工业为合成橡胶提供了大量高品级的单体,对橡胶分子微观结构和橡胶性能关系的研究,以及新开发的溶液聚合技术,使得合成橡胶工业进入一个崭新阶段。这时期代表产品有高顺式-1,4-聚异戊二烯橡胶、高反式-1,4-聚异戊二烯、乙丙橡胶等。60 年代,则出现了多种形式的橡胶,如液体橡胶、粉末橡胶和热塑性橡胶等。到 70 年代后期,合成橡胶已基本上可代替天然橡胶制造各种轮胎和制品,某些特种合成橡胶的性能是天然橡胶所不具备的。

三、高分子化合物的命名

系统命名法是以高分子结构中重复单元系统名称,加上括号,并在括号前冠以"聚"字即成高分子化合物的系统名称,如聚苯乙烯、聚甲基丙烯酸甲酯的结构和系统名称见表 15-1。

表 15-1　一些常见化合物的结构重复单元及系统命名

习惯命名	结构重复单元	系统命名
聚乙烯	—CH_2—	聚亚甲基
聚氯乙烯	—CH—CH_2— 　| 　Cl	聚(1-氯代乙烯)
聚苯乙烯	—CH—CH_2— 　| 　C_6H_5	聚(1-苯基乙烯)
聚甲基丙烯酸甲酯	CH_3 　　| —C—CH_2— 　　| 　COOCH$_3$	聚[1-(甲氧基羰基)-1-甲基乙烯]
聚酰胺-66	—NH(CH_2)$_6$NHCO(CH_2)$_4$CO—	聚(亚胺基六亚甲基亚胺基己二酰)
聚酰胺-6	—NHCO(CH_2)$_5$—	聚[亚胺基(1-氧代六亚甲基)]

由于高分子系统命名比较复杂,使用频率并不高,实际经常使用的是习惯命名、俗名和商品名。

对于天然高分子化合物常用俗名,如淀粉、纤维素、蛋白质等。

对于合成的高分子化合物则习惯于以制备方法和合成原料来命名。由一种单体加聚反应得到的高分子,在单体名称前加一"聚"字,如聚乙烯、聚氯乙烯等;对于由两种单体通过缩聚反应得到的高分子化合物,有的可以在链节名称前冠以"聚"字,如聚对苯二甲酸乙二(醇)酯、聚己二酰己二胺;由两种或两种以上单体通过聚合反应合成的高分子化合物,在它们的单体名称后加"共聚物",如乙烯-乙酸乙烯酯共聚物、乙烯-丙烯共聚物等。

在市场上常使用的商品名,如聚对苯二甲酸乙二(醇)酯称为涤纶,聚丙烯腈称为腈纶,再如酚醛树脂、脲醛树脂等。详细的内容可查阅相关手册。

四、高分子化合物的结构类型及其性能特点

高分子化合物的结构类型可分为两类。一类是线型结构,线型结构是指组成高分子化合物的原子呈链状排列,链和链之间彼此独立。具有这种结构的高分子化合物称为线型高分子化合物,包括带有支链的线型高分子化合物。另一类是体型结构,体型结构是指高分子化合物的链

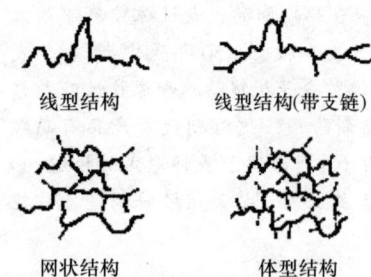

图 15-1 高分子的分子结构示意图

与链之间通过某些结构将它们交联起来,能够使链与链之间产生交联的化合物称为交联剂。具有这种结构的高分子化合物称为体型高分子化合物,包括分子间存在少量交联的网状结构的高分子化合物,高分子化合物的分子结构示意图如图 15-1 所示。

线型结构的高分子中链是独立存在的,由于构成主链的 σ 键可以自由旋转,因此这类高分子化合物是柔软的、有弹性的,在溶剂中能够溶解,受热软化甚至熔融,是热塑性材料,但其硬度和脆性小。体型结构的高分子化合物中链是相互交联的,链之间不能相互移动,σ 键自由旋转受到阻碍,因此没有弹性和可塑性,不能溶解于溶剂,受热不能熔融,只能熔胀,但其硬度和脆性都较大。

因此,三大合成高分子材料中,合成纤维是线型结构的;塑料既有线型结构的,又有体型结构的;橡胶是线型结构或交联很少的网状结构的高分子。

另外,高分子化合物中均为共价键,不存在离子键,所以具有较好的绝缘性。

五、化学合成高分子化合物的反应类型

化学合成高分子化合物主要有两类反应:一类是加合聚合反应(简称加聚反应),另一类是缩合聚合反应(简称缩聚反应)。

(一) 加聚反应

在一种或多种单体反应合成高分子化合物的过程中,没有低分子物质生成,生成的高分子与原料之间具有相同的化学组成,其相对分子质量为原料相对分子质量的整数倍,这样的反应称为加聚反应。

仅由一种单体发生的加聚反应称为均聚反应。由两种或两种以上的单体进行共同聚合,称为共聚反应。例如,由氯乙烯得到聚氯乙烯是均聚反应;由苯乙烯与甲基丙烯酸甲酯共聚得到苯乙烯-甲基丙烯酸甲酯共聚物是共聚反应。

$$n\text{CH}_2=\underset{\text{Cl}}{\text{CH}} \xrightarrow{\text{聚合}} \left[\text{CH}_2-\underset{\text{Cl}}{\text{CH}}\right]_n$$

$$n\underset{}{\text{C}_6\text{H}_5\text{CH}=\text{CH}_2} + n\underset{\text{COOCH}_3}{\underset{|}{\text{CH}_2=\text{C}}-\text{CH}_3} \longrightarrow \left[\text{CH}-\text{CH}_2-\underset{\text{COOCH}_3}{\underset{|}{\overset{\text{CH}_3}{\text{C}}}}-\text{CH}_2\right]_n$$

通过共聚反应改进高分子材料的性能。

根据反应活性中心的种类不同,加聚反应分为自由基加聚反应和离子型加聚反应,它们活性中心分别为自由基和离子,都经历链的引发、链的增长和链的终止三个阶段。现以自由基型聚合反应说明此过程。

自由基型聚合反应就是单体在引发剂或光、热以及辐射等激发下转变成自由基而引发的聚合反应。

1. 链的引发　是把单体转变成活泼的单体自由基的过程,即为聚合反应的开始阶段。

引发剂是一类活性较大,易于产生自由基的物质。常用的有机过氧化物(如过氧化苯甲酰)、偶氮化合物(如偶氮二异腈)、无机过氧化物(如过硫酸盐)等,它们在光和热的作用下,分解出自由基,这些引发剂自由基与单体作用后,则生成单体自由基。例如:

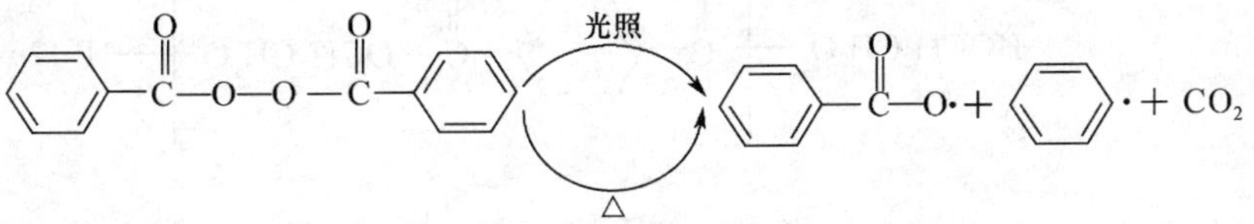

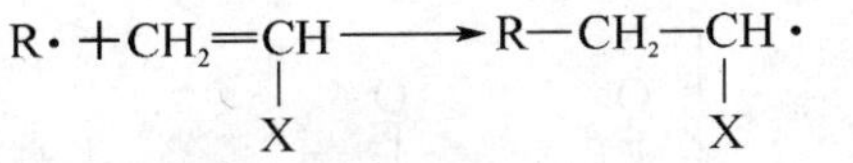

$$Ph-CO-O-O-CO-Ph \xrightarrow[\Delta]{光照} Ph-CO\cdot + Ph\cdot + CO_2$$

$$R\cdot + CH_2=CH(X) \longrightarrow R-CH_2-CH(X)\cdot$$

X 代表卤素原子或苯环

有的反应不需引发剂,单体受光等物理能量激发,π 键发生均裂生成单体自由基。

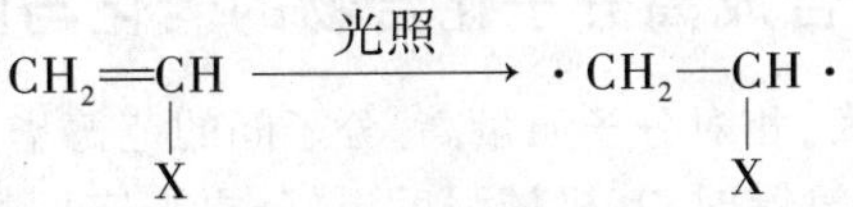

$$CH_2=CH(X) \xrightarrow{光照} \cdot CH_2-CH(X)\cdot$$

2. 链增长　活性单体自由基生成后,连续地与单体分子加成,形成不断增长的链自由基的过程,为链增长阶段。

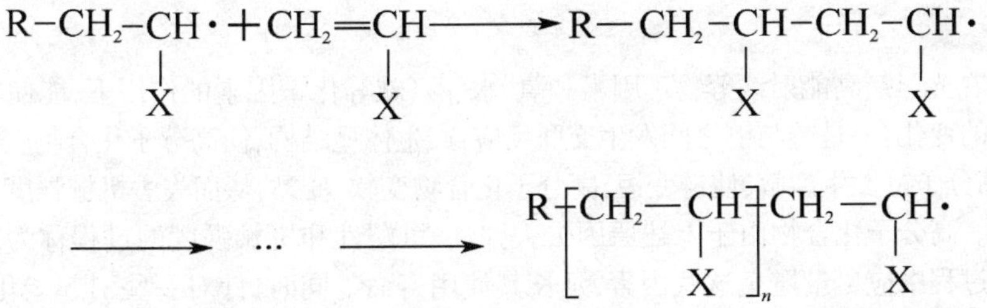

$$R-CH_2-CH(X)\cdot + CH_2=CH(X) \longrightarrow R-CH_2-CH(X)-CH_2-CH(X)\cdot$$

$$\longrightarrow \cdots \longrightarrow R-[CH_2-CH(X)]_n-CH_2-CH(X)\cdot$$

3. 链终止　链增长到一定程度时,长链自由基就会发生以下反应而丧失活性并使链不再增长成为稳定的高分子的过程称为链终止。终止反应主要有双基结合和歧化两种方法。

(1) 双基结合终止:两个具有活性的链自由基相互结合,形成一个无活性的高分子,称为双基结合终止。

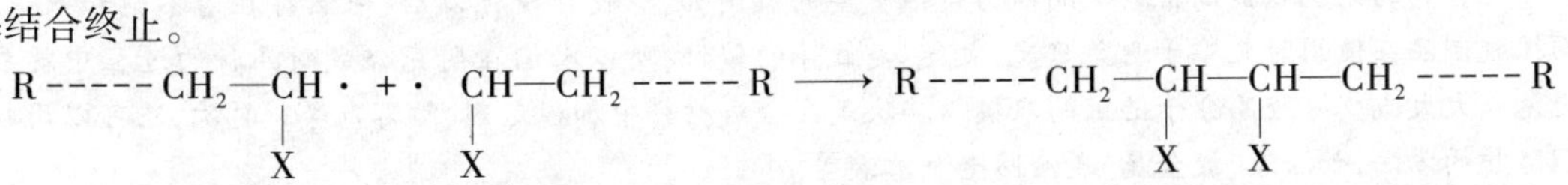

$$R-----CH_2-CH(X)\cdot + \cdot CH(X)-CH_2-----R \longrightarrow R-----CH_2-CH(X)-CH(X)-CH_2-----R$$

(2) 双基歧化终止:两个具有活性的链自由基间发生氢原子转移,一个长链自由基失去一个氢原子变为末端带有不饱和键的高分子,另一个长链自由基得到一个氢原子变为末端饱和的高分子。

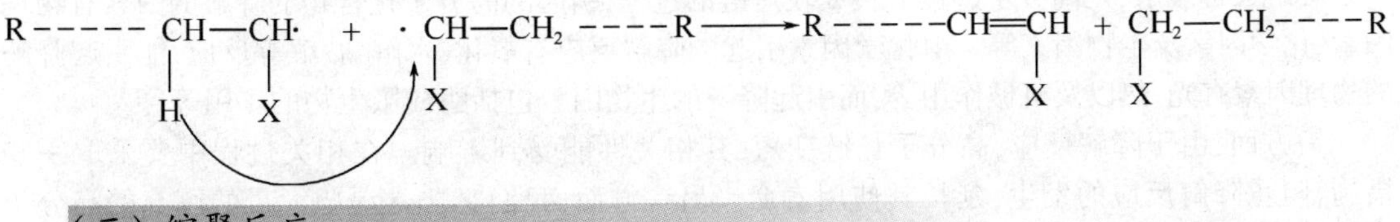

$$R-----CH(H)-CH(X)\cdot + \cdot CH(X)-CH_2-----R \longrightarrow R-----CH=CH(X) + CH_2(X)-CH_2-----R$$

(二) 缩聚反应

单体间相互反应生成高分子,同时还生成小分子物质(如水、卤化氢、氨、醇等)的反应称为缩聚反应。缩聚反应生成的产物和原料的化学组成相比发生了变化。例如:

$$n\text{HOOC}-\underset{}{\text{C}_6\text{H}_4}-\text{COOH} + (n+1)\text{HOCH}_2\text{CH}_2\text{OH} \longrightarrow$$

$$\text{HOCH}_2\text{CH}_2\text{O}\left[\overset{\text{O}}{\underset{}{\text{C}}}-\underset{}{\text{C}_6\text{H}_4}-\overset{\text{O}}{\underset{}{\text{C}}}-\text{OCH}_2\text{CH}_2\text{O}\right]_n\text{H} + 2n\,\text{H}_2\text{O}$$

$$n\,\text{HOOC}-(\text{CH}_2)_4-\text{COOH} + n\,\text{H}_2\text{N}-(\text{CH}_2)_6-\text{NH}_2 \longrightarrow$$

$$\text{HO}\left[\overset{\text{O}}{\underset{}{\text{C}}}-(\text{CH}_2)_4-\overset{\text{O}}{\underset{}{\text{C}}}-\text{NH}-(\text{CH}_2)_6-\text{NH}\right]_n\text{H} + (2n-1)\text{H}_2\text{O}$$

六、合成高分子化合物的老化与降解

高分子化合物由于分子大,相对分子质量高,分子间的范德华引力大,所以具有较好的机械强度,特别是链与链之间存在氢键时,其机械强度更好;再如它们均具有较好的绝缘性,有的具有弹性,有的还具有可塑性等。这些性质对高分子化合物的实际应用具有十分重要的意义。下面简单讨论高分子化合物的老化与降解。

(一) 老化

高分子化合物在光、热、高能射线等物理因素和氧、水、酸、碱等化学因素的作用下,能使其结构和性能发生两个方面的变化:一是链与链之间发生交联反应,产生体型结构,使高分子化合物变硬、变脆,而失去弹性;二是高分子链发生裂解,使链变短,高分子化合物变软、变黏,从而失去机械强度。这两个过程几乎同时发生。高分子化合物由于上述原因失去弹性、可塑性和机械强度的过程称为老化。高分子化合物在使用过程中应尽量避免这些因素,延长其使用寿命。同时,针对一些引起老化的因素,在高分子合成或加工工程中加一些抗老化或延缓老化的物质,如光屏蔽剂、光稳定剂和抗氧剂等。

> **知识链接** 　　　　　如何防止高分子化合物的老化
> 　　从高分子化合物发生老化的原因来看,一个主要原因就是高分子化合物本身的结构。因此,改善高分子化合物的结构以提高抗老化的能力是很重要的。例如,橡胶在硫化以后,依然存在着不饱和双键,而橡胶制品在使用时又难于避免日光、氧气、臭氧等的侵蚀,所以人们在研究合成新品种的过程中就应避免或大大减少橡胶高分子链上的双键。其次是在合成材料中加稳定剂、防霉剂等。再次,还可以用物理防护的方法,如涂漆、镀金属、浸涂防老剂溶液等。

(二) 降解反应

降解又称裂解,是高分子链被分裂成较短链的过程,引起的高分子化合物的降解的因素有物理因素、化学因素及生物因素等。由化学因素引起的降解反应有氧化、水解、胺解等反应;能引起降解的物理因素有光、热以及机械作用等;而引起降解的生物因素包括酶或微生物的作用等。

一方面,由于降解反应,高分子长链变短,其相关性能受到影响。在相关过程中要采取一些措施,阻止降解反应的发生,延长其使用寿命。另一方面,我们又非常渴望大量的废弃的高分子化合物能迅速降解,以减轻其造成的污染。目前,国内外正在进行对废弃高分子化合物污染的解决办法,利用化学或生物的方法促使其迅速降解。同时也在加紧对可降解高分子材料的研究,这些研究必将减轻或消除日趋严重的"白色污染"。

> **知识链接　　可降解高分子材料**
>
> 　　现在废弃的塑料制品有害于环境,被称为"白色污染"物。因为它们在自然界中降解非常慢,有人估计废弃的农用薄膜在土壤中可长达100年不分解,为了根除"白色污染",人们联想到淀粉、纤维素可以在大自然中被微生物降解,以及有些高分子材料在吸收光能的光敏剂的帮助下也能降解的事实,研究出微生物降解和光降解两类高分子化合物。微生物降解高分子在微生物酶的作用下切断某些化学键,降解为小分子,再进一步转变为二氧化碳和水而消失。光降解高分子是在光照等的作用下,高分子的化学键被破坏而发生降解的过程。它们将为消除"白色污染"带来希望。
>
> 　　微生物降解高分子,如聚乳酸等可以用作手术缝合线、药物缓释材料等医用材料、购物袋与食品包装袋等。光降解塑料,如加入光敏性的聚乙烯等可以作农用地膜、包装袋等。
>
> 　　近年来,我国科学工作者已成功研究出以二氧化碳为原料生成可降解高分子材料的技术,为消除"白色污染"和减轻二氧化碳的温室效应作出了贡献。

七、与药学相关的重要的合成高分子化合物

　　高分子化合物在药学领域的应用主要在两个方面。一是作为药物制剂的辅料。这些高分子材料有天然的、化学合成的和半合成的高分子化合物,利用它们某些特殊的性质,改善了药物的渗透性、湿润性、黏着性、溶解性以及增稠性等多方面的性能,有利于改进主药的药物动力学作用,促进了更多使用方便、疗效提高的新剂型的出现。二是合成高分子药物。一些高分子本身就具有生理活性,而另一些则是将具有生理活性的低分子挂接到高分子化合物上形成的,与低分子药物比较,高分子药物具有定向、长效、缓释和毒副作用小等优点。

　　用作制剂辅料的高分子化合物的种类很多,如:天然的高分子化合物有淀粉、阿拉伯胶以及壳聚多糖等;半合成的有各种改性的淀粉和纤维素等;合成的种类最多,应用前景也最为广阔。下面主要介绍几个合成的药用高分子化合物。

(一) 聚丙烯酸和聚丙烯酸钠

　　聚丙烯酸(polyacrylic acid,PAA)是由丙烯酸聚合而成的,为白色固体,玻璃化转变温度为106℃,具有较强的吸湿性。其钠盐为聚丙烯酸钠(sodium polyacrylate,PAA-Na)。

$$\left[-CH_2-CH-\right]_n \qquad \left[-CH_2-CH-\right]_n$$
$$\quad\quad\quad\quad | \qquad\qquad\qquad\qquad\quad |$$
$$\quad\quad\quad\ COOH \qquad\qquad\qquad COONa$$
$$\quad\quad\quad\ PAA \qquad\qquad\qquad\quad PAA-Na$$

　　它们在水中均具有良好的溶解度。聚丙烯酸在水中电离出氢离子,其 $pK_a = 4.75$,是一种弱酸,用碱中和后溶解度增加,若中和过量,则会引起溶液浑浊。在聚丙烯酸水溶液中,加酸过量也会引起同样现象,说明它们耐受电解质的能力差。与其他羧酸一样可与碱如氨水、三乙醇胺、三乙胺等发生中和反应;可与多价金属离子结合成不溶性的盐。其浓溶液的黏度较大,并能强烈吸附与之共存的固体粒子,具有类似凝胶的性质。

　　聚丙烯酸及聚丙烯酸钠可在霜剂、搽剂、软膏、巴布剂等外用药剂及化妆品中作基质,如作增稠剂、增黏剂和分散剂。在面粉发酵食品中用作保鲜剂、黏合剂等。

　　在较高温度下,聚苯烯酸可与乙二醇、甘油、环氧丙烷等通过酯键的生成形成交联体型高聚物而不溶于水,但可吸水溶胀。聚丙烯酸钠也可在交联剂作用下形成不溶性的高聚物。这种不溶性的高聚物是一种高吸水性树脂,可吸收自身质量300~800倍的水,用作医用尿布、吸血巾、卫生巾等一次性复合材料的主要填充剂或添加剂。

(二) 卡波沫

卡波沫(carbomer)是英美等国药典收载的药用高分子辅料之一,可由丙烯酸与烯丙基蔗糖共聚而成。卡波沫的结构未见报道,分子式一般写为:

$$\left[\text{CH}_2\text{—CH} \right]_x \left[\text{C}_3\text{H}_6\text{—蔗糖} \right]_y$$
$$\quad\quad\quad |$$
$$\quad\text{COONa}$$

卡波沫为具强吸湿性的白色松散粉末,其理化性质与聚丙烯酸非常类似。同时,在卡波沫结构中有微弱的交联键使其具有与交联聚丙烯酸钠相似的吸水溶胀性能,但不溶解。当用碱中和卡波沫时,它在水、醇和甘油中逐渐分解,低浓度时形成澄明溶液,在浓度较大时形成半透明的凝胶,具有一定的凝胶强度和弹性。

主要应用:高相对分子质量的卡波沫可作软膏、霜剂或植入剂的亲水性凝胶的基质,中等相对分子质量的作助悬剂或辅助乳化剂,低相对分子质量的可作内服或外用药液的增黏剂。卡波沫也用于制备黏膜黏附片剂以达到缓释药物的效果。高聚物的大分子链可与黏膜的糖蛋白分子相互缠绕而使黏附的时间延长,与某些水溶性纤维素衍生物配合使用效果更好。

卡波沫无毒,对皮肤无刺激性,但对眼黏膜有严重的刺激,不宜作为眼睛用药的辅料。

(三) 聚乙烯醇

聚乙烯醇是(polyviny alcohol, PVA)一种水溶性的高聚物,结构式为:

$$\left[\text{CH}_2\text{—CH} \right]_n$$
$$\quad\quad\quad |$$
$$\quad\quad\text{OH}$$
PVA

由聚乙酸乙烯醇解而得。

聚乙烯醇是白色或淡黄色粉末或颗粒。醇解度为87%~89%的聚乙烯醇水溶性最好,在冷水和热水中均能很快溶解;在酯、醚、酮、烃及高级醇中微溶或不溶;在一些低级醇或多元醇中可加热溶解。上述溶解性能与醇解度有关,醇解度不同,溶解性能有所变化。聚乙烯醇水溶液的黏度随浓度的增加而迅速上升,温度升高黏度下降。

聚乙烯醇的玻璃化转变温度约为85℃,在160℃发生脱水,温度升高至220℃以上发生分解;高温脱水时会发生分子内和分子间的醚化反应,导致结晶性增加,溶解性降低。

高分子链上的羟基会发生醚化、酯化和缩醛化等反应,与双官能团试剂会发生交联反应而生成不溶性高聚物;与硼酸水溶液作用发生不可逆的凝胶化现象。

聚乙烯醇对眼、皮肤无毒,是一种安全的外用辅料,可用于糊剂、软膏等制剂,以及面霜、面膜及定型发胶等化妆品中;也可用作服用药液的增黏剂;还有增溶、乳化的作用;也是一种良好的水溶性成膜材料,可用于制备缓释制剂和透皮制剂。

(四) 聚乙烯吡咯烷酮

聚乙烯吡咯烷酮(povidone, polyvinylpyrrolidone, PVP)称为聚维酮,它的单体是 N-乙烯基-2-吡咯烷酮(VP),两者的结构式如下:

VP   PVP

聚乙烯吡咯烷酮是白色或淡米色的粉末,易溶于水、乙醇、氯仿和异丙醇等溶剂;不溶于醚、烷烃及乙酸乙酯等。聚乙烯吡咯烷酮水溶液有黏度,但10%以下的水溶液黏度较小,10%以上的水溶液黏度增加较快,呈胶体状态。一般情况下,黏度随溶液溶度的增加而增大,并与相对分子质量的大小成正比,并且它的黏度在pH 4~10范围内几乎不发生变化,温度影响也较小。

聚乙烯吡咯烷酮可与大多数的无机盐以及许多天然或合成的高分子化合物在溶液中混溶,因此,也能与一些药物形成可溶性复合物。例如,碘、普鲁卡因、丁卡因、氯霉素与之结合以后可延长药物的作用时间,其效果与二者的比例有关。聚乙烯吡咯烷酮与碘的络合物聚维酮碘是一种长效强力杀菌剂。聚乙烯吡咯烷酮用量越大,复合物在水中的溶解度也随之增加。聚乙烯吡咯烷酮具有较好的热稳定性能,可在110~120℃的蒸气中进行热压灭菌。

聚乙烯吡咯烷酮安全无毒。在液体药剂中,10%以上的聚乙烯吡咯烷酮具有助悬、增稠和胶体保护作用;更高浓度可延缓可的松、青霉素等的吸收,是片剂优良的黏合剂,比较适合用于泡腾片的制备,其相对分子质量的大小对溶出度有一定影响。还可用作片剂薄膜包衣、涂膜剂以及眼用制剂等的材料。聚乙烯吡咯烷酮有极强的亲水性和水溶性而非常适合作固体分散体载体,促进难溶药物的溶解,提高生物利用度和制剂的稳定性,也可用于制备骨架的缓解片。但由聚乙烯吡咯烷酮作为辅材的制剂均应干燥密闭保存。

(五) 聚乙二醇

聚乙二醇(macrogol, polyethylene glycol, PEG)是聚醚类的高分子化合物,其结构式为:

$$HO-[CH_2-CH_2-O]_n-H$$

由于聚合度不同,聚乙二醇的物理性质有一定的差异。低级的为液体有4种:PEG200、PEG300、PEG400、PEG600;高级的为固体也有4种:PEG1000、PEG1540、PEG4000和PEG6000,数字为它的平均相对分子质量。

聚乙二醇在水中有良好的溶解性能,也可溶于大多数极性溶剂,但在脂肪烃、苯等非极性溶剂中不溶。聚乙二醇在极性溶剂中溶解度随相对分子质量的增加而下降。温度升高,溶解性增强。

聚乙二醇有很强的吸湿性,但随着相对分子质量的增加,吸湿性迅速降低,常温下,聚乙二醇6000几乎不吸湿,但升高温度其吸湿性能增强。

聚乙二醇的表面活性作用比较弱,当两端的羟基衍变成酯基等疏水性基团时,其表面活性作用会增强,吐温、卖泽等非离子型表面活性剂均是低相对分子质量聚乙二醇的衍生物。

由于聚乙二醇分子中只含有两个羟基和化学性质不活泼的醚的结构,因此其性质稳定,耐热,不会酸败,不易发霉,没有腐性,无毒性,对皮肤无刺激性和敏感性,但能与许多物质形成不溶性配合物。

聚乙二醇毒性低,刺激性小,并具有独特的性能,因此广泛应用于药物制剂中。例如,其可作软膏、栓剂的基质,还可以固体及液态聚乙二醇混合使用以调节稠度、硬度及熔化温度;液态聚乙二醇用于液体药剂的助悬、增黏与增溶;作固体分散体的载体,用热溶法制备一些难溶药物的低共溶物,加速药物的溶解与吸收,也可用于薄膜片的增塑、致孔剂。

(六) 泊洛沙姆

泊洛沙姆(Poloxamer)是聚氧(化)乙烯-聚氧(化)丙烯的共聚物。结构式为:

$$HO-[CH_2-CH_2-O]_a-[\underset{\underset{CH_3}{|}}{CH}-CH_2-O]_b-[CH_2-CH_2-O]_a-H$$

泊洛沙姆由不同比例的聚氧乙烯和聚氧丙烯链段组成，其中聚氧乙烯链段相对分子质量的含量在共聚物中所占比例为10%~80%。由于聚氧乙烯的相对亲水性和聚氧丙烯的相对亲油性，这类共聚物具有极不相同的表面活性，有从油性到水溶性的多个品种，属非离子型的高分子表面活性剂。随着共聚物中聚氧乙烯部分的增加，泊洛沙姆的水溶性增大。聚氧乙烯含量在30%以上的共聚物，无论相对分子质量大小，在水中均易溶解（>10%），泊洛沙姆均易溶于乙醇和甲苯中。

聚氧乙烯链段较小，而聚氧丙烯链段比例较大以及相对分子质量较高的泊洛沙姆具有较好的润湿能力，泊洛沙姆在较高浓度时即形成水凝胶，这是由于共聚物分子链之间形成氢键交联所致。共聚物两端的羟基与丙烯酰氯作用形成的凝胶具有稳定的交联结构。

泊洛沙姆无味、无臭、无毒，对眼黏膜、皮肤具有很高的安全性。它是目前使用的静脉乳剂中唯一的合成乳化剂的基质。在口服制剂中，泊洛沙姆可增加药物的溶出度和体内吸收，在液体药剂中，可作增稠剂、助悬剂。近年来，利用高相对分子质量泊洛沙姆水凝胶制备药物控释制剂，如埋植剂、长效滴眼液等。

本章小结

本章主要阐述的知识点有：高分子化合物的基本概念、分类、命名、结构类型及其性能特点，化学合成高分子化合物的反应类型，高分子化合物的老化与降解，药学相关的合成高分子化合物等。

本章所涉及的基本概念有：高分子化合物，单体，聚合度，加聚反应，缩聚反应，老化，降解等。

目标检测

一、名词解释
1. 高分子化合物　2. 单体　3. 链节　4. 聚合度
5. 加聚反应　6. 缩聚反应

二、根据所给结构命名

1. $\mathrm{-[CH_2CH(COOCH_3)]_n-}$

2. $\mathrm{-[CH_2CH(OCOCH_3)]_n-}$

3. $\mathrm{-[CH_2C(CH_3)=CHCH_2]_n-}$

4. $\mathrm{-[NH(CH_2)_4CO]_n-}$

5. $\mathrm{-[NHCH_2NHCOCH_2CO]_n-}$

三、写出下列聚合物的单体和反应式
1. 聚乙烯　2. 聚氯乙烯　3. 聚苯乙烯　4. 聚四氟乙烯　5. 环氧树脂　6. 聚丙烯腈　7. 丁苯橡胶　8. 聚甲醛

四、简答题
1. 高分子化合物具有哪些特性？
2. 化学合成高分子化合物的反应类型有哪些，并举例说明。
3. 试举例说明高分子化合物的结构类型及其性能特点。
4. 高分子化合物的老化与降解现象的区别是什么？
5. 试举例说明与药学相关的合成高分子化合物及其用途。

参 考 文 献

白文新,李丽. 2007. 高职基础课程教学改革新探. 辽宁高职学报,9(1):49-50
黄纯. 2009. 生物化学. 2版. 北京:科学出版社
教育部. 2012. 现代职业教育体系. http://www.moe.gov.cn/publicfiles/business/htmlfiles/moe/s6811/201209/141492.html
教育部高等教育司. 2010. 关于开展高等职业教育专业教学资源库2010年度项目申报工作的通知,教高司函[2010]129号
教育部职业教育与成人教育司. 2012. 高等职业学校专业教学标准. 北京:中央广播电视大学出版社
李丽娟. 2010. 药物合成技术. 北京:化学工业出版社
李群力. 2011. 药物化学. 西安:第四军医大学出版社
刘斌. 2009. 有机化学. 2版. 北京:人民卫生出版社
马祥志. 2011. 有机化学. 3版. 北京:中国医药科技出版社
倪沛洲. 2010. 有机化学. 3版. 北京:人民卫生出版社
唐玉海. 2003. 医用有机化学. 北京:高等教育出版社
王希英. 2011. 高职专业教学资源库建设的实践探索. 职业技术,(10):23-24
王玉娟. 2011. 共享型专业教学资源库建设初探. 科技创新导报,(23):180
邬瑞斌. 2009. 有机化学. 2版. 北京:科学出版社
吴小琼. 2013. 高职有机化学教学改革与探索. 教育教学论坛,(51):53-54
邢其毅,裴伟伟. 2005. 基础有机化学. 3版. 北京:高等教育出版社
薛叙明. 2009. 精细有机合成技术. 2版. 北京:化学工业出版社
张丽娟. 2008. 高职药学专业有机化学教学探索与实践. 海峡药学,20(7):127-128

教学基本要求

本大纲是根据 21 世纪高职高专教材编写委员会制订的面向高职高专药品类(药物制剂技术、药物分析技术、生物制药技术、化学制药技术、中药制药技术、药品经营与管理等,下同)和药学各专业教学计划制订的。教学计划中规定,有机化学教学共计 119 学时,其中理论课 68 学时,实验课 51 学时。各章的学时分配仅供参考,各专业可根据不同的要求,对内容作适当的调整取舍。

一、课程教学目标

有机化学是高职高专药品类和药学类各专业的重要基础课,是一门介绍有机化合物的来源、制备、结构、性质、应用以及有关理论与方法等基础知识的课程。它的主要任务是在学习基础化学(《无机化学》《分析化学》)的基础上,根据药学高职培养目标的要求,使学生有选择地学习有机化学的基本理论、基本知识和基本反应;初步掌握有机化合物的结构和性质以及二者之间的关系,特别是与药学有关的重要有机化合物的用途;训练有机实验的基本操作,为药物化学、生物化学、药物制剂技术和药物分析技术等后续课程及专业核心课程的学习打下坚实的基础;培养学生用有机化学的知识和方法分析问题和解决问题的能力,并为学生今后进一步的发展提供必要的知识准备。

二、教学内容和要求(仅包括理论课部分)

教学内容	教学要求			教学内容	教学要求		
	了解	理解	掌握		了解	理解	掌握
一、绪论				1. 均裂与自由基型反应	√		
(一)有机化合物和有机化学				2. 异裂与离子型反应	√		
1. 有机化合物的概念			√	(六)有机化合物的分类			
2. 有机化学的概念		√		1. 按碳架分类		√	
3. 有机化学发展简史	√			2. 按官能团分类		√	
(二)有机化合物的特性			√	(七)有机化学与药学关系	√		
(三)共价键理论与有机化合物的结构				二、脂肪烃			
1. 共价键理论			√	(一)烷烃			
2. 有机化合物的结构		√		1. 烷烃的结构			√
(四)共价键的重要物理量				2. 烷烃的同系列和异构现象		√	
1. 键长		√		3. 烷烃的命名			√
2. 键能		√		4. 烷烃的物理性质		√	
3. 键角		√		5. 烷烃的化学性质			√
4. 键的极性与极化性		√		6. 烷烃的来源	√		
(五)共价键的断裂方式与有机化学反应类型				(二)烯烃			
				1. 烯烃的结构和命名			√

续表

教学内容	了解	理解	掌握	教学内容	了解	理解	掌握
2. 烯烃的物理性质	√			五、立体化学基础			
3. 烯烃的化学性质			√	（一）顺反异构			
4. 烯烃的制法			√	1. 顺式和反式			√
（三）炔烃				2. Z 型和 E 型			√
1. 炔烃的命名和同分异构	√			3. 顺反异构体的性质	√		
2. 乙炔的结构			√	（二）对映异构			
3. 炔烃的物理性质	√			1. 偏振光与旋光性		√	
4. 炔烃的化学性质			√	2. 分子的对称性与对称因素		√	
5. 炔烃的制备			√	3. 分子的手性、旋光性与对映异构			√
（四）二烯烃				4. 手性碳原子及其构型标记			√
1. 二烯烃的分类		√		5. 含有手性碳原子的化合物的对映异构			√
2. 二烯烃的命名			√	6. 含手性轴的化合物		√	
3. 共轭二烯烃的结构		√		7. 旋光异构体的性质	√		
4. 1,3-丁二烯的化学性质			√	8. 外消旋体的拆分		√	
（五）脂环烃				（三）构象			
1. 脂环烃的分类			√	1. 乙烷的构象			√
2. 脂环烃的命名		√		2. 正丁烷的构象			√
3. 脂环烃的物理性质		√		3. 环己烷的构象			√
4. 脂环烃的化学性质			√	4. 十氢萘的构象		√	
5. 脂环烃的结构及稳定性			√	六、醇酚醚			
三、芳香烃				（一）醇			
（一）苯的结构			√	1. 醇的结构、分类和命名			√
（二）芳香烃的分类、同分异构现象和命名			√	2. 醇的物理性质		√	
（三）苯及其同系物的物理性质		√		3. 醇的化学性质			√
（四）苯及其同系物的化学性质			√	4. 醇的制备			√
（五）苯环上取代基的定位效应及应用			√	5. 重要的醇	√		
（六）稠环芳香烃	√			（二）酚			
（七）非苯系芳香烃和休克尔规则		√		1. 酚的分类及命名			√
四、卤代烃				2. 酚的物理性质	√		
（一）卤代烃的分类		√		3. 酚的化学性质			√
（二）卤代烃的命名			√	4. 酚的制备		√	
（三）卤代烃的物理性质	√			（三）醚			
（四）卤代烃的化学性质			√	1. 醚的分类和命名			√
（五）亲核取代反应和消除反应机理		√		2. 醚的物理性质	√		
（六）卤代烃中卤原子的反应活性			√	3. 醚的化学性质			√

续表

教学内容	了解	理解	掌握	教学内容	了解	理解	掌握
4. 醚的制备			√	(二) 羟基酸			
5. 环醚的性质		√		1. 羟基酸的分类和命名		√	
6. 冠醚	√			2. 醇酸		√	
七、醛酮醌				3. 酚酸		√	
(一) 醛和酮				4. 羟基酸的制备	√		
1. 醛、酮的分类和命名			√	5. 重要的羟基酸	√		
2. 羰基的结构		√		(三) 羰基酸			
3. 醛和酮的物理性质	√			1. 羰基酸的分类和命名		√	
4. 醛和酮的化学性质			√	2. 酮酸的化学性质			√
5. 醛和酮的制备			√	3. 乙酰乙酸乙酯及酮式-烯醇式互变异构现象			√
(二) 醌							
1. 醌的结构和命名		√		4. 重要的羰基酸	√		
2. 醌的物理性质	√			十、有机含氮化合物			
3. 醌的化学性质		√		(一) 硝基化合物			
八、羧酸及其衍生物				1. 硝基化合物的结构		√	
(一) 羧酸				2. 硝基化合物的分类和命名			√
1. 羧酸的结构		√		3. 硝基化合物的物理性质	√		
2. 羧酸的分类和命名			√	4. 硝基化合物的化学性质			√
3. 羧酸的制法			√	5. 重要的硝基化合物	√		
4. 羧酸的物理性质	√			(二) 胺			
5. 羧酸的化学性质			√	1. 胺的结构		√	
6. 重要的羧酸	√			2. 胺的分类和命名			√
(二) 羧酸衍生物				3. 胺的物理性质	√		
1. 羧酸衍生物的分类和命名			√	4. 胺的化学性质			√
2. 羧酸衍生物的物理性质	√			5. 季铵盐和季铵碱		√	
3. 羧酸衍生物的化学性质			√	6. 胺的制备			√
4. 重要的羧酸衍生物	√			7. 重要的胺	√		
(三) 碳酸衍生物				(三) 重氮化合物和偶氮化合物			
1. 碳酰氯			√	1. 重氮化合物的制备			√
2. 碳酰胺	√			2. 重氮盐的性质			√
3. 胍				(四) 腈			
九、取代羧酸				1. 腈的定义与命名		√	
(一) 卤代酸				2. 腈的化学性质		√	
1. 卤代酸的分类和命名		√		3. 腈的制备			√
2. 卤代酸的性质			√	十一、杂环化合物与生物碱			
3. 卤代酸的制备		√		(一) 杂环化合物			

续表

教学内容	教学要求			教学内容	教学要求		
	了解	理解	掌握		了解	理解	掌握
1. 杂环化合物的分类		√		2. 果糖的组成和结构		√	
2. 杂环化合物的命名			√	3. 单糖的化学性质			√
3. 五元杂环化合物		√		(二) 低聚糖			
4. 六元杂环化合物		√		1. 蔗糖		√	
(二) 生物碱				2. 麦芽糖		√	
1. 概述				3. 乳糖		√	
2. 生物碱的性质	√			(三) 多糖	√		
3. 生物碱的提取		√		十四、萜类和甾体化合物			
4. 生物碱的举例		√		(一) 萜类化合物			
十二、氨基酸 蛋白质 核酸				1. 萜类化合物的结构与性质		√	
(一) 氨基酸				2. 萜类化合物的分类和命名	√		
1. 氨基酸的分类和命名		√		3. 常见的萜类化合物	√		
2. 氨基酸的物理性质	√			(二) 甾体化合物			
3. 氨基酸的化学性质			√	1. 甾体化合物的结构			√
(二) 蛋白质				2. 甾体化合物的分类和命名		√	
1. 蛋白质的组成和分类		√		3. 重要的甾体化合物			√
2. 蛋白质的结构		√		4. 甾体化合物与药物		√	
3. 蛋白质的性质		√		十五、药用合成高分子化合物			
(三) 核酸				(一) 高分子化合物的基本概念	√		
1. 碱基组分	√			(二) 高分子化合物的分类	√		
2. 糖组分	√			(三) 高分子化合物的命名	√		
3. 核苷		√		(四) 高分子化合物的结构类型及其性能特点		√	
4. 核苷酸		√		(五) 化学合成高分子化合物的反应类型	√		
十三、糖类				(六) 合成高分子化合物的老化与降解	√		
(一) 单糖				(七) 与药学相关的重要的合成高分子化合物	√		
1. 葡萄糖的组成和结构		√					

三、有机化学课程学时分配建议表

章节与教学内容	理论学时
第1章 绪论	2
第2章 脂肪烃	9
第3章 芳香烃	4
第4章 卤代烃	5

续表

章节与教学内容	理论学时
第5章 立体化学基础	4
第6章 醇酚醚	6
第7章 醛酮醌	6
第8章 羧酸及其衍生物	5
第9章 取代羧酸	4
第10章 有机含氮化合物	6
第11章 杂环化合物与生物碱	5
第12章 氨基酸 蛋白质 核酸	4
第13章 糖类	3
第14章 萜类和甾体化合物	3
第15章 药用合成高分子化合物	2
理论总学时	68

四、有机化学课程教学建议

1. 有关教学内容的编排建议：本课程主要以官能团作为内容编排的主线，各章节主要讲授有机化合物的结构、命名、性质、典型的反应机理以及与药学有关的重要化合物，理论部分的内容分散到各有关章节讲授，复杂的反应机理尽量简化或少讲。

2. 在有机化学教学具体实施过程中，应根据专业的不同，教学内容的侧重点应有所体现。

3. 由于知识容量大，课时紧，应尽可能地利用现代化的教学手段，提高教学效率，增强教学效果。